医学编辑理论与方法

袁桂清　编著

科学出版社

北京

内 容 简 介

本书作者集多年医学编辑实践、研究和思考，深层次阐述医学编辑理论与方法。内容涉及医学编辑基本理论和方法、医学编辑知识结构与智能结构、医学编辑思维方式与创新思维方法、医学期刊学术治理结构设计方法、医学编辑决策方法、医学期刊审稿质量控制方法和审稿偏倚控制方法、医学科研伦理规范及编辑审稿控制、临床医学诊疗指南制定伦理、医学编辑出版伦理规范与伦理失范控制方法、医学编辑创意方法、医学编辑策划方法、医学期刊评价指标与评价方法、医学期刊学术导向方法、医学期刊系统设计方法、综合性医学期刊办刊方法、医学期刊品牌评价方法与培育方法、医学期刊栏目设计方法、期刊社管理中的系统运行与调度运行、医学期刊经营风险管理与控制方法、医学期刊经营模式与盈利模式等相关内容。读者还可在书中寻觅医学编辑学新概念、医学编辑思维变革、医学期刊编辑出版史、编辑常用文体撰写方法等。

本书是医学编辑和其他科技媒体编辑必读专著，对医学编辑和其他科技编辑具有借鉴、启迪思维、触发思考和指导价值。

图书在版编目（CIP）数据

医学编辑理论与方法 / 袁桂清编著 . —北京：科学出版社，2019.1
ISBN 978-7-03-059951-3

Ⅰ.①医… Ⅱ.①袁… Ⅲ.①医学—编辑工作 Ⅳ.①G232

中国版本图书馆 CIP 数据核字（2018）第 276183 号

责任编辑：郝文娜 / 责任校对：赵桂芳
责任印制：肖　兴 / 封面设计：吴朝洪

科 学 出 版 社 出版
北京东黄城根北街 16 号
邮政编码：100717
http://www.sciencep.com

河北鹏润印刷有限公司 印刷
科学出版社发行　各地新华书店经销

*

2019 年 1 月第 一 版　开本：787×1092　1/16
2019 年 1 月第一次印刷　印张：32 1/2　插页：2
字数：756 000
定价：198.00 元
（如有印装质量问题，我社负责调换）

作者简介

　　袁桂清　编审，先后毕业于原中国人民解放军白求恩军医学院医疗系、安徽医科大学卫生管理学专业，曾任军医/住院医师、主治医师、副主任医师/副编审、编审；中华医学会《中华医学杂志》编辑部编审，《中华检验医学杂志》编辑部主任兼副总编辑，中华医学会杂志社副社长/中华医学会期刊管理部副主任兼北京华康广告公司总经理和中华医学会杂志社市场营销部主任；中华医学会纪委副书记兼中华医学会纪检监察审计处主任，《临床检验装备杂志》执行主编等职。主持承担或参与国家重点研究课题5项，发表论著120多篇，有多篇论文获全国优秀论文奖，参编或编著学术著作15部。2011年获中国出版最高奖：第二届中国出版政府奖（优秀出版人物奖）。

前　言

回顾笔者的职业生涯，如在梦中。在笔者的职业梦境中，大致分为两段，前半段做的是临床医师梦，后半段做的是医学编辑梦。当从梦境中醒来，闲庭回首，令人回味和难以忘怀的还是医学编辑梦。因而，时常萌发一种冲动或欲望，总想操起键盘，写点医学编辑职业的感受或体会，而且大有不吐不快的感觉。但因激情和动力不足，操起的键盘又放下，放下再操起，几经反复，还是在中华医学会杂志社同事和科学出版社同道的鼓励下，才重振激情，再度操起键盘，终于完成这部书稿。

本书共计32章。其选题内容主要是在作者以往所发表专题和研究课题的基础上，对其实施相对系统和深化的阐述与完善，同时补充了一些新的专题，重点阐述医学编辑理论与方法学问题。由于诸多相关编辑学专著或医学编辑书籍都对编辑的基本技术和编辑规范有全面介绍，故本书未再涉及。初衷是拟从更深层次阐述医学编辑的相关理论和方法学问题，以引发同道思考。

本书主要内容涉及医学编辑概论、医学编辑人才的知识结构与智能结构、医学编辑思维方式与创新思维方法、医学编辑应用文本撰写规范与方法、医学科技期刊编辑出版史、医学期刊学术治理结构设计方法、医学期刊编辑决策原则与决策方法、医学期刊审稿质量控制与审稿方法、医学科研伦理规范控制与编辑审稿要点、临床医学诊疗指南制定伦理规范与编辑出版伦理、医学编辑出版伦理与编辑伦理失范控制方法、医学期刊审稿偏倚与控制方法、医学编辑创意的产生与创意方法、医学期刊编辑策划方法与原则、医学期刊选题策划原则与方法、医学文章标题制式分类与修饰方法、医学期刊评价指标与评价方法、医学期刊学术导向功能与学术导向方法、医学期刊的系统设计原则与设计方法、综合性医学期刊的办刊策略与方法、医学期刊品牌评价方法与培育方法、医学期刊栏目分类与设计方法、VUCA环境与医学编辑思维变革、医学期刊信息分类与管理方法、医学期刊的运行管理与运行机制、医学期刊经营风险管理与控制方法、医学期刊经营模式与盈利模式及经营方法、医学期刊商业模式与运营模式、医药卫生期刊广告产品分类与设计方法、中外医药卫生期刊现状与发展分析、科技学术期刊的发展状况与分析、科技学术期刊品牌评价实践与应用等相关内容。

读者除可在书中探寻医学编辑方法学外，还可在书中寻觅医学编辑学新概念的提出与方法论、医学期刊功能与角色定位、医学编辑的特殊性、医学编辑的独立性、医学编辑职业角色、医学编辑职业责任、医学编辑职业理念、医学编辑职业精神、医学编辑职业原则、医学编辑职业特点，以及医学编辑多种创新思维方法与医学编辑思维方式；还可在书中领略医学编辑常用文体的撰写指南，如学术会议纪要撰写指南、编辑选题策划报告撰写指南、编者按撰写指南、短评撰写指南、编后语撰写指南、社论文章撰写指南、述评文章撰写指南、本期导读撰写指南、医学新闻或消息撰写指南等，这些常用文体的撰写要求与撰写方法，对提高医学编辑工作质量具有借鉴意义。

其实，本书虽然侧重医学编辑相关理论与方法学问题，但也同时重视其实践性与实用性的融汇，在某些章节中尽量用实例和实践予以呼应，以尽可能增强其实用性、经验性和可操作性，试图以全新视角审视和观察医学编辑实践、理论与方法学问题，希望能达到启迪编辑思维、触发同道思考之目的。俗话说得好，天下文章天下读，各自感悟各自足；天下观点天下辩，各自欣赏各自鉴。由于笔者认识水平、知识面和驾驭能力的局限性，存在不足之处在所难免，故当抛砖引玉，恳请同道赐教。

袁桂清

2018年6月28日

目　　录

第1章

医学编辑概论

本章重点阐述医学编辑学概念的提出、医学编辑的特殊性、医学编辑的独立性、医学编辑角色定义和角色定位、医学编辑责任、医学编辑理念、医学编辑精神、医学编辑原则、医学编辑特点等基本理论与概念。

第一节　医学编辑学概念

在这里首先抛出或提出一个概念，这就是"医学编辑学"的概念，其概念是否成立或必要，作为学术探索，只当抛砖引玉，仅供医学编辑同道们闲庭思考。

医学编辑学（medical editology）是研究医学编辑活动特征、理论、方法、实践、技术和规律的学科。它是医药卫生科学（简称医学科学）和编辑学及医学编辑出版事业的必然产物。医学编辑学作为医学科学、编辑学或科技编辑学的二级学科，它的建立和发展，将为促进医学编辑出版事业、医学科技进步、学术交流和医学科学知识传播发挥更大作用，也为进一步完善编辑学和科技编辑学的学科系统结构发挥促进作用。在这里，首先提出医学编辑学的概念，对医学编辑学的产生基础、学科界定与分类、研究内容与任务、研究方法与特点等加以阐述，旨在抛砖引玉，引起讨论。

一、医学编辑学概念的提出与产生基础

众所周知，一门新学科的形成、建立和发展，主要取决于其专业领域的实践、理论和发展的需要，因此，它应具备以下要素：①专业和学术研究发展的需要；②具有自身的任务和研究内容；③具有相应理论和方法学基础；④具备相应的专业人才队伍；⑤具有专业学术或技术职称系列；⑥具备国际或国内专业学术团体。

在医学编辑专业学术组织方面，在国际上，目前已有国际医学期刊编辑委员会（International Committee of Medical Journal Editors，ICMJE）、世界医学编辑学会（World Association of Medical Editors，WAME）；在国内，早在20世纪90年代在中国科学技术期刊编辑学会下成立了"中国科学技术期刊编辑学会医学分会"。在学科的建立上，其所要建立的学科任务和研究的内容应当具备或有别于其他学科的特点，而且又不能为之所取代。

综上所述，纵观医学科学的发展、医学学术交流事业的繁荣和医学编辑出版事业的发展，其发展历史、发展现状和任务，基本具备了医学编辑学形成的基本条件和

要求。

在当代，医学科学已经发展成为庞大的科学体系，学科或专业林立，医学期刊如林。医学科学的一级学科、二级学科、三级学科和亚学科已发展到数千个，而且生命科学、生物医学、人类基因学等交叉学科还在不断融合与渗透，新兴学科、新兴专业、亚专业还在不断派生，其他领域物理学、化学、环境科学、航天科学等也在向医学科学渗透，其成果和方法不断引入医学科学领域，不断催生新兴学科和专业，可见，医学科学的庞大体系令人难以想象。这为其学术交流和医学编辑出版提供了新的挑战和要求，仅我国每年出版的医学专著就达万种，医学期刊近1200种，全球共有医学期刊1万多种。医学科技期刊的学科也在不断分化，不断由综合性医学—专科性医学—亚专业期刊—单系统期刊—单病种期刊—单器官期刊—单细胞期刊—基因期刊等分化和转变，因此，医学科技专著的出版数量和医学科技期刊的种类与绝对数量还会与日俱增。据报道，自19世纪以来，科技学术期刊的数量以每50年增加9～10倍的速度在增长，而人类大约有70%以上的新知识和科技信息来源于期刊，因此，医学编辑出版事业将面临巨大机遇和挑战。该如何探索医学科技学术交流和医学编辑出版规律？这为医学编辑学的建立提供了土壤。

医学科研和临床实践表明，医学科研论文的发表过程，是医学科研过程的重要组成部分和重要环节，因此，其医学科研的过程或程序应该是科研选题—科研设计—实验观察—数据处理分析—论文撰写—论文发表。可以看出，医学科研论文发表环节或发表过程，是医学科研的重要环节和程序；论文发表的过程，既是同行专家评议的过程和科研成果论证评价的过程，也是对其科研设计、科研方法、结果和结论再论证、再创造和再完善的过程，这一环节或过程是群体专家从不同的专业视角对论文进行审视和评价，其完善和完美程度可想而知。通过发表环节使成果更完善，更便于广泛传播和被社会认可，被他人重复、应用和普及，从而推动医学科技进步。

医学书刊所编辑出版和传播的信息特殊，它以人的生命、健康、疾病诊断、疾病预防和治疗等最新成果为编辑对象，这就赋予了医学编辑特定或特殊的责任、义务、内涵、外延、内容、理论与特殊规律。这是其他编辑学科所不能兼容和完全替代的，也是医学编辑学形成的基本原理所在。早在1988年，为适应医学期刊编辑工作的迫切需要，我国学者和著名医学编辑家翁永庆、张本、廖有谋等就集多年实践主编了《医学期刊编辑基本知识手册》，这是医学编辑早期专著，尽管在书中从未提及"医学编辑学"字眼，但可以说，这是见诸文字最早的医学编辑专著和"医学编辑学"发展的胚胎与雏形。随着医学科学的发展和医学编辑出版事业的繁荣，医学编辑出版领域出现诸多亟待解决的问题，如医学编辑出版伦理、医学科研伦理、医学科研设计方法、医学编辑道德、医学编辑规律、医学编辑方法、医学编辑出版史学等，需要建立"医学编辑学"加以研究、系统归纳，把实践和经验上升为理论，然后指导医学编辑实践，从而有效地指导和促进医学科学技术发展，繁荣医学科技学术交流和医学编辑出版事业的健康发展。

二、医学编辑学的学科界定与分类

很显然，医学编辑学、普通编辑学和科技期刊编辑学有着自然的不可分割的联系，是同出一源，同一学科体系深入发展和派生出来的分支学科，具有相同和交叉的规律、理论和方法，其产生和形成是相辅相成，互为补充和相互完善与促进的。当然，医学编辑学是以医学编辑活动为研究对象，以医学科学及其编辑出版实践为基础，深入研究和完善医学编辑活动特征、理论、规律、方法、学术导向、医学编辑出版史、医学编辑人才成长规律的交叉性学科。此外，如果其专业细分的话，其相关专业可试分类如下。

1.以医学科学为母学科分类　一级学科：临床医学（包括中医学）、基础医学、预防医学。二级学科：医学编辑学。三级学科或专业：内科编辑专业、外科编辑专业、中医编辑专业、五官科编辑专业等。

2.以编辑学为母学科分类　一级学科：编辑学。二级学科：科技期刊编辑学。三级学科：医学编辑学。四级学科或专业：内科编辑专业、外科编辑专业、中医编辑专业、五官科编辑专业等。

3.以医学编辑实践分类　医学期刊编辑学、医学图书编辑学、医学科普编辑学、医学新闻编辑学、医学多媒体（网络、数字化、电子等）编辑学等。

4.以医学专业性质分类　基础医学编辑学、临床医学编辑学、预防医学编辑学、特种医学编辑学等。

三、医学编辑学的研究内容和任务

任何一门学科的建立，首先是以本身的任务和研究对象所决定的。因此，医学编辑学作为编辑学和科技编辑学的分支学科，不可能独立于母学科之外，它所研究的内容及任务，既有医学编辑学的特殊性和特定内容，又具有普通编辑学或其他科技期刊编辑学的一般规律和共性的内容及任务，而那些共性的东西在医学编辑学研究中又表现在特殊之中。医学编辑学以完善和繁荣编辑学及科技期刊编辑学为己任，以繁荣医学学术交流，推动医学科技进步和促进人类健康为最终目标，同时，还要拓展医学编辑学的内涵、外延、任务与职能，在总结、归纳和升华医学编辑实践经验的基础上，进行多角度研究。例如，①医学编辑学方法论和编辑学理论研究；②医学书刊编辑出版史学研究；③医学书刊编辑出版理论研究；④医学书刊编辑技术和方法研究；⑤医学期刊传播力与传播辐射研究；⑥医学期刊学术导向研究；⑦医学书刊编辑出版标准化研究；⑧医学书刊全面编辑质量控制研究；⑨医学编辑出版系统工程研究；⑩医学期刊编辑规范化研究；⑪医学期刊影响力研究；⑫医学编辑出版伦理研究；⑬编辑心理、读者心理和作者心理学研究；⑭医学知识服务能力与服务方式研究等。

四、医学编辑学的研究方法

医学编辑学既然是编辑学和科技期刊编辑学的分支学科，其方法学的东西就具有其共性的特点和重叠交叉性，在某些研究方法上也具有共享性。同时还要从医学编辑学的特殊性出发，研究医学编辑学的自身固有规律和方法。当然，医学编辑学首先要在总结和归纳医学编辑实践经验的基础上，应用普通编辑学的理论和方法，研究医学编辑学的理论及实践问题，同时还要应用其他学科的理论和方法，如信息论、系统论和控制论的观点和方法，多角度深入研究医学编辑学的理论和实践亟待解决的问题。

（一）医学编辑学的方法论

编辑学方法论是关于编辑学研究方法的理论，它主要探索编辑方法的一般结构，阐述其发展趋势、方向和编辑学研究中各种方法的相互关系问题。编辑学方法论是以解决编辑实践问题为目标的编辑理论体系及系统，它涉及对编辑学的任务、手段、工具、方法与技巧的描述，编辑学方法论会对系列具体的编辑学方法实施研究和分析，并系统总结和最终提出一般性的原则。在医学编辑出版学研究中，作为医学知识的把关者、医学知识的服务者和医学知识的提供者，要研究医学科技人员的知识需求、知识提供和知识服务的方法、手段和形式。同时，还要研究纯编辑学方法论，增强编辑服务手段和能力，以利于更好地为国家科技创新战略提供知识服务。

1. 马克思主义方法论 马克思主义的方法论是实践方法论，是关于社会学研究方法的理论，也是社会学方法体系中的最高层次。它主要从哲学角度探讨与学科体系和基本假设有关的一般原理问题，也就是指导社会研究的原则、逻辑基础和学科的研究程序及研究方法等。马克思主义科学方法论体系具有三个基本层次：①总体层次的方法论是马克思主义世界观和实践方法论，它是指导社会和科学活动的行动指南；②基础层次的方法论是唯物辩证法，它是马克思主义科学方法论的精髓；③核心层次的方法论是实事求是和具体问题作具体分析，它是马克思主义科学方法论的灵魂。在医学编辑学实践和专业研究中，运用马克思主义的方法论指导医学编辑出版学的研究，是普遍适用的方法论基础。辩证唯物主义和历史唯物主义是马克思主义最根本的世界观和方法论，马克思主义哲学既是科学的世界观，又是科学的方法论，它既适用于自然科学研究，也适用于社会科学研究，因此，医学编辑出版学研究的方法论也要借鉴和遵循马克思主义哲学的最基本的方法论原理和基础，用以指导医学编辑学方法论的研究。

2. 逻辑方法论 逻辑方法是指编者在其编辑实践活动中运用逻辑思维方法，依据现实编辑选题、研究课题和作者科研论文稿件等，按逻辑思维的规律和规则形成初步概念，以此实施推理和做出判断的方法。逻辑方法论是编辑认识编辑实践和编辑研究课题本质和规律，完善和构建编辑方法的理论基础；它是编辑用什么样的方式和方法来观察编辑实践和处理编辑活动中的问题。其实，逻辑方法在编辑实践活动中每时每刻都在不经意间被应用着，如审稿过程、编辑决策过程、编辑策划过程、编辑选题过程及组稿过程等，都在自然运用着逻辑方法论的基本方法学。它包括形式逻辑方法和辩证逻辑方法，形式逻辑方法又包括普通或传统逻辑方法，如抽象、综合、概括、定义、分类和划分，以及现代形式逻辑方法等；辩证逻辑方法包括归纳与演绎、结合与分析、综合与判断、逻辑与历史结合，从抽象上升到具体等编辑工作思维方法。在编辑实践中，如对科研论文的评审中，尽管编辑不是相关专业领域的专家，但其运用正确的逻辑方法和编辑思维方法，以及所具有的医学科研设计方法论和医学统计学方法知识等，便可对稿件的质量做出初步判断，以决定是否送同行专家实施评审。因此，编辑学方法论主要是研究和解决编辑学信息的理论合理性评价和编辑实践问题，以及编辑学理论研究的接受标准等实际问题。

3. 历史方法论 所谓历史方法论就是编辑认识和理解医学编辑出版历史的基本方法，它也是研究其他学科或专业历史的基本方法。医学期刊或医学图书出版史学研究，是医学编辑学研究的重要领域之一。因此，在医学编辑出版史学研究中，应注重抽象与具体相统一、编辑出版历史与逻辑相统一、编辑出版历史与结构相统一。因此，历史方法主要是按照编辑出版或期刊出版发展的顺序与历史事实来说明和展现编辑出版历史，也就是人们通常所说的实证的方法。这种方法的优点是反对解释历史的随意性和主观性，缺点是容易只停留在编辑出版历史现象的表面，对编辑出版历史发展的深层原因和内在规律无法做出阐释。逻辑方法论也是根据编辑出版事业发展历史事实研究编辑出版历史方法，但它更侧重用一些概念、范畴和模式来说明编辑学发展历史，排除各种非本质的因素。它的优点是能够对编辑出版历史发展的深层原因和内在规律做出某种阐释，尽管这种阐释不一定正确或完善，但它能启发编辑人员从理论上提出问题和思考问题。其缺点是容易把鲜活生动和复杂的编辑学历史简单化、概念化和公式化。

4. 逻辑-历史方法论 历史和逻辑统一方法论是编辑学方法论研究的重要内容，它是编辑辩证思维的重要原则；编辑对客观实践的正确认识和在此基础上所建立的各科学知识体系，对编辑出版历史的研究都离不开历史和逻辑相统一的原则与方法论。这一原则既带有规律性，同时也具有方法论的意义。而逻辑与历史的统一是辩证逻辑的方法之一，其基本含义就是编辑出版逻辑的东西与历史的研究成果相统一，编辑出版逻辑的东西与编辑历史的理论方法相统一，这既是辩证逻辑的基本原则，又是编辑学研究中辩证思维的重要方法。因此，在医学编辑学研究方法的构建中，既要注意编辑学理论与编辑实践的关系问题及逻辑与历史的统一性，又要重视医学编辑学理论和方法的结构与功能的构建，同时，还要重视编辑学理论研究的验证与评价，以及编辑学理论研究的形成与发展中的相关问题。

（二）医学编辑学基本研究方法

在医学编辑学研究和编辑实践活动中，可以借鉴和应用一些基本或普通研究方法，作为完善和构建医学编辑学研究的方法学基础。

1. 定性研究方法 这是编辑学研究中比较常用的研究方法，它是指根据编辑现象或编辑实践活动所具有的属性和在实践中的矛盾变化，从编辑实践的内在规律性来研究编辑活动的一种方法或研究角度。实施编辑学定性研究，需要依据相应编辑理论和编辑实践经验，直接抓住编辑实践特征的主要方面，并将同质性和在数量上的差异性予以忽略或另类处理分析。具体地说就是运用归纳、演绎、分析、综合、抽象和概括等方法，对获得的各种编辑材料实施编辑思维加工，从而达到去粗取精，去伪存真，由此及彼，由表及里的认识编辑内在规律的过程，认识编辑实践和理论本质，掌握和揭示编辑实践与编辑理论的内在规律。

2. 定量研究方法 马克思说过，一门学科只有成功地应用到数学时，才算真正达到完善的地步。定量研究方法也称数量研究方法或统计分析方法，它是指通过对编辑研究对象的规模、时间、速度、范围、量化程度等数量关系的分析研究，从中发现、认识和揭示编辑实践活动与编辑项目间的相互关系，并充分展现其变化规律和发展趋势，以此实现对编辑学理论、实践及方法的正确理解和预测的编辑学研究方法。在编辑实践活动和编辑学研究中，通过定量分析研究方法可以使研究者对所研究的编辑对象更进一步数量化和精确化，使编辑学研究更趋于科学化，以利更科学地揭示编辑事物的规律，正确把握其本质规律，弄清逻辑关系，以把握和正确判断及预测医学编辑出版事业的发展趋势。实际上，在科技学术期刊编辑领域，已很早就应用到定量研究方法，如对期刊学术影响力、期刊质量评价指标体系、文献计量学研究等，都是建立在对内在数值变量的关系研究上而揭示其内在规律的。应该说，定量研究方法在编辑学研究领域具有广泛性。

3. 对比研究方法　主要采用的是观察法，是应用领域和范围比较广泛的研究方法，在编辑学研究领域应用也比较普遍，如对中外医学期刊的对比研究、不同学科或专业期刊的对比研究、学术影响力评价指标的对比研究等。这种研究方法是把一组或几组具有相同及相似因素的不同性质的期刊样本或其他研究对象，实施观测指标设计，分别进行统计分析或观察，然后实施对照和对比观察；编辑研究者通过综合分析、量化统计分析、对比样本在其影响因素和构造方面的差异，尤其是研究样本在性质方面的不同之处，从而得出研究对象之间差异的性质、主要影响因素的正确结论，用以改进和指导相关期刊编辑实践。

4. 比较研究方法　是对两个或两个以上编辑研究对象或编辑事项实施比较研究。在编辑学研究中，对编辑普遍现象或事物有时很难从单一具体编辑现象或编辑事物中分辨出其编辑共性的东西，当需要从编辑现象中寻找普遍性或共性的东西时，就必须在诸多编辑现象中实施比较研究，有时是跨学科、跨专业或跨行业的移植与比较研究。比较研究方法就是对物与物之间和人与人之间的相似性或相异程度的研究和判断的方法，它是基于编辑学研究对象或材料的相同或不同之处加以分析研究和判断的认识程序，可以理解为是根据设定的相应标准，对两个或两个以上有联系的编辑事物实施考察，从中寻找其异同点，以揭示编辑学研究的普遍规律与特殊规律的方法。其比较的方法一般有单项比较和综合比较、横向比较与纵向比较、求同比较和求异比较、定性比较与定量比较、宏观比较与微观比较等。

5. 大数据分析方法　在编辑实践和编辑学研究中，发挥和利用现代大数据分析方法，对期刊学术选题、学术发展热点、学术发展趋势、读者需求和作者关注热点问题实施大数据分析，实施预测分析和选题循证，可最大限度地控制编辑决策的失当和偏倚。一般来说，大数据不仅仅意味着数据大，更重要的是对大数据进行分析，通过分析才能捕捉智能化和深入的具有编辑意义与价值的信息。常用的大数据分析方法有预测性分析、数据质量和数据管理、可视化分析、语义引擎和数据挖掘算法等。

6. 实验研究方法　是指由研究者根据编辑研究选题的本质内容进行实验设计，按照实验设计的基本原则和实验设计方法进行实验研究方案的科学而合理的设计，同时还要注重分析实验的干扰因素和控制环境因素对实验结果的影响，保证实验环境和实验条件满足实验目的和要求，通过对可重复的编辑实验现象进行实验性观察，从中发现规律性的东西与可靠结论。一般来讲，实验研究方法广泛应用于基础医学、临床医学和其他学科等自然科学研究中，而在编辑学研究中应用相对较少，但这种研究具有前瞻性，对编辑出版事业更具有预测性和指导意义。

7. 文献分析方法　也称文献研究方法或文献评论方法，它是编辑学研究比较常用的方法，当然也是其他学科实施课题研究过程中的重要组成部分和过程。文献研究方法主要是指深入、系统和全面地搜集、检索、整理与鉴别相应研究课题领域的国内外文献，通过对相应文献的研究和分析，更好地形成对科学研究或课题的认识和了解，掌握其研究的现状、进展、趋势和存在的问题，通过对文献的综合、分析、研究和推理，更重要的是能提出新的发现、新的观点和新的问题，从中探寻和发现新的研究路径或切入路径。文献分析方法是一项经济而且有效的信息收集和研究方法，它通过对编辑研究课题相关的现有文献进行系统性的分析来获取研究信息和新的观点。文献分析方法的阶段性：提出课题或假设、课题研究设计、文献检索和搜集、文献分类与整理、分析文献与文献综述。编辑课题研究设计要明确研究目标、目的和意义，将编辑研究课题或假设的内容设计成可操作和可重复的文献研究活动。

8.文献计量学方法 是编辑学研究中比较常用的研究方法。它是指用数学和统计学的方法，定量分析知识载体和文献数值变量中的内在规律，它是集数学、统计学和文献学于一体，是注重量化的综合性知识体系，它与定性分析相比更具有科学性。其计量对象主要是文献量，包括各种科技学术期刊和出版物，但比较多的是以科技学术期刊论文和引文及学术影响力评价指标应用较多，还有作者数和词汇数，如各种文献标识。文献计量学研究一般常用的方法：①引文计量方法，如被引频次计量统计、他引率、引用刊数、扩散因子、学科扩散指标、学科影响指标、被引半衰期等一系列评价指标；②文献作者计量方法，如作者被引分析、研究者关联分析、合著关联分析、作者学术成就与产出周期分析等；③词汇计量方法，如词频统计分析、关键词共现分析等；④交叉共现计量分析方法，如双聚类方法、高被引论文和引用文献的双聚类分析、引文耦合分析等；⑤引文分析结合数据挖掘与数据可视化分析操作等，可更直观和准确地反映出相关学科研究领域的研究现状、研究趋势和研究热点。

9.经验总结研究方法 是马克思主义实践论方法论的重要科学方法，它通过对编辑实践活动中的具体编辑实践和成功做法，对取得的经验、做法和成绩实施归纳与分析，以达到系统化和理论化，把编辑实践经验上升为系统理论的研究方法。根据经验总结的具体实践过程，它的基本方法或步骤如下所示：确定总结研究专题和研究对象、整理和掌握相关编辑实践资料、周密制订经验总结设计、搜集和整理编辑实践成功典例、实施归纳与分析、综合与提炼、同行评议与论证、总结与确认研究成果等。

10.描述性研究方法 是医学编辑学研究常用方法，特别是在目前已发表的相关编辑研究论文中，其中绝大部分属于描述性研究。描述性研究在医学科学研究领域本来是用于流行病学研究的基本方法，因此，又被称为描述性流行病学（descriptive epidemiology）研究，它是流行病学研究方法中最基本的类型，主要用来描述人群中疾病或健康状况及暴露因素的分布情况，其目的是提出病因假设，为进一步疾病调查研究提供相应线索，是分析性研究的前提。后来人们把这种研究方法自然地应用到相关研究领域，也被编辑学研究普遍应用。描述性研究方法的特点是简单，它将已有的编辑现象、编辑规律和编辑理论通过研究者的理解和验证，赋予叙述和诠释，是对各种理论方法的一般叙述，其更多是解释他人的论证，其实，这在科学研究中是必不可少的研究形式。它的作用是能定向地发现问题和提出问题，同时揭示其利弊，实施经验介绍与现象描述，它利用实例描述和现况调查，展示和揭示编辑实践活动状况的看法与内在规律。

11.调查研究方法 是社会科学和自然科学研究中最常用的方法之一，也是编辑学研究的常用方法。例如，编辑常用的读者调查、作者调查、期刊相关指标的统计调查等，这种调查研究方法是有目的、有目标、有计划地搜集和调查相关研究对象现况及历史状况资料的方法。这种研究方法综合运用了历史方法、统计调查方法和观察方法等，采取谈话、问卷调查、统计报表调查、个案分析、实地测验等形式，对调查搜集到的大量资料实施分析、综合判断、比较和归纳，从而发现和提供规律性和具有指导意义的结论。

12.观察研究方法 是指根据一定的研究目的、预定研究提纲及设计的观察表，编辑学研究者用自己的感官和辅助工具直接观察被研究的对象，从而获得相关研究信息和观察研究结果的方法。这在编辑学研究中也普遍应用，它具有观察的目的性、目标性、计划性、系统性和可重复性的特点，是一种比较简单的编辑学研究方法。

13.数学研究方法 就是在规避研究对象的其他特性的情况下，用数学工具和方法对编辑研究对象实施量化分析和量化处理，构建数学模型，从而对编辑研究课题做出正确的分析和判断，获得以数字或数学形式表述其研究的结果和结论。实际上，编辑学研究的对象也是质量和数量的统一体，这种质和量具有内在联系和变化规律，具有紧密联系的特点，其质变和量变具有互相制约的特性。因此，要达到对编辑学研究课题的真正的了解和认识，不仅需要研究质的确定性，同时，还要重视其量的考察和分析，这样可准确认识编辑研究课题和研究对象的本质特性。其方法主要有统计学处理方法、数学模型方法和模糊数学分析方法等。

14.实证研究方法 是研究者在价值中立的前提下，以观察经验实例为基础，用以检验和建立理论知识性命题的方法。其价值中立是指在编辑学课题研究过程中，课题研究者避免用特定的价值取向、价值标准、主观意识来影响结果和结论的取舍，以保证研究结果和结论的客观性与可靠性。实证研究方法是社会科学研究方法之一，它立足社会或学科实际，通过典型或成功事例与经验等，着重从理论上推理和实证上阐述结论与意义。其形式是依据现有的编辑学理论和编辑实践的需要，实施设计，通过有目的、有计划和有步骤的观察、记录、检测，在伴随的编辑现象的变化条件与现象之间探寻其因果关系，用以阐明各种自变量与因变量的关系。实证研究方法一般有观察法、测验法、实验法、谈话法和个案法等。

15.思辨性研究方法 也属于方法论，是编辑学理论研究使用的方法学。其思辨的形式就是从概念到概念，从范畴到范畴的纯粹的理性范围内的演绎，它不涉及编辑实例和编辑实践活动。它是通过对编辑学概念和编辑命题实施理论性逻辑演绎和推理，以探索认识编辑理论和实践的本质特征与内在规律的研究方法。

16.跨学科研究方法 跨学科、跨专业和交叉研究是编辑学研究的特点之一。在编辑学研究实践中，善于运用多学科的理论、方法和成果，从整体和系统上实施综合研究和交叉研究，是跨学科研究方法的基本特征。当代科学发展的特点和规律是，学科和专业在高度分化中又高度综合，学科和专业的交叉与渗透是科学发展的特点，而学科分化和高度专业化趋势还在加剧，但同时各学科间的交叉、融合与联系愈加紧密，因此，跨学科研究方法既是科学研究的热点，也是编辑学研究的特征。跨学科研究的目的在于通过超越和跨越以往学科门类的研究的约束性，实现多学科和多专业的整合性研究，这种研究形式容易催生新兴学科和交叉学科的诞生。实际上，编辑学本身就具有很强的交叉性，它涉及诸多学科或专业，如社会科学、自然科学、语言学、情报学、新闻学、文献学、传播学、出版学等领域。因此，跨学科研究方法是编辑学研究的重要方法学基础。

17.案例研究方法　也称个案研究方法，它是认定编辑学研究对象中的某特定对象，实施调查分析和个案分析，从个案中探寻普遍性和普遍指导性，从特殊规律中探索普遍规律，是理清其特点、内在规律和编辑实例形成过程的研究方法。案例或个案研究具有三种基本类型，其一是个体调查，这是对编辑实践中的某个案例实施调查研究；其二是整体或系统调查，也就是对某个编辑整体或编辑系统实施调查研究；其三是问题调查，也就是对某个编辑现象或编辑实践问题实施调查研究。这种研究方法在编辑学研究，特别是在相关编辑学期刊发表的论文中比较常见。

18.模拟法或模型研究方法　模型研究方法可分为抽象理论模型、模块理论模型和数学模型等方法。模型研究方法主要是先依照原型的主要特征，构建或设计相似模型，然后通过模型间接研究原型的研究方法。在研究中，根据模型和原型之间的相似性和相似关系，模型研究方法又可分为物理模型（或物理模拟）和数学模型（或数学模拟）两种形式。

19.信息研究方法　其实，任何期刊或出版机构都是一个信息源和信息流动系统，它具有信息接收、信息处理、信息存储、信息传输的功能，通过对信息系统的分析、处理和研究，探索其信息流的内在转换和处理规律，获取对研究对象的系统性认识。而信息研究方法就是利用信息流来研究编辑出版信息系统功能、信息质量、信息处理、信息转换、信息传输、信息管理和信息流动规律的研究方法，它根据信息论、系统论和控制论原理，通过对信息的收集、存储、传递、加工和整理获取信息效益和认识。信息方法作为编辑学研究和实际应用的研究方法，以信息作为研究对象，深入探索编辑出版机构内部和外部信息系统功能，以揭示编辑实践的深层次规律，为编辑实践活动和编辑出版质量的提高发挥方法学作用。

第二节　医学编辑的特殊性

医学编辑与其他科技编辑的不同之处或特殊性是由其编辑对象所决定的。医学书刊和医学编辑具有特殊职守与敬畏生命的伦理价值观和道德规范，其他学科书刊或编辑一般不会涉及人的生命和健康这些生死攸关的学术和技术问题，但医学书刊编辑则不然，其所编辑内容、把关和审查的对象领域具有其特殊性，即"健康所系，生命攸关、性命相托"的生命医学领域。因此，医学书刊或编辑承载着诸多的重任与职责，如职业责任、社会责任、学术责任和医学编辑出版伦理道德标准。医学书刊或编辑的特殊性主要表现在以下内容。

1.生命与健康的特殊性　医学科学是研究和探索人类的生命本质及其疾病与健康关系的科学，是以研究人类疾病预防、诊断和治疗及生命科学为主要任务的领域，因此，以人为研究对象是医学科学研究的重要特点之一。它关系到人民群众的生老病死，关系到千家万户的悲欢离合；要求科研人员和临床医疗技术人员，必须具有高尚的医学职业道德和严谨的科研医疗作风，从事医学研究要符合伦理原则，保证安全可靠，绝不允许直接、间接地有损人的健康和安全。因此，医学书刊的任务就是要记载和传播医学领域相关的研究成果和应用技术成果，它所刊载的是具有临床应用性和诊断与治疗指导性的技术内容，任何环节上的疏忽或错误都可能造成误导和误用，严重者关乎诊断和治疗效果乃至患者健康与生命，这无疑赋予了医学编辑特殊性、特殊知识结构和特殊使命担当。

2. 医学研究的特殊性与广泛性　医学科学或生命科学研究涉及领域和交叉学科之广泛，是自然科学其他学科所不能比拟的，仅医学科学领域本身的学科专业及亚专业就达到数千个，而且还不包括所涉及的其他自然科学的诸多学科领域和社会科学的诸多领域，因此，其特殊性和广泛性是医学科学研究的显著特征。

（1）临床医学研究的广泛性与特殊性：临床医学研究的对象是人体或患者，其中包括临床诊断方法和临床治疗方法研究。临床诊断方法研究的目标是安全、早期、敏感、特异、无创、微量、准确、快速、适宜、简便和经济，其目的是实现实验诊断和形态学诊断或影像诊断技术的自动化、智能化、远程化和数字化。其临床治疗方法研究更具严格性和严谨性，它包括治疗药物的临床应用、手术方法、放射治疗、化学药物治疗（化疗）、物理治疗、精神心理治疗和营养治疗等，临床治疗的所有手段首要的目标是安全和疗效可靠。在临床医学研究方面，还应有中医学（传统医学）和中西医结合的临床研究，特别是中医药学，是人类生命现象和病理现象的重要理论和实践体系，具有独特理论和防病治病及养生保健的手段，其研究领域方兴未艾，是人类重要的医药宝库。

（2）预防医学研究的广泛性与特殊性：人类在医学科学研究中越来越认识到预防医学研究的重要性，其研究方向已从单纯疾病治疗向疾病预防治疗转变。人类疾病的"未病先治"、早期发现、早期诊断、早期治疗、传染性和感染性疾病防控、慢性病管理、健康管理、健康保健等都是预防医学研究的重要内容。

预防医学研究的特殊性主要是由其学科特点所决定的，其特殊性在于如下几点。①突发性：重大传染性疾病的暴发流行和公共卫生事件的发生等一般都具有突发性、广泛性、未知性和难控性。②研究人员交叉感染的危险性：重大传染性疾病的暴发流行或重大公共卫生事件的发生，预防医学及研究人员仅在实验室是不够的，往往要深入疫区或疾病流行现场进行流行病学调查和采集标本，因此，其危险性可想而知。③研究方法的特殊性：预防医学研究既有微观的，也有宏观的；既有实验室的，又有流行病现况调查；往往以环境和人群研究为主。④研究的紧迫性：重大传染性疾病的暴发流行或公共卫生事件的发生的突发性和危害性，决定了预防和控制的紧迫性，因此，其病因、病源和防控措施的实施与研究具有极强的紧迫性和时间性。⑤疾病防控和预防的法规性：在预防医学领域和传染性疾病防控中，具有相应的国家法律和法规，因此，其预防医学人员和研究人员在传染性疾病预防、传染病控制和研究中，必须严格遵循相应法律规定。其学科的这种特殊性，决定了医学编辑既要掌握多学科知识和学术发展趋势，同时又要适应和把握学科的特殊性与特殊规律，以利于遵循自身的学科规律和医学编辑规律，在做好知识服务的同时，为疾病有效防控实施正确的学术导向和学术支撑。

（3）基础医学研究的广泛性与特殊性：临床医学和预防医学的发展，都有赖于基础医学研究的进步和发展，因此，基础医学研究的重要性不言而喻。基础医学研究不仅揭示生命现象、疾病的发生机制、基础理论和方法，而且为临床诊断、治疗和预防疾病提供科学的理论依据，基础医学研究是临床疾病诊断、治疗和预防，新技术、新方法、新药物、新手段的源泉和先导；其研究特点具有开创性、前瞻性和理论性、学科的交叉与融合性、研究方法的先进性、研究领域的方向性和临床结合的紧密性。

（4）医药卫生管理科学研究的广泛性与特殊性：医药卫生管理科学研究具有广泛性和复杂性，其涉及专业领域极其繁多，如卫生管理、医疗管理、医院管理、健康管理、药物管理、医学科研管理、医学人才管理、医疗技术管理、医药卫生政策及决策管理、医药卫生体制改革等，都是医药卫生管理科学研究的领域，而且该领域研究的创新性和管理实践的有效性，又直接影响或制约着临床医学研究、基础医学研究和预防医学研究的发展。

3.科研设计要求与设计类型的特殊性　在医学科学研究中，无论是基础医学研究，还是临床医学研究，其科研设计要求、医学统计学分析法和科研设计类型都与其他学科领域的科研设计具有其截然不同的规范要求，具有复杂性、严谨性和特殊性。而且医学科学专业领域不同、研究对象不同，其科研设计类型和科研设计要求、样本设计和医学统计学方法也不同，在科研设计类型和要求上具有复杂性、科学性、严谨性、合理性和特殊性。因此，要求医学书刊的编辑应熟悉不同学科和专业领域研究的科研设计类型和要求，首先从科研设计审查或评审上把好关，以保证医学科研论文结果和结论的可靠性、科学性和真实性，这是医学编辑的基本使命和责任。

4.医学伦理与医学道德要求的特殊性　作为医学编辑，在编辑实践过程中，面临着多重伦理和道德问题的考量，这是与其他医学编辑不同的，也是其伦理道德标准和要求的特殊性。医学编辑在编辑实践活动中，首先直面的是医学编辑出版伦理和编辑道德的制约，同时，在医学科研论文处理中，又要面对医学科研论文中所涉及的医学伦理、医学科研伦理、临床医疗伦理规范和医学道德要求的考量和评判。因此，医学编辑不但应恪守相应的伦理道德规范，而且还要熟悉和有能力评判医学科研论文在医学伦理、医学科研伦理和临床医疗伦理、医学科研道德及医学道德规范要求方面存在的缺陷问题，严格把好科研伦理和医学道德标准及规范要求的关口。

第三节　医学期刊功能与角色定位

医学期刊的基本社会功能定位或角色定位，简单地说，就是"医学知识信息服务"角色。它具有承载和传播医学科技成果、促进学术交流、引导学术发展方向、为医学科技创新和人类健康提供知识服务与学术支撑的功能。在知识经济社会，医学科技期刊除了发挥医学科技创新知识传播的功能外，其更重要的功能是提供医学知识产出与知识服务，从而对社会和医药卫生技术人员的学术思想与知识更新发挥作用，确立其在促进医学科技进步和学术交流及社会经济发展过程中的职能作用。

1.载体与存储功能 医学科技成果或新理论、新知识、新技术和新方法等，通过学术评价过程，在期刊正式发表，作为学术成果记载或记录在学术发展的历史中，而且永久性存储在学术文献中，它既展示了作者的研究成果和知识产权归属，彰显了作者的学术成就，也使作者实现功利的目的和实现医学科研创新的目标。

2.传播与辐射功能 通过医学期刊的发表和信息载体的特殊功能，医学科技人员的科技成果和学术思想的传播半径与辐射半径无限扩大，可借助期刊载体，实现科技成果和学术思想的广泛传播和交流，让更多的医学科技人员了解和应用，同时，也扩大了作者的学术知名度和学术影响力。

3.引导与导向功能 医学期刊的重要功能之一，是其学术引导或学术导向的功能和作用，其实，还包括政治思想导向、科学精神、核心价值观和价值取向的引导。医学期刊的作用不仅仅是刊载和传播，更重要的是发挥医学期刊学术旗帜的意义，积极主动引导学术发展的正确方向，充分彰显医学期刊编辑思想性、方向性、引导性、评价性和价值取向性，其学术导向性和思想引导功能发挥得如何，也体现了医学期刊编辑的思想和期刊活力。

4.学术争鸣功能 医学期刊本身就是学术争鸣的园地，是不同学术观点汇聚、交流和争鸣的平台，正常的学术争鸣是学术界的优良学风的体现，也是追求科学精神和学术进步的体现。学术争鸣是学术研究中对认识、观点、意见的讨论与争鸣，主要表现为学术辩论的一种形态和行为，是医学科技进步和学术交流与发展的重要手段，也是学术、科技、文化繁荣的重要象征。学术发展史，其实就是学术争鸣史，医学科学新理论要通过学术争鸣和实践发展起来，因为对于新理论、新观点、新发现，人们的认识活动和认识能力不可能一步到位，在医学科学的各个学科或专业学术领域总会出现不同的观点、思想，而且有时难以定论，必须通过学术讨论、学术争鸣和实践认识，甚至相互展开学术论争，正确把握客观世界的本质与规律。实际上，其学术争鸣的过程也是学者相互启迪思维、活跃学术思想、激励学术研究，专家学者相互学习的过程；学术争鸣的各方都希望抛开迷雾，凸显科学真理和掌握真理，因而学者必然竭尽全力为自己的立论、观点实施循证，提供科学证据，这反过来又激励着各方去深入研究和探讨，直至达到正确的理性认识，这是学术发展的基本规律。医学期刊就是要倡导学术争鸣、引导学术争鸣、促进学术争鸣和发挥学术争鸣的功能，真正让医学期刊活起来。

5.学术评价功能 医学科技期刊的同行评议程序设计，实际上就是对医学科技人员研究成果和学术思想的科学评价过程及同行认可与社会认可的过程。医学期刊对作者的科研论文同行评价是全方位的，对其科学性、创新性、实用性、真实性、可靠性及医学科研伦理、学术价值等实施全方位科学评价，稿件评审过程，实际上就是科研成果的评价过程和认可过程。因此，医学期刊的评价功能，是医学科技期刊的重要功能和基本特征。

6.人才培育功能 医学期刊就是医学人才和医学科学家成长的摇篮，诸多的医学科技人员从读者、作者、编审者、编委、主编、著名医学专家一路走来，是医学期刊为医学科技人才的发现、培养、扶植提供了良好平台。因此说，医学期刊是人才培育和成长的摇篮，充分发挥医学期刊的发现人才、培养人才的功能，是医学期刊社会角色地位的基本职能。

7.平台交流功能　医学期刊的学术交流功能不仅局限在文字平面，更重要的是其平台的延伸功能，即医学期刊的平台功能。通过医学期刊平台，可有效整合学术资源、学术思想、专家智力资源、全媒体出版资源等，实现线上和线下、横向与纵向、跨地区与跨行业、跨学科与跨专业的融汇与交流，形成不同学术思想聚会的平台、立体交流的平台，这是医学期刊值得深度挖掘和发挥的重要功能。

8.学术咨询功能　医学期刊的学术咨询功能是被遗忘或忽视的功能，其实，医学期刊发挥其学术资源和智力资源的优势，整合专家的思想智慧，有针对性地实施学术咨询和学术论证，为政府卫生主管部门或医药企业实施政策咨询和论证，为政府和企业科学决策提供决策依据，是医学期刊的重要功能。学术咨询的意思是利用医学专家头脑中所储备的知识、经验、智慧，通过对各种信息文献的综合加工、分析研究和综合性研究，产生智慧成果和智力劳动的综合效益，针对医药卫生发展存在的问题，提出策略、战略、建议和措施，为决策者充当顾问、参谋和外脑的作用，发挥决策咨询功能。医学期刊具有参谋、学术咨询服务性的功能，在医药卫生改革、医药卫生决策、医学科技发展和社会经济活动中发挥着重要作用。

9.知识服务功能　医学科技期刊作为知识载体和科技成果传播的工具，是通过提供学术知识产品为医学科技人员服务的，因此，其知识服务功能是科技学术期刊的根本功能。特别是在国家知识服务体系构建与建设中，作为国家知识服务体系重要支撑部分的医学科技期刊，其功能和使命越发凸显。医学期刊应依托纸版载体和期刊平台优势，整合学术资源和知识资源，实现全媒体、自媒体等新媒体（如数字化传统媒体、网络媒体、移动端媒体、数字报刊等）多元化知识产品的推送服务，发挥移动互联网、手机、平板电脑和阅读器等信息获取和阅读手段，实现特色知识产品的优良制作、量体裁衣和精准推送，使医学期刊知识服务功能最优化。

第四节　医学编辑的独立性

医学编辑的独立性是医学期刊的办刊原则之一。一般讲，编辑的独立性是指编辑意志的独立性，而实际上编辑的独立性不仅包括编辑意志的独立性，还有编辑决策和学术价值取向的独立性。

一、医学编辑独立性的概念

1.医学编辑独立性背景　医学科技学术期刊编辑的独立性，是学术期刊编辑所固有的本质特性，也是编辑角色赋予的基本特征和职能，只是编辑对其独立性意识不强或忽视淡化，当然，也存在编辑自信和能力缺陷的原因，使其编辑独立性功能的发挥名存实亡，甚至视而不见。

国际国内医学期刊界对编辑独立性或编辑自由的重视或讨论源于国际两份著名医学期刊主编被免职事件。一是，1999年国际著名医学期刊《美国医学会杂志》（*The Journal of the American Medical Association*，*JAMA*）的主编Lundberg，因被美国医学会认为刊登了不合时宜的文章而遭免职，这引起《美国医学会杂志》编者们的抗争和国际其他著名医学期刊的轰动与声援，因而引发和促成世界医学编辑学会责成其政策委员会起草了《编辑独立声明》，并于2000年公开发布；随后，国际医学期刊编辑委员会也在其《国际生物医学期刊投稿的统一要求》2006版中增加了"编辑自由"这一编辑独立性相关的条款要求。二是，国际著名医学期刊《加拿大医学会杂志》（CMAJ）的主编Hoey和副主编Todkill在2006年2月被期刊的所有者无端免职。其后又有世界著名医学期刊《新英格兰医学杂志》（*New England Journal of Medical，MEJM*）三位主编被期刊所有者无端免职。由此引发世界医学期刊界和国内医学期刊界对编辑独立性的深刻反省与重视。

2. 医学编辑独立性定义　　世界医学编辑学会在《编辑独立声明》中对编辑独立性的定义：主编对期刊的编辑内容，包括印刷版和电子版形式的所有原创性研究、评论文章，具有最后独立决定权，期刊的所有者不能直接干预或通过营造一种氛围来强硬地影响主编的决策。这一编辑独立性的定义显然具有局限性、狭义性和欠完善的一面，很难完全反映国内医学期刊编辑实践的实际情况和编辑决策运作程序及科技学术期刊编辑独立性的本质特征。因此，不妨重新试定义如下。

医学编辑独立性定义：编辑（包括编辑部、主编）的独立性是指编辑学术价值取向意志的独立性，其编辑意志不受任何人的意志或权利所左右，更不受他人权利或利益冲突的影响。也就是说，编辑独立性就是指编辑部、编辑对医学期刊的学术具有独立自主权，编辑独立性是医学科技学术期刊基本的办刊原则，是保证学术自由和学术质量的前提，也是维护学术公平、公正和期刊质量的保障。

在编辑实践活动中，编辑具备较强的独立提出编辑目的和实施编辑行为的能力，反映了编辑意志行为价值的内在稳定性和主见，按照编辑规范程序和原则独立做出编辑决策且按照编辑意志主动地完成各项编辑工作和程序的编辑心理品质；也就是说，编辑应具备较强的逻辑阻力和学术定力，充分彰显编辑果断、求真、自信、认真、成熟、专注和责任担当的编辑精神品格。编辑意志行为价值的内在稳定性来自于编辑价值观的独立性和编辑角色定位，具有这种编辑意志品质的编辑人员，也善于按照编辑自己的创见、认知和岗位责任提出其编辑行为目的，而且努力找出达到编辑目的所需的措施和手段，而不容易受到其他人干预和其他思想观点影响。

3. 医学编辑独立性的条件与前提　　编辑独立性或自由性是有条件和前提的，编辑独立性不是编辑的任意性和随意性，更不是滥用性。正如民主与自由，世界上从来就没有绝对的民主和绝对的自由，都是在法律限定内的民主与自由，而编辑独立性也是如此，不可能存在绝对的独立性，还必须具有其限定和前提，即限定在学术价值取向上的独立性，并以具备编辑独立性和编辑决策能力与水平为基本前提；编辑独立性的范围和外延不能任意扩大，编辑的能力必须足以胜任，而且其编辑独立性或学术决策制约机制必须健全和完善，不会失去制约和控制。

二、医学编辑独立性范围与原则

医学编辑独立性具有严格的限定范围，不是具有编辑独立性就可以什么都独立，失去范围和限制，而是必须遵循编辑独立性的原则。

1. 医学编辑独立性范围　其实在定义中已经明确，只是限定在编辑的学术价值取向上的编辑决策独立，以确保学术决策的中立性、公正性和期刊学术质量，满足和保护读者的利益和需求。具体来讲，医学书刊的编者（主编、编辑部、编辑）具有独立编辑决策权利，而且不受任何科学共同体、政府行政机构、医药企业、行政领导或管理者、期刊所有者或主办机构及其他人的干预和左右。例如，编辑在期刊的办刊方针、办刊宗旨、选题策划、学术重点报道方向、期刊总体设计、栏目总体设计、学术导向、重要学术评论性选题、科研论文的取舍、重点内容、学术报道重点、学术报道计划、选题约稿计划、编辑委员会（编委会）人选、审稿专家队伍人选等编辑决策上具有独立性决断的权利和排除外来干预的权利。

2. 医学编辑独立性原则　实际上，在我国很多医学期刊编辑实践中，编辑的独立性是基本可以得到保证和发挥的，但大部分医学期刊编辑独立性因历史原因、能力原因和水平原因而自动放弃了，其实是某些编辑缺乏自信的原因。例如，论文稿件的取舍权或编辑决策权，就基本上全部推给、依从或完全依赖于编委及同行审稿专家。

（1）同行评议与评审原则：无论医学编辑独立性如何发挥，作为科技学术期刊，都必须坚持同行评议原则。也就是说，其科研论文稿件的取舍或编辑决策，必须满足同行评议程序要求与遵守同行评议规则。同行评议原则既是国际普遍遵循的原则，也是国内科学共同体如中国科学技术协会（简称中国科协）一直强调坚持的原则。医学期刊编辑决策可以保持其独立性，具有编辑决策权，但必须具有充足的编辑决策依据，其编辑或学术决策的依据主要来源于同行评议或同行评审的编辑决策咨询意见。国际著名医学期刊的办刊实践证明，越是坚持编辑独立性的期刊，其影响力越大。例如，世界著名科技学术期刊 *Nature* 就不设编委会，其科研论文稿件的编辑决策权交给编辑部，所有投送来的科研论文稿件先由编辑初审，权衡各方面条件和因素后，再决定是否送同行专家评审；同行专家评审回来后，再由编辑综合分析数位同行专家评审意见，权衡条件、因素和标准，最后由编辑决定其取舍。而世界名刊 *Science* 设有编委会，其投送来的科研论文稿件先由编委会成员初审评价，然后由编辑通过分析和权衡决定是否退稿或再送同行专家评审，同行专家评审意见返回后，再进行综合分析与权衡，最终退稿还是录用的编辑决策由编辑做出。可以看出，这些世界著名期刊编辑的独立性是比较彻底的，但遵守最基本的同行评议原则是其共同特征。因此，编辑独立性应坚持其同行评议的基本原则。

（2）程序化与科学化原则：要坚持编辑独立性，同时又要保证编辑决策的科学性和公正性，确保编辑决策质量，这就需要程序化设计和进行编辑决策程序，也就是科研论文稿件的同行评议或评审程序，不管最终的编辑决策由谁来做出，都必须是进入程序流程，获得决策依据和证据后做出编辑决策。

（3）编辑独立性的制约原则：任何失去制约的权利都是危险的，医学期刊编辑独立性或编辑决策权也是如此，编辑独立性必须在相应制约条件下进行，如要建立完善的期刊学术治理结构与科学合理的程序化及流程化设计，完善约束机制和学术治理机制。另外，建立健全编辑制度和监督审查制度，以保证编辑独立性和编辑决策行为的科学性、公正性及规范性。

三、医学编辑独立性与编辑特性

1. 医学编辑的主体性与独立性　主体性是指人们在社会实践过程中表现出来的作用、能力和地位，也就是人的主动性、自主性、能动性、自由性和目的性的行为活动地位与特性。同理，医学编辑主体性就是指在其编辑实践活动中，特别是在编辑决策实践中所确立的主体地位或社会角色地位。医学编辑在其编辑实践活动中，根据期刊的办刊方针和办刊宗旨、读者和作者需求、学科与学术发展需要、编辑职责及编辑出版伦理规范，树立编辑的主体意识和主体地位，充分发挥编辑的创造性和创新性编辑思想，由被动编辑模式转变为主动编辑模式。一般来讲，编辑都是专职的，一直在研究和思考读者与作者需求，权衡学科和学术发展的整体趋势，思考如何办好期刊；而编委或专家整天忙于临床与科研一线，其在期刊上分配的精力是极其有限的，因此，编辑理应发挥主体性和主动性作用，而不是处于客体地位，不应使编辑实践活动处于被动地位，国内外著名医学期刊办刊实践证明，编辑主体意识和主体地位发挥好的，期刊发展就具有较强活力。所以，期刊编辑主体性和主体地位的充分发挥，是办好医学期刊的重要因素之一。

2. 医学编辑的选择性与独立性　编辑实践活动的过程，实际上就是编辑的选择过程，选择与被选择实际上就是主体与客体的选择关系，在这种选择关系中编辑是选择的主体，而各项编辑决策事项属于客体地位。例如，选题、重点学术内容报道、约稿人选择、同行评议专家选择、学术导向问题选择、科研论文稿件的取舍、期刊设计和栏目设计选择等，整个编辑实践活动都处在选择的浪尖上，其选择的失误或发生选择偏倚，都会影响编辑的工作质量。同时，在医学期刊编辑实践中，编辑选择应始终处于主动选择的地位，不但要主动选择，而且还要超前选择，并且这种编辑选择具有独立性的特点，只有独立选择、主动选择、超前选择，才能促进医学期刊的不断创新，充分体现编辑思想，促进期刊社会效益、学术效益和经济效益的全面发展。

3. 医学编辑的自主性与独立性　编辑自主性是指编辑作为行为主体按自己学术价值取向和意愿做出决定的动机和能力与特性，编辑行为主体，包括编者个体、编辑部和编辑群体等，都能按自己意愿自由表达编辑意志，而且独立做出编辑决定。在相应条件下，编辑对于所从事的编辑活动具有自主支配和自主控制的权利与能力，能自主推进编辑计划或编辑实践的进程。在医学期刊编辑活动运行中，一般很少有外部干预，编辑部按照分工和职责，会有周期性地自主运行，这也是编辑自主性和独立主体意识的表现。此外，编辑的自主性还体现在独立自主地实施编辑策划、约稿组稿、编辑选题、学术导向选题、总体设计、栏目设计、编辑加工和版式设计等编辑出版实践活动上。

4. 医学编辑的能动性与独立性　编辑的主观能动性就是编辑特有的对期刊发展的认识和提高期刊效益的能力及实践活动。其特点是通过编辑思维与编辑实践的结合，编辑主动、自觉，并且有目的和有计划地主动研究与思考期刊的创新，积极主动地策划和组织选题，主动引导和促进学术交流和学科发展。编辑的能动性其实也就是编辑意志的能动性，其编辑意志的能动性主要是指编辑个体摆脱本能的控制与约束的能力，它反映了编辑意志行为价值的层次性；而编辑意志行为价值的层次性主要是指编辑活动能够相对独立地脱离本能的约束，只受编辑主观意志的自由支配。编辑能动性的发挥是促进编辑独立性的基础，只有发挥编辑的能动性，才能更好变被动编辑模式为主动编辑模式，实施主动和超前编辑选题策划，主动引领学术发展方向。

第五节　医学编辑角色

医学编辑角色是社会角色或职业角色系统中的重要职业角色，它是编辑出版事业中的职业角色之一。其明确的编辑角色定位，对于发挥编辑角色权利、编辑角色规范、编辑角色义务和规范编辑角色行为具有重要的理论意义和实践意义。

一、医学编辑角色的概念和定义

社会角色或职业角色系统包括编辑出版职业角色，而其中又含有医学编辑角色。作为职业角色来讲，随着社会分工和科学及专业分工的细化，职业分工也越来越细化，医学编辑职业角色就是编辑出版学专业细化的产物。就社会角色或职业角色而言，医学编辑角色是现代编辑出版事业不可缺少的编辑角色。

1. 社会角色与职业角色　社会角色是一个庞大的角色系统，其中包括各类职业角色，其实任何个体、群体和职业都具有其不同的社会角色。社会角色是在社会系统中的社会行为模式，社会角色是由个体或群体的社会地位和身份决定的；社会角色要符合社会期望值和规范要求，也就是说，任何社会角色都被赋予了特定的社会规范、社会责任和社会义务。因此，任何社会角色行为都应符合社会行为规范和应承担应有的社会责任。所以，社会角色本身就为其决定了特定的社会身份所要求的行为方式、规范、内在态度和价值观，以及价值取向的基础内涵。社会角色具有多重性和转换性的特点。例如，个体人在家里是父母角色，驾车上路是司机角色，乘车上班是乘客角色，在办公室是职业角色，进入公园或景区又是游客角色等。在生活中，随着场合和人群的不同甚至时间的不同，社会角色在不断转换，人们要适应社会角色的转变，随时扮演不同的社会角色，因为不同的社会角色赋予了人们不同的身份和行为、伦理和道德规范，也承担着不同的社会责任；社会角色意识的不强或混乱，会造成相应社会角色行为、伦理和道德错位或缺失，甚至影响社会角色形象。例如，某人在职业岗位上是领导，回到家是丈夫或父母等，如果不转换角色，回到家还是以领导角色自居，这会造成家庭不和谐。再如老师，在家可能是儿女、父母角色，到学校在学生面前是老师角色，要以老师园丁的社会和职业规范约束自己，否则，老师或园丁的职业角色就会扭曲。而职业角色作为社会角色的重要类型，除具有社会角色的一般特征外，还具有相对稳定性、专业性、行业性、合法性和社会性等基本特征；随着社会和科学的发展，其职业角色作为最重要的社会角色越来越受到人们的青睐和关注。应该说，职业角色是以其广泛的社会分工为基础形成了系列职业角色的庞大系统，同时，社会赋予了其各自的角色权利、角色义务、角色规范和角色模式。很显然，由于社会地位是社会角色的内在本质，因此，社会地位的多样性也就必然决定了社会角色的多样性与复杂性。

2. 医学编辑角色定义与角色定位　医学编辑的角色与其他编辑并没有本质的不同，

只是医学编辑角色面对的是更具特殊性的对象和任务，具有专业偏向而已。实际上，如果用一句话给编辑角色做出准确定义和定位，是很难的事情。

（1）医学编辑角色定义：医学编辑角色是指社会与医学科学及编辑规范对从事医学编辑职业身份或地位的人所形成的期望行为模式；医学编辑角色是以编辑出版事业和医学科学事业的社会分工为基础，由此而赋予的系统编辑责任、编辑权利、编辑义务和伦理道德的行为规范模式。

（2）医学编辑角色定位：医学编辑是以医学科学理论知识和科研成果的编辑评价、学术导向、医学科技信息传播与学术交流、医学科技创新与促进人类健康为基本定位，是医学文献信息的博采者、甄别者、评价者、把关者、策划者、创造者、传播者、引领者。医学编辑是医药卫生事业领域的杂家、守门人、导演和伯乐。医学编辑既不是医务人员，又不是医学科研工作者，也不是读者和作者，因此，医学编辑具有中介性、公众性、独立性和第三方性质，因而具有公正性特征。医学编辑角色应具备创新意识，如选题创新、编辑策划创新、理念创新、学术导向创新、编辑形式创新、知识服务创新、传播形式创新、市场创新。医学编辑角色行为应具有编辑主体意识、责任意识、政治意识、读者意识、作者意识、道德意识、政策意识、策划意识、品牌意识。《中共中央、国务院关于加强出版工作的决定》中指出："编辑工作是整个出版工作的中心环节，是政治性、思想性、科学性、专业性很强的工作，又是艰苦、细致的创造性劳动。编辑人员的政治思想水平、知识水平和业务能力的高低，直接影响着出版物的质量。"这也给编辑角色定位给出了基本认识。

3.医学编辑角色规范　社会角色规范是指角色扮演者在享受权利和履行义务过程中必须遵循的行为规范或准则。医学编辑角色规范和其他职业角色规范既具有共同点，又具有特殊性要求，它具有不同的角色规范形式。从角色范围上可分为一般规范和特殊规范，从医学编辑角色具体要求上又可分为正向规范和反向规范。正向规范即作为医学编辑角色扮演者可以做什么、应当做什么和需要做什么的行为规范；反向规范即作为医学编辑的扮演者不能做什么和不应当做什么的行为规范。从编辑角色规范的表现形式上，又可分为文本性规范和非文本性行为规范。文本性规范，如党纪国法、编辑出版法规条例、编辑出版标准、编辑出版制度、编辑出版规范、编辑出版纪律等；非文本性行为规范，如医学科技学术领域、编辑出版领域、医学期刊编辑出版领域约定俗成的行为和习惯等共同恪守的行业行为规范。

二、医学编辑角色的基本特征

1.医学编辑角色的责任特征　任何社会角色都被赋予了相应的责任，作为社会角色或职业角色的医学编辑也不例外，被赋予了角色扮演者相应责任。角色的责任特征是所有社会角色的基本特征，也是任何职业角色的基本责任意识和担当。因此，作为医学编辑角色，除了要承担医学编辑角色的固有责任外，还要承担医学编辑角色的特有责任，这就是为人类健康和生命负有"守门人"的特殊责任。同时，还要承担作为编辑职业角色所应承担的社会责任和政治责任，尽管医学编辑所面对的是医药卫生科技学术内容，也要始终牢记自己应承担的社会责任和政治责任。

2.医学编辑角色的权利特征　医学编辑作为职业角色的扮演者，在承担相应角色责任的同时，也必然具有角色扮演者所享有的权力和利益。所谓编辑角色权利，就是作为编辑角色扮演者在履行角色义务的同时，应具有支配他人或使用所需资源及物质条件的基本权利。同时，编辑角色权益也应得到维护和保证。所谓编辑权益是指角色扮演者在履行角色义务的同时，也应当得到享有物质和精神报酬的权益，这也是编辑角色的特征之一。

3.医学编辑角色的义务特征　角色义务是指群体、团体和个体对应社会或职业身份与角色地位应当做的事及应当承担的义务，在社会生活中，所有群体、团体和个体都需要履行各自被赋予的义务，这里包括社会义务、政治义务、编辑职业义务、法律义务等。与医学编辑角色权益相对应的还有社会伦理、编辑出版伦理、编辑职业道德和社会道德义务。这里不仅包括编辑角色自身应尽的上述责任和义务，同时，作为医学编辑职业还应具有人类健康"守门人"的责任和义务，并对所评审和编辑出版的医学书刊负有对上述责任和义务的倡导与把关的责任和使命。

4.医学编辑角色的规范特征　应该说，作为编辑角色要接受来自编辑角色行为规范的约束。实际上，在社会实践和生活中，作为群体、团体和个体角色都在自觉或不自觉地恪守着各种社会角色规范，以保证各自社会行为或职业行为符合相应角色的要求和客观标准及行为准则。社会角色规范是在长期的社会实践和生活中自然形成和被赋予的，而又在个体和群体的生活实践中表现出来，其社会角色规范与个体、团体和群体在社会系统中所处的身份或地位紧密相关，它是调节社会角色行为的重要控制环节与特征。尽管社会角色的形式具有潜在性，但其作用却具有外显性，在社会生活中的任何角色，都永远摆脱不了社会角色行为规范的约束和调节；当然，医学编辑角色也不例外。

医学编辑角色行为规范是编辑在参与社会和职业活动中应当恪守的行为规则及准则的总称，也是被社会和相应职业系统普遍认可和接受的具有约束力的行为规范。它包括编辑行为规则和原则、编辑道德规范、编辑出版伦理规范、编辑行业规范、编辑行业标准、编辑行业法规条例、行政规章、法律规定、团体章程和编辑职责等。人们的行为规范或职业行为规范，是在现实生活和相应事业中根据人们或事业职业的需求、价值取向、价值判断而逐步形成和确立的，是社会成员在社会活动中所应遵循的标准或原则。因为医学编辑行为规范是建立在维护医学期刊正确的办刊方针、办刊宗旨与公平、公正、客观的基础之上的，对全体编辑出版职业具有引导、规范和约束的作用。它主要是引导和规范全体编辑出版人员可以做什么、不可以做什么、怎样做，这是作为医学期刊编辑职业操守的重要组成部分和基本底线，是医学编辑角色社会价值观的重要体现和延伸。

第六节　医学编辑责任

在社会或职业角色中，任何职业角色都具有其应承担的相应责任，其承担的责任具有层次和身份性，不同层次和不同位置所承担的责任截然不同。医学编辑的责任，既有编辑岗位所赋予的责任，也有医学期刊功能和责任所赋予的责任，同时，还有其编辑职业角色所负有的政治责任、社会责任和学术责任。

1. 医学编辑的政治责任　医学编辑出版是整个编辑出版事业的重要组成部分，是我国科技文化事业的重要组成部分，当属于意识形态范畴。尽管医学期刊的内容属于学术性和技术性内容，极少涉及政治性内容，但编辑也要讲政治，要树立政治意识和大局意识，坚持正确的政治舆论导向、科技舆论导向和科技出版方向，紧跟党和国家社会发展总体布局和科技发展政策，紧紧围绕国家科技振兴战略和健康中国战略，以及国家重大疾病防治重点和重大公共卫生科技攻关重点，肩负起医学期刊使命，推进医学科技进步，促进国家医药卫生健康事业发展，坚持围绕中心，服务大局，刊载强国，为国家科技创新提供知识服务支撑和助推动力。在编辑实践中，编辑对于任何存在政治问题的稿件具有否决权，也就是说，政治责任是编辑的首要责任。因此，医学编辑要具有讲政治、讲大局、讲责任、讲使命的政治责任担当意识。

2. 医学编辑的社会责任　社会责任主要指团体、组织或个体对社会应负的责任，也就是应承担的高于团体、组织或个体目标的社会义务。医学期刊的办刊方针、办刊宗旨和社会功能及编辑的角色地位，决定了医学编辑必须具有社会责任意识，承担被赋予的社会责任。在重大公共卫生事件、重大传染性疾病流行和重大自然灾害中，医学期刊或医学编辑应义不容辞和当仁不让地承担起社会责任。例如，2003年严重急性呼吸综合征（SARS，也称传染性非典型肺炎）疫情暴发和流行期间，中华医学会系列医学杂志的众多相关医学期刊和编辑们积极投入到疫情防控的战役中，在广大医务人员一时对本传染性疾病防控和诊断治疗及护理知识不熟悉的背景下，编辑们积极组织专家昼夜奋战，翻译美国疾病控制与预防中心（CDC）相关资料、制订临床实验室SARS诊断和操作指南、SARS临床治疗指南、SARS临床影像诊断指南、SARS防控指南、SARS临床护理指南和专家共识等技术性指导文件，并在各相关医学期刊第一时间迅速发表，第一时间迅速送到奋战在SARS疫情防控和临床防治一线，为疾病防控和临床诊治提供指导。在疫情暴发流行和临床诊治期间，编辑们还积极深入临床一线，组织临床、预防和护理等多领域的专家撰写SARS防治经验学术总结，及时在相关医学期刊发表；在疫情后期，还组织出版了中华医学会《SARS防治论文集》，为有效控制疫情发展和临床诊治做出了贡献。2008年汶川大地震发生后，中华医学会系列医学杂志的编辑们积极行动，超前实施编辑策划，组织相关领域的专家，制订灾区防疫指南、传染性疾病防控指南、受灾人群心理干预指南、相关知识问答等，在相关医学期刊及时发表，为地震灾区疫情防控提供指导。这些都是医学期刊和医学编辑典型的主动承担社会责任的事例。作为医学期刊的编辑，就是要发挥自己的社会和职业位置优势，在国家需要和危急时刻，勇于为国分忧，承担应有的社会责任。

3. 医学编辑的学术责任　在医学期刊或医学图书编辑实践中，医学编辑应承担的除了编辑出版质量责任外，更重要的是学术质量责任。尽管在医学科研论文评审过程中，具有同行专家评议或评审的环节，但是，作为医学期刊或医学图书编辑出版主体地位的医学编辑，学术质量是其应当承担的主体责任。这就需要医学编辑具有学术质量把关的主体意识，不能把学术质量把关的全部责任推卸给同行专家，编辑要对同行专家评审意见进行具体分析判断，并结合编辑自身对稿件的初步评审实施综合分析，做出基本的学术质量判断和价值取向。因此，医学编辑要对所编辑出版的期刊内容的科学性、创新性、可靠性、实用性、真实性、指导性和学术价值负有主体责任。

第七节　医学编辑理念

编辑理念主要指在医学期刊或医学图书编辑出版实践中，编辑经过长期实践的理性思考和在实践经验中所形成的思想观念，以及对精神向往和理想追求与专业信仰的抽象概括。编辑理念具有指导编辑行为和实践的作用，因此，树立正确的编辑理念对做好编辑工作和扮演好编辑角色具有举足轻重的作用。

1. 对作者负责，让读者满意理念　这是医学编辑的最基本理念。编辑在其实践活动中，要面对两个客户群，一是作者客户群；二是读者客户群；可以说这两个客户群都是编辑的"上帝"。作者为医学期刊或医学图书出版提供稿源，是编辑出版的源泉和动力所在，如果没有作者源源不断地提供编辑原材料，编辑也就成了无米之炊。如果编辑出版的医学期刊或医学图书无读者阅读和购买，也就失去了编辑出版的意义，这也是科技知识产品的供给侧改革的关系和问题。因此，编辑处理好读者与作者的定位和关系，摸清供给侧的功利需求，是做好编辑工作的首要任务。让读者满意，就是编辑出版的科技知识产品要满足读者的需要，能够很好地指导医药卫生科技人员的临床、科研、教学和卫生管理实践，真正让读者满意，增强和提高读者对期刊的忠诚度。对作者负责，就是要了解作者心理需求和功利需要及学术追求，理解作者科研成果来之不易和其付出的艰辛与创造性智慧，怀有敬仰之心、羡慕之情、急迫之感，严肃认真、一丝不苟、严谨慎重地对待每一篇作者来稿，在限定的时段内尽快完成稿件的编辑决策程序，退稿或刊用都必须具有充足的证据和理由，严谨和避免草率从事，即使退稿，也要给出意见、修改补充建议和指出存在的缺陷，甚至给出以后选题或医学科研设计思路，给作者今后临床和科研工作以帮助，即使退稿也要使作者满意和高兴，因为作者也是"上帝"。

2. 内容为王，质量优先理念　医学期刊或医学图书是科技知识产品，是内容产品，确切地说是以内容为王的知识产品。因此，其内容的质量是医学期刊或医学图书的生命线，编辑要以质量为中心，树立内容为王、质量优先的编辑理念，始终把质量放在首位，严格把好学术质量、学术价值质量和编辑出版质量的关口，以质量取胜。这既是医学编辑理念，也是医学编辑的基本责任。

3. 服务读者作者，服务大局理念　编辑的职业角色定位表明，编辑具有"第三方和中介"特征。服务性，是编辑职业的基本特征，编辑不是权力行使者或指挥者，编辑与作者、编辑与读者的关系是服务关系，编辑与作者交流方式是沟通、协商和建议，避免命令口吻；编辑对读者就是知识产品制造商、提供商或推销员，编辑要为读者服务，要让读者满意，这是编辑的基本理念。编辑除了要服务读者和作者外，作为医学期刊和编辑还要具有围绕中心，服务大局的理念；这个中心和大局，就是要以国家建设现代化强国和发展为中心，围绕国家科教兴国战略、科技创新战略和健康中国战略这个大局，发挥医学期刊和编辑的社会角色作用，并为之做出应有的贡献。

4.积蓄资源，培育品牌理念 期刊品牌是期刊市场的核心竞争力，谁占有了期刊品牌，谁就占有了期刊发展和期刊市场的主动权，期刊的竞争在某种意义上说是品牌的竞争。作为编辑既是内容编辑出版的主体，也是期刊品牌培育的主力军。编辑要具有期刊品牌意识和品牌理念，在编辑实践中，善于整合期刊资源、积蓄期刊资源、扩展期刊资源、积蓄期刊品牌资源、构建和蓄积期刊品牌的无形资产，从期刊全面质量控制入手，全面塑造期刊品牌形象，树立期刊在读者、作者和广大医药卫生科技人员心目中的品牌形象、品牌印迹和品牌崇尚，为期刊赢得品牌价值和品牌地位，这也是编辑的最高追求。

第八节 医学编辑精神

俗话说，人是要有点精神的。实际上，人本来就具有两种属性，即生物属性和社会属性，也就是物质属性和精神属性。人的生存不仅需要物质满足生物体的需要，同时更需要精神作为支柱。编辑职业也是如此，人们从事职业不仅需要获取物质，同时更需要精神追求和支撑。任何职业和职业角色都具有自己的固有精神，医学编辑也不例外，也蕴含着特有职业精神。这是社会各职业领域在其发展中形成的精神，也是相应事业发展的精神力量。而职业精神是与社会各职业活动紧密联系的，职业精神具有鲜明的职业特征，是职业发展的灵魂和精神与操守，从事何种职业就应具有何种精神和能力及规范。在社会主义职业精神中，其构成要素繁多，这其中既有相互配合，同时又构成了严谨的职业精神系统模式。其职业精神的关键内涵和外延凸显在创业、敬业、勤业和风险等方面。因此，医学编辑职业也不例外，它也具有自己独特的编辑职业精神。

1.医学编辑咬文嚼字精神 咬文嚼字具有念诵和钻研及过分地斟酌字句之意。以往被看作贬义词，用于嘲讽那些专门死抠字眼而不领会精神实质的之人。但在现代，特别在编辑领域，咬文嚼字实为褒义词，它主要是指编辑的职业习惯和职业精神，对医学科研论文稿件从立题的依据和新颖性、创新性与实用性、医学科研设计的科学性与合理性、统计学方法和统计分析结论的正确性、研究结果与研究结论的可靠性、科研资料与文章结构的完整性、文字与表达的规范性上，实施慎重而仔细琢磨与斟酌，逐条、逐词、逐句、逐字认真琢磨与推敲。这正是医学编辑严谨、认真，对论文稿件精雕细琢、追求完美特有的职业精神；甚至有作者把编辑的这种精神戏称为"职业病"，正是由于这种精神，才有效保证了医学书刊的质量。

2.医学编辑做嫁衣精神 唐代诗人秦韬玉《贫女》中的诗句"苦恨年年压金线，为他人作嫁衣裳"，是说穷苦人家的女儿没有钱置备嫁衣，却每年辛苦地用金线刺绣，为他人做嫁衣裳，看着他人身穿嫁衣出嫁而高兴。其直白的意思是整年忙活，制作嫁衣者没捞到什么好处，但成就了他人的好事。因此，现代人戏称编辑职业是为他人做嫁衣裳的职业，这就是医学编辑职业特征和职业精神的真实写照。作为医学编辑，为了完善和修改好作者的科研论文稿件，可以整天绞尽脑汁，废寝忘食，加班加点地干，甚至出差开会都要带上作者稿件，精雕细琢。稿件发表了，只能署名作者，不能署名编辑，但出现编辑方面的差错还要承担责任，这就是编辑的嫁衣精神，作为医学编辑也必须具备这种嫁衣精神。

3.医学编辑无名英雄精神　无名英雄，也就是说，某人做了好事或为国立了大功，但却没有留下名字或不想让别他人知道，甘愿默默无闻，做无名英雄。这种人彰显了一种高贵品质、高尚情操和特殊精神，是一种只求奉献，不求索取和回报的精神。编辑工作长期实践证明，为了作者科研论文成果的发表，编辑不厌其烦地修改，发现问题和提出补充修改意见，甚至有时为作者提供研究思路或科研设计思路，亲自整理和完善科研论文成果。作者在科研论文发表后，获得国家科技大奖或奖励，还有的从普通作者成长为国内外著名专家、中国工程院或中国科学院院士等，对此，作为编辑为之默默欣慰和高兴。这就是医学编辑的无名英雄精神，也是医学编辑职业应当具备的职业精神和职业品质。

4.医学编辑伯乐精神　在人们的心中，伯乐及其含义人所共知，无人不晓。相传在我国古代春秋时期，伯乐为秦穆公时的人，姓孙名阳，是古代春秋时期郜国人（现山东省菏泽成武县），他具有善相识马的独特本领。现当代人们将伯乐善相识马寓意为善于发现人才、推荐人才、培养人才和使用人才。而医学编辑在某种程度上也具有伯乐精神。在长期医学编辑实践中，经常帮助和扶持初出茅庐的作者，不厌其烦地帮助其修改论文和提出建议及思路，对具有潜质和发展前途的普通作者，编辑还经常向其约稿、请其审稿、邀请其在学术会议上做专题报告或会议主持人，以提供平台和展示其才华的机会，逐步扩大其学术影响力和知名度；使其从初出茅庐的普通作者到审稿人、编委、副总编辑/副主编、总编辑/主编、著名专家，以及学术团体或学会的学术带头人。这些大家的成长过程，编辑在其中发挥了伯乐作用，是发现人才、培养人才、扶持人才、促进人才成长的渐进过程。医学编辑的伯乐作用和伯乐精神，是编辑角色地位所赋予的特殊功能。因此，医学编辑在其实践活动中，要善于做好编辑搭台，专家唱戏；编辑导演，专家上台，不仅要具有伯乐意识、伯乐作用，还要发挥编辑的伯乐精神。

5.医学编辑的怀疑精神　科学的怀疑精神最早源自古希腊的怀疑论，其科学怀疑论者在当时的古希腊被誉为探究者或研究者。科学的怀疑精神主要是质疑理论的适用范围、精确程度、先验假设等，这些都是怀疑理论是否能够简洁、有效地描述客观实验规律，而不是怀疑理论正确与否。其实，科学研究的实质就是从怀疑起步，它是科学的核心和科学研究的起点。在科学精神中，其实也蕴含了科学的怀疑精神、科学的批判精神、科学的分析精神和科学的求证（证据或循证）精神。如果缺乏合理的怀疑和追根问底的精神，就不可能有科学创新和科学发现；俗话说，学源于思，思源于疑。在古代，人们很早就意识到怀疑对学术研究、科技创新和学习的重要性。古人曰，前辈谓学贵知疑，小疑则小进，大疑则大进；大疑则大悟，小疑则小悟，不疑则不悟；孔子曰"每事问"，就是这个道理。而科学的发现多归功于怀疑和为什么。大科学家爱因斯坦则曾说过：我没有什么特别才能，只不过是喜欢寻根刨底地追问问题而已。实际上，科学怀疑是科学理性的天性，特别是科技学术期刊编辑，怀疑或挑毛病，是编辑的"职业病"和职业精神。作为科技学术期刊编辑就是要具有批判性思维，在科学理性面前，真理都是相对的，具有其适用条件、范围和时间性，编辑对作者的医学科研论文的结论和研究发现，就是要用合理的怀疑和批判性思维予以分析研判，应多问几个为什么。编辑如果缺乏怀疑精神，对所有的科研论文稿件中的科研设计、科研发现、结果结论和理论不加以合理分析与综合判断，放弃追根循证，在科研论文稿件面前过分信任研究者、作者或同行评议意见，盲目迷信著名专家、博士导师、学科带头人、国家重点资助课题、著名科研机构及国家重点实验室等，而缺乏编辑自主客观分析和客观判断，就会失去学术"守门人"的作用和责任。

第九节　医学编辑原则

在编辑实践中，编辑既要把握好职业角色定位和职能，同时又要把握好编辑工作的原则，坚持质量优先原则、客观公正原则、作者认可原则。

1. 质量优先原则　医学书刊是内容产品，内容的质量始终是编辑工作的首要任务和重要职责。其质量包括政治质量、学术质量和编辑出版质量。政治质量主要是指所报道的内容要保证不与党和国家政治、法律法规和相关政策相悖，要与党和国家的科技政策及卫生工作政策保持一致，要保持与弘扬党和国家科技政策及主要任务的主旋律；学术质量主要是指其学术内容的科学性、真实性、实用性、创新性和特色等，编辑出版质量主要是指内容的可读性、规范性、印刷装帧美观及质量等。因此，编辑要坚守质量底线，坚持质量优先的原则，这是做好编辑工作的首要任务和责任。

2. 客观公正原则　医学期刊角色和编辑角色的定位，决定了编辑在其编辑实践活动中，应坚持客观公正原则。客观公正原则，通常是指对法官的要求和必须严格坚守的职业素质与考核标准，也就是说，实事求是、公平合理地断案是法官的职业角色准则。而编辑职业角色具有对作者所投科研论文稿件的"生杀"大权，在某种意义上说也具有"法官"的角色意义。这里所说的"客观"，是指编辑从作者所投论文稿件的实际情况出发，不分亲疏、不分职称高低、不分机构大小、不为利益冲突所惑，坚持以论文稿件的质量为客观标准的行为准则，应当根据论文稿件的实际情况和质量做出客观评价，不能凭主观臆断与编辑偏爱随意做出评价。而"公正"主要是指公平合理，其公正的核心理念是平等和正义、注重稿件事实、注重作者所投论文稿件的质量和价值，必须对每篇稿件都一视同仁、不偏不倚，做到作者面前人人平等。编辑只有客观公正地对待每一篇稿件，对每一位作者和稿件负责，才能取信于作者。

3. 作者认可原则　在编辑实践活动中，编辑对所有作者稿件既具有提出修改建议的权利，同时又具有完善、补充和修改作者稿件的权利。但其原则是，无论是编辑修改、补充，甚至编辑代笔重新调整资料或重新执笔撰写，在文章发表前，都必须征得原作者认可方能发表；对于编辑提出的补充和修改建议，也不能强求作者必须按照编辑提出的意见修改或补充，必须尊重作者的意愿，是否需要修改或补充，由作者自行做主，这是作者的权益，任何人不得侵害。但作者也应清楚，无论编辑如何修改，都必须认真加以斟酌，避免盲从，因为文责自负是世界通行规则。

第十节　医学编辑职业特点

1. 医学编辑的创造性　中国科学院原院长卢嘉锡院士曾有名言："对科研工作来讲，科技期刊工作既是龙头，又是龙尾。"龙头即学术导向、科研引领和科研实践指导；龙尾即科研项目或成果的评价、完善与发表。科研论文成果的发表过程实际上是研究工作的延续，在这一过程中编辑发挥着重要作用和创新含义，通过发表评议或评审过程发现存在的缺陷，提出问题和建议，协助科研工作者完善和修改，其本身就是对科研成果进一步创新和完善的过程。编辑的创新还体现在其编辑思想上，其主要体现在编辑选题策划上，编辑从产生编辑思想、编辑创意、编辑构思到构思方案、读者市场调研、方案设计、方案论证、编辑选题策划最终实施，都集中展现了选题策划者的智慧与经验，这整个过程充满着编辑的创造性劳动。编辑工作的创造性体现在对论文稿件编辑加工上，通过编辑对作者论文稿件的追加性创造性劳动，使其成果更科学和完善，这其中蕴含了创造性和原创性成分，也有再创造的成分。当然，编辑工作并不产生新的科研成果或新作品，但科研论文稿件的立题的新颖性和创新性、科学性与实用性、科研设计的科学性、样本设计的合理性、统计学方法的正确性、结果与结论的可靠性，以及科研论文稿件结构、表达的规范性，资料的完整性与可读性，文献引用的准确性等，都需要编辑发挥创造性思维的作用和劳动，做出修改或建议补充、进一步完善和提高的编辑处理。编辑的创造性还体现在期刊或图书的总体设计上，如栏目设计、学术导向设计、版式设计等，并经过编辑的创意构思而形成期刊或出版物版式、插图及封面的装帧等。因此，编辑的每一环节都充满创新性思想和创造性劳动。

2. 医学编辑的系统性　医学期刊或医学图书的编辑过程其实就是一项系统工程，具有很强的系统性，而且任何环节的运行缺陷或错误，都会影响到其系统运行效果。例如，从医学期刊设计上讲，有办刊方针、办刊宗旨、读者对象、期刊总体设计、栏目设计、封面设计、品牌标识（logo）设计、品牌培育设计、报道重点设计、发行设计等；从编辑角度讲，有编辑思想萌发、编辑动议、编辑创意、编辑构想、编辑方案设计、选题策划实施、重点内容编辑出版、内容宣传推送等系列环节，而且各个环节都具有紧密的内在联系和运行的系统性。因此，编辑在其实践活动中，要具有系统观点和系统设计思想，以确保系统运行效果的最优化。

3. 医学编辑的把关性　作为学术媒体的医学期刊编辑，"守门人""把关人"的称谓和作用除了自身的实际职能与实践外，其理论基础还来源于美国社会心理学家、传播学四大先驱之一的卢因率先提出的"把关人"理论。卢因在1947年"群体生活的渠道"一文中，首先提出了"把关人"（gatekeeper）理论概念。卢因认为，在研究受众群体传播时，信息的流动是在一些含有"门区"的渠道里进行的，在这些渠道中，存在着一些"把关人"，只有将符合读者群体需要和规范及"把关人"价值标准与价值取向的信息才被准许进入传播渠道。卢因指出，信息总是沿着含有门区的某些渠道流动，在这些渠道中根据相应公正无私的规定和标准或"把门人"的价值标准及意见，对信息或商品是否被允许进入渠道或继续在传播渠道中流动做出决定。"把关人"既可以指个体和科学共同体，如信源、学术团体、记者、编辑等，也可以是学术媒介组织或机构。因此，从医学编辑实践和"把关人"理论及编辑角色定位，编辑的把关性是其职业特点与职能之一。编辑的把关性主要是根据其对科研论文稿件或选题的价值取向标准、读者群和临床科研及学科发展的需要，对科研论文稿件的科学价值、科学性、创新性、实用性、指导性和真实性等实施学术把关，同时，还要对文章的可读性、文章撰写的规范性、文字表达的正确性，以及医学科研伦理和学术不端现象负有不可推卸的把关责任。

4.医学编辑的潜隐性　幕后性或潜隐性是编辑职业的另一特征，如同秘书工作，为领导起草再多的文稿、报告和讲话稿，都是署领导的名字，绝不会为体现秘书所做创造性劳动将秘书名字也署上去，其只能是幕后性的无名英雄。编辑工作也同样具有幕后性和潜隐性的特点，把作者文章修改和补充得再好，其创造性贡献再大，其署名和著作权也是原论文作者的，编辑只能是幕后英雄，这就是编辑工作的潜隐性的特点。因此，编辑要具有甘当人梯、甘做无名英雄，勇于为他人做嫁衣的精神和无私奉献精神。

第2章

医学编辑人才的知识结构与智能结构

目前，在我国拥有一支庞大的医学编辑人才队伍，作为专业人才群体或个体，其整体素质的优劣，直接影响着医学编辑出版质量和医学编辑出版事业的发展，当然，也会影响到我国医学科学技术和学术交流的发展与繁荣。但是，对医学编辑人才知识结构和智能结构的要求，既不同于临床医生，也有别于其他科技期刊编辑，更不同于卫生管理干部。一般认为，编辑不仅仅是文字匠，还应该是思想家、学问家、学术活动家、编辑创意与策划能手、智慧先锋；当翻开中国著名编辑出版家史料会发现，他们大多既是著名编辑出版家，又是名作家、大学者、著名专家或社会活动家，而且都具有独到的思想智慧、文化智慧、科学技术智慧、编辑出版智慧、学术智慧。由此可见，医学编辑人才是特殊的人才群体，是"杂家"群体，是助推医学科技进步、繁荣学术交流及学术发展和科技文化事业传承与发展的特殊人才队伍。因此，构建医学编辑的知识结构和智能结构，对医学编辑人才的成长和培养，有针对性地加强医学编辑人才教育和继续教育具有重要意义。

医学编辑人才成长的因素是复杂的，但总体来说主要有以下几种。一是社会环境因素，如受教育程度、职业背景、家庭环境、成长平台、机遇和自身努力程度；二是自身智力因素，如智商、意志力、专业兴趣、求知欲望、事业心等。在社会环境因素中，职业背景和成长平台对医学编辑成才具有重要作用；自身智力因素一般又可分为智力因素和非智力因素。

第一节　医学编辑人才成长的智力因素

1. 编辑人才大脑潜力　在人体的器官中，大脑是最复杂的器官，人类的大脑是科学家们不懈研究的重要领域；人类大脑具有的思维、语言和创造性赋予了其特殊的社会属性。大脑为人类神经系统中最高级的神经中枢，它包括左、右大脑半球，是中枢神经中最大和最复杂的神经结构，它是调节机体功能的重要器官，也是人的意识、精神、语言、学习、记忆和智能等高级神经活动的物质基础；其大脑半球表面呈现不同的沟裂，在沟裂之间有隆起的回，这大大增加了大脑皮质的面积。大脑皮质最为发达，是思维的器官，它主导机体的生命活动过程，调节机体与周围环境的平衡，因此，大脑皮质是高级神经活动的物质基础。人的大脑潜能是巨大的，当外界事物刺激大脑可导致记块的产生，记块存储在大脑里的神经细胞膜上，并以链的形式存在，这种链一一般是糖链或脂肪链，是一种思维链，因为它是思维形式存储的结果，是人的大脑将各记忆块在思维规则的控制下进行组合。在思维中枢里，记忆块在儿童初期阶段是一种思维形式的生理基础，但随着人的成长变化，这种记块就不具有思维功能了，而是一种回忆或记忆，因此，在人的神经细胞膜上，它已经成为固定的记块了，而非思维性质。人类大脑具有如下能力。①人脑的注意力：它是指人的心理活动指向和集中于某种事物的能力。如果人们能全神贯注地长时间地阅读、研究课题或专心做某一事情，而对其他无关事情的兴趣大大降低，这就展现了注意力强的特征。②人脑的记忆力：这是识记、保持、再认识和重现客观事物所反映的内容和经验的能力。例如，人很老时也还记得其亲人年轻时的音容笑貌和形象，以及少年时期家庭环境等一些儿时的场景，这就是人类大脑的记忆功能在发挥作用。③人脑的思维力：这是人与其他动物的最大区别，它是大脑对客观事物间接的、概括和推理的能力。当人类经过学习和观察事物之后，可逐渐把各种不同的物品、场景、知识、事件、经验等分类归纳，不同类型事物或知识都能通过思维活动实施分析概括，这种思维模式和思维形式，是人类智力的核心。④人脑的想象力：这是人类在已有形象思维的基础上，在头脑中创造出新形象的能力，人的想象力是建立在比较完善而合理的知识结构基础上的创造性思维，这种思维形式往往蕴含着潜在的创新与突破的可能性。因此，人的大脑的遗传性、发育及生理健康，是所有人才成长的基础。

2. 编辑的智力激发能力　人的智力是指生物体一般性的精神能力，是人类认识世界、改造世界、理解客观事物、运用知识和经验等解决问题的能力。人的智力内涵包括记忆力、想象力、观察力、思考、分析判断、应变能力等。人的智力高低一般用智力商数来表示，它是用以显示智力发展水平的量值，这里特别需要指出的是，智力不代表智慧，但智慧一定具备相应的智力水平，两者意义具有一定的差异和区别。智力具有潜在性，因此，智力具有可开发性和可激发的潜能，编辑人才培养与开发的任务，就是要激发具有编辑人才素质潜能的编辑人员，重点培养，提供机会和平台，促使其编辑智力充分激活并得到迸发，促进拔尖优秀编辑人才的脱颖而出。

3. 编辑的感知能力　在社会生活和编辑职业生涯中，其实有些东西人是用眼睛看不到的，如黑暗中的物质或物体，但人们可凭借感官系统，如手或身体去感知这些物体的存在；有些东西是人们无法用手和身体触摸到的，如远离人的物体或风景，但人们却可以用眼睛来感知这些东西的存在；另外，有些东西人们无法用眼睛看到，同时也不能用手或机体去触摸，如歌声、音乐等，但却可以用耳朵来感知这些东西就在人们身边，并真实地存在着。在自然界中，还有一些东西是人们用感官也无法直接来感觉到的东西，如自然环境中的紫外线、红外线、电磁波等，只能借助专业仪器设备来测量或感知这些物质的真实存在。因此，人类生命感知是以生命的物质为主体与存在的所有客体的关系表达，人类有了这种表达的感知，也就有了生命的主体，而生命的主体与客体的基本关系就是感知关系。

在自然界中，一般具有生命力的物种都具备感知的能力，也就是都具有感与知的关系，感与知是生命物种或生物体所具备的基本本能，其感知的能力在不同物种不同个体间各不相同，感与知都是在本能作用和存在环境里自然形成和进化的，感与知能力存在是判断生物体存在状态的基本特征。因此，自然环境中生物感知力的存在是生物体的本能反应，生命存在是生物感知力的形式表达；自然环境存在着生物体或生命力，而生物感知力是生物本身所特有的本能，只是其感知的敏感性或感知能力存在着很大差别而已。自然界生物体或生命力在自然环境变化中产生或演变，而生物感知力在生物本能作用下天然形成，这也就有了感知关系的存在，自然确定了主客体的形式建立与形成，具有了主客体的形式产生，也就有了感知关系的建立。所以，自然界生命力和感知力都是本能和普遍存在的，它是由自然环境和生物体本身的先天因素决定，其生命力因环境的不同而有所不同，而感知力也因生物体具备特质不同而存在着差异，其感知能力是意识能力的基础，而意识的产生以感知力为基本条件，这种感知能力也是智力水平的特征之一。编辑人才由于特殊的职业性质，要求其具备较强的感知能力，因为只有具有较强的感知能力，才能对学术发展和信息具有独特的敏感性，也就能够提高编辑的快速反应能力，及时而快速地捕捉学术热点和选题，这是优秀医学期刊编辑应具备的素质之一。

4.编辑的知觉能力　人的知觉是比感觉更深层次的智力活动。所谓知觉是直接作用于感觉器官的客观物体在人脑中的反映，人的知觉是一系列组织并解释外界客体和事件的产生的感觉信息的加工过程，也就是说，知觉是客观事物直接作用于感官而在头脑中产生的对事物整体的认识。人的知觉是感觉的继续深入和发展，也是人的智力水平的另一种基本要素，人的知觉与感觉差别是，知觉是人类对外界客观事物的表面现象和外部联系的综合的整体反映，而人的感觉仅仅是某个片面反映，人们对于局部印象，即感觉到的东西在大脑中经过综合分析与组合，便形成了事物的整体印象和形象感，也就是说，人的知觉是感觉加上大脑对感觉材料的初步分析与综合形成的整体印象。人的知觉比起感觉又升级了一步，它构成了在感觉基础上的更高一级的认识水平，一般来讲，是先有感觉后有知觉，知觉以感觉为基本前提。

人的知觉具有的特性有知觉的整体性、知觉的恒常性、知觉的意义性、知觉的选择性。人的知觉是一系列解释外界客体和事件产生的感觉信息的加工过程，因而对客观事物个别属性的认识是感觉，对同一事物的各种感觉的结合，就形成了对物体的整体认识，即形成了对物体的知觉，而知觉是各种感觉的结合形式，它来自于感觉，但又不同于感觉，因为感觉只反映事物的个别属性，而知觉是对事物整体的认识。人的感觉是感官系统中单个感觉器官的活动形式和结果，而知觉却是各种感觉协同活动的形式和结果。人的感觉一般不依赖于个体的知识和经验，但知觉却受个体知识和实践经验的影响。人的知识和实践经验越丰富，对环境和物体的知觉越完善且越全面。人的知觉水平尽管已达到了对事物整体的认识境界，它比单纯认识事物个别属性的感觉更进一步，但知觉是来源于感觉的，而且两者反映的都是事物的外部现象，并且都属于对事物的感性认识，因此，人的感觉和知觉又有不可分割的内在联系。

人的知觉作为重要的智力要素，也是编辑人才所具备的素质。在编辑实践活动中，尤其在稿件的评审中，对科研论文标题的知觉和对论文摘要阅读后的知觉，使编辑基本对其研究的背景、目的和先进性具有了知觉认识，但要客观判断其结果、结论的可靠性，还需要进一步仔细阅读全文，判断其实验设计、样本设计、统计学分析方法的合理性，以考察其结论的可信性。因此，知觉能力在编辑实践活动中起潜移默化的作用，它是优秀编辑人才成长的重要因素之一。

5.编辑的观察力　人类的观察力是取得感性认识的基本途径，是人们获得正确认识的前提和源泉。人类如果缺乏观察力，也就失去了认识的基础，阻碍了认识的来源。所以，人的观察力既是智力的象征，又是强化智力的重要途径。人的观察力主要是指大脑对事物的观察能力。例如，通过对学术发展状况或事物的观察，可以发现新的选题线索，在对国内外学科发展趋势和现实观察过程中产生新的认识，并通过对研究现象的观察，全面提高对相关领域存在问题的本质认识，从而产生全新的编辑思想。人的观察具有较强的目的性、计划性、方向性，一般很少无目的地观察，也就是盲目观察。一般观察是以视觉为主，融合其他感觉形式于一体的综合感知形式，它是知觉的高级形态；在人的观察行为中，也包含着主动思维活动，也就是边观察边思考，这是一种比较好的观察行为，会给观察带来快速的思维成果，所以，这种形式也可以称为思维的知觉或观察的思维，这是编辑人才成长所共有的特质，善于观察，勤于思考，不断总结，是医学编辑人才成长的重要途径。

人的观察力也是人们认识世界、改造世界和获取知识的重要途径，这不仅是医学编辑的方法论，也是医学科学研究的重要方法。毫不夸张地说，医学科学研究或临床医学研究，都是建立在观察基础上的，离开了观察，也就失去了医学科研工作的基本手段。任何科学研究的新发现、新规律，也都是建立在周密、精确、系统的观察基础之上的。居里夫人的女儿把观察誉为"学者的第一美德"；著名生理学家巴甫洛夫，也把观察、观察、再观察作为医学科学研究的座右铭，巴甫洛夫著名的"条件反射"理论，就是典型的观察发现的重大理论成果，他也曾告诫自己的学生，一定要学会观察，不学会观察，你就永远当不了科学家。

人的观察力也称为观察能力，主要是指能够迅速准确地看出观察对象某些典型的但又不十分显著的特征和重要细节的能力，它是个体通过长期观察活动所形成的能力，人的观察力是智力结构的首要因素，也是智力发展的基础。人的观察力的高低，直接影响着人的感知的精确性和认识事物本质的能力，也会影响人的想象力和思维能力的发挥；人的观察力是人智力发展的重要条件，要提高人的智力水平，就要注重培养人的观察力。例如，《泰晤士报》在招聘编辑和记者时，通知招聘人到《泰晤士报》总编辑处面试，同时告知应聘面试人，不可乘坐电梯前往总编辑办公室，要走楼梯。当应聘人进入总编辑办公室，总编问的第一句话便是："上楼时走了多少台阶？二楼台阶正对面墙上挂着是一幅什么画？"这位《泰晤士报》的总编为什么问这些毫无关系的奇怪事项？其实，这正是他用人的高明之处。这位总编辑首先考察的是他要聘用的编辑、记者的观察力和注意力。这也正是编辑和记者所必备的能力和素质。医学编辑人才也不例外，良好的观察、注意力和思考能力，是医学编辑人才应具备的基本素养和特质。

6.编辑的想象力　想象力也是智力水平高低的表现和要素，它是一种人类特殊的思维形式或思维活动。同时，想象也是一种特殊能力，是人在大脑里对储存的已有信息表象经过重新组合、加工、改造构成新的联系和形成新形象的思维过程。想象的形成是以大脑记忆存储的某些信息和形象为基础，通过思考重新分析、综合与加工，从而创造出新的事物形象，它往往与联想同时结合，由当前事物想到另外事物，也就是由感知到的事物到尚未呈现为现实的事物，而这一尚未呈现为现实的事物，往往就是新事物，带有极强的创新性或开拓性。例如，在编辑实践活动中常用的举一反三易达到事半功倍的效果；对未来事业计划充满逻辑推理和理想，这就是人们在社会实践中的想象与联想，实现触景生情的效果。这种想象力能突破时间、空间、学科间等多维度空间的束缚，结合现实编辑实践中的新事物或问题，展开想象的翅膀，自由想象与联想，在想象中寻找解决问题的方法，它不仅能发挥对机体的调节作用，而且还能起到预测和预见未来的效果。因此，这种无约束的而且是有根据的想象力，正是编辑职业应具备的智能素质。医学编辑在编辑实践活动中，需要不断迸发新的编辑思想，不断推陈出新，这样期刊才有活力，不断给读者带来新的学术思想，增加读者对期刊的阅读欲望和依赖心理，增强和提高读者及科技工作者的忠诚度。

7.编辑的联想能力　人类的联想能力也是大脑的一种思维形式和智力要素，当然也是人的特殊思维方法，它属于创造性思维的范畴。所谓联想，就是人们通过甲事物而想到乙事物的具有逻辑因果关系的心理思维过程。它是借助人脑的想象功能，将相似的、形似的、相连的、相对的、类似的、同类的、相关学科的、交叉学科的、相同的事物，加以因果推理和联想，从中选取其结合点、交汇点、沟通点、连接点、交叉点、契合点等加以有效连接与结合，因而迸发和提出别出心裁的解决问题的方法或方案，它可有效冲破思维误区和惯性思维的束缚，因而，具有柳暗花明又一村的美妙效果。联想还可以通过事物的外表形态，联想到事物的本质，从局部联想到整体，从表面现象联想到本质规律，而且联想还具有心理预测性、心理模拟性、心理判断性和心理分析性质的效果，使人们在实施某项计划时，具备心理预期、心理目标和可能遇到的问题及解决问题办法的心理准备。

联想能力作为医学编辑人才智力要素和能力结构的重要元素，是编辑人才培养的重要内容之一。医学期刊编辑在编辑活动中，只有善于联想，其克服困难的办法和解决问题的方案才会用之不竭，层出不穷，总有新的编辑思想、编辑方案和新的选题策划出来，使期刊永远保持旺盛的发展势头。

8.编辑的记忆能力　人类的记忆和记忆能力是智力结构中基础性要素，记忆是人脑的重要功能和智力基础，可以说，人类的思维活动是建立在记忆和知识存储基础上的。因此，常有人将记忆能力作为评价人的智力的标准，其实这略有片面性，虽然记忆是智力的基础，但运用头脑中记忆知识的能力也是很重要的条件。在现实医疗或医学科研实践中，常有专家或学者学历极高，在校考试成绩都是高分，其每天都在不懈的学习，知识积累达到很高的程度，但很少具有创造性成果，其原因是运用已记忆知识和知识创新的能力存在缺陷，把自己塑造成了单纯"知识积累型"学者，而弱化了"知识产出型"、两者兼顾的学者类型；其实，人知识积累的目的和价值在于知识的产出，只有这样，人类才能不断推动知识的更新与科技进步。

人的记忆是大脑对现实的反映，也是对个体以往曾经学习过的知识、经历过的事物、实践经验的认识和再现过程。一般情况下，人的记忆需要两个基本条件，即需要外界的事物或知识在大脑中形成的印象，而且具有维持和存储信息记忆的储备；再有就是当再次需要时能够快速呈现出来。这种信息存储、再现、运用的过程就称为记忆。也就是说，记忆是人脑对经验和过往事物的识记、保持、再现或再认识，它是人类思维、想象等高级心理活动的基础。可以想象，一个缺乏基本记忆能力的个体，又何以实现人的思维和科学实践活动，人类所有学习、思维、创造和实践活动，都是建立在记忆和具有良好记忆能力的基础之上，否则，人们会一事无成。

人类记忆与大脑海马结构和大脑内部化学成分的变化有关。记忆作为一种基本的心理过程，也是与其他心理活动密切联系的；记忆联系着人的心理活动，它是人们学习、工作和生活的基本技能。人类除了先天因素外，其记忆的能力主要是后天环境因素发挥主导作用。一般来说，人们的记忆途径基本有以下三条。①重复性，也就是说，对记忆难度大的事物，有意识地反复强化记忆，使外界事物在大脑中形成牢固印象，能存储和保持记忆信息的稳定性。在大脑中形成的深刻印象和记忆，大脑一般不会轻易忘掉，这便增强了记忆。②观察，即对外界事物注意观察，强化理解，加深记忆，也就是理解记忆，当遇到运用相关知识、相同或类似事物时，大脑便会迅速再现以往的理解和记忆；也就是说，在理解的基础上记忆，而不是机械记忆，机械记忆对于大脑记忆先天因素欠缺的人来说，其记忆难度更大，一般应采取理解记忆的方法，可达到事半功倍的记忆效果。③逻辑记忆，这种记忆是采用逻辑思维形式，对记忆的事物、知识或材料等实施科学的组织归纳，对其内容本质进行深刻理解，梳理出基本的内在规律和特点，以利更好促进记忆，提高记忆效果。其实，在实际生活中，要提高人的记忆效果，最重要的是注意力集中，这是促进记忆的主要途径。

9.编辑的思维能力　思维，也就是俗话说的思考，它是大脑的主要功能之一，也是人类与其他动物的本质区别所在。思维是人类大脑借助于语言对实践活动和客观事物的概括与间接反应的思考过程。人的思维以感知为基础，但又超越感知的范围，它以探索和发现事物的内部本质联系与规律性为其特征，是人们认识过程的高级阶段。一般而言，思维是人的理性认识过程，是大脑的一种重要功能，也是智力的重要组成要素；思维与感觉、知觉和推理判断比较，其复杂程度更大。思维活动是人脑的重要功能，从心理学和认识角度看，它是人类的理性认识过程，这种理性认识活动是以概念、推理、判断等形式反映客观事物的能动过程。人的思维形式或思维模式还与其所从事的专业有关系，长期从事某专业会形成相对固定的思维模式，形成与众不同的专业性思维方法或思维形式，如编辑思维，只要看东西总爱挑文字错误。这种相对固化性的思维形式，既有利也有弊。其有利的一面是专业思维更有利于专业的发展，而不利的一面是固化或习惯性思维有时难以冲破，因而在处理其他问题时容易受到局限。

10.编辑的经验积累能力　人类在社会实践中，无论是创造性活动还是一般社会实践，经验的积累都是至关重要的，知识和实践经验的积累，善于总结经验，勤于总结经验，是编辑人才成长的重要途径之一。所谓经验，就是指人们的感性认识，一般而言，直接经验是在实践过程中，通过个体的感觉器官直接在实践活动或事物中获取和积累。间接经验通过媒介获取，如通过阅读书刊、他人的成功实践、典型案例、他人介绍等间接获得的经验。但最宝贵的经验是直接经验，也就是自己在编辑实践活动中摸索出来的成功做法，但要善于积累和总结，并将其升华和完善，即由实践经验，上升到理论，以利指导他人的实践活动。

医学编辑要勇于实践，善于总结经验，积累经验，甚至协助总结作者的经验，如某些临床治疗经验。经验积累能力、经验总结能力和经验的归纳能力，都是医学编辑人才应具备的基本智力素质，也是医学编辑人才快速成长的重要途径。

第二节　医学编辑人才成长的非智力因素

除了基本的智力因素外，在编辑人才成长过程中还有非智力因素发挥着重要作用，在智力、学历、专业相等的情况下，不是所有人都能有所建树和成才，能够成为编辑人才和有所建树的人，这其中非智力因素发挥着决定性作用。

1.编辑需要与动机

（1）需要是人的本能需求：社会心理学研究表明，人的社会活动和行为都是建立在需要的基础上而产生的；需要主要是指维持个体生存、繁衍、功利、种族延续和参与社会生活的客观条件在人脑中的反映，由此而产生的欲求状态。也就是说，需要是人类在生存和繁衍过程中，直接感受到的生理和心理上对客观事物的某种要求，这种需求往往以其内部缺乏或不平衡状态，突出表现出其生存与发展对客观条件的依赖性。需要一般以意向、愿望、动机和行为的形式表现出来，因此，需要是动机的初始阶段。需要一般具有对象性、阶段性、社会制约性和独特性特征，人类个体需要的产生，受到诸多因素的影响，主要有生理状态、认知水平和情景状态等，需要具有很强的层次性，具有不同种类。需要是有机体生存和发展的必备条件，它充分反映了有机体对内部环境或外部生存条件的稳定需求，人们只有满足了这些需求，有机体才可能得以维持健康成长。因此，需要是所有人才成长的驱动力和条件，当然也是编辑人才成长的动力和条件。例如，生存需要的基本满足和工作条件需求的基本满足，都是编辑人才成长的必要环境因素。

（2）需要决定动机：动机是指具有某种需求所引发的激励或推动机体的行为，以达到相应需求目的的内在动力，由此可见，这种动力可以激发或刺激人的某种欲望和冲动，从而推动或维持个体行为，并将这种行为导向某一目标。动机是人们行为的推动力，而且也是创造、竞争和发展的推动力。也就是说，人的动机是由目标或对象引导、激发和维持的个体活动的内在心理过程与内在动力，是人类行为的基础。而在组织行为中，动机一般多指激励，它主要是指通过激励原理和激励手段，主动和定向激发员工行为的心理过程，这种激励措施可激发和鼓励员工使其产生内在驱动力，促使其朝着所期望的目标前进和实现目标的过程。动机属于心理状态，心理学家认为动机是决定人行为的内在动力，它具有三大功能：①激励与激发功能，能激发个体产生某种行为冲动；②动机的指向功能，它可使个体的行为定向或特指向某一目标；③动机的维持和调节功能，它可使个体的行为维持稳定和在具体时间适时调整行为的强度和方向。人们依据动机的起源，又可将其分为生理性动机和社会性动机；生理性动机与机体的生理需求密切相关，而社会性动机与人的社会需求密切相关。依据引起动机的原因，又可分为内在动机和外在动机：内在动机由机体自身的内部动因所驱动，如人的基本生理、理想、精神、愿望等；外在动机则由机体的外部诱因所驱动，如食物、异性、财富、奖惩等。而在编辑人才成长过程中，这种需要、动机及相关要素几乎都具备，但编辑人才成长更多是社会和精神高级层面的需要和动机。不难想象，仅以编辑职业或岗位作为生存"饭碗"的境界，是难以成为具有一定作为的编辑人才的。因此，医学编辑人才要具有事业心和社会责任担当及风险精神，以此为需要激发动机，引领编辑职业行为，这是医学编辑人才成长的普遍规律。

2. 编辑性格与气质　性格是人的个性核心和心理特征，是人对现实的态度和与其相适应的行为方式。人的性格是在人们的生理因素、心理因素、主观因素、周围环境因素等相互作用和影响下，逐步形成的个体所特有的心理风格或行为习惯。人的性格养成、形成和发展，受其个体自身生理、家庭环境氛围、教育及社会环境的制约。因此，人的性格是个体对现实生活的稳定的态度，还有与这种态度相应习惯化的行为方式，并从中表现出来的人格特征。性格一经形成便比较稳定或固化，但也并非一成不变，其实性格在某种程度上也具有可塑性，只要强化个体修养和自我矫治，性格改变是能够做到的事情。性格与气质不同，气质更多体现了个体的人格特征和社会属性，而个体之间的人格差异说到底是性格的差异。人的态度是个体对人、事物、思想、观念的反应倾向性，一般情况下，人多在后天社会生活环境下显现出其对人生和生活的态度，它是由认知、情感和行为倾向等因素构成，人们对现实的人生态度，最主要表现在其社会生活中。而个体的人生态度，在某种程度上又决定了其行为方式，也就是说，人对现实稳定的人生态度决定了其行为方式和人生走势，个体不同的人生态度，其人生或职业生涯的结局是不一样的。编辑对其职业态度或事业态度也是一样，工作态度和对编辑业务的学习钻研态度，直接关乎编辑人才成长的趋势和结果。人的性格不同于气质，它受家庭环境、社会环境和历史文化的影响，具有显著的社会道德属性和评价意义，在某些程度上直接反映了个体的道德状态；因此，人的气质更多地凸显了人格的生物属性，而性格则更多地展现了人格的社会属性。人的性格虽然对编辑人才成长具有重要作用，但对编辑人才的成长不具有决定意义，而是发挥影响和制约作用。

人的气质主要是指个体的心理特征，一般具有个体心理过程的特点、反应速度和稳定性的内涵。人的气质在社会活动所表现的，是个体从内到外的内在人格魅力，如修养、品德、仪表行为、说话的感觉等，所表现的有高雅、恬静、温文尔雅、豪放大气等。因此，人的气质并不是个人所说出来的，而是个体长久的内在修养和文化修养的融合在个体行为中的集中体现。人的气质与性格在某些程度上具有相似性，但还是有区别的，人的气质不以活动的时间、条件和内容左右，在工作和生活中展现出很强的稳定性，人的气质与性格比较，它更具有先天性和相对稳定性。也就是说，人的气质是展现的是心理活动强度、速度、灵活性与指向性等稳定的心理特征；人类气质差异是先天形成的，它受到神经系统活动过程的制约。人的气质不能决定编辑个体的职业成就和成才，也就是说，不同气质的个体只要努力钻研和学习，都能在编辑领域的实践中获得成才的机会。

3. 编辑兴趣与志向　人的兴趣是指人们专心研究探索某种事物或对某学科专业感兴趣的思维倾向性；这种兴趣思维倾向性形成后，特别是其程度较强时，便会形成人的动机和力量，促使个体痴迷地钻研进去，并不断向新的领域深层次发展。也就是说，人的兴趣是个体认识某种事物或从事某种活动的心理倾向，它是以认识和探索外界事物的需要为基础，不断推动人们认识事物和探索真理的重要动机。其实，人的兴趣还包括个体的爱好、偏爱和喜欢等表现形式，兴趣和爱好都与人的积极情感紧密相关，因此，培养良好的兴趣和爱好是推动人努力钻研业务和成才的有效途径。人的兴趣也具有很强的层次性，一般有物质兴趣与精神兴趣，物质兴趣主要指人们对物质享受的兴趣和追求；精神兴趣主要指人们对精神生活的兴趣和追求。还有直接兴趣与间接兴趣，直接兴趣是指对活动过程感兴趣；间接兴趣主要指对活动过程产生的结果感兴趣。此外，还有个体兴趣与社会兴趣，个体兴趣是个人以特定的事物或活动及人为对象，对此产生的带有倾向性和选择性的态度与情绪；社会兴趣是指社会成员对某一领域产生的普遍倾向性或普遍需求。人的兴趣具有可塑性和可培养性，人的兴趣是成才的重要因素，对某一学科专业毫无兴趣的人很难做出显著成绩，因此，医学编辑要善于培养自己对编辑业务的兴趣，不断提高对编辑业务钻研的动力，促进编辑业务和学术研究的深入。

人的志向，一般指人们在某一学科领域决心有所作为的努力方向，它往往与人的兴趣相联系，首先是兴趣在先，志向在后。也就是说，志向是兴趣的升级版，同时，志向还有志气的含义；人具有不同的世界观、人生观、核心价值观及价值取向，就具有不同的人生志向。从个体来讲，志向主要通过选择专业或职业来体现，作为个体应以选择社会需要和最能发挥其兴趣与特长作为选择志向的条件，这样容易在职业生涯或专业领域成才。

4. 编辑理想与意志　人的理想，是指对未来的美好想象和期望，理想一般是符合客观规律而且与目标相联系的想象。理想是客观现实的反映，作为理想的奋斗目标，一般是符合事物发展规律的理想和目标。理想是人们在社会实践过程中形成并展现出来的，具有实现的可能性，是有志者对未来社会和自身发展的向往和追求，它是人的世界观、价值观和人生观在职业奋斗目标上的集中展现。人们对未来不懈追求和奋斗，是理想形成的动力和源泉。人的理想作为精神现象，是人们在改造客观世界和主观世界的实践活动中形成的，理想可分为个体理想和组织理想，一般情况下，人的个体理想与组织理想紧密相关，都是对未来社会发展和自身发展的向往与追求。

人的意志，是大脑对外界客观事物的现实反映，它对人的创造活动和奋斗目标的追求过程起着重要作用，是编辑人才的成长不可缺少的因素。人的意志一般不具有先天性，它是后天培养形成和修炼的结果；人的意志非智力要素，但它对智力的发挥却具有重要作用，它是人们自觉地确定目标理想，在实现理想目标中主动支配行为，克服艰难险阻，努力实现理想和目标的心理过程。意，心理活动的一种状态；志，对目标方向的坚定信念和坚持。因此，理想与意志，是编辑人才成长的必要条件，缺乏理想信念的人，也不可能具有坚定的意志，所以，医学期刊编辑人才的成长，需要树立对医学编辑事业发展和奋斗的理想，同时，又要坚定意志，为医学期刊的发展无私奉献，这是医学编辑人才成长的前提条件。

5. 编辑毅力与挫折

（1）毅力，也称意志力，它是人们为达到预期目标而主动克服困难，坚定实现目标的意志品质，它也是人们心理忍耐力的表现。人的毅力与人的目标、期望相结合，将会发挥巨大的动力和作用。在编辑人才成长过程中，对编辑职业钻研的毅力与程度，直接影响着编辑人才发展的心理耐力，对于毅力缺乏或毅力不坚定的人来说，其成才的道路很可能因为毅力不足而中途夭折。

（2）挫折是人们的愿望和需求无法满足时所表现出的心理感受，是一种心理情绪反应。也就是说，人们在有目的的社会活动或职业实践中，当遇到无法克服的障碍时，其目的行为受到阻碍而产生的必然心理情绪反应，它会给人带来实质性伤害，突出表现为失望和沮丧等。挫折具有以下含义：一是挫折情境；二是挫折认知；三是挫折反应。心理学认为，人的行为总是从一定的动机出发，经过不懈努力达到理想目标，如果在实现目标的过程中碰到困难，甚至遇到无法逾越的障碍而失败，这就发生了挫折，造成各种各样的行为，如心理上、生理上的不良反应；如果遭受严重挫折，还会表现为抑郁、消极、愤懑等情绪变化；其生理上也会出现异常反应，如血压升高、心率加快等一系列异常反应和表现。因此，坚定职业发展毅力，正确对待可能发生的挫折，是医学编辑人才成长的重要因素，也是编辑人才应具有的素质要求。

6.编辑心理素质与人格　编辑人才的成长因素与规律表明，在各种成才因素和条件相同的情况下，在某种程度上成才是胜在心理素质和人格特质上，其实，这种心理因素对事物成败的影响在现实生活中经常可以看到，具有普遍性。编辑心理素质是个体的整体素质的组成要素，它以自然素质为基础，主要在后天家庭环境、工作环境、社会环境、教育程度、实践活动等因素的影响下逐步形成；心理素质是由先天和后天的结合形成的，它是情绪内核的外在表现，其心理素质的高低主要以人的性格品质、认知潜能、心理适应能力、内在动力和指向等来衡量。它对内体现的是心理健康状况的优劣，而对外影响人的行为表现。可以说，编辑具有良好的自信、自强、自知、自律、乐观、开朗、善良、坚定、成熟、冷静、合群、敬业、认真、担当、勤奋等个性特征，是编辑出版人才共同的心理特点。而心理素质与人格特征具有很强的相关性，两者相辅相成，人格表现为具有自我意识和自我控制能力，它具有感觉、情感和意志等功能主体，能使编辑个体行为表现为倾向性、稳定性、持久性和一致性的心理结构，它是人格构成的基本要素；人格有时也指编辑个体所具有的与他人相区别的独特而稳定的思维方式、行为气质、行为风范、行为风格和行为特征；它是编辑个体的整体精神风貌，也是具有倾向性与稳定性的心理特征、心理素质和心理表现的总和。因此，编辑人才在成长过程中，自觉塑造和修炼心理品质和人格特征，矫正和约束不良心理和人格行为，是完善编辑人才素质的重要环节和内容。

第三节　医学编辑人才成长的内外动力

在人才学上，任何专业人才的成长和功成名就都具有内在与外在动力的作用，但内在动力起决定作用，这就是内因与外因的关系，内在动力通过外在动力而发生作用。从整个编辑人才发展看，历史上比较卓越的编辑出版家超越他人，实现他人难以实现的目标或成就，发挥关键性作用的是其内在动力。例如，著名编辑出版家邹韬奋，他编辑出版《生活》周刊时所用的笔名是韬奋，他曾对好友释疑说，韬是韬光养晦的韬，奋是奋斗的奋；我既要韬光养晦，又要奋斗不息。他之所以选用这个笔名，其意在自勉树志，内激动力，默默奋斗，这也是邹韬奋改名的意义。这就说明，编辑人才的内在自我志向、内在激励和内在动力，是编辑出版人才成长的重要因素。

1.民族情感动力 翻阅中国著名编辑出版家史料，众多著名编辑出版大家，几乎都具有一个共同的人格特质，那就是对国家和民族的情怀，爱国情怀是著名编辑出版家的共同特点，为了国家和民族的科技和文化复兴，把个人的专业奋斗与国家及民族的兴衰紧密融合，以编辑出版手段为武器，终生奋战在科技和文化编辑出版战线，为国家文化传承、发展和民族振兴不懈奋斗，鞠躬尽瘁。民族精神是一个国家和民族在长期共同生活和社会实践基础上所表现出来的富有生命力的优秀思想、高尚品格和坚定志向的集中体现。中华民族在五千多年的发展历程中，形成了以爱国主义为核心的自强不息的伟大民族精神。爱国情怀是人们在千百年实践中形成的对自己的祖国最诚挚最深厚的情感，它是民族凝聚的强大力量，是动员和鼓舞人们为自己的祖国生存和发展前赴后继、奋斗不息的动力源泉。勤劳勇敢、艰苦奋斗、坚韧不拔、锲而不舍，在中华民族的意识中，不仅是陶冶情操、磨砺人格的重要环节，而且是立身、做人、持家、治国的根本，奋发向上、不断进取和自强不息的民族精神，是激励人们不断开拓创新的不竭精神力量。例如，著名编辑出版家叶圣陶，他先后编辑过《诗》月刊、《文学周报》、《公理日报》、《小说月报》、《中学生》、《国文杂志》等数十种刊物。他为了国家新闻出版事业的发展和文化的有效传播，积极倡导和推动规范现代汉语及语法、修辞、词汇、标点、简化字和除去异体汉字；编纂和规范了出版物的汉字并且规定了汉语拼音方案；他还努力改进编辑工作的质量与组织结构，在编辑出版领域提倡使用白话文，极大地促进了编辑出版事业和民族文化事业的发展。

2.成就事业动力 事业心是指人们对自己所从事的事业执着追求的情感，坚定不移的信念；它是指人们所从事的具有一定目标、规模和系统，并对社会发展有影响的经常性活动。努力成就一番事业的奋斗精神和热爱工作、希望取得良好成绩的积极心理状态，是人类一种高尚的情操。具有事业心的人能根据自己的主客观条件，确立相当困难，然而经过努力可以达到的目标，他们认为事业的成功，比物质报酬和享受更为重要。他们不拒绝合乎法理的物质报酬和享受，但事业成功的振奋和喜悦胜于他所获得的这种报酬和享受。培养和激励每个公民的事业心有十分重要的意义，是开发人才资源、智力资源的关键之一。事业心强的人心理特质是，能妥善处理好自己的能力和任务完成水平，失败了也能正确对待。不管做什么事情，干什么工作，有了事业心，才会产生进取心和自信心，才会激发主动性和创造性，才会有干事的激情、创业的豪情、敬业的痴情。因此，成功的编辑人才都具有其共同特征，那就是事业情怀，把从事的编辑工作视为毕生奋斗的事业去经营，而不是单纯的谋生和获取利益的工具，这是编辑人才成长的动因之一。

3.竞争优胜动力 其实竞争是人类社会和自然界普遍现象，也是自然规律，达尔文曾说"物竞天择，适者生存"，就精辟地说明了竞争的自然性和必然性。但人类的竞争应是理性的良性竞争，是你做得好，我比你做得更好的良性循环竞争，这样才能促进科研创新和专业发展，促进社会进步。如果没有竞争，社会的发展不堪设想，它会失去活力和发展的动力；社会的各界的奖项，如诺贝尔奖、国家科技奖、模范人物奖等，都是在社会认可和表彰这些人贡献的同时，给其他人树立了竞争标杆，从而达到激励各行业发展的社会目的。因此，竞争作为社会性刺激或自然激励，对个体产生一系列心理需要和行为活动，是个体或群体间力图胜过或压倒对方的心理需要和行为活动，即参与者不惜牺牲所有利益，最大限度地获得预期目标的行为。因此，正能量的良性竞争，能激发和振奋精神，奋发进取，提高效率，促进社会进步；而消极的或无所谓的事业态度，缺乏竞争性的环境的氛围，也会挫伤彼此的积极性和奋发有为的精神。在编辑事业实践中，既要有竞争，也要有合作，只有合作，没有竞争，合作缺乏动力；只有竞争，没有合作，竞争缺乏潜力。也就是说，虽然竞争是社会活动不可缺少的动力，但竞争中也可以包含合作，相互分享各种有效的资源，使合作成为人们提高竞争力的手段。因此，竞争性是生物进化和社会进步的动力，当然也是编辑人才成长的动力源之一，竞争性学习，竞争性进步，向优秀编辑出版家学习，是医学编辑人才成长的动力源泉，医学编辑要具有竞争意识，并善于培养竞争力，树立竞争和看齐标杆，激发和促进人才成长。

4.环境激励动力　俗话说，环境改造人，它是指在从事编辑业务活动的氛围或环境上，对编辑人才的激励和影响作用。例如，营造良好的学术环境和钻研编辑业务的风气与环境，这会对编辑人才成长发挥激励和影响作用。此外，激励理论的基本思路是，要针对人的需要采取相应的激励措施，以激发成才动机、鼓励争先学习的行为、形成刻苦钻研编辑业务的动力。因此，行为科学中的激励理论和人的需要理论是紧密结合在一起的。也就是说，除了营造研究学术和钻研编辑业务的良好环境氛围外，组织的激励也是不可忽视的环节，即作为期刊社或编辑组织机构，要适时进行激励管理，奖励先进、鼓励创新、树立模范，在精神上、政治上、物质上和职称职务上予以激励和肯定，形成编辑人才成长的良好氛围和环境，是医学编辑人才成长的环境需要和人才成长的土壤。

5.价值实现动力　人生价值是人生观体系中的重要范畴，而价值是在人生观领域中的具体表现。从某种意义上讲，人生的价值是体现人生的意义，在评估人生价值量大小时，也可以理解为人生的意义如何，分析和判断人生意义的大小。人是社会的人，一般都具有人生价值感和价值体现心理与要求；人总是生活在各种各样的社会关系当中，也必然受到相应社会关系的制约；在实际社会生活当中，人们会选择自己的人生道路，并通过相应方式实现人生意义和人生价值。但是，任何个体的人生意义和人生价值的实现，都要建立在相应社会关系和社会条件基础之上，并在社会实践或社会生活中予以实现；如果脱离社会基础，也就无法创造人生价值，实现人生的意义。因此，人的社会属性决定了人生的社会价值，这是人生价值和意义的基础所在；个体对社会和他人的生存和发展贡献越大，其人生的社会价值和人生价值也就越大。如果个体的人生活动对社会和他人的生存和发展不仅没有贡献，反而起到某种反作用，那么，其人生的社会价值就表现为负价值。所以说，人活着必须要有所追求，要有点精神，人如果没有追求、没有理想、没有奋斗目标，人将会迷失自己和人生方向，失去活着的意义和人生价值。人需要物质，也需要精神，尤其生活在现实社会里，从人的社会属性上讲，精神上的富有，显得更重要。所以，精神的力量是无穷的，人只有精神富有，其追求的层次才会高，其人生价值实现欲望才会强烈，人生只有实现自己的理想，完成自己的使命，这一生才会有意义。因此，人生价值观和价值自我实现意识，是医学编辑人才成长的又一重要动力，编辑在职业生涯中，通过编辑职业岗位平台，以医学编辑手段为其实现人生价值和人生意义的途径，是医学编辑人才成长的价值动力。

第四节　医学编辑人才的修养

医学编辑的角色定位和职业特点，以及其职业的公众性、中介性和第三方性的特点，必然对医学编辑人才的群体和个体修养赋予了特殊要求。其职业特点要求编辑必须具有良好的政治思想、品德、伦理道德、人格和礼仪等基本修养，以利履行职业功能，彰显和发挥职业表率作用和树立的良好的社会形象。

1.编辑的政治思想修养　就编辑职业特点来讲，它具有政治性、思想性、创造性、选择性、加工性、中介性、评价性和社会性的特点，因此，其编辑职业角色地位和职业特点，要求编辑应具备良好的思想素质和政治理论修养。医学期刊或其他科技期刊，虽然不是社会政治性刊物，但即使是纯科技学术刊物，也要讲政治，除了自身要具备坚定的政治信仰，坚持四项基本原则和党性理论修养外，在编辑业务系列活动中，还应具有敏锐的政治鉴别力，在编辑实践中把好政治关，守住政治底线，这是编辑职业的政治责任和社会责任。

编辑的政治素质主要是指政治主体在政治社会化的过程中，人们对它的政治理论和政治行为发生长期稳定的内在作用的基本政治品质，它是社会政治理想、政治信念、政治态度和政治立场在编辑心理活动中逐步形成的，而且通过行为和言行表现出来的内在政治品质；它是编辑人员从事编辑实践活动所必需的基本条件和基本政治素质品质，也是编辑个体的政治方向、政治思想、政治立场、政治观念、政治态度、政治信仰的综合要素和具体表现。加强党的政治理论修养、马克思列宁主义理论修养、社会主义理论修养和辩证唯物主义理论修养，是医学编辑人才成长的重要理论修养的基础，作为医学编辑对这些重大政治理论不一定精通，但其基本理论和原理要熟悉，这是医学编辑人才全面发展的必然要求和素养。

2.编辑的思想道德修养　其实，人的社会存在决定人的思想，人的思想关系到人的行为方式和情感的表达及价值取向。而思想修养，主要指人的思想觉悟和意识行为，思想道德的基本要素包括道德意识、道德情感、道德行为、道德意志。编辑职业的特殊性，决定了其除自身应具有良好的思想道德修养和道德品质外，其编辑职业本身就具有对思想道德品质是非的鉴别、评价、认可和倡导及弘扬的作用。俗话说，打铁还要自身硬。也就是说，编辑自身具有过硬的思想道德、职业道德和道德品质修养，才能具有资格在编辑实践活动中去评判遇到的思想道德问题，编辑本身就应做遵守社会道德、编辑道德、学术道德规范的楷模。人的道德修养是个体道德活动的形式之一，它是指个体为实现理想和目标，在人格和意识行为等方面主动实施的道德自我修炼，并由此达到社会认同的道德规范和道德境界；编辑应具有较强的自律性，不断提升思想道德认识和思想道德判断水准，陶冶思想道德情感，培养正确的世界观和人生价值观及高尚的理想信念。当然，不同的社会制度和时代及阶级对道德修养具有不同的标准、途径、目标、内容和方法，但道德素养、道德品性、道德品质和道德双修是人生的哲学境界。道德属于社会意识形态范畴，是人们社会生活和行为的准则与规范。道德在某种意义上代表着社会的正面价值观和价值取向，具有判断人的言行是与非的作用；道德以善恶为准则，调整人与社会、人与人之间相互关系的行动规范。恪守思想道德行为规范，加强社会道德、职业道德和思想认识修养，是医学编辑人才成长的必修课。

3.编辑的礼仪行为修养　一般认为，编辑的礼仪行为修养无关大局，但作为编辑的特殊角色地位，它要求编辑必须注重礼仪行为的修养，这是社会职业角色所决定的。编辑的礼仪行为修养包含内容比较广泛，但最基本的内涵有编辑的仪表、编辑的性格、编辑的表情、编辑的言谈举止等。

（1）编辑的仪表修养：仪表包括个体衣着、发型、姿势、神态、风度、谈吐、身材等，这些普通的礼仪行为修养，可能在某些职业和社交范围并无大碍，但作为编辑职业，它具有典型的公众性、社会性和交流性，编辑更多地与专家学者、读者和作者打交道，参与、出席、主持或组织各类国内外学术性会议、评审会议等，这时对编辑个体仪表的要求更高，它代表和体现了编辑职业性质和职业形象，也体现和代表了期刊的形象；这可以想象，但凡有成就的专家学者和编辑出版家，都仪表气度非凡，具有大家的风度。因此，加强或注重编辑的礼仪行为素质的养成，是医学编辑人才成长与成熟的重要象征和标志。

（2）编辑的性格修养：人的性格是个体对周围客观事物、对他人态度和行为相对稳定的心理素质；人的性格形成与发展受遗传因素、家庭环境因素、职业因素和工作环境因素等的影响。也就是说，性格是个体对现实稳定的态度，以及与这种态度相应习惯化了的行为方式，在日常生活中表现出来的人格特征。性格一经形成便比较稳定，但也并非一成不变，而是具有可塑性的，这就给人们性格的重塑和再造提供了可能与机会。性格有别于气质，它更多体现了人格的社会属性，实际上，人类个体之间的人格差异的核心与区别是性格的差异；它是个体在对现实的稳定的态度与这种态度相应习惯化了的行为方式中所表现出来的人格基本特征。而态度是个体对人、物和思想观念的一种反应倾向性，它是在后天生活中获得，由认知、情感和行为倾向三个因素组成；态度决定了行为方式，稳定的态度与这种态度相适应的行为方式，便慢慢演化成个体习惯，在生活中自然而然地表露和体现出来。性格不同于气质，它受社会历史文化的影响，具有显著的社会道德评价的意义，它直接反映了个体的道德风貌。因此。气质更多地体现了人格的生物属性，性格则更多地体现了人格的社会属性。性格不是重要的智力因素，更不是技术因素，但性格对智力的发挥和编辑人才的成长具有重要影响作用。俗话说，性格决定命运，这话似乎偏颇，但在编辑人才成长过程中，具有与编辑职业和职业特点相适应的性格，这会打通编辑人才成长和编辑实践活动之间的障碍，既有利于成就编辑和社会活动，又有利于编辑人才成长。因此，医学编辑人才在成长道路上，主动重塑和再造个体性格，培育与编辑职业相匹配的"编辑性格"，这会为编辑人才成长和成就事业扫清障碍。

（3）编辑的表情修养：众所周知，表情是表达情感、情意、内心的感受，通过个体或群体面部姿态和表情肌舒张与收缩在面部显露的思想感情。人的表情是情绪的主观体验在外部的表现形式；人的表情主要有三种：面部表情、语言声调表情和姿态表情。在有些人看来，表情对于编辑无关紧要，而且人人都会根据感受展现个体的表情，但作为编辑职业，其社会性、服务性、公众性、合作性、交流的层次性和广泛性等职业角色特点，都给编辑提出了更高要求。随着医学科学的发展，学术交流日趋频繁，特别是编辑与专家学者、编委、作者、读者的交流沟通与合作日趋频繁，人与人相互合作越来越频繁和复杂，人与人之间的利益联系也变得越来越紧密，这就要求编辑个体在合作、交流、沟通中通过情感表达，适时准确而有效地向他人展示自己的价值观和价值取向，以便取得他人的有效合作与沟通。因此，医学编辑应注重表情这一表达和交流技巧的修养，使其在编辑实践活动中的组稿约稿、跟作者沟通和与专家合作中发挥润滑剂的效果。

（4）编辑的语言修养：语言是人类重要的交流工具，是人的心灵表达与沟通的主要方式。语言是人类交流思想的媒介，当然会对政治、经济、社会、科技、文化、沟通与交流效果产生影响作用。而语言表达能力是指在口头语言，如演讲、交流、学术报告等，以及书面语言，如撰写文章的过程中，运用字、词、句、段的能力，两者均以语言为基础媒介，人的语言表达能力具体指用词准确、语意明白、结构妥帖、语句简洁、文理贯通、语言平易、合乎规范、逻辑缜密，能够简洁精练地把客观概念表述得清晰、准确、连贯、得体，以简要的语言表达出其深刻内涵和主题思想。编辑职业特点或日常活动是与作者、专家学者等高智商、高文化素质和智力群体交流与合作，因此，语言的表达技巧和用语的严谨性、逻辑性和精练性，是医学编辑人才成长中应该具备的技巧和技能。另外，编辑角色的特殊性和社会的影响性，还决定了编辑在其实践活动中，特别是在特殊场合和特殊人群的言语交流中，应谨言慎行，忌讳信口开河，给编辑职业形象造成负面影响，因此，语言表达技巧和语言表达能力的修养，是医学编辑人才成长过程中的必修课；用语严谨、组词造句规范、表达清晰、逻辑性强、内涵丰富、诙谐幽默、谨言慎行是编辑出版大家的共同特点。

第五节　医学编辑人才基本素质

人的精神来自于人对其对象的感觉、知觉和意识等的体验和考量，在广义的自然界的背景之下，整个世界表现为原始自然、人化自然、能动自然和虚拟自然，它们同时构成了个体的对象世界。人的对象世界在其自然的属性方面由低到高呈现出较大的差别，其差别表现为从非能动的自然逐渐地向能动的自然演变的过程。因此，人类的精神对象在其自然演变中，也逐步演化或形成了不同精神和各类职业精神，编辑职业在其数百年的职业发展中，也逐步形成了具有职业或专业特点的"编辑职业精神"。美国《编辑人的世界》一书的主编格罗斯在其书中写道："编辑其实就是一群热情地奉献于事业，富于爱心的专业人士，他们关怀作者，愿意全力以赴，协助作者找到最有效的方式来表达他们想表达的内容，以尽可能触动最广大的读者。"他道出了编辑的奉献精神和职业特点，由此，科技学术期刊编辑职业精神概括起来大致有编辑科学求实精神、编辑的伯乐精神、编辑谦虚好学精神、编辑甘为嫁衣精神、编辑不为名只唯实的精神、编辑质疑怀疑精神、编辑咬文嚼字精神；这些编辑的职业精神，既反映了编辑职业特点，也反映了编辑的职业境界。

一、医学编辑的基本精神

1.编辑科学求实精神　编辑，特别是医学科技期刊的编辑，所发表文章，特别是治疗性文章，关乎患者或大众的生命和健康，因此，坚持科学求实精神，既是编辑角色地位和角色要求，也是编辑责任所在，它不仅自身要具有坚定的科学精神，还要具有鉴别真伪的能力，同时还要恪守科学性、真实性和可靠性的底线。因为编辑是"守门人"，是科学与求真的把关者。因此，医学编辑人才不仅要培养科学求实精神，同时还要提高科学求实的鉴赏能力和水平，这是医学编辑人才所必须具备的精神。

2.编辑的伯乐精神　伯乐其真实姓名为孙阳，是古代春秋时期郜国人，现山东菏泽成武县人；孙阳以识千里马著称，尤其善相识马，为秦国富国强兵立下汗马功劳，以其卓著业绩受到秦穆公信赖，被秦穆公封为"伯乐将军"；因此，产生了社会颂扬已久的"世有伯乐，后有千里马，千里马常有，伯乐难寻"的佳话。而伯乐精神就是指恪尽职守，慧眼识才，育才荐才，推才用才，任贤举能，不求回报的精神。这种伯乐精神，正是期刊编辑或编辑职业所应具有的职业精神。医学期刊是展示科研成果的载体，更是学术交流的平台，也是人才成长的摇篮。在此，编辑具有搭台、导演、推手和伯乐的角色职能和意义。医学编辑实践活动证明，在医药卫生科技领域有着众多著名医学家，从医学期刊的读者、作者、编者，直至成为著名医学大家，也就是说，医学期刊平台成就了一代又一代的医学人才或医学科学家；在这些医学大家的成才和成长的道路上，在某种意义上讲，编辑的伯乐作用功不可没，是编辑的助推和助力作用，使他们乘上了医学人才成长和学术发展的快车。因此，编辑既要具有伯乐识马的本领，又要有伯乐识马的精神，还要有伯乐的责任，在编辑实践中善于发现人才、培养人才和推出人才。

3.编辑谦虚好学精神　医学期刊涉及的学科领域众多，目前一级学科、二级学科、三级学科及亚学科或专业就有几千个，医学科学是一个庞大的科学体系，而且还有诸多交叉学科、相关学科及生命科学与之渗透和交叉，特别是医学科学发展速度日新月异，新学科、新专业、新理论、新技术、新方法层出不穷，因此，作为医学编辑，要想都熟悉或了解那是不可能的。所以，医学编辑必须树立谦虚好学的精神和学风，虚心向相关专家学习和请教，这既是一种精神，也是一种品德，也是医学编辑人才成长的重要途径。

4.编辑甘为嫁衣精神　"敢将十指夸针巧，不把双眉斗画长；苦恨年年压金线，为他人作嫁衣裳"。这是唐代诗人秦韬玉的一首七言律诗的后四句。为他人作嫁衣裳，演绎颂传至今，已经成为编辑职业的代名词。编辑的甘为嫁衣精神，其实主要指编辑为作者苦心修改，精心编辑文章，从不留名，甘为他人作嫁衣裳，甘愿做无名英雄的精神。这种甘为嫁衣精神，既是编辑职业的特点之一，也是编辑应具备的精神，医学编辑人才成长就是要具有这种默默无闻，无私奉献，甘为人梯，甘愿作嫁衣裳的精神，不具有这种精神是很难做好编辑工作的，也就很难成就编辑事业。

5.编辑不畏名只唯实的精神　医学编辑在其编辑实践活动中，审稿、退稿、修改稿等，是医学编辑的日常工作活动，在处理的稿件中，不乏著名医学大家、院士、权威专家、大院长、大校长、大所长的文章，因此，医学编辑在遇到这种情况时，应与普通作者的论文稿件一视同仁，同一标准，同一把尺子，不畏名，只唯实。编辑的避名求真精神，就是指避免因为作者是著名医学大家或学术权威，就畏惧或放松追求科学或追求真理的标准，不敢退稿，不敢修改权威专家的稿件；医学编辑要敢于根据同行评议和自己的判断，勇于提出修改补充建议，敢于提刀修改完善，坚持和维护科学求真精神。

6.编辑质疑怀疑精神 科学研究上的质疑怀疑精神，是科学家的基本科研作风，也是医学编辑应该具备的作风，医学编辑就是要具有批判思维、质疑思维的习惯，在科研论文评审中，要对科研设计的科学性、结果和结论的可靠性进行分析，特别是对怀疑具有缺陷的科研论文，要善于质疑和怀疑，用科学方法去分析，无论是权威专家的科研论文，还是以国家重点课题或国家科研基金资助的科研成果论文，都不应妨碍或限制编辑的质疑和用批判性思维分析研究结果及结论的可信性，这是医学编辑的职业习惯，也是医学编辑的一种求真精神。

7.编辑咬文嚼字精神 咬文嚼字是编辑的"职业病"，也是一种较真精神，同时也是认真负责的作风，它既有编辑对标点符号和文字认真推敲、咬文嚼字的职业习惯，也蕴含了编辑认真负责、一丝不苟的求实求真作风，这是编辑必备基本精神之一。

二、医学编辑的职业素养

1.医学编辑的职业理想 社会主义职业精神所提倡的职业理想，主张各行各业的从业者，放眼社会利益，努力做好本职工作，全心全意为人民服务、为社会主义服务。这种职业理想，是社会主义职业精神的灵魂。一般来说，从业者对职业的要求可以概括为三个方面：维持生活、完善自我和服务社会。这三个方面在社会主义初级阶段的职业选择中都是必需的。社会主义社会的公民在选择职业时应该把服务社会放在首位。因为，只有从社会的整体利益出发，分别从事社会所需要的各种职业，社会才能顺利的发展。也只有在这个基础上，广大社会成员包括从业者自身，才能过上幸福的生活。

2.医学编辑的职业态度 树立正确的职业态度是从业者做好本职工作的前提。职业态度具有经济学和伦理学的双重意义，它不仅揭示从业者在职业生活中的客观状况，参与社会生产的方式，同时也揭示他们的主观态度。其中，与职业有关的价值观念对职业态度有着特殊的影响。一个从业者积极性的高低和完成职业的好坏，在很大程度上取决于他的职业价值观念。职业伦理学研究表明，先进生产者的职业态度指标最高。因此，改善职业态度对于培育社会主义职业精神有着十分重要的意义。

3.医学编辑的职业责任 这包括职业团体责任和从业者个体责任两个方面。例如，企业是拥有生产经营所必需的责、权、利的经济实体。在国家与企业的责、权、利关系中，责是主导方面。现代企业制度不仅正确划分了国家与企业的责、权、利，将三者有机地结合起来，而且也规定了企业与从业者的责、权、利，并使三者有机地结合起来。这里的关键在于，要促进从业者把客观的职业责任变成自觉履行的道德义务，这是社会主义职业精神的一个重要内容。因此，医学编辑的社会角色地位决定了其应承担的社会责任，不难想象，一个无责任意识、无责任感和不会勇于承担责任的编辑，何以成为优秀编辑人才。

4.医学编辑的职业技能　　在社会主义现代化建设中，职业对职业技能的要求越来越高。不但需要科学技术专家，而且迫切需要千百万受过良好职业技术教育的中、初级技术人员，管理人员，技工和其他具有一定科学文化知识及技能的熟练从业者。没有这样一支劳动者大军，先进的科学技术和先进的设备就不能成为现实的社会生产力。我国经济建设的实践证明，只有各级科技人员之间，以及科技人员和工人之间有恰当的比例，生产建设才能顺利进行。社会主义职业纪律是从业者在利益、信念、目标基本一致的基础上所形成的高度自觉的新型纪律，从业者理解了这个道理，就能够把职业纪律由外在的强制力转化为内在的约束力。从根本上说，社会主义职业纪律可以保障从业者的自由和人权，保障从业者发挥主动性和创造性。因此，职业纪律虽然有强制性的一面，但更有为从业者的内心信念所支持、自觉遵守的一面，而且是主要的一面，从而具有丰富的精神内涵。自觉的意志表示和服从职业的要求，这两种因素的统一构成了社会主义职业纪律的基础。这种职业纪律是社会主义法规性和道德性的统一，有深刻的职业精神价值。

5.医学编辑的职业良心　　这是从业者对职业责任的自觉意识，在人们的职业生活中有着巨大的作用，贯穿于职业行为过程的各个阶段，成为从业者重要的精神支柱。职业良心能依据履行责任的要求，对行为的动机进行自我检查，对行为活动进行自我监督。在职业行为之后，能够对行为的结果和影响做出评价：对于履行了职业责任的良好后果和影响，会得到内心的满足和欣慰；反之，则进行内心的谴责，表现出内疚和悔恨。编辑要恪守职业操守底线，就必须具有良好的职业良心，肩负职业责任。

6.医学编辑的职业信誉　　它是职业责任和职业良心的价值尺度，包括对职业行为的社会价值所做出的客观评价和正确的认识。从主观方面看，职业信誉是职业良心中知耻心、自尊心、自爱心的表现。职业良心中的这些方面，能使一个人自觉地按照客观要求的尺度去履行义务，宁愿做出自我牺牲也不愿违背职业良心，做出可耻、毁誉和损害职业精神的事情。在这个意义上，职业信誉鲜明地体现着"全心全意为人民服务"的职业理想和主人翁的职业态度。从客观方面说，职业信誉是社会对职业集团和从业者的肯定性评价，是职业行为的价值体现或价值尺度。同时，职业信誉又要求从业者提高编辑职业技能，遵守职业纪律。社会主义职业精神强调职业信誉，更重视把社会的客观评价转化为从业者的自我评价，促使从业者自觉发扬社会主义职业精神。

7.医学编辑的职业作风　　它是从业者在其职业实践中所表现的一贯态度。从总体上看，职业作风是职业精神在从业者职业生活中的习惯性表现。社会主义职业作风具有潜移默化的教育作用。它好比一个大熔炉，能把新的成员锻炼成坚强的从业者，使老的成员永远保持优良的职业品质。职业集体有了优良的职业作风，就可以互相教育，互为榜样，形成良好的职业风尚。

8.医学编辑职业纪律　　社会主义职业纪律是从业者在利益、信念、目标基本一致的基础上所形成的高度自觉的新型纪律。从业者理解了这个道理，就能够把职业纪律由外在的强制力转化为内在的约束力。从根本上说，社会主义职业纪律可以保障从业者的自由和人权，保障从业者发挥主动性和创造性。因此，职业纪律虽然有强制性的一面，但更有为从业者的内心信念所支持、自觉遵守的一面，而且是主要的一面，从而具有丰富的精神内涵。自觉的意志表示和服从职业的要求，这两种因素的统一构成了社会主义职业纪律的基础。这种职业纪律是社会主义法规性和道德性的统一。

第六节 医学编辑人才的知识结构

人才的知识结构是由知识单元构成的，不同的专业人才，具有不同的知识结构和智能结构，需要什么人才，就塑造和构建相应类型的知识结构。正如药物方剂或化学元素的组合，不同的药物种类与剂量配方就会有不同的作用和功效，不同的化学元素组合成不同的化合物一样。那么，医学编辑人才的知识结构应如何构建？它直接影响着医学编辑人才的培养与成长，作为合格的医学编辑，应具备多元学科知识结构，形成所谓的"通才"或"杂家"。当然，"通"和"杂"都是相对的，医学编辑也应该"专"，但应先"博"后"专"，建立"专"而"博"的医学编辑三维知识结构（图2-1）。

图2-1纵坐标上的数字为相应学科维中的单元学科知识，实体"A"表明运用编辑出版学"硬技术"知识。需要指出的是，现代科学具有相互交叉和渗透的特点，特别是一些综合性或横断性学科，其学科维的界限模糊不清，有的很难分清归类于哪一学科维，因此，有的知识归属粗略。

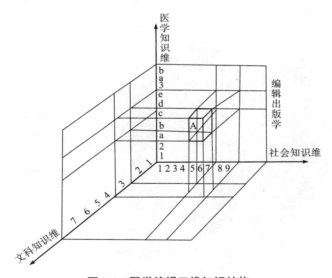

图2-1 医学编辑三维知识结构

医学编辑三维知识结构，由图2-1可见，它具有学科知识立体交叉、纵横交错而又具有立体空间结构的特点；这种知识结构在思维活动过程中，形成的知识交叉点多，因而容易在交叉点处发生撞击而产生"火花"，这种"火花"就带有创新思想的意味，即所谓"创新火花"，它能有效提高编辑创新思维效果。

1.医学知识维 医学编辑，特别是医学科技期刊编辑，应具备：①基础医学科学知识；②临床医学知识（包括临床流行病学、医学科研设计和医学统计学知识）；③预防医学知识；④药物学知识；⑤中医学知识。此外，最好应具有临床工作或基础医学科研工作的经历或经验，并对医学某一学科专业有所特长或造诣，具有一定的学术水平，而且能掌握国内外医学科学或相关领域的进展、动态和发展趋势；很难想象，不具有或根本不懂医学科学知识的人能成为一名优秀的医学编辑。

2.人文知识维　医学编辑也不是仅仅具有高等医学教育背景，就能够成为合格编辑，还必须具备：①编辑出版学知识；②新闻学与传播学知识；③语言学知识，包括外语（英语）；④写作知识；⑤哲学知识；⑥文学艺术等知识。

3.社会知识维　作为合格的医学编辑，应具备：①政治学与政治经济学知识；②社会学知识；③历史与地理学知识；④经济学知识；⑤心理学知识；⑥马列主义基本理论知识；⑦公共关系学知识；⑧管理科学，尤其是卫生管理学知识；⑨伦理学知识；⑩相关法学知识等。

不可否认，人的精力是有限的，要掌握如此多的知识都达到精通那是绝对不可能的，而有些也是没有必要的，但就其掌握的程度或量化很难确定，一般沿用传统的模糊概念加以表述或界定，如精通（通晓）、熟练掌握、掌握、熟悉和了解等。作为医学编辑对于医学科学知识最好是精通，最低也应该是掌握，而对于其他学科知识只能是掌握、熟悉或了解程度。在此，不妨用定量分成的方法来表述和衡量一位合格的医学编辑的知识结构。这三个维度的知识分别以 $A+B+C$ 表示知识总量，以其各知识占的比重进行数量比例分析，那么，合格的医学编辑的知识结构可绘制成图2-2。

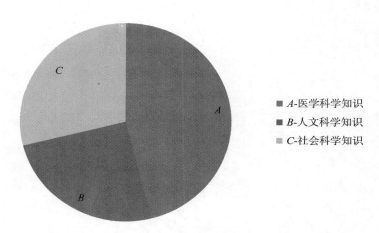

图2-2　医学编辑知识结构比例图

如果按10分成进行知识度量分析，可构建成知识结构计量数学模型，即（6/10）$A+$（2/10）$B+$（2/10）C。

由此可见，如果合格的医学编辑的知识总量为1，而医学科学知识占去了一半多，这是因为医学科技学术期刊首要的是学术质量控制，尽管文章有同行专家评议过程，但医学编辑的学术质量控制责任是不可替代的。其次是编辑出版质量，主要是规范化、文章结构和文字修饰。因此，医学编辑其主要任务是文章的"学术诊断"和编辑规范化上。编辑技术是医学编辑工作的手段，通过编辑的加工处理，使其表达更加规范化和完善。

第七节　医学编辑人才的智能结构

人类智能，主要是智力和能力的统称。在我国古代，思想家把智与能看作两个相对独立的概念。例如，荀子《正名篇》曰："所以知之在人者谓之知，知有所合谓之智，所以能之在人者谓之能，能有所合谓之能。"其"智"就是指人们认识世界和改造世界活动的心理特点，所谓"能"则主要指人们社会实践活动的心理特质。根据智能多元理论，人类智能具有八种智能范畴，如语言智能、数学逻辑智能、空间智能、身体运动智能、音乐智能、人际智能、自我认知智能、自然认知智能。可以看出，这些智能有着很强的好奇心和求知欲，以及敏锐的观察能力，能够了解各类事物的差异、本质和规律。而医学编辑不一定都具备这些智能，但除了编辑最基本的技能和基础能力外，医学编辑人才还用具备以下基本智能。

1. **编辑学习与信息获取能力**　学习是人们终生的事情，学习作为一种能力，一般是指人们学历教育学习和在非正式学习环境下，自我求学、求知、完善知识结构、知识更新、获取知识和发展的能力。而信息获取能力与学习能力既有区别，又具有相似性，都具有获取知识信息的特点；信息获取能力是指对信息怀有强烈的意向和愿望，并能从多种渠道获取所需知识信息的能力。由于医学科学发展非常迅速，知识淘汰和知识更新的速度日新月异，作为医学编辑不仅要不断学习新理论和新知识，同时还要跟踪国内外学科或学术发展的动态和发展趋势，不断从多途径获取国内外医学科技发展的最新信息，以丰富和完善自己的知识结构和编辑实践能力。因此，医学编辑人才的成长，首先具备学习和获取信息的基本能力，善于在知识和信息的海洋中，捕捉自身最需要的知识和信息，并不断增强运用知识和创造产出知识的能力，这是医学编辑人才成长的基础能力。

2. **编辑创意与策划能力**　创意是策划的前提，编辑策划，首先要有编辑创意，然后通过策划实现创意。因此，创意是创造意识或创新意识的代名词，创意就是点子，编辑创意是一种通过创新思维形式或意识，挖掘和激活期刊资源组合方式，并进一步提升资源价值的形式；创意是对传统的叛逆和挑战，其特点就是要打破固有的思维模式和常规的哲学，它是思维的碰撞，是编辑智慧的对接，是带有新颖性和创造性的想法。而编辑策划是源于编辑创意的提出，策划是实施计划或方案、策略与谋划，是对未来即将发生的编辑计划实施系统精心设计、科学谋划、周密安排、科学预测和制订预期目标。这是一种编辑创新和主动的编辑活动，带有较强的编辑思想性、超前性和目的性，编辑创意和编辑策划，是展现编辑思想的重要形式，要办好医学期刊，编辑就必须具备创意和策划能力，这也是医学编辑人才成长过程中需要重点加强的能力之一。

3. **编辑组织与资源整合能力**　医学期刊是公众性学术交流平台，其学术资源丰富，但其资源具有松散性或散点状态。例如，编委中著名医学大家、院士和院长云集，但平时无论是学术资源，还是智力资源都是以散点式分布在各地，因此，如何使期刊的专家资源、作者资源和读者资源发挥应有的社会作用，这就需要编辑的组织能力和资源整合能力，根据学术学科发展需要，经过编辑策划设计，通过组织手段，整合期刊不同资源，特别是不同领域专家学者的智力和智慧资源，为医学科学和学术发展提供智力支撑。编辑的组织能力主要是指开展学术活动的组织能力，如组织策划专题研讨会、专家论证会、政策或学术咨询会、选题组稿会、专家评审会等能力，它是整合学术资源和专家资源的重要形式；编辑人才的组织能力可以成为竞争优势的来源之一。从期刊管理角度说，期刊资源整合是编辑系统论思维形式，也是期刊资源整合的优化资源的配置决策，它就是根据期刊的发展战略和市场需求对有关的资源进行重新配置，以突显期刊的核心竞争力，并寻求期刊资源配置与学科发展、期刊发展、读者或作者需求的最佳结合点，其目的是通过编辑的组织运作、协调与资源整合来增强期刊的竞争能力和优势，最大限度地提高期刊服务于国家科技振兴战略、国家知识创新体系建设的大局和读者的水平。期刊资源整合不仅是对现有资源的整合，更是对原有资源的整合；不仅是对期刊有形资源的整合，也是对期刊品牌资源、学术信息资源等无形资产或资源的有效整合；不单纯是对自身资源的整合，同时也是对社会资源的整合；它不仅是资源的优化配置，更是期刊资源的系统放大和增量与增值，这就是编辑的资源整合能力在编辑创新中获得效益最优化。所以说，医学编辑人才的培养与成长，对编辑的组织能力与期刊资源整合能力的要求尤为重要，它是医学编辑人才成长的重要特征和特点。

4. 编辑洞察与预测能力　编辑的洞察力及预测能力，是期刊编辑活动始终保持主动和超前学术引导的重要因素，编辑要善于洞察学术或学科及科技发展的趋势，超前预测其发展的未来、脉搏和走势，以利实施前瞻性编辑谋划，这是医学期刊编辑人才应具有的特质和能力。编辑洞察力主要是指深入学术、事物或问题的能力，编辑洞察力是对个体认知、情感、行为的动机与相互关系的透彻分析，也就是说，编辑洞察力就是透过学术发展的现象而看到其本质；编辑洞察力就是变无意识为有意识，由被动编辑模式向主动编辑洞察和超前预测分析转变；若狭义地讲，编辑洞察力就是"动心眼"或"动智慧"，因此，编辑洞察力其实更多地包含了编辑分析和编辑判断的能力及内涵，可以说洞察力是一种编辑综合能力的体现。而编辑的预测能力，主要指在占有大量现有信息的基础上，依照特有方法和规律对未来的学术发展或事物实施超前预测分析及测算，以超前性了解科学或事物发展的过程和结果。编辑预测的重要意义就在于它能够在自觉地认识期刊和学术发展的客观规律基础上，发挥和借助大数据分析和大量的信息资料及现代化的预测计算手段，超前和准确地揭示出客观事物运行中的本质规律、内在联系与发展走向，早期预见到可能出现的种种情况，并勾画出未来事物发展的基本轮廓，及时提出各种可以互相替代的措施和方案，这就是俗话说的"预则立，不预则废"的道理；使编辑具有了战略分析、战略预测和战略眼光，为编辑决策提供了充分的科学依据和编辑决策支撑。因此说，在医学编辑人才成长过程中，注重培育编辑的洞察力和预测能力，是编辑的人才发展和成就编辑事业的重要手段。

5. 编辑创新与竞争能力　编辑的创新力与竞争力，是保持和提高期刊活力与发展的个体动力，也是不断提高期刊学术效益、社会效益和经济效益的重要因素。编辑的创新能力是指在编辑实践中，具有不断创新编辑理念、编辑创意、编辑策划、编辑选题等的创新力，是在编辑实践活动中不断提供具有促进期刊发展的学术价值、社会价值、经济价值的新思想、新理论、新方法、新思路、新观点和新实践的能力。它是以传统的编辑思维模式创新性地提出有别于常规或传统思路的见解为导向，发挥现有的知识资源和物质资源，在特定的环境下，本着理想化需要或为满足医学科学发展，读者、作者或社会需求，而创新性改进或创造新的编辑实践方式、方法、路径等，而且能取得较好效果的编辑行为。编辑的竞争力是指编辑个体或群体力图胜过或超过同行期刊的心理需要和行为活动。这里的竞争是指良性竞争，非恶性竞争，只有通过良性竞争，才能促进医学期刊事业的良性发展。所谓编辑竞争力，主要是指编辑或竞争对象在编辑活动中显示出积极向上与竞先夺优的能力。因此，编辑竞争力随着竞争环境的变化，也不断体现其竞争目标和竞争能力的变化；医学编辑人才要具有这种竞争意识和编辑创新意识，只有这样，编辑人才成长和期刊发展才有动力和活力。

6.编辑公关力与沟通能力　编辑职业具有公众性、中立性和中介性，因此，编辑角色决定它要与不同领域、不同层次的专家学者、作者、读者、医药企业及合作伙伴打交道，因此，编辑的公关能力和沟通能力就显得尤为重要，它是选题约稿、编辑策划、学术合作、组织学术活动等成败的重要因素。编辑的公关力是指编辑有目的、有针对性、有计划地为实现某种计划、改善或维持某种公共关系状态而进行实践活动的能力。编辑公关力表现为编辑个体在学术交流场合、合作谈判场合、组织学术活动场合、选题约稿沟通场合、社交场合等的介入能力，以及适应、控制和协调能力等；编辑良好的公关能力是编辑职业重要素质之一。而它与编辑的沟通能力紧密相关，编辑良好的沟通能力，将为编辑卓有成效的攻关提供重要技巧，在编辑活动和人际交往中如鱼得水，发挥自如。编辑的沟通能力主要指编辑的语言表达能力、逻辑叙述能力、思辨能力、倾听能力、话题切入能力、谈话引导力和沟通技巧；编辑的沟通能力表面上看是外在的东西，但实际上是编辑个体整体素质的具体体现，它涉及编辑个体的知识结构、应变能力、亲和力和人格魅力。编辑在现实公关沟通过程中，其要素涉及沟通主体、沟通客体、沟通介质、沟通环境和沟通渠道，巧妙地运用好这些沟通要素，是编辑沟通成败的关键。因此，编辑沟通能力也是指沟通所具备的能胜任沟通工作的客观条件，人际沟通能力是编辑个体与他人有效信息沟通的能力，其沟通技巧和内在动因是激发沟通的前提，所以，编辑的沟通行为要符合沟通情境和彼此相互关系的角色地位和期望；编辑要取得较好的沟通效益，就需要设计沟通预期目的和目标，在沟通中注意兼顾彼此关切，从彼此利益考虑，满足沟通者彼此需要，这是取得编辑沟通成效的重要因素。

7.编辑的观察力与反应能力　在编辑实践活动中，良好机遇总是稍纵即逝，因此，编辑的观察力和快速反应能力是编辑人才所具有的职业素质。编辑观察力主要指其大脑对周围事物的观察能力，它能通过编辑观察发现新的学术热点、卖点、新的报道重点或选题方向，编辑观察力对于个体来说是非常重要，它具有职业特性，编辑敏锐的观察力可有效规避事物的表面现象，透过现象看到事物的本质规律和变化的趋势。编辑较好的观察力可使编辑个体变得更加睿智、机智、处事严谨、随机应变、善于捕捉机遇。而编辑快速反应力与编辑观察力的有机结合，会有效提高编辑捕捉学术热点的能力，增强编辑的学术敏感性和快速反应能力。所谓编辑的快速反应能力，就是指编辑个体受到外界最新学术信息的刺激后，其中枢神经系统本能的条件反应所引起的意识在回答刺激时所发生行为的速度；在医学科学技术飞速发展的今天，编辑只具备对学术发展的观察力和学术敏感性，这是不够的，还必须具有快速反应能力，因为任何机会都是稍纵即逝，如果不及时快速策划组织报道，就会失去期刊的首发机会，因此，编辑的学术敏感性和反应速度的快慢，是决定编辑捷足先登和快速首发的前提条件，这既是编辑人才的一种素质，也编辑职业的特点。

8.编辑分析与判断能力　医学编辑每天是在信息海洋中畅游，如何在真伪并存的海量信息中捕捉具有学术价值的信息，这需要编辑的基本功底，也就是分析能力和判断能力。分析能力是指编辑把某件事物、某种现象、某种学术概念或知识概念分成较简单的组成部分，在这些组成部分中找到其本质属性、规律和彼此之间的内在关系，并实施剖析、甄别、分辨、观察、逻辑思考和结论推导的能力；其实，编辑在编辑创意、编辑策划、选题组稿和论文稿件评审过程中，都离不开编辑的正确分析和判断，它包括编辑对问题的系统组织和对事物不同特征进行系统比较和分析，对事物或问题的认识，通过理性分析和判断，实施编辑决策或决定价值取向的能力。编辑的分析能力和判断能力紧密相关，但又有区别，判断能力是逻辑思维能力之一。因此，分析判断能力的高低也是个体智力水平的表现，人的分析能力具有先天性，但后天环境因素和训练是决定分析判断能力的关键因素。所以，在医学编辑人才成长中，其分析判断能力的训练和提高，是编辑人才培育的重点。

第3章

医学编辑思维方式与创新思维方法

正确的编辑思维方式和思维方法是做好期刊编辑工作的前提和基本方法，而创新性的编辑思维是开拓和创新编辑工作的基础，是期刊质量的根本保证。科技学术期刊编辑创新思维，是指在科技学术期刊编辑思维活动中，超前性地对学科发展趋势的预测，文献调查，国内外学术进展综合分析、判断和推理的编辑创新思维活动。在科技学术期刊编辑和经营实践中，具有编辑创新思维是办好科技期刊的基本前提，而编辑创新思维火花的迸发，又依赖于编辑对创新思维方法和思维方式的正确把握与运用，两者构成了编辑创新的基本条件，而且两者缺一不可。活跃、创新、敏捷的编辑创新思维，来源于编者完善、多维和立体的知识结构，这也是能否具备编辑创新思维的基础。所谓编辑创新思维，主要是指以新颖独创的方法解决编辑实践中的问题的编辑思维过程，通过这种编辑思维能突破常规编辑思维的界限，以超常规甚至反常规的思维方式和方法，以及独特视角去思考问题，从而提出与众不同的编辑解决方案或方法，由此产生新颖独到和具有创新价值及实际意义的编辑思维成果。

第一节　医学编辑的思维方式

编辑思维方式，主要是指编辑审视、观察和分析事物的角度，以及方式方法，编辑具有什么样的思维方式，在编辑活动中就会体现出其相应言行、分析问题和解决问题的行为方式；也就是说，编辑思维方式就是编辑思考问题的基本方法，它包括线性思维方式与非线性思维方式两大类型。人们的普通思维形式是形象思维、抽象思维和灵感思维三种普通的思维方式，而编辑职业思维方式在运用普通思维方式的基础上，又蕴含着编辑职业思维的特殊方式，因而，正确把握和运用编辑思维方式和编辑思维形式，是正确处理编辑实践问题的前提。

1. 主体性编辑思维形式　编辑主体思维方式主要是以编辑理性思维作为观察编辑实践问题和认识问题，以及解决编辑实践问题和正确把握编辑规律及本质的认识方式；它在编辑实践过程中逐步形成了具有相对稳定的和模式化的认识形式与惯性思维。编辑主体思维方式是编辑思考和认识问题所体现出来的比较成熟和稳定的思维逻辑模式，它相对于客体思维方式，具有比较鲜明的主体个性化特点和主体意识，即不同编辑主体和编辑客体具有不同的思维方式。而编辑理性思维则是形成编辑主体思维方式和认识事物的基础，它具有一般性特点，即不同的编辑主体，不论其思维方式是否有所区别，但是其理性思维却具有共同的基本特征，都遵循着共同的认识原则和秩序，都要达到共同的认识目的。编辑主体思维还具有更深层含义，这就是编辑的角色意识和主体意识，在编辑实践中，如果主体与客体颠倒，必然会产生不同的思维效果，编辑缺乏主体意识和主体思维方式的后果，就会产生对编委、主编和专家的高度依赖性和思维惰性。试想，如果编辑将主体与客体角色颠倒，编辑就会养成坐等主人端茶倒水的思维定式，以主体依赖客体，这会丧失了编辑思维的创造性、主动性、超前性，使编辑创意、编辑策划、选题策划失去独立性和思想性，这也是编辑质量难以提高的重要因素。

2.前瞻性编辑思维形式　前瞻性编辑思维，是编辑思维的重要特征和思维形式，期刊编辑工作的最大特点是超前性，要使期刊站在学术发展的前沿和潮头，始终引领学术发展的方向，编辑必须具有前瞻性思维和超前性思考，在思考编辑选题和学术导向选题时，总是想在专家前面，出其不意，以超前性和快速性制胜，赢得学术引领的效果。编辑缺乏前瞻性编辑思维或超前思考，就会处于被动地位，使期刊学术报道内容落后于学术发展的速度和现状，使读者失去了对期刊的新鲜感和阅读价值。因此，编辑的思维方式，决定了期刊发展的走势。

3.高度性编辑思维形式　医学编辑的思维形式要具有高度性、系统性和层次性，应摒弃单纯局限于思考编辑规范化、标点符号、文字修改等一般性编辑业务实践，从这种局限性怪圈中跳出来，应站在整体学科或专业的高度，去思考学科和学术发展及期刊发展的宏观与战略问题，从学科和专业的整体系统，甚至国内外整个相关科学的发展趋势和高度，去思考对本学科、本专业和本期刊学术发展的推动和影响作用，也只有具备这种具有一定高度的编辑思维形式，编辑才能驾驭和把握学科与学术发展的脉搏，周密思考选题路径和选题方向，把握学术发展的航向和标定发展坐标。

4.敏感性编辑思维形式　编辑的各种思维形式都是建立在思维敏感性基础之上的，因为编辑职业的特点和高度，也就决定了编辑的思维形式的敏感性，在编辑实践中，哪怕很小的学术苗头和科研发现的线索，都可能触发编辑的思维敏感的神经，引发编辑的深入思考和挖掘，编辑思维的敏感性既是编辑思维特性，也是编辑职业特性和特点。编辑思维的敏感性应与编辑的快速反应相结合，才能发挥编辑思维敏感性的效果，否则，其编辑敏感性再强，而行为反应迟钝，就会丧失思维带来的成果。

第二节　医学编辑的思维特征

医学编辑思维特征主要指医学编辑职业思维特点、思维所具备的特殊性质，它是区别于其他职业思维的基本征象和标志，医学编辑思维特征既有普通思维的一般特征，也具有其医学编辑职业的特殊性特征。

1.循证思维特征　医学编辑的循证思维特征与循证医学的核心具有相同之处。循证医学，即为遵循证据的医学，又称实证医学，还有的译为证据医学；其核心思想是医疗决策，即患者诊断与治疗、临床指南和医疗政策的制订，都应在具有最佳临床研究依据和证据的基础上做出。而医学编辑在其编辑实践中，对于科研论文结果和结论的判断，也是在循序证据的思维路径，也就是说，医学编辑在审视或评价论文稿件发表价值时，不是单纯依赖或轻信作者描述得出的结果和结论如何好，而是对其结果和结论寻求证据支撑，要具有足够的实验证据证明其所得结论的可靠性与可信性。因此，医学编辑思维路径首先从医学科研设计和统计学分析方法的合理性思考与分析评价入手，从方法学的合理性与科学性上判断作者所得结果和结论的证据，这是保证医学期刊学术质量的基本思维特点。

2.健康守护思维特征　医学期刊的使命是成为促进医学科技进步和人类健康服务的工具，其所发表的每一篇文章都可能指导临床医师对患者的诊断与治疗。因此，医学期刊所发表的研究成果、新技术和新方法等，其临床应用关乎患者的健康或生命安全，医学编辑就是要对所发表的医学科研论文的科学性、可靠性、真实性和实用性把关负责，其头脑中始终保持"守门人"的角色意识和保证患者健康及生命安全的编辑思维定式，从维护人类健康的角度去思考编辑实践问题，这也是医学编辑思维特征与其他编辑思维特征的不同之处。

3.理性思维特征　医学编辑的理性思维是一种有明确的思维方向和充分思维依据的思维特征，是能对医学编辑实践问题实施观察、分析、比较、综合、抽象和概括的一种编辑思维。实际上编辑理性思维就是建立在证据和逻辑推理基础上的思维方式，具有逻辑思维特征和理性认识的基本特征。理性思维特征是编辑的重要思维特征，也就是说，医学编辑应具备较高逻辑阻力特质，对任何权威专家和任何研究结论都保持理性认识，实施逻辑思维和逻辑分析，增强逻辑阻力，不轻信任何权威和结论，必须理性思考和理性分析，寻求充分的证据支撑其结果和结论，以保证所发表科研论文成果的可靠性。

4.创新思维特征　医学期刊所发表论文应具有创新性和新意，以利于指导临床和科研实践，也是衡量医学科研论文发表价值的重要标准，因此，医学编辑在其编辑实践活动中，特别是在科研论文评价评审和编辑选题中，要始终站在学术发展的前沿，报道国内最新和国际最新研究成果及新理论、新技术、新方法、新观点、新思想，引领医学科学和学术发展的方向，这就要求编辑必须始终保持创新思维特征和思维定式。因此说，医学编辑的创新思维特征也是医学编辑重要的思维特点。

5.独创性思维特征　医学科技学术期刊要始终引领学术发展的方向，编辑要在挖掘选题和编辑策划上具有独创性思维的特质，在编辑上要别出心裁，独树一帜，先人一步，思考问题要胜人一筹，才能发挥医学期刊的学术引领作用。医学编辑思维的独创性强调思维个体差异的智力品质，它是指编辑独立思考和创造出有学术价值及社会价值的具有新颖性成分的智力品质。

6.敏捷性思维特征　思维的敏捷性是指思维过程的速度或快慢程度。编辑具有敏捷性思维特质，在处理编辑实践问题和解决编辑选题问题的过程中，就能够适应学术发展的变化，增强学术敏感性和选题策划的快速反应能力，极其敏锐地捕捉选题线索和选题方向，瞄准新的学术热点和潜在的学术发展问题，周密思考，准确判断和迅速地做出结论和编辑决策。编辑职业思维的特点就是体现在编辑思维的速度和准确程度上，迟钝和慢节拍的思维，是难以跟上或超越学术发展速度的，所做选题和编辑的期刊学术内容也就难以引领学科发展前沿，使其学术价值降低。因此，医学编辑思维的敏捷性特征是编辑必要的前提，编辑思维缺乏思维高度、思维深度、思维灵活性、思维独创性和思维批判性，就不可能在处理编辑实践问题和解决编辑疑难问题过程中具有适应性，做出准确而迅速的结论和编辑决策。

7. 灵活性思维特征　编辑思维的灵活性非随意性和无序性，编辑思维的灵活性主要是指思维活动的智力灵活程度，是编辑思维敏锐和机智的特征；编辑思维的灵活性是思维品质的重要特质和特征，这种编辑思维特质是根据客观实际情况的变化而及时改变原来的编辑计划和解决编辑实践问题的思路，从而提出创新性与符合实际情况的思路和编辑方案的思维特征。编辑思维的灵活性是重要的思维品质，由于编辑活动和客观事物总是处于不断运动与变化之中，随着时间、学术发展、地点和条件而发生转移，因而其编辑思维也应随机应变，随着变化而变化。其编辑思维的灵活性主要体现在不满足现状，不固守过时的编辑方案，而善于根据学科和学术发展变化灵活地改变原有的编辑策划方案，随机应变的采用新的方法、路径和途径解决实际问题。它包括编辑思维起点灵活，也就是从不同角度、方向、方位和视角思考，编辑能够运用多种方法来解决编辑问题；再有就是编辑思维过程的灵活性，这是从分析到综合，从综合到分析，全面及时而灵活地综合分析思考编辑实际问题。

8. 导向思维特征　学术导向、思想导向、学术伦理导向、医疗科研道德与学术道德导向是医学期刊角色责任。因而，编辑思维导向特征是医学编辑特有的思维品质，编辑导向思维具有两层含义。第一层含义是指具有引导和方向的编辑思维活动，通常包括学术问题导向思维、医学科研结果和学术导向思维、编辑目标导向思维、编辑方法导向思维和编辑行为导向思维等。编辑导向思维是充分发挥思维灵活性和功能性的重要体现，它是编辑个体通过对编辑实践问题的分析、综合、比较和概括的思维活动，它是有方向和有目的性的将零散、繁杂及多样的编辑信息实施分析处理，从而归纳、总结、推导出对于解决问题和实践价值的理性认知加工过程，因而提高编辑实践活动的效率与质量。这种编辑思维特征的思维路径如下所示：①编辑目标导向思维，它是基于编辑实践活动的目标思考问题和理性认知加工思维过程；②编辑问题导向思维，这主要是基于编辑实践需要解决的问题而思考的认知加工思维过程；③编辑结果导向思维，它主要是基于学术事件或编辑结果而思考编辑实践活动的理性认知思维过程；④编辑过程导向思维，这是基于学术事件或重大科研攻关课题与重大创新发生发展的过程变化而实施的理性认知思维过程；⑤编辑方法导向思维，这主要是基于解决编辑实际问题的方法或方案而实施的理性认知思维过程。另一层含义是医学期刊功能所决定的，也就是医学编辑要始终保持学术导向和引导的思维定式，这是发挥和做好医学期刊学术导向和学术引导的编辑思维基础。

9. 平台思维特征　所谓平台是指具备硬件和软件环境与条件的学术交流及成就事业的平台。平台思维具有开放、共享、共赢的特点，其精髓在于搭建和营造多主体的共赢、共生、共利的学术平台和学术生态圈。而医学期刊本身最大的优势就是其平台特性和平台效应，集团或个体事业的成功，在很大程度上取决于其平台的大小，具有多大平台，就能成就多大事业，如果认为医学期刊只具有单纯的文字和刊载功能，其办刊的路子会越办越窄，直至走入死胡同和误区。因此，医学编辑要具有平台思维形式，维护平台、搭建平台、激活平台、发挥平台效应，是医学编辑平台思维特征的重要体现，发挥平台功能和凝聚平台资源，是医学编辑思维活动和编辑实践惯性思考的重要问题。

第三节　批判性编辑创新思维方法

批判性编辑创新思维是编辑的职业思维或习惯思维，一位训练有素的科技编辑首先应具备和运用这种思维方法，把批判性编辑思维运用到学术编辑的全过程，特别是对研究论文的评判和审视，将批判性编辑思维贯穿于论文评判的始终。

批判性编辑创新思维是指在编辑活动中，如编辑选题、审稿过程、科技成果评价、期刊经营项目、广告产品发布等，首先以批判性思维的视角和怀疑的思维加以审视，对其研究的真实性、科学性、创新性、实用性、逻辑性、结果和结论的可靠性、期刊经营项目实施质疑性分析和批判性审视，并对其必要性和可行性实施批判性思考，而不是盲目信赖作者对方法、结果、结论的肯定，也不盲目依从或信赖权威专家的意见，编者自身应具有基本科学判断。特别是对科研论文的审查，不是单纯以其叙述达到国际先进水平、国内先进水平、某权威机构认可或某权威专家赞扬、取得何种结果和结论为依据，而是用批判性编辑思维审查分析其立题的科学性、先进性、实用性、普及性、科研设计的合理性、样本设计、实验方法、结果结论的可重复性、统计学方法、偏倚因素控制、逻辑性等科学性与合理性，从而理性判断和分析其结果和结论的可靠性与真实性。

这种编辑思维方法的特点是分析性、循证性和溯源性，以审视的眼光看待和审查所编辑的学术内容，也就是像评论家和法官那样对编辑内容实施审查、循证、求证、分析、判断。它具有独立自主、充满自信、善于思考、不迷信权威、不轻信结论、头脑开放、尊重他人的编辑思维特征，这种编辑思维方法是保证科技期刊学术质量和编辑出版质量的重要思维方法。例如，2001年一项重点课题"茅台酒与肝病关系的流行病学调查及病理组织学研究"，其研究结论是饮茅台酒不致肝纤维化并具有保肝作用，其他普通白酒可造成肝纤维化。《中华医学杂志》（*National Medical Journal of China*）对于这一有悖于常理的重要结论，用批判性编辑思维的视角审视其研究结果，审慎地请多学科专家反复审评论证，认为该研究在科研设计和样本偏倚因素控制存在缺陷，最终力排诱惑和压力退稿处理。为引起学术讨论和研究，三年后《中华医学杂志》对其另一实验研究"茅台酒对肝脏的作用及其影响的实验研究"，经过多学科专家评价，认为其科研设计既有人的样本对照研究，又有动物对照研究，样本量较大，符合样本设计要求，并全部做肝脏穿刺，实施电镜病理学和形态学检查，研究设计严谨、结果和结论可信，最后决定正式发表。编辑部为留有余地，同时配发编者按发表，警示读者饮酒有害，本研究结果有待进一步研究证实和讨论的提示。后来，前一退稿文章在其他学术期刊发表，在社会、学术界和网上引起强烈非议和高度质疑。因此，批判性编辑思维的运用，是保证学术期刊质量的基本前提，也是科技期刊编辑基本的思维形式。

第四节　质疑性编辑创新思维方法

质疑性编辑创新思维，也称怀疑编辑思维，是学术期刊编辑必须具备的思维方法，也是人类思维的精髓。作为学术科技期刊编辑，每天审阅评判不同学科和不同专业科研技术人员产出的研究论文或科研成果，在审视、评价、发表过程中，科技学术期刊编辑必须运用质疑编辑思维方法，对任何来自权威研究机构、国际和国内著名专家教授、院士的研究成果论文，都应以质疑编辑思维，用怀疑的思维和怀疑的视角加以审视和评判，对其研究的方法学、科研设计、统计学方法、创新性、科学性、逻辑性、结果和结论的可靠性，编辑要善于质疑，怀疑一切，用质疑的编辑思维去审视和评判每一篇研究工作，这是严格把握和控制学术期刊质量的前提，也是捍卫科学精神的具体行为和思维方式。在现实学术活动和编辑实践中，由于编辑质量控制缺陷，造成学术造假、伪造科研成果发表、审稿偏倚或质量控制失察、重复发表等学术不端行为屡见不鲜，不乏轰动国际和国内学术界的学术不端实例。

质疑编辑思维，就是对研究论文的所有关键部分都要问几个为什么，用质疑、怀疑和批判的眼光看待每一篇文章和研究成果。在科技学术期刊编辑决策过程中，编辑既要敢于肯定一项研究工作或论著，又要敢于否定其研究工作的缺陷，甚至学术不端行为。在编辑活动中，对编辑流程的各个环节都善于提出疑问，这也是编辑活动中产生编辑创新和迸发编辑新观念的开端，这是科技学术期刊编辑创新思维的最基本思维方式之一。

一般而言，每位编辑都具有思考和判断能力，这种能力在编辑与编辑之间是没有差别的，造物主并不会偏爱某位编辑而多给他一些天赋，也不会讨厌那个编辑而少给一些能力，但是为什么在编辑实践中，编辑与编辑之间在思维和知识方面会产生明显差异呢？这是因为有的编辑没有正确地运用和掌握正确的编辑思维方法。其思维方法出现了偏差，编辑思维的路径就错了，在错误的编辑思维道路上越努力，离开真理和真值的距离就越远。为了获得真理和真值，在编辑活动中正确把握思维方法是编辑创新的前提，而正确的编辑方法首先要充分发挥质疑编辑思维的优势，审视一下头脑中已经拥有的知识和观念是否正确。科技学术期刊编辑不但善于质疑所有提交的研究成果、编辑活动和编辑过程，同时还要勇于质疑自己，通过这样的反思和审查，大家会发现以前许多认为想当然的事情都需要打一个问号，编辑头脑中的东西也是不能完全信赖的，这就是说对世间万事万物都需要持怀疑态度加以审视，客观评价。如果说这是编辑的职业病也不妨，但是，这是编辑过程中编者必备的初始思维方式。实际上，无论在科研实践中，还是在编辑活动中，编辑的创新思维一般都是以发现问题为起点的。例如，爱因斯坦说过，系统地提出一个问题，往往比解决问题重要得多，因为解决这个问题或许只需要数学计算或实验技巧；善于提出问题，就已经达到了解决问题的一半。爱因斯坦因为提出了牛顿力学的局限性，才诱发了"相对论"的思考。可以说，所有科学家、思想家、编辑学家都是在提出问题和发现问题的科研与编辑实践中寻求突破的，科技学术期刊的编辑更是如此。

第五节　超前性编辑创新思维方法

超前性编辑创新思维方法，是科技学术编辑工作者重要的创新思维方法或思维形式，它也是科技学术期刊的基本功能所需要的思维形式和思维素质。这种编辑思维形式具有超前性，编者总是站在战略的高度，超前性和长远性地思考相关领域的问题，能较早地预见、预测和早期实施相关编辑问题，对整个编辑系统都具有超前思考、超前设计、超前实施、超前引导、超前导向、超前预测、超前判断的思考和行为，因此，对编辑活动具有主动性，自如驾驭学科发展趋势。它是根据本学科领域学术研究进展、学科发展趋势和客观规律，在综合国内外大数据和学术信息的基础上，对重大编辑选题、学术报道重点、学术报道方向、期刊学术导向实施的预测分析、推理判断和设计构想的一种超前性编辑创新思维过程。其特点是具有预测性和超前性，而不是随大流，单纯模仿其他期刊模式或所报道的陈旧内容，当然更不是让学科或科学家推着科技学术期刊前行，而是编者应具有学术敏感性、学术导向的超前性和学术快速反应能力，编辑超前选题，及时引导和导向，推动学科和本领域专家学者沿着正确学术航向前行，这是超前性编辑思维形式和编辑创新思维的功底所在。

因此，正确运用超前性编辑思维方法使设计、策划组织的学术内容具有很强的超前性，因而其学术导向性强，可有效能引导科技工作者的科学实践和科研创新活动，推动学科和学术创新与科技进步，这也是科技学术期刊的基本功能之一。

在临床上，细菌耐药是抗感染失败的主要原因，也是临床棘手的难题之一。如何从根本上指导抗生素的合理应用，有效控制不断加剧的细菌耐药流行趋势，《中华医学杂志》早在20世纪90年代，就率先选题，组织召开"细菌耐药专题研讨会"，会后在各医院相继开展了细菌耐药监测工作和细菌耐药监测网。之后，又召开"全国细菌耐药监测会议"，会议上起草了"加强抗生素合理应用，努力遏制细菌耐药流行趋势"的建议，并在会上形成专家共识和专家建议，与会多领域专家签名，作为专家咨询建议，会后递交国家主管部门，被国家政府部门采纳，改变了政府决策，直推动和促成了我国抗生素实施处方管理制度的实行，为遏制抗生素滥用发挥了促进作用，并开拓了我国对耐药机制和耐药监测研究的新领域，卫生部细菌耐药监测中心、各省各地细菌耐药监测中心、全国性细菌耐药监测网相继成立，适时发布细菌耐药监测结果，及时有效地指导临床正确合理使用抗生素，对提高临床医疗质量发挥了重要作用。这就是超前性编辑创新思维的例证，充分发挥了科技学术期刊的学术引导、学术导向、学术咨询的特殊功能，有效促进了学术发展。

第六节　系统性编辑创新思维方法

系统性编辑创新思维形式，要求科技学术期刊编辑要用系统眼光，从期刊和学科的结构与功能的视角，用系统思维的方法，重点审视和思考多样化和多元化的学科领域，将学科系统、科技创新系统、期刊编辑系统、学术交流系统、社会生态系统、社会效益和经济效益等诸多要素重新整合分析，将科技学术期刊编辑、选题策划和学科发展趋势放在整个科学系统中加以思考，实现新的综合、预测和判断，以实现整体效应与局部效果的最优化。

这种思维形式是在系统论的指导下，用系统观点和方法来考察和分析整个学科领域，将国内外的信息和动态实施系统分析的编辑思维过程。它是根据科技学术期刊功能、学科特点、学术报道内容、编辑选题的性质等，把编辑对象放在整体系统中加以考察和研究的编辑思维形式。系统编辑创新思维的原则是把编辑内容看成是由各个部分组成的有机整体和逻辑关系，并从各组分之间的相互联系、相互制约中研究编辑或学科系统的结构、功能和规律。因而科技学术期刊学术报道具有系统性、整体性、完整性、连续性、扩展性和连续性，能最大限度地吸引科技工作者阅读期刊，增强读者对期刊的忠诚度。

系统论的精髓是把所有功能单元都看作是一个系统，有整体系统、分系统、子系统、次子系统。例如，医学科学是一个整体系统，各个分支学科是分系统、各个亚学科是子系统、各个专业是次子系统，各个学科系统之间都具有内在逻辑关系和联系，都不是孤立存在的。医学科学系统与其他学科系统，如物理学科系统、化学学科系统、生物学科系统、环境学科系统、社会学科系统、地理学科系统等诸多学科系统都具有内在联系；当然，科技学术期刊编辑出版也是一个系统。因此，科技学术期刊编辑策划、选题和学术报道，就是要从系统观点出发，用系统编辑创新思维方法，把相关系统加以有机综合分析，对整体系统、分系统、子系统、次子系统等加以思考、分析、预测和判断，把编辑选题、学术导向、编辑策划项目等放进系统中加以考量，对其必要性、可行性、可操作性和实际意义做出评估。例如，《中华医学杂志》《中华检验医学杂志》在实施"耐药监测重点选题"时，对多学科系统实施思考和分析，认为临床多学科系统都涉及抗感染问题，细菌耐药是临床多学科系统和制药系统棘手的难题，因此，选题策划以细菌耐药监测和耐药机制研究为重点，特别是对多中心耐药监测结果的发布，结合临床各学科抗感染治疗的需要、结果发布的连续性等加以分析，并对其社会效益、学术效益和期刊的经济效益加以系统思考，因而在重点内容发表前，就实施相关系统衔接，首先将信息与临床、读者、医药企业、广告公司通过不同形式加以沟通，从而每期重点选题都赢得大量期刊销售和广告销售。其中一期杂志三次再版印刷，销售杂志和单行本数十万册，超出其年邮局发行总量的数倍，广告数十个，当期杂志实现直接经济效益70多万元，期刊学术产品受到临床各个学科的普遍欢迎。

第七节　发散性编辑创新思维方法

发散性编辑创新思维，也称为辐射性编辑创新思维或求异编辑思维。发散性编辑创新思维的实质，就是要突破传统编辑常规和惯性思维定式，从编辑常规中寻求突破，突围和打破旧的编辑框架和限制，寻求新的编辑思路、新的编辑思想、新的编辑概念、新的编辑手段、新的编辑选题、新的编辑策划项目、新的期刊产品、新的期刊经营模式，这是一种全新的编辑创新性思维方式。

这种编辑创新思维方法是通过对已知学科进展、热点和难点、学术信息进行多方向、多角度、跨学科、跨专业、多渠道的编辑思考，从而探索和悟出新问题、新特点、新特色、新发现、新线索、新的编辑构思的创新思维形式，它的特点是具有编辑求异性。

众所周知，人类单基因遗传病有 3360 多种，染色体遗传病 500 多种，还有数种多基因遗传病，如原发性高血压、冠心病、糖尿病等，因此，这些疾病的根本原因在于分子水平或基因变异或缺陷，其防治的途径之一是分子生物学或基因水平的切入路径及研究，由此预言，未来医学是分子医学的时代，这些疾病的诊断、治疗和预防的突破点在基因的研究。在这种思维背景下，《中华医学杂志》的编者们对医学科学发展的未来趋势有了基本的认识，同时运用发散创新编辑思维形式，思考多学科和交叉学科问题，对期刊的关注重点和学术导向的切入点有了初步认识，认为基因的诊断、基因治疗和基因预防几乎涉及医学各学科和亚专业，而且要突破这些分子疾病，也必须实施分子诊断、分子治疗和分子预防，这种交叉与综合性领域也正是综合性医学期刊所应关注的领域。为此，编者们早在 20 世纪 90 年代，率先在国内召开了"首届中国人类基因诊断和基因治疗与基因预防学术研讨会"，会议受到相关领域和多学科专家学者的高度关注，其后每届研讨会都云集了数十位多学科两院院士出席会议，本刊连续多年实施重点跟踪报道和学术引导，促进了我国该领域的基础、临床和产业化的发展。后来，美国一个小女孩因实施基因治疗造成死亡，给学术界泼了一盆凉水，自此包括我国在内的科技界对基因诊断和基因治疗研究一度处于停滞状态。该领域的研究还要不要进行？基因诊断与基因治疗研究向何处去？科技界，特别是医学界一度处于迷茫状态。对此，《中华医学杂志》编辑部的编者，当即建议有关专家领衔，倡议召开高级别香山科学会议，就相关困惑、问题、建议和研究方向提交多学科专家讨论，为政府科技管理部门提供决策咨询报告。2000 年 10 月以"基因治疗和基因诊断"为主题的第 149 次香山会议召开，中国科学院、中国医学科学院、国家自然科学基金委、国家 863、《中华医学杂志》编辑部等专家出席会议。会议后向国家科技部提交了重点支持基因诊断和基因治疗基础与临床研究的报告。很快得到政府科技部门的采纳与支持，并在《中华医学杂志》发表了曹雪涛、刘德培、强伯勤等著名专家和医学科技领导人署名的"我国基因诊断与基因治疗研究的重点"述评文章，这一连续性的编辑策划，为促进我国该领域的健康发展做出了贡献。这就是编者运用发散性编辑创新思维的创新性编辑活动。

在科学研究领域，运用这种思维方法取得科技创新和突破的实例不胜枚举。例如，美国学者盖达塞克（Gajdusek D C）因发现乙型肝炎表面抗原获诺贝尔奖，时年 30 多岁；又因发现库鲁（Kuru）病病因，其 1976 再度获诺贝尔医学奖。

库鲁（Kuru）病是 20 世纪 50 年代新几内亚的地方流行病，患病者颤抖、瘫痪，6～12 个月死亡。1957 年盖达塞克途径新几内亚，被该国卫生署长极力挽留劝其帮助研究本病，盛邀之下盖达塞克留下开始研究。初见此病他很震惊，而又无从下手和无切入路径，调整混乱思路后，他运用发散科研思维形式，进行多学科思考，进行流行病学、传染病学、微生物学、病毒学、神经病学等调查和研究，经研究将本病限定在退化性脑部疾病范围内；又运用发散科研思维和研究思路对多种相关疾病，如帕金森症、阿尔茨海默病、肌肉萎缩症等进行比较研究，最后找到了研究的切入路径。他在实验室将死者脑组织研碎，经过分解处理只留取蛋白质，然后将其滤液注入黑猩猩脑内，结果黑猩猩发病；然后又将黑猩猩的脑组织蛋白质颗粒移入健康黑猩猩使其同样发病。但将蛋白颗粒经过蛋白分解酶处理后，就没有再发病。因而得出结论：库鲁（Kuru）病既不是微生物也不是病毒，而是一种侵害脑和神经系统的蛋白质颗粒，它以脑组织为宿主。究其原因，是当地在葬礼时有食死者肉和脑组织的风俗（表示爱）。之后，政府下令取缔这一陋习，再无此病发生。

第八节　收敛性编辑创新思维方法

收敛性编辑创新思维又称求同编辑思维或集中编辑思维。这种编辑思维方法是编者从已知信息中产生编辑逻辑结论，因而寻找最佳解决问题的一种有方向、有范围、有目的、有层次的编辑思维方式。它是在已有编辑经验、办刊成功经验或借鉴国内外著名科技学术期刊办刊模式的基础上，分析本刊具体情况，而形成的具有特定范围的创新性编辑思维。这种编辑思维不是单纯模仿他刊经验和做法，而是在他刊经验和做法的启迪下，结合本刊实际，创造性地开拓与发展。

在商品市场和经济活动中，合作经营可有效发挥各自的资源和优势，达到优势互补，风险共担，互惠共赢的目标。在此启发下，编者们运用收敛性编辑创新思维方法，实施跨行业的逻辑推理和延伸，由此，在期刊经营活动中创新性地实施"合作经营、借势经营"策略，也就是借助社会资源和优势，实施期刊合作经营，以弥补期刊本身人才、技术、资金不足的局限性，借助社会有相应实力的企业实施合作经营。例如，中华医学会系列杂志实施的广告合作经营、期刊数字化出版合作经营、期刊市场运营等，卓有成效地提升了期刊经济效益和社会效益，使中华医学会系列杂志的经营效益和整体经济效益都实现了历史性突破。

在临床科研方面，应用这种思维方法获得突破的案例也不在少数。例如，1971年，哈尔滨医科大学的药剂师，根据民间经验用砒霜（As_2O_3）制成"癌灵一号"治疗急性髓系白血病，特别是急性早幼粒白血病，其缓解率达86.3%，完全缓解率26.3%，就是运用了求同科研思维而成就的临床创新。接着，20世纪80年代，上海血液病研究所又运用求同科研思维方法，在对已有信息分析研究后，把As_2O_3与全反式维A酸作诱导联合治疗白血病，其结果表明，临床5年生存率达到91.7%，5年无事件存活率为89.2%，5年无复发生存率94.8%，5年总存活率97.4%。这一结果于1992年被列为20世纪全美白血病治疗重大进展；这些药物被誉为20世纪90年代国际抗癌药物三大发明之一。这是在已有信息的基础上，运用收敛创新思维实施深入创新研究的结果。

第九节　逆向性编辑创新思维方法

逆向性编辑创新思维也称为反向编辑思维。它是从编者的习惯思维或惯性思维的反向去思考和分析编辑活动的相关问题。这种编辑思维方法具有颠覆性，在遇到编辑疑难问题，用习惯编辑思维无法逾越和破解时，作为编者要调整思维方式，突破固有的传统思维模式，采用逆向性编辑创新思维方法思考、分析和解决问题，有时可达到意想不到的效果。

一般来讲，科技学术期刊，特别是具有品牌影响力的期刊，从不发愁稿件，这也致使编辑多年养成惰性和习惯性思维模式，即在编辑部被动地坐等来稿的工作模式，单纯靠作者主动投稿，编辑很少思考出去主动组稿和实施选题策划。但随着各学科期刊的增多，特别是对SCI的崇尚，作者对学科目标期刊的价值取向和忠诚度降低。科技期刊稿源出现的危机感，迫使编者们改变习惯编辑思维形式，用逆向性编辑创新思维去思考期刊稿源急剧下降的问题，纷纷走出编辑部，深入到科研一线，掌握和了解科技人员，特别是国家重点课题领衔科学家重大攻关课题的进展，适时跟踪科研课题动向，积极主动策划选题和组稿约稿，进一步提高了期刊学术水平。

这种逆向性创新思维方法也常常用在科研领域。例如，食盐加碘是我国多年法定预防碘缺乏病的重要措施。缺碘能引发甲状腺疾病，那么高碘又如何呢？我国几十年一贯制的食盐加碘标准是否符合各地区实际情况？食盐加碘的效应如何？这些没有人去思考和问津。我国学者滕卫平教授2006年在《新英格兰医学杂志》发表的《碘摄入量对中国居民甲状腺疾病的影响》研究，从1999年连续观测5年我国东北地区3个摄入不同剂量碘地区居民甲状腺素、甲状腺自身抗体、尿碘、甲状腺影像学等指标，其研究结果表明，超过适当剂量或更高剂量的碘摄入，会导致甲状腺功能低下和自身免疫性甲状腺炎。这一结论揭示了我国多年食盐加碘标准存在的问题。研究者巧妙地运用了逆向科研创新思维方法，发现和解决了重大公共卫生问题。

再如，国际上普遍公认单纯收缩期高血压发生心血管事件的风险最高，而在其治疗上也主张以收缩压为单纯治疗依据，临床上评价心血管病风险一般不考虑舒张压。而我国学者一项大规模多中心研究证实，单纯舒张期高血压组心血管事件发病和死亡风险是血压正常组的1.59倍和1.45倍，这表明单纯舒张期高血压是心血疾病的独立危险因素。国际著名期刊 *Circulation* 加编者按给予肯定和支持并发表。这也是典型逆向科研创新思维的成果。

此外，大家知道，致癌基因和抗癌基因是20世纪70年代医学生物学和分子遗传学的辉煌成就，特别抗癌基因的发现是典型运用逆向科研思维的突破性成果。

1976年，美国科学家发现第一个致癌基因，1982年美国国家癌症研究所和麻省理工学院的两个研究小组探明了其结构，这标志着人类在攻克癌症的道路上取得了划时代的突破。1983年加利福尼亚大学生物系胡德博士又证明了致癌基因在染色体之间的移动异位是引起癌变的原因之一。研究发现，致癌基因广泛存在于人体细胞中，正常情况下是未活化的以潜伏状态存在，而一旦被激活，就会导致癌症的发病。其研究者思考，既然癌症基因在人体内无所不在，那么，逆向反思一下，是否也有抗癌基因的存在呢？循序这一逆向创新思维的科研思路，美国科学家又相继发现了抗癌基因，并进一步证实抗癌基因与致癌基因共存于人体细胞中，正常情况下两者保持动态平衡。

第十节　联想性编辑创新思维方法

联想性编辑创新思维是通过某一学科领域或编辑选题的现象而联想到具有某种联系的另一事物的现象，从而启发出编辑创新联想的思维方式。它的特点是以联想、幻想、怀疑、好奇等形式，实施编辑创新性思索，这种编辑创新思维方法因为没有限制性，随意联想和联系，以某一新生事物或其他领域的有效做法为引擎实施联想和推理，因而具有无限的联想空间，是解决编辑难题的有效创新思维形式。

众所周知，在这个地球上具有三大资源，即人力资源、物质资源和信息资源，也就是人流、物流和信息流。而科技学术期刊是重要的科技信息源之一，既是信息产出的源头，又是信息输出的重要端口，并且信息也具有产品属性，也就是说是有价值和可以出售的。但是，在以往，我国科技学术期刊过刊信息资源被数据库和网站廉价利用，其中绝大部分被数据库或网站无偿全文收录，然后制作成数据库产品出售，各期刊社或编辑部也未意识到其过刊信息的市场价值。

在当今数字化和网络化的时代，中华医学会杂志社的管理者们于2007年首先意识到过刊信息资源的学术价值和市场价值，同时受医院药品器械招投标的启发，用联想性编辑创新思维的形式联想到中华医学会系列杂志期刊信息数字化和网络化产品的招标。为此，成立了中华医学会系列杂志数字化招标小组，经过发标、投标和评标，中华医学会120多种系列医学期刊数字化和网络化出版由万方数据中标。这一市场行为立即在全国期刊界引起强烈轰动，各期刊纷纷效仿，在当年使科技学术期刊数字化产品的市值提高了60 ～ 100倍。

在临床医学科研领域，联想性编辑创新思维方法更是应用广泛，并取得很好成果。例如，情绪过于激动是心脑血管事件发生的重要原因之一，由此，研究者联想观看足球的人群心血管事件如何呢？为此通过《世界杯足球赛期间心血管疾病发作的研究》结果表明，在观看扣人心弦足球赛时，急性心血管疾病事件较平时高出1倍，这为该人群预防心脑血管突发事件提供了科学依据。本文发表在2006年《新英格兰医学杂志》上。本研究很好地运用了联想科研思维方法。

再如，1987年广东学者研究的"女性月经与月亮形态的研究"获国家科技进步二等奖，从似乎毫不相干的两个领域探求某些科学规律。还有1722年，奥地利医师奥思布鲁格看见父亲经常用手敲击自己家的酒桶估计藏酒的数量，因而他联想到人的肠腔，从而导致临床叩诊的诞生，至今仍在临床广泛应用。

第十一节　想象性编辑创新思维方法

这种编辑思维方法是在编者头脑中改造记忆表象而创造新的形象的思维过程，它也是对过去已经形成的编辑活动进行新的综合与创新的过程。它是对编辑活动形象或概念的选择和重组，而且具有很大自由度的编辑创新思维方法。在编辑和办刊实践中，谁能够自由想象，把具有内在联系的各种方法、理论、观点和资源结合起来，谁就能提出新的编辑设想，赢得编辑创新和发展，取得期刊编辑和期刊经营的学术效益和经济效益。

中华医学会办刊悠久，《中华医学杂志英文版》（*Chinese Medical Journal*）1887年创刊，在中华人民共和国建立前就被美国SCI收录，目前中华医学会系列医学杂志（包括电子版在内）有170多种，但有不少期刊多年长期亏损，如中华医学会机关报《中华医学信息导报》，自创刊20多年来，年年亏损近百万。该刊编辑部多年只有一位编辑部主任，一位编辑兼记者，一位编辑干事，一间十几平方米的房间。采编人员少时只有一个人坚持采编和校对，三个人或一个人办一张报纸，这简直是天方夜谭，但又是奇迹，就这两三个人多年办一张报纸，其质量和效益可想而知。

由于中华医学会的体制机制所限，增加采编人员、增加办刊经费、增加办公用房、停刊或转刊都是不可能的，领导还要求把刊物办好，不能再有亏损，中华医学会杂志社期刊管理者承担了很大的压力。

中华医学会杂志社的经营管理者，应用想象性编辑创新思维方法在苦思冥想，如何不用中华医学会投入人力物力，不增加学会任何负担的情况下，既能办好刊物，又能扭转多年亏损局面，而且还能盈利，给学会赢得利润。这时管理者想到整合或借用社会资源，采用合作经营和借势经营的办法，实施合作办刊，在不增加学会一分钱和人力物力的情况下，还要提高刊物的社会效益和经济效益。为此，中华医学会杂志社向社会公开招标，经过招标、投标、竞标和评标，北京一家传媒公司中标。《中华医学信息导报》编辑部只保留编辑部主任和一位编辑干事，负责编辑部的管理，其他几十位专业采编人员、办刊经费、办公用房、采编和市场运营都由合作企业负责，合作当年，刊物质量飞速提高，受到医学界广大医药卫生技术人员的普遍好评，社会效益和经济效益都取得满意效果，当年扭亏为盈，从创刊20多年来每年亏损近百万，到合作当年纯盈利几十万元，改写了刊物的历史。这就是运用想象性编辑创新思维的魅力。

其实，在科学研究领域也是如此，谁掌握了想象性科研思维的方法，谁就能突破困境。例如，诺贝尔奖获得者，加拿大医师班廷研究发现胰岛素，最初就是来自于联想和假说。在当初，糖尿病无药可治，只能采取控制饮食的方法。班廷运用想象和联想科研思维形式，想象糖尿病与胰脏是否有关系？有何关系？为此便开始开始解剖尸体，研究胰脏，经过一系列研究，终于在胰脏中发现了调节血糖的胰岛素，并将胰岛素提纯应用到糖尿病患者身上得到进一步证实。

另外，大家知道，羧甲司坦是非常普通的含巯基化合物的祛痰药，成本只有其他常规药物的15%，从理论上含巯基化合物都具有抗氧化应激作用，但能否同样用于防治慢性阻塞性肺疾病（COPD）急性发作？在此想象科研思维促使下，钟南山教授等联合全国22家医院进行了大样本多中心对照研究，结果表明，服用羧甲司坦的患者慢性阻塞性肺疾病急性发作下降24.5%，生活质量得到改善；它与采用价格昂贵的常规药物治疗达到了同样效果。题为《羧甲司坦对慢性阻塞性肺病急性发作的防治作用临床研究》发表在2008年6月《柳叶刀》（Lancet）上，并配合述评，被给予高度评价，被《柳叶刀》评为2008年全球最佳论文。

第十二节　灵感性编辑创新思维方法

灵感性编辑创新思维也称顿悟或悟性编辑创新思维。它是编者借助对学科和研究领域的新认识与启示，猝然迸发出的一种领悟或理解的编辑思维方法，也就是突发奇想。灵感性编辑创新思维是一种创造性、预见性的编辑思维过程，是在编辑创新过程中达到高潮时所出现的一种编辑心理状态。这种突发的编辑创新性奇想有其偶然性，更有其必然性，它是编辑创新思维硕果的突然爆发，这是编辑长期积累和思考的结果。

众所周知，在科学研究，特别是临床科研领域，其科研设计的科学性、正确性与合理性，是保证科研结果和结论可靠性的关键。早在20世纪80年代，我国拨乱反正并提出科学技术是第一生产力的论断，极大地调动了科技人员的科研创新热情，科技界迎来了科学的春天，各领域科技人员论文产出与日俱增。但是，仅就医药卫生科技领域，其产出和发表的论文普遍忽视科研设计和统计学方法的正确运用，致使发表的科研论文科研设计存在不同程度的缺陷，其结论的可信性和可靠性堪忧。在《中华医学杂志》编辑部一次审稿会上，参加审稿会的专家在审稿间隙议论，不少论文立题很新颖，但科研设计都不同程度地存在缺陷，为其研究工作惋惜，也为临床科研担心。议论者无心，听者却有意，参加会议的编辑们灵感突然迸发，何不召开一次"科研设计专家座谈会"，组织相关领域的著名专家进行深入讨论和研讨，将医学领域，特别是临床医学科研领域科研设计存在的问题提出来，并寻求解决问题的对策。灵感来临，机不可失，失不再来！1981年，《中华医学杂志》编辑部根据所发表论文存在的科研设计不严谨，甚至缺陷的状况，为提高广大医药卫生科技人员的科研设计水平，有效提高科研工作质量，组织36名全国相关领域的著名专家在北京召开了"临床医学科研设计专家座谈会"，在全国率先倡议要重视医学科研设计，其会议纪要在《中华医学杂志》发表后，在我国学术界引起了强烈反响，受到医学界广泛高度评价，曾有学者在刊物上撰文，将《中华医学杂志》发表的会议纪要称之为"八一纪要"，还称《中华医学杂志》率先举起了重视科研设计的大旗！这是中国医学史上的一件大事。

在这种灵感性编辑创新思维的催生下，《中华医学杂志》根据所发表论文普遍存在统计学方法应用中存在的问题，紧接着又召开了"临床医学科研统计学应用问题专家座谈会"，编辑部组织全国各相关领域的70多名著名专家，特别是医学统计学专家和临床流行病学专家等，就我国临床医学科研和论文发表中统计学分析方法错误和存在的问题进行了深入研讨，并提出了解决问题的对策，同时呼吁，在临床医学研究中，要重视科研设计和统计学分析方法的正确运用。会后，《中华医学杂志》发表了专家座谈会纪要，同时配发述评文章，在医学科学领域产生了巨大反响。其专家座谈会纪要发表后，有全国20多种学术刊物竞相转发。这一学术效益得益于灵感性编辑创新思维的运用，为推动我国临床医学科研质量和论文发表的学术质量发挥了积极推动作用。

这一创新思维方法在其他科研领域更是不乏其例。例如，德国医学家贝林致力于白喉的研究成果颇丰，但在研究如何对抗白喉杆菌时却停滞不前，正在一筹莫展之际，日本访问学者北里柴三郎关于中国医学"以毒攻毒"的医学讲座使他心头为之一振，灵感性思维油然而生。可不可以用白喉对抗白喉？经过反复研究和试验，终于试验成功"白喉抗毒素血清"，开创了免疫学的全新领域。

再如，1990年，美国宇航局的一些科学家试图解决已在太空轨道运行的"哈勃"望远镜的镜头倾斜问题。一位光学专家建议，只要稍稍反向扭转一下镜头，就可以改善拍摄图片的质量。但是谁都想不出如何完成"稍稍反向扭转镜头"这项任务的方法。当时，有个叫吉姆·克罗克的工程师，他在一家德国旅馆里洗淋浴，发现欧洲浴室里的喷头都是装在可调式折叠杆上。他突然意识到"哈勃"望远镜的镜头也可以装上类似的折叠杆。他的这一"灵感闪现"最终帮助解决了修正"哈勃"望远镜的难题。

第十三节 类比性编辑创新思维方法

类比性编辑创新思维属于编辑逻辑思维形式。它是根据不同期刊、不同编辑内容、不同资源、不同方法、不同学科专业领域或两类编辑选题在某些属性上相同或相似性，进而推导出它们在其属性上也相同或相似的推理编辑思维方法。类比性编辑思维是一种科学逻辑推演过程，它可以从相同编辑属性的现象中揭示事物的本质，因此，类比性编辑创新思维是富有创造性特征的编辑思维方法；当然，这种编辑逻辑推演来源于编辑实践和对编辑对象学科领域的认识程度。在科技期刊编辑实践中，类比性编辑创新思维能帮助编者打开思路，走出编辑思维误区，融通僵化的编辑思维模式，迸发出新的编辑创新设想和编辑思想火花。

大家知道，科技学术期刊的编辑策划是提高期刊学术质量和学术导向性的重要有效手段，但实际上编辑策划最早出现不是应用于科技学术期刊，而是用于新闻报纸。在新闻界有着众多影响深远的编辑策划典范，如雷锋、焦裕禄、孔繁森等不同时代先进典型模范人物的宣传和推出，都是新闻界记者和报纸编辑策划的成功范例。科技学术期刊编辑受此启发，运用类比性编辑创新思维方法思考科技学术期刊是否也可以应用编辑策划的手段，通过有计划、有目的、有目标的编辑策划措施提高期刊的学术效益、社会效益和经济效益呢？通过应用证明，科技学术期刊采用编辑策划手段，能有效增强科技学术期刊学术报道的针对性、学术导向性和降低编辑的被动性，是有效提高科技学术期刊质量和效益的重要方法学手段。

类比性科研创新思维在科学研究领域也是如此，在科研思维处于困境时，运用类比性创新思维也能冲破思维怪圈。例如，美国生殖免疫学家西格尔（I. Siegel），他主要从事红细胞免疫黏附现象研究，创新性成果颇多。1972年他观察到红细胞对自体胸腺细胞和T淋巴细胞具有黏附性，后又发现红细胞免疫黏附因子，I. Siegel根据上述研究，在学术界基本达成共识认为红细胞不是终末细胞的情况下，其科研思路没有停留在前人和自己实验结果的思维阶段，而是对大量实验结果进行不同层次的分析、归纳、类比和科学抽象推理。他与已成熟的淋巴细胞免疫系统相类比，认为淋巴细胞具有免疫调节系统，那红细胞是否也具有类似的免疫调节系统呢？运用这一类比性创新思维方法，I. Siegel的研究思路被推向接近真值的科研创新思维的高峰，揭示出了红细胞免疫黏附现象的真谛，其大胆地提出了红细胞免疫系统这一假说，并经大量实验研究得到进一步证实，开创了红细胞免疫研究的里程碑。

我国学者郭峰遵循矛盾的二重性，运用类比性科研创新思维方法，经过不断探索，于1987年成功地证明了血清中还存在着一种红细胞免疫黏附促进因子；又进一步证明了红细胞具有自身免疫调节系统。

再如，角膜移植最大障碍是角膜保存问题，而角膜保存的关键是保存液的制备。临床医师就是运用类比思维，提出用新生儿脐带血清营养液代替胎牛血清保存角膜这一假说。大家知道，传统胎牛血清保存角膜存在问题：①造价昂贵；②制备困难，供不应求；③异种血清，保存角膜不理想。研究者将小牛同小马、小驴、小骡子等动物进行类比，但还是克服不了其缺点。然后，调整思路，跳出与动物类比的思路，在小牛与新生儿之间类比。因新生儿血也未接触外来抗原，并与角膜属同种血清，可达到最佳保存效果。但新生儿血清来源更加困难，这时研究者又将新生儿血清与胎盘血清类比，但它与母体血混淆，具有外来抗原，显然不可行。研究者又与脐带血清进行类比，其结论是新生儿血清等同于脐带血清。这是研究者运用前一次类比结论，又进行类比推理的成果。

第4章

医学编辑应用文本撰写规范与方法

在医学期刊编辑实践中，熟练掌握常用编辑应用文件的撰写，对提高编辑质量和编辑工作效率具有重要作用，也是编辑工作的基本功。

第一节　稿件退修信撰写指南

稿件退修信基本上是医学期刊编辑的日常撰写文件，撰写好一份合格的退修信，需要编辑认真负责的精神和工作态度，同时，还需要编辑熟练的专业技能与综合分析能力，也关系到作者退修稿件一次性修改成功的关键。

一、稿件退修信概述

稿件退修信就是指作者的论文稿件经过评审已决定在该刊正式发表，编辑部对稿件中需要补充修改、规范化和需要作者斟酌的内容，通过正式文本形式告知作者，以利达到在学术期刊发表的要求，这种专门针对作者对拟发表论文稿件提出具体修改意见的专门文件称为稿件退修信。对于医学期刊或其他科技学术期刊，当论文稿件决定正式发表，一般都要将稿件退给作者进行修改补充，即使没有学术内容的补充修改，也都几乎都存在或多或少的规范化的问题。因此，稿件退修是保证稿件达到发表要求，进一步完善论文稿件内容与规范化的必要环节。其目的：①通过退修信函告和通知作者，文章已决定拟刊用，建议不要再投其他刊物；②告知作者文章发表的文体形，如论著（原始创新研究）、简报（短篇论著）、论著摘要、评论性文章、专题讲座性普及性文章、综述等发表形式或体裁；③告知作者文章基本字数要求；④逐条写明需要修改、补充、规范化的内容或需要提醒斟酌的事项，以利达到正式发表的规范化要求；⑤通知作者稿件的具体修回时间或拟发表的期数，同时，编辑在要求作者修回截止日期时，要计算好时间，给作者预留出修改的时间；⑥告知作者需要补充提供的证明，如版权授权书、单位论文投稿证明、重点科研基金资助证明等。

二、撰写内容与要求

稿件退修信的内容主要是学术内容，如同行专家评审意见、规范化方面存在的问题等。编辑应在阅读全文和所有同行专家评审意见的基础上，进行归纳分析和整理文章存在的问题。稿件退修信既要考虑完善文章内容达到发表要求，同时，还要考虑达到促进和提高作者医学科研水平的目的，尽量指出研究存在的问题，这就需要编辑全面和完整地将文章中存在的问题，以有理有据的形式提供给作者思考、补充和修改，实现促进人才成长的目的。

1.归纳分析评审意见，依类逐条反馈　首先归纳分析和整理同行专家评审意见及编辑审查意见，要将同行专家评审意见与编辑审查意见合并分析归纳；对同行专家评审意见也不可完全照搬，也要分析其合理性和必要性及重要性，然后逐条列出意见和建议及修改条款，以利作者逐条斟酌依次补充修改。

2.注重标题修改，力求表达规范　编辑要重视文章标题的审查，对标题表达的规范性和准确性进行斟酌，对表达欠准确或不规范的文章标题，提出修改建议或建议作者斟酌及修改；必要时，编辑可拟出修改标题形式，供作者参考或采纳。

3.中英文摘要撰写的规范性　对表达欠准确性、完整性和规范化的中英文摘要，应当提出补充修改建议，以保证中英文摘要符合规范化要求，确实达到发表的标准。

4.文章结构及导语的规范化　对文章的整体结构和布局的合理性与规范性，以及存在的问题提出调整建议或修改。对表达欠规范的文章引语（导语），如研究背景、研究意义和主要结论的交代情况，建议作者予以补充和修改。

5.方法学部分的科学性与合理性　方法学部分是医学科研论文的关键部分，首先对医学科研设计的合理性、样本质量和样本量、统计学分析方法的合理性、统计结果和结论的描述、试验药物或试剂来源等存在的问题提出补充修改意见，交代涉及医学伦理和医学科研伦理情况，若缺乏对医学论文问题的叙述，应请作者予以补充。

6.讨论内容的规范性　对讨论部分进行分析，对存在的问题建议作者予以补偿修改，如讨论部分是否规范，是否围绕本研究结果和结论及存在的问题展开讨论，对存在缺陷的建议作者修改。

7.参考文献著录的规范化　对参考文献著录存在的问题，如著录是否规范，参考文献著录和引用是否准确，并对遗漏参考文献等建议作者补充与核实准确。

8.作者相关信息　作者信息部分存在的问题和规范化问题，如作者单位信息和通讯地址是否正确规范；基金项目名称著录是否正确和规范等一并提醒作者补充和修改。

三、撰写技巧和注意事项

1.保证一次修改成功　反复修改或补充会给作者增加麻烦和工作量，同时也给编辑增加工作量，给文章按期发表带来不确定因素。因此，退修信全面与否，关系到文章是否能一次修改成功的关键，所以，编辑在撰写稿件退修信时，要对全文进行认真、全面的斟酌，对所发现需要作者解决的问题一并列出；尽量防止疏忽或漏掉项目造成被动。

2.避免不加分析照搬评审意见　编辑要对同行评审专家意见或建议重新进行归纳和分析，避免原话或原样照搬给作者，特别是有的评审专家比较苛刻的用语和语气严厉的话语，编辑不应照搬给作者，以免造成作者心里不舒服，应将评审专家的意见和建议适当转化为以编辑部名义的形式。

3.语气温和，平等协商　稿件退修信语气要温和，以平等协商的语气，避免强硬，编辑在撰写退修信时是以编辑部的名义在给作者回函，语气尽量温和，切忌居高临下，以命令的语气说话，应当如"建议作如下修改""建议对某问题进行斟酌"等，用客气和礼貌的语言，以平等协商和建议的语气与作者沟通和交流，这也是提升期刊凝聚力的重要形式。

4. 肯定稿件优点，激励作者信心　稿件退修信应首先肯定文章的优点，然后再指出稿件缺陷和不足，具体提出补充和修改意见或建议，并希望作者继续深入研究和支持本刊的工作，鼓舞和激励作者的科研活动，激发作者的钻研精神和科学精神。

第二节　退稿信撰写指南

在编辑实践中，医学期刊退稿信应当比稿件退修信还要多，其工作量比退修信还要大，但有些期刊编辑出于客观原因或为省事，以简单一句退稿原因或"另投他刊"了事，特别是在过去以纸稿投稿年代，编辑部在退稿的稿件上附上一张印制好的"退稿信"（小纸条），在列出的几个退稿原因上打钩寄给作者了事。其实这是一种对作者不负责任的表现，严格讲，为提高作者的医学科研水平和医学论文的写作水平，即使退稿也都应该撰写完整的退稿信和退稿意见及建议，将文章存在的科研设计缺陷、选题缺陷、文章撰写中存在的问题、同行专家评审意见或建议等综合整理后反馈给作者，以促进和提高作者在医学科研设计、科研选题和文章撰写方面的水平。

一、退稿信概述

退稿信是指作者投稿后，经过编辑部审核评审、同行专家评审或专业评审组审定等，经过相应稿件评审流程和编辑决策系统对存在缺陷的稿件决定不予录用退稿处理时，专门回复或致退稿作者的信函式文件。退稿信一般由编辑部分管编辑撰写，然后以编辑部的名义发给相应退稿作者。

二、撰写内容与要求

一般退稿信不像稿件退修信要求如此全面，退稿信的重点撰写内容在于学术方面，也就是主要退稿原因，如先进性、创新性、科学性、实用性、重复性和真实性等存在某些缺陷，因为退稿原因大多为学术方面的问题，不外乎这几方面存在着不同的缺陷。例如，选题缺陷、科研设计缺陷、样本质量和数量设计缺陷、资料整理分析缺陷、结果与结论缺陷、统计学方法与结论缺陷等问题，编辑应将稿件存在的缺陷、意见和建议反馈给作者，至于文章结构、规范化、文字、标点符号等，可以少用笔墨，点到为止。退稿信的意义在于，不仅告知作者退稿原因，而且将稿件中学术质量缺陷和建议提供给作者，这会有利于作者提高医学科研水平，这也是科技学术期刊培养和促进人才成长的重要途径之一。在编辑实践活动中，经常可以遇见，退稿作者收到退稿处理结果后不是抱怨期刊，而是致信感谢期刊编辑部的退稿"意见和建议"，为他们提供了非常好的研究思路和方法及建议，受到了启迪，增强了调整医学科研思路和选题及继续深入研究的信心。而作为编辑，其最高境界是在默默无闻的作者中发现和培养作者，通过编辑的努力和启蒙，使初出茅庐的新作者逐步成长起来，甚至成为著名专家学者，这是编辑的境界和意义所在。因此，编辑不要轻视或忽视退稿信内容的撰写，其意义在某种程度上不亚于稿件退修信。

三、撰写技巧和注意事项

1.用语温和，平等沟通　退稿信一定要用语温和，编辑与作者平等沟通，避免用过激语言和语气，以避免伤害或刺激作者。在退稿信开头，首先用感谢作者投稿，感谢作者对本刊的支持，并欢迎继续关心支持本刊，欢迎继续投稿等致谢与鼓励语言，增强作者的信赖感、亲切感和信心。

2.意见和建议要准确　在退稿信中所提出的意见或建议要有理有据，以理以据服人，不但告知作者退稿原因，还要尽可能指出研究论文的重要缺陷所在，并具有针对性地提出选题方向或方法、医学科研设计、文献查阅或完善修改注意事项等建议，通过退稿意见使作者能够得到启迪和进步。

3.条理清晰，层次严谨　对所提意见或建议要条理清晰，科学严谨，逐条撰写，层次分明，先重要的，后次要的，先难后易，特别是在提出问题和建议的同时，最好提供解决问题的思路和方法，以利帮助作者提高水平。

第三节　约稿函撰写指南

组稿约稿活动是医学编辑常规性编辑实践，编辑通过选题策划和深思熟虑，确定好了选题，通过便捷的约稿函，既可节省成本，又可较好达到选题约稿的目的，是医学编辑常用的约稿方法。约稿函撰写的如何，直接关系到约稿的成败，编辑要把选题的目的、选题背景、拟题、撰写思路和要求等简要交代清楚，这的确反映了编辑的思想性和专业学术能力及基本素质。

一、约稿函概述

约稿函也称为约稿信，是指期刊、报纸、多媒体等编辑邀请或约请相应专业人士撰写稿件的信函。它是医学期刊编辑最常用的约稿方法，在通信手段现代化的今天，可以沿用传统的纸质信函形式，它的优点是彰显约稿的郑重性和严肃性，并加盖期刊编辑部公章，显示其权威性和可信性；也可以通过电子邮件信函和微信等形式发出约稿函，但不管使用哪种形式，都应当以编辑部的名义实施选题约稿，尽量避免以个人名义或语气发出约稿函。

二、撰写内容与要求

约稿函的意义在于明确和清晰地告诉被约稿人本刊约稿的目的和意义，所约稿件和撰写的注意事项等。

1.选题背景和意义　编辑要在约稿函中简要介绍选题的背景和意义，所选约稿主题或专业发展的基本现状、需要和存在的主要问题，要回答和解决哪些学术问题与对策建议，也就是说，把期刊编辑的选题思路原本交代给被约稿专家，以利激发和启迪被约稿人的写作思路及兴趣。

2.选题约稿的目的　期刊编辑要在约稿函中明确交代约选本主题稿件的目的，也就是说，要回答期刊为什么要约此稿件，发表的意义是什么。这有利于被约稿专家了解期刊的约稿意图和目的，以利于被约稿人围绕期刊编辑选题意图撰写，满足或达到期刊约稿的要求和目的。

3.文章题目与撰写基本内容　期刊编辑应当提出或建议约稿具体标题（题目）和主要内容，也就是说，编辑要在约稿函中提供明确撰写题目，文章要回答哪些问题及解决问题的办法或建议，甚至具有较高水平的编辑可将基本撰写思路进行简要交代，以利开启被约稿人的撰写兴趣和思路。当然，约稿函还要根据所约稿件体裁不同而要求各异。例如，评论性文章要求针对问题或主题评述、讨论，而不是撰写成综述形式；原始研究（论著）选题，要求创新和实用，反映当前国内外研究水平。因此，不同体裁、不同形式、不同目的和不同读者对象，在撰写约稿函时所提要求也不同。

4.告知读者对象　所约稿件主要针对的读者对象或读者群是谁，应交代给被约稿人，以利于被约稿人具有针对性地撰写和确定所涉及的深度，以满足相应读者群的需要。

三、撰写技巧和注意事项

1.相互理解，平等协商　编辑在撰写约稿函向专家或普通专业技术人员约稿时用语要温和，以协商或建议的口吻，相互理解，避免居高临下，语气强硬或以命令式的口气，因为被约稿者都不是必须要接受期刊的约稿任务，都是义务性工作，最好在发约稿函前或发约稿函后及时与被约稿人再做一下电话口头协商或沟通，了解被约稿者是否有时间和胜任选题撰写任务，编者与作者沟通和达成共识，以利互相理解和支持。

2.层次清晰，简明扼要　撰写约稿函应避免过于繁杂，思路混乱，层次不清，目的不明，要让被约稿人清晰了解编者的约稿意图和目的，充分理解选题的背景和意义及撰写要求。

3.明确要求，提供思路　在撰写约稿函时，要将约稿的具体要求明确告知作者，如稿件完成时间或交稿的具体时间、文章基本字数限制等，并请被约稿人回复是否有困难或能否按时完成稿件撰写，以利于编者安排相关事宜或另选约稿人选。此外，在可能情况下，编辑应该向被约稿人交代或提供简要的撰写思路，以利启发作者思考，理顺作者思路，增强作者撰写兴趣。

4.准确遴选撰稿专家，避免盲目选择　编者在遴选撰稿人时，必须对所选专家、学者的专业和研究方向及专业特长具有足够了解，所选约稿题目或主题是撰稿人研究最深入和最了解的领域，对其相关领域学术发展的现状、发展趋势、热点难点问题和存在的问题了如指掌，驾轻就熟。根据约稿体裁的不同，对遴选撰稿人的学术地位要求也不同。例如，评论性文章，因其具有很强的学术导向性、引导性和目的性，一般要求撰稿人不但非常熟悉相关领域的发展，而且还要具有较高学术知名度和学术影响力，应该遴选相关领域的著名学术/学科带头人撰写，发挥其权威性和学术影响力的作用，以利达到学术引导的目的。

5.慎重约稿，留有余地　对于期刊编辑约稿一定要慎重，全方位考虑成熟，并对其必要性、迫切性、可行性、效果预期做全面斟酌，一旦约稿尽量不做退稿处理，以免伤害或对被约稿专家难以交代。但编辑实践表明，在大量约稿中，也不是所有约稿100%都可顺利发表，也会有约稿确实质量过差，难以达到约稿目的和发表的要求，即使多次修改也很难达到要求，但为了保证期刊的质量，也不得已而做退稿处理。因此，期刊编辑要在约稿函最后应申明，因所约稿件还要进入评审流程，是否能最终采用发表，还要视同行评议结果而定。做到留有余地，避免编辑进退维谷。

6.感谢支持　约稿函最后要以期刊编辑部的名义，感谢撰稿人接受本刊约稿，感谢撰稿人多年对本刊的支持与厚爱，希望继续关注和支持本刊工作等致谢和亲切温和用语。

第四节　学术会议纪要撰写指南

一、学术会议纪要概述

医学期刊作为学术交流平台，为促进学术交流和引导学术发展方向，解决专业或学术发展中的问题，经常策划组织学术会议，如专题研讨会、专家讨论会、专题座谈会、专题学术论坛、学术报告会等，并通过学术会议纪要的形式在期刊发表，将会议交流的主要学术内容、新思想、新观点、新的发展趋势、存在的问题、解决问题的对策及达成的会议共识，通过会议纪要形式发表出去，以利于更多的同行受益和指导学术研究。除此外，还有工作性会议纪要，它主要是指用于记载和传达会议情况、会议交流成果、会议共识、会议精神和议定事项的行政性会议文件，属于纪实性文件材料。单就会议纪要而言，其种类可分为如下几种。①办公会议纪要：主要用于记载和传达领导的办公会议决定、会议决议事项、工作安排等事项；如其中涉及有关部门的工作，可将会议纪要发给他们，并要求其执行。②工作会议纪要：用以传达重要的工作会议的主要精神和议定事项，有较强的政策性和指示性。③协调性会议纪要：用于记载和协调性会议所取得的共识及议定事项，对与会各方有一定的指导性或约束力。④研讨会议纪要：主要记载研究讨论性或总结交流性会议的情况。这类会议纪要的撰写要求全面客观，除反映主流意见外，如有不同意见也应整理进去。

二、会议纪要的特点

1.内容的纪实性　会议纪要如实地反映会议内容，它不能离开会议实际再创作，否则，就会失去其内容的客观真实性。

2.撰写表达的提要性　会议纪要是根据会议情况综合而成的，因此，撰写会议纪要时应围绕会议主旨及主要成果来整理、提炼和概括，重点应放在介绍会议成果，而不是叙述会议的过程。

3.撰写人称的特殊性　会议纪要一般采用第三人称撰写方法；由于会议纪要反映的是与会人员的集体意志和意向，常以"会议"作为表述主体，使用"会议认为""会议指出""会议决定""会议要求""会议号召"等惯用语。

而学术性会议纪要除了具有其他普通会议纪要撰写的基本要素和要求外，学术性会议纪要主要是突出学术性内容，应根据会议交流的主要学术内容、会议取得的重要成果，如会议反映出的学术发展趋势、热点、难点、焦点问题，会议达成的学术共识、新的学术思想、新的学术观点、专业或学术发展中存在的问题、形成的建议和解决问题的对策等，以会议纪要的形式记录或记载下来，并通过学术期刊发表传播出去，扩大学术会议成果的传播半径，发挥学术指导作用。

如果与会专家学者经过研讨，会议形成的共识、提出的问题、对策措施和建议等，对政府主管部门正确决策具有咨询意义，可将会议纪要提交政府相关主管部门参考，也可以专门形成一个咨询报告递交政府部门供决策参考。

三、撰写内容与要求

1.会议背景与概况　学术会议纪要首先应介绍会议召开的背景和意义，也就是在什么学术背景和情况下及为什么要召开本次学术会议，通过学术会议要达到什么目的。会议的一般情况，如学术会议的名称、召开会议的时间和地点、参加会议人员来源和数量，都有哪些领导或著名专家出席会议，都有哪些领导或著名专家作专题学术报告或发言等，但这些背景和会议的一般情况应尽量简明扼要，避免罗列过多会议过程而喧宾夺主。

2.学术会议主题　会议纪要应简要交代会议的主题，也就是会议的中心议题或主要内容，以显示学术会议鲜明的主题思想和会议的目的性，以避免学术会议的盲目性和漫无边际的感觉，体现不出学术会议的主旨和中心思想。

3.主要会议成果与共识　这是学术会议纪要的重点内容，要具体全面体现会议所取得的成果，通过与会专家学者的讨论和交流达成了哪些学术共识，应将会议成果和会议共识根据其重要性按层次顺序逐一阐述清楚，充分体现会议成果。

4.整合与归纳会议亮点　主要体现通过学术研讨和学术交流，其展现出的新的学术研究进展、新的学术思想和新的学术观点，学术研讨中呈现出的学术热点、难点和焦点问题等，以突出学术会议的亮点。

5.学科与学术发展存在的问题　俗话说，善于发现问题已经达到解决问题的一半。通过学术交流和研讨，就是要发现学科和学术发展及相关领域存在的问题，阻碍研究进展和临床实际应用的瓶颈问题等，善于发现学术发展中的问题，是促进学术进步的关键。

6.对策与建议　通过学术交流和研讨，发挥群体专家和学者的思想智慧，整合集体的智力资源，形成找准问题和解决问题路径；也就是说，对通过学术研讨提出的问题，参加会议的专家学者形成的解决问题的对策和建议，作为学术会议纪要应条理清楚地逐条予以记载和阐述，以体现会议纪要的学术咨询价值和学术指导价值。

四、撰写技巧与注意事项

1.专人记录，专人整理　在召开学术会议之前，就要安排专人从事会议的记录工作，而且记录者应当是内行，也就是熟悉会议交流的相关领域或专业；特别是会议设分会场、分组讨论等，要安排专人分别负责记录，学术会议纪要的整理者要全程参加会议，以便了解会议的全过程和会议形成的成果。如果是期刊编辑承担执笔起草学术会议纪要的任务，因涉及专业的学术问题和所涉及内容表达的准确性问题，因此，执笔起草后应请会议主席或与会相关专家审阅，以保证其内容的完整性和表达的准确性。

2.简明扼要，突出重点 在撰写学术会议纪要时，应避免流水账式的会议过程叙述，以及单纯罗列与会专家主题报告或专题报告题目，使读者不知关键内容和思想观点；要紧紧抓住学术会议的主题，重点和集中反映会议所取得的重要成果，以及会议提出的重要学术思想、观点、学术发展趋势、重要研究进展和对策建议，真正把与会专家学者形成的学术思想共识和集体智慧成果通过会议纪要的提炼反映出来，以利发挥指导作用，让更多未参加会议的专家学者受益。

3.正确把握，忠实于会议 学术会议纪要是反映本次会议的情况和成果，是典型的集体智慧的结晶，其内容要忠实于会议的实际内容，撰写时既不能掺杂会议以外的内容和观点，也不能融入撰写者个体的主观判断和思想认识，对会议形成的学术共识、建议或倡议，也尽量避免以专家个体形式表述，而尽量以会议"会议指出""会议强调""会议认为"等第三人称形式予以表述。

4.去伪存真，结构严谨 学术会议纪要应忠实于会议，但也不是不加分析归纳、凝练和去伪存真的照搬照抄，撰写者要对会议资料进行认真分析、归纳和整理，对缺乏科学依据和欠客观及偏激的观点或建议要加以分析提炼，真正把具有学术价值的观点和思想展现出来，以利引导和弘扬学术正能量。撰写时要注意层次清晰，结构严谨，逻辑缜密，真实准确。

5.因会而异，注意技巧 学术会议纪要的撰写既有基本的规范，又要根据会议规模和形式不同，采用不同的叙述或撰写方法。

（1）内容集中概述法：这种撰写方法是把学术会议的基本概况、会议主题、研讨的主要问题，参会专家学者和代表的共识、议定的相关建议，其中包括解决问题的对策、措施、办法、要求和建议等，用综合概括叙述的方法，实施整体的阐述和介绍。这种撰写方法一般多用于小型学术性专题会议，如专题研讨会、专家座谈会、学术讨论会等，而且讨论的问题比较集中单一，与会专家意见比较一致，容易达成共识和具有可操作性，会议纪要撰写的内容单一，而且篇幅相对比较短小；如果会议的议题比较广泛，撰写时可分项逐条叙述。

（2）按项叙述方法：对于大中型学术会议或非单一主题的学术会议，因会议涉及的学科、专业领域较多，甚至大会设分会场、分论坛、卫星会较多，一般要采取按项叙述或按学科及专业领域逐一撰写的方法，也就是说，把学术会议的主要内容分成几个部分或大的问题，分别列出小标题（二级标题）按专业领域加以撰写。这种撰写方法侧重于横向分析阐述和归纳，其内容相对全面和丰富，各学科或专业内容叙述相对较细，并对相应专业领域具有相对独立的会议目的和现状的分析，也具有各自的专项共识、会议成果、对政策措施的阐述。但是，虽然按专业领域分项撰写，因为是大会的一部分，所以，也应有分有合，对共性的东西，会议形成的总体成果和共识等，要具有综合与整体分析归纳和阐述，以体现会议的整体和中心主题思想。

（3）大会主题学术报告提要撰写法：一般学术大会都安排大会主题学术报告和分会场专题报告，提要撰写方法就是将学术大会的著名专家学者的主题学术报告或专题报告和具有典型性、代表性的大会发言加以整理归纳，从中提炼出主要内容、观点和经典部分，按照报告顺序、不同内容或级别不同，分别加以阐述和介绍。这种撰写方法能比较如实地反映与会专家学者的学术思想和学术观点，把权威专家或学术/学科带头人的对相关主题和专业领域的前沿问题介绍给广大专业人员，发挥学术会议的指导意义。

6.标题清晰，醒目准确　学术会议纪要标题的命名应规范，尽量体现会议的主要元素，一般有四种表达形式，一是"会议名称＋纪要"，如《临床心血管疾病防治研讨会议纪要》，如果是地域性会议，代表来自于某一省市，可以用"地名＋会议名称＋纪要"，如《北京市心血管疾病防治研讨会议要》，如果会议是全国性的，其与代表来自全国各省市自治区，还可以用"全国＋会议名称＋纪要"，如《全国心血管疾病防治研讨会纪要》；二是"主办单位＋全国＋会议名称＋纪要"，如《中华医学会全国外科学术会议纪要》；三是"学术单位名称＋届次＋会议名称＋纪要"，如《中华医学会第22届全国会员代表大会会议纪要》；四是以会议主题思想或主要成果为主标题，会议名称为副标题形式撰写，如主标题为《发展趋势：即时化、自动化、智能化、远程化》，副标题为"全国临床检验医学装备技术与临床应用学术会议纪要"；这种带有副标题的学术会议纪要一般采用的较少。

第五节　编委会会议纪要撰写指南

编委会会议纪要，是比较特殊的具有学术性、专业性和工作性的会议纪要，对于医学期刊，除了编委会换届会议外，几乎各期刊每年都要召开一次编委会工作会议，研究和讨论期刊学术发展、重大编辑出版计划和编辑选题等工作内容，是医学期刊工作的重要会议。

一、编委会会议纪要概述

医学期刊的编委会会议一般属于工作性和业务性会议，但有时也涉及学术内容。例如，在会议上专门安排具有较强前沿性和焦点性专业学术问题的专题报告，使与会编委和专家学者能及时了解本领域的发展热点、难点和焦点，以利驾驭相关学科领域的学术发展趋势，更好地驾驭和把握本期刊的学术报道重点、学术导向和发展方向。编委会会议纪要的撰写与其他会议纪要撰写具有相同的规范要求，也具有其不同的特点，它主要体现在医学期刊的工作内容上，如办刊的方针、学术报道重点、期刊策划项目、专题研讨会选题、选题计划、办好期刊的建议和措施、编委会成员责任分工等，会议形成的成果、计划和选题等，需要会后分头落实，因此，编委会会议纪要具有其不同的特点，具有工作文件性质的特色。

二、撰写内容与要求

编委会会议纪要是具有纪实性、记载性和实施性的文件，可以在相应期刊公开发表，把会议形成的共识和决定，如办刊方针、办刊宗旨、选题计划、重大编辑体例改革等，通过编委会会议纪要的发表，让更多的作者和读者了解，以便具有针对性地投稿和阅读期刊；同时，也可以作为编辑工作文件，呈报上级机构，寄发本刊的编委、特邀编委、审稿专家；还作为编辑部的工作计划性文件，对编委会会议形成的共识、决定和计划等，在编辑实践中加以逐步落实。其主要内容有如下几点。

1.会议基本情况　编委会会议的一般情况，包括到会编委人数、其他与会领导、会上主要报告专家或领导发言的主要精神和要求、会议议题或讨论的主要内容等，并将召开会议的简要背景予以交代。

2.共识与建议　到会编委讨论会议议题形成的共识，对期刊发展和编辑出版工作、报道重点、选题重点、同行评议问题等提出的合理化建议，期刊改进建议等，因为对今后期刊发展具有指导意义，因此，要逐条记载，以利编辑部改进工作。

3.成果与措施　编委会上达成的会议成果，如拟订的重点选题计划、重点学术报道题目、期刊编辑出版改进措施、栏目调整计划、栏目的总体设计、学术导向计划，以及具体负责编委等，都要详细逐条清晰撰写，特别是提出的编辑工作改进措施，要具体翔实记录，以利于会后编辑部逐项落实。

4.责任与分工　对于会议提出的期刊选题计划、重点约稿或重点文章题目等，在会议上可能期刊总编辑/主编或副总编辑会进行具体分工，特别指定某位编委专家负责落实，在撰写会议纪要时应详细叙述清楚，以利会后编辑部跟踪落实或催办。

三、撰写技巧与注意事项

1.专人记录专人整理　会上应安排专人负责会议记录工作，以免遗漏或会后遗忘，记录人要全程参加会议，特别是讨论阶段的会议，编委发言时，要将与会编委提出的建议和改进措施详细记录，归纳分析和整理，形成群体智慧，发挥指导作用。

2.归纳准确，突出重点　会议纪要不是大杂烩，更不是会议的流水账，特别是编委会的讨论阶段，发言编委较多，所提问题和建议也具有多角度和多样性，既有共性的东西，也有个性或局限性的东西，既有价值大的东西，也可能有价值不大的东西；因此，纪要的撰写者要对会议发言、讨论提出的意见和建议进行系统分析，归纳整理，归类分析，形成具有共性、可操作性、条理性的意见、建议或改进措施等，并注意突出重点，围绕中心，避免照搬照抄，杂乱无章，展现不出会议形成的精华，失去会议纪要的意义。

3.去粗取精，把握侧重点　编委会会议纪要既要忠实于会议原意，又要注意抓住会议的中心议题，同时注意侧重表达与会编委已经取得共识和大家普遍关心的问题并达成一致意见的重要议题。

（1）突出议题取精华：撰写时要抓住会议研究和解决的主要问题，也就抓住了纪要的侧重点；对会议讨论中涉及的其他问题，要分析其是否具有普遍性和重要性，对涉及非中心议题事项，而且其重要性不强，可操作性差的问题，可以从简而谈或予以简略。

（2）围绕讨论取精华：编委会编委在讨论中心议题时，往往各抒己见，角度不同，意见也不完全一致，甚至出现分歧，在这种情况下，纪要执笔者应该对各种意见认真研究，归纳整理出完全一致或基本一致的意见；对少数人提出的意见，在会议上如果没有被否定，符合会议宗旨或有利于期刊发展，也应该采纳，而对于意见分歧较大，未能够统一认识达成共识的问题可以不写进纪要中。

（3）围绕总结取精华：在编委会上，在会议结束时，会议主席或总编辑一般都要做会议总结性发言，对会议成果和共识进行概括，并对需决定的事项进行意向性肯定或否定，纪要的执笔者要围绕总结提炼会议纪要的关键材料，这是把握编委会会议纪要关键内容的重要组成部分，也是避免会议纪要偏离重要议题成果的关键。

4.会议成果表述的准确性　编委会会议纪要的执笔者要把握其表述议定事项的"三性"。

（1）语言表达的准确性：要注意用语表述准确，文法的规范性，避免发生歧义，特别是对重要问题或敏感问题表达不准，就很容易引起歧义或误解。

（2）重要决定的依据性：在会议上决定问题和事项，应与国家相关期刊管理条例或政策法规及规定相适应，避免发生相互矛盾。

（3）实施的可行性：对于会议上提出的意见、建议或措施，应具有可行性和可操作性，否则，再好的建议也难以实现，其会议纪要中决定事项须注意可行性，符合实际。

第六节　编辑选题策划报告撰写指南

医学期刊编辑选题策划是重要的编辑实践活动，编辑要保证选题策划的成功，必须将选题背景、选题意义、选题形式等进行设计，然后提请编辑主任或社长审批，以保证选题策划的顺利实施。

一、编辑选题策划报告概述

编辑选题策划报告，也称为选题策划方案，它是编辑人员主动的编辑行为，这与作者来稿不同，作者自主投来的稿体现的是作者的功利目的，而编辑选题策划是体现编辑思想和编辑的功利目的，它具有很强的目的性、思想性、主动性、预期性和针对性的特点。因此，期刊编辑要顺利达到预期目的，就必须在选题实施前进行周密设计，制订完整的策划方案，特别是对重大选题，要对选题策划的学术背景、对学术发展的意义、目的、可行性和必要性、具备的条件和实施步骤进行认真设计，制订出具体实施方案，并将编辑选题策划报告提交期刊编辑部或期刊社相关领导审阅把关，也可以征询相关专家和编辑委员会总编辑、副总编辑或编委意见，其方案成熟后再具体按步骤实施，以保证选题策划的成功。

二、撰写内容与要求

撰写编辑选题策划报告或方案一般用于重大选题策划，如果是单篇选题约稿一般不必撰写编辑选题策划报告；因重大编辑选题策划需要足够的依据和实施计划，所以，需要制订和设计具体方案，以保证相关资源的配置，保证选题策划成功。

1.选题策划的背景　任何事物都不是无缘无故的，都具有其发生背景和原因，医学期刊的选题策划也是如此，其选题动议一定具有相应背景和缘由。因此，撰写编辑选题策划报告时，首先要阐述选题的学术背景、选题领域的发展背景、科研或临床发展环境，也就是说，其背景和环境决定了所要实施选题策划的土壤和条件。

2.选题策划的依据　在撰写编辑选题策划报告时，要详细阐明选题策划项目的依据，根据什么要选择该项目，其重大意义如何，特别是预期或预测可能达到的社会效益、学术效益或经济效益等，对推动相关领域的学术、技术进步和临床应用将发挥的作用等，都要尽可能有预测、有预期和效益性判断。

3.可行性与必要性　期刊选题策划首先要考虑必要性，也就是说，做这个选题项目具有多大的必要性，要认真分析其利弊；具有必要性，不一定具有可行性，因此，还要阐述其可行性，否则投入人力、精力和资源未必能够行得通，甚至不可能操作和实现设想。在撰写选题项目方案时，还要将事先对选题项目的论证情况和结论作详细交代，如咨询编委或专家的情况和意见、征询相关临床或科研机构的情况和意见等，以避免选题项目失误，同时，也可以提高方案或报告的可批性。

4.实施步骤与资源配置　选题项目方案要详细说明实施的步骤、起始时间和完成时间。还要详细说明经费来源和经费预算，以及所需人力资源情况等，对于比较大型的选题策划项目，可能要采取不同的形式，如策划召开专题研讨会议、专家座谈会，甚至大型学术会议，对选题实施全方位征稿、学术交流和研讨，以利于选题的全面性和对选题项目领域发展的现状、趋势和存在的问题等准确了解，具有全方位的把握，以利于实施正确的学术引导、临床推广或科技成果转化，增强选题项目的系统性或学术选题的可连续性，使选题项目成果不断向深层次发展，以体现学术选题报道的可持续性和延伸性。

三、撰写技巧与注意事项

1.逻辑清晰，层次分明　一般方案或报告都具有基本格式，但无论如何撰写，其逻辑要清晰，层次要分明，特别是选题方案的目的、意义、必要性与可行性、实施步骤、预期成果或效益、成本预算，成本效益分析等，这些要逐项阐述，使其一目了然。

2.目标明确，操作性强　一般来讲，方案的制订和设计首先要具有明确的目标性和目的性，这是制订或撰写选题方案或报告的重要环节，否则，方案或报告缺乏明确目标和目的，也就失去了方案制订的关键理由；同时，在制订、设计和撰写过程中，要考虑和显示出其可操作性。一个缺乏或未体现其可操作性的方案，它会失去可执行性与可实施性，这是方案不成熟的现象，应当在撰写过程中进行认真推敲，以利于方案的顺利实施。

3.方案的预选性和预测性　一般提供决策方案应当具有选择性，也就是同时提供可供选择的多种方案，以保证从中优选出最佳方案；对于期刊选题策划项目方案，不一定提供多种方案，但在方案中应当具有预案，防止实施中出现其他预料不到的情况，可有条不紊地随机处置或调整；此外，撰写选题方案，要具有预测性，既要预测到可能发生的问题，又要预测到选题策划项目预期效益。

4.简洁精练，重点突出　选题策划项目方案或报告，应避免复杂理论性东西或叙述过多无关紧要的东西，要简洁精练，突出重点，抓住关键要素，展现重点内容，注意方案实施的时序性和进程。

第七节　编者按撰写指南

编者按是报刊常用写作文体，它具有评论、评价、引导、鼓励和表明编者意见的作用，特别是在新闻类刊物中应用比较普遍，在医学科技期刊中也经常运用，是体现期刊编者意见，正确引导读者、作者和科技人员学术发展或临床及科研行为的重要手段。

一、编者按概述

编者按，也称按语或编者案（editor's notes），"编"指的是编者或编辑，"按"指的是编者附加的评论、判断，是编者为了让读者、作者或广大医学科技人员认识、理解或更明白而增加的特别的说明，是编辑人员对一篇文章所加的意见、评论等，常常放在文章或消息的前面。编者按不是一种固定的单独运用的文体，而是编辑在编稿过程中经常使用的一种处理方式，它是以最简短、最轻便的言论形式，阐明和表达作为编者的意见、看法和立场，这在编辑实践中用途很广。

1.文字精练，切中主题　编者按通常200字左右，甚至更短，有时仅三言两语，但要能够切中要点，点中时弊；它没有独立的标题，位置也较自由，但一般用于所发文章之首；它是一种最简短最便捷的评论形式，是编者对所研究学术价值报道所做的说明和批注，编者按可以表明编者对文章的态度和意见，也可以提示要点、解释或引申，还可交代背景，补充材料或借题发挥，一般起强调重点、表明态度的作用。例如，《中华医学杂志》曾发表有关茅台酒不导致肝纤维化的研究论文，该研究结论是喝茅台酒不导致肝纤维化，而喝普通白酒具有致肝纤维化的改变，对本研究是否发表编辑和编委专家意见不一。一种意见认为有给茅台厂做广告的嫌疑；另一种意见则认为，只要科研设计科学合理，方法学正确，统计学分析方法得当，所得结果和结论可信及可靠，研究真实就可以正式发表。最后编者们认为，本研究科研设计科学合理，研究方法正确，样本量和样本质量设计科学，既有两组人群样本设计，又有两组动物样本设计，各组样本量足够大，样本质量确切而可靠，所有样本均做肝脏穿刺做病理切片和电镜观察，其诊断使用金标准，最终该研究得到正式发表。但为了不至于给读者造成鼓励饮酒的歧义，同鼓励研究者继续深入研究，在发表该科研论文的同时，编辑部配发了编者按，进一步说明过量饮酒有害，早有定论；同时激励研究者继续深入研究，进一步验证结论，对喝茅台酒不发生肝纤维化和喝普通白酒易造成肝纤维化的发生机制进行深入研究，并扩大样本的广泛性和样本量。这一编者按的配发，较好地表达了作为科技期刊编者的意见，控制了可能发生的歧义或不良影响。

2.编者按的类别　一般讲，就其编者按的性质和内容的不同，可大致可分为政论性编者按、说明性编者按和科技学术性编者按三类。

（1）政论性编者按，一般多在新闻报纸和政论性刊物应用，其要点是提纲挈领、简明扼要地把新闻报道和文章的中心思想点出来，赞扬什么，反对什么，直截了当。

（2）说明性或介绍性编者按：其主要目的是帮助读者便于理解所发表文章的内涵，进一步补充说明和交代报道主题的背景，如刊载该文的目的和意义及作者的身份等，以引起读者的兴趣和重视。

（3）科技学术性编者按：主要表明期刊编辑部或编者的学术见解、评论和存在的问题，特别是指出学术背景和研究的意义，编者按具有"第三方"的特点，因此，编辑部所配发的编者按，具有认可、激励和评述的作用及效果，发挥好医学期刊编者按的功能和作用，对于鼓励和激励作者及广大医学科技人员加深研究，注重相关领域发展中存在的问题，进一步推动学术和科学研究发展具有不可低估的作用和效应，同时，也是活跃医学期刊学术交流和平台沟通的好形式。

二、编者按的内容与要求

1.文章发表的背景　要说明发表该文的学术或社会背景，如学术或学术发展的现状与趋势，发表该文的学术和科技环境，以及社会背景等。例如，2005年《科技导报》曾再次刊登19世纪，也就是1883年8月23日在 Science 发表的美国著名物理学家、美国物理学会首任主席亨利·奥古斯特·罗兰（Henry Augustus Rowland）于1883年8月15日在美国科学促进会（AAAS）年会上所做的报告，题目为"为纯科学呼吁"（A plea for pure science）的大会演讲，后来，此文被国际学术界誉为"美国科学独立宣言"；罗兰在135年前的这篇演讲中列举了中国科学落后的原因，以此警示美国科学界。罗兰在演讲中指出"我们的科学停留在应用上，将很快就会退化成中国人那样，他们多少代人以来，在科学上都没有什么进步，因为他们只满足于科学的应用，而从未追问过所做事情的原理，这些原理就是纯科学，基础研究；中国人知道火药的应用已经若干个世纪了，如果能用正确的方法进一步探索研究其特殊原理，他们就会在获得众多应用的同时创造发展出化学，甚至物理学；就是因为他们只满足于火药能爆炸的事实，而忽视了对其寻根问底，深入研究其原理，这使中国人已经远远落后于世界科技的进步"。而《科技导报》（中国科协机关刊物）为什么要重新发表130多年前外国人的文章？在编者按中将其意义和背景精练地指了出来，因为中国轻视或忽视基础研究的现象几百年来无从改变，《科技导报》再次向中国科技界敲响警钟！其意义可想而知，这也是学术性编者按的作用和魅力。

2.实际意义和目的　编者要对某文章配发编者按，一定是具有肯定的缘由触动了编者，因此，撰写编者按既要结合学术或科学研究的背景，又要与当时社会和科学环境紧密结合，要指出发表该文的实际意义和目的，以引起读者、科技学术界的思考或启迪。

3.观点鲜明，评述准确　编辑在对某些重要科学研究项目论文或文章配发编者按时，要十分了解相关领域的状况，撰写时要明确表达编者的鲜明观点，并要求评论准确，赞扬什么，反对什么，注意什么，尽可能扼要精准地画龙点睛，避免缺乏评论和观点，使其失去了思想性和意义。

三、编者按撰写技巧与注意事项

1.避免配发编者按的随意性　在编辑实践中，编者按的运用要掌握好标准和禁忌，编者按不是随便配发的，对需要配发编者按的文章，一定具有其重要性和实际意义，所关注的问题应该具有普遍性和指导性，避免编者按配发的随意性。要通过编者按，重点指出学术事实或新闻事件中普遍性和引人深思的问题，以引导读者思考，达到更好的传播效果或者是明确地表示编者自己的观点，发表旗帜鲜明的议论，凸显编辑意图，以启迪读者。

2.精练准确，语言经典　编者按文体短小精练，一般在200字左右，不可字数过多，最好控制在200字以内，甚至更短，有时仅三言两语，但要能够切中要点；虽然字数少，但其关键要素不能缺，既要说明背景和意义，又要点出和表明编者观点、态度和评述，给读者启示、启迪和思考。这就要显示编者的文笔基本功，用精练准确的语言，展现编者的经典之作。

3.编者按标题与位置　编者按一般不提炼或设标题，只以"编者按"为题即可。编者按可以表明编者的态度和意见，也可以提示要点，还可交代背景；补充材料或借题发挥，一般起强调重点、表明态度的作用。编者按一般放在所发表文章的前面，但仅有少数可以放在文章末尾，但为了增强编者按显示程度，吸引读者的阅读欲望，最好放在所发表文章的最前面。

第八节　短评撰写指南

短评作为评述性文体，在时政性报刊上应用比较广泛，在医学期刊上也经常应用；学术性短评对于强调、深化、解释、辩驳、评论和渲染学术研究的意义及重要性具有独特功能，是医学编辑应该掌握和运用的重要编辑手段，充分发挥短评犀利、一针见血、短悍和快捷的特点，可有效发挥科技学术期刊的学术效益和学术引导作用。

一、短评概述

短评最早属于新闻评论的一种文体形式，一般多用于时政类报刊，多在重要报道事件报道时配发短评，是报刊上发表比较多的简短的评论。短评是对人和事物进行的简短评论，属于评论的一种；短评是新闻评论中常见的一种文体，它篇幅短小、语言精悍、内容单一、分析扼要尖锐，是十分便捷的评论体裁，在报纸、广播、电视等时政媒体中都可以使用，其中在报纸上的短评最为常见。近年来，在科技学术类期刊上也普遍应用，特别是医学期刊，对特殊学术内容的报道配发短评也比较常见，它可以就一篇文章或学术报道主题配发短评，也可以就学术发展中某一热点或难点问题发表短评。编辑实践表明，恰当运用短评形式或手段，对重大学术专题或具有相应背景的学术技术问题的报道，同时配发短评加以评论，可有效增强学术引导性和学术及技术的渲染效果。短评在发表时有署名与不署名两种。署名短评以个人身份发言，形式自由，手法多样。不署名短评代表媒介编辑部发言，是编辑部评论中比较短小、灵便的一种体裁。短评在运用时有两种形式：一是针对某一事物或问题发表的独立成篇的简短评论；二是为配合重大学术报道或新闻报道就实论虚、就事论理的短小评论。

短评的主要功能是评论功能、引导功能、强调功能、学术或技术推介功能、深化功能、解释功能、认可功能、警醒功能、辩驳功能等，短评的功能是多元化的，无论是时政类报刊，还是科技学术类期刊，编辑恰如其分地运用好短评手段，对增强所报道课题的效果和学术引导及渲染具有重要的作用。短评的特点如下所示。

1.短小精悍，形式灵活　短评最大的特点是体现在篇幅的短小上，一般来说，短评的字数多在500字左右；短评的短小精悍还体现在所评析内容具体、中心突出、立论集中、结构简约、语言文字精练上。短评与医学期刊的"述评"不同，述评篇幅比较长，围绕学科或整个学术领域发表述评，而短评比较局限，可局限于一篇文章配发短评，就事论事；而对于时政类报刊的短评，它不同于社论或评论员文章，其形式短小，是社论或评论员文章的缩写形式，它抓住新闻报道或所评析事物的某一点实施议论，观点明确。

2.新鲜独到，切中时弊　短评以短、新、特、快见长，首先表现在选题独特新鲜、及时，抓住最具时效性的学术、技术或方法问题，对具有重大发现和研究热点的课题报道或新鲜事实做出分析和评价；其次表现在立题和立论角度的新颖及观点的独到上，能够从新的视角观察研究趋势和前景，做出与众不同的学术分析，并得出具有个性和编辑思想性的见解和结论；最后还表现在引入新的论据，采用新的论述和表述方式，使学术评论给人以新的信息和新的启迪等，给广大医学科技人员和读者以新鲜感，强烈吸引读者眼球，活跃学术氛围，扩大学术影响，激励作者，鼓舞读者，锻炼编者。

3.生动活泼，文采飞扬　对于学术短评也要讲究生动的语言表达，首先是短评的分析说理应该生动引人，议论风生，逻辑严谨，运用多种议论手法使文章富有生气和引人入胜；学术短评的结构形式应该灵活多样，依据不同的评析课题或对象变换文章的导语和结尾，对短评的整体谋篇布局；虽然是学术性短评，也要讲究其语言文字的生动活泼，文采飞扬的风格，使文章在言之有物的同时短而有趣，贴近读者，切中主题。

4.以点扩面，就实论虚　医学期刊的学术短评既要短，又要深，以点带面，就实论虚；短评是依托所报道文章而发，应注意依据课题报道中的重要发现或结论及意义，深入揭示其意义，挖掘其根源，剖析其本质，预测其影响和未来，立意深邃，就题勿虚，缘题议理，依托个别，指导学科领域发展。

5.表达编辑观点，展现编辑思想　学术短评是一种篇幅相对短小、内容集中、简明扼要、运用灵活的学术言论，它与医学期刊的述评、专家论坛、学术专论等文章相比，其题材局限、点面结合、轻便活泼的特点较突出，是编者通过所报道课题配发短评表达编辑观点，展现编辑思想的好形式，也是作为医学期刊激励、鼓舞、鞭策读者和作者，促进学术争鸣与发展的重要形式。

二、短评的内容与要求

学术性短评撰写的内容主要是紧扣所报道课题的主要结果和结论，就其利弊、重要学术价值和意义、研究前景和趋势、存在的问题、作者的科学精神、学术贡献、建议和注意的问题等展开评论，展现编者的观点，体现编者的思想，表明编者的立场。

1.深层剖析，精准概括　医学期刊的学术短评要把握一事一议、就题论题的写法，围绕中心，集中概括，精准评述，其笔墨往往集中于一个点，不及其余，以点突破，就点论点，瞄准一点，深挖其井，深入剖析，凸显事物本质。学术短评除了深入剖析，还要有精准得当的高度概括，以小见大，使短评中心突出，焦点清晰明确，切中要害，抓住关键。

2. 抓住热点，论述难点　学术短评要大中取小，小中见大，围绕报道主题，评述热点，在短评撰写的选题和论证中，首先要引起注意的是热点问题，在选题时，应该大中取小，抓住本课题或本领域的热点问题，解析难点，展现难点，短评针对的学术范围很虽小，但却不能仅仅就事论事，见树木不见森林，要借助学术热点，阐述和阐释难点，论其广泛意义和深刻学术价值及思想见解。

3. 抓住亮点，论述焦点　编者要善于透析所发表研究课题的学术亮点问题，以学术亮点为牵引，聚焦学术焦点，深刻分析、阐释、解读和呈现学术焦点问题，既要启迪读者，又要启发研究者或作者，引发研究深度，激发研究热情。

4. 形式多元化，语言活泼化　学术短评是议论文，是反映编者学术立场、学术观点和学术思想的阵地，其形式具有多元化特点，尽管为学术评论，但其语言应活泼，这是短评的特点、优势和魅力所在；为了引起读者、作者和医学科技人员的共鸣，短评要尽量写得通俗、生动、活泼、精悍，要做到这些，首先要注意和体现文本体式的多样化，可以写成论文式的，也可以采用读后感、小评论、随笔的形式，因此，语言不可拘谨生硬，可适当有些幽默和含蓄，要有些独特的风格和文采，才能体现学术短评的独特魅力，真正让学术期刊活起来。

三、短评撰写技巧与注意事项

1. 熟悉内涵，把握外延　学术短评的撰写首先有赖于编者对所发表文章或研究课题本身内涵熟悉，并对其外延领域和相关领域的现状、进展和发展趋势具有准确把握，只有这样才能触文生情，有感而发，借文发挥，抓准问题，精准评论，运用自如，驾驭有度，生动活泼，言之有物，语中有理，才思敏捷，挥毫成章。

2. 抓准主题，以点促面　学术短评不是随意而为，严格避免随意性、频繁性，所配发短评的文章或研究课题要具有重要性和学术价值，而且具有以点促面的学术效果，哪些值得配发短评、必须配合短评要具有严格的条件；哪些不值得配发短评要认真权衡与斟酌，对其发后所产生的效果要有基本预测，严格规避盲目性和随意性，做到不发而已，一发惊人，以达到吸引读者，鞭策作者和激励来者的目的。

3. 题目精练，画龙点睛　学术短评可以提炼标题，但标题力求短小精悍，避免冗长，要有画龙点睛的特点，这是刺激读者眼球的重要组成部分，学术短评一般署名，也可以不署名，一般以编辑部的名义署名，尽可能不用个人署名形式。一般字数控制在500字左右，可放在所配发文章前，也可以放在文章后面。

4. 论题突出，一事一议　撰写者要紧扣所依附的学术或研究课题报道，据事说理，以及抓住课题报道中最值得议论之处，评其一点，一事一议，长话短说，议在深处，在短评的结构上要精彩开头引申，简化结构，评在实处，论在深处。首先，编者要构思要抓住关键，开门见山，撰写短评必须抓热点、抓焦点、抓重点、抓中心、抓要害，避免被枝节的东西所绑架；其次，观点要鲜明，是非清晰，语言要简洁明快，避免重复所发表文章内容。

5.评中有析，论中有评　学术短评既要短，又要突出评字，做到评中有析，论中有评；首先，撰写者要明确评什么、论什么，是学术热点还是难点问题，是结果结论的重大发现，还是问题与趋势，其所选主题和重点要具有针对性，要切合文章重点和实际，做到有的放矢，言之有物；其次，撰写者要运用辩证法，从事物的运动、发展、转化的观点出发，分析问题，评论问题。例如，对某一研究结论、重要发现或某一问题，可从几个不同的角度进行深入分析和评述，从现象与本质、原因与结果、过去与现在、正面与反面等予以评述，将其充分铺展开来，分层评析，逻辑清晰，条理顺畅，思考严谨，文风精彩。

第九节　编后语撰写指南

编后语，也称编后记，多用于新闻媒体类媒介，它是指在新闻事件、重点文章后面，依托于文章的新闻背景、科研重大发现、重要理论和指导意义比较强的学术背景，对文章内容实施评说和点评，以引发和提醒读者思考及启迪思维的短小言论。

一、编后语撰写概述

编后语或编后记，是报纸、时政刊物、科技学术期刊编辑在编辑一期报刊或某篇文章后，编辑依托文章的时政背景或学术背景及意义，有感而发，针对重点或亮点文章选题内容，亲自撰写的编后评语和情况介绍，以表达编辑意见、评论和有感而发的简短言论文章。

编后语一般最长不应超过500字，甚至更短。一般多紧随文后，作为该文的附加部分附在文章之后，不需要另拟标题，而以"编后语""编后记""编者的话""编后絮语""编后附记"等代以标题。因为是作为编者第三方的角色地位而发，其代表了期刊社看法和观点，因而不署作者姓名，以显示其中立性。

一般在电视和广播新闻媒体，多用具有新闻性、政治性、时效性、指导性、群众性、短小性等基本特征与特点的"编前话""编后语"等；而它评说的是刚刚播出或即将要播出的具有新闻性、新闻价值和导向性的重要新闻内容与新闻背景，其评说的依据是当前形势、党的路线、方针、政策、国家法律法规和人民的愿望；因此，其评说时又要观点鲜明，应表明政治观点、立场和看法，编者应明确地表明支持什么、提倡什么、倡导什么、反对什么的鲜明态度，并指明是非曲直和应该如何做，不该做什么，应该怎样去做的鲜明立场。而医学科技期刊的学术性编后语也是如此，要依托文章的学术背景和技术背景，以其鲜明的观点，画龙点睛地予以点评。

二、编后语撰写内容与要求

1.编后语撰写要点　编后语撰写要坚持有所为和有所感，可针对某期刊物、某项学术选题、某组或某篇医学科研论文发表编者议论与评论，它有利于读者作者了解编辑意图、编辑思想、编辑观点和编辑立场，把握阅读重点和思考焦点，启迪思维，同时，激励作者和提高读者阅读兴趣；在编后语的撰写中编辑要有感而发，切中要害，力求旗帜鲜明，褒不掩失，评不掠美。其评说应是三言两语，用语精悍凝练，语击要害，褒赞亮点。

2.编后语类型　　根据编后语基本特征和作用，一般可将其分为如下六种类型。

（1）说明性编后语：主要说明文章内容、研究背景和意义或需要说明的其他问题，以便宜读者理解，避免误解。

（2）提示性编后语：对研究课题或文章内容、主题思想、重要学术观点、研究发现和存在的问题予以提示性告知，以引起读者关注和讨论，甚至引起学术争鸣。

（3）褒扬性编后语：对研究选题课题、研究发现、学术贡献或作者的科学精神予以赞扬和鼓励，以体现编者的学术价值观和立场，鼓励医学科技人员发扬成绩，激励正能量。

（4）指导性编后语：根据文章的内容和研究方向，提出编辑的看法和指导思想，以利于正确指导和引导读者的思想和行为，更有效地指导读者和作者正确理解，坚持继续研究。

（5）辩驳性编后语：对文章提出的错误观点或主张，编者提出理由和证据予以反驳或否定，并给予正确的意见。

（6）引导性编后语：编后语的引导性和评论性是编后语的重要功能，因此，尽量采用引导式编后语对某一学术问题或误区予以正确引导，弘扬正能量。

三、编后语撰写技巧和注意事项

1.短小精悍，避免过长　　编后语的撰写要短小精干，简明扼要，用语精练，一目了然，一般控制在300字左右，甚至更少。

2.突出重点，紧扣主题　　应紧扣文章内容主题或重要学术事件的关键点，突出重点，紧扣主题，击中时弊，评说有度。

3.议题单一，凸显主要矛盾　　编后语议题要单一，避免多路出击，靶点分散，凸显关键矛盾，对准一个问题。

4.开门见山，直击要害　　编后语要开门见山，直击问题，要一语中的，切忌拐弯抹角。

5.学识渊博，语言干练　　编后语撰写者要具有文字和语言驾驭能力，其语言经典干练，精辟准确，精彩纷呈，活灵活现，赋予编后语思想性和生命力。

6.理解原文，选准角度　　编后语虽短，但撰写难度大，要用寥寥数语彰显编者思想、观点、立场和价值取向，正确引导读者或作者学术问题，实属不易。因此，编者要吃透原文，研判分析，比较和鉴别，选好角度，突出重点，瞄准靶点，这是准确撰写高质量编后记的基础。

7.切中时弊，有感而发　　编后语大有编辑有感而发的意味，是所编发的文章内容触动了编者的思想，激发了编者点评的愿望，只有这样撰写编后语才真切感人，针对性强，准确击中靶点。

8.生动活泼，彰显灵性　　编后语的最大特点是让科技学术期刊呆板面孔活起来，增加刊物的思想性和灵性。因此，撰写时力求形式和语言生动活泼，活灵活现，激发读者和作者阅读欲望。

9.注重价值，彰显意义　在一期杂志中，发表的文章很多，不是任何文章都具有加编后语的价值和意义，因此，编者在撰写和加编后语时，要权衡和考量其意义和价值所在，要选取具有重要性、普遍性、指导性、引导性、警示性和热点问题，以利于达到应有的效果。

第十节　社论文章撰写指南

社论是新闻评论或学术评论的重要形式，是最为重要的新闻评论或学术评论的舆论工具，是新闻报纸或医学科技学术期刊编辑部就重大问题站在报刊社及编辑部的角度发表的评论性文章，它在时政新闻媒体上应用比较普遍，在医学科技学术期刊上应用的比较少。但对于重大学术或技术问题，也应站在期刊社或编辑部的角色地位，有针对性地发声，以表明期刊社或编辑部的学术立场、观点、学术技术价值取向，以利发挥社论的重大学术导向和学术引导作用。

一、社论撰写概述

1.学术社论基本定义　社论也称社评或社说。它是代表杂志社或编辑部的重要学术和技术发展指导性言论载体及学术舆论工具。社论往往就当前国内外本学科领域发生的重大学术、技术、科研创新重大突破、重要学术技术事件等问题，适时发表杂志或编辑部的具有鲜明价值取向的评论性重要文献。

2.社论的作用与意义　社论作为重量级学术舆论导向工具和载体，它是医学科技学术期刊的"旗帜"和"眼睛"，它集中反映了医学科技学术期刊的社会角色和学术角色地位与社会责任，也集中反映了医学期刊社或编辑部对本学科领域重大学术问题的立场、观点和价值取向，是影响学术舆论、引导学科发展方向、推动医学科技和学术进步的重要方式与手段；学术性社论的基本任务是旗帜鲜明的表明态度与学术立场、论证有据的评论、国家卫生政策与医学科研重点诠释、正确学术发展方向的指引等；社论应具有极强的学术时效性、学科发展的方向性、政策性、针对性等特点。

3.社论的基本类型　医学科技期刊社论一般分为全局性的综合社论和局部性或专题社论。综合性社论主要针对不同时期的医学科学重点、医学科研攻关重点、临床诊治和疾病预防等系列重大问题实施概述性评论，以阐述临床和科研重点、发展方向、存在的问题、正确的指导思想和解决问题的对策，阐述今后的任务、发展重点和发展方向。而局部性和专题社论主要对当前某学科专业或专题学术技术问题作专题性评论。

二、社论文章撰写内容与要求

学术性社论的撰写选题要面对重大学术研究问题，要站在学术出版机构或学术共同体视角与高度，立足学科或整体学术发展的宏观视野，严谨准确发现学术发展问题，深度分析解读，善于提供解决问题路径，科学展望和提出战略性指导思想。

1. 突出重点，紧扣学术　作为医学科技学术期刊，其社论的撰写要紧紧围绕学术发展问题，针对本学科领域重大学术问题、重大疾病的诊断、治疗和预防中的热点、难点和焦点问题、重大技术应用推广问题、学科和学术发展中存在的问题、学术发展方向、医学科研重点和学术发展趋势等实施重点评论，以利发挥学术导向作用。

2. 准确把握，宁少勿劣　由于社论的地位和作用，决定了社论发表的严肃性、慎重性、必要性和准确性，避免随意性，坚持宁少勿劣和高质量的原则。医学期刊的社论与其他评论性文体比较，社论的论题和重点是针对当前重大学术或技术问题、重大科技或学术事件、重大公共卫生问题等发表评论，以表明学术立场和观点。因其具有明确的代表性、立场观点的鲜明性、严肃的政策性、准确的学术导向性、学科和学术发展的指导性、所论及学术问题的重要性、其内容的特殊性等，因此，对社论的发表应慎重，周密研究和斟酌，准确把握，避免造成负面影响。

3. 社论的署名问题　社论代表了学术媒体机构发声，是集体行为和观点，其学术成果也属于出版机构。因此，为体现其权威性和重要性，社论署名一般为本刊编辑部或本社，一般不署个体作者名字。所以，社论可以先由个人执笔，如由编辑部主任、社长、总编辑或编辑执笔起草，然后广泛征询各相关专家学者意见，以保证所论及的问题的准确性、客观性和实际社会价值及学术价值。

三、社论文章撰写技巧与注意事项

社论选题要准确，够分量有高度，具有方向性，瞄准问题，深度分析，深入解读，重在评论，观点和立场鲜明，解决问题路径与策略行之有效，周密构思、设计严密，文章结构合理，前后呼应，逻辑缜密，重点与核心突出，这是撰写社论文章基本应注意的问题。

1. 找准主题，论述有据　社论的撰写首先要找准主题，突出热点，对焦点相关领域的问题、难点与焦点问题、相关学术界普遍关注度高的问题、普遍性的问题等，都可以作为话题或主题，深入评论和论述，要立论准确，论述有据，以增强说服力和感染力。

2. 要高屋建瓴，深度分析　社论的撰写要站在相关领域的整体高度，深度分析和剖析，把握宏观，驾驭方向，引导学术潮流；彰显新理论、新观点、新技术、新动态、新趋势、新理念、新观念的推出。

3. 辩证分析，深度解读　在社论的撰写中，要讲究辩证法与辩证唯物主义观和方法论，注意全面而系统地看待问题和分析问题与解读，判断、推理、评析、结论要预留余地和空间，判断和推理客观合理，逻辑缜密，思路清晰，用词严谨。对于重点问题，学术研究和发展中的热点、难点、焦点问题，瓶颈问题应深度剖析和深入解读。

4. 权威厚重，短小精练　学术性社论要体现和突出权威性，要论证有据，权威厚重，充分发挥社论的引导作用。同时，文章又要短小精悍，一般应控制在2000字左右，应避免长篇大论，令人读来厌烦。文章对重要论据引证可以著录参考文献，以利读者延伸阅读。

第十一节　述评文章撰写指南

述评，也称为评述，同属于评论类文章。述评文章是医学科技学术期刊中应用比较普遍的文体形式，主要用于学术性或专题性问题的评述；它具有思想性、学术导向性、引导性和针对性很强的特点，文章彰显了作者对评述主题的观点、看法、立场、倾向及提出问题与解决问题的路径，是医学期刊重要的学术文献。

一、述评文章撰写概述

1.述评文章的概念　述评文章与社论文章同属评论性文体，只是表现形式有所区别而已。述评主要是针对某一学术或技术专题对现状、发展趋势、存在的问题、研究热点、难点和焦点问题实施评述，彰显作者的观点、立场和看法，同时提出解决问题的路径和策略。述评文章一般由编辑部根据学科、专业发展中存在的问题或重点选题配发述评，一般约请相关领域的著名专家或学科带头人撰写和署名，也由编辑部或编者撰写和署名，但一般都代表个体作者的思想和观点。而社论虽然也属于评述性文章，具有述评的一般特征和特点，但其展现形式和重点与述评有所差异。社论是以报刊社或编辑部名誉署名，主要站在刊社或编辑部立场发声，对重大和宏观性学术问题、学科发展问题、重要学术事件和重大科技创新等学术问题实施评论，以充分彰显编辑出版机构的立场、分析、观点、看法、意见、建议和主张，其特点是旗帜鲜明，评论的主题宏观和重大，并具有学术导向性、思想性、评论性和引导性强的特点。

2.述评文章的基本类型　述评文章可分为综合性述评与专题性述评两种类型。综合性述评是针对某一学科领域或某些综合性学术领域的发展状况、发展趋势和热点问题加以评论；而专题性述评在医学期刊中一般多针对某期重点选题内容、临床专题、重大疾病防治等专题研究报道而配发的述评；当然，也可以不针对当期报道重点，而根据需要和实际情况针对某一专题学术问题发表述评文章。也就是说，述评文章既论述当期重点学术报道内容的热点和难点问题，又对其发展趋势、问题和研究重点等做出必要的分析与评价，做到有述有评，评述结合。而从医学期刊述评文章的篇幅和特征来看，一般述往往多于评，但其重点应在于评上，因为述评文章本质是为了评，而述是为评服务的；因述评属于学术评论的范畴，它主要通过评述结合的方式，充分表达作者的学术观点、思想、立场和看法，以其作者在相关领域或研究方向上的权威性和学术影响力，体现和发挥学术导向的作用。

3.述评的特点

（1）评述结合，以评为主：述评作为一种具有独特个性的学术评论体裁，它不同于原始医学科研论文和综述性文章，其核心是要针对某评述主题进行评述，而不是单纯论述和罗列文献观点，特别是应注意不要将述评撰写成为专业或专题进展及综述性文章，缺乏对学术专题内容和问题的评论，使其失去了述评的意义，要围绕主题评述结合，以评为主，给读者以启迪和引导。

（2）述中有评，评中有述：述评文章应以学术问题为依据，既要论述相关专题学术现状、趋势和问题，同时，又要予以深入评论，表达作者的分析和观点，揭示和反映专题学术问题本质与规律。述，即叙述和展现学术事实和现状；评，即评论，讲道理，凸显作者严谨有据的分析和观点及价值取向，述与评有机结合，即为由客观呈现到评论，由个别到一般、由具体到抽象、由感性到理性的认识规律。因此，学术性述评可采取夹叙夹议的论述形式，做到述中有评，评中有述，从基础研究到与临床实践的结合上，驾驭和把握科学规律及解决问题的对策。

（3）以述促评，以评促述：述评文章应以述呈现学术发展客观事实，以评凸显思想观点，通过作者对国内外大量学术文献的分析而得出新的结论。因此，学术性述评作者要占有国内外最新研究文献，把握国内最新进展和研究动态，做到事实与观点的结合，学术背景与文献分析的结合，以保证做出正确评论。

二、述评文章撰写内容与要求

述评，首先是述，即善于发现问题和提出问题，客观陈述和呈现所评论主题的学术发展背景、现状与趋势、热点与难点问题；在提出问题的基础上，突出和彰显评的功能和意义，以有理有据的分析，展现作者的观点、立场和看法，简单地说，述评作者要善于提出问题、分析问题与评论问题、善于解决问题和提醒注意的问题、科学预测发展趋势与可能出现的问题，侧重点是针对性地给出解决问题路径和方法。述评文章的主体内容，应首先从文章立题与立论入手，周密构思撰写结构和展开形式，一般采取三段式或三部分总体结构，即第一部分要确立撰写主题内容和评论重点，以提出问题为基点，陈述和呈现主题状态，这就是撰写什么；第二部分要明确为什么，也就是重点突出评论和分析，融入作者创新思想、独到观点和鲜明立场，揭示立题和立论的学术本质与规律；第三部分是怎么办，也就是解决问题，是作者善于提出独到建议和策略措施及注意的问题，凸显作者智慧，给出健康发展路径，预测未来发展趋势。

1. 启迪科研思维，注重学术导向　述评文章是对学科或学术发展状况、发展趋势、热点和难点、问题与焦点实施评论，是具有分析性、预测性和导向性的学术文献。由于述评作者都是相关领域的著名专家或学术/学科带头人，在本学科领域或相关研究方向上具有学术影响力和权威地位，也决定了作者的学术话语的分量，因此，对其发表的评论观点和立场，对学科发展的趋势预测和驾驭具有准确可靠性及指导性，能启迪读者或同道的科研思维，引导科研方向。述评文章对学科和学术发展具有风向标、旗帜性和学术导航的作用与功能，启迪医学科研人员选题思路、立题路径和确立科研选题，驾驭发展趋势和预测学科新的生长点；同时，也为相关政府科研管理部门提供政策和决策咨询作用。

2. 把握政策，明确方向　述评文章的作用与功能，决定了作者撰写时应把握国家相关医药卫生和医学科技政策，结合国家医学科研攻关和重大疾病防治重点，分析基础性和最新医学文献，掌握国内外发展现状与趋势，应提出适应国家医药卫生科技发展的思路和措施，以利正确把握国家政策，驾驭正确学术导向。

3. 客观评价，评述适度　述评文章是思想性、立场性、观点性和导向性强的学术文献，编辑实践证明，这类评论性文献具有读者关注度高、引用率高、影响大的特点，它不同于原始科研成果论文或临床经验总结性论文，更不同于综述性文章，述评文章重点和亮点是在于评论和对学术问题的评价，特别是对其论题的理论意义、临床应用范围、优缺点等做出全面的评价与评论。因此，作者应思考周密，客观评价，评述严谨适度，避免出现偏差。

4.把握基本框架，注重结构布局　述评文章的基本框架或结构布局可分前言或导语、发展史与现状分析、热点与难点问题、分析与评论、改进建议与措施策略、结束语、参考文献。在导语主要阐明选题的背景和意义。主体部分主要陈述或呈现专题的学术发展历史和国内外发展现状，特别是重大科研创新进展和背景，主要问题、热点、难点和焦点问题及亟待解决的难题。而接下来就是结合问题的提出，作者要站在学科"领袖"的高度，展开对问题的分析评论，彰显作者学术思想、学术观点和学术立场，准确把握，旗帜鲜明，善于提出问题，勇于且智慧地解决问题，对其利弊进行比较分析，凸显思路、建议和措施及策略，给出发展趋势和发展中值得注意的问题。然后是结尾，即结束语，画龙点睛地的点出主要结论和观点，以及展望之言，以结束全文。

三、述评文章撰写技巧与注意事项

在述评文章撰写中，应突出评字，以评为主，以述为辅；同时，要注意突出重点、把握作者标准、注重署名的规范和医学伦理规范及合理规避利益冲突问题。

1.掌握文体本质，正确运用评论　作者在撰写述评文章时，要把握述评文章的体裁形式和特点，遵循述评的功能和作用及撰写要求，避免将述评撰写成综述式文章、科研论文、课题总结或与作者研究工作混合的体会式文章。作者要站在学科、专业和学科带头人的高度与视角，跳出小圈，纵览大圈，审视和纵观专业全局，深度评述命题。

2.突出重点，以评为主　述评文章主题性、专题性、专业性、侧重性强，在一篇述评文章中如果多点出击，面面俱到，必然优势分散，重点不明，评述深度受限。因此，述评文章选题要突出重点，选好角度，找准靶点，以点突破，一针见血，客观评价，深入评论，集中展现破解学术难题的思路、路径、方法、策略、建议和学术发展中应注意的问题。

3.把握标准，注重作者资格　在医学科技学术期刊，述评文章不是随意或任何专家学者都可以撰写发表的，因为述评文章具有学术影响力和学术导向意义，因此，除了选题要准确和谨慎外，对撰稿人或作者资格应具有一定把握和遴选标准，要尽量选择在临床、科研、教学一线的著名专家和学科带头人，其研究领域和研究方向在国内外或相应地域具有领衔性和先进性，具有权威性、学术影响力和本专业学术话语号召力，而且其作者署名单位尽量选择具有权威性和学术影响力的高级别医疗、科研和教学结构或科学共同体，以利于读者和业内认可，发挥其学术引领作用。

4.述评文章的署名问题　述评文章在医学期刊评论性体裁中，其形式和意义仅次于社论，而且有专家学者将述评文章就视为期刊的社论，其实它与社论的区别在于署名形式上和评论问题的层面上，述评一般为作者个体署名，而社论是团体机构署名，因为他是代表期刊社或编辑部发声，展现的是学术共同体的学术立场和观点。因此，其署名规范如下所述。

（1）个人署名：述评文章除了必要情况下由编辑部撰写、以编辑部名誉署名发表的外，其他应以个人署名为妥，而且尽量为一个人署名，特别是避免将自己在读学生作为述评作者列入其中，以免弱化其权威性和严肃性。

（2）作者学术机构署名问题：为体现述评文章的权威性和学术影响力及所评论主题学科与学术在国内外的学术领衔地位，知识产权单位署名应署作者所在级别最高、最具权威性和影响力的临床、科研或教学单位。

（3）学术共同体署名问题：述评作者如为相关领域学术团体或科学共同体的学术带头人，如中华医学会某专科分会、中国医师协会某分会、中国药学会某专业分会、中华护理学会某专业分会等，其担任主委、副主任委、常委等学术职务，为体现述评文章的权威性、全局性和学术引领性，根据述评选题需要，署名作者单位最好以学术共同体的名誉署名，以展现述评作者立足学术地位和高度，增强述评的学术导向力度。

5.伦理与利益冲突　正是因为述评文章的特殊功能和作用，也就更加凸显了述评文章存在利益冲突问题的严重性和危害性。例如，在述评中推介的某些治疗药物、诊断和治疗设备等，应具有循证性、科学性和客观性，避免作者隐含利益冲突，为医药企业产品发声，误导读者和医学科技人员。因此，在选题约稿时，编辑部应提醒作者，在撰写中应注重或规避利益冲突问题，述评作者也要恪守医学伦理规范，承担学术责任、社会责任和伦理道德责任。

第十二节　本期导读撰写指南

本期导读也称阅读指南和编辑导读。它是医学期刊编辑常用文体，其主要功能是引导读者阅读，使读者在最短的时间大致了解当期杂志的重要内容，引导和激发读者的阅读欲望，指导读者有重点的选择性阅读，以利节省读者宝贵时间；这是期刊为读者服务的一种形式，它在中华医学会主办期刊中应用比较普遍。

一、本期导读的基本概念

本期导读也称导读、阅读指南、编辑导读、阅读导航、阅读要览。在新闻报刊和医学期刊应用都比较广泛，是医学期刊编辑常用文体和表现形式。本期导读的主要功能和作用是为读者提供当期杂志的主要研究成果、学术观点和学术亮点的阅读指南和学术导航，节省读者阅读时间，激发读者阅读欲望。其主要功能有如下几点。

1.激发阅读欲望，提高读者阅读效率　读者通过浏览本期导读，快速了解本期杂志的主要栏目设计，重要研究成果的创新亮点和重大创新发现，新理论、新方法、新技术、新观点、新理念等，激发和引导读者阅读欲望，可有选择、有侧重、有目的、有方向地精准阅读全文，提高读者阅读效率。

2.活跃版面，增强版面冲击力　在各种期刊中，本期导读表现形式多种多样，已非简单的文字叙述和流水账式的介绍，而是运用了多种编辑排版手段。例如，运用醒目标题、图形、线条、阅读标识、字体变化等多种排版要素，将重要学术亮点、信息要素、特色内容等，实施读者兴趣链接，增强版面视觉冲击力，激发、刺激眼球和吸引读者关注与阅读。其实，这是编者们为读者服务的重要形式之一。

3. 凸显个性特征，彰显编辑思想　本期导读的内容和形式设计，凸显了医学期刊的个性特征和特色，同时，本期导读展现的主题和重点内容及本期学术亮点，也有效彰显了编辑的思想性和编辑策划及选题策划的总体设计理念，从而展现了医学期刊个性化、特色化和差异化的风格魅力。

二、本期导读的撰写内容与要求

1. 选题背景与编辑思想　本期导读不是流水账式的介绍，而是要凸显选题策划背景和编辑策划思路，其目的是让读者了解重点选题的背景意义，编辑为何要做这个选题，增加读者阅读的背景感，从而提升阅读兴趣，这有利于读者带着问题和思考选择性阅读，以提高读者阅读的理解力。

2. 重点内容与学术亮点　本期导读，将本期重点选题、重要的原始创新发现、重要科研结论、重要新理论、新观点、新技术和重要学术亮点简要呈现给读者，以利引导、激发读者阅读欲望，用较短的时间，达到最佳阅读效果。

3. 总体设计与学术版块　不同读者具有不同的阅读偏好，本期导读要注意满足这些读者的阅读需求，呈现本期特色栏目、特色文章等，如读者来信、学术争鸣、专题述评、专家论坛等，将不同栏目要点和亮点呈现出来，引导和激发读者阅读。

三、本期导读撰写要点与注意事项

1. 导读撰写　本期导读一般由本期责任编辑或编辑部主任执笔撰写，因为本期责任编辑和编辑部主任对当期总体设计、栏目设计、重点选题内容、重要学术亮点等具有全面了解，特别是本期责任编辑，对整体内容实施审读，具有全面了解，因此，撰写更加有的放矢，客观准确。

2. 突出重点，彰显亮点　因为本期导读文字篇幅很短，要想面面俱到实属不易，因此，应突出重点选题内容和重要学术亮点、特色栏目内容要点和亮点，切忌流水账式的罗列，并尽量减少评论、议论和评价性语言，以免占用更大篇幅，失去导读的特色和特征。

3. 简短精悍，一目了然　本期导读一般文字不宜过多，应限制在300字左右，甚至更少，让读者一目了然，用简短时间，迅速了解本期重要选题和重要学术亮点。

4. 位置显耀，设计醒目　作为本期导读，一般发在本期杂志的最前面，也就是目录前，而且其版面设计应醒目，刺激眼球，以利产生视觉冲击力，吸引读者阅读。

第十三节　作者简介撰写指南

作者简介是医学期刊常用文体形式，它是介绍作者学术及成果和学习背景，增强文章权威性，吸引读者阅读，鼓励和激发作者对期刊的凝聚力和忠诚度，扩大专家学者知名度和学术影响力的好形式。

一、作者简介概述

作者简介也称为作者介绍，是简要介绍文章作者的学术背景和任职的短文，作者简介不同于简历，简历更具全面性和时间性，以及个人成长历程的时空顺序性，简历一般比较长和比较全面，而作者简介一般比较短，一般在几十字左右或100字以内，甚至更短，这由配发作者简介的形式与场合而定。作者简介的作用与功能有如下几点。①增强权威性：通过介绍作者的学业、学术业绩和任职兼职情况，让读者了解作者的学术背景，提高所发表文章的权威性。②扩大作者知名度：通过介绍作者学术背景，扩大作者的学术影响力和知名度，让更多的读者和同道了解。③提升期刊地位：通过介绍作者背景和学术地位及权威性，对提升期刊的学术地位和权威性具有很好的促进作用，这也是期刊品牌培育和品牌载体的重要形式和内容。④增强读者阅读兴趣：当读者阅读到作者简介，可形成个人品牌效应，激发读者阅读兴趣和阅读全文的激情，并能促使读者跟踪阅读，形成品牌溢价能力和品牌效应。⑤激励作者：作者简介就是作者的简要事迹介绍，可有效鼓励、激发作者的创新、创造和科学精神，进一步提升作者对医学期刊的忠诚度和心理满足感及心理需要。

二、作者简介内容与要求

1.主要学习或教育背景　作者简介要扼要介绍作者的学习或教育背景，如毕业于何院校和专业、取得的学历、获得的学位，在国际国内留学、进修情况，以及跟随的名师名家等。

2.学术任职背景　简要介绍作者的主要和最高学术职务或行政职务，担任学科或学术带头人情况，如担任重要学术团体领导人、学科领导人、国家重点实验室或学科负责人，以及担任重要国际和国内科技学术期刊编委及主编等兼职情况。

3.学术成就背景　介绍作者主要从事的专业和研究领域及研究方向，主要和重大的学术成就、科研成果和学术贡献，如出版的学术著作、在学术期刊特别是著名学术期刊发表的研究论著数量和情况、获得的科研成果奖项、获得的国内外重要专利、获得的国际和国内重要荣誉等。

4.承担主持重大课题　在作者简介中，简要介绍作者主持或承担的国家、省部级重大科技攻关课题、国家重要自然科学基金资助课题及所取得的重要成果或突破。

三、作者简介撰写技巧与注意事项

1.简短精练，重点突出　作者简介要有别于个人简历，排除时空顺序，以介绍主要学业、主要学术和行政任职、重要学术成就为主，体现其深厚的学术造诣和学术权威性，文字要高度精练，重点要极为突出，避免重复和描写性撰写形式。可以简略时间或时空顺序，以尽量减少过多文字，避免弱化重点内容。

2.真实可信，严禁虚构　作者简介是作者真实背景和写照，必须严谨真实，严肃认真，叙述事实，所介绍内容必须真实可信，避免虚夸，也尽可能避免应用赞美之词和表扬用语，撰写时只是客观呈现，精练表达，忌讳杜撰。

3.严谨认真，避免错误　作者简介一旦刊登出去，发生错误就难以挽回，甚至给本人造成心理负担和心理压力，造成不良影响，因此，编者撰写作者简介不能凭印象，编者在撰写前，应该请作者亲自撰写提供给期刊编辑，然后，编辑根据作者提供稿件予以浓缩和改写，改写后也尽可能让作者本人过目核实认可。特别是严格忌讳发生作者简介错误，如姓名错误、重要学位错误、重要职务错误、重要学术成果错误等，以免伤害被介绍者，酿成不良影响。

4.实事求是，客观真实　作者简介必须实事求是，客观真实，严禁夸大事实，应客观叙述，尽量避免描述性、评论性和评价性语言，只客观呈现作者基本情况即可。

第十四节　医学新闻或消息撰写指南

在医学科技期刊中，一般都设有"消息"栏目、"医学新闻"栏目或"简讯"栏目，这些都是专门刊登消息或新闻类稿件的栏目，其实都属于科技新闻类的稿件，因此，消息或医学新闻（科技新闻）类稿件的采写是医学期刊编辑最基本技能，也是最常用的文体形式，它以简短、及时、快捷的形式，传达重要科技成果新闻信息，可有效活跃版面，还可作为补白刊登，保证版面完整性。

一、科技消息或医学新闻概述

科技消息或医学新闻从体裁和写作形式上是有区别的，但都属于新闻类体裁。消息一词应用比较广泛，一般把新鲜事物都称为消息，消息一般只报道事情的概貌而不讲述详细的经过和细节，以简明的文字迅速及时地报道最新事实的短篇稿件，它是最常见和最经常采用的新闻体裁形式，如果按写作特点，消息可分为动态消息、综合消息、经验消息、述评消息四种类型；如果从报道内容上分，一般可分为政治新闻、军事新闻、经济新闻、文教新闻、科技新闻、体育新闻、法制新闻、社会新闻等；如果从新闻和事件的关系上分，大致分为事件新闻、非事件新闻；若从反映的对象上分，可大致分为人物新闻、事件新闻；若从篇幅长短上分，可大致分为长消息、短消息、简讯、一句话新闻、标题新闻等。

1.动态消息　一般也称为动态新闻，这种消息主要以迅速、及时地报道国内国际的重大事件、新人新事、新气象、新成就、新经验为主；在动态消息中有不少是以简讯、短讯、简明新闻形式刊发，其内容更加简单，文字也更加精练，一般是一事一讯，几行文字即可说明所发生的事件。

2.综合消息　一般也称为综合新闻，它指的是综合反映带有全局性情况和动向，以及成就和问题的消息报道。

3.经验消息　也称为典型消息或典型新闻，它是对某典型经验或成功做法的集中报道，用典型经验指导全局。

4.述评消息　也称新闻述评，它除具有动态消息的一般特点外，还往往在叙述新闻事实的同时，由作者直接发出一些必要的议论，简明地表示作者的观点，如记者述评、时事述评等。

医学新闻或科技新闻是对科学技术领域新近发生的事实的报道文稿。这种科技事实可以是重大科研或科技成果，也可以是党和国家的重大科技政策，当然也可以是科技工作者的成就或科技界的重大学术活动等。医学科技新闻有许多种类，常见的有科技消息、科技通信、科技评论、科技人物专访、科技特写等新闻性体裁。科技新闻一般具有以下特点。

1. 新闻性与新闻价值　"新"是新闻的主要特征，它是指科技新闻内容要新，在时间和空间上是新近发生的重大科技事件，新闻性是科技新闻区别于其他科技文体的主要特点，"新"未必具有新闻价值，也就是说，新闻既要新，而且还要有新闻价值。

2. 科学性与准确性　科学性是科技新闻与其他新闻的主要区别，科学性是指科技新闻中报道和传播的科学内容必须是真实的，其结果和结论是可靠的，用词表述准确，具有科学根据。同时在报道和传播科学事实时，要注意向广大读者普及相关科学知识。因此，科学性是科技新闻区别于其他新闻体裁的根本特征。

3. 通俗性与普及性　科技新闻一般是面向公众的，因此，撰写科技新闻时，应用注意其普及性，语言要形象生动，注意撰写技巧，巧妙运用比喻或解释，也可以插入背景资料，便于广大读者接受和理解；但作为医学科技学术期刊，其读者群一般为专业技术人员，所以，撰写时不一定采用普及性语言，应该应用专业术语，以保证其科学性和严谨性。

二、消息或医学新闻撰写内容与要求

1. 注意基本要素，凸显基本格式　消息稿的采写应注重其基本要素，反映基本内容，撰写时要注重设想和回答读者问的问题，要回答读者需要了解的基本要素，也就是人们常说的新闻采写的"五W"，这是构成新闻的五大要素，这五个W就是：When（何时）、Where（何地）、Who（何人）、What（何事）、Why（何故）。但在某些新闻学上又增加了一大要素，即HOW（如何）；在这五个W和一个H中，其最主要的是What（何事）、Who（何人），在采写时要认真撰写这几个方面的内容，当采写者搞清了消息稿要说些什么，同时，就要思考怎么写好内容，这就涉及消息稿的结构安排和布局问题。其实，消息稿件的结构比较固定、简单，消息稿件大多数为"倒金字塔"式的结构，也就是最重要的内容材料放在开头，次要材料放在后面，消息稿的基本结构为标题、导语（引语）、主体内容、结尾等。

2. 精心提炼标题，吸引读者阅读　标题是消息或新闻的眼睛，采写消息稿不但要具备具有新闻价值或消息价值的内容，而且还要有精练而精彩的标题，以强烈的新闻刺激感，吸引和激发读者的阅读欲望。新闻或消息稿件的标题必须简明扼要，精练准确，高度概括消息的实际内容，标题既要精练醒目，又不能过度夸张，失去科技新闻的基本特征。在公众新闻媒体上，新闻或消息稿的标题一般有主题，也称正题；引题，也称眉题；副题，也称次题三种。①主题：概括与说明主要事实和思想内容。②引题：简要揭示消息的思想意义或交代背景，表明其原因，以烘托新闻气氛。③副题：主要提示消息或新闻报道的事实结果。在医学科技学术期刊的消息或医学新闻稿件撰写时，其引题或副标题一般可以省略，只有主题也可以，客观呈现其消息或新闻内容的主体，基本可达到吸引读者阅读的目的。

3. 彰显新闻场景，巧妙运用导语　采写消息或新闻稿件，一般比较讲究新闻导语

（引语）的撰写和运用，它是消息的开头或第一自然段或第一句话；导语是用精练生动的语言，展现出消息中最主要、最新鲜的事实，鲜明地提示消息的主题思想，自然引出下文，烘托新闻场景或新闻背景。消息或新闻导语的要求：第一是要抓住新闻事实的核心；第二是要能吸引和激发读者求知欲望，迫使读者继续往下看。其主要形式有如下几种。①叙述式：采用综合方法，把新闻或消息中最新鲜、最核心和最主要的事实简明扼要地写出来。②描写式：对消息的主要事实或意义做简洁朴素而又具特色的描写，以利烘托新闻氛围和气氛。③提问式：是新闻内容揭露矛盾，尖锐和鲜明地提出问题，同时简要回答，以引起读者的关注和思考。④结论式：在撰写新闻稿件时，先把结论写在开头，以提示报道某事物的意义、目的。⑤号召式：在撰写时启发性的提出号召，旨在给读者指出方向和目标。

4.突出主题，展现核心 新闻或消息的核心部分是其主要内容，它紧随导语之后，是对新闻或消息导语作具体全面的阐述和呈现，其具体展开新闻事实的叙述，进一步展现导语所引出的内容，凸显全篇消息或新闻的主题思想，一般应按时间顺序或逻辑顺序撰写和叙述，但要注意主次分明，层次清晰。

5.呈现新闻背景，烘托新闻氛围 要使新闻或消息活灵活现，采写者就必须注意新闻背景的呈现和语言运用，让消息活起来，使读者具有身临其境的感觉。所谓新闻背景，主要指新闻事件的历史背景、周围和现场环境等。撰写新闻稿件时要交代背景，其目的在于帮助读者深刻理解新闻的内容和价值，起到衬托和深化主题的作用。

三、消息或医学撰写技巧与注意事项

医学科技学术期刊所刊载的消息或新闻，具有自身的特点。当然，既要讲究公众媒体消息或新闻稿件采写的基本要求，又要结合医学期刊自身的实际和习惯，但要符合新闻或消息的基本要求。

1.增强新闻敏感性，及时捕捉新闻 新闻或消息的特点是"新"，其核心是"新闻价值"，因此，医学期刊编辑要增强新闻，尤其是科技新闻的敏感性，准确分析新闻价值或报道价值，在参加学术会议、科技成果评审或评价活动和科技活动中，增强和提高对新闻事件条件和背景的认识、判别和预见能力，对新闻人物、新闻事件包含的新闻价值的识别与选择能力等，注重捕捉具有新闻价值的消息或新闻，及时撰写，快速发表，实现传播半径最大化。

2.掌握政策，树立保密意识 科技学术期刊编辑要熟悉国家科技工作的方针、政策、原则和要求，在采写科技或学术性消息或新闻稿件时，要注意与国家科技工作重点和要求相适应，既要重视科技和学术导向性，同时，还应具有科学技术保密意识；哪些可以报道，哪些不可以公开报道，要做到心中有数，编辑应有强烈的科技保密意识，严守科学技术国家秘密，防止科技泄密事件发生。

3.真实性与新鲜性 真实性是任何类型消息或新闻的生命，科学技术性新闻也是如此，必须保证其真实性，这是新闻或消息撰写的基本要求，也是科技新闻或消息报道的根本原则。它是由新闻或消息的内涵及特性所决定的，其新闻或消息所表现的必须是现实生活中真实发生、客观存在的事物，而且严禁夸张、歪曲事实。作为科技信息，科技新闻或消息是事实的反映，但并非任何事实和任何信息都能成为新闻；科技

新闻或消息必须是新鲜的所见所闻，新闻的新包含内容的新和时间的新两方面。内容的新，即新闻或消息要具有新意；时间的新就是要体现新闻的及时性，时过境迁的消息很难称其为新闻。

4.倾向性与选择性　任何新闻媒体和科技学术期刊都具有立场性，都是根据读者群的需要和国家的利益实施新闻宣传的，这就必定给新闻或消息带上政治倾向性。因此，无论是社会新闻还是科技新闻，都要注重其导向性和政治倾向性。科技新闻或消息都是反映新近发生的重要科技事实、科技学术活动或重要科技突破成果项目，但同时科技消息或新闻又具有凭借事实传播科技政策、方针、学术思想观点和科学技术舆论影响的作用。因此，对科学技术新闻事实和科技活动事件消息报道也具有选择性及倾向性。所以，科学技术消息或新闻报道也要弘扬正能量，要紧紧围绕党和国家重大科技方针和政策，围绕中心服务大局的思想来指导科技消息或新闻的采写。

5.时效性与可靠性　科学技术消息或新闻，特别是对重要科技成果的报道，要注重捕捉具有科技新闻价值的科技事实、材料，如科技领域的新发现、新理论、新发明、新技术等科学研究重大突破，以及科技工作新成就或重大科技活动等消息报道，在报道和传播这些有新闻价值的科技事实时，要用科学事实来说话，所报道和传播的内容必须是真实和具有可靠性及科学根据的科技成果；在报道科技成果时还须注意所报道的科技成果要经历时间的考验，而且经过权威专家或科学共同体评价鉴定才可发布消息；对于涉及保密内容的科技成果在报道前应经相关部门审查和批准。另外，撰写科技新闻或消息要注重时效性，也就是说，报道要及时、迅速，使科技新闻或消息能第一时间报道和传播，避免过时消息或新闻的报道。

第5章

医学科技期刊编辑出版史

在我国，从最早的第一本医学期刊创刊算起，医药卫生科技期刊（医学期刊）编辑出版已经走过226年的历史；在国外，从最早的第一本有关生物医学期刊创刊算起，已经走过347年的发展历程；国内外医学期刊编辑出版，经过几百年的漫长发展历程。我国目前医学期刊已发展到1200多种，而世界医学期刊已发展到10 000多种，仅美国就有医学期刊3600多种，英国有172种，日本有1265种；被美国医学在线（MEDLINE），美国科学引文索引（Science Citation Index，SCI）和国际医学文摘（BIOSIS）三大著名检索系统收录的医学核心期刊有2000多种。本章简要介绍国外医学期刊发展简史，重点介绍中华人民共和国成立前，即1949年以前我国不同时代医学期刊编辑出版史概况，其中具有代表性和能够反映我国医学期刊水平及编辑出版发展史的中华医学会主办系列医学期刊的发展历史，具有代表性的《中华医学杂志英文版》和《中华医学杂志》的编辑出版历史，以追溯和呈现我国医学期刊编辑出版的发展历程。

第一节　国外生物医学期刊编辑出版史

在国外，生物医学期刊的创办早于我国120多年，这是因为受欧洲启蒙运动的发展及欧洲工业革命的影响，特别是西方文艺复兴以后，医学科学逐渐兴起和受到重视，尤其是16～19世纪欧洲医学的兴起，加速了医学期刊的诞生与发展。在西方文艺复兴运动中，在学术界，怀疑教条和反对权威之风盛行，1493～1541年，在西方医学界发生了一场以帕拉切尔苏斯为代表的医学革命，这极大地促进了医学科技的振兴和医学期刊的孕育。早期欧洲国家由于工业革命的激发，科学技术发展比较迅速，同时伴生的科学共同体/学术共同体，如学会、协会、研究会等学术组织的诞生，以学术共同体为平台和依托，为科技期刊在内的生物医学期刊的创办提供了良好环境、土壤和条件。

一、国外生物医学期刊的萌芽时期

在世界生物医学期刊编辑出版史上，在17世纪后期，英国、法国、德国、意大利、丹麦等国，先后开始创办科技期刊，但大多编辑出版刊龄较短，大部分未能持续出版，绝大部分编辑出版几期即停刊，而且其种类大多以综合新闻、书评和科学知识介绍为主，这一时期创办科学类期刊有30多种，其中生物医学类期刊有10多种，而创刊最早的第一本生物医学期刊是在1670年，是在德国莱比锡创办的医学生物学期刊《利奥波尔迪纳新学报》，这份以刊登医学与生物学为主要内容的期刊至今仍在编辑出版中。

1671年，在法国又创刊了专门的医学专业期刊 *Nouvelles Decouvertes Sur Toutes les PartieS de la Midicine*（《医学各科新发现》），以刊登医学科学各个学科新的进展和最新发现为主要内容，并一直持续编辑出版，距今已有347年的发展历史，而且是连续出版。比我国1792年创办的医学期刊《吴医汇讲》早了121年。随着西方国家以科技期刊为主要传播载体的发展，医学期刊的发展速度也不断加快，在一些发达国家开始创办医学期刊。例如，英国最早的医学期刊是1684年创刊的《医学奇闻》；西班牙最早的医学期刊是1734年创刊的《马德里大气医学记录》；俄国最早的医学期刊是1792年创刊的《圣彼得堡医学纪要》；美国最早的医学期刊是1797年创刊的《医学文库》；德国最早的单纯医学期刊是1917年创刊的《柏林医学报》。之后，医学期刊创刊的数量在不断增加，特别是随着西方国家科技学术团体的不断诞生，以科技共同体为依托创办学术期刊的势头进入高峰，由此诞生了不少世界著名的医学期刊。

二、国外生物医学期刊快速发展时期

19世纪，是西欧等国家医学期刊发展的黄金时期。在当时，世界上创办的期刊已达10 000多种，其中包括大量的医学期刊。19世纪中叶，医学期刊创办发展较快，以综合性医学期刊创办为其特点。例如，1812年由美国创办的《新英格兰医学杂志》、1823年英国创办了《柳叶刀》、在1881年日本创办了《药学杂志》、1883年美国创办的《美国医学会杂志》、德国在1830年编辑出版了《药学杂志》（即后来的德国《化学文摘》）、1840年英国医学会创办的《英国医学杂志》（*British Medical Journal*，*BMJ*）等。国外生物医学期刊的发端起始于欧洲，但强势崛起于美国和英国。目前，其生物医学期刊的强势霸主地位依然属于美国和英国。法国创办的《医学新进展》，创刊于1679年，目前已有339年的历史；《新英格兰医学杂志》（*New England Journal of Medical*）目前已有206年的刊龄；美国《美国医学科学杂志》（*American Journal of The Medical Sciences*）创刊于1820年，目前已有198年的刊龄；《柳叶刀》（*Lancet*）有195年的刊龄；《美国医学会杂志》（*The Journal of the American Medical Association*，*JAMA*）1883年创刊，有125年的刊龄；《英国医学杂志》，1840年创刊，有178年的刊龄。

《新英格兰医学杂志》（*The New England Journal of Medicine*，*NEJM*），是由美国麻州医学会（Massachusetts Medical Society）主办并编辑出版的综合性医学期刊，它是1812年由约翰·柯川博士创办，创办之初称《新英格兰医学与外科杂志》，到了1828年，随着期刊影响的不断扩大，稿件数量剧增，麻州医学会决定改为周刊。同时，将刊名更名为《波士顿医学与外科杂志》，直到办刊百年之后，将其更名为现今世界医学界人所共知的《新英格兰医学杂志》。早期的杂志主编有奥立佛·文戴尔·赫尔（Oliver Wendell Holmes, Sr.）爵士；汉斯·辛瑟尔（Hans Zinsser）和路易斯·汤马斯（Lewis Thomas）；《新英格兰医学杂志》最早的一位医学编辑，杰洛美·史密斯（Jerome V. C. Smith），在1857年辞职，并升任波士顿市市长。历任主编还有瓦尔特·普兰提斯·鲍尔（Walter Prentice Bowers，1921～1937年）；罗伯特·那森·奈尔（Robert Nason Nye，

1937～1947年）；约瑟夫·加兰德（Joseph Garland，1947～1967年）；法兰斯·英吉尔芬格（Franz J. Ingelfinger，1967～1977年）；阿诺德·雷尔曼（Arnold S. Relman，1977～1991年）；杰洛美·卡希尔（Jerome P. Kassirer，1991～1999年）；马希雅·安吉尔（Marcia Angell，1999～2000年）；杰佛瑞·德拉任（Jeffrey M. Drazen）。这些一代一代的主编，为杂志的发展做出了重要贡献。

《美国医学会杂志》（*The Journal of the American Medical Association*，*JAMA*），自1883年7月14日在美国芝加哥市创刊以来，至今已有135年连续编辑出版的发展历史，这是一本国际著名的医学期刊之一，是由美国医学会主办的一种综合性临床医学杂志，为周刊，每月出版4期，全年出版48期；主要刊载临床及实验研究论文、编者述评、读者来信、相关书评等类型文章。《美国医学会杂志》的办刊宗旨每期刊载在目次的上方。美国医学会（American Medical Association）是世界上三大医学会之一，拥有会员30多万人，在世界医学领域拥有很高的地位和声誉，其会刊《美国医学会杂志》主要面向会员发行或赠送，其内容比较广泛，向读者提供医学及卫生保健领域的非临床性信息，内容涉及政治、哲学、伦理、环境、经济、历史及文化等方面；*JAMA*杂志的编委会成员来自美国、法国、德国、荷兰、澳大利亚、丹麦等国家的医学专家，是真正的国际化编委会；同时，还有一个国际性编辑顾问委员会，其成员分别来自于意大利、土耳其、墨西哥、阿根廷、中国等16个国家。*JAMA*以其独具特色的设计、新颖先进而又实用的内容、严谨的临床科研设计、极强的科学性、海量信息、丰富的栏目和活泼的编排风格而备受世界医务工作者喜爱。此外，*JAMA*还利用其品牌优势，在世界不同地区或语言有近20种海外版出版发行，其中与中华医学会合作出版的*JAMA*中文版即为其海外版之一。*JAMA*中文版创刊于1983年，为双月刊，每期64面，迄今已连续出版35年，每期从8本原版杂志精心挑选，汇总为一本*JAMA*中文版；其常设栏目有原著、综述、共识报告、特讯、医学进展、约翰霍普金森医院大巡诊、临床抉择、临床心脏病学、医学新闻与展望、述评、临床检查、原著摘要、来自食品药品监督管理局、来自疾病控制与预防中心等。刊出内容以大内科为主，重点为对人类生存、健康威胁最大的重大疾病、临床热点（共性）问题，以及医学科学重大成果；适用于不同医学临床医生阅读，特别是在临床第一线工作的内科医师阅读。

世界著名医学期刊《柳叶刀》，是1823年由汤姆·魏克莱（Thomas Wakley）所创刊，当时他以外科手术刀"柳叶刀"（lancet）的名称来为这份刊物命名，而"lancet"在英语中也是"尖顶穹窗"的意思，借此寓意期刊立志成为"照亮医界的明窗"。1823年，由爱思唯尔（Elsevier）出版公司出版承担期刊的编辑出版任务，部分是由李德·爱思唯尔（Reed Elsevier）集团协同出版。《柳叶刀》登载有原创性的研究文章、评论文章、社论、书评、短篇研究文章等，同时也有其他如特刊消息、案例报道等。

《英国医学杂志》（*British Medical Journal*，*BMJ*），是英国医学会的会刊，为周刊，本期刊创刊于1840年，是全球著名的四大主导医学期刊之一，*BMJ*是一份在全世界医学科技界广受欢迎的综合性医学期刊，是坚持同行评审性质的综合医学期刊。英国医学会以*BMJ*的品牌影响力为资源，实施品牌扩张，以*BMJ*为平台，创办成立了*BMJ*出版集团公司（BMJ Publishing Group Ltd），隶属于英国医学协会（British Medical Association），在旗下，又先后创办了多种其他相关医学期刊，诸如神经科学、神经外科学、精神医学、心脏医学、胸腔医学等诸多专科医学期刊；另外，还创办了专门面对学生的医学期刊，如《学生BMJ杂志》(*Student BMJ*)，主要是为全球医学院校的在校医学生读者编辑出版发行。

三、国外生物医学期刊发展的鼎盛时期

20世纪中叶，特别是第二次世界大战后，世界各国科研机构开始恢复，科学事业逐步发展，科技期刊诞生的土壤适宜，促进了包括医学期刊在内的科技学术期刊的创办和发展。其中日本85%的科技期刊是在1945年后创办的；世界上科技期刊的创办以每50年增加9倍的速度在递增。例如，1675年只有10种，到了1800年增加到100多种；1850年1000多种；1900年达到10 000多种。进入20世纪以后，已达到50 000多种，而且还以每年约1000种的速度递增。美国鲍克出版公司的《乌利希国际期刊指南》1981年统计为63 000种。特别是生物医学期刊，其创刊和发展速度很快，在20世纪初叶，据C. P. Fisher统计，在1913年底，美国的生物医学期刊达到630种、德国和奥地利分别为461种、法国268种、英国152种、意大利75种、西班牙20种；全世界共有生物医学期刊1654种。虽然有不少期刊在第一次世界大战中停刊，但在第一次世界大战结束不久，随着各国经济的复苏而开始恢复，大量生物医学期刊恢复出版或创办诞生了新的期刊，尤其是以拉丁语为主的国家，在第二次世界大战以前的医学期刊数量超过了1913年的数量。国外生物医学期刊在第二次世界大战中受创严重，到第二次世界大战结束时，医学期刊的数量下降到比1913年的数量还要少。

国际生物医学期刊发展最猛的时期是第二次世界大战结束后期，特别是随着医学科学的发展，学科或专业分化趋势加剧，生物医学期刊的创办不再是以综合性医学期刊为主，而是凸显专科化，甚至是以单病种、单器官、单组织、单细胞、单分子为一种期刊的发展趋势。例如，美国、英国等国家的《细胞钙》(*Cell calcium*)、《神经元》(*Neuron*)、《神经肽》(*Neuropeptides*)、《喉镜》(*Laryngoscope*)、《吞咽困难》(*Dysphagia*)、《龋齿研究》(*Caries research*)、《胎盘》(*Plaacenta*)、《神经成像》(*Neuroimage*)、《海马》(*Hippocampus*)、《干细胞》(*Stem Cell*)、《肺癌》(*Lung cancer*)、《前列腺》(*Prostate*)、《角膜》(*Cornea*)、《血栓形成研究》(*Thrombosis Research*)、《淀粉样蛋白》(*Amyloid*)、《凋亡》(*Apoptosis*)、《皮质》(*Cortex*)、《神经胶质》(*Glia*)、《松果体研究》(*Journal of Pineal Research*)等。生物医学期刊高度分化，适应了生物医学科学发展的趋势，同时，也促进了相关领域研究的深入和学术交流。

第二节　中国医学期刊编辑出版史（1792 ～ 1949）

在中国，医学期刊编辑出版如果从1792年创刊最早的医学期刊《吴医汇讲》算起，至今已有226年的办刊历史。通过对1792 ～ 1949年在中国大陆编辑出版的医学期刊进行大量文献考察和分析表明，1949年中华人民共和国成立之前，我国创刊编辑出版的医学期刊初步统计有449种（表5-1）。这些医药卫生科技期刊在中华人民共和国成立之前的1949年，已有98.8%的期刊停刊，延续到中华人民共和国成立后编辑出版的只有为数不多的几种期刊。

表5-1　中华人民共和国成立前我国医药卫生期刊创办一览表

序号	刊名	刊期	地区	创办年代	创办人	备注
1	吴医汇讲	不定期	苏州	1792年	唐大烈	1801年停刊
2	海关医报	不详	广州	1871年	不详	停刊
3	西医新报	季刊	广州	1880年	嘉约翰	1883年停刊
4	医学报	月刊	广州	1880年	尹瑞模	1886年停刊
5	西医新报	季刊	广州	1882年	嘉约翰	8期停刊
6	广州新报	月刊	广州	1886年	不详	1880年停刊
7	博医会报	双月刊	上海	1887年	中国博医会	合刊
8	中华医学杂志英文版	月刊	上海	1887年	中华医学会	
9	利济学堂报	半月刊	上海	1897年	瑞安陈	停刊
10	医学报	半月刊	上海	1901年	不详	1904年停刊
11	西医知新报	月刊	广州	1904年	嘉约翰	1906年停刊
12	医药月报	月刊	绍兴	1906年	神州医学研究会	停刊
13	西医知新报	月刊	广州	1906年	权约翰	4期停刊
14	医药学报	双月刊	日本千叶	1907年	中国药学会	停刊
15	卫生世界	月刊	日本金泽市	1907年	中国国民卫生会	1908年停刊
16	医药学报	月刊	上海	1907年	中国医药学会	停刊
17	医学卫生报	月刊	广州	1908年	梁慎初	10期停刊
18	医学世界	月刊	上海	1908年	中国医药学会	34期停刊
19	卫生白话报	月刊	上海	1908年	不详	停刊
20	医学世界	月刊	上海	1908年	丁福保	1914年停刊
21	上海医报	旬刊	上海	1908年	汪启缓	1910年停刊
22	三三医报	不详	上海	1908年	裘吉生	1922年合刊
23	医学卫生报	月刊	广州	1908年	梁慎余	1909年停刊
24	绍兴医药学报	月刊	绍兴	1908年	何廉臣	1923年停刊
25	绍兴医药学报	月刊	绍兴	1908年	何廉臣 裘吉生	1933年改刊
26	医事公报	月刊	上海	1909年	上海中国医学会	停刊
27	医事公报	半月刊	上海	1909年	中国医事改进社	停刊
28	中西医学报	月刊	上海	1910年5月	中西医学研究会	1930年6月停刊
29	医学杂志	月刊	上海	1910年	蔡小香、唐乃安	1911年停刊
30	医学扶轮报	月刊	镇江	1910年	袁桂生	1912年停刊
31	光华医事杂志	月刊	广州	1910年	叶菁华、陈垣	1931年停刊
32	光华医事卫生	月刊	广州	1910年	叶箐华	14期停刊
33	医药学报	月刊	日本	1910年	医药学社	停刊
34	卫生杂志	月刊	宁波	1911年	徐友丞	出版57期停刊
35	中华医报	双月刊	广州	1912年	嘉惠霖	21期停刊
36	杭州医药周报	周刊	杭州	1912年	贵翰香	停刊
37	中国医学白话报	周刊	天津	1912年	中国医学白话报馆	1913年1月停刊
38	福州医学报	不详	福州	1912年2月	福州医会	停刊
39	南京医学报	月刊	南京	1912年5月	南京医学会	1913年8月停刊
40	余姚医学报	不详	浙江余姚	1912年7月	余姚医会	停刊
41	杭州卫生杂志	月刊	杭州	1912年7月	杭州卫生研究所	停刊
42	神州医药学报	月刊	上海	1913年	余伯陶、包识生	1916年停刊，1925年复刊

续表

序号	刊名	刊期	地区	创办年代	创办人	备注
43	和济医学卫生报	月刊	绍兴	1913年	曹炳章	1920年停刊
44	四明医铎	不详	宁波	1913年1月	郭永年	停刊
45	医药新报	月刊	上海	1913年	度边久作	2期停刊
46	齿科学报	月刊	广州	1914年	中国齿科医学会	停刊
47	医药观	月刊	杭州	1914年	属家福	11期停刊
48	广济医报	双月刊	杭州	1914年	广济医科同学会	41期停刊
49	浙江医专校友会杂志	季刊	杭州	1915年	钱崇润	停刊
50	餐卫严刊	季刊	上海	1915年	慎食卫生会	3期停刊
51	广东光华医报	月刊	广州	1915年	光华医社	9期停刊
52	中华医学杂志	双月刊	上海	1915年	伍连德	
53	卫生严报	双月刊	北京	1916年	侯希民	停刊
54	拒毒	双月刊	上海	1916年	中华民国拒毒会	停刊
55	医药卫生通俗报	月刊	南京	1916年	南京医药联合会	1926年停刊
56	桂林医药浅报	不详	桂林	1916年	桂林神州医药会	停刊
57	存粹社医报	不详	北京	1917年	陆锦燧	1919年停刊
58	医药卫生浅说报	月刊	天津	1917年	卢谦、丁秋碧	1922年1月停刊
59	卫生	双月刊	上海	1918年	光华医社	停刊
60	医学卫生报	月刊	宁波	1918年	徐友丞	1920年停刊
61	博济	月刊	广州	1919年	博济医院	停刊
62	医学周刊	周刊	上海	1919年	不详	55期停刊
63	通俗医事月刊	月刊	北京	1919年	通俗医事月刊社	1921年停刊
64	医事月刊	月刊	北京	1920年	北京艾西学会	停刊
65	药报	月刊	杭州	1920年	杭州公立医院	停刊
66	中国护士	季刊	上海	1920年	孔美玉	停刊
67	医药杂志	月刊	上海	1920年	不详	7卷停刊
68	同德医学	月刊	上海	1920年	黄胜白	8卷停刊
69	改造与医学	不定期	上海	1920年	姚伯麟	停刊
70	自觉月刊	月刊	上海	1920年2月	同济医工大学	停刊
71	同济	双月刊	上海	1920年4月	黄胜白	停刊
72	夏葛医学杂志	不详	广州	1920年3月	夏葛医校	停刊
73	中国护士季刊	季刊	不详	1920年	中国护士学会	停刊
74	中西医学杂志	不详	上海	1921年1月	上海中西医学研究会	1921年4月停刊
75	医学杂志	双月刊	太原	1921年	中医改进研究会	1937年停刊
76	医学月刊	月刊	成都	1921年11月	成都军医学校	停刊
77	中法医学杂志	季刊	北京	1921年	波棣鲁氏、朱毓芬	停刊
78	齐鲁医刊	双月刊	济南	1921年	齐鲁大学	合刊
79	医药话	月刊	杭州	1921年	浙江医专校友会	停刊
80	厦门神州医药	月刊	厦门	1921年	福州医药分会	1927年停刊
81	东亚医学	月刊	上海	1922年	黄天民	停刊
82	通俗卫生月刊	月刊	北京	1922年	不详	停刊
83	香港大学医刊	四月刊	中国香港	1922年	不详	停刊
84	卫生	月刊	杭州	1922年	中国卫生会	4期停刊
85	新医人	半月刊	上海	1922年	新医人杂志社	6期停刊

序号	刊名	刊期	地区	创办年代	创办人	备注
86	江苏中医联合会月刊	月刊	上海	1922年	李平书、王一仁、秦伯未	1926年停刊
87	常熟医学会月刊	月刊	常熟	1922年	吴玉纯、张汝伟	1924年停刊
88	宜兴医学月刊	月刊	宜兴	1922年	徐堂芬、李簏门	1924年停刊
89	卫生顾问	月刊	杭州	1922年1月	余小秋	停刊
90	医药	季刊	日本	1923年	医药学社	停刊
91	医林丛录	季刊	重庆	1922年6月	四川医学协进会	停刊
92	新医人	半月刊	上海	1922年12月	新医人杂志社	停刊
93	中国医药月刊	月刊	上海	1923年	顾忍	10期停刊
94	化学药业杂志	双月刊	上海	1923年	化学药业杂志	停刊
95	民国医学杂志	月刊	北京	1923年	侯毓汶	停刊
96	恒星医报	不详	上海	1923年	王慎轩、李天球	1924年停刊
97	镇江医学公会月刊	月刊	镇江	1923年	袁桂生、闵金禾	1929年停刊
98	医钟	不详	无锡	1923年3月	无锡医会	停刊
99	卫生	季刊	上海	1924年	卫生教育会	停刊
100	医学月刊	月刊	海宁	1923年10月	金修长	停刊
101	协和	月刊	广州	1924年	不详	停刊
102	新同德	月刊	上海	1924年	新同德社	8期停刊
103	实用卫生	季刊	哈尔滨	1924年	不详	8期停刊
104	医药学	月刊	上海	1924年	黄鸣龙	停刊
105	广济医刊	月刊	杭州	1924年	阮其煜	停刊
106	如皋医学报	月刊	江苏	1924年	黄景楼、陈爱棠	1931年停刊
107	绍兴医药月刊	月刊	绍兴	1924年	何廉臣、曹炳章	4卷停刊
108	沈阳医学杂志	不详	沈阳	1924年	张锡纯、刘景素	1928年停刊
109	嘉善医药	月刊	浙江	1924年1月	叶汉章等	1927年7月月停刊
110	绍兴纶德医学报	月刊	绍兴	1924年6月	不详	停刊
111	协医月刊	月刊	北京	1924年2月	协和医学校	停刊
112	新同德	月刊	上海	1924年5月	同德医专	停刊
113	卫生杂志	季刊	北京	1925年	中央防疫处	停刊
114	医学原著索引	月刊	奉天满洲	1925年	伊藤谅	停刊
115	生命与健康	周刊	上海	1925年	虞施福	停刊
116	同济医学月刊	月刊	上海	1925年	盖思理	停刊
117	日新治疗	月刊	日本大阪	1926年	儿秀玉卫	停刊
118	协和通俗月刊	月刊	北京	1926年	不详	停刊
119	新医与社会	周刊	上海	1926年	上海医师公会	停刊
120	卫生月刊	月刊	吉林	1926年	卫生月刊社	停刊
121	医学周刊	周刊	北京	1926年	丙寅学社	停刊
122	医界春秋	月刊	上海	1926年	张赞臣	1937年停刊
123	医药卫生报	月刊	苏州	1926年	王慎轩	停刊
124	中医杂志	不详	广州	1926年	广东中医药学校	停刊
125	南洋医学	不详	上海	1926年4月	上海南洋医科大学	停刊
126	医药新闻	周刊	上海	1927年	吴克潜、张汝伟	停刊
127	吴兴医学杂志	不详	浙江	1927年	吴兴中医协会	1931年停刊
128	天德医疗新报	月刊	上海	1927年	天德医疗新报社	停刊

续表

序号	刊名	刊期	地区	创办年代	创办人	备注
129	英文拒毒季刊	季刊	上海	1927年	黄嘉惠	停刊
130	麻风季刊	季刊	上海	1927年	邬志坚	双语
131	医药卫生浅说报	半月刊	天津	1927年	不详	停刊
132	中国生理学杂志英文版	季刊	北京	1927年	中国生理学会	
133	同仁	月刊	日本	1927年	日本同仁会	停刊
134	协医校刊	月刊	北京	1927年	北京协和医学校	停刊
135	通俗卫生	月刊	北京	1927年	中央防疫处	停刊
136	中医求是月刊	月刊	浙江	1927年	张山雷	停刊
137	妇女医学杂志	季刊	苏州	1927年2月	王慎轩	1930年停刊
138	医学杂志（吴兴）	不详	浙江	1927年	吴兴中医协会	1931年1月停刊
139	卫生月刊	月刊	北平	1928年	不详	停刊
140	卫生导报	半月刊	杭州	1928年	毛咸	改刊
141	东南医刊	月刊	上海	1928年	东南医学院	停刊
142	北平大学医学院刊	半月刊	北平	1928年	北平大学医学院	
143	同仁会医学杂志	月刊	日本	1928年	小野得一郎	中日双语
144	卫生月刊	月刊	上海	1928年	胡鸿基	停刊
145	德华医学杂志	月刊	上海	1928年	丁惠康	12期停刊
146	卫生公报	月刊	北平	1928年	北平卫生局一科	停刊
147	社会医报	周刊	上海	1928年	余云岫	停刊
148	医光	周刊	北平	1928年	北平医光社	停刊
149	中国医学院院刊	不详	上海	1928年	中国医学院	停刊
150	硖石医药报	半月刊	浙江	1928年	金修常、孙连茹	1931年停刊
151	益智报	不详	上海	1928年3月	朱少坡等	停刊
152	中医新刊	月刊	浙江	1928年4月	宁波中医协会	1929年5月停刊
153	清洁医报	五日刊	上海	1928年5月	陆清洁	停刊
154	诊疗医报	月刊	上海	1928年	夏慎初	停刊
155	医药会刊	不详	上海	1928年	全国医药团体总联合会	1931年停刊
156	台湾黄汉医界	不详	中国台北	1928年	曾六瑞、陈茂通	1936年停刊
157	中国医学	不详	上海	1928年	陈渊雷	1930年停刊
158	台湾国医药报	月刊	中国台湾	1928年7月	国医药改进社	1947年6月停刊
159	新市场公共卫生月刊	月刊	杭州	1928年	王吉民	停刊
160	军医	双月刊	南京	1928年11月	南京陆军军医同学会	停刊
161	国荣医刊	广东	不详	1928年	袁国荣	停刊
162	自强医学月刊	月刊	上海	1929年1月	自强医学月刊社	1931年10月停刊
163	国医讲习所季刊	季刊	上海	1929年5月	中华医药	1927年8月停刊
164	杏林医学月报	月刊	广州	1929年	江坤、张阶平	1937年停刊
165	广东杏林	不详	广东	1929年	李始明、江笑	1933年停刊
166	中国卫生杂志	不详	天津	1929年	蒋世劼	1929年停刊
167	中国医报	不详	上海	1929年	丁仲英	1931年停刊
168	中医世界	双月刊	上海	1929年	秦伯未、方公薄	1937年停刊
169	自强医学月刊	月刊	上海	1929年	祝味菊、陆渊	1931年停刊
170	医药指导录		上海	1929年5月	国医药讲习所	停刊

序号	刊名	刊期	地区	创办年代	创办人	备注
171	卫生周报	周刊	杭州	1929年	杭州医师公会	停刊
172	东南医刊	月刊	上海	1929年1月	郭琦元等	停刊
173	辽宁药报	季刊	沈阳	1929年	辽宁医科专门学校	停刊
174	中国卫生杂志	月刊	上海	1929年	不详	停刊
175	卫生局月刊	月刊	天津	1929年	天津卫生局	停刊
176	卫生周刊	周刊	北平	1929年	北平大学	停刊
177	卫生公报	月刊	南京	1929年	民国政府卫生署	2卷停刊
178	医药评论	半月刊	上海	1929年	褚民谊	停刊
179	新医药观	月刊	日本	1929年	张德周	停刊
180	中德产科女医学校刊	月刊	上海	1929年	中德产科学生会	4期停刊
181	立兴杂志	半年刊	上海	1929年	立兴洋行	宣传药品
182	卫生周刊	周刊	杭州	1929年	杭州医师协会	10期停刊
183	华北医报	旬刊	北平	1929年	周寰西	16期停刊
184	新医学月刊	月刊	天津	1929年	虞抑浦	2期停刊
185	新医声	旬刊	汕头	1929年	陈仰韩	28期停刊
186	医事药刊	季刊	上海	1929年	宋国宾、余云岫	停刊
187	汕头国药月刊	月刊	汕头	1929年12月	汕头商民协会医药分会	停刊
188	新医药卫生	月刊	上海	1930年1月	南洋医科大学同学会	停刊
189	上海中医学会月刊	月刊	上海	1930年2月	上海中医学会	停刊
190	军医公报	月刊	南京	1930年	陆军军医公报社	停刊
191	慈幼月刊	月刊	上海	1930年	中华慈幼协济会	20卷停刊
192	卫生周刊	周刊	南京	1930年	民国南京市政府卫生局	67期停刊
193	医学周刊	周刊	济南	1930年	侯宝璋	11期停刊
194	生活医院月刊	月刊	上海	1930年	张克成	原名生活月刊
195	民众医报	月刊	广州	1930年	李达潮	停刊
196	康健杂志	月刊	上海	1930年	中华健康会	停刊
197	南京医刊	不定	南京	1930年	金鸣宇	停刊
198	新药与治疗	季刊	上海	1930年	李芬	停刊
199	杭市卫生	月刊	杭州	1930年	杭市卫生月刊社	1期停刊
200	军医杂志	季刊	广州	1930年	八路军卫生处	停刊
201	梅县医药月刊	月刊	广东	1930年7月	梅县中医公会	停刊
202	苏州医报	月刊	苏州	1930年	苏州医报社	15期停刊
203	浙江医药月刊	月刊	杭州	1930年	陆冕英	停刊
204	国医杂志	不详	香港	1930年	中华国医学会	1937年停刊
205	广东中医学校校刊	不详	广州	1930年	学校校务处	1937年停刊
206	汉口医药月刊	月刊	汉口	1930年	谢汇东	停刊
207	新药业卫生	月刊	上海	1930年	南洋医大同学会	停刊
208	汉口国医药刊	月刊	汉口	1930年10月	汉口医药分会	出2期停刊
209	岐黄医报	不详	广州	1930年	张亦毅等	停刊
210	家庭医学杂志	不详	上海	1930年	万公薄、秦伯未	1931年停刊
211	济生医院月刊	月刊	杭州	1931年	梁闺放	停刊
212	医学世界	月刊	上海	1931年	医学世界社	停刊
213	汽巴季刊	季刊	上海	1931年	刘步青	药品宣传

续表

序号	刊名	刊期	地区	创办年代	创办人	备注
214	同济医学	季刊	上海	1931年	同学会	停刊
215	大众医刊	半月刊	广州	1931年	温泰华	停刊
216	现代医药	月刊	杭州	1931年	陈万里	2期停刊
217	医药	月刊	杭州	1931年	国立中央医学院	停刊
218	医林新志	月刊	杭州	1931年	汪建侯	停刊
219	新医	月刊	广州	1931年	夏爱麟	停刊
220	医林一谔	月刊	广州	1931年	李忠守、陈亦毅	1935年停刊
221	中国药学	月刊	苏州	1931年	李爱人	停刊
222	医药顾问	年刊	上海	1931年	蔡济平等	停刊
223	三益月刊	月刊	浙江	1931年	三益月刊社	停刊
224	金山中医报	上海	月刊	1931年	金山中医报社	停刊
225	唯生医学	月刊	北平	1931年7月	唯生医学社	停刊
226	南京国医工会杂志	双月刊	南京	1931年9月	冯瑞生等	1937年5月停刊
227	黄渡中医学报	不详	武汉	1931年10月	汉口国医分馆	停刊
228	中华医药报	不详	上海	1931年	夏应堂、蔡济平	停刊
229	现代国医	月刊	上海	1931年	蒋文芳	1932年停刊
230	温灸医报	不详	宁波	1931年	张俊其、魏其光	1936年停刊
231	南京国医公医会杂志	双月刊	南京	1931年	冯瑞生、郭天寿	1937年停刊
232	国医杂志	不详	上海	1931年	上海国医学会	1935年停刊
233	健康	不详	中央苏区	1931年	苏区前敌委员会军医处	
234	科学医报	月刊	杭州	1932年	钱潮	停刊
235	卫生常识	周刊	杭州	1932年	黄贻青	停刊
236	军医杂志	双月刊	南京	1932年	吴羽白	停刊
237	中国眼科学杂志	半月刊	哈尔滨	1933年	石增荣	
238	民众医药	周刊	上海	1932年	民众医学社	停刊
239	医与药	季刊	上海	1932年	不详	停刊
240	新医药刊	月刊	上海	1932年	赵繘黄	停刊
241	医学与药学	月刊	杭州	1932年	杭州医师公会	停刊
242	中国健康月刊	月刊	上海	1932年	叶勤风	停刊
243	神州国医学报	不详	上海	1932年	蔡济平、陆仲安	1937年停刊
244	江都医学月刊	月刊	扬州	1932年	江都县中医公会	停刊
245	医药卫生月刊	月刊	杭州	1932年	王一仁	1935年停刊
246	卫生杂志	不详	上海	1932年	张士英	1937年停刊
247	医药月刊	月刊	长沙	1932年	吴汉仙、汪康白	1934年停刊
248	国医公报	月刊	南京	1932年	中央国医馆	1937年停刊
249	江都国医报	月刊	扬州	1932年	樊天徒	停刊
250	大众医学月刊	月刊	上海	1932年	杨志医	1934年停刊
251	医报	月刊	上海	1932年	陆渊雷	1934年停刊
252	厦门国医学报	不详	厦门	1932年	林志生	停刊
253	壬申医学	半年刊	河北	1932年	不详	停刊
254	汉和药学	月刊	上海	1932年5月	汉和医书编译馆	1932年6月停刊
255	新会国医月刊	月刊	福州	1932年11月	不详	1932年12月停刊
256	医钟	双月刊	太原	1932年12月	太原中医会	1933年6月停刊

续表

序号	刊名	刊期	地区	创办年代	创办人	备注
257	中医旬刊	旬刊	南京	1932年	汪康白等	停刊
258	四川医学杂志	月刊	成都	1932年6月	四川高等国医学校	当年停刊
259	光华医药杂志	月刊	上海	1933年	朱殿、余济民	1937年停刊
260	国医评论	月刊	上海	1933年	周天铎、范天馨	停刊
261	医事公论	半月刊	镇江	1933年	镇江医事会	1937年停刊
262	针灸杂志	双月刊	无锡	1933年	承淡安	1937年停刊
263	民艺医学	月刊	上海	1933年	张希渠	停刊
264	精神治疗	月刊	嘉兴	1933年	不详	停刊
265	申报医药周刊	周刊	上海	1933年	上海申报馆	停刊
266	科学医药	月刊	上海	1933年	黎惠年	停刊
267	军医月报	月刊	南京	1933年	吴羽白	停刊
268	北平医刊	月刊	北平	1933年	北平医刊社	停刊
269	浙江省立病院季刊	季刊	杭州	1933年	陈万里	停刊
270	妇女医报	月刊	上海	1933年	郑纯棣	停刊
271	广西卫生旬刊	旬刊	梧州	1933年	卫生旬刊社	停刊
272	东方医学杂志	月刊	满洲	1933年	不详	停刊
273	康健杂志	月刊	上海	1933年	褚民谊	停刊
274	新药时报	不定期	上海	1933年	刘步青	停刊
275	卫生月刊	月刊	北平	1933年	北平卫生事务所	停刊
276	现代医药	月刊	福建	1933年	俞慎初	1937年停刊
277	华佗	不定期	上海	1933年12月	华佗期刊社	停刊
278	西京医学	月刊	陕西	1933年	西京省立医院	停刊
279	东方针灸	半月刊	宁波	1933年1月	东方针灸社	1933年7月停刊
280	桐乡医药杂志	季刊	浙江	1933年6月	俞福田等	1936年12月停刊
281	河南国医月刊	月刊	开封	1933年8月	开封国医馆	停刊
282	医事公论	月刊	江苏镇江	1933年10月	镇江医事改进会	1937年7月停刊
283	国医月刊	月刊	甘肃	1933年11月	甘肃国医研究会	1934年4月停刊
284	国医月报	月刊	武汉	1933年11月	汉口国医公会	1934年3月停刊
285	科学国药	不定期	上海	1933年	佛慈药厂	1936年12月停刊
286	温针医报	月刊	宁波	1933年	温针医报社	停刊
287	吴兴医学杂志	季刊	浙江	1933年	张禹九	停刊
288	中国医药杂志	不详	山东	1934年	赵恕风	停刊
289	国医正言	不详	天津	1934年	天津国医研究会	停刊
290	神州国医学报	不详	厦门	1934年	神州国医学会	停刊
291	中医新生命	不详	上海	1934年	陆渊雷、谢诵穆	1937年停刊
292	鹭声医药杂志	不详	厦门	1934年	陈叹生、孙嵩樵	1936年停刊
293	中国医药杂志	不详	上海	1934年	医事春秋社	1937年停刊
294	上海国医学会月刊	月刊	上海	1934年	上海国医学会	1937年停刊
295	现代中医	月刊	上海	1934年	余鸿仁	1936年停刊
296	苏州国医杂志	不详	苏州	1934年	苏州国医学社	停刊
297	铁樵医学月刊	月刊	上海	1934年1月	铁樵医学事物所	1935年12月停刊
298	东南医讯	月刊	上海	1934年1月	东南医学院校友会	停刊
299	永好医报月刊	月刊	河南	1934年4月	李焕卿	1934年8月停刊
300	常熟国医杂志	不详	常熟	1934年9月	赵子琴等	1935年1月停刊

续表

序号	刊名	刊期	地区	创办年代	创办人	备注
301	醒亚医报	月刊	厦门	1934年12月	醒亚医报社	1935年2月停刊
302	克明医刊	不详	广州	1934年	罗文恺	停刊
303	苏州国医杂志	不详	苏州	1934年	苏州国医学会	停刊
304	助产季刊	季刊	北平	1934年	北平助产学校	停刊
305	医药周刊	周刊	福州	1934年	医药周刊社	停刊
306	中华国医药学杂志	不详	长沙	1935年	杨华清	停刊
307	寿世医报	月刊	江苏	1935年	寿世医报社	1937年停刊
308	丹方杂志	月刊	上海	1935年	朱振声	1938年停刊
309	国医卫生	不详	北平	1935年	刘奉春	1943年停刊
310	明日医药	双月刊	北平	1935年	明日医药社	停刊
311	文医半月刊	半月刊	北平	1935年	施今墨、陈伯诚	1937年停刊
312	国医月刊	月刊	重庆	1935年	国医月刊社	停刊
313	梧州医药研	不详	梧州	1935年	不详	停刊
314	丹方汇报	不详	浙江	1935年	国药丹方研究院	1937年停刊
315	湖北医药月刊	月刊	汉口	1935年3月	张丹樵等	1935年6月停刊
316	医醒杂志	季刊	江苏	1935年12月	吴县中医师公会	1936年3月停刊
317	医政周刊	周刊	湛江	1935年	江苏省立医政学院	停刊
318	健华医铎	不详	广东	1935年	何汝湛	停刊
319	中华医药报	月刊	上海	1936年	中华国医学会	1937年停刊 1947年复刊
320	医铎	不详	福州	1936年	福州中医学校	停刊
321	吴兴医药	不详	浙江	1936年	吴兴国医会	1946年停刊
322	中国医药研究月报	月刊	杭州	1936年	汤士彦	1937年停刊 1946年复刊
323	中华药学杂志	月刊	上海	1936年	中华国药学会	停刊
324	大众医药月报	月刊	四川	1936年	大竹医药研究会	1937年停刊
325	医醒杂志	季刊	苏州	1935年12月	吴县中医公会	1936年3月停刊
326	和平医报	月刊	上海	1935年6月	和平医学社	1935年7月停刊
327	昌明医刊	月刊	上海	1936年6月	昌明医药学社	停刊
328	吴江国医学报	月刊	江苏	1936年6月	吴江中医公会	1936年8月停刊
329	医药之声	不详	马来西亚	1936年	张伯贤等	1948年12停刊
330	国医素	月刊	江苏	1936年12月	钱今阳	停刊
331	掘港医报	半月刊	江苏	1936年12月	夏子善等	1937年1月停刊
332	祥林医刊	月刊	杭州	1937年1月	祥林伤外科医院	出1期停刊
333	新医药杂志	月刊	浙江	1937年3月	潘澄濂等	1937年5月停刊
334	国医砥柱	不详	北平	1937年	杨医亚	1948年停刊
335	吉祥医药	半月刊	衡阳	1937年4月	吉祥医药社	1938年5月停刊
336	吉祥医药	半月刊	湖南	1937年4月	吉祥医药社	1938年5月停刊
337	食物疗病月刊	月刊	上海	1937年5月	上海国医出版社	1937年8月停刊
338	国医月刊	月刊	重庆	1937年	国医研究会	1939年停刊
339	起华医药杂志	半月刊	四川	1937年5月	夏子善等	1937年12月停刊
340	中央医学杂志	月刊	天津	1937年7月	中央医学杂志社	1937年8月停刊
341	国医汇谈	月刊	陕西	1937年4月	贺云生等	停刊
342	医药与救亡周刊	周刊	上海	1937年9月	上海中西医药研究社	1937年10月停刊

序号	刊名	刊期	地区	创办年代	创办人	备注
343	中和医刊	半月刊	成都	1938年3月	中和医刊社	1938年8月停刊
344	潮安医药周刊	周刊	广东	1938年10月	张长民	停刊
345	新中医刊	月刊	上海	1938年	朱小南	1941年停刊
346	中国医药	月刊	上海	1938年	曹向平	停刊
347	军医通讯	月刊	安顺	1939年	贵州陆军军医学校	停刊
348	国粹医药	月刊	重庆	1939年2月	国粹医药月刊社	停刊
349	中医疗养专刊	月刊	上海	1939年5月	秦伯未	1939年9月停刊
350	药与化学	不详	上海	1939年3月	上海中法大学药科	停刊
351	苏州国医医院院刊	不定期	苏州	1939年12月	叶橘泉等	出版1期停刊
352	余姚中医公会会刊	不详	浙江	1939年12月	余姚中医公会	停刊
353	大德助产年刊	年刊	上海	1939年	大德助产学校	停刊
354	北京医药月刊	月刊	北京	1939年	汪逢春	停刊
355	国药新声	月刊	上海	1939年	丁福保	59期停刊
356	国新新声	月刊	上海	1939年	王玉润、汪浩权	1942年停刊
357	国医导报	不详	上海	1939年	朱仁康	1942年停刊
358	国防卫生	不详	不详	1940年	八路军军医处	停刊
359	联谊医刊	不详	上海	1940年2月	不详	停刊
360	卫生勤务	不详	安顺	1940年	贵州陆军军医学校	停刊
361	医药年刊	年刊	上海	1940年	上海国医广告社	1954年月停刊
362	复兴中医	双月刊	上海	1940年	时逸人	停刊
363	中国医药月刊	月刊	北京	1940年	董德懋、朱纮章	1943年停刊
364	中国女医	月刊	上海	1941年1月	钱宝华	1941年8月停刊
365	广西医刊	季刊	广西	1941年2月	广西医刊社	停刊
366	国医求是月刊	月刊	北平	1941年9月	陈书贤	1941年10月停刊
367	验方集成	月刊	北平	1941年9月	杨医亚等	1948年停刊
368	柳江医药月刊	月刊	广西	1942年11月	张子英等	1943年9月停刊
369	民间医药	月刊	江苏	1943年1月	朱良春等	1943年5月停刊
370	医药改进月刊	月刊	成都	1941年	四川国医学院	停刊
371	复兴医药杂志	月刊	柳州	1941年	张子英	停刊
372	医务生活	不详	山东	1941年	医务生活出版社	停刊
373	平民医药周报	周刊	陕西	1943年6月	沈伯超	1948年3月停刊
374	新中医半月刊	半月刊	成都	1943年7月	成都县中医公会	1943年10月停刊
375	医文	不详	上海	1943年	范行准	停刊
376	中西医报	月刊	洛阳	1943年	张少云	停刊
377	现代医学季刊	季刊	汕头	1944年	现代医学社	1946年停刊
378	胶东医刊	不详	山东	1944年	胶东医学研究会	停刊
379	江津中医周刊	周刊	四川	1944年2月	任应秋	停刊
380	医务文摘	不详	不详	1944年	第二野战军卫生部	停刊
381	中国医药月刊	月刊	重庆	1944年	邓炳奎、马云	停刊
382	医政通讯	月刊	湛江	1945年12月	江苏国医学院	停刊
383	中国针灸学季刊	季刊	北平	1945年	杨医亚、马继兴	1948年停刊
384	新中华医药月刊	月刊	重庆	1945年	沈炎南、潘国贤	1948年停刊
385	医学导报	月刊	重庆	1945年	韦宏岐、潘国贤	1947年停刊

续表

序号	刊名	刊期	地区	创办年代	创办人	备注
386	现代医药杂志	不详	贵阳	1945年	张子英	停刊
387	广西医讯	不详	广西	1946年3月	广西军医学校	停刊
388	药业月刊	月刊	广东	1946年8月	何信泉等	1947年1月停刊
389	华中医药报	半月刊	湘潭	1946年	陈康雅	改刊
390	华西医药杂志	不详	重庆	1946年	任应秋	1949年停刊
391	康乐医刊	半月刊	上海	1946年12月	上海国医学会	1948年2月停刊
392	广西中医校刊	不详	南宁	1946年	南宁高级中医执业学校	1948年停刊
393	华中医务杂志	不详	不详	1946年	新四军华中卫生部	停刊
394	新中医	不详	广州	1946年	梁乃津	
395	验方集成	月刊	北平	1946年	杨医亚、汪浩权	1948年停刊
396	上医月刊	月刊	上海	1947年	上海医学院校友会	停刊
397	神宵医刊	双月刊	上海	1947年3月	朱颂陶等	1949年6月停刊
398	新军医	月刊	上海	1947年4月	上海军医学校	停刊
399	中医药消息	上海	月刊	1948年12月	洪贯之等	1949年1月停刊
400	中药职工月刊	月刊	上海	1947年5月	上海中药业职业公会	1948年7月停刊
401	中药情报	月刊	上海	1947年5月	国药用品服务社	1948年6月
402	进修月刊	月刊	上海	1947年5月	上海中医师进修班	停刊
403	医声通讯	五日刊	成都	1947年6月	成都医声通讯社	1949年3月
404	活叶医刊	不详	不详	1947年	华东军区卫生部	停刊
405	药学生活	不详	不详	1947年	华东军区卫生部材料处	停刊
406	中华医史杂志	季刊	上海	1947年	中华医学会医史分会	原名《医史杂志》
407	神雷医刊	月刊	上海	1947年	郭承祖、朱颂陶	1949年停刊
408	医药汇刊	月刊	西安	1947年	西安中医师公会	停刊
409	中医药	月刊	上海	1947年	上海中医药学社	停刊
410	中医药情报	月刊	上海	1947年	金明哲、张汝伟	停刊
411	医药研究月刊	月刊	南京	1947年	施今墨、汪济良	1948年停刊
412	中国医药建设文库	不详	潮安	1947年	医药建设学社	1949年停刊
413	中国医药导报	月刊	上海	1947年	医药导报社	
414	卫生月刊	月刊	不详	1948年	华北军区卫生部	停刊
415	医药介绍	不详	陕西	1948年	陕甘宁边区卫生署	停刊
416	汉兴校刊	广东	不详	1949年8月	中医职业学校	停刊
417	中国医学月刊	月刊	罗定	1949年	罗定医学社	停刊
418	卫生通讯	不详	不详	不详	晋绥军区卫生部	停刊
419	药学摘要	不详	不详	不详	八路军总卫生部	停刊
420	中华兽医期刊	不详	辽宁	不详	中华兽医学会	停刊
421	通俗医事卫生	月刊	北平	不详	通俗医事月刊社	停刊
422	大众医刊	月刊	北平	不详	大众医刊社	停刊
423	中国齿科月刊	月刊	上海	不详	齿科医局	停刊
424	医学周刊	周刊	南京	不详	中央大学卫生教育科	停刊
425	卫生促进会会刊	半月刊	贵阳	不详	王兴周	停刊
426	卫生半月刊	半月刊	贵阳	不详	赵寥夫	停刊
427	卫生旬刊	旬刊	广州	不详	冯根强	停刊
428	药刊	季刊	北平	不详	孟目的	停刊

回溯中华人民共和国成立之前医学期刊的创办和编辑出版史，大致经历了封建社会的萌芽与成长时期（1792～1912年）、半殖民地半封建社会的发展与衰落交织时期（1912～1949年）、近代中国革命根据地医学期刊的特殊发展时期（1931～1949年）三个历史阶段。

一、中国封建社会医学期刊的萌芽与成长时期

在中国封建社会的乾隆五十七年（1792年），在苏州由唐大烈创办了我国最早的中医期刊《吴医汇讲》。从这一医学期刊创办开始，至1912年辛亥革命胜利，中国封建社会结束，中华民国政府成立，在这120年间，共创办医学期刊22种（表5-2）。

表5-2　中国封建社会医学期刊创办表

期刊名称	出版频率	出版地	创刊年份	创办人	停刊年份
吴医汇讲	不定期	苏州	1792年	唐大烈	1801年
海关医报	不详	广州	1871年	不详	停刊
西医新报	季刊	广州	1880年	嘉约翰（美）	1883年
医学报	月刊	广州	1886年	尹瑞模	1886年
广州医报	月刊	广州	1886年	不详	1880年
博医会报	双月刊	上海	1887年	中国博医会	合刊
利济学堂报	半月刊	上海	1897年	瑞安陈	停刊
西医知新报	月刊	广州	1906年	权约翰（德）	1906年
医药月报	月刊	绍兴	1906年	神州医学研究会	停刊
医药学报	双月刊	日本千叶	1907年	中国药学会	停刊
卫生世界	月刊	日本金泽市	1907年	中国国民卫生会	1908年
医学世界	月刊	上海	1908年	丁福保	1914年
上海医报	旬刊	上海	1908年	汪启缓	1910年
三三医报	不详	上海	1908年	裘吉生	1922年合刊
卫生白话报	月刊	上海	1908年	不详	停刊
绍兴医药学报	月刊	绍兴	1908年	何廉臣	1923年
医事公报	半月刊	上海	1909年	中国医事改进社	停刊
医学卫生报	月刊	广州	1908年	梁慎余	1909年
中西医学报	月刊	上海	1910年	丁福保、丁仲枯	1930年
医学杂志	月刊	上海	1910年	蔡小香、唐乃安	1911年
医学扶轮报	月刊	镇江	1910年	袁桂生	1912年
光华医事杂志	月刊	广州	1910年	叶青华、陈垣	1931年

在我国创办最早的医学期刊《吴医汇讲》，是由苏州名医唐大烈于1792年创办，属于不定期连续出版物。唐大烈出身三代祖传名医世家，他本人也医术高明，声誉卓著，是江浙名医。在唐大烈所处的年代，基本是乾隆盛世，浙江文化比较发达，特别是苏州一带名医辈出，学术气氛浓厚，著书立说者不乏其人。唐大烈鉴于苏州为良医荟萃之地，为集众家学说，互相学习，流传后人，在同乡名医孟超编撰的《吴中医案》的启发下，萌发了创办《吴医汇讲》的念头。唐大烈经过斟酌和筹措，于1792年编辑印刻出版了第1卷，直至嘉庆六年（1801年）唐大烈去世，共编辑刻印出版11卷，刊发

文章128篇，共有40多位作者在其刊物上发表撰写的文章。

《吴医汇讲》的创办，比光绪二十六年十月（1900年11月）创办的我国最早的科技期刊《亚泉杂志》早创刊108年；比我国最早创刊的专业科技期刊《农学报》，即光绪二十三年四月（1897年）创刊，早创刊105年；比我国1833年创刊的第一份中文期刊《东西洋考每月统计传》早创刊了41年；比我国最早的近代中文报刊，即1815年8月由英国传教士马礼逊等创刊的《察世俗每月统计传》早了23年；比最早由中国人创办的近代中文报刊，即1858年伍廷芳在香港创办的《中外新报》早了66年；比同治十一年（1872年）在北京出版的我国最早的自然科学期刊《中西见闻录》早了80年；比1895年康有为、梁启超创办的《万国公报》早了103年；比1896年5月梁启超在上海创办的《务时报》早了104年。在世界期刊发展史上，《吴医汇讲》比1787年英国创办的世界最早的专业性期刊《库尔提斯植物杂志》晚创刊5年；比1665年1月在法国创办的世界上第一份期刊《学者杂志》晚创刊127年；比1665年5月在伦敦创办的世界上第一份科技期刊《哲学汇刊》晚创刊127年。在世界医学期刊发展史上，我国《吴医汇讲》的创办，比世界上最早的医学期刊，即1671年在法国创办的 *Nouvelle Decouvertes sur Toutes les parties dela Medicene* 晚了121年；比英国1648年创办的第一份医学期刊《医学奇观》（*Medicene Curida*）晚了108年；比西班牙1734年创刊的第一份医学期刊《马德里大气医学记录》（*Efemerdes Barometrco-Medicus Matritenses*）晚了58年；比意大利1763年创办的第一份医学期刊《医学杂志》晚了29年；比美国1797年创办的第一份医学期刊《医学文库》（*Medical Repository*）早了5年；比德国1917年创办的第一份医学期刊《柏林医学学报》（*Acta Medicorum Berlieusunm*）早了125年。

在我国，从最早的医学期刊《吴医汇讲》问世，到同治十年（1871年）第二种医学期刊问世，横跨时空79年。直到光绪年间（1874～1908年），医学期刊的创办才开始复兴。以光绪帝为代表，康有为、梁启超等为首的改良派，倡导变法维新，兴起了影响巨大的维新变法运动，特别是"公车上书"失败后，办学会、兴学堂、创办杂志如雨后春笋般地出现。初期，大多以社会政治性刊物为主，到后来自然科学期刊也不断问世。1898年的戊戌变法，光绪帝颁布《定国皇诏》，施行变法，在变法诏书中明令准许创立报馆、学会，奖励科学著作和发明等，进一步促进了当时我国学术发展，同时，也加大了西方现代科学技术知识引进与传播。受外来文化科学影响很大的广州、上海两地，医学期刊的创办发展较快。在中国封建社会创办的23种医学期刊中，仅光绪年间创办的就有共15种。

在中华人民共和国成立以前，帝国主义在对中国进行军事领土侵略的同时，也进行着经济文化的侵略。鸦片战争后期，外国各教会团体开始涌入中国，相继在广州、上海办教会医院和医学院校，同时，外国传教士也将西方医学带进中国并得到传播。19世纪末期，在华的外国传教士或教会开始在我国创办西医药卫生期刊，先后有《西医新报》《博医会报》《西医知新报》等在中国创办。1868年，由美国传教士医生嘉约翰（J. G. Kerr）在广州创办了《广州新报》，为中文版，嘉约翰旨在向广大群众宣传医疗卫生知识，是我国最早的医学科普期刊。而我国最早的西医临床类期刊是《西医新报》，于光绪六年（1880年）在广州创办，也是由嘉约翰亲自创办，广州博医局发行，是中国医学期刊史上第一份西医学期刊，其创刊号载文比较丰富，其主要栏目或内容有论医院、中国行医传道会、内科新说、方便医院之情况、烫伤之治法、真假金鸡纳霜、初起之眼炎、大腿截除术、上臂截除术、肉瘤奇症略述、论论血瘤、癫狂之治法、论内痔、论外痔等。6年后，即光绪十二年（1886年），在广州博济医院任职的尹瑞模医生创办了《医学报》，这是中国人独自创办最早的西医期刊。光绪十三年（1887年）以外国传教士医生为主和少量留洋归国的中国医生创建了中国博医会（以下简称博医会），并创办了会刊《博医会报》（之后改名为《中国博医会报》），为全英文期刊，这是在我国大陆最早创办的英文版医学期刊。

在18世纪末和19世纪初叶，我国比较有影响的医学期刊有《吴医汇讲》《西医新报》《医学报》《博医会报》《医药学报》《绍兴医药学报》等；其中影响较大的是《绍兴医药学报》，于光绪三十四年（1908年）由何廉臣等创办，是中医界早期交流学术的重要园地，当时很多中医名家的学术著作大都首先在该刊发表，在当时中医药界具有较高的学术地位；1922年12月，为扩充报道内容，进一步推动医药学术交流和发展，何廉臣将其迁至杭州，并与裘吉生创办的《三三医报》合并，仍称《三三医报》，合并后为旬刊；合刊后内容更加丰富，为发展和促进中医药学学术做出了重要历史贡献，也是我国早期医学期刊办刊延续时间较长、影响较大的医学期刊之一。

二、中国半殖民地半封建社会医学期刊的发展与衰落交织时期

这一时期以1911年12月辛亥革命成功算起，至1949年中华人民共和国成立。1912年1月，孙中山领导的辛亥革命成功，中华民国首开纪元，标志着中国2000多年的封建社会宣告结束。以孙中山为代表的民主资产阶级倡导国民有居住、出版、言论、结社等自由，因而为医学期刊的创办和发展提供了合法的社会政治环境。从中华民国成立到1949年中华人民共和国成立的37年中，共创办医学期刊数百多种。在这一时期，由于受近代西学东渐思潮的影响，西方现代医学和中国传统医学两种医学学术体系发生了激烈的碰撞，西方现代医学在国民政府的大力扶持下和西方传教士医生的推动下迅速传播及发展，而传统中医学在西方现代医药学的碰撞和冲击下，大有在狭缝中顽强生存的态势。尤其是1925年，时任上海医师公会会长的余云岫，公开打起了废除中医的旗帜，学术界一些偏激的废止中医论者以"废止旧医以扫除医事卫生之障碍"的提案被当时的民国政府中央卫生委员会通过后，医学界废止中医的逆流达到了高峰；国民政府行政院院长汪精卫也蓄意废除中医药学，极力阻挠允许中医药学合法化的"国医条例"的颁布，特别是时任民国政府卫生署署长的刘瑞恒，在任期间支持并采取行政命令的手段极力废止中医。在这种形势下，我国著名中医学家施今墨、张赞臣等联合上海中医药学界奋起抗争，以医界春秋社等团体的名义通电反对，得到全国医药界的响应，全国中医药界纷纷罢工停业。无奈，南京民国政府被迫取消了提案和行政命令。在废止传统中医药学的逆流中，现代西医学术界通过《社会医报》《博医会报》等医学期刊广泛传播普及现代医学知识，还有的发表"废止中医"等学术见解和言论。中医学术界则以《中西医学》《三三医报》等医学期刊为学术阵地，对废止中医的思潮和逆流进行学术抗争，两个学术派别借助医学期刊进行学术争鸣和抗争，同时，也促使中医药学术界纷纷创办中医药期刊。在这一时期分别创办了大批中医药学期刊，仅创办的药学专业期刊就达50余种。特别是在20世纪初，西方国家出于文化侵略和价

值观输出的需要，以办刊办报为载体，把西方价值观在中国推行，开始在我国创办西医期刊，中国医学界知识分子为了维护和发展中医学，促进中医学的发展和学术交流，在旗帜鲜明地反对国内废止中医学思潮的同时，大力弘扬中医学，中医学术界在极力抗争废止中医和保护与继承传统医学的同时，也开始积极创办了大量中医药学期刊。

进入20世纪20～30年代，随着全国性和地方性医学学术团体的不断诞生，中医药学的学术交流气氛日趋浓厚，同时也带动了医学期刊的创办和发展。初始，医学期刊的创办大部分集中在国外传教士或教会集中的广州等地，成为医学期刊创办的发源地，而后带动上海、杭州、北平等地相继创办医学期刊。据初步统计，我国南方城市创办的医学期刊占当时总数的95%以上。以后开始由南向北扩展，形成了南北转移的趋势，在这一时期，几乎各个省市和医药学术团体都有自己的学术期刊。在南方地区的一些地、县都创办出版地方性的医学期刊；仅1912～1931年抗日战争全面爆发前的19年间，创办医学期刊200多种，平均每年创办11种医学类期刊。这一时期医学期刊创办的特点是均以综合性医学期刊为主，其学科主要集中在中医学、西医现代医学和药学三大学科体系。

在这一时代创办的医学期刊中，影响较大的中医学期刊如下所示。《神州医药学报》，于1913年在上海由余伯陶、包识生创办，1916年10月停刊，1925年10月复刊，1925年4月再度停刊，是当时较有影响的医学刊物。《医学杂志》1921年6月由山西太原中医改进研究会创办，内容比较丰富，学术水平也较高，曾受到当时中医药学术界的赞誉，是当时国内颇有影响的医学期刊。1921年12月由上海中医学会创办的《中医杂志》，其编者大部分为我国著名中医学家和医学教育家，具有较高的学术影响力和权威性。于1926年5月在上海由张赞臣创办的《医事春秋》，该刊内容充实，栏目别具一格，设有评坛、短刀、学说、调查、讨论等栏目，特别是1929年2月以余云岫等为首的偏激的废止中医论者，其废止中医的提案被民国政府通过后，该刊在中医药学界反抗民国政府废止中医药学的斗争中，旗帜鲜明，奋力抗争，为维护中医药学合法学术地位发挥了重要作用，并保留了大量珍贵历史史料，为继承和发展中医药学发挥了重要的历史作用。于1927年6月由杨志一等在上海创办的《幸福报》，是我国最早的医药卫生科普期刊，其办刊宗旨就是普及医药卫生知识，介绍防病常识和方法，指导大众健康途径，公开古今秘方，促成有病自疗；刊物稿件大部分由当代著名中医学家杨志一、朱振声、沈仲圭、时逸人、张涛甫等名家撰写，设有预防疾病、养生保健、卫生知识、经验良方等栏目，因刊物的撰稿人多为当代医坛名流，文章质量很高，针对性强，内容新颖实用，篇幅短小，深入浅出，引人入胜，因而刊物极为畅销，深受民间大众欢迎，是我国早期影响较大的医学科普期刊。由我国著名针灸学家承淡安于1933年10月在江苏无锡创办的《针灸杂志》，是我国医学期刊编辑出版史上最早的针灸专业期刊，也是较早的专科期刊，但在1937年冬，无锡被日本侵略者占领后被迫停刊，一直到1951年1月才正式复刊。该刊为研究和发展及提高我国针灸学术，促进针灸人才培养发挥了重要作用。此外，还有《中医世界》《国医公报》《国药新声》《国医正言》《光华医药杂志》《新中华医药月刊》《中医新生命》《国医砥柱》《复兴中医》《华西医药杂志》《医潮》《寿世医报》等具有一定学术影响的医学期刊创刊。

在这一时期，具有代表性的现代医学期刊有1915年11月由伍连德等在上海创办的

《中华医学杂志》，最初为中英文双语并列出版，为季刊，1924年改为双月刊，1932年4月博医会与中华医学会合并，其会刊《博医会报》与《中华医学杂志》合并出版，合并后刊名仍然为《中华医学杂志》，只是《中华医学杂志》的中英文单独编辑出版，即分别编辑出版《中华医学杂志》和《中华医学杂志英文版》，而且具有各自独立的编辑部和不同的办刊方针及读者对象，但都同属中华医学会主办和管理。

1932年，《中华医学杂志》又与山东齐鲁大学医科孟合理等创办的《齐鲁医刊》合并，其稿件和编辑人员也都并入，合并后刊名仍然为《中华医学杂志》。这一时期，由于《中华医学杂志》学术水平不断提高，国内外影响力不断提升，在1927年被美国《累积医学索引季刊》收录，1941年1月被美国医学会《世界医学索引》收录，这是我国医学期刊较早被世界著名医学检索系统收录的核心期刊，是我国近代医学期刊史上具有深远影响的医学期刊。

同时期创刊的还有1914年10月由广济医科同学会创办的《广济医报》，为双月刊，1924年1月更名为《广济医刊》，并改为月刊，于1935年底停刊，编辑出版10余年，对介绍国外医学、交流和普及医学知识发挥了较好作用。1918年9月由上海同济医工专门学校创办的《同济》1921年更名为《同济杂志》，1925年又更名为《同济医学月刊》，1931年再次更名为《同济医学季刊》，1948年改为《同济医声》，是我国同一期刊变迁较大的医学期刊。此外，还有《医药评论》《现代医学》《卫生月刊》《药学季刊》《新中华医药月刊》《西南医学杂志》《医史杂志》等具有一定影响的医学期刊创刊。

在民国时期，医学期刊创办之多，其学科门类之丰富，是中华人民共和国成立之前历史上的顶峰，其数量达到数百种之多。但此时期中国医学期刊发展也存在着其脆弱的一面，一般刊龄都不长，绝大部分办刊几年即停刊，其主要原因是社会政治动荡和战争，缺乏良好的社会环境。另外，医学期刊的创办基本都是民间自发的，因而缺乏办刊能力，加之缺乏政府的组织管理与支持，面临着经费缺乏、专门编辑出版人员不足和发行渠道受限的问题，同时这个时期政府歧视中医学，大多数期刊创刊不久即停刊，形成了自生自灭的历史现象。据初步统计，有半数以上的医学期刊刊发数年即停刊。特别是抗日战争全面爆发后，大量医学期刊被迫停刊，但在日寇沦陷区如上海、北平的医学界知识分子和有识之士，为了国家的医学事业和学术事业，在极端困难的环境下仍然继续编辑出版和创办了一些医学期刊。抗日战争胜利后，解放战争爆发。由于长期的战乱，民不聊生，专家学者无暇学术研究，也更不具备创办医学期刊和期刊生存的土壤，从抗日战争的烽烟中生存下来的少数医学期刊又在解放战争中相继停刊。到1949年，中国医学期刊的编辑出版已经衰落到几乎为零的程度，能够坚持编辑出版，艰难地走入中华人民共和国成立时代的只有寥寥无几的几种医学期刊。这一时期医学期刊创办和发展主要集中在三个历史时期，即1912年中华民国政府成立至1931年抗日战争全面爆发；1931～1945年抗日战争时期；1946～1949年解放战争时期。这一时期的现代医学期刊无论是总数还是年度创刊数都明显高于中医学期刊，这和民国时期国民政府大力支持西医学发展有关。通过分析表明，民国医学期刊的年创刊数量有两个高峰，即1928～1937年，也就是国民政府成立卫生署，由此发端到抗日战争全面爆发的十年。抗日战争全面爆发后，医学期刊的创办数量急剧下降，在办的期刊纷纷停刊。1945年抗日战争胜利后，医学期刊数量开始增加。民国时期医学期刊的地域分布比较广泛，除西藏、新疆、宁夏、海南、中国香港和澳门外，全国各省市均创办了医学期刊。这一时期所创办医学期刊的主体主要为学术团体、医学院校、政府机构、研究机构和个人等。

三、中国革命根据地医学期刊发展的特殊时期

在中国医学期刊编辑出版史上，有一段值得一提的特殊发展时期，这就是由中国共产党领导的革命根据地医学期刊发展的特殊时期和特殊地域。这一时期从1931年在中央苏区创办最早的《健康》算起，即1931～1949年。特别是在革命根据地的延安时期，在极其艰苦的环境下，在战火硝烟中陆续诞生或创办了不少医药卫生期刊，仅在解放战争时期的一年中，由全军编辑出版的医学期刊就超过了国民党统治区同一时期的创刊总数。在革命战争和抗日战争时期，解放区共创办医学期刊40多种。其中土地革命时期有4种，抗日战争时期有11种，解放战争时期有30余种。在革命根据地编辑出版的医药报刊的特点是大多为油印本，出版地不固定，刊期也不确定，印数较少。但其涉及专业领域比较全面。

早在中央苏区时期，1931年2月，由红军总军医处在江西瑞金创办了《健康》，即《健康报》的前身，这是中国共产党领导的革命根据地创办医药卫生报刊的萌芽时期。1932年，中国工农红军卫生学校为指导红军的卫生防病和医疗卫生工作，就在延安创办了《卫生讲话》；1932年10月，湘赣省军区医院政治处创办了《医院小报》，为油印本，不定期出版，每期300份；1933年10月，由中国工农红军卫生学校教务主任王斌，协助红军卫生部在江西瑞金创办了《红色卫生》。1933年在延安创办了《医学摘要》。1934年创办了《卫生常识》。1940年又在延安和其他革命根据地创办了《国防卫生》。1941年创办了《西北卫生》。1941年11月，由新四军二师卫生部创办了《医务生活》，这是抗日战争时期闻名全军的卫生专业报刊，以后成为新四军卫生部的机关刊物，中华人民共和国成立前后成为华东地区和全国性的刊物。1942年创办了《卫生建设》。1946年分别创办了《山东医务杂志》《卫生月刊》《先锋医务》《医卫通讯》《红卫报》等医药卫生期刊。1947年分别创办了《卫生通讯》和《冀北卫生》；1948年创办了《医卫汇刊》等医学期刊。其中影响较大的有延安时期创办的《国防卫生》。当时主要刊登红军卫生部的指示、通知、评论和战伤救治及部队常见病的防治经验，同时也刊登一些宣传卫生防病知识的科普性文章。为办好这个刊物，集中了当时延安所有医学专家的智慧，许多技术性稿件都由专家撰写或经过他们审阅后才能发表。例如，黄树则、鲁之俊、魏一斋、谭壮等老一代从延安走来的红色著名医学专家都曾为其撰写稿件。同时，也有前方作战部队的野战医务人员送来的有关战伤救治的稿件。该刊的编辑工作由当时红军卫生部秘书室负责，其发行量也较大，据在晋绥、晋冀鲁豫、晋察冀等革命根据地从事卫生工作的同志讲，在当时工作期间每期都能看到刊物。

第三节　中华医学会系列杂志编辑出版史

中华医学会系列杂志是指由中华医学会主办的所有医学期刊，医学界习惯地称为

中华医学会系列杂志或中华系列杂志。

在中国医学期刊编辑出版史上，中华医学会主办的系列医学期刊从一个侧面反映和展现了我国医学期刊编辑出版历史的基本概况，也从一个侧面反映了我国医学科学研究和学术发展的进程，一是其创办医学期刊历史最悠久，如果从1887年《中华医学杂志英文版》创办算起，中华医学会办刊已有130多年的历史；二是医学期刊学科或专业覆盖面最全，形成三大医学期刊系列，即中华系列、中国系列和国际系列；三是医学期刊数量最多（截至2017年12月共主办医学期刊140多种）；四是其为在国内外影响力最大的医学期刊群。

回溯中华医学会系列杂志的发展历史，如果将其发展分期，其发展历史大致经历了五个发展时期，即医学期刊创办和发展时期（1887～1955年）、医学期刊调整与停滞时期（1955～1971年）、医学期刊恢复发展时期（1971～1983年）、医学期刊发展与繁荣时期（1984～2000年）、医学期刊快速发展时期（2001～2006年）。

一、中华医学会医学期刊创办和发展时期

中华医学会于1915年2月在上海成立，同年创刊《中华医学杂志》，并于11月在上海编辑出版第1卷第1期，为中、英文双语并列出版。1932年中华医学会与外国传教士医师组织的博医会合并，《中华医学杂志》的英文部分与博医会1887年创刊的《中国博医会报》（*China Medical Journal*）合刊，刊名为《中华医学杂志英文版》（*Chinese Medical Journal*）；1932年2月，将出刊12年的中文杂志《齐鲁医刊》并入《中华医学杂志》中文部分，刊名仍为《中华医学杂志》，编辑出版地随中华医学会机关仍在上海。1937年抗日战争全面爆发，为避免战火影响杂志正常出版，中华医学会决定《中华医学杂志》分别在上海和重庆出版；《中华医学杂志英文版》分别在上海、成都和华盛顿出版，至1945年底《中华医学杂志》中英文版又统一在上海编辑出版。抗日战争期间，国内的一些医学刊物相继停刊，《中华医学杂志》中英文版亦不得不减少版面维持其正常出版。

1939年8月《中华健康杂志》创刊。1947年3月由中华医学会医史分会牵头创刊了《医史杂志》；1947年7月在上海创刊了《医文摘要》杂志。这两本期刊创刊不久，又分别于1948年10月和1950年在上海停刊。

1949年中华人民共和国成立后，为满足日益发展和学术交流的需要，中华医学会加强了医学期刊的创办，1950年7月《中华儿科杂志》在上海创办。1950年10月，自中华医学会第十六届全国会员代表大会召开后，中华医学会由上海迁至北京，1951年《中华医学杂志》也随中华医学会办事机构迁至北京编辑出版。1950年10月《中华眼科杂志》在北京创刊；*Chinese Medical Journal*更名为《中华医学杂志英文版》。1951年3月《医史杂志》在上海复刊。1952年8月根据国家卫生部、新闻出版总署的《关于调整全国医药卫生期刊出版的决定》精神，中华医学会肩负了出版综合性医学期刊和专科医学期刊的任务。1952年将国家卫生部出版的《中华新医学报》并入《中华医学杂志》编辑出版。

1953年是中华医学会主办期刊取得较大发展的一年，这一年，原在南京出版的《内科学报》《外科学报》移交中华医学会主办，并相继变更为《中华内科杂志》和

《中华外科杂志》，在北京中华医学会办事机构办公楼内编辑出版；《医史杂志》更名《中华医史杂志》，并由上海迁至北京编辑出版；1953年《中华妇产科杂志》《中华结核病及呼吸杂志》《中华口腔科杂志》《中华耳鼻咽喉科杂志》《中华放射科杂志》《中华卫生杂志》和《中华皮科杂志》在分别在北京创刊。1955年《中华神经精神科杂志》和《中华病理学杂志》创刊。此时中华医学会主办出版的杂志达17种。

二、中华医学会医学期刊调整与停滞时期

1956年3月，《中华医史杂志》因稿源不足，暂行第二次停刊。1958年《中华寄生虫病传染病杂志》创刊，一年后停刊。1959年中华医学会、中国药学会、中华护理学会和中国防痨协会，为贯彻中国科协工作会议精神，以"挂靠并动"为指导，调整学术团体组织结构，实行四会合署办公，中华医学会主办期刊由人民卫生出版社管理。1959年1月，《中华医学杂志》与《医学史与保健组织》两刊合并，改名《人民保健》；随后《中华卫生杂志》并入《人民保健》，该刊物1960年停刊，《中华医学杂志》从中分离继续出版。1960年1月，《中华医学杂志》从《人民保健》中分出复刊，并补出第45卷，《人民保健》杂志继续出刊。1959年《中华结核病科杂志》并入中国防痨协会的《中国防痨》，由两会联合出版，1960年停刊，1963复刊更名为《中国防痨杂志》，1966年再次停刊。

1961年1月，《中华外科杂志》复刊，崔义田（时任国家卫生部副部长）任总编辑，吴英恺、吴阶平、曾宪九、冯传宜为副总编辑。1961年1月，《中华内科杂志》复刊，谭壮任总编辑，张孝骞、邓家栋、王叔咸、方圻为副总编辑。1962年10月，《中华儿科杂志》复刊，诸福棠任总编辑，邓金鎏、周华康、祝寿河、薛沁冰任副总编辑。1963年1月12日，《中华妇产科杂志》复刊，林巧稚任总编辑，王淑贞、俞霭峰、严仁英任副总编辑。1964年7月，中华医学会主办期刊的编辑出版工作由人民卫生出版社移交中华医学会继续自主编辑出版和管理。

这一时期"文化大革命"运动开始，很快，这一政治运动也不可避免地波及学术界，编辑人员被下放到"五七干校"接受再教育；1966年6～8月，除《中华医学杂志英文版》外，其他中华医学会主办编辑出版的20多种医学期刊被迫相继停刊。

三、中华医学会医学期刊恢复发展时期

1971年，轰轰烈烈的"文化大革命"运动已到后期，在周恩来总理的关心下和亲自过问下，不久，中华医学会系列医学期刊相继陆续复刊。这一时期，中华医学会加强了医学期刊编辑出版的管理工作，所主办的医学期刊相继得到恢复和发展。

1.抓紧杂志复刊，回归常态轨道 在杂志复刊时期，中华医学会积极调回下放"五七干校"的编辑人员，并迅速着手复刊停刊多年期刊的准备工作，其中在1973年、1975年、1976年、1977年相继复刊了《中华医学杂志》《中华医学杂志英文版》《中华内科杂志》和《中华外科杂志》；1978年复刊了《中华妇产科杂志》《中华眼科杂志》《中华儿科杂志》《中华放射学杂志》《中华神经精神科杂志》《中华耳鼻咽喉科杂志》；1981年复刊了《中华皮肤科杂志》和《中华医史杂志》；1982年复刊了《中华病理学杂志》。在近十年间共复刊中华医学会主办的13种医学期刊。

2.调整期刊结构，合理布局学科专业　为完善医学期刊学科和专业覆盖面，中华医学会调整期刊结构，完善学科布局，促进学科和专业的合理化，根据学科和学术交流的需要，实施期刊更名，遴选外刊加入系列的措施，加快完善期刊的学科或专业领域，更有效覆盖专业范围，促进学科建设和学术交流，增强学会办刊实力。1978年《中华卫生杂志》更名为《中华预防医学杂志》；《中华口腔科杂志》更名为《中华口腔医学杂志》；《中国防痨杂志》更名为《中华结核和呼吸系统疾病杂志》。同时，对科研院校（所）和地方办的医学期刊，在自愿申请的情况下，为进一步完善中华医学会主办医学期刊的学科结构，加快了对外办医学期刊的收编入列工作。

1978年8月20日，《中华理疗学杂志》在鞍山创刊，郭万学任总编辑，张玉田、金石正任副总编辑。1978年8月，《中华卫生杂志》改名为《中华预防医学杂志》，吴执中任总编辑，王肇元、叶恭绍、朱既明、刘世杰、陈春明任副总编辑。1978年9月18日，《中华医学检验杂志》在北京创刊，叶应妩任总编辑，李健斋、陈湘、汤兆熊、陶义训、徐功元、娄永新任副总编辑。1979年3月30日，《心脏血管疾病杂志》更名为《中华心血管病杂志》，吴英恺任总编辑，方圻、陈可冀、陶寿淇、顾复生、黄宛、蔡如升任副总编辑。1979年3月，《中华肿瘤杂志》在北京创刊，金显宅任总编辑，李冰、李光恒、哈献文任副总编辑。1980年2月15日，《中华泌尿外科杂志》在北京创刊，吴阶平任总编辑，施锡恩、熊汝成、虞颂庭、吴文斌、孙昌惕、许殿乙任副总编辑。1980年3月15日，《中华小儿外科杂志》在武汉创刊，童尔昌任总编辑，张金哲、佘亚雄、何应龙、陈文龙任副总编辑。1980年10月20日，《中华器官移植杂志》在武汉创刊，裘法祖任总编辑，吴阶平、谢毓晋、董方中、夏穗生任副总编辑。1981年1月，《中华放射医学与防护杂志》在北京创刊。1981年2月10日，《中华消化杂志》在上海创刊，江绍基任总编辑，过晋源、朱无难、李宗明、陈国桢、陈敏章、张国治任副总编辑。1981年2月15日，《中华骨科杂志》在天津创刊，陶甫任总编辑，王桂生、过邦辅、郭巨灵、陆裕朴、宋献文、朱通伯任副总编辑。1981年2月，《中华微生物学和免疫学杂志》在北京创刊，谢少文任总编辑，李河民、朱既明、陈正仁、吴安然、顾方舟、陆德源任副总编辑。1981年3月20日，《中华麻醉学杂志》在石家庄创刊，谢荣任总编辑，吴珏、李芳、李德馨、尚德延、姜杰任副总编辑。1981年8月15日，《中华核医学杂志》在无锡创刊，王世真任总编辑，张满达、周前、赵惠扬、夏宗勤、唐谨任副总编辑。1981年8月20日，《流行病学杂志》更名为《中华流行病学杂志》，苏德隆任名誉总编辑，何观清任总编辑，蒋豫图、耿贯一、高守一任副总编辑。1982年2月14日，《中华老年医学杂志》在北京创刊，陶桓乐任总编辑，王焕葆、王新德、李志绥、李培熊、吴振庚、郑集、黄克维、薛邦祺任副总编辑。1982年2月17日，《美国医学会杂志中文版》在北京创刊。1981年9月18日，李志绥副秘书长和美国医学会高级副会长斯特巴在京签署协议书，由中华医学会编译出版该杂志。1983年2月15日，《中华传染病杂志》在上海创刊，王季午任总编辑，张乃峥、毛守白、曹钟梁、戴自英任副总编辑。1983年6月25日，《中华劳动卫生职业病杂志》在天津创刊，刘世杰任总编辑，王乃谦、王世俊、冯志英、陈炎磐、金淬、顾学箕、程慰南任副总编辑。

1980年，《天津医药杂杂志输血及血液》复刊后收编由中华医学会主办，并更名为《中华血液学杂志》，委托中国医学科学院天津血液病研究所承办；1981年，由中国药品生物制品研究所出版的《生物制品通讯》收编由中华医学会主办，并更名为《中华微生物学和免疫学杂志》，仍然委托原单位承办；由中国医学科学院流行病学研究所出版的《流行病学杂志》，收编由中华医学会主办，并更名为《中华流行病学杂志》，仍然委托原单位承办；1982年，由上海医学会出版的《中华寄生虫病传染病杂志》收编由中华医学会主办，并更名为《中华传染病杂志》，仍然委托上海医学会承办；1984年，由湖北医学会出版的《实验外科杂志》收编由中华医学会主办，并更名为《中华实验外科杂志》，仍然委托湖北医学会承办编辑出版。

3.适应专科化趋势，加快创办专科医学期刊　随着医学科学的发展，学科分化，专科化趋势愈加凸显，为适应专科化发展和学术交流的需要，中华医学会根据专科分会的发展，加强了创办新刊，满足专科化发展的需要。20世纪70年代末到80年代初，中华医学会主办的系列杂志以其学术严谨、规范严格、权威性强、学术影响大的声誉，在学术界占有重要的学术地位和学术影响力。特别是随着我国改革开放的进程和步伐的加快，医学药卫生事业蓬勃发展，学科不断分化和派生，各学科更加趋于专科化倾向，并出现了如内、外、妇、儿学科专业的三级学科或亚学科，此时，中华医学会主办的学术期刊种类已经远远不能满足专业学科学术交流的需要，而且由于中华医学会办刊经费、人财物条件所限，在某种程度上没有能力直接编辑出版或创办更多学术期刊，更多医学科研院校、研究所、省市医学会等的单位出版的期刊纷纷入围中华医学会。在广大医药卫生工作者的强烈呼吁下，中华医学会将入围和新创办的医学期刊以一种新型的办刊模式加以解决，即期刊由中华医学会主办，选择在国内或国际上具备优势学科和学术领先地位的学术机构，实施中华医学会委托制，由各大医学科研院所或各大临床医院等学术机构承办，并由期刊的承办单位提供办刊所需经费及办刊场地、办刊经费，配备编辑出版人员，由中华医学会对该刊编辑部人员进行业务培训、业务指导和编辑出版质量管理，并严格执行中华医学会统一的规章制度、编排格式、编辑规范，以确保中华医学会系列杂志的学术水平和编辑出版质量水平；实践证明，这一模式较好地解决了全国各地医学期刊的合理布局和学会办刊资源缺乏的实际困难。

这一时期共创办了15种新的医学专科期刊。这部分期刊分布在全国的7个省市的医科大学、研究所和学会，新医学期刊的创建缓解了改革开放初期，百废待兴，医药卫生事业蓬勃发展和学术交流及科技创新的需求，促进了我国医学科学的快速发展。

4.整合学术资源，实施中外合作办刊　在我国改革开放迅速发展的背景下，为了推动我国医疗卫生工作的开展，加强和促进国际学术交流，及时了解国际医学科学进展和发展趋势，开辟了解国外科研成果及信息的窗口，1982年中华医学会与美国医学会联合在北京创办《美国医学会杂志中文版》。至此，中华医学会在原有主办期刊的基础上，又增加了中外合办期刊。这一时期，中华医学会创办医学期刊达到37种，是中华医学会期刊史上发展比较快的时期。

四、中华医学会医学期刊发展与繁荣时期

1984年10月29日至11月1日，中华医学会第一次医学期刊编辑出版工作会议在北京召开，到会代表50人。会议总结了1972年杂志复刊以来的编辑工作经验，就进一步提高学会系列医学期刊的质量，加强各刊间的协调和管理及在编辑出版工作中贯彻改

革精神等进行了探讨。会议讨论通过了《期刊编辑委员会通则》《期刊编排统一要求》《稿约通则》《编辑室日常工作程序》和《编辑守则》。为加强医学期刊的领导和总结办刊经验，规划学会期刊发展，1987年9月、1992年12月，中华医学会在北京分别召开了四次期刊工作会议，就学会医学期刊工作进行总结，拟定了中华医学会医学期刊的发展目标。在这一时，中华医学会期刊开始逐步走向正轨和更加规范化的轨道，期刊的种类已基本覆盖当时的医学专业门类，其间创办新期刊18种。

1984年10月，《中华实验外科杂志》在武汉创刊。1985年2月，《中华整形烧伤外科杂志》在北京创刊，宋儒耀任总编辑，史济湘、朱洪荫、汪良能、张涤生、盛志勇、黎鳌任副总编辑。1985年2月，《中华神经外科杂志》在北京创刊，王忠诚任总编辑，薛庆澄、史玉泉、殷国升、朱桢卿任副总编辑。1985年3月，《中华医院管理杂志》在北京创刊，谭壮任总编辑，王甲午、刘振声、林钧才、廖继尧任副总编辑。1985年3月，《中华肾脏病杂志》在广州创刊，李仕梅任总编辑，叶任高、黎磊石任副总编辑。1985年7月，《中华内分泌代谢杂志》在上海创刊，邝安堃任总编辑，陈家伦、池芝盛、钟学礼任副总编辑。1986年2月25日，《显微医学杂志》更名为《中华显微外科杂志》在广州出刊，朱家恺任总编辑，朱盛修、陈中伟、张涤生、钟世镇、程绪西、黄恭康任副总编辑。1986年7月，《中华医学信息导报》创刊，黄树则（时任国家卫生部副部长）题写刊名，李志绥任主编。

1987年9月16～18日，中华医学会第二次医学期刊编辑出版工作会议在北京召开，同时召开了委托杂志工作会议，在广泛征求意见基础上，会议做出了《中华医学会关于进一步加强委托杂志工作的几点意见》。会议进一步明确了办刊方向，交流了办刊经验，交换了工作意见，并制订和修订了编辑出版工作的一系列规定、规范和标准。会议还进行了中华医学会系列杂志的第一次评比活动，评出了12种优秀杂志。一等奖：《中华妇产科杂志》《中华医学杂志》。二等奖：《中华内科杂志》《中华医学杂志英文版》《中华儿科杂志》《中华泌尿外科杂志》。三等奖：《中华口腔医学杂志》《中华肿瘤杂志》《中华皮肤科杂志》《中华病理学杂志》《中华核医学杂志》《中华骨科杂志》。

1988年10月，《美国医学会眼科杂志中文版》在北京创刊，李凤鸣任总编辑，郑邦和、李子良任副总编辑。1992年10月15日，《中华超声影像学杂志》在石家庄创刊，徐智章任总编辑，于鹤春、曹海根、张缙熙、王新房任副总编辑。

1992年9月28日，中国科协召开了优秀科技学术期刊表彰大会。中华医学会主办的系列杂志中有15种获得了表彰。一等奖：《中华医学杂志》《中华医学杂志英文版》《中华内科杂志》。二等奖：《中华外科杂志》《中华妇产科杂志》《中华眼科杂志》《中华核医学杂志》。三等奖：《中华放射学杂志》《中华心血管病杂志》《中华病理学杂志》《中华耳鼻咽喉科杂志》《中华口腔医学杂志》《中华肿瘤杂志》《中华显微外科杂志》《中华航空医学杂志》。

1992年12月24～26日，第三次杂志工作会议在北京召开。会议在总结第二次编辑工作会议以来杂志工作的基础上，重点围绕在改革开放新形势下如何进一步坚定办刊方针、提高杂志质量、推动科技进步、改善经营管理、使医学期刊从学术型向学术兼经营型转变等若干问题进行了讨论，会议修订了第一、二次编辑工作会议提出的8个文件，新制订了《中华医学会杂志社评价杂志质量指标及说明》《中华医学会系列杂志管理办法》2个文件。会议期间进行了第二次中华医学会优秀杂志评比，并表彰了为中华医学会期刊发展做出贡献的65名总编辑和102名编辑出版工作人员。会议期间召开了首次中华医学会系列杂志总编辑联席会议。

1992年12月26日，在国家科学技术委员会、中共中央宣传部、新闻出版总署组织的第一次全国优秀科技期刊评比中，中华医学会有7种杂志获奖。一等奖:《中华医学杂志》《中华医学杂志英文版》。二等奖:《中华妇产科杂志》《中华内科杂志》。三等奖:《中华外科杂志》《中华眼科杂志》《中华核医学杂志》。

1993年2月4日，为加强中华医学会主办期刊的广告经营效益，理顺期刊与广告经营的关系，中华医学会决定注册成立广告经营企业，注册成立了北京华康广告公司，隶属中华医学会，主要经营中华医学会主办期刊广告业务，并代理国内和国外医药企业广告业务。

1993年创办了中华医学会第一本科学普及杂志，即《健康世界》科普期刊；1994年2月，《中华航海医学杂志》在上海创刊，龚锦涵任总编辑，曹诚意、王近中、卢海、庄坚、王崇亮任副总编辑。1994年9月，《中华医学科研管理杂志》在北京创刊，刘海林任总编辑，姚树印、薛志福任副总编辑。1995年，经国家科学技术委员会批准《中华神经精神科杂志》更名为《中华精神科杂志》，同时批准创办《中华神经科杂志》。1995年，《中华医学美学美容杂志》创刊，季刊。1996年，《中华肝脏病杂志》《中华消化内镜杂志》创刊。

1997年，在中共中央宣传部、国家科学技术委员会、新闻出版总署联合主办的第二次全国优秀科技期刊评比中，中华医学会有9种杂志获奖。一等奖:《中华医学杂志》。二等奖:《中华医学杂志英文版》。三等奖:《中华病理学杂志》《中华耳鼻咽喉科杂志》《中华妇产科杂志》《中华口腔医学杂志》《中华外科杂志》《中华微生物学和免疫学杂志》《健康世界》。

1997年4月9日，由中国科协主办的第二届中国科协优秀科技期刊评比中，中华医学会有35种杂志获奖。一等奖:《中华医学杂志》《中华医学杂志英文版》。二等奖:《中华儿科杂志》《中华口腔医学杂志》《中华心血管病杂志》《中华内科杂志》《中华皮肤科杂志》《中华外科杂志》《中华妇产科杂志》《中华血液学杂志》《中华耳鼻咽喉科杂志》《中华检验医学杂志》《中华医学遗传学杂志》《中华放射学与防护杂志》《中华实验和临床病毒学杂志》《中华肿瘤杂志》《中华神经外科杂志》《中华神经精神科杂志》《中华结核和呼吸杂志》《中华预防医学杂志》《中华核医学杂志》《中华航空医学杂志》《中华病理学杂志》《中华眼科杂志》《中华微生物学和免疫学杂志》。三等奖:《中华创伤杂志》《中华老年医学杂志》《中华劳动卫生职业病杂志》《中华泌尿外科杂志》《中华显微外科杂志》《中华消化杂志》《中华航海医学杂志》《中华眼底病杂志》《中华整形烧伤外科杂志》《健康世界》。

1997年10月15日，《中华医学杂志英文版》成为首批获得中国科协最高专项资助期刊。1997年，国家原卫生部部长陈敏章为中华医学会系列杂志获奖题词:"笔墨耕耘四载创辉煌，百尺竿头更上一层楼"的题词。

1998年，《中华围产医学杂志》在北京创刊，双月刊。1998年，《中华肝胆外科杂志》在北京创刊，双月刊。1998年，《中华创伤杂志英文版》创刊，半年刊。1998年5

月25日，《英国医学杂志中文版》在北京创刊，季刊。

1998年11月30日，经中国科协择优支持基础性和高科技学术期刊专项资助评审委员会的严格审议，中华医学会有5种杂志获得该项资助，其中《中华医学杂志英文版》第二次获得最高专项资助10万元，《中华医学杂志》《中华内科杂志》《中华微生物学和免疫学杂志》《中华肿瘤杂志》各获3万元的期刊择优扶持专项资助。

1999年12月27日，《中华医学杂志英文版》获中国科协自然科学基础性、高科技学士期刊经费资助10万元，《中华医学杂志》《中华妇产科杂志》《中华病理学杂志》《中华内科杂志》《中华微生物学和免疫学杂志》《中华结核和呼吸杂志》《中华外科杂志》《中华传染病杂志》《中华血液学杂志》各获3万元资助，《中华肿瘤杂志》获7万元资助。另外，《中华医学杂志》《中华病理学杂志》《中华普通外科杂志》《中华外科杂志》《中华内科杂志》《中华肿瘤杂志》各获2万元的中国科协设备经费资助。

2000年，《中华医学检验杂志》变更刊名为《中华检验医学杂志》。2000年1月13日，《中华医学杂志》在深圳召开了由75位各学科著名学术带头人组成的第24届编委会，会议决定，为缩短发表周期，增强国内外竞争力，从2001年第81卷第1期开始改为半月刊，并逐步向周刊过渡。

2000年5月9日，首届国家期刊奖、国家期刊奖提名奖名单，中华医学会有3种杂志获国家期刊奖，分别为《中华医学杂志》《中华外科杂志》《中华医学杂志英文版》。获国家期刊奖提名奖的杂志有《中华肿瘤杂志》。

2000年9月19日，《中华医学杂志英文版》《中华外科杂志》获得国家自然科学基金委员会"重点学术期刊专项基金"资助，两刊各获2000年与2001年度每年12万元的资助。

2000年12月12日，中华医学会有3种杂志获中国科协择优支持基础性和高科技学术期刊经费资助，其中《中华医学杂志英文版》获10万元，《中华心血管病杂志》获5万元，《中华医学杂志》获3万元。另外，《中华医学杂志英文版》《中华结核与呼吸杂志》《中华妇产科杂志》《中华放射学杂志》《中华老年医学杂志》《中华泌尿外科杂志》《中华神经外科杂志》《中华肝胆外科杂志》各获得中国科协支持的设备费2万元。

2000年12月12日，中华医学会有3种杂志获中国科协择优支持基础性和高科技学术期刊经费资助，其中《中华医学杂志英文版》获10万元，《中华心血管病杂志》获5万元，《中华医学杂志》获3万元。另外，《中华医学杂志英文版》《中华结核与呼吸杂志》《中华妇产科杂志》《中华放射学杂志》《中华老年医学杂志》《中华泌尿外科杂志》《中华神经外科杂志》《中华肝胆外科杂志》各获得中国科协支持的设备费2万元。

在这一时期，中华医学会还收编和更名11种期刊。1984年3月由中国科学院北京整形医院出版的《整形外科学报》更名为《中华整形烧伤外科杂志》，委托中国医学科学院北京整形医院承办，并于2000年分刊，更名为《中华整形外科杂志》和《中华烧伤杂志》，分别在北京和重庆编辑出版；1984年10月《中华结核和呼吸系疾病杂志》更名为《中华结核和呼吸杂志》，仍然由中华医学会总会直接编辑出版；1986年2月由广州出版的《显微医学杂志》更名为《中华显微外科杂志》，在广州编辑出版；1988年《胸心血管外科杂志》更名《中华胸心血管外科杂志》，在北京编辑出版；1990年6月《航空医学》更名《中华航空医学杂志》，在北京编辑出版；1990年8月《创伤杂志》更名《中华创伤杂志》，在重庆编辑出版；1992年1月《遗传与疾病》更名《中华医学遗传学杂志》在四川编辑出版；1992年3月《中国放射肿瘤杂志》更名《中华放射肿瘤学杂志》，在北京编辑出版；由中国医学科学院病毒学研究所出版的《实验和临床病毒学杂志》更名为《中华实验和临床病毒学杂志》，由中国医学科学院病毒学研究所承办；1993年2月《眼底病》更名为《中华眼底病杂志》，在河南编辑出版；1993年3月《手外科杂志》更名为《中华手外科杂志》，在上海编辑出版。2000年，《中华医学检验杂志》变更刊名为《中华检验医学杂志》；2000年5月《中国胃肠外科杂志》更名为《中华胃肠外科杂志》。至此，中华医学会系列杂志已达69种，由中华医学会总会直接编辑出版22种，委托承办48种，期刊分布在全国13个地区。根据客观需求和学会条件，开创委托承办管理模式和中外合作出版期刊，并在中华医学会期刊编辑部的基础上，成立了中华医学会杂志社委托杂志办公室，分别对中华医学会系列杂志实施统一管理。随着期刊学术影响力的不断提升，中华医学会系列杂志的品牌地位和学术权威性逐步稳居我国医学科技学术界。

五、中华医学会医学期刊快速发展时期

2001年11月14～17日，中华医学会在北京召开了第四次医学期刊工作会议，会议全面总结了1992年中华医学会三次医学期刊工作会议以来的工作，交流了主要办刊经验和体会，并对今后的发展规划和主要工作做了部署。会议期间，还对荣获中华医学会优秀期刊奖、优秀编译期刊奖和优秀英文期刊奖的27种杂志进行了表彰。

随着国家改革开放的不断深入和医学科学的发展，中华医学会主办的医学期刊逐步发展，其品牌影响力不断扩大，被国家新闻出版总署、中国科协和国家科技部誉为"中国科技期刊的一面旗帜"；被广大医药卫生科技人员称为"中华牌"的美誉。

2001年下半年，完成了《中华物理医学与康复杂志》和《中华理疗杂志》的合刊工作，合刊后的《中华物理医学与康复杂志》自2002年第1期正式出版。

2001年12月6日，中华医学会有6种杂志获2001年中国科协"自然科学基础性、高科技学术期刊经费资助"，分别为《中华医学杂志英文版》《中华内科杂志》《中华医学杂志》《中华儿科杂志》《中华风湿病学杂志》《中华肿瘤杂志》。获得2001年中国科协"自然科学基础性、学术性期刊编辑部办公设备配置资助"的中华医学会系列杂志分别是《中华风湿病学杂志》《中华医学美学美容杂志》《中华医学科研管理杂志》《中华医史杂志》《中华胃肠外科杂志》，资助数额为每刊2万元。

2001年12月，在新闻出版总署正式公布的"中国期刊方阵"期刊名单中，中华医学会系列杂志共有24种期刊榜上有名。"双高"（高知名度、高学术水平）期刊：《中华医学杂志》《中华医学杂志英文版》。"双奖"（获国家期刊奖、国家期刊奖提名奖）期刊：《中华外科杂志》《中华肿瘤杂志》。"双百"（百种重点社科期刊、百种重点科技期刊）期刊：《中华妇产科杂志》《中华内科杂志》。"双效"（社会效益、经济效益好）期刊：《中华病理学杂志》《中华耳鼻咽喉科杂志》《中华口腔医学杂志》《中华微生物学和免疫学杂志》《中华核医学杂志》《中华眼科杂志》《中华创伤杂志》《中华儿科杂志》《中华放射学杂志》《中华肝脏病杂志》《中华骨科杂志》《中华检验医学杂志》《中华结核和呼吸杂志》《中华老年医学杂志》《国际病毒学杂志》《中华心血管病杂志》《中华

血液学杂志》《中华预防医学杂志》。

2002年12月，中华医学会期刊在新闻出版总署和科技部组织的"第二届国家期刊奖"的评选中，《中华医学杂志》《中华外科杂志》入围国家期刊奖，《中华内科杂志》《中华病理学杂志》入围国家期刊奖提名奖，《中华医学杂志英文版》《中华耳鼻咽喉科杂志》入围重点科技期刊。

2002年12月，《中华医学杂志》《中华结核和呼吸杂志》《中华检验医学杂志》《中华口腔医学杂志》《中华外科杂志》《中华病理学杂志》《中华放射学杂志》《中华儿科杂志》《中华耳鼻咽喉科杂志》《中华骨科杂志》《中华肿瘤杂志》《中华神经外科杂志》12种中华医学会系列杂志被评为"中国百种杰出学术期刊"称号。

2002年12月7日，中国科协学术部公布的自然科学基础性、高科技学术期刊经费资助期刊中，《中华内科杂志》获5万元的经费资助，《中华心血管病杂志》《中华预防医学杂志》《中华结核和呼吸杂志》《中华儿科杂志》《中华医学杂志》《中华医学杂志英文版》《中华肿瘤杂志》《中华风湿病学杂志》各获得3万元的经费资助，另有《中华精神科杂志》《英国医学杂志中文版》《中华肝脏病杂志》各获得2万元的"中国科协自然科学基础性、学术性期刊编辑部办公设备资助"，共计获得35万元资助。

2002年12月31日，中华医学会系列杂志有27种期刊获"第三届中国科协优秀科技期刊奖"。一等奖：《中华内科杂志》《中华外科杂志》。二等奖：《中华医学杂志》《中华结核和呼吸杂志》《中华医学杂志英文版》《中华神经科杂志》《中华心血管病杂志》《中华创伤杂志》《中华病理学杂志》《中华耳鼻咽喉科杂志》《中华皮肤科杂志》《中华放射学杂志》《中华微生物学和免疫学杂志》。三等奖：《中华口腔医学杂志》《中华医学遗传学杂志》《中华血液学杂志》《中华神经外科杂志》《中华眼科杂志》《中华肿瘤杂志》《中华预防医学杂志》《中华妇产科杂志》《中华检验医学杂志》《中华泌尿外科杂志》《中华骨科杂志》《中华儿科杂志》《中华肾脏病杂志》《中华内分泌代谢杂志》。

2001年11月和2008年12月，又分别召开了中华医学会第四次和第五次期刊工作会议，全面总结了1992年以来的期刊工作，交流了办刊经验和体会，并对今后中华医学会医学期刊的发展进行了规划部署，拟订了发展计划：①实施精品战略，打造精品医学科技期刊；②加强质量管理，建立健全质量管理体系；③加快期刊网络化和数字化建设，实现期刊现代化；④加强编辑人才培养，建设一流的编审队伍；⑤实施期刊国际化策略，加快期刊国际化进程；⑥实施多元化经营，提高期刊经营效益；⑦深化期刊体制改革，建立适应期刊市场的经营体制；⑧加强期刊体制和机制创新，加快期刊集团化步伐。

根据中华医学会期刊工作会议精神，对期刊结构实施优化。2001年将《中华理疗杂志》并入《中华物理医学与康复杂志》，合为一刊，并于2002年正式出版。2001年《急诊医学》入围中华医学会系列杂志，并更名为《中华急诊医学杂志》，登记地为北京。2002年9月，《中华全科医师杂志》在北京正式创刊，由中华医学会总会编辑出版。

2003年5月，根据新闻出版总署30号文件《关于调整中央国家机关和省、自治区、直辖市厅局报刊结构的通知》精神，将国家卫生部所属期刊进行主办单位分离，将31种期刊，即《中国危重病急救医学》《中国地方病学杂志》《小儿急救医学》《中国综合临床》《中国行为医学科学》《中国医师杂志》《中国基层医药》《医师进修杂志》《中国实用眼科杂志》《国外医学儿科学分册》《国外医学皮肤性病学分册》《国外医学脑血管疾病分册》《国外医学内分泌学分册》《国外医学肿瘤学分册》《国外医学麻醉学与复苏分册》《国外医学放射医学核医学分册》《国外医学呼吸系统分册》《国外医学耳鼻咽喉科分册》《国外医学病毒学分册》《国外医学寄生虫病分册》《国外医学临床生物化学与检验学分册》《国外医学泌尿系统分册》《国外医学流行病学传染病学分册》《国外医学免疫学分册》《国外医学生物医学工程分册》《国外医学外科学分册》《国外医学护理学分册》《国外医学眼科学分册》《国外医学遗传学分册》《国外医学预防、诊断、治疗用生物制品分册》《国外医学输血及血液学分册》，以及2003年在北京创刊的《国外医学移植与血液净化分册》划归中华医学会主办，由中华医学会电子音像出版社实施编辑出版管理。

2003年，中华医学会系列杂志有13种杂志被评为"第二届中国百种杰出学术期刊"称号，分别为《中华儿科杂志》《中华耳鼻咽喉科杂志》《中华放射学杂志》《中华骨科杂志》《中华检验医学杂志》《中华结核和呼吸杂志》《中华口腔医学杂志》《中华皮肤科杂志》《中华神经外科杂志》《中华外科杂志》《中华医学杂志》《中华肿瘤杂志》《中国危重病急救医学》。

2003年10月22日，中国科协学术部公布的自然科学基础性、高科技学术期刊经费资助杂志中，《中华内科杂志》获得5万元的经费资助，《中华风湿病学杂志》《中华胃肠外科杂志》《中华结核和呼吸杂志》《中华病理学杂志》《中华心血管病杂志》《中华外科杂志》《中华儿科杂志》《中华医学杂志》各获得3万元的经费资助，另有《中华全科医师杂志》《中华预防医学杂志》《中华检验医学杂志》《中华急诊医学杂志》《中华流行病学杂志》各获得2万元的"中国科协自然科学基础性、学术性期刊编辑部办公设备资助"。

2004年，中华医学会根据期刊学科分布情况，将《中国实用护理杂志》收编，由中华医学会主办，在大连编辑出版；2005年收编《国外医学中医中药分册》《肿瘤研究与临床》《白血病·淋巴瘤》杂志，2004年收编《中华神经医学杂志》和《中原医刊》，由中华医学会主办。

2004年，在第三届国家期刊奖评选活动中，在参评的908种杂志中有9种中华医学会中华系列杂志期刊入围，其中获第三届国家期刊奖的科技期刊有《中华医学杂志》《中华内科杂志》，获第三届国家期刊奖提名奖科技期刊的杂志为《中华心血管病杂志》，获第三届国家期刊奖百种重点科技期刊的杂志有《中华神经科杂志》《中华耳鼻咽喉科杂志》《中华妇产科杂志》《中华放射学杂志》《中华病理学杂志》《中华外科杂志》。

2004年，由国家科技部委托中国科学技术信息研究所组织"中国百种杰出学术期刊"，中华医学会系列杂志有15种杂志入围，它们是《中华病理杂志》《中华儿科杂志》《中华耳鼻咽喉科杂志》《中华放射学杂志》《中华骨科杂志》《中华检验医学杂志》《中华结核和呼吸杂志》《中华口腔医学杂志》《中华内科杂志》《中华神经科杂志》《中华外科杂志》《中华医学杂志》《中华肿瘤杂志》《中华眼科杂志》《中国危重病急救医学》。

2004年10月26日，中华医学会系列杂志有16种期刊获得中国科协择优支持自然科学基础性、高科技学术期刊专项经费资助，它们是《中华内科杂志》获得5万元；《中华医学杂志》《中华医学杂志英文版》《中华放射学杂志》《中华检验医学杂志》《中华心血管病杂志》《中华妇产科杂志》《中华结核和呼吸杂志》《中华泌尿外科杂志》《中华风湿病学杂志》《中华肿瘤杂志》《中国危重病急救医学》《中国实用护理杂志》《中华航空航天医学杂志》各获得3万元经费资助。《中华心血管病杂志》《中华围产医学杂志》各获得2万元中国科协自然科学基础性、学术性期刊编辑部办公设备资助。

2004年，由北京大学第一医院出版的《中国糖尿病杂志》变更刊名为《中华糖尿病杂志》，由为中华医学会主办，主管单位由教育部变更为中国科协，由中华医学会总会编辑出版。

2004年12月，在国家卫生部全国医药卫生优秀期刊奖评比活动中，中华医学会主办的18种国外医学和中国医学系列杂志榜上有名。一等奖（2个）：《中国危重病急救医学》《中国地方病学杂志》。二等奖（4个）：《小儿急救医学》《国外医学儿科学分册》《国外医学皮肤性病学分册》《医师进修杂志》。三等奖（12个）：《国外医学脑血管疾病分册》《国外医学内分泌学分册》《国外医学肿瘤学分册》《中国综合临床》《国外医学临床生物化学与检验学分册》《国外医学麻醉学与复苏分册》《中国实用护理杂志》《国外医学放射医学核医学分册》《中国行为医学科学》《国外医学呼吸系统分册》《中国医师杂志》《国外医学耳鼻咽喉科分册》。

2005年，在第四届中国百种杰出学术期刊评比中，中华医学会系列杂志有15种杂志入围，即《中华病理杂志》《中华儿科杂志》《中华耳鼻咽喉科杂志》《中华放射学杂志》《中华骨科杂志》《中华检验医学杂志》《中华结核和呼吸杂志》《中华口腔医学杂志》《中华流行病学杂志》《中华内科杂志》《中华神经科杂志》《中华外科杂志》《中华医学杂志》《中华肿瘤杂志》《中国危重病急救医学》。

2005年4月22日，中国科协自然科学基础性、高科技学术期刊专项经费资助，中华医学会共有26种期刊参加该项活动。其中，《中华内科杂志》及《中华医学杂志》各获得5万元，《中华胃肠外科杂志》《中华眼科杂志》《中华儿科杂志》《中华妇产科杂志》《中华检验医学杂志》《中华结核和呼吸杂志》《中华核医学杂志》《中华航海医学与高气压医学杂志》《中华医学杂志英文版》《中华风湿病学杂志》《中华急诊医学杂志》《中华烧伤杂志》《中华预防医学杂志》及《中国实用护理杂志》各获得3万元经费资助，共计52万元。《中华烧伤杂志》《中华核医学杂志》《中华眼科杂志》《中华神经医学杂志》《中华口腔医学杂志》《中华航海医学与高气压医学杂志》《中华耳鼻咽喉头颈外科杂志》《国外医学皮肤性病学分册》《国外医学脑血管疾病分册》《中国基层医药》《中华地方病学杂志》《中国综合临床》各获2万元中国科协自然科学基础性、学术性期刊编辑部办公设备资助。

2006年，为扩大国外医学系列期刊的报道范围，改变期刊单纯以二次文献报道为主的局限性，丰富期刊内容和信息容量，中华医学会决定将国外医学系列期刊全面改版和更名，将"国外系列期刊"改为"国际系列期刊"，即《国外医学儿科学分册》更名为《国际儿科学杂志》，《国外医学皮肤性病学分册》更名为《国际皮肤性病学杂志》，《国外医学脑血管疾病分册》更名为《国际脑血管病杂志》，《国外医学内分泌学分册》更名为《国际内分泌代谢杂志》，《国外医学肿瘤学分册》更名为《国际肿瘤学杂志》,《国外医学麻醉学与复苏分册》更名为《国际麻醉学与复苏杂志》,《国外医学放射医学核医学分册》更名为《国际放射医学核医学杂志》,《国外医学呼吸系统分册》更名为《国际呼吸杂志》,《国外医学耳鼻咽喉科分册》更名为《国际耳鼻咽喉头颈外科学杂志》,《国外医学病毒学分册》更名为《国际病毒学杂志》,《国外医学寄生虫病分册》更名为《国际医学寄生虫病杂志》,《国外医学临床生物化学与检验学分》更名《国际检验医学杂志》,《国外医学泌尿系统分册》更名为《国际泌尿系统杂志》,《国外医学流行病学传染病学分册》更名为《国际流行病学传染病学杂志》,《国外医学免疫学分册》更名为《国际免疫学杂志》,《国外医学生物医学工程分册》更名为《国际生物医学工程杂志》,《国外医学外科学分册》更名为《国际外科学杂志》,《国外医学护理学分册》更名为《国际护理学杂志》,《国外医学眼科学分册》更名为《国际眼科纵览》,《国外医学遗传学分册》更名为《国际遗传学杂志》,《国外医学预防、诊断、治疗用生物制品分册》更名为《国际生物制品学杂志》,《国外医学输血及血液学分册》更名为《国际输血及血液学杂志》,《国外医学移植与血液净化分册》更名为《国际移植与血液净化杂志》,《国外医学中医中药分册》更名为《国际中医中药杂志》。

2006年,中华医学会收编广州南方医院出版的《中华创伤骨科杂志》,并变更登记地为北京;2006年,中华医学会收编由原北京医科大学出版的《医学教育》,并更名为《中华医学教育杂志》;2006年《中国医药》和《中国临床实用医学》在北京创刊,由中华医学会主办;2007年中华医学会收编重庆出版的《消化外科杂志》,并更名为《中华消化外科杂志》,登记地变更为北京。2006年6月,经新闻出版总署批准,《美国医学会眼科杂志中文版》更名为《中华健康管理学杂志》,白书忠任总编辑,并于2007年10月正式创刊,由中华医学会总会编辑出版。2007年11月5日,经新闻出版总署批准,《胰腺病学》更名为《中华胰腺病杂志》,双月刊,登记地由上海市变更为北京市,由中国科协主管,中华医学会主办。2007年11月5日,根据新闻出版总署批复同意,《现代临床生物医学生物工程学杂志》更名为《中华生物医学工程学杂志》,双月刊,登记地由广东省变更为北京市,由中国科协主管,中华医学会主办。

2006年12月,在中国科协精品期刊工程项目评审中,中华医学会主办医学期刊有42种入围:其中A类1种,B类26种,C类15种,其中19种期刊喜获该项目资助,共获资助金额185万元。B类项目资助9种:《中华结核和呼吸杂志》《中华儿科杂志》《中华神经科杂志》《中华肿瘤杂志》《中华骨科杂志》《中华医学杂志》《中华口腔医学杂志》《中华眼科杂志》《中华妇产科杂志》;C类项目资助10种:《中华血液学杂志》《中华微生物学和免疫学杂志》《中华物理医学与康复杂志》《中华急诊医学杂志》《中华神经外科杂志》《中华放射肿瘤学杂志》《中华预防医学杂志》《中华劳动卫生职业病杂志》《中华放射学杂志》《中华外科杂志》。

2006年,在"第五届中国百种杰出学术期刊"的评选中,中华医学会系列杂志有17种杂志入选,即《中华医学杂志英文版》《中国危重病急救医学》《中华儿科杂志》《中华放射学杂志》《中华肝脏病杂志》《中华骨科杂志》《中华检验医学杂志》《中华结核和呼吸杂志》《中华口腔医学杂志》《中华流行病学杂志》《中华皮肤科杂志》《中华神经科杂志》《中华外科杂志》《中华心血管病杂志》《中华眼科杂志》《中华医学杂志》《中华肿瘤杂志》。

2007年8月31日，中华医学会主办期刊有19种获中国科协精品期刊工程项目资助，共获资助金额185万元。B类项目资助9种：《中华神经科杂志》《中华儿科杂志》《中华妇产科杂志》《中华肿瘤杂志》《中华结核和呼吸杂志》《中华口腔医学杂志》《中华医学杂志英文版》《中华医学杂志》《中华眼科杂志》。C类项目资助10种：《中华血液学杂志》《中华预防医学杂志》《中华劳动卫生职业病杂志》《中华急诊医学杂志》《中华病理杂志》《中华耳咽喉头颈外科杂志》《中华神经外科杂志》《中华放射肿瘤学杂志》《中华放射学杂志》《中华外科杂志》。

2007年11月15日，在第六届中国百种杰出学术期刊评比中，中华医学会主办期刊有19种期刊入选：《中华医学杂志英文版》《中华病理学杂志》《中华儿科杂志》《中华耳鼻咽喉科杂志》《中华放射学杂志》《中华风湿病学杂志》《中华骨科杂志》《中华检验医学杂志》《中华口腔医学杂志》《中华流行病学杂志》《中华麻醉学杂志》《中华内科杂志》《中华神经科杂志》《中华外科杂志》《中华心血管病杂志》《中华血液学杂志》《中华医学杂志》《中华预防医学杂志》《中华肿瘤杂志》。

在国家卫生部期刊管理调整过程中，共有32种国家卫生部主管期刊变更为中华医学会主办。这使中华医学会主办医学期刊的学科和专业领域全面拓宽，学科和专业覆盖面基本达到全覆盖，医学期刊集群的整体实力进一步增强，医学期刊出版集团化、集群化、规模化、集约化的雏形基本形成。截至2016年12月，中华医学会主办的医学系列期刊的数量已经达180种，基本覆盖医学科学的各个领域和专业，以及不同载体形式和传播业态，医学期刊的地区覆盖面遍及全国。

第四节　《中华医学杂志》编辑出版史

在中国医学发展史和学术交流发展史上，20世纪初叶中国医学界发生了一个重要事件，那就是中华医学会和《中华医学杂志》的诞生。特别是在中国医学期刊编辑出版发展史上，《中华医学杂志》的创刊具有里程碑意义，它对推动我国医学发展和学术交流具有举足轻重的作用，其报道的学术内容基本反映了我国医学科学发展的基本水平。

在我国，1949年中华人民共和国成立之前创办的医药卫生期刊据史料报道有600多种。而1915年以前创刊的医学期刊有30余种，其中比较早且具有代表性的有1792年由唐大烈创办的《吴医汇讲》、1871年创办的《海关医报》、1880年创办的《西医新报》、1886年创办的《医学报》、1887年创办的《博医会报》、1897年创刊的《利济学堂报》、1908年创刊的《上海医报》、1908年创刊的《绍兴医药学报》等，这些医学期刊虽然诞生较早，但其刊龄都不长，有的办刊几年即停刊；唯有1915年创刊的《中华医学杂志》，经过数代医学专家和编辑人员的不懈努力，历经北洋政府、国民政府、"九·一八"事变、抗日战争、解放战争时期，直至中华人民共和国成立，几乎没有间断过编辑出版，至今已走过了一个多世纪的艰难发展历程，成为现今我国医药卫生期刊中乃至整个科技期刊中刊龄最长、在国内外影响最大的综合性医学科技期刊。先后有17任中华医学会会长、27任副会长担任过《中华医学杂志》总编辑或副总编辑。伍连德、俞凤宾、刁信德、林宗扬、高镜朗、金宝善、李涛、黄贻青、朱恒璧、余岩、王吉民、朱章赓、张昌绍、贾魁、方石珊、钟惠澜、黄树则、黄胜白、徐诵明、钱信忠、李志绥、顾方舟、王镭、巴德年、高润林等医学科学家曾担任总编辑或主持工作。在《中华医学杂志》成长中，发现、培育和成长了我国一代又一代医学科学家。我国众多的著名医学科学家，如沈克非、张孝骞、林巧稚、黄家驷、汤飞凡、钟惠澜、张晓楼、曾宪九、诸福棠、林兆耆、朱宪彝、吴英恺、吴阶平、邓家栋、黄树则、钱信忠、宋鸿钊、裘法祖、陈中伟、翁心植等都曾是《中华医学杂志》的核心作者、读者和编者。

《中华医学杂志》的发展反映了我国医学科学发展的进程，见证了近代我国医学科学发展的历史。其发展历史大致经历了萌芽初露快速成长时期（1915～1949年）；中华人民共和国成立后迅速发展时期（1949～1978年）；繁荣发展时期（1978年至今）。

一、《中华医学杂志》萌芽初露快速成长时期

追溯和研究《中华医学杂志》的编辑出版史，不能不追溯中华医学会的创建和诞生，因为《中华医学杂志》的创刊是伴随着中华医学会的创建而孕育的，同时它又是中华医学会的学术机关刊物，其开拓者和创办者就是中华医学会的创始人。

中华医学会的创建者之一和中华医学杂志的创办者伍连德博士[①]，是中华医学会的第二任会长，中华医学杂志的首任总编辑。

伍连德在应邀回国后几年的医药卫生工作实践中，深感国内学术交流极为贫乏，而且没有我国自己的学术团体或学术组织，非常需要创办学术组织和学术期刊，为此，于1910年他便登报倡议成立中华医学会。正在这时，1910年末，我国东北发生肺鼠疫大流行，仅吉林、黑龙江两省死亡就达39 679人，清政府惊慌失措，经外务省施肇基举荐，1910年12月9日，清政府委派伍连德为全权总医官，赴东北领导防疫工作，而成立学会之事暂时被搁置。1911年，他主持召开了万国鼠疫研究会议。在他竭力提倡和推动下，中国收回了海港检疫的主权。他先后主持兴办检疫所、医院、研究所共20所，还创办了哈尔滨医学专门学校（哈尔滨医科大学前身）、中央医院（现北京大学人民医院前身）。

1915年，由英国人创办，以西方传教士医生为主，仅有少量中国医生参加的学术团体——博医会在上海召开例会，参加会议的有公共卫生学家伍连德博士，医学家和医学教育家颜福庆博士[②]，公共卫生及热带病学家俞凤宾博士（1884～1930年）等相聚

[①]　伍连德（1879～1960年），中国现代医学的先驱、近代著名医学家、公共卫生学家、爱国华侨，出生居住在马来西亚，1903年获剑桥大学医学博士学位，后在槟城行医。1907年应清政府直隶总督袁世凯之邀，回国任天津北洋陆军军医学堂副监督、清朝政府总医官等职。

[②]　颜福庆（1882～1970年），祖籍厦门，中国近代著名医学教育家，公共卫生学家。1904年毕业于上海圣约翰大学医学院，后赴美国耶鲁大学医学院深造，获医学博士学位、赴英国利物浦热带病学院研读和美国哈佛大学公共卫生学院攻读。回国后曾任任长沙雅礼医院外科医师。1914年创办长沙湘雅医学专门学校（现湖南医科大学前身），并任第一任校长、北京协和医院副院长。曾组建第四中山大学医学院（现上海医科大学前身），并任第一任院长。创建澄衷肺病疗养院（现上海市肺科医院前身），并任第一任院长、武汉国民政府卫生署署长、上海医学院副院长等职。

于上海，并再次提议成立"国家医学会"。1915年2月5日，伍连德、颜福庆、刁信德、俞凤宾等21位医生在上海再次集会，经商议达成共识，宣布中华医学会正式成立，并推选颜福庆为首任会长。

1915年7月3日，学会获得民国政府教育部正式批准。中华医学会成立后急需办的第一件大事，就是创办一个学术性的机关刊物，并定名为《中华医学杂志》，英文刊名为*National Medical Journal of China*，由刚组建的学会编辑委员会负责，具体工作由伍连德组织创办。经过紧张的筹备，1915年11月，《中华医学杂志》在上海正式创刊，伍连德任总编辑，当月出版了第1期，为中英文并列双语期刊。这一时期，正值伍连德博士在东北领导防疫工作，为不影响杂志的编辑出版，故编辑部设在哈尔滨东三省防疫处内，作者投稿也寄至防疫处伍连德收。1916年3月出版第2卷第1期，并定为季刊。当时主要刊登临床经验、病例报告、译文、学会活动消息等内容。这一时期的办刊宗旨基本遵循了"巩固医家交谊，尊重医德医权，普及医药卫生，联络华洋医界"的学会宗旨。

由于伍连德同时兼任天津北洋陆军军医学堂副监督、中央防疫处处长、中央医院院长（现北京大学人民医院）、国民政府军医署署长、中华医学会会长（1916年2月7日接任颜福庆会长职务）等职，其工作十分繁忙，力不从心，为了减轻伍连德博士的工作负担，1917年1月，中华医学会决定由伍连德、俞凤宾[①]共同担任总编辑。至此，《中华医学杂志》的主要编辑工作实际上由俞凤宾博士主持，并且他一干就是9年（1917～1926年）。

俞凤宾博士早年加入博医会（英国传教士创办），1914年4月，伍连德、颜福庆和俞凤宾博士等十余人在上海集会，商议发起组织医学会。1915年2月5日，伍连德、颜福庆、俞凤宾、刁信德等21位医师在上海宣告我国医学界第一个学术团体中华医学会成立，并选举颜福庆为首届会长，伍连德为书记。俞凤宾为中华医学会和全国医师联合会创建者之一，并任中华医学会上海分会第三届会长。俞凤宾博士对中医和中药也有研究，并与中医界关系甚密，主张"去旧医之短，采西医之长"，推动了当时中西医结合。他在上海创办《医学世界》，主编《中华医学杂志》，暇时热心著作，著有《卫生丛话》四册、《个人卫生篇》、《中西医学沿革》、《中国药科分剂表》等，译作有《肺痨康复法》《婴儿保育法》《学校卫生讲义》《学校卫生要旨》等。俞凤宾博士在他自己的学术黄金时期为《中华医学杂志》的编辑工作和医学名词的统一倾注了主要精力，并在《中华医学杂志》发表了《医学名词意见书》和《推行医学名词之必要》的述评文章，在我国首先提倡推行规范化医学名词，成为倡导使用规范化医学名词最早的期刊。可惜的是，俞凤宾博士英年早逝，时年46岁，在他短暂的学术生涯中，为中华医学会和《中华医学杂志》的发展及我国医学名词的规范化做出了重要

---

① 俞凤宾（1884～1930年）字庆恩，江苏太仓人。光绪三十三年（1907年）毕业于上海圣约翰大学医学部，获医学博士学位。旋即应聘服务于邮传部高等实验学堂，并组建脚气病研究所。1911年辛亥革命爆发后，他与其弟俞颂华带领护理人员，组成救护队到南京浦口等战地为革命军救护伤员。1912年留学美国宾夕法尼亚大学专修热带病学及公共卫生学，获公共卫生学博士学位。民国四年（1915年）回国，在上海开业行医。兼任南洋大学校医、圣约翰大学医学部教授、卫生部中央卫生委员会委员。

贡献。

　　《中华医学杂志》从创刊伊始，就坚持了正确的办刊方针和宗旨。20世纪初，正是中西医两大医学体系在学术上对立的时期，国内医学界一些人掀起了废止中医的逆流。曾任国民政府中央卫生委员会委员、内政部卫生专门委员会委员的余岩（字云岫）[①]曾积极倡导废止中医。余云岫是我国现代医学家和医学史家，且对古文造诣很深，文字功底非凡，早年既以西医开业于上海，又以研究中医史、文献、古籍而著称，其著作颇多。早在1914年在日本大阪医科大学留学时，便开始撰写《灵素商兑》一书，用西医解剖学和生理学的观点对中医主要经典著作《黄帝内经》进行了批判，该书1917年正式出版，成为中国"废除中医"和"废医存药"思潮的主要先声。作为刚创刊不久的《中华医学杂志》，尽管以西医学术交流为主，但对此没有随和"废除中医"的错误倾向。1916年俞凤宾博士在《中华医学杂志》发表的《保存古医学之商榷》一文中指出"中西两医折衷至当，则我国医学行将雄飞于世界"。这表明中西两医结合及保留中医学的必要，也成为倡导和推行"中西医结合"的先声期刊。尤其是到1925年，余云岫任上海医师公会会长，公开打起了废除中医的旗帜，学术界一些偏激的废止中医论者以"废止旧医以扫除医事卫生之障碍"的提案被当时的国民政府中央卫生委员会通过后，中国医学界废止中医的逆流达到了高峰。国民政府行政院院长汪精卫也蓄意废除中医药学，极力阻挠允许中医药学合法化的"国医条例"的颁布，特别是中华医学会第六任会长刘瑞恒离任后就任民国政府卫生署署长期间，支持并采取行政命令的手段极力废止中医。在这种形势下，我国著名中医学家张赞臣等联合上海中医药学界奋起抗争，以医界春秋社等团体的名义通电反对，得到全国医药界的响应；全国中医药界纷纷罢工停业，无奈，南京政府被迫取消了提案。作为以西医报道为主的《中华医学杂志》，没有迎合当时政府和学术界一些人偏激的行为随波逐流，而是客观地评价中医和历史作用，大力提倡中医去伪存真，去糟存精，积极倡导中西医并存，共同发展，取长补短的学术立场。在这一废止中医学的逆流中，《中华医学杂志》为加强学科和学派之间的团结，保存和发扬祖国传统医学中医药学做出了自己的历史贡献。而有趣的是，余云岫这位废止中医学的急先锋，后来还于（1934～1939年）主持《中华医学杂志》的编辑出版工作。令人欣慰的是，这位中国医学史上的现代医学家迫于学术界的呼声和压力，未再发表过任何不利于中医学发展的言论，而且在他主持《中华医学杂志》编辑出版工作期间，是《中华医学杂志》发展较快的时期之一。在此期间，余云岫还与王吉民、李涛等专家连续10年在《中华医学杂志》组织一期中国医学史专刊，而且用中英文发表，在国内外影响非常大，为弘扬中医学，让世界了解中医学的渊源历史和伟大做出了巨大贡献；并在《中华医学杂志》中国医学史专刊的基础上，于1947年创办了《医史杂志》，余云岫任总编辑。1953年3月，《医史杂志》更名为《中华医史杂志》，李涛任总编辑。余云岫为中国医学史学和《中华医学杂志》的发展做出

　　① 余云岫（1879～1954年），浙江镇海人。光绪二十七年（1901年）就读于浔溪公学。后公费赴日本留学。辛亥革命期间，曾一度回国参加救护工作。民国五年（1916年）大阪医科大学毕业后回国，任公立上海医院医务长。翌年，在沪开业行医，兼任上海商务印书馆编辑。曾任国民政府卫生部中央卫生委员会委员、内政部卫生专门委员会委员、教育部医学教育委员会顾问、东南医学院校董会副主席、中国医药研究所所长、上海市医师公会第一任会长、《中华医学杂志》主编等职。

了自己的历史贡献。

《中华医学杂志》从创刊的那一天起，就紧紧围绕不同历史时期我国重大医药卫生问题进行超前性学术引导。早在创刊初期的20世纪20年代，就较早地关注着我国的人口问题，意识到我国人口问题的重要性，最早在医学期刊上开辟了"生育节制"栏目，提倡节制生育和介绍节育技术。在《中华医学杂志》创刊后的前25年中，发表有关节制生育的文章占论文总数的1.7%。1936年，发表了兰安生的述评文章《节制生育与中国》，指出人口过剩已成为中国极严重之问题，成为我国最早报道和倡导实行计划生育的医学期刊。在旧中国，"黄"和"毒"是两大社会毒瘤，在当时腐败政府及不良社会环境下，《中华医学杂志》毅然肩负起学术期刊的历史责任，早在1924年就对这两大社会卫生问题进行了大量卫生学术报道和学术评论，发表了《禁毒》《取缔娼妓》和《花柳病之社会观》的专论和述评文章，积极倡导"扫黄禁毒"，大力弘扬社会文明。早在20世纪20年代，还先后发表了陈伯赐的《心理与疾病》、高维的《社会医学》等文章，是我国较早提出重视社会医学和心理与疾病关系理论的医学期刊。

1922年，中华医学会理事会决定由刁信德[①]和俞凤宾共任总编辑。刁信德学识渊博，医术高明，在圣约翰大学医学部执教30余年，沪上不少名医皆出其门下。热心社会公益事业，曾参与创建中华医学会，被推选为第四届会长，还先后任中华医学会上海分会会长，上海圣约翰大学同学会、中华健康协会和中华麻风救济会会长，担任总编辑期间，为《中华医学杂志》的发展做出了贡献。

1922年第4期发表了朱恒璧的述评文章——《解剖尸体之商榷》，指出推行尸体解剖有利于提高我国疾病诊断水平，促进医学科学的发展，是最早在我国倡导尸体解剖的医学期刊。1924年12月，根据读者的要求和稿件日益增长的需要，由季刊改为双月刊。1926年1月，中华医学会理事会决定由儿科学家及医学教育家高镜朗教授[②]担任总编辑。

在这一时期，《中华医学杂志》的学术水平和质量不断提高，能够代表和基本反映我国医学发展的整体水平，其影响力不断扩大，同时也引起国际医学界和学术界的关注。1927年《中华医学杂志》被美国医学会《累积医学索引》收录，成为我国最早被国外医学索引收录和被世界医学界关注的医学期刊。1928年1月，中华医学会决定由

---

① 刁信德（1878～1958年），广东兴宁人，宣统元年（1909年）毕业于上海圣约翰大学医学部，获医学博士学位。宣统三年（1911年）留学美国，获宾夕法尼亚大学卫生学博士和热带病学博士学位。民国四年（1915年）回国，历任上海同仁医院内科主任，上海红十字会医院院长，圣约翰大学医学部教授、教务长、院长，同仁、宏仁医院主席董事等职。同时在上海开业行医。

② 高镜朗（1892～1983年），浙江上虞章镇人，中华医学会儿科学会的创建人之一，被誉为中国儿科医学界的一代宗师，他与诸福棠并称"南高北诸"。1892年出生，曾就读于嘉兴秀州书院、杭州之江大学、南京金陵大学、山东齐鲁大学。1915年入湖南湘雅医学院攻读西洋医学，1921年毕业获医学博士学位后留校任内科助教。他与颜福庆一同创办国立上海医学院，任教授、儿科主任，并兼任附属护士学校校长。1928年公费派送赴美国哈佛公共卫生学校及哈佛大学儿科医院深造；1930年回国后，创办沪上最早的儿童专科医院福幼医院。参与筹建上海第二医学院和新华医院。1953年，被上海第二医学院特聘为广慈医院儿科主任，并创立儿科医学系。1954年，被聘为上海第二医学院儿科系主任、上海福利医院院长等职。1978年指导创建上海市儿科医学研究所，并任所长。

公共卫生学家，时任南京政府卫生署署长、卫生部次长的金宝善教授①接任总编辑。

1928年10月，中华医学会总会执行委员会（简称执委会）决定，《中华医学杂志》由上海迁往北平，编辑部设在北平崇文门内大街325号，1929年10月又迁至北平协和医学院内，从第14卷第5期开始在北平出版，并由林宗扬②教授任总主笔。医学家及医史学家李涛③任中文主笔，陈鸿康任英文主笔。1930年10月，李涛任中文总编辑，林宗扬任英文总编辑。李涛教授从1928～1959年先后担任《中华医学杂志》中文主笔、总编辑、编辑、特邀编辑职务，任职时间长达31年，是《中华医学杂志》任职时间最长的医学专家，可以说他为《中华医学杂志》奉献了一辈子，为《中华医学杂志》的建设和发展做出了重要贡献。1931年1月，为适应医学的发展，适时调整编辑计划，扩充报道内容，改变编辑体例，由纵排版改为横排版，并分设中文总编辑、英文总编辑和总主笔制度，进一步加强编辑工作，同时还增设了公共卫生栏目。

20世纪30年代中国有两个医学会：一是由英国传教士于1886年在中国成立的博医会，会员中有外国医生，也有中国医生，总部设在济南；另一个是中华医学会，当时会员全部是中国医生，总部设在上海。在那时，博医会中的外国人藐视中华医学会，身为药理学家、医学教育家和中华医学会副会长兼《中华医学杂志》编委的朱恒璧教授④，对博医会部分人的行为极为反感，他说服博医会中的中国医生采取"三不"，即不参加博医会的活动；不向博医会办的刊物投稿；不交纳会费。如此抵制了3年，加之中华医学会在国内外的影响不断扩大，成为中国医界的主要代表，医界一些知名学者都参加中华医学会的活动，很少再参加博医会的活动。在这种情况下，博医会负责人麦克斯威尔（Maxwell）只得让步，主动要求两会合并。朱恒璧和牛惠生代表中华医学会与麦克斯威尔进行了面对面的谈判，于1932年4月15日，中华医学会执委会与博医会执委会在上海召开联席会议，经过进一步协商达成协议，正式宣布两会合并，会名仍称中华医学会，并在《中华医学杂志》上发布消息。与此同时，于1887年创办的博

---

①　金宝善（1893～1984年），浙江绍兴人，公共卫生学家，近代卫生防疫事业的奠基者之一。1911年在日本千叶医科专科学校与东京帝国大学攻读内科学并研究传染病与生物制品，后赴美国约翰斯·霍普金斯大学公共卫生学院深造，获公共卫生学硕士学位。回国后任国民政府中央防疫处处长、卫生部保健司司长、中央卫生实验处处长兼陆军医监理委员会委员、卫生署署长、卫生部部长等。他参与制定我国医疗卫生方面的一系列方针政策。

②　林宗扬（1891～1988年），著名微生物学家。生于马来西亚槟榔屿，1911年从槟榔屿南洋中学毕业后，考入中国香港大学医学院，1916年毕业。1918年应伍连德邀请到北京开办中央医院，1919年入美国约翰·霍普金斯大学公共卫生学院深造，1922年获公共卫生学博士学位，其间到英国利物浦大学热带病专门学校学习制备疫苗。1937年任北平协和医学院教务长，1942年任北京大学医学院教授，曾于1934年中华医学会第十次大会被选为理事会主席。

③　李涛（1901～1959年），北京房山人，1925年毕业于北平医学专门学校，毕业后在北平协和医院细菌科工作，后任北平清源医院院长，1946年任北平医学院医史系主任，1955年起兼任中国中医研究院医史研究室主任，直至去世。

④　朱恒璧（1890～1987年），著名药理学家。江苏阜宁人。1916年毕业于上海哈佛医学院。1918年、1923年两度留学美国。回国后，曾任湘雅医学院、协和医学院教师，上海医学院院长、教授、中华医学会副会长。1931年参与创建中华医学会，并任总干事。中华人民共和国成立后，历任浙江医学院、浙江医科大学教授、药学系主任。

医会会刊《博医会报》（*The China Medical Missionary Journal*）也同时与《中华医学杂志》的英文部分合并，并决定中英文分别出版，设备自的编辑部，并有不同的办刊方针和读者对象，但都为中华医学会主办。《中华医学杂志英文版》的英文名称为 *Chinese Medical Journal*，为月刊，其出版卷序仍延续《博医会报》卷序，并与之衔接。

1932年2月，山东齐鲁大学医科孟合理医师等创办的《齐鲁医刊》由于其报道内容与《中华医学杂志》相近，林宗扬教授提出两刊合并的建议，当即得到《齐鲁医刊》同人的赞同，两刊合并后仍称《中华医学杂志》，其编辑部2名编辑人员也同时调往《中华医学杂志》编辑部工作。这样，杂志内容更加丰富，栏目不断扩大，有论说、原著、统计、诊治经验、病例报告、医药译萃、医学教育、卫生事业等栏目，被医学史界称为《中华医学杂志》的"全盛时期"。1934年1月，杂志又迁回上海出版，余云岫主持杂志工作，黄贻清任总干事。这一时期，由于稿源比较丰富，为满足读者和作者的需要，决定由双月刊改为月刊。为进一步加强编辑力量，不断提高刊物质量，1935年2月设立了编辑网，在南京、上海、北平、济南、长沙、广州等地聘请了29位专家为编辑顾问。1939年12月，又增聘王霖生等10位专家为编辑顾问。由于原著性文章与日俱增，原创性的论文不断增多，学术水平和学术质量不断提高，因而令世界医学界关注，从1941年1月被美国国家医学图书馆《医学索引》（IM）收录，成为美国国家医学图书馆馆藏期刊。

正当《中华医学杂志》被世界医学界所重视，开始走向世界时，日寇的铁蹄践踏了中国大地。1937年8月爆发了淞沪会战，1941年日本发动了太平洋战争，中国人民的抗日战争也进入最艰难的时期。1942年11月，中华医学会总会被迫由上海迁往重庆，《中华医学杂志》被迫改在上海和重庆分别出版。上海版由中华医学出版社编辑出版，由医学家及医史学家王吉民[①]教授主持编辑和发行工作。这一时期，由于编辑力量不足和战乱等多种原因，《中华医学杂志》被迫于1943年1月由月刊改为双月刊。重庆版由药理学家张昌绍主持编辑工作。后因出版困难，被迫改为《医文摘要》，为双月刊，到1943年10月开始恢复原刊，出版第29卷第1期。1944年，在第2期报道了北平协和医院熊汝成的《肠之分段移植成功》一文，显示出我国腹部外科的水平。1945年8月，日本投降，中华医学会于1946年迁回上海办公，《中华医学杂志》才结束了分地出版的局面。但是，不管遇到什么困难，《中华医学杂志》都从未停止出版，显示出极强的学术生命力。

1946年，中华医学会决定由张昌绍教授[②]任总编辑职务。

---

① 王吉民（1889～1972年），广东东莞人，1910年毕业于中国香港西医大学堂，曾任上海中国防疫医院院长，1937年受命在上海筹建中华医学会新会址办公楼；1936年创办中华医史学会，1938年创建了我国第一个医学史博物馆，并任馆长，为中华医学会和《中华医学杂志》的创建及我国医学史的发展做出了重大贡献。

② 张昌绍（1906～1967年），著名药理学家，江苏省嘉定人，上海医学院毕业，留校任药理学助教。1937赴英国伦敦大学医学院药理系学习，获哲学博士学位。1940赴美国哈佛大学医学院访问进修。曾任上海医学院药理学副教授兼中央卫生实验院药理研究室主任、上海医学院药理学教授兼科主任、上海医学院教授兼教研室主任；中国生理科学会理事。

二、中华人民共和国成立后《中华医学杂志》迅速发展时期

1949年5月27日，上海解放，中国人民解放军接管上海，《中华医学杂志》作为学术期刊，第一次受到中国共产党和人民政府的关怀。时任上海军管会卫生处处长兼上海市卫生局局长的崔义田医师（后任卫生部副部长），全面负责了上海整个卫生界的接管工作；他在上海卫生界施政方针新闻发布会上，特别提到了中华医学会及《中华医学杂志》，并给予了特别关怀和指示，对杂志在学术上的成就给予高度评价和肯定，同时指出今后要为大多数医学科技人员服务。

中华人民共和国成立后，党和国家非常重视科学事业的发展，特别是1950年8月第一届全国卫生工作会议后，进一步明确了"面向工农兵、预防为主、团结中西医"的卫生工作方针，《中华医学杂志》也进一步明确了"团结医学工作者、研究学术、交流经验、普及与提高并重"的办刊宗旨。1951年1月，中华医学会总会由上海迁入北京，《中华医学杂志》也由上海重新迁往北京出版，中文版为月刊，英文版为双月刊。中华医学会决定由贾魁教授任总编辑。

1951年，全国政协副主席谢觉哉为杂志题写刊名。1952年10月，根据中央人民政府卫生部和出版总署"关于调整全国医药卫生期刊出版的决定"，《中华医学杂志》与中央人民政府卫生部出版的《中华新医学报》合并，仍称《中华医学杂志》，为当时全国唯一的综合性医学期刊，并在第10期报道了《调查在朝鲜和中国的细菌战事实国际科学委员会汇报》一文，引起国际社会和科学界的反响。在此期间，杂志紧紧围绕国家卫生工作重点，进行有效的专题报道和学术讨论，并介绍国外的先进的医学科学理论，经常组织重点号，如1952年11月，出版了苏联医学文摘专号，介绍巴甫洛夫学说在临床上的应用；中华医学会理事长傅连暲[①]还发表了专论《学习苏联的先进医学》。

1953年1月，方石珊[②]、黄树则任编委会主任委员；贾魁、钟惠澜[③]、黄树则、李涛任总编辑，使编辑力量不断加强。

这一时期，在报道方针上，始终把中西医当作发展我国医学科学的两个组成部分，在党的中医政策指引下，以保护和弘扬中医学为己任，不断加强中西医两个学派

---

① 傅连暲（1894～1968年），福建长汀人，中国人民解放军和中华人民共和国医疗卫生事业的奠基人、创始人之一。1933年参加红军，并将其担任院长的原长汀福音医院迁至瑞金根据地改建为中央红色医院，任院长，同时兼任中华苏维埃共和国国家医院院长。抗日战争时期，任延安中央总卫生处处长兼中央医院院长。解放战争时期，任中共中央革命军事委员会总卫生部副部长兼中央卫生处处长和军委总卫生部中共总支书记。中华人民共和国成立后，任总后勤部卫生部第一副部长，1952年兼任中华人民共和国卫生部副部长，中华医学会会长。1955年9月被授予中将军衔。

② 方石珊（1884～1968年），福建闽侯人，我国著名医学家，原北京首善医院院长。1910年毕业于日本千叶医学专门学校。1916年在北京开办首善医院，任院长兼内科主任。后任北京大学公共卫生系主任、北京师范大学讲师。中华人民共和国成立后，历任中华医学会第十六届理事兼总干事、第十七届副理事长、第十八届副会长，中国-巴基斯坦友好协会副会长，中国科协组织部副部长，中央防疫委员会研究组组长，中国红十字会北京分会副会长，北京防痨委员会副主任委员。

③ 钟惠澜（1901～1987年），广东梅县人，著名内科学家、热带病学家和医学寄生虫病学家，1929年北平协和医学院毕业，获美国纽约州立大学医学博士学位；曾任北平协和医院内科教授、北平中央医院内科主任、院长、中华医学会副会长、中华内科杂志总编辑等职。

的学术团结。20世纪50～60年代，更是积极倡导西医学习中医，走中西医结合之路。1954年，编辑出版了多期中医研究专号；同年，傅连暲理事长在第1期发表了《关键问题在于西医学习中医》的述评文章；还根据中医诊断和用药处方不规范的问题，在第10期发表了著名中医学家施今墨的专论《编辑中医统一标准用药建议》一文，对规范中医诊断和用药发挥了积极作用。这些举措，对促进中西医结合发挥了重要的历史作用。

1955年1月，为进一步加强期刊多领域学术和编辑出版的领导力量，中华医学会决定设5位不同专业领域的著名专家担任总编辑，由黄胜白[①]、贾魁、钟惠澜、黄树则、李涛共任总编辑。

为进一步倡导学术民主，开展学术讨论，《中华医学杂志》在第6期发表社论《在医学上必须开展学术上的自由讨论和批评》，提出在杂志上开展学术讨论是今后的一项重要任务。同时，结合我国卫生工作实际和重点进行学术报道，为配合我国政府大规模消灭血吸虫病的行动，1956年，在第4期转发了人民日报《一定要消灭血吸虫病》的社论。在第5期发表了刘仲恒的述评《防治血吸虫病工作中的几个问题》一文，并编辑出版了两期血吸虫病防治专刊，对指导血吸虫病的防治工作发挥了重要作用。

1956年10月，中华医学会常务理事会决定，由病理学家徐诵明教授[②]任总编辑；黄胜白、贾魁、钟惠澜、黄树则、李涛、计苏华任副总编辑。

1956年6月，我国学者汤飞凡、张晓楼、黄元桐、王克乾教授分离出并证实了沙眼病毒，1957年《中华医学杂志》进行了首次报道。这一研究成果引起了世界医学界的重视，并导致了世界微生物分类的变革，后来，将沙眼病毒正式命名为沙眼衣原体，从此微生物分类上增加了衣原体目。世界卫生组织沙眼及其他衣原体感染菌种和研究协作中心主任沙赫特（J. Shachter）称这一发现是全世界衣原体研究第4次高潮的标志。1958年，上海广慈医院抢救烧伤患者邱财康成功，首创大面积烧伤救治成功的先例，《中华医学杂志》将其经验及时进行了报道，引起世界医学界的关注。1960年，发表了国家卫生部副部长钱信忠的专论《烧伤研究的辉煌成就和今后的任务》，对该学科的发展起到了促进作用。《中华医学杂志》还以学术上的高瞻远瞩，进行超前性学术导向。早在20世纪60年代，就意识到心血管病和肿瘤将是未来威胁人民健康的主要疾病，为

---

① 黄胜白（1889～1982年），著名药物学家，江苏人。毕业于上海同济大学医科。先后任教于南通医学院、上海同济大学、圣约翰大学等。1919年创办上海同德医学院。中华人民共和国成立后，历任华东卫生部医教处副处长、华东医务生活社社长、中华医学会副秘书长、江苏省药用植物研究所研究员。

② 徐诵明（1890～1991年），浙江新昌县人；著名病理学家、教育家，中国病理学的先驱者和开创者之一。1908年东渡日本求学，当年经章太炎介绍加入中国同盟会。1909年考入日本东京第一高等学校预科；1914年进入日本九州大学医学院。1916年任职于国立北京医学专门学校、1919年回国后出任北京医学专门学校教授、1926年任第二中山大学医科教授、1928年就任国立北平大学医学院院长、1932年任国立北平大学代理校长、1937年任国立北平大学代理校长兼农学院代理院长、1939年任国民政府重庆教育部医学教育委员会常务委员和浙江医学院院长、1944年调任同济大学校长、1946年担任沈阳医学院院长兼病理学教授、1950任中央人民政府卫生部教育处处长兼北京医学院病理学教授、1953年出任人民卫生出版社社长。1956年就任中华医学会编辑出版部主任兼中华医学杂志总编辑。

此，1960年和1963年先后邀请中国医学科学院院长、胸外科专家黄家驷教授撰写专论《我国心血管系统疾病的研究现状及今后的发展方向》和《积极开展肿瘤的防治研究工作》的述评文章。此后，又根据当时我国医学科学发展的重点和卫生工作的实际及存在的问题，对我国职业病、鼻咽癌、传染病、地方病、麻疹疫苗等防治研究中存在的问题，进行了学术引导和研究报道。例如，1961年第1期发表了职业病专家吴执中教授的述评《现阶段我国矽肺防治问题》；1961年第4期发表了徐荫祥教授的述评《关于鼻咽癌防治研究的几个问题》；1961年第6期编辑部短评文章《麻疹减毒活疫苗研究中的若干问题》；1962年第1期发表了国家卫生部钱信忠部长的述评文章《积极开展克山病的防治工作》等，及时指明了学术研究方向和存在的问题，对推动这些领域的发展发挥了重要的促进作用。

1959年3月，为贯彻中国科协会议精神，调整学术团体的组织机构，中华医学会、中国药学会、中华护理学会、中国防痨协会实行四会合署办公；同时，《中华医学杂志》与《医学与保健组织》合并，并更名为《人民保健》，同年4月《中华卫生杂志》也并入《人民保健》。由于报道范围和重点及办刊方针出现混乱，读者和作者难以认可，同年12月又从《人民保健》中分出，重新复刊了《中华医学杂志》，并补出第40卷；《人民保健》也只出了不足2卷，于1960年7月停刊。1960年5月，在第5期发表了《积极开展医药卫生界的学术争鸣》。1960年6月，根据上级通知，要求停刊检查杂志中有无"泄密、浮夸和修正主义"等问题，《中华医学杂志》到1961年6月才复刊，停刊达一年之久。1963年1月，编辑委员会换届改选，钱信忠①当选总编辑。

1963年10月，报道了上海市第六人民医院陈中伟、鲍约瑟、钱允庆的《前臂创伤性完全截肢的再植：一例成功报告》，引起国际上的瞩目，开创了世界断肢再植成功的先河；陈中伟教授也被国际医学界誉为断肢再植的奠基人和"断肢再植之父"，并当选中国科学院院士。黄家驷教授专门在《中华医学杂志》上发表述评《从截肢再植手术成功看外科干部的培养问题》。首例断肢再植成功，推动了我国乃至世界断肢再植的发展，并导致了显微外科学的诞生，并使我国这一领域始终处于国际领先地位。

在1966年开始的"文化大革命"时期，作为学术性期刊的《中华医学杂志》的发行数量受到限制，甚至于1966年8月被迫停刊。直到1972年5月，《中华医学杂志》才在周恩来总理的关怀下批准复刊。此次停刊时间达6年之久，形成了学术空白区，给我国医学科技学术的发展造成了巨大损失。1972年11～12月出版两期内部发行的试刊号；1973年1月才恢复公开发行。1974年，中国科学院院长、全国政协副主席郭沫若为《中华医学杂志》题写刊名，再次显示了国家科技领导人对学术杂志的关怀。

---

① 钱信忠（1911～2009年），江苏宝山人，1932年参加红军，1935年加入中国共产党，历任八路军129师卫生部部长，华北军区卫生部部长。1950年任西南军区卫生部部长。1951年赴苏联学习并获医学副博士学位，后任总后勤部卫生部副部长兼军事医学科学院院长，卫生部副部长、部长兼党组书记。后历任中国红十字会总会会长、中华医学会会长，卫生部部长兼党组书记，国家计划生育委员会主任兼党组书记。

三、《中华医学杂志》繁荣发展时期

随着党的十一届三中全会及全国科学大会和全国医药卫生科技大会的召开，我国迎来了科学技术繁荣的春天。1978年11月，在太原召开了第19届《中华医学杂志》编辑委员会会议，时任中华医学会副会长和国家卫生部副部长的黄树则①当选总编辑，郭子恒、邓家栋、黄大有、佘铭鹏、翁永庆任副总编辑。

本届会议组成了由我国各学科著名医学专家参加的编辑委员会，增补和扩大了审稿专家队伍，进一步明确了"宣传党和国家的卫生工作方针和政策，坚持理论与实际相结合，普及与提高相结合，百花齐放、百家争鸣"的办刊方针。以服务广大会员和医药卫生科技人员，促进国内外医学学术交流和医学科学发展，提高全民健康水平为宗旨。以全面反映我国医药卫生科研成果，快速传递世界前沿信息，积极推广现代先进技术，及时交流防病治病经验，大力普及医学科技新知识为己任。健全了编辑和审稿的运行机制，严把学术质量关，及时报道了大量具有国内和国际先进水平的研究成果，学术质量不断提高。

1980年6月，在北京召开了第20届《中华医学杂志》编辑委员会会议，李志绥博士②当选总编辑；邓家栋、徐荫祥、黄克维、雷海鹏、黄大有、佘铭鹏、陈灏珠、翁永庆任副总编辑。本届会议通过了《关于改进中华医学杂志的几点建议》，进一步加强了一些重点学科的学术导向和专题研究报道，先后发表了编辑部述评《加强遗传学的研究》；朱宪彝的述评《深入开展地方性甲状腺肿和地方性克汀病的研究工作》；陈灏珠的述评《人工心脏30年》；陶恒乐的述评《加强老年医学的研究》；朱盛修、张伯勋的述评《把我国显微外科的研究提高到一个新水平》；谢桐、吴阶平的述评《为迅速发展我国肾脏替代工作而努力》；吴旻的述评《基因治疗纵横谈》等，进行多学科学术引导。1981年，根据所发表论文有些存在科研设计不严谨的状况，为提高医药卫生科技人员的科研设计水平，提高科研工作质量，编辑部组织36名著名专家召开了医学科研设计座谈会，率先倡议重视医学科研设计，其会议纪要在杂志上发表后，在学术界引起了强烈反响，受到医学界高度评价，曾有人在报刊撰文称为"81纪要"，"中国医学史上的一件大事""中华医学杂志率先举起了重视科研设计的大旗"等。

1985年12月，在昆明召开了第21届《中华医学杂志》编委会会议，中华医学会副会长李志绥教授继续任总编辑，雷海鹏、陈灏珠、费立民、翁永庆任副总编辑。

1990年5月，在黄山召开了第22届《中华医学杂志》编委会会议，会议选举医学

---

① 黄树则，1914生，天津人。1938年毕业于北平大学医学院。同年参加八路军。曾任延安白求恩国际和平医院医务主任、儿科主任、院长，第一野战军卫生部副部长。中华人民共和国成立后，历任北京医院院长，总后勤部卫生部教育处处长，卫生部保健局副局长，卫生部副部长、顾问，中华医学会老年医学学会主任委员，中国卫生宣传教育协会主席。

② 李志绥（1919～1999年），北京人，医学世家，其曾祖父李德立是清朝同光年间的御医。毕业于四川成都华西协和大学医学院，1945年获医学博士；自1954年被任命为毛泽东的私人医生，直到1976年毛泽东去世为止。1980年担任中华医学会副会长、中国老年学会副会长兼任《中华医学杂志》和《美国医学会杂志中文版》总编辑。

病毒学家、时任中国医学科学院院长的顾方舟教授[①]任总编辑；雷海鹏、王爱霞、黄莛庭、陈灏珠、廖有谋任副总编辑。

为使《中华医学杂志》更具有综合性医学期刊的特点，全面反映我国医学科学各学科的发展，从1992年开始，每年第12期为"中国医学科学进展专刊"，请医学各学科或专业的学术带头人撰写每年我国各学科和专业的进展，得到医学界的赞扬。

1995年3月，在汕头召开了第23届《中华医学杂志》编委会会议，中华医学会副会长王镛[②]任总编辑，吴旻、陈灏珠、黄莛庭、徐弘道任副总编辑。每届编委会会议都不断总结经验，改进工作，调整编委会的力量，把国内医学各学科的学术带头人充实到编委会。1998年，即从78卷开始，由小16开本扩改为大16开本，版面由64面增加为80面，并根据临床和科研实际，紧紧围绕国家卫生工作重点或重大课题组织重点号，及时约请各学科带头人撰写专论或述评，主动进行学术引导，注重学术或学科培育，如发表的具有国内或国际先进水平的科研论文占了很大比例，医学科技工作者以能在《中华医学杂志》发表论文为一种很高的学术荣誉。《中华医学杂志》在国际上也享有较高声誉，多年来，被国内外10多个权威检索系统收录。1988年被我国图书情报界确认为7个学科的核心期刊。在全国被引次数最多的100种科技期刊中排第9位，在医学期刊中排第一位。1992年和1996年在国家科学技术委员会、中共中央宣传部、新闻出版总署联合举行的全国科技期刊评比中，连续两次荣获全国优秀科技期刊评比一等奖；中国科协优秀学术期刊一等奖，北京市优秀科技期刊全优奖；1999年获首届国家期刊奖；在我国被引频次最高的20种自然科学期刊排名中位居第5位，在医药卫生科技期刊中位居第1位。2001年新闻出版总署推出的"中国期刊方阵"获医药卫生期刊首位"双高期刊"（即高知名度、高学术水平期刊）。1995年创刊80周年时，全国人民代表大会常务委员会副委员长吴阶平题词"发扬成绩更上一层楼，继续为医学科学事业的发展做出新贡献"；国家卫生部部长陈敏章题词"辛勤耕耘医学科学园地80年，为提高学术水平、沟通科技信息、培养人才做出巨大贡献"。

2000年1月13日在深圳召开了由75位各学科著名学术带头人组成的第24届编委会，中华医学会副会长、中国工程院院士、中国医学科学院院长、中国协和医科大学校长巴德年教授[③]任总编辑，刘德培、赵雅度、杨秉辉、徐弘道任副总编辑。我国著名

---

① 顾方舟，1926生，浙江宁波人，著名病毒学家。1950年毕业于北京大学医学院。1951年留学苏联。1955年获苏联医学科学院医学科学副博士学位。历任中国医学科学院医学生物学研究所副所长、病毒学研究所脊髓灰质炎研究室主任、中国医学科学院副院长、院长、研究员，中国协和医科大学副校长、校长，中国生物医学工程学会理事长，中华医学会常务理事。

② 王镛，毕业于北京大学口腔医学系，在该校从事口腔医学教学和研究工作；曾先后任国家教育委员会高等教育司副司长兼体育卫生司副司长、中国高等医学教育学会首任理事长、中国法医学会副会长、《中国高等医学教育杂志》名誉总编辑、中华医学会副会长、中华医学会医学教育分会主任委员、国家医学教育发展中心主任等职。

③ 巴德年，1938年生，教授，著名免疫学家，中国工程院院士。1962年毕业于哈尔滨医科大学，1967年北京医科大学研究生毕业，1982年于日本北海道大学获博士学位。曾任中国医学科学院院长兼中国协和医科大学校长、中华医学会副会长、中国免疫学会名誉理事长、中国生物医学工程学会名誉理事长、中国生物医学工程学会名誉理事长、国务院学位委员会委员等职。

医学专家、全国人大常委会副委员长吴阶平教授，中国工程院院士裘法祖教授，中国科学院院士吴旻教授，中国工程院院士陈灏珠教授、方圻教授，卫生部部长张文康任顾问。会议决定，为缩短发表周期，增强国内外竞争力，从2001年81卷第1期开始改为半月刊，并逐步向周刊过渡。

《中华医学杂志》第26届编辑委员会换届会议于2008年9月在广州召开。中华医学会会长钟南山院士、中华医学会副会长白书忠出席会议。中国工程院院士高润霖教授[①]任总编辑，刘德培、郝希山、赵继宗、沈晓明、韩德民、王深明、樊代明、夏术阶、王辰、沈岩、陈新石教授为副总编辑。

《中华医学杂志》历尽沧桑，走过了一个多世纪的艰难道路，记录了我国近现代医学科学发展的历程，见证了我国医学科技期刊的发展历史。其基本经验如下所示。

（1）依托学会优势，突出学会对杂志的领导，是杂志发展的基本保证。《中华医学杂志》的惯例是，总编辑一般由中华医学会副会长或会长兼任。曾有17任会长，28任副会长兼任过《中华医学杂志》总编辑或副总编辑及编辑工作。

（2）坚持以学术质量为中心，反映当代医学科学发展的水平，重视学术导向，加强学术争鸣，促进学派团结，是办好期刊的前提。

（3）依靠专家办刊，充分发挥专家的作用，学术刊物专家办，是《中华医学杂志》生存的发展的基础。中华人民共和国成立前和初期，《中华医学杂志》没有专职编辑，我国的著名医学家们，如伍连德、俞凤宾、刁信德、林宗扬、沈克非、朱恒璧、钟惠澜、张孝骞、诸福棠、黄家驷等，一代又一代的医学泰斗们既是专家，又当编辑和编辑干事，亲自登记稿件，利用节假日和业余时间审稿改稿，给作者回信，从没有报酬。所以，《中华医学杂志》的办刊历史就是一部专家办刊史。专家的无私奉献和对学术事业的献身精神，是《中华医学杂志》得以生存发展的真谛（表5-3）。

（4）紧紧围绕我国不同历史时期医学科技和医药卫生工作重点及危害人民健康的重大疾病进行学术支持，是期刊发展的重要任务。

（5）发挥编辑部的学术管理和组织职能，增强专职编辑的学术敏感性和编辑思想，加强学术期刊的总体设计，积极进行有效的编辑策划和学术组织，是学术期刊发展的重要环节。

表5-3　中华医学杂志总编辑和副总编辑或主持工作人员变迁

届次	总编辑	副总编辑	任职年度	编委会人数（人）
第1届	伍连德		1915～1916年	
第2届	伍连德、俞凤宾		1917～1921年	
第3届	刁信德、俞凤宾		1922～1925年	
第4届	高镜朗、伍连德		1926～1927年	

---

① 高润霖，1941生，河北唐山人，著名心血管病学专家、中国工程院院士、教授/主任医师、研究员。曾任中国医学科学院心血管病研究所、北京阜外心血管病医院院长所长、心内科首席专家。中国工程院医药卫生工程学部副主任、中华医学会常务理事、中华医学会心血管病分会主任委员、中国医师协会副会长、中华心血管病杂志总编辑等职。

续表

届次	总编辑	副总编辑	任职年度	编委会人数（人）
第5届	金宝善（中文） 伍连德（英文） 李涛（中文主笔） 陈鸿糠（英文主笔） 林宗扬（总主笔）		1928～1929年	
第6届	李涛（中文） 伍连德（英文） 李宗恩（主笔） 林宗扬（总主笔）		1930～1933年	
第7届	余岩（主任） 黄贻清（总干事）		1934～1934年	
第8届	余岩（主任） 黄贻清（总干事）		1935～1938年	
第9届	余岩、李涛		1939～1939年	
第10届	李涛、朱章赓		1940～1942年	
第11届	王吉民（上海版） 张昌绍（重庆版）		1943～1945年	
第12届	张昌绍 史伊凡（经理编辑）		1946～1946年	
第13届	张昌绍 俞焕文（经理编辑）		1947～1950年	
第14届	贾魁（中文） 钟惠澜（英文）		1951～1952年	63
第15届	方石珊、黄树则（主任委员）、贾魁、钟惠澜、黄树则、李涛		1953～1954年	110
第16届	黄胜白、贾魁、钟惠澜 黄树则、李涛		1955～1955年	110
第17届	徐诵明	黄胜白、贾魁、钟惠澜、黄树则、李涛、计苏华	1956～1962年	45
第18届	钱信忠		1963～1977年	45
第19届	黄树则	郭子恒、邓家栋、黄大有、佘铭鹏、翁永庆	1978～1979年	80
第20届	李志绥	邓家栋、徐荫祥、黄克维、雷海鹏、黄大有、佘铭鹏、陈灏珠、翁永庆	1980～1984年	90
第21届	李志绥	雷海鹏、陈灏珠、费立民、翁永庆	1985～1989年	61
第22届	顾方舟	雷海鹏、王爱霞、陈灏珠、黄莚庭、廖有谋	1990～1994年	66
第23届	王镭	吴旻、陈灏珠、黄莚庭、徐弘道	1995～1999年	70
第24届	巴德年	顾问：吴阶平、裘法祖、吴旻、陈灏珠、方圻、张文康 副总编：刘德培、赵雅度、杨秉辉、徐弘道	2000～2003年	80

注：以总编辑更替为届。

第五节 《中华医学杂志英文版》编辑出版史

翻开中国医学期刊编辑出版史，1887年创刊的《中华医学杂志英文版》和1915年创刊的《中华医学杂志》（中文版），赫然显耀，这两本医学期刊可以说是典型的"孪生兄弟"，它在中国科技期刊编辑出版史和中国医学期刊编辑出版史及学术发展史上都具有举足轻重的位置，特别是在我国医药卫生科技期刊编辑出版史上具有里程碑意义。《中华医学杂志英文版》至今已有130多年的编辑出版历史，而且从未间断过编辑出版，目前已出版130多卷，这在我国整个科技期刊5000多种刊物中，是刊龄最长和最悠久的科技期刊。

在中国医学学术界，其实有不少专家学者至今还将《中华医学杂志》和《中华医学杂志英文版》搞混，以为是同一期刊或两个刊物内容一致，是相互的翻版。其实这是两本各自独立的综合性医学期刊，具有独立的编辑部、编辑委员会、专职编审人员和独立的办刊方针、读者对象和期刊定位，但都由中华医学会主办，编辑部都设在中华医学会办公楼内，均由中华医学会杂志社/中华医学会期刊管理部直接管理和编辑出版。

要呈现《中华医学杂志英文版》编辑出版历史，就必须追溯其今世前生，其实，《中华医学杂志英文版》前身是博医会1887年创办的《博医会报》（*The China Medical Missionary Journal*），在其办刊过程中，其英文名称曾几度变化，中文名称曾有过《中华医学会英文杂志》《中华医学杂志外文版》《中华医学》到最后恒定的《中华医学杂志英文版》。从1887年至今，中国乃至整个世界发生了翻天覆地的变化，历经数次改朝换代和不同社会制度，经过多少代专家学者的努力和易手，历经人世沧桑，大浪淘沙，从未间断过编辑出版。展现其编辑出版历史，基本经历了四个重要历史发展时期。

一、《中华医学杂志英文版》前身《博医会报》英国传教士首创时期（1887～1931年）

在不堪回首、灾难深重的中国，1840年爆发了鸦片战争，英帝国主义用炮舰轰开了中国的大门，由此结束了大清王朝从雍正元年开始的闭关锁国的时代。自此，中国逐步沦为半殖民地半封建的社会，历经一个多世纪，任人宰割。这时，耶稣教随着帝国主义的侵略势力，乘势涌入中国大地。仅至道光末年，在中国的西方传教士已达140多人。清朝咸丰、同治后，耶稣教会在中国更加活跃，仅在1860～1890年，西方传教士在中国创办和发行的各种期刊就达76种，美国传教士卡雷·布朗曾经毫不掩饰地说："单纯的传教工作，是不会有多大进展的，因为传教士在各个方面都受到无知官吏的阻挠和限制。学校可能消灭这种无知，但在短期内，在这样一个地域辽阔，人口众多的国度里，少数基督教学校能干出什么？我们还有一个办法，比较迅速的办法，那就是出版书报的办法，在杂志和书籍内，不但能传播基督教福音，同时还传播现代科学和哲学。"

正是在这种社会背景下，1886年在上海的英国传教士医生发起成立了博医会（The

China Medical Missionary Association），1887年3月，以传教士嘉约翰[①]为主编、赖夫斯奈德（B. Reifsnyder）、马肯沃（J. K. Mackenzie）和久利克（S. Gulick）为副主编，创办了《博医会报》。作为博医会的学术机关刊物，当年出版了第1期刊物。博医会初创时期完全由欧美等国的传教士医生组成学术团体，在以后逐步有些留学回国的中国籍学者医生加入，所以，当时博医会从事的学术活动，包括出版、翻译医学书刊的经费均来源于教会。博医会的首任会长即为嘉约翰（1887～1889年）。

在当时，由于其杂志为外国教会所办，因此，其稿件提供者也都是教会医院的外国传教士医生。在创刊号即第1期杂志上，刊登了博医会第二任会长H. W. Boone（1889～1890年）撰写的文章，他在文章中指出，"杂志主要发表外国医生的医疗和科研成果，以便积累越来越多的病例观察资料和临床经验，同时也有利于世界医学发展"。在中国现代医学发展史上，国外传教士医生的来华，标志着西方现代医学开始传入中国。在1887年以前，现代医学文献在中国比较罕见，当然，这个时代在中国也没有专门传授西医现代医学的专业学校。

创办初期的《博医会报》，其刊登的学术文章大部分是麻风病、霍乱、梅毒、痢疾等传染性疾病的临床诊治经验内容。从1835年帕克创办博济医院开始，截止到1905年，中国已有外国教会医院300多所，西药房241个，西方传教医生3445名，其中内科医生301名，截至1925年，在中国的外国教会医院已达到300多所。其中当时北京协和医学堂，就是1906年由在北京的6个教会联合创建的，在1915年，由美国罗氏基金会买断又加以扩建而成，并于1921年更名为北京协和医学院，英文名称为The Peking Union Medical College。在以后的发展中，现代西方医学教育机构陆续诞生，如相继创建的广州夏万女子医校、天津北洋海军学堂、沈阳盛京医学堂、上海哈弗医学校、震旦大学、圣约翰大学、同济大学医学院、山东齐鲁大学医学院、湖南湘雅医学院、成都华西医学院等教学院校，均由教会资助，施行医教结合形式传授西方现代医学。受外国教会势力影响，1913年，民国政府还颁布了《解剖尸体条例》，这足以说明西方传教士医生对当代中国医学观念的影响力。

在当时，外国教会医学院或医院，为中国培养了一大批具有现代医学知识和技能的医药卫生人才，例如，北京协和医学院在美国罗氏基金会中华医学基金会，即称罗氏驻华医社（The China Medical Board of the Rockefeller Foundation）的控制下，施行严格的8年制医学教育，包括3年的预科数理化基础教育，并施行启发式教学，注重理论与实践相结合，严格教学质量。由其培养的学生，在后来的我国医学教育、临床医学、科学研究、医疗卫生和医疗保健等领域做出了杰出成绩，相当一部分学生成为我国医学科学相关领域的著名大家。

在这个时期，由于中国现代医学的兴起和推广，从事西医的医生不断增加，同时，从国外留学归国的中国学者医生也不断加入到医疗卫生行业，也有不少中国医生加入到博医会，这也大大转变了《博医会报》都是外国作者的局面。就在1915年2月5日，由

---

① 嘉约翰（1824～1901年），原名John Glasgow Kerr，美国长老会教徒，他是最早来中国的著名传教医生之一。1859年他在广州创办了中国最早的教会医院博济医院；1898年在广州建立了第一所精神病医院；并创办了西医学校，为中国培养了第一代西医学医师人才。他一生中共为70多万名患者治疗，做过近5万例手术，培养了150名西医人才，编译出版医学著作34部，创办多本医学期刊。

伍连德、颜福庆等中国医生倡议下，经民国政府批准，在上海成立了自己的学术团体，即中华医学会（Chinese Medical Association）；当年11月在伍连德主持下，创办了《中华医学杂志》，当初为中英文两种文字并列编辑出版。中华医学会创建之初，其发布的宗旨是"巩固医家友谊，尊重医德医权，普及医药卫生知识，联络华洋医界"，在其影响下，博医会和中华医学会的医生都相互在对方的刊物上发表学术性文章，交流学术成果和临床经验已较为普遍。例如，1887～1923年，在《博医会报》发表文章的531位作者中，只有本土华人医生作者20人，占作者总数的3.8%，而到了1924～1933年，外国医生与中国医生作者投稿的比例增加到310∶221，已达到41.7%。时任《博医会报》主编埃德伍德·默里斯（Edward M. Merris）在1925年发表的社论中指出，"北京协和医学院和博医会医生投稿分别为30%和52%"，并说"如果没有北京协和医学院教职员工的投稿支持，《博医会报》是很难按时出版的"。例如，北京协和医学院药理系陈克辉教授（K. K. Chon）和施米特教授（C. F. Schmidt）世界闻名的麻黄研究，就是发表在《博医会报》第39卷上。还有北京协和医院和其他医院发表诸如有关钙磷代谢、软骨病、疟疾、血吸虫病、伤寒、黑热病等临床科研成果的论文。

在1907年，《博医会报》从英文名称中删去"Missionary"一词，其目的就是淡化"传教士"的含义，进一步拉近与华人医生的关系和距离，模糊和消除隔阂心理，融合于中国学术界。1925年，博医会在中国香港召开会议，会上通过投票表决，最后会议决定将期刊的英文名称更改为 *The China Medical Association*，彻底模糊了"Missionary"含义的影子，以使期刊尽快融入中国本土学术界。1916年7月，自《博医会报》第30卷开始，增设了"日本医学文献"栏目，这是由于当时朝鲜汉城协和医学院的 Ralph G. Mills（拉尔夫.G.密尔斯）医生做期刊的翻译和摘要的编辑工作，他考虑到中日两国文化的渊源具有相似之处，日本对中医学和西医都有较深入的研究，开辟日本医学栏目介绍给中国医生，增加一个了解日本医学发展的窗口，应该具有借鉴意义。这一栏目一直坚持到1921年的第35卷为止。

《博医会报》作为当时一本教会期刊，发展成为具有较高学术水平和权威性的学术期刊，为刊载研究成果和传播现代医学科学技术，促进西医在中国的推广、学术交流、医学教育和卫生立法都发挥了历史作用。这其中与默里斯主编的努力是分不开的，他于1915～1929年一直担任本刊主编，为学术交流和期刊的编辑出版做出了突出贡献。

二、中外合办《中华医学杂志英文版》时期（1932～1941年）

在中华医学会和《中华医学杂志英文版》发展历史上，其中发生了一个重要历史事件，就是1932年1月，《博医会报》与《中华医学杂志》的英文版部分合并出版，但刊名仍称《中华医学杂志》，并从《中华医学杂志》分出英文部分，中文版和英文版各单独编辑出版，分别设立独立的各刊编辑部，英文版名称定为 *The Chinese Medical Journal*。接着，中华医学会和博医会经过两年多的协商和谈判，于1932年4月15日实行两会合并，但仍称中华医学会，英文名称为 The Chinese Medical Association。也就是说，当时博医会已有46年的办会历史，而中华医学会只有17年的办会历史。两刊合并后的期刊卷数为46卷，接续《博医会报》延续出版。期刊的编辑出版工作由北平协和医院细菌科林宗扬教授和上海马雅格（J. L. Maxwell）共同负责。这实际上还是在两个期刊的基础上编辑出版，只是合刊后用同一个名称编辑出版而已。J. L. Maxwell是当时北平协和医院妇产科主任J. P. Maxwell的弟弟，都同为传教士医生，出于这种关系，J. L. Maxwell和林宗扬教授在期刊的编辑出版工作上很配合，而且很默契。两刊合并后，主要出于经济和出版成本原因，期刊改在北平商务印书馆印刷出版，编辑部名誉上在北平协和医院，实际上在北平和上海两处。J. L. Maxwell曾在杂志撰文指出，"作为编辑，办好杂志很不容易，要照顾各方面的兴趣，但尽可能考虑刊登临床方面的文章，以适合本国临床医生的需求，所报道文章还要反映医学发展的前沿"。在以后的发展中，《中华医学杂志英文版》在林宗扬教授的不懈努力下，学术质量和编辑出版质量得到很大提高，而且有些文章经常被欧美主要医学刊物的文章所引用。

当时《中华医学杂志英文版》为月刊，每期印刷2000册，由于其学术影响力和权威性不断增强，学术水平和质量不断提高，杂志成为被美国《美国医学累积索引》（*The Cumulative Index Medicus*）收录的唯一中国医学期刊。因当时杂志信息容量比较大，每年一卷，每期200多页，每年每卷厚度达到2000多页，根据图书馆和读者建议，为了缩小每卷厚度，以利使用和阅览方便，编辑部决定从1937年开始每年改出两卷。

随着杂志学术影响力的提升，作者投稿面不断扩展，其来稿多来自北平、上海、成都、汉口、广州等各医院临床医生。由于稿件量增加，1936～1940年，又先后编辑出版了多期增刊，每次容量都达到500～600页之多，同时，也刊载来华访问的著名外国专家的演讲报告、中华医学会各专科分会的学术会议论文等。例如，1936年刊登有病理学和临床微生物学首届大会的学术论文专辑；1938年刊登有美国哈佛大学医学院细菌免疫学教授Hans Zinsser的斑疹伤寒流行病学与病原学及预防研究的论文；1940年刊登有康奈尔大学病理学教授Eugene L. Opie的病理学实践与研究报告；1939年刊登美国明尼苏达大学McQarrie Irvine的多系统代谢研究与实践经验等文章。

这一时期，当阅览各卷期刊内容，各期都能阅览到很多中国本土西医专业技术人员独立从事和完成的各项研究工作，其研究论文内容相当丰富，从传统中医学到现代医学的基础研究和临床病例观察研究及临床经验等。例如，Eugene L. Opie在为杂志的增刊撰写的引言中指出的"现在逐期阅览《中华医学杂志英文版》内容表明，可以肯定地说，用西方医学科学方法训练出来的中国医生已经能够成功地按照自己的选择研究医学科学问题，并能研究中医几千年来传统药物的药理作用"。Hans Zinsser还认为，"这除了说明中国医学研究的价值与合作精神外，其每篇研究论文的学术水准都比较高"。

这一时期的办刊实践证明，《中华医学杂志英文版》对中国医学科学的发展发挥了重要作用和贡献，而且有些研究论文至今仍为经典论文。但同时，也有对杂志存在不同看法，认为杂志追求刊登高水准研究论文，而一般会员难以看懂和实用。对此，杂志采取一些办法，尽可能满足基层医师的需求，在选稿上尽可能照顾到大多数读者的要求，这始终是《中华医学杂志英文版》难以两全的问题。当然，杂志从满足临床医生的需要出发，每期开辟了"医学文献专栏"，由于当时中华医学会尚缺乏专科性期刊，为此，《中华医学杂志英文版》每期按专科重点编辑出版"重点专题"，如麻风病专题、妇产科疾病专题、传染病专题、寄生虫病专题等。

1937年，日本帝国主义发动了卢沟桥事变，悍然发动了侵华战争，即使北平沦陷，日本侵略者占领北平后，设在北平协和医院的编辑部依然未受到影响，并连续出版10年；1941年珍珠港事件爆发，第二次世界大战全面爆发，《中华医学杂志英文版》才被迫停刊。

三、第二次世界大战《中华医学杂志英文版》办刊时期（1941～1949年）

在1941年，第二次世界大战爆发，中华医学会及其各地医学会难以开展正常的学术交流活动，学会与会员之间既不能保持联系，也基本停止了各项学术活动，实际上，中华医学会总会和各地医学会都不可能召开学术性的会议，其学会活动处于停摆状态。因为日本的大举侵华战争，当时中国已分成沦陷区和大后方两部分，中国人民的抗日战争进入最艰难的时期。就在这一时期，为坚持《中华医学杂志英文版》的编辑出版，其杂志被迫出现了三个版本，即上海版、成都版和华盛顿版。

（一）上海编辑出版的《中华医学杂志英文版》

1941年12月7日清晨，日本海军的航空母舰战斗群，突然袭击美国海军太平洋舰队在夏威夷军事基地珍珠港，以及美国陆军和海军在瓦胡岛上的军用机场。由此太平洋战争全面爆发；这次珍珠港被袭，最终将美国卷入第二次世界大战。太平洋战争的爆发，日本侵略者随之攻陷上海。上海的陷落，使上海中华医学会总部再也不能正常运转和开展学术活动，中华医学会总部面临往大后方搬迁转移的处境，为此，总部的部分执委临时决定《中华医学杂志英文版》继续在上海坚持出版，临时由侯祥川医生代理总编辑，并主持成立编辑委员会。1942年3月编辑出版第1期杂志，仍保持杂志原有设计和风格。

由于战乱时期，编辑出版经费来源困难，1942～1943年，被迫减少出刊期数，以尽可能减轻成本经济负担，每年只编辑出版6期杂志，1944年只出版4期杂志，一直到1945年锐减到每年只出版3期。除1942年先期编辑出版的杂志由海路通过遣返者携带出部分杂志外，其余杂志的发行仅限在上海沦陷区内。从1942年11月1日，中华医学会上海总部停止活动，期刊出版交由中华医学出版社承办。

（二）成都编辑出版的《中华医学杂志英文版》

当时，由于北平也已陷落，北平邮局拒绝向重庆方面邮递杂志。1941年夏天，在大后方的一些医生建议提出在成都编辑出版《中华医学杂志英文版》的成都版，1941年12月，经在成都的中华医学会总部领导批准同意，临时组成6人编辑出版委员会，临时负责在成都编辑出版《中华医学杂志英文版》的成都版。1942年10月出版第1期，总共编辑出版了3卷；当时由斯特拉斯（E. B. Struthers）和邱焕杨（E. Y. Khoo）担任主编，这段时间出版的杂志基本全靠热心医生的协助和相关组织与个人的热情支持。当然，时任中华医学会理事长的沈克非教授给予了鼓励和支持。另外，在成都的美国医学援华署（The American Bureau for Medical Aid to China）和英国情报部（The British Ministry of Information）在经费上也给予了大力支援，保证了成都版杂志的编辑出版。

（三）美国华盛顿编辑出版的《中华医学杂志英文版》

在战争时期，为保证《中华医学杂志英文版》编辑出版的连续性，避免学术发展历史出现空白区，也便于国外图书情报检索机构和相关医学研究机构在邮政阻隔的情况下仍然可以正常获得本刊。1943年12月，在重庆的中华医学会执委会成员研究决定，在美国华盛顿编辑出版《中华医学杂志英文版》，即华盛顿版。1943年1月开始编辑出版，由刘瑞恒（J. Heng Lui）和施恩明（Szeming Sze）担任编辑工作。1943～1944年，总共编辑出版8期两卷，编辑出版的杂志保持了原有设计风格和形式。在当时投稿者极少，其主要稿件是中国大后方负有战时医疗救治任务的医生撰写的一些论文转至而来；另外，上海医学界的稿件通过日本邮路转运到成都，再由成都转送到华盛顿。1943年10月和1944年4月，施恩明专门为杂志稿件事宜访问重庆。在这一时期，医学文摘的出版和其他文献，通过华盛顿的编辑部转送至成都再编辑出版。

在当时，在上海的《中华医学杂志英文版》编辑部的编辑们听说本杂志分别在成都和华盛顿编辑出版相应版本，致函成都和华盛顿版编辑部，主要问题是提出本刊的卷数和卷序的问题，如何保持其卷序和卷数的一致性和连续性，以利于期刊的总索引工作，便于文献的查阅和检索。在当时，上海版暨北平版已经编辑出版数期杂志，为此，建议成都版和华盛顿版接续上海版的卷数和卷序，为了区别，分别标注A、B卷，同时，在华盛顿版的编辑也提出建议，华盛顿版第1期定为第61卷第1期，即1943年1月出版；而成都版为第62A卷，第1期，即1942年10月编辑出版。在当时战乱和通信困难，沟通不畅，只有成都版采纳了这一建议，上海版和华盛顿版仍以61卷开始接续卷数。以至于这三个版本的杂志在卷数上常常被外界和学术界所混淆，这就是历史环境对期刊造成的影响，留下的痕迹和遗憾。

到了1945年，第二次世界大战结束。上海版杂志由于稿源缺乏，后来只编辑出版了3期，划归为第64卷。1945年12月，中华医学会理事会研究决定，成都版和华盛顿版停止编辑出版。实际上成都版已于10月结束出版，定为第63A卷。华盛顿版取消了1945年1～3月出版的合刊，其出版到1944年为止，定为第62卷。

《中华医学杂志英文版》经受第二次世界大战的磨难，在极其艰苦的环境下仍然维持其编辑出版，从未间断，彰显了编辑人员、医学专家、学者的社会责任和无私奉献及对学术事业的执着追求。

1946年10月1日，上海中华医学会总部机构恢复日常工作，本杂志又重新编辑出版，1946年杂志为第64卷，主要弥补1945年上海版薄本，即第64卷文献信息的不足与欠缺。1946年杂志改为双月刊编辑出版，1948年恢复月刊出版；《中华医学杂志英文版》在上海的编辑出版一直持续到1951年随中华医学会总部迁入北京。

四、中华人民共和国成立后《中华医学杂志英文版》快速发展时期（1949至今）

1949年10月1日，中华人民共和国宣告成立。至此，《中华医学杂志英文版》的编辑出版工作进入了快速发展的时期。1951年，本刊随中华医学会总会机构搬迁北京，当时为双月刊。在社会主义建设时期，杂志也调整办刊方针，"坚持为工农兵服务，预防为主，中西医结合的卫生工作方针"。1951～1956年，杂志仍为双月刊，到1957年改为月刊。

中华人民共和国成立初期的几年，我国医药卫生事业飞速发展，投稿量与日俱增，稿件覆盖面遍及全国各地，其学术内容也及极丰富，杂志影响力也不断提高，期刊发行量也逐步提升，到1959年中华人民共和国成立十周年之际，其邮局发行量就达到近3000册，国际订户涉及37个国家和地区，并与30多个国家的422种国际医学期刊建立了交换关系。在这一时期，分别由林宗扬、钟惠澜和黄家驷①担任总编辑，这些著名专家为《中华医学杂志英文版》的发展做出了卓越贡献。

19世纪60年代，我国医学科学研究蓬勃发展，特别是临床研究水平不断提高，这个年代，杂志所刊登论文学术水平和质量比较高，特别是有些研究成果处于世界领先水平。例如，1963年第82卷，先后刊登了北京协和医院妇产科主任宋鸿钊、吴葆桢教授等子宫绒毛上皮癌化疗和手术治疗的经验，董方中、史济湘等大面积烧伤患者的治疗经验，方先之等中西医结合小夹板治疗骨折，陈中伟、钱允庆等世界第一例断肢再植成功的报告，使我国显微外科处于世界领先水平，在世界学术界引起很大反响。

就在学术期刊飞速发展的黄金期之际，1966年开始的"文化大革命"，不仅给中国社会带来混乱，也给医学科学技术和学术发展带来严重损失，而《中华医学杂志英文版》也不可避免地受到影响，甚至于1969年1月到1974年停刊。1978年，特别是全国科学大会后，科学的春天来临，杂志才走向正规，恢复严格的同行专家评议审稿制度，并重新组建以黄家驷教授为总编辑的编辑委员会，杂志稿件迅速增加，并出现论文稿件过多积压现象，期刊学术质量和编辑出版质量逐步提高，对外交流不断扩大，其品牌影响力再度弘扬。

1984年，总编辑黄家驷教授不幸辞世。1985年12月，在杭州召开第二届全国编委会会议，会议选举冯传汉教授②担任总编辑。

在这次编辑委员会会议上，给杂志提出了更高要求，作为对外学术交流窗口，要刊登能代表我国高、新、特水平的研究成果，努力争取《中华医学杂志英文版》期刊进入世界著名医学期刊行列。总编辑冯传汉教授，作为著名骨科学家，另外还有7位副总编辑，均为不同领域或学科的著名专家，信心百倍地努力办刊杂志，使其走向世界。

实际上，这一时期，《中华医学杂志英文版》已经成为我国医学科学对外学术交流和了解中国医学科学进展的重要窗口，这时期，杂志每期发行6000多册，并与国际上66个国家760多种期刊建立了交换和交流关系。从1990年，本刊由英国倍格曼公司代理国外总发行。

《中华医学杂志英文版》多年被SCI收录和诸多国内外著名检索机构收录，是我国当时唯一被SCI收录的综合性医学期刊，并多次获得国家优秀科技期刊奖，被中国科协列为国家重点支持期刊，得到中国科协和国家自然科学基金会的择优扶持，本刊的学术影响力和品牌影响力不断提高和发展。

---

① 黄家驷（1906～1984年），江西上饶人，中国科学院院士、著名胸心外科学家、医学教育学。1933年毕业于北平协和医学院，获医学博士学位，后留学美国密执安大学。曾担任上海第一医学院副院长兼上海中山医院和上海胸科医院院长、中国医学科学院院长、首都医科大学校长、中国科协副主席、中华医学会副会长、中华医学会胸心外科学会主任委员等职，是中国心胸外科学和生物医学学工程学的奠基人之一。著有世界著名的《黄家驷外科学》等经典学术专著。

② 冯传汉，1914年生，湖北武汉人，著名骨科学家。1932年入燕京大学医预科，1940年毕业于北平协和医学院，后留学美国纽约州立大学获医学博士学位。曾任北平协和医院外科住院医师、副主任，北京人民医院骨科主任、副院长、院长，北京医学院副院长、北京市创伤骨科研究所所长、中华医学会骨科学分会首届主任委员、北京医科大学和协和医科大学联合出版社理事长、社长等职。

第6章

医学期刊学术治理结构设计方法

医学期刊学术治理结构，其特点是学术治理的自治性、自我约束性和相互制约性；它的主要目的是保证期刊学术论文稿件评价和价值取向的客观公正性，以确保和维护作者和读者的权益。

医学期刊学术治理结构，主要是指医学期刊学术治理的组织构架形式、编辑出版程序或流程设计及制度约束机制；因此，其程序设计的科学性与合理性，是保证医学期刊学术评价客观、独立公正、民主自律的重要形式。医学期刊的学术治理结构，具有其自治性、相对独立和自我约束性，健全而完善的期刊学术治理结构是医学期刊良好学术形象、良好社会形象、良好品牌形象和良好期刊文化的体现。当然，在医学期刊的学术治理结构中，仅靠其学术治理的组织形式是不够的，还有保证学术治理结构正常运行的各项编辑制度、编辑角色职责、编辑出版规范、编审伦理道德和医学科研道德等作为支撑，以确保学术治理结构的惯性运行和质量控制的有效性。

第一节　医学期刊学术治理结构基本原理

大家知道，任何事物的存在都具有其客观依据和基本原理，医学期刊的学术治理也不例外，其学术治理结构也遵循着客观原理和理论。

1. 同行评议原理　医学期刊的学术治理结构，无论是期刊的编辑委员会，还是编辑部、各专家委员会、专业评审组等学术共同体，都是建立在同行评议基础上的组织形式。也就是说，医学期刊围绕如何办好期刊所自主设立的专家群体，都是相关领域的专家，而且都是知名专家，它构成了医学期刊同行评议或同行评审集群形式。

同行评审在某些学术领域也称为审查程序，也就是研究者或作者的科研论文、学术著作或科研成果请同一领域的专家学者加以评议或评审，这在医学期刊主要以同行评审的形式评审科研论文，以决定科研论文取舍，并对科研论文的科研设计、统计学分析、医学科研伦理、结果、结论、创新性、科学性等提出完善和补充修改建议，使其科研成果论文更加完善，同时，也启迪作者的科研思路，提高作者的科研水平。同行评议是国际盛行的科技学术期刊论文发表的审查程序，国际上几乎所有著名医学期刊都是采用同行评审的方式，以确保所发表科研论文的质量。学术期刊的同行评审最早的雏形可追溯到17世纪中叶的1665年，当时英国皇家学会哲学学报 *The Philosophical Transactions of the Royal Society* 创刊初期，首任该刊主编，首先将文章请同业专家学者评审，以决定文章是否可以在该刊发表，由此首开同行评议的先河。学术期刊实行同行评议制度经过350多年的发展经久而不衰，而且被世界科技学术界所认可和推崇，一定具有其道理与合理性。

2. 制约原理　也称为约束理论（theory of constraints，TOC），它最早是由以色列的物理学家和企业管理大师高德拉特博士（Dr. Eliyahu M. Goldratt）创造的。制约原理的基本概念：在控制系统中，限制系统实现组织目标的因素并不是系统的全部资源，而是其中某些被称之为"瓶颈"的个别资源，也就是说，找到有碍实现组织系统目标的约束因素，将其实施消除的系统改善方法。制约原理认为，系统运行中的每一事物都不是孤立存在的，其组织的行为由于自身因素或外界环境因素的作用而发生变化，尽管其中具有许多相互关联的原因，但其中总有一个最关键性的因素。因此，如果找出制约系统的关键因素并加以解决，就能发挥事半功倍的效果。组织系统管理的艺术就在于发现瓶颈并转化瓶颈，促使其发挥最大效能。而制约原理就是帮助管理者找出瓶颈并改造瓶颈，使组织系统的效能最优化。医学期刊的学术治理结构是利用其瓶颈，实现约束目的，其实就是要构建一个制约系统，形成一个具有程序设计、互相制约、自我约束、独立运行的学术论文同行评价机制和学术治理结构，这就如同企业的法人治理结构，使其发挥企业经营或学术治理的功能。

3. 治理原理　是以奥斯特罗姆为代表的制度分析学派提出的多中心治理理论。其原本是为政府对经济、政治及意识形态所探寻出的理论和实践。也就是说，单中心治理理论意味着政府作为唯一的主体对社会公共事务实施排他性绝对管理，而多中心治理原理则意味着在社会公共事务的管理过程中，主体不是单一的政府组织，而是包括中央政府、地方政府、非政府组织、学术或科学共同体及个体在内的诸多决策主体，它是治理主体多元化、治理模式多样化的社会公共事物治理体制，称为多中心治理体制。它要在相应规则、行业标准和行为规范的约束下，以多种模式共同行使治理主体性权力。而医学期刊的学术治理结构和体制机制，其构建与再造，就是顺应了治理理论的基本原理。

4. 学术独立性原理　从一般意义上讲，学术独立性指学术不受权力、政治的制约和利益冲突的左右或影响，也不因为政治、市场、外界各种干扰因素等影响而限制研究方向，违背研究者意志修改科研设计、更改结论和学术观点，使学术研究者具有充分理性和客观性，其专业性和科学精神不会受到损害和干扰。从事的专业学术活动没有禁区限制，可以自由发表群体或个体对研究领域的独立学术见解，而从专家学者的角度讲，学术的独立性是不以任何先决条件为前提，它只依据科学研究结果和结论、科学规律自由而理性地进行学术思考与科学判断。应该讲，相关领域的专家学者只有从自由理性出发，才能真正面对客观事物和现实，恪守科学精神和科学伦理底线。因此，就其独立性而言，其实就是学术个体或学术群体意志的独立性。一般认为，意志的独立性是指研究者的意志不易受他人的干扰和影响，具有较强的独立提出问题、发表学术观点和实施行为目的权利，它体现了研究者意志的行为价值的内在稳定性；其意志的行为价值的内在稳定性来自于价值观的独立性和专业学术的独立性，具有这种意志品质的个体或群体善于按照自己的见解或研究结论提出行为目的，并按照专业或行业规范与规律去实现其目的，而不受他人观点或干扰因素的影响。相反，对于意志品质不强的群体或个体容易受到受暗示，这种意志品质的群体或个体容易接受外来干扰、提示或建议等，当然，也容易屈从于外来干扰而改变意志。学术独立，意味着学术的自由进行，一般是无前提和无偏见地对待学术，具有定向力和稳定的学术立场。

而医学期刊学术治理结构的功能特性就具备了学术独立性的特质，可以独立自由地实施同行评议，并可独立做出个体的或群体的学术决策和建议。例如，期刊编辑委员会可在本刊专业学术领域策划学术活动、策划报道选题、发表学术评论、实施学术引导和学术导向，实现其促进学术发展的功能和作用。

第二节　医学期刊学术治理结构的组织构架

医学期刊基于学术治理的基本原理，完善和构建期刊学术治理结构，为期刊的学术质量控制提供组织和机制保证。

医学期刊的学术治理的组织构架，虽然各期刊有所差异，但最基本的组织形式是应该都具备的，在编辑实践中其设置应根据期刊学科专业和期刊实际合理设计（图6-1）。

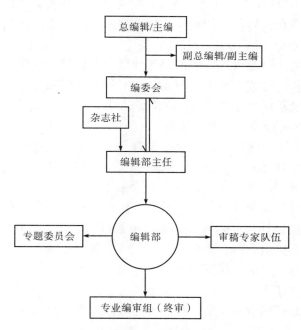

图6-1　医学期刊学术治理结构模式图

一、编辑委员会

编辑委员会（编委会）是医学期刊重要的学术共同体和学术治理的重要组织结构形式，其性质具有松散性的特点。医学期刊编委会一般由总编辑/主编、副总编辑/副主编和若干编委会委员组成。其编委会成员一般遴选本学科领域的专家学者及相关交又领域的权威专家；其编委会成员的产生可由编辑部、学术团体的各专科分会或相应专业委员会推荐，编委会成员一般由期刊主办单位或期刊社聘任。

1.编委会的组成　医学期刊编委会其成员一般任期5年，到期换届，以保证新老交替和吐故纳新，保持编委会学术水平和活力。到期换届时一般由期刊编辑部或期刊社筹备和组织实施。

（1）总编辑/主编：在一般情况下，一本期刊设一名总编辑。总编辑/主编是期刊编委会的主要领导者、期刊学术治理和学术质量的主要负责人。因此，选好期刊的总编辑/主编是办好医学期刊的重要环节。总编辑/主编应具备热爱医学期刊事业，在本学科领域具有较深学术造诣，在国内外具有较高学术影响力和知名度，是相关学科领域著名学术/学科带头人，并具有很强的凝聚力和人格魅力的专家担任。

（2）副总编辑/副主编：根据期刊学科特点和亚专业的数量情况，设置若干名。其设置的原则：要考虑到专业分布和地域分布，即本学科主要专业领域应设置一名副总编辑/副主编，同时，还要尽可能考虑和兼顾地域分布，并尽可能选择某一专业领域或研究方向在国内外居于优势学科地位的学术机构的著名专家和学科带头人。对于综合性医学期刊，由于涵盖学科或亚学科较多，其副总编辑/副主编设置人数相对多一些；而专科医学期刊，学科专业相对较少，因此，设置副总编辑/副主编的数量相对少。副总编辑/副主编的主要任务是协助总编辑/主编做好期刊相关工作，特别是做好其专业领域选题计划、重点内容稿件的组织、学术导向，及时指出期刊存在的问题和提出办好医学期刊的建议等。

（3）编委会委员：设置数量应根据期刊性质、地域和专业分布情况设置。其设置的原则要考虑到学科专业或亚专业的分布，同时，兼顾地域分布，也就是说，每一专业领域或亚专业领域原则上都有至少一位编委，每一个省份或直辖市至少有一位编委，既照顾到专业，又尽可能兼顾到地区分布。

2.编委会的任务　医学期刊编委会主要有如下任务。①把握方针与政策：贯彻党和国家的科技工作方针和政策，执行上级主管部门的有关规定，把握正确的办刊宗旨和办刊方向。②驾驭学术导向：把握思想和学术导向，引导潮流，驾驭方向。③研究重大问题：研究解决期刊学术与发展的重大问题，根据学科发展动向和广大读者的需要，研究期刊的总体设计与学术导向，研究或指导编辑部制订编辑方针与报道计划。④组织专题会议：承担组织期刊专题学术会议或专题组稿会议。⑤学术质量控制：承担必要的组稿、审稿、定稿，保证期刊学术质量。⑥人才队伍建设：承担期刊编审队伍和作者队伍培育及建设。⑦国际学术交流：加强期刊的国际交流、联系与合作，扩大期刊国际影响。⑧把握学科发展：跟踪国际和国内本学科或本领域研究动向、发展趋势与进展。

3.编委资格　①热心编委工作：热爱期刊和编委工作。②奉献精神：编委工作具有社会性、义务性，应乐于奉献。③驾驭学科：能跟踪学科发展动态，驾驭学科进展与发展趋势。④技术职称：具有高级专业技术职称或相应职称。⑤学术影响：具有专业内较高知名度和学术影响力，是本学科或本地区学术带头人。⑥人格魅力：具有较强的人格魅力、凝聚力和充沛的精力。

4.编委要求　①政治要求：拥护共产党的领导，坚持中国特色社会主义道路。

②道德要求：具有良好医学职业道德、医学科研伦理道德和学术道德、公平公正和科学精神。③学术民主：学风正派，讲究学术民主，倡导学术争鸣。④专业要求：专业技术和学术水平处于优势地位，具有较高知名度及学术影响力。⑤能力要求：具有临床、科研、教学、编审、外语能力。⑥执行要求：贯彻办刊方针和办刊宗旨，执行编委会或编辑部决定。

5.编委优势 ①社会认可：对学术水平和地位的认可，载入期刊学术发展史册。②扩大学术影响：通过期刊载体增加传播半径，扩大学术影响力。③学术交流平台：增加交流渠道和平台，提供与诸多著名专家交流机会。④信息渠道：优先获取学术信息，增加信息获取渠道。⑤学术话语权：增加学术话语机会和重大活动的机会，具有话语权和建议权。

6.编委职责 ①落实办刊方针和办刊宗旨；②选题与组稿，组织推荐优秀稿件；③重视期刊建设，发现问题和提出改进意见、书面或口头建议；④承担同行评审责任；⑤承担学术导向，引导学术潮流，撰写评论文章、编者按等；⑥发现和培养和优秀人才，推荐优秀编委或审稿专家；⑦策划组织专题研讨会议，策划组织重点选题等；⑧开展学术争鸣与评论，促进学术民主。

7.编委权益 ①编委自愿性：医学期刊聘任编委应征询专家意见，保证其自愿的权益，避免违背专家意愿。②尊重编委话语权：要保证编委通过各种形式反映对期刊学术质量和发展的话语权利。例如，在出席编委工作会议和其他会议时，保证其发表意见和建议，并对意见和建议的采纳情况或结果予以回复。③决策建议权：要保证编委具有发表意见和建议的权利，特别对重大学术决定应具有表决权。④稿件编辑决策权：出席编辑部定稿会或稿件终审会议，对稿件的质量和取舍具有建议权。⑤发表优先权：编委在本刊发表科研论文，在标准和条件具备的情况下具有优先权。⑥学术评论优先权：发表评论性文章，如短评、述评、编者按等具有优先发表的权利。⑦享受赠阅权：编辑部优先免费赠阅期刊全套杂志。

8.编委义务 ①保密义务：编委也有编委的评审伦理道德，那就是为作者研究工作保密，维护作者的合法权益。②宣传义务：向国内外宣传期刊。③荣誉维护义务：维护期刊的声誉和影响力。④推广义务：宣传和组织订阅期刊。⑤推荐义务：为编辑部推荐优秀稿件、优秀选题、推荐人才、推荐广告产品。

9.编委任务 ①学术把关任务：保证期刊的学术质量，反映学科最新进展和水平，担负论文稿件的同行评议任务，并按时和要求及时评审。②学术引导任务：引导学术潮流，促进医学科技学术进步。③学术咨询任务：编者、读者、作者、社团、政府等重大事件的咨询。④答疑解惑任务：编者、读者、作者、患者的书面解答或口头解惑。⑤领衔组织任务：积极选题，组织专题会、研讨会、组稿会议、审定稿会议、主持会议。⑥选题组稿任务。⑦继续教育任务：继续教育培训授课、撰写专题讲座、普及新技术、新方法。⑧宣传订阅任务。⑨对外交流任务：利用学科和学术优势，借助参加国际学术技术交流之际，促进期刊国际联系与交流。

10.编委工作方法和内容 ①交流与会议平台：编委会工作会议、专题学术会议、专题座谈会。②面对面：出席和参与会议提出建议和意见，登门提出建议或邮件及书面提出建议和意见。③双向沟通：编辑部与编委、编委与编辑部相互沟通。④通信方法：通过网络、电子邮件等通信手段，编写《编委通讯》等。⑤书面方法：包括书面递交建议、公开发表评论或建议。⑥决策咨询：主动参与学术咨询、政策咨询、专业咨询和提供咨询意见。

11.编委选题组稿　①选题原则：超前性与前瞻性、必要性与可行性、先进性与实用性、思想性与导向性、创新性与实用性。②组稿选题内容：本学科热点难点课题，临床急需课题，学科前沿课题，临床新技术，新理论、新方法普及课题，学术导向课题，突发重大公共卫生和医学事件等。

二、医学期刊专业评审组

在医学期刊中，中华医学会系列杂志一般都设有专业评审组。这也是比较重要的学术治理的学术共同体组织，它具有松散性，但作为医学期刊的集体同行评审和学术治理结构中的重要环节，对医学期刊的学术质量发挥着重要作用。

1.医学期刊专业评审组的设置　医学期刊专业评审组设置数量按本刊所涉及专业数量而定，一般每一个重要专业领域都设置专业评审组，做到学科专业全覆盖。每一个专业评审组设组长和副组长及成员若干名；其评审专家成员尽量保持相对稳定，但也可以随时调整补充，尽量能保持年内相对稳定性。

2.专业评审组组长　医学期刊专业评审组的组长或副组长，尽量由本刊编委会的副总编辑或编委担任，其主要责任是负责主持定稿会，对编辑部提交的同行专家评审通过的稿件或具有争议的稿件实施集体审定。

3.专业评审组成员　医学期刊专业评审组成员可由本刊编委或其他审稿专家组成，但必须是本专业学术造诣比较深、在本专业具有一定知名度和学术影响力的专家；视情况需要也可以设置医学统计学或临床流行病学专家，以利于对涉及复杂科研设计或医学统计学方法的科学性与合理性实施把关。专业评审组成员数量一般为5～10名，其成员尽量保持相对稳定，这样比较熟悉评审流程和审定稿件的要求。

专业编审组成员应在当期杂志显著位置列名刊登，以示对评审专家所做贡献的尊重与肯定，并具有显示其权威性和负责性的意义。

4.专业编审组的任务　①审定编辑部提交的并经过两位以上同行专家评审（二审）基本意见为同意发表的稿件，再实施同行专家群体审定，评审会议上要对每一篇稿件逐一审定，当然可以对二审同行专家评审意见提出质疑、讨论或否定意见。②对提交评审会议的稿件经过集体审议和讨论，形成共识，并提出进一步完善、补充和修改的建议；对具有重要意义和背景的重要学术观点或重大研究成果等，会议指派专家撰写编者按、短评或述评等。③重点讨论审定具有争议性的科研论文或学术观点。④审定或讨论编辑部提交的重要选题、编辑策划项目等。⑤对已审定发表稿件，需要配发短评、述评或编者按的文章，负责指定相关专家撰写评论性文章。

三、医学期刊审稿专家队伍

医学期刊编辑实践证明，在科研论文同行评审中，紧靠编委会成员是远远不够的，必须建设雄厚的专业和研究方向齐全的审稿专家队伍，以保证医学期刊同行评审的效率和质量。

1.审稿专家队伍建设　医学期刊的审稿专家队伍，实际上就是同行评审或同行评议专家队伍，其数量可以相对较多，但要尽可能涵盖本刊所有涉及的专业领域、亚专业或研究方向，并应具有相关交叉领域的专家，其审稿专家队伍要具有完善的专业结构和年龄结构，但尽量以中青年为主，以利从中发现人才和培养人才，通过医学期刊平台推出优秀人才。审稿专家队伍具有松散性，但期刊编辑部要聘任专家为审稿专家，就应发放聘书，以显示其关系的依存性，并将稿件尽可能送这些审稿专家评审，以保证其相互联系和交流。

2.审稿专家的任务　医学期刊的审稿专家主要任务是承担同行评审或同行评议任务，接受期刊编辑部送审的稿件，并按编辑部时间要求完成评审任务。也可应邀参与期刊其他学术活动、评审项目、专家委员会、列席编辑委员会工作会议等。

3.审稿专家的责任或义务　医学期刊的同行评审专家具有社会性和义务性，评审稿件所获酬劳甚微，是对学术事业和期刊的无私奉献，因此，应遵循自愿的原则。但既然同意承担期刊稿件评审任务，就理应承担应有的社会责任和义务。

（1）认真负责，保证质量：对所送稿件要认真审阅，避免草率行事，按照期刊稿件录用标准，对其科学性、创新性、实用性、真实性进行权衡，特别是在科研论文的实验设计、医学统计学方法、偏倚因素控制的合理性与科学性上进行推敲和斟酌，分析其结果和结论的可行性与可靠性。在撰写审稿意见时，尽量避免和忌讳简单的"同意发表"或"退稿"的审评结论了事，要尽量简要说明文章的意义和缺陷，建议补充和修改的内容，同意发表或退稿都应具有一定依据。

（2）缩短时滞，按时评审：对于编辑部送审稿件，专家若由于客观原因不能按时完成评审，应及时告知或退回编辑部，避免时滞过长，影响文章流程周期。避免稿件积压时间过长，甚至影响其发表周期。对于送审稿件其研究内容非本专业领域或不熟悉，对其研究难以准确把握时，应及时告知或退回编辑部，也可以推荐相应专家评审，尽量避免评审不熟悉的专业稿件，以免发生审稿偏倚。

（3）严于律己，遵守规范：审稿专家应恪守学术伦理道德，注意保护作者或研究者的合法权益，在未公开发表前，要为作者的研究工作保密，尤其在被评审稿件研究内容与自己研究课题相同或具有竞争性时，审稿专家应恪守科学精神和学术道德，避免主观压制或袭用其科研思路等学术不端行为。

四、医学期刊专题委员会或专家委员会

在医学期刊编辑实践和学术活动中，为促进期刊的品牌影响力和期刊学术质量，经常组织专题学术研讨会、学术论坛、专题组稿会、专题论证会、研究课题、学术协作项目、临床指南或专家共识制订等期刊学术活动项目，为保证这些学术活动项目的质量和公正性，根据实际可设置临时性专家委员会或专题委员会等，这些临时性专家委员会也具有同行专家评议的组织形式，因此，也具有医学期刊学术治理结构系统的性质，对期刊学术活动项目的质量控制具有重要作用。

1.专家委员会　对于医学期刊召开专题学术研讨、学术论坛、专题论证会等，可设立专家委员会，其成员和规模，应根据实际需要而定，尽量吸纳本刊编委和相关专业领域的专家参与。专家委员会的性质具有临时性，但也具有学术共同体的特征与功

能。专家委员会的主要任务：参与学术活动项目的学术治理、会议来稿的同行评审、学术活动的组织、学术报告的主持、学术纪要的起草等工作。

2.专题委员会　与专家委员会区别不大，但专家委员会成员一般都是同行专家；而专题委员会最大的区别是其目的为了专题项目的顺利完成和组织协调，委员会中可以有非专业人员，如管理者、领导者或其他行政人员。医学期刊的专题项目活动常见于临床科研协作项目、招投标项目、重大活动项目等。专题委员会的主要任务是参与专题项目的质量治理、组织协调、质量评价评审等工作，其性质也具有临时性和期刊学术治理结构的组织形式，其中心任务都是参与期刊学术治理，保证医学期刊的全面质量控制。

3.临床指南专家委员　医学期刊在领衔组织专家制订临床指南或专家共识时一般要设立专家委员会，这是根据学科或专业需要，领衔组织专家起草临床指南或专家共识，以规范和指导临床、科研实践，促进相应专业领域的规范化与科学化发展。因这类学术文件具有很强的指导性和导向性，因此，参与制订的专家一般为同行专家，并在本专业领域具有学术优势地位或领衔作用，是本专业领域的技术或学术带头人，而且具有较强的权威性和专业知名度及学术影响力。专家委员会具有学术共同体的性质，一般为临时性，是医学期刊学术治理和学术质量控制的重要组织形式。临床各专业指南及专家共识由于是学术或技术指导性学术文件，因此，医学专家个体制订或个体署名公布发表都缺乏其权威性，应经过专家委员会群体同行专家的反复讨论、斟酌和修改，最后形成同行专家集体智慧成果，并应当以学术共同体的名誉公布发表，如学术团体、学会、专家委员会等。为体现参与专家所做贡献，同时体现其权威性，可在文后以贡献大小依次列出执笔起草专家、领衔专家或专家委员会主任、成员等名字。

第三节　医学期刊学术治理的基本程序设计

医学期刊要保证其学术治理的公正性和相互制约性，就必须建立和完善期刊学术治理的程序化设计，也就是制订和设计必要的编辑出版流程，这其中包括评价或评审流程和编辑出版流程，当然，这两个流程是紧密衔接的，具有极强的连续性（图6-2）。

1.论文稿件的评审流程　这一流程设计和实施的目的是保证学术质量，体现评审的程序化设计，实施有效的学术质量控制和相互制约性，充分展现评审过程的严谨性和公正性。

医学期刊审稿的基本流程是稿件注册→初审→外审→终审。这种稿件评审的程序化或流程化设计，是科研论文在学术期刊发表必须要走的流程或程序。当然，在这一评审流程中，各个环节或阶段都具有不同的操作和规范化要求，使稿件评审既具有程序性，又具有程序化的相互约束性，以保证稿件评审的科学性、公正性和程序化。这一流程评审的重点是学术质量评价和学术把关。

2.医学期刊的编辑流程设计　如果稿件的评审流程是第一流程，那么，编辑出版流程就算是第二流程。其实这两个流程在整个医学期刊编辑出版活动中是连续的，也是难以分开的联系化程序，只是具有不同的侧重点和任务。

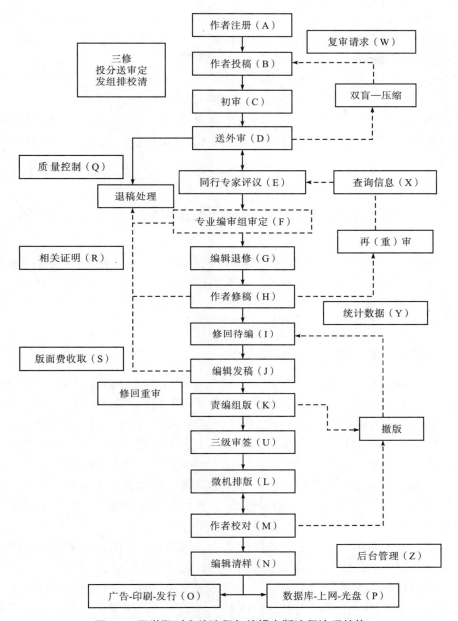

图6-2　医学期刊审稿流程与编辑出版流程治理结构

虚框为可选流程。实线为主要流程，虚线为可能出现流程。单箭为单向流程，双箭为双向流程。
O、P为稿件处理后续流程，元数据化后可以同步进行；Q、R、S为刊检质控、证明文书、费用结算
W、X、Y、Z为全程独立共享功能：交流、查询、统计、后台

　　医学期刊编辑程序化或流程设计：稿件退修→编辑加工（责任编辑）→当期责任编辑→编辑部主任→分管社长→总编辑。在这一流程中，虽然各个环节具有不同的编辑角色要求和重点任务，但稿件的学术质量和编辑质量是各个环节都必须关注的问题，也就是说，期刊质量是编辑流程全流程控制或制约的重点，这就是医学期刊学术治理结构中的特点之一。

3.医学期刊出版流程　　审稿流程和编辑流程走下来，则进入出版流程。医学期刊出版流程的主要任务和责任是要保证校对质量和出版印刷质量，这也是期刊整体质量不可忽视的重要环节。

医学期刊出版流程设计是组版发稿→微机排版→一校样（同时送作者校对）→二校样→三校样→清样（核红）→拼版→出样刊→印刷→发行。

这种出版流程设计也因刊而异，特别是随着网络化和数字化在期刊编辑出版领域的应用和普及，其编辑出版流程设计也发生变化，应根据期刊实际需要实施编辑出版流程再造。

第四节　医学期刊学术治理结构的运行保证机制

医学期刊学术治理结构单纯靠学术治理的组织构架形式、编辑出版程序或流程设计还是不够的，要保证组织构架和编辑出版流程发挥应有的效能，还必须建立和完善运行保障机制和制度安排，使各个环节涉及的角色都明确自己应承担的责任和义务，以保证其系统运行环节的有序、高效和正常运行。

一、作者的责任与义务

作者并非单纯投稿和发表研究成果如此简单，作者既具有发表研究成果的权利，同时也应了解作者的责任与义务，在投稿前要了解所投期刊的相关要求，期刊编辑部也应在期刊发布相关要求供作者投稿时了解和遵循，以保证顺利投稿和发表。

1.稿约声明　　稿约是指期刊编辑部向投稿人声明刊物性质、栏目设置情况、主要学科报道内容、对稿件的要求和投稿的注意事项等，向投稿作者事先声明和说明性的文件。它既是对作者投稿相关要求的声明，也是告知作者责任和义务的公告。其内容一般有期刊的办刊方针和宗旨、期刊的性质、栏目设置和刊物的一般情况介绍等。具体要求如下所示。

（1）对来稿的要求：如对论文稿件创新性、科学性、导向性、实用性要求，对各类稿件文字、字数、图表、规范性、名词术语、统计学符号、法定计量单位、数字用法、数字出版信息、参考文献著录格式、临床试验注册号、临床研究设计方法、医学统计学分析方法、医学伦理问题及知情同意、保密问题、作者资格和署名、基金资助项目、投稿方式等的要求。

（2）对论文稿件撰写要求：如对评论类、原始研究（论著）类、综述类、描述性研究文章，临床医学指南和专家共识，读者来信，会议纪要，消息等不同类型稿件的撰写规范与要求。

（3）审稿：向作者告知或说明实行的审稿制度、审稿方法、稿件处理程序、稿件录取标准和要求、作者申请复议、申述重审和回避等要求情况。

（4）稿件处理时限要求：应说明和告知作者本刊稿件处理时限、作者投他刊的要求、申请"快速通道"发表稿件的要求和标准等情况。

（5）对著作权事项的相关要求和说明：提醒和说明作者对来稿的真实性及科学性

负责，依照《著作权法》有关规定本刊可对来稿具有文字修改和删节权利（征询作者意见），对退修稿的要求和处理，签署授权书，收取版面费标准和收取方法，支付稿酬标准和支付方法，赠阅样刊等向作者声明清楚。

（6）向作者说明投稿方式、投稿地址、编辑部地址、各种联系方式等。

2.遵守学术伦理道德规范　应通过各种形式，向作者申明和告知应遵守的学术伦理道德规范要求，自觉抵制学术不端行为，如抄袭、一稿多投、一稿多发、署名不端、伪造数据、同行评议诈欺、不披露利益冲突等情况，应宣传和提醒作者遵守"五不准"原则，即不准由"第三方"代写论文、不准由"第三方"代投论文、不准由"第三方"对论文内容进行修改、不准提供虚假同行评审人信息、不准违反论文署名规范。

3.学术不端行为处理　应通过期刊或其他渠道告知作者学术不端行为现象和界定及标准，本刊对学术不端行为的处理措施和作者应承担的责任。

二、编者责任制度

任何社会角色都具有角色责任，医学期刊的编辑出版人员也不例外，在医学期刊学术治理结构的各个环节上都承担着相应责任；在期刊学术治理结构中，各自明确的责任与义务，是保证学术治理结构发挥应有效能的基础。编辑、编辑部主任、总编辑/主编、副总编辑/副主编、编委、同行评审专家等都属于编者范畴，因此，都应明晰各自的角色要求和责任。

1.编辑责任的制订　编辑部的专职编辑在整个期刊学术治理结构和编辑出版流程中居于重要位置，其明确的职责和岗位职责是保证期刊学术治理结构运行效果的重要因素。因此，应制订和完善不同岗位与不同分工的编辑职责和岗位责任，以保证其角色作用和角色地位功能的充分发挥。

2.编辑部主任责任制订　编辑部主任在期刊学术治理结构中居于枢纽地位，它具有纵向与横向联合、协调、调度、沟通、控制、总体设计、总体策划、总体布局、编辑决策等功能，具有重要的角色功能和角色作用。因此，制订和明确完善的编辑部主任的岗位职责和责任，是保证医学期刊学术治理结构功能和效果发挥的重要前提，理应强化编辑部主任的功能作用和责任意识，以保证医学期刊学术治理结构系统运行效果的最优化。

3.总编辑和副总编辑责任制订　医学期刊的总编辑或主编，在医学期刊学术治理结构中居于学术引领和学术总体把关的重要职能及作用，是医学期刊学术导向和学术引领、总体学术设计、总体学术质量控制的驾驭者。因此，制订和完善总编辑职责和岗位责任，清楚总编辑岗位的角色地位和角色功能，充分发挥总编辑在医学期刊学术治理结构中的位置和责任，是有效发挥医学期刊学术治理结构功能和效果的关键环节与基础。

4.编委责任制订　在医学期刊学术治理结构中，编委扮演着重要的角色功能，但是在医学期刊的编委中，在某种程度上绝大部分编委并不清楚编委的责任和义务，因为很少有医学期刊编辑部能制订完善和明晰的编委职责和编委义务通告编委，一般多制订或下发一个"审稿通则"或"编委通则"了事，这显然片面地把编委视为单纯审稿人，其编委的角色地位和角色功能并未被充分意识到或被充分发挥。其实编委在医学期刊的学术治理结构中居于重要地位，对医学期刊的全面发展、学术质量控制、学术咨询、学术引导、学术选题、学术评价、学术策划、学术组织、学术交流等，都具有重要的角色作用和角色意义。因此，制订、完善和明晰编委责任，发挥编委在医学期刊学术治理结构中的重要作用，是保证学术治理结构功能发挥的重要前提。

5. 审稿专家责任的制订　审稿专家，即同行评议专家，因更具松散性，因而其责任和义务更易被忽略。但从医学期刊学术治理结构和编辑出版流程控制系统中可见，同行评议专家在医学期刊学术治理结构中具有重要功能，是期刊学术质量的重要把关者，学术期刊的同行评议原则是国际医学期刊普遍认可和坚守的原则。因此，制订和完善同行评议专家的职责和义务，对医学期刊学术治理结构功能的发挥具有基础意义。

三、编辑约束性制度与规范

在医学期刊学术治理结构功能的发挥中，仅靠人的主观因素及其职责是不够的，还必须指定和完善相应约束性制度和编辑出版规范，为医学期刊学术治理结构功能的发挥提供制度保证。

1. 编辑出版制度的制定　编辑出版制度一般是指要求编辑出版人员共同遵守的工作规程或行动准则，在不同的行业不同的部门不同的岗位都有其具体的行为准则，其目的都是保证医学期刊编辑出版按要求和规范达到预计目标。因此，为保证医学期刊学术治理结构和编辑出版治理流程的惯性运行或正常运行，必须根据其各个运行环节制定相应的制度作为约束机制，以确保学术治理结构和编辑出版流程运行效果的最优化，如制订同行评议审稿制度、"三审五定"制度、审读制度、快速通道制度等。

2. 编辑出版规范的制订　编辑出版规范是指明文规定或约定俗成的标准，如医学期刊编排规范、医学科研论文撰写规范、参考文献标引规范、编辑道德规范、编辑技术规范、出版印刷规范等。在医学期刊学术治理结构和编辑出版流程中，应根据其实际需要，制订相应的行为规范和编辑出版规范。

3. 编辑出版标准　编辑出版标准主要指科技期刊相关行业标准和国家标准及相应法规，这些标准是医学期刊学术治理结构和编辑出版流程治理机构的各个环节必须遵守的行业标准，它也是保证医学期刊编辑出版规范化的重要保证。

第7章

医学期刊编辑决策原则与决策方法

医学科技期刊的编辑决策在编辑活动中无时不在，但它又与社会学、时尚类等期刊编辑决策具有不同的特点和要求。医学科技期刊编辑决策质量的优劣，对提高期刊的科学性、创新性、实用性和学术质量及学术权威性具有举足轻重的作用。因此，熟悉医学科技期刊编辑决策的形式、编辑决策的方法、编辑决策原则、编辑决策程序和编辑决策的质量控制及编辑决策规律等，对提高医学科技期刊质量具有重要的理论和实践意义。

编辑决策也就是编辑决定，是从编辑方案中或大量稿件中选择出最优化方案及最佳稿件的编辑决断过程。在医学科技期刊编辑实践中，编辑决策贯穿于编辑实践的全过程，大到办刊方针、办刊宗旨、期刊转型改制、编辑规划、重大选题策划、期刊经营策划、期刊投资项目等编辑决策；小到栏目设计、稿件的取舍等，都涉及编辑决策问题。不言而喻，实施有效的编辑决策质量控制，避免编辑决策偏倚或编辑决策失误，是保证医学科技期刊质量和健康发展的重要基础。

第一节　医学期刊编辑决策原理

决策科学和决策原理应用于行政管理决策活动中。其实，在各行各业、无论是在工作中还是在生活中，决策行为都无时不在，只是其决策的方式和决策的层次及复杂性不同而已，特别是在医学科技期刊编辑实践和办刊活动中，其编辑决策贯穿于始终，并具有其独特性原理。

众所周知，行政管理决策理论形成于20世纪初，首先提出行政管理决策观点的是美国学者L. 古立克。他认为决策是行政管理的主要功能和任务之一。其后，美国学者C. I. 巴纳德认为行政管理决策是实现组织目标的重要战略因素。这些观点对后来行政管理决策理论颇有影响。但行政管理决策理论体系的完善和形成，并在组织管理和行政管理学中占有重要的地位，还是由美国行政学和管理学家H. A. 西蒙进一步完善和在管理实践中得到应用。西蒙首先在《决策与行政组织》中提出了决策理论的概念和理论体系。后来，西蒙出版了《行政行为：在行政组织中决策程序的研究》，这是决策理论研究比较早的理论著作。西蒙致力于决策理论和决策实践的研究，并相继对决策理论、决策程序和决策技术，如运筹学、计算机学等进行研究和有机结合，为决策科学成为新的管理学科奠定了基础。当然，对决策理论研究的学者较多，尤其是行政管理决策理论的类型与种类较多，不同学派和学者研究及提出的理论特点各有差异。但具有代表性的理论不外乎以下几种。

1.连续有限比较决策理论　这是西蒙具有代表性的理论，连续有限比较决策理论认为，人的实际行动或行为不可能合于完全理性，决策者是具有有限理性的管理者或领导者，他们不可能预见一切结果，也只能在供选择的方案中遴选出其中最优或最满意的方案。管理者或领导者对行政环境的看法简单化，一般情况下很难准确抓住决策环境中的各种复杂因素，而只能看到有限的数个决策方案及其部分结果。而事实上，人的理性程度对决策者有很大影响，但在决策实践中，不应忽视组织因素对决策的影响。

2.完全理性决策理论　这一理论的代表学者有英国经济学家 J. 边沁、美国科学管理学家 F. W. 泰勒等。完全理性决策理论又称客观理性决策论，其主要观点认为，人是坚持寻求最大价值的经济人。而经济人是具有最大限度的理性，并能为实现组织和个人目标而做出最优化的选择。它们在决策上的表现为，决策前能全盘考虑一切行动和这些行动所产生的影响。决策者根据自身的价值观和价值取向，以选择最大价值的行动为前提。而这种理论只是假设人们在完全理性条件下实施决策，而不是在实际决策活动中的现实状态。

3.非理性决策理论　这一理论以奥地利心理学家 S. 弗洛伊德和意大利社会学家 V. 帕累托等为代表。非理性决策理论的基点既不是人的理性，更不是决策者所面临的现实，它主要是人的情欲。这一理论认为，人的行为在很大程度上受潜意识的支配，在许多决策行为上往往表现出不自觉、不理性的情感，这表现为决策者在处理问题时常常被感情所左右，很容易感情用事，因而容易造成不明智的决策。

4.理性及组织决策理论　这一理论的代表学者是美国组织学者 J. G. 马奇。理性及组织决策论首先承认个人理性的存在，并且认为由于人们的理性受个人智慧与能力所限制，必须发挥和借助组织的作用。通过严格的组织分工，使每个决策者明确自己的工作和角色，了解更多的行动方案和行动结果。组织为个人提供一定的引导和帮助，使决策有明确的方向。组织运用权力和沟通的方法，使决策者便于选择有利的行动方案，进而增强决策的理性。而衡量决策者理性的根据，是组织目标而不是个体目标。

5.现实渐进决策理论　以美国的政治经济学者 C. E. 林德布洛姆为代表。这种理论的基点不是人们的理性，而是人们所面临的实践和现实环境，并对现实作渐进性的改变。C. E. 林德布洛姆认为，决策者不是完人，也不可能拥有人类的全部智慧和有关决策的全部信息，其决策的时间和经费又具有有限性，所以，决策者只能采用应付局面的办法，草率做出决策。现实渐进决策论理论要求决策程序简化，决策实用和可行，并符合利益集团的利益和要求，其出发点是力求解决现实问题。现实渐进决策理论强调现实和渐进性改变，因而受到行政管理和决策者的重视。医学科技期刊编辑决策以行政管理决策基本理论和基本原理为基础，结合医学科技期刊编辑决策的特点，形成具有医学科技期刊编辑决策特点的编辑决策原理和理论，以指导医学科技期刊编辑决策实践活动。

第二节 医学期刊编辑决策中的基本要素

编辑决策中的基本要素是指编辑决策系统中主要决策环节或构成要素，这些决策要素在编辑决策中缺一不可，否则很难形成决策行为和决策效果。

1.编辑决策者 这是编辑决策中的主体，也是编辑决策系统主观能力和编辑决策意志的体现者及编辑决策的动力来源与实施者。编辑决策者可以是编辑、编辑部主、社长、总编辑/主编等，也可以是编辑部、编委会、期刊社等决策机构。编辑决策的本质是办刊人将要见之于客观行动的主观能力，即编辑或编辑部（社）对期刊客观世界的认识能力和对未来编辑出版实践的驾驭能力体现于实践。

2.编辑决策对象 在期刊编辑部或期刊社比较广泛，编辑决策事项和种类繁多，它涉及整个期刊的编辑出版系统的各个环节。实际上，在期刊编辑出版活动中，每天都面临着决策，作为编辑个体也是一样，如每天都面临着稿件的取舍决策、选题决策、组稿决策、栏目决策、期刊经营管理决策等；而作为编辑部或期刊社，其编辑决策对象更多，如期刊的发展决策、品牌培育或宣传决策、期刊重大学术报道的决策等，可以说，编辑决策对象无时不在，其伴随在整个编辑出版实践活动中。

3.编辑决策信息 编辑决策的首要条件或要素就是编辑决策信息，这是编辑决策的前提条件，也是编辑决策的动力所在，有了信息，才有引发决策者决策行为的发生。编辑决策信息又分内部信息和外部信息，编辑内部信息决定了期刊系统的功能，即决定编辑出版系统的运营、运动、变化、发展的根据；编辑外部信息则是编辑决策系统运动、变化、发展的条件。因此，编辑决策信息的收集、获取、传递，编辑决策信息的整理、分析、判断和信息的真实性与可靠性很重要，另外，编辑决策信息的及时性和有效性、判断和推理的准确性，是做出正确、科学的编辑决策的最根本前提。

4.编辑决策的方法 在编辑决策活动中，编辑决策者必须掌握正确的决策方法，应用编辑决策理论与方法对决策事项进行科学的分析、综合、推理，才能得到科学的正确的判断和编辑决策。这主要指编辑决策学的科学结构、编辑决策的方法论基础、编辑决策的模式、学术预测的定量方法与技术、编辑决策的常用定量方法与技术、编辑决策的潜在问题分析等，编辑决策者常用的专家咨询法、学术研讨法、编委座谈讨论法、调查调研法、科学论证法、同行专家评议法等，都是编辑决策的常用方法。

5.编辑决策结果 编辑决策活动的目的，都是为了得到编辑决策最优化结果。编辑决策结果表现为期刊的社会效益、学术效益和经济效益，这也是反映编辑决策最优化的重要标志和编辑决策的首要目的。

第三节 医学编辑决策的概念

要实现和保证医学编辑决策的预期效果和效益，编辑决策者必须遵循科学的编辑决策原理，用科学决策原理指导医学编辑决策实践活动，以确保医学编辑决策的质量。

1. 编辑正确决策与错误决策　编辑科学而正确的决策就是对期刊未来编辑实践活动做出科学而正确的编辑决策。例如，对办刊方向、办刊宗旨、办刊目标、办刊原则、期刊发展策略、期刊发展战略、期刊中长期发展计划、期刊经营方法、期刊报道重点、编辑选题、重大编辑策划项目、期刊品牌培育等做出编辑决定和规划。因此，其编辑决策的正确与否，直接关乎期刊发展的成败，而检验编辑决策的最终标准是编辑实践成果，也就是期刊的社会效益、学术效益和经济效益，这是判断和检验医学编辑决策正确与错误的重要标志。

当然，编辑决策有科学的编辑决策和非科学的编辑决策之分，也就是正确的编辑决策与错误的编辑决策，错误的编辑决策通常称编辑决策失误。而科学的编辑决策一定是建立在循证、程序和可靠的科学根据基础之上的决策，正确的编辑决策一定是在决策科学理论指导下实施和完成，运用科学的方法做出的有科学依据的编辑决定，是经过严格论证和咨询优选出来的符合医学科技学术期刊发展客观规律的编辑决策。因此，科学而正确的编辑决策经得起编辑实践检验，它是正确而科学编辑决策的统称。而错误的非科学的编辑决策与正确科学的编辑决策相反，它是盲目和片面的决策，既缺乏科学依据和实际意义，又缺乏医学科技期刊发展的实际，是实践性和操作性都很差的编辑决策。这类编辑决策往往经不起编辑实践、客观规律和时间的检验。这种缺乏客观实际的非科学的编辑决策或错误决策如果付诸实践，往往给期刊发展造成不良后果，影响期刊健康发展。

2. 编辑决策的目的与意义　医学编辑决策反映的是编辑决策者的主观意志，这是一种创造性的行为动机，是编者与期刊环境构成的矛盾对立统一体在不断运动、变化与发展的过程中，编者凭借自己的主观能力产生的指导医学科技期刊未来发展和实践的活动，并以编辑决策者的行为结果形式体现出来的主观意志。这种编辑决策者的主观的意志不管正确与否，如果用决策科学的语言来表达就称为决策目标。而编辑决策的目的就是为了获得编辑决策者主观意志的实践和创造性成果的展现，其最终目的和意义在于促进医学科技期刊的健康发展。

3. 编辑决策的检验准则　要在编辑决策付诸实施之前就能基本检验出编辑决策是否正确，一般而言，只要遵循以下准则，不会出现大的编辑决策失误。这些准则是读者和作者需要原则、同行评议准则、专家咨询准则、读者作者调查准则、文献情报准则、科学预测准则、决策方案的必要性和可行性论证准则、编辑决策方案的可操作性准则、决策方案最优化准则、期刊发展需要准则、合法合规准则等。

第四节　医学期刊编辑决策的特点

医学的特殊性决定了其编辑决策的特殊性和严谨性，此外，它还具有民主、学术、专业、同行和群众性的编辑决策特点。

1. 编辑决策的民主特点　医学科技期刊编辑决策不同于行政决策，编辑决策具有很强的民主性色彩，这是由医学科技期刊性质所决定的，医学科技学术期刊本身就是学术交流平台，它拥有众多编委、审稿专家、读者和作者，编辑决策的行为目的是满足广大读者、作者和医药卫生科技人员学术交流需要，因此，编辑决策的基础就是民主性，所有编辑决策，要以读者和作者需要为原则，在编辑决策之前，要广泛征询读者、作者和广大医药卫生科技人员的意见，这样的编辑决策很难发生决策偏差和决策失误。

2.编辑决策的学术特点　医学科技学术期刊的编辑决策属于学术性或专业性决策范畴，在编辑实践中，往往一些编辑动议或编辑决策带有尝试性和学术探讨色彩，作为编辑，要善于和勇于尝试和探讨，只有这样才有可能有编辑创新，促进期刊全面发展。

3.编辑决策的专业特点　编辑活动带有很强的专业性，其编辑决策同样具有较强的专业性质，这就要求编辑决策者要具有较高的专业水平，不但精通科技学术期刊编辑业务，还要深入了解相关学科领域的学术发展趋势和动态，熟悉国家相关领域科技攻关课题和重大科技研究专项及科研重点，并随时掌握研究进程和阶段性成果，熟悉领衔科学家，以便适时做出重大编辑选题策划决策或选题组稿决策。

4.编辑决策的同行特点　医学科技学术期刊稿件的同行评议原则是保证期刊学术质量的基本前提，因此，论文稿件的取舍这一编辑决策，最重要的是坚持同行评议或评审原则，也就是送同行专家审稿和评议，为稿件取舍提供编辑决策的重要依据。当然，其他相关编辑决策方案在决策之前，也可以送相关领域的专家评议或咨询，决策者在实施决策行为前，向有关专家实施决策咨询，是保证编辑决策正确性、实用性和客观性的重要保证。

5.编辑决策的群众特点　实际上，医学科技学术期刊编辑工作具有较强的社会性和群众性，所以，其编辑决策行为也带有群众性色彩，因此，编辑决策与行政决策不同，行政决策在某种程度上反映的就是长官意志，无须征求群众或其他人的意见，而编辑决策虽然也反映编辑决策者的意志，但这种意志的动力是来源于服务对象，是要反映读者、作者和广大专家学者的学术交流需求，因此，其编辑决策具有群众基础和群众性特点。

第五节　医学期刊编辑决策偏倚的影响因素

医学科技学术期刊的编辑决策与其他决策行为一样，都会受到一些有利或不利因素的影响和制约，如果负面因素过强，就会影响编辑决策质量或发生编辑决策偏倚。一般来讲，影响编辑决策的因素主要有社会环境因素、经济环境因素、学术环境因素、科学技术环境因素、组织内部文化因素、编辑决策者素质因素等。

1.社会环境因素　不仅对编辑决策具有影响作用，就是对所有领域或行业的决策也具有制约和影响作用，因为任何事物都不可能脱离现实社会环境制约与影响。当然，社会环境对决策既有正能量的影响因素，也有负能量的影响因素和制约因素。

一般而言，社会环境对编辑决策的影响因素主要有政治环境因素、法制环境因素、社会文化环境因素等。

（1）政治环境因素：社会的政治生态因素、政治气氛和政治安定与程度，不仅对科技学术期刊编辑决策质量具有很大影响作用，就是对其他非学术和专业性决策质量也有很大影响。

（2）法制环境因素：健全完善的社会法制环境，特别是良好的科技体制和健全完善的科学技术法规，不仅为科学研究提供法制环境和法制支撑，对医学科技学术期刊编辑决策也提供良好的法制环境保障。

（3）社会文化环境因素：社会文化环境包括精神文明程度、崇尚科学精神的程度、科学伦理道德精神、广大科技人员的价值取向、社会风尚等，这些对医学科技学术期刊的编辑决策也具有影响作用，这些因素同样也会影响到编辑决策质量的优劣。

2.经济环境因素　任何决策行为都离不开经济环境因素的影响，编辑决策也是如此，因为任何决策方案的实施，都需要消耗能量，也就是需要经济作为支撑，这是决策实施的基本条件。因此，社会的经济发展状况、期刊本身的经济实力、财政政策、资金来源、消费特征与消费模式等，都会影响医学科技学术期刊编辑决策的质量。

3.学术环境因素　学术环境对医学科技学术期刊编辑决策动力和决策质量的作用尤为突出，良好的学术环境和积极向上的学术大环境，对编辑决策者具有很大的激发作用，可有效调动编辑决策者的激情和编辑决策思路。当然，正能量的学术环境与具有负能量的学术环境，都会影响编辑决策的正确性和决策质量，强度较大的负能量学术环境，容易造成编辑决策偏倚。

4.科学技术环境因素　科学技术和科学研究的大环境，对医学科技学术期刊编辑决策的影响巨大，因为作为科学研究"龙头和龙尾"的科技学术期刊，它就是科学技术和科学研究的晴雨表，反映了当代或当下医学科学技术和科学研究的进展、趋势和研究水平及研究成果。因此，科学技术和科学研究氛围、科学精神、科技界的奉献精神、科研环境、科技创新能力和创新水平等，都对医学科技学术期刊编辑决策效率、编辑决策质量和编辑决策数量产生很大的影响和制约作用。

5.组织内部文化因素　主要指编辑部、期刊社等组织机构内部的文化氛围，其团队精神、组织和谐程度、编辑团队的执行能力、编者合作精神、编者的团结程度、编者的创新精神和奉献精神、编辑团队的敬业精神、编者的学术敏感性和快速反应能力等，对医学科学技术期刊编辑决策质量的优劣和编辑决策方案的实施具有决定性影响作用。这就是内因通过外因才能发生作用的原理，因此，最大限度地优化编辑部、期刊社内部机构的文化环境和良好的运行机制，是保证高质量编辑决策和决策方案有效实施与达到决策效果及决策目标的重要保障。

6.编辑决策者素质因素　在任何决策行为或决策活动中，实际起决定作用的是决策者个体，其他同属外部因素或外部条件。因此，编辑决策者个人素质、能力和人格魅力，是编辑决策成败的关键因素。编辑决策者个人的学术水平、知识结构与实践经验、对学科/学术发展趋势的驾驭能力、学术洞察力、学术敏感性和快速反应能力、对编辑事业的敬业和奉献精神、学术战略眼光、学术民主作风、学术价值取向、编辑决策者的道德水准、有效规避决策利益冲突的能力、偏好与价值观、预测和分析能力、决策风险控制能力、工作态度和社会责任担当等，都直接影响编辑决策的过程、决策质量和决策结果。因此，编辑决策者个人整体素质因素，是影响编辑决策质量优劣和决策偏倚控制及达到决策预期效果的根本因素。

第六节　医学期刊编辑决策的原则

在科技学术期刊编辑实践中，要保证编辑决策的正确性，必须坚持依靠和发挥编委会、专家、学术共同体的作用，同时，还要坚持编辑决策的循证原则、程序原则、同行评议原则、公正性原则、层次原则、民主原则和伦理原则。

1.编辑决策的循证原则　要提高和保证科技学术期刊编辑决策质量，就必须注重编辑决策的依据和证据，坚持编辑决策的循证原则，也就是一项编辑决策的动议和做出，其决策根据和证据是什么？编辑决策目的和决策目标又是什么？特别是对重点学术报道的选题策划，其编辑决策应具有足够的依据；而对科研论文的评价也是如此，在其评审过程中，做出刊用与退稿的编辑决策都应具有足够的证据和充足理由，避免编辑决策的盲目性和随意性。

2.编辑决策的程序原则　健全的编辑决策程序和决策程序设计的合理性、科学性及执行中的依从性，是科技学术期刊编辑决策质量控制的基础。而科学、合理的编辑决策程序设计和制度设计是保证编辑决策质量的前提。编辑决策程序设计缺陷、缺乏合理性，甚至违反编辑决策程序或不遵守程序，很容易使编辑决策失去公正性，难免造成编辑决策偏倚。例如，中华医学会系列杂志多年坚持"三审五定"的编辑决策程序和编辑决策机制，这种编辑决策机制的建立对保证期刊质量发挥了重要的保证和促进作用。

3.编辑决策的同行评议原则　当今科学技术发展日新月异，呈现出学科高度分化、专业越加细化，交叉学科、边缘学科、新兴学科不断派生，使科学技术呈现出高度分化、高度综合又高度交叉的特点；同时，科技学术期刊是内容为王的产品，是群体智慧的结晶，属于公共事业和公共产品。因此，科技学术期刊编辑什么学科和专业都懂是不可能的，必须发挥同行专家的专业优势，实施同行评议和编辑决策咨询，这是科技学术期刊编辑决策的重要原则和特点，特别是论文稿件的评审，必须坚持同行评议的原则，严把学术质量关，同时，它也体现了科技学术期刊专家办刊、学术民主和同行评议的基本要求，也是保证期刊学术质量的重要前提。

4.编辑决策的公正原则　科技学术期刊作为公共学术服务事业和公共学术产品，其编辑决策的科学性和公正性，是保证科技学术期刊公信力和权威性的基础，尤其是编辑决策者应具有良好的学术道德和学风，具有科学精神、处以公心、尊重科学、鼓励创新，不以学派、门户之见取舍，不因资历和亲疏压制不同学术观点或创新发现。特别是论文取舍的编辑决策，如果违反编辑决策程序、缺乏应有的学术道德、取舍标准具有多变性、缺乏权威同行专家评议等，必然失去编辑决策的公正性和可靠性，科技学术期刊在科技人员心目中的神圣学术形象就会变形扭曲，失去权威性和公信力。

5.编辑决策的层次原则　编辑决策的层次性与等级性具有普遍性和实际指导意义，因为任何决策都意味着责任和要承担的决策风险，不同的编辑岗位具有不同的任务和责任，同时也具有不同的编辑决策内容、范围和决策权限，坚持编辑决策的层次性和等级原则，是提高编辑决策质量和决策效率的重要方面。此外，在科技学术期刊编辑治理结构或质量控制系统中，不同编辑环节和编辑角色定位具有不同的决策内涵和决策范围及决策权限，在编辑决策活动中发挥决策策划、决策咨询、决策建议和决策定夺等不同职能作用，各司其职，在编辑实践中应忌讳编辑决策越位，承担不应承担的编辑决策责任。

6.编辑决策的民主原则　科技学术期刊的学术性、专业性和公共性，决定了其编辑决策的公共性和民主性，特别是对于期刊的选题、学术报道重点、栏目设计等编辑决策，要多征求本刊编委、相关专家、读者、作者的意见，这样做出的编辑决策形成学术报道读者才喜欢，具有针对性。而对于编辑行政决策、期刊经营决策、期刊发展决策等，应向本刊员工实施咨询，征询期刊所有员工的意见，既体现了决策的民主作风，又使员工具有信任感和责任意识，形成决策合力，避免决策偏颇。

7.编辑决策的伦理原则　科技学术期刊的编辑决策，实际上很大程度上都是学术决策，如每天编辑决策量最大的日常来搞的评审决策，论文稿件的编辑取舍，可以说，生杀大权掌握在编辑决策者手中，这就要求编辑决策者应具备良好的职业伦理道德和学术道德素质，避免以编辑决策者个人的嗜好和偏见取舍，更不能压制或在未公开发表前透露作者的研究成果和相关信息，人为造成作者学术或科研成果知识产权的侵害和损失，这是编辑决策者职业道德所不许的，作为编辑决策者要牢记职业道德和学术道德，坚守编者职业操守的道德规范和行为准则，时刻守住底线，远离红线。

第七节　医学期刊编辑决策的分类

在科技学术期刊编辑决策活动中，按其编辑决策的层次可分为初级编辑决策、中层编辑决策、高层编辑决策等；按编辑决策的作用范围可分为编辑战略决策、编辑战术决策、编辑策略决策、编辑风险决策、编辑常规决策等。

1.编辑战略决策　科技学术期刊编辑战略决策属于高层决策范畴，做好期刊的战略管理和战略决策，是保证期刊健康和可持续发展的重要基础。编辑战略决策是涉及期刊发展重大问题和长远战略问题的决策，如期刊的办刊方针、期刊学科或专业定位、期刊品牌扩张、期刊转企改制、期刊重大改革方案、期刊中长期发展计划、期刊重大合作项目等，而这些期刊发展重大问题的决策也不是一般层面所能决策的，它需要编委会、期刊的主办机构、期刊的主管机构或政府部门等做出的决策。

2.编辑战术决策　期刊的编辑战术决策是指实现期刊战略目标的具体方式、方法、措施、途径、切入路径等具体操作计划的决策，是编辑战略决策的执行、技术或实施层面的决策。例如，为落实办刊方针和编辑计划，实施或采取的学术导向策划、学术报道重点、重点组稿、期刊营销策划、广告经营措施调整等，具体实施措施的编辑决策。这类编辑决策失误虽然不至于影响期刊发展或全局，但它涉及期刊相关计划落实的质量和效果，直接影响期刊局部或某一方面的工作效果。

3.编辑策略决策　编辑策略决策就是为了实现某一个目标，预先根据可能出现的问题而制订的若干对应的方案，并且在实现目标的过程中，根据形势的发展和变化来制订出新的方案，或者根据形势的发展及变化来选择相应的方案，最终实现战略目标的一般策略决策。例如，根据期刊数字化、网络化给期刊市场带来的冲击和变化，期刊适时调整经营策略，调整经营和盈利模式，以适应市场的变化和发展。

4. **编辑风险决策**　编辑风险决策属于特殊决策类型，是指决策事项未来的各种自然状态和目标的实现，虽然不能预先肯定，但可以通过预测或计算得出其各种状态或目标实现概率的编辑决策。在编辑风险决策中，具有不确定和不可控因素，因而其决策带有风险性，因此，对期刊风险做出正确评估和预测分析，是实施编辑风险决策的前提。由于风险决策总是蕴涵着风险性，编辑决策者除对风险发生和程度具有客观分析外，还应具有承担风险、化解风险和风险转移的思想准备及预案，以利发生风险时能及时化解和转移，将风险造成的不良后果和损失降到最低程度。

5. **编辑常规决策**　编辑常规决策是指编辑活动中的一般编辑决策，如日常大量的稿件评审取舍决策、组稿决策、选题决策、当期栏目设计决策、每期杂志的总体设计决策等，还包括一般编辑业务活动的编辑决策。编辑常规决策失误虽然对期刊发展不会产生重大影响，但其决策质量的优劣，直接影响着期刊的编辑出版质量和学术质量。因此，加强编辑人员的业务培训，不断提高编辑人员的整体素质和能力，是提高编辑常规决策质量的重要措施。

第八节　医学期刊编辑决策治理结构

要保证医学科技学术期刊的科学性、创新性、公正性、民主性和学术质量，必须建立健全和完善期刊的学术和编辑决策机制与学术治理结构，实现自我治理、自我约束、自我控制、自我预防、自我运行的编辑决策程序系统，这是有效控制科技期刊编辑决策质量的基础和前提。就中华医学会系列杂志来说，其编辑决策治理结构基本为"编辑委员会-审稿专家队伍-专业编审组-编辑部/主任-总编辑/主编-社长"，构成了编辑决策的治理结构、编辑决策机制和编辑决策系统。在编辑决策治理结构中，形成了编辑决策链或决策治理系统，不同环节具有不同的编辑决策角色和决策任务，形成了相互制约和自律性的学术控制系统（图7-1）。虽然这种编辑决策机制具有相互制约

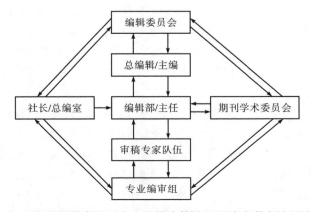

图7-1　中华医学会系列杂志编辑决策控制系统或学术控制结构

性，但同时也存在决策效率偏低的缺点；这主要体现在论文稿件发表时滞相对过长，其主要时间消耗在论文内审、外审、终审，还有责任编辑审阅、编辑部主任审阅签发、总编辑审阅签发、分管社长审阅签发等系列环节，其流程耗时较长，致使发表时滞过长，这有待进一步研究，在编辑决策治理结构和编辑决策系统中，最大限度地优化编辑决策流程，缩短发表时滞，特别是对创新性强和具有国际学术竞争力的重大科研成果，为争取首报权和知识产权，可以开辟"绿色通道"实施特别优先处理，施行快审、快定、快发的措施，尽可能加快编辑决策进程或缩短编辑决策周期。

1.总编辑/主编　是医学科技期刊的学术领衔人物，是领袖级的学术带头人，也是医学科技学术期刊学术质量和学术导向的掌舵人，在医学科技期刊编辑决策特别是学术决策活动中居于中心地位。因此，总编辑/主编对期刊的责任感、学术水平、学科地位、国际和国内影响力、学术交流与活动能力、人格魅力和学术魅力、编辑决策水平等，对医学科技学术期刊的编辑决策质量控制具有重要影响。因此，医学科技学术期刊选拔的总编辑/主编，对期刊的发展至关重要。

2.编辑部/主任　医学科技学术期刊编辑部在编辑决策活动中处于枢纽、实施和编辑决策管理的轴心地位，特别是编辑部主任，在编辑决策行为中始终处于编辑决策治理结构中的重要环节；它不仅是编辑决策方案的动议者、制订者和策划者，也是编辑决策方案决定后的具体组织实施者和执行者。在科技学术期刊编辑决策治理结构中发挥着策划、服务、组织、协调、沟通、联络、实施、信息交流、总结的重要作用和职能。因此，编辑部的整体素质和编辑部主任的能力，对提高编辑决策质量具有重要作用。

3.编委会　科技学术期刊编委会是编辑决策活动，特别是学术决策活动中的主体，具有学术决策咨询、编辑决策咨询、学术导向咨询和重大学术报道或重点选题报道的咨询、建议和决策的重要职能，它是科技学术期刊的智囊团、学术质量把关守门员和编辑决策的学术共同体，并具有把握办刊方针与政策、驾驭学术导向和学科发展方向、研究期刊重大学术或学科发展问题、实施学术质量控制等重要责任，它的特点是学术民主、编辑决策民主，是科技期刊学术与编辑决策治理结构中的重要环节和组织形式。

4.审稿专家队伍　在科技学术期刊的编辑决策治理结构或编辑决策系统中，审稿专家队伍建设是编辑队伍建设的重要方面，由于其任务和功能与编委会有所不同，两者并不能互为替代。审稿专家队伍主要侧重于常规审稿的编辑决策咨询，承担同行专家评议，如日常审稿（论文评审），实施高度专业化学术把关和评价，并提出编辑决策建议、咨询意见、论文修改意见、补充实验意见等，这在科技学术期刊常规编辑决策中具有重要作用，具有一支学科和专业齐全的高水平审稿专家队伍，是科技学术期刊学术质量的重要保证。

5.专业编审组　科技学术期刊的专业编审组是根据其学科的专业化和领域划分的，其主要任务是对提交定稿会的稿件实施专业化集体审定和编辑决策，也就是对送审回来的稿件实施集体终审，一般由同一专业或研究方向相同的专家对稿件是否可以发表实施最终审定并做出编辑决策，以最大限度地控制审稿偏倚的发生，确保期刊的学术质量。同时，专业编审组也具有专科化学术咨询、选题和组稿等任务，是科技期刊编辑决策的高度专业化，具有松散性的学术咨询和学术决策咨询组织形式。

6.期刊学术委员会　科技学术期刊学术委员会是期刊自身松散的编辑学术咨询组织形式，是期刊本身根据工作需要，由本刊资深编辑专家和期刊编辑出版管理者组成，其主要职能是承担所属期刊编辑出版和学术质量的监督检查、出版后的审读、编辑出版质量检查、编辑规范执行情况评价、期刊编辑差错和编辑事故的认定与仲裁等。同时承担所属期刊编辑人员的学术讨论和学术活动、技术或学术咨询、编辑业务培训、编辑规范、编辑出版制度的起草和修订等。期刊自身学术委员会的健全，对活跃和促进自身学术活动、提高编辑人员的业务能力和编辑质量控制具有重要作用。

7.社长/总编办公室　上述编辑决策治理结构的系统环节都具有不同的侧重点，而期刊社的社长/总编办公室是要对科技期刊的编辑出版实施全流程决策控制，承担着全面质量管理、编制整体编辑计划、制订或修订编辑规范、组织期刊审读、编制编辑人才培训计划、制订或调整所属期刊的总体设计、期刊品牌培育计划、学术不端事件或编辑出版差错事故管理等，这对于保证编辑决策治理结构和系统的惯性运行具有协调和调度的重要作用。当然，对编辑学术治理结构中的学术组织单元，有些并非行政隶属关系。因此，在工作上不宜简单地采用行政命令的手段，而是以"民主-沟通-协商-建议-讨论"的工作艺术形式，促进共识，自觉履行职能，承担社会责任和义务，达到促进科技期刊和学术交流与发展的共同目标。

第九节　医学期刊编辑决策的内容

医学科技学术期刊编辑决策内容视其决策角色、职能范围和责任不同，而具有不同的编辑决策内容和重点，一般编辑决策有稿件评审决策、编辑选题决策、编辑策划决策、期刊设计决策、期刊经营决策。

1.稿件评审决策　是科技期刊的常规决策或日常编辑决策内容，也是科技期刊重要的编辑决策活动，它是保证科技期刊学术质量的重要关口，稿件评审决策特点是坚持同行评议原则，并坚持和遵守编审程序，为尽可能减少审稿决策偏倚，在稿件评审决策咨询中也可以实施双盲或单盲评审的方法，最大限度地控制感情因素对评价结果的影响。特别是要遵守稿件评审流程，坚持编辑出版制度和编辑规范。

2.编辑选题决策　科技学术期刊的报道内容或重点，其选题是办好期刊的重要手段，而选题决策的正确与否关系到选题成败和效果。因此，科技期刊选题要紧密结合学科发展，抓住学术发展的热点、难点和焦点问题，确实解决和回答学术发展中关键问题，推动学科和学术健康发展。因此，对于编辑选题决策应具有目的性、针对性、必要性和决策依据。特别是要根据读者和广大科技工作者迫切需要解决的学术问题选题，这样的选题决策才具有生命力，才会获得读者的欢迎与喜爱。

3.编辑策划决策　期刊的编辑策划是编辑人员的重要技能，通过编辑策划体现编者的编辑思想，落实办刊方针，同时也是期刊的常规编辑活动。因此，正确而有效的编辑策划是提高期刊社会效益、学术效益和经济效益的重要措施。而编辑策划决策的正确与否，来源于对策划方案提出的目的性、必要性、准确性和所制订策划方案的可行性与可操作性的正确把握。

4.期刊设计决策 科技学术期刊通过周密总体设计或当期个性化设计，可有效体现编辑思想，落实期刊的办刊方针和办刊宗旨，并体现办刊的目的性、目标性和期刊的特色。期刊设计包括总体设计、栏目设计、内容设计、封面设计、品牌形象设计、期刊广告设计、期刊发行设计等内容。这些期刊设计决策的正确与否，对提高期刊的办刊效果具有重要意义。

5.期刊经营决策 期刊经营决策质量、决策水平和决策效率是保证期刊经济效益最优化的前提，在编辑决策活动实践中具有重要地位。其决策的内容有期刊的广告经营决策、期刊发行模式决策、期刊品牌经营与延伸经营、期刊数字化经营、期刊投资项目、期刊学术与会展活动、期刊经营模式与盈利模式、期刊副产品的衍生经营等决策内容。

第十节 医学期刊编辑决策的程序

科技学术期刊编辑决策程序设计的科学性与合理性，可避免编辑决策程序设计缺陷或缺失，是保证编辑决策客观公正和决策质量的重要环节。对于科技学术期刊应具有严谨的编辑决策程序设计，但在编辑实践中违反编辑决策程序或不执行程序，依然不能保证编辑决策的科学性和决策结果的可靠性。因此，编辑决策程序设计和严格执行决策程序并举，以确保编辑决策质量和决策的公正性。一般决策程序为动议和决策立项→制订决策方案→决策咨询→决策评价→决策优选。

1.编辑决策立项 科技学术期刊编辑决策的前提是决策立项，也就是提出问题，而提出问题的过程是编辑决策创新的过程，也是发现问题和解决问题的过程。在办刊实践中，要根据学科发展和期刊经营的需要，创造性地实施超前编辑策划和期刊经营策划，制订出符合本刊实际的编辑策划方案和经营项目方案。若编者不善于编辑策划或不善于提出问题也就无从谈起编辑决策，所以，编者善于提出问题和勇于提出创新项目，并制订出可行的预选方案，是编辑决策的基本前提。

2.制定编辑决策方案 编辑决策立项只是提出问题，而提出问题并不能成为提交决策方案的成品，决策的成品是将提出的决策问题设计成可操作和可执行方案，并且其方案具有可选择性，也就是方案的制定和设计不限一个，这样对决策者来说，在决策时具有可选择的余地和优选空间。另外，在制订和提交决策方案时，要对所制订方案具有深入的调查研究，所提方案应具有必要性、真实性、科学性、客观性、可行性、可操作性、实用性，并对其预期效果和目标做出科学预测，最大限度地避免编辑决策失误。

3.编辑决策咨询 由于编辑决策和方案的提出者不可避免地受知识结构和能力的局限，因此，为避免决策方案可能存在的偏倚，方案制订后，可实施必要的编辑决策咨询，广泛征求同行专家、科学/学术共同体、读者或作者、相关部门等专家意见，完善编辑决策方案内容，对其科学性、目的性、必要性、可行性、实用性、可操作进行多维度的咨询分析，保证决策方案的可靠性，有效控制决策失当，并达到预期的决策效果和目标。

4.编辑决策评价　是对决策的实际结果、预期目标符合程度、必要性与可行性等实施分析与判断。因为在编辑决策发生时，其编辑决策的目标和实施方案都是人们期望的结果和目标，并非实际结果和实施过程，其中存在着不确定性。因此，要保证编辑决策的正确性，最大限度地控制编辑决策失误或决策偏倚，在编辑方案决策前实施必要的决策评价过程，以确保编辑决策的科学性。而编辑决策评价就是对决策事项通过其他智力资源实施评价，做出客观和科学分析与判断。其编辑决策评价的过程主要有如下几种。①编辑决策实施前的评价：它主要是对编辑决策方案或决策事项的必要性和可行性及预期做出分析评估，特别是编辑决策方案实施存在的问题、其所产生的效益（社会效益和经济效益）、实现编辑决策目标的可能性和预期效果。②编辑决策方案意义评价：要做出一项编辑决策，其目的和意义如何？这是决策者首先要考虑的问题，应避免编辑决策的盲目性。③编辑决策方案实施过程评价：对编辑决策方案实施的可操作性、时机性、可能遇到的问题和解决问题的策略、决策预期等做出评价，为正确决策提供依据。④编辑决策方案实施结果评价：主要对编辑决策实施效果进行预测和分析，全面客观评估决策方案实施要达到的结果，并对编辑决策预期的符合程度实施科学分析、预测和判断。

5.编辑决策优选　在对编辑决策方案实施咨询或评价后，对重大编辑决策方案还可再实施必要的集体咨询，如提交相应的编委会、专家委员会、评标委员会、科学/学术共同体等实施集群评价，发挥群体智慧的作用，最后有必要时，可以用无记名投票的形式做出优选或选择，最大限度地控制决策偏倚。对于经过编辑决策评价程序，将优化的编辑决策方案再提供给决策者，供领导者或决策者从中优选决定，这样可有效提高编辑决策质量，最大限度地减少决策失误，避免和控制决策风险的发生。

除此之外。稿件评审和编辑决策还具有不同的决策程序。例如，中华医学会系列杂志多年坚持实施的"三审五定"稿件决策机制和决策程序，是保证期刊学术质量和评价客观公正的重要措施，对保证学术质量和编辑质量发挥了重要作用。①三审：编辑初审→同行专家外审（最少二审）→集体会审（定稿会）。②五定（签发）：本文编辑→本期责任编辑→编辑部主任→总编辑/主编→主管社长。此外，在稿件评审决策中，坚持回避制度、异地专家评审制度、交叉评审制度、双盲评审制度、统计学与科研设计专门评审制度等，也是最大限度控制编辑决策偏倚发生概率的有效方法。

第十一节　医学期刊编辑决策方法

在医学科技学术期刊编辑决策活动中，其决策方法有一般决策方法、技术决策方法、宏观决策方法等，而有的适用于整个编辑决策过程，也有的仅适用于阶段性决策或特殊编辑决策。对于具有特殊要求或宏观编辑决策，使用一般决策方法难以达到预期决策目标，因而会涉及数学模型、形态模型、统计学分析等。因此，编辑决策方法的运用应根据不同决策项目、内容和性质而定，选择合适的决策方法，一般常用的编辑决策方法有以下几种。

1.经验决策方法　一般而言，同类科技学术期刊办刊的成功模式或经验具有相似性和模仿性，而期刊的成功做法和积累的经验又具有连续性、继承性与可借鉴性，因此，在编辑实践中可以根据本刊的成熟经验或其他期刊的成功经验及典型成功事例等，实施类比分析判断，实行模仿性、学习性和继承性编辑决策分析，这在编辑决策特别是常规编辑决策活动中是经常采用的决策方法。但是经验决策缺乏一定的科学性，因而其决策风险性也隐含其中，特别是对于期刊的重大经营决策或编辑策划决策，要慎重使用经验决策方法，以尽可能避免靠经验决策带来的盲目性和编辑决策失误。

2. 逻辑推理决策方法　编辑决策者通过对期刊的现象、性质、原因和发展规律等因素的掌握，通过严密分析和逻辑判断，推断出对另一同类事物的认识规律，因而针对本刊提出的问题做出相应逻辑推理性编辑决策。这种编辑决策具有较强的逻辑性和推理性，但这种逻辑推理性编辑决策应具有充足的条件作支撑，要在掌握大量科学数据和对本身决策事物本质规律具有足够认识的基础上实施推理性编辑决策，否则，也会蕴涵决策风险，加大决策风险发生的概率。

3. 成功案例调查方法　一般而言，具有良好社会效益和经济效益，在国内外影响较大的品牌科技学术期刊，其成功案例或经验必然具有独到之处。编辑决策者就是根据同类期刊的相似性和属性的相同性，从成功期刊典型案例中选出若干最接近本刊实际的代表性典型做法，对其成功的决策和做法进行剖析，实施深入的典型案例系统调查分析，以利做出符合本刊实际和规范的跟踪性、学习性或模仿性编辑决策。但这类决策容易受典型模式的束缚，使编辑决策缺乏创新性。编辑决策者可在其成功案例和成功经验的基础上，启动创新性编辑思维，精心设计和开拓出具有自身特点与创新的编辑案例。

4. 数学与统计方法　编辑决策者对期刊的决策项目实施定量或量化统计分析研究，以大量的调查数据和历史积累数据，特别是有效利用现代大数据，实施统计学分析或建立数学模型，根据模型进行运算和推导，这样可获得准确的计算结果，从定性到定量，把数学和统计学方法应用到编辑决策实践中，以统计数据分析和统计学处理结论作为编辑决策依据，为编辑决策提供科学数据支撑，这是保证编辑决策科学性的重要方法。

5. 期刊模拟模型方法　编辑决策者对实际编辑活动实施模拟性分析和研究，从模拟模型中呈现和认识编辑决策项目系统的结构和功能，使其对编辑决策事物的认识接近真值。决策者经过模拟模型实验和分析认为符合实际要求，对其可行性和预期决策目标有了充分认识，这时根据模拟结果做出编辑决策。这种编辑决策方法适用于特定编辑决策项目，而且须具备比较翔实的数据，并可借助计算机完成模拟模型的构建。

6. 编辑目标决策方法　是指由全体编辑、编委、期刊管理者等成员共同参与制订和实现总体目标的决策方法。这种编辑决策方法是要对期刊发展确定共同的总体目标，并通过组织或管理者自上而下的逐级分解和落实总体目标，其关键在于提出期刊发展和编辑总体目标，突出期刊的整体意识和共同参与，它的特点是要体现全体办刊人的认同感、责任感和紧迫感，因而容易达到编辑决策目的，实现编辑决策预期目标。

7. 编辑系统分析方法　编辑决策者应用系统科学观点，将期刊或编辑决策项目视为完整的有机系统，对编辑决策方案既要看到整体对局部的作用，也要看到案例对期刊系统的影响，又要考虑编辑系统、学科系统、科技学术系统、期刊市场系统与社会环境系统的关系，将编辑系统与社会系统的物质、能量和信息流的交换整体加以考查，使编辑决策最优化，发挥最大的系统效益。这种编辑决策方法的特点是强调系统观和系统分析，突出期刊或编辑系统各组成部分的系统性和协调性，可避免顾此失彼，最大限度地克服编辑决策缺陷，避免因个案决策对期刊整体系统的影响。

8.期刊整体平衡方法　在编辑决策活动中，无论是纯编辑决策还是编辑管理决策，特别是编辑行政决策，决策者都要从宏观指导、系统控制和维护各部分的综合平衡出发，注重编辑决策的平衡性，以避免决策后造成期刊运行系统失衡。尤其是期刊的宏观决策和重大决策大都涉及系统的各个方面，对期刊的决策者来说要重视和考虑相互协调、均衡、和谐，如期刊静态与动态的平衡，期刊投入、资源输出、编辑员工收入分配、编辑员工激励措施、期刊收益支配等平衡。避免一项编辑决策的做出造成对期刊运行系统的均衡性发生冲击，影响期刊编辑系统的运行效果。

9.决策咨询方法　科技学术期刊是群体或集体智慧产品，同时又是公共学术产品，由于人类个体知识结构和智能结构总是具有其局限性，特别是科技期刊的编辑，其学科知识具有很强的专业性和单维度性，但作为科技期刊的编辑决策涉及多学科和专业，具有多维度性。因此，在编辑决策实践中，很难对所有决策事项做出客观而准确的判断，这是很正常的。因而聪明的编辑决策者会借助"外脑"的智力资源为我所用，以弥补本身大脑智力资源和知识结构的有限性，也就是实施大脑外延和横向纵向延伸，借助外脑的智力或智慧资源，对编辑决策项目或方案实施不同领域专家决策咨询，征求多学科和不同领域专家的意见，这是既聪明又经济有效的编辑决策方法。

10.编委评审方法　科技学术期刊的编委会凝聚了本学科相应专业的国内外学科/学术带头人和著名专家，具有高度专业化和高智力集群，同时，编委会本身就具有智囊团的作用和编辑决策的咨询功能，因此，在编辑决策活动中，充分发挥编委会智囊团与群体智慧资源的作用，实施必要的学术评议或决策方案的评审，这样可最大限度地避免单纯个体咨询所具有的局限性。所以，请编委会专家对重大编辑决策实施评议、学术咨询或决策咨询，是提高编辑决策质量和有效控制编辑决策风险的重要方法和措施。

11.读者和作者调查方法　读者和作者是科技学术期刊的重要资源和客户，办刊的目的就是要满足读者和作者学术交流的需要，因此，"对作者负责，让读者满意"是科技期刊办刊的基本理念和出发点。所以，科技期刊的编辑决策要围绕读者和作者的需求，采用读者或作者调查的方法，向读者和作者实施编辑决策咨询，是办好科技期刊最有效的编辑决策方法和编辑决策的根据，这也体现了科技期刊编辑决策的溯源性，以此做出的决策是最具有生命力的编辑决策。

综上所述，科技学术期刊编辑决策具有其特殊性，而不同类别的科技期刊编辑决策的形式也存在很大差异，因此，应根据不同期刊性质，把握正确的编辑决策原则和决策方法，实施有效的编辑决策质量控制，全面提高科技学术期刊编辑决策水平。

第8章

医学期刊审稿质量控制与审稿方法

审稿，是医学期刊编辑的日常工作，也是期刊质量控制和编辑决策的重要保证制度和环节，无论是编辑初审、外审（同行专家评议）、终审等，不同的编审角色和审稿流程环节，具有不同的审稿方法和审稿质量控制重点，而医学期刊的审稿与其他非医学科学类期刊审稿的方法和侧重点具有不同的要求，这是由其医学科学的特殊性所决定的。医学期刊审稿的重点、要求和方法也存在一定差异。所以，了解和掌握医学期刊的审稿制度、审稿机制、审稿方法、不同编辑角色审稿重点等，是做好医学编辑的重要基础和基本技能。

第一节　医学期刊的审稿制度

医学期刊的审稿制度是一项重要的对质量、公正性与客观性的控制制度，它是保证期刊学术质量的根本性制度，也是维护作者权益，保证学术论文成果发表的科学性、创新性、先进性、实用性和真实性的制度保证和制度安排。

一、医学期刊审稿的目的

1.保证文章学术质量　通过审稿实施学术质量把关，保证所发表科研论文的学术质量。

2.科研成果评价　科研论文发表评审过程，其实就是研究成果的评价过程，通过评审，对科研论文的创新性、价值意义和存在的缺陷做出客观评价，为科研论文发表提供编辑决策依据。

3.完善和深化研究　中国科学院原院长卢嘉锡院士曾说过，科技期刊对于科研工作来说，既是龙头，又是龙尾。也就是说，科研论文发表的过程是科学研究的基本过程，是科研工作的组成部分。龙头，是科技期刊的学术引领和学术导向功能，对科研工作者和临床医师的指导作用；龙尾，是科学研究完善的过程，通过科研论文评审，对科研设计的科学性与合理性，结果、结论的可靠性做出评价，并提出科研设计存在的缺陷，补充修改和完善深化研究的建议，这对研究者来说是难得的财富。

4.发现不足，修改完善　通过对稿件的评审，发现其学术、文章结构和规范性等缺陷，并提出修改建议，为作者和编辑进行修改和完善提供思路。

5.启迪思维，促进交流　通过稿件评审过程，发现不同的学术观点、新的学术思想、新的理论和独到的学术见解，可选择性和具有针对性地安排学术交流和学术争鸣，交流学术思想，启迪科研思路。

6.发现人才，培养人才　科研论文评审的过程，也是人才发现、扶持和培养的过程，通过审稿，发现具有创新和学术潜力的研究人才，主动予以扶持和培养，这也是医学期刊平台的责任和义务。

二、同行评议制度

医学科技期刊同行评审或同行评议制度，是医药卫生科技期刊科研论文发表的通行做法，也是国际生物医学期刊审稿的普遍要求和审稿评价程序。实践证明，同行评审制度是保证医学科技学术期刊审稿质量和编辑决策科学化及民主化的关键环节。

1.同行评审的定义　同行评审，也称同行评议（peer review），是指专家学者对本学科、专业领域或本研究方向的学术成果论文的评价过程，这里主要指的是同行个体评议过程。其实，作为同行评审还不仅如此，其中包括科研论文成果的发表、著述的出版、科技成果评审评价、科技奖励评审、科研项目评定、专业技术职称评审、科技成果和医疗事故鉴定等。通常情况下，人们把请与被评审或评价主体的学科专业及所从事相应研究领域或研究方向相一致的专家学者实施评审，称为同行评审或同行评议。换言之，非同一学科、专业或研究方向，因对评审主体专业不熟悉，很难做出客观公正的评价，人们常说"隔行如隔山"，这就是同行评审的依据所在。

2.同行评审的发展史　医学科技期刊稿件实行同行评议由来已久，其形式也多种多样。科技学术期刊的同行评审最早的雏形可追溯到17世纪中叶的1665年，当时英国皇家学会《哲学学报》（*The Philosophical Transactions of the Royal Society*）创刊初期，该刊首任主编首先将文章请同业专家学者评审，以作为决定文章是否可以在该刊发表的依据，由此首开同行评议的先河。英国皇家学会会长Paul Nurse曾指出，英国皇家学会《哲学学报》是世界上科技学术期刊中首先致力于科学探索，并引进科学的优先权和施行论文稿件同行评议概念的期刊。不言而喻，这种同行评审方法想必对学术界的专家学者而言，总比期刊主编、编辑或编辑部自己决策要公平和客观的多。这种同行评议经过350多年的发展经久而不衰，而且被世界科技学术界所认可和推崇，一定具有其道理与合理性。虽然历经350多年，这种评议的基本思想大致没有根本的变化，但随着科学的发展和科技成果产出量的与日俱增，科技界学术交流日趋繁荣，科技学术期刊的数量和承载的信息量剧增，呈现出海量增长的态势，因此，同行评议也在与时俱进，成为科技学术界普遍评价手段，当然也成为科技学术期刊编辑出版的重要把关措施和环节。

其实，同行评审方法被世界普遍公认是在20世纪中叶，这主要是第二次世界大战后，世界科学领域科技进步导致科研论文成果数量的激增，特别是科技学术期刊种类和数量的海量增长，促进了同行评审的普遍应用。毫不夸张地说，如果没有同行评审就不会有庞大的科技学术期刊编辑出版业，当然也很难诞生众多的高学术水平、高质量、高品牌知名度、雄霸全球的著名权威科技学术期刊。因此，医学科技学术期刊同行评审制度是期刊质量的基本保障，也是科技期刊编辑出版质量的重要环节之一。而广义的同行评审制度起始的更早，比狭义的学术期刊稿件同行评审制度要早几个世纪。

根据有关文献记载，其同行评审原始雏形应该起源于叙利亚。在当时，叙利亚有明确规定，医院医生给患者诊断和治疗疾病，医生每次都要准备一份诊断和治疗文书的副本，如果患者治愈或死亡后，其疾病诊断和治疗文书的副本要汇总递交给专门的同行评审小组进行审议，医生可能由于存在过错或医疗失当而由此受到相应处罚，这就是最早同行评审的起始和雏形。

三、科学/学术共同体评审制度

学术共同体或科学共同体，是同一领域、同专业或同一研究方向专家学者的资源结合的集群，他们所产生的学术思想、智慧或学术成果，是一种群体智慧结晶，是个体科学家智慧、学术思想、学术观点群体整合与共识后的群体智慧，其特点是更具有科学性和权威性。

1.科学共同体的基本定义　科学共同体（scientific community），也称学术共同体，是指由共同遵守同一科学规范和科学伦理道德的科学家所组成的群体；在同一科学规范和伦理道德的约束及自我认同与认可之下，这些学术共同体的成员从事同一学科专业和研究方向，并掌握着大体相同的学术文献和接受大体相同的理论知识，并且有着共同的科研探索目标和专业研究兴趣。1942年，英国科学家、哲学家和社会学家M.波兰尼首先提出科学共同体的概念；美国社会学家R.K.默墩也很重视和强调科学共同体的作用，他认为科学的目的是探索未知，获取科学而可靠的理论知识和技术方法，而科学共同体或学术共同体的任务则是建立和发展科学家之间的智慧，为获得可靠理论知识和学术思想与学术观点的最佳交流关系。而他提出科学共同体的准则即规范性、普遍性、公有性、大公无私和有根据的怀疑态度。1962年，美国科学史家和科学哲学家T.S.库恩的《科学革命的结构》一书出版后，科学共同体的概念更加引起自然科学界和社会学界的广泛重视。而库恩的贡献是提供了科学共同体形成与发展和转变的认识论基础。

2.医学期刊学术共同体的同行评审　医学期刊科学共同体或学术共同体，主要特指编委会、专业评审组、专题学术委员、会议学术委员会、专家委员会、评审委员会、专业组、指南研究组、专家共识起草讨论组等松散的专家集群组织，是某一专业科学家作为群体的一般存在形式，也具有常设性或临时性学术群体组织的特点。

虽然科学共同体具有较多功能和责任，但其中一项重要功能是科学共同体的守门把关、评议、评审、鉴定等功能，这是为医学期刊所看重的主要功能之一。这就是科研论文发表评审、学术成果评价认可与公开发表及奖励的社会认可过程，这是医学期刊所发表科研成果文献科学性、创新性、实用性和真实性的重要守门把关环节和守护者。而守门把关的重要手段则是同行评审和论文稿件的系统审查。当然，这里指的是作为学术共同体的编辑委员会或专业评审组等群体同行评价过程，而不是同行个体评价过程。

当然，不管是同行个体评议（如稿件送某一编委、审稿专家审稿），还是学术共同体群体同行评议（如编委会或专业评审组）集体讨论形成共识和编辑决策等，都是在期刊编辑制度和编辑规范的约束下实施的。任何学术共同体都应严守科学伦理道德和科学标准，敬畏和遵守科学精神，严于律己，客观公正地评价每一篇科研成果论文。因此，需要严密的程序设计和严格的同行专家遴选规章制度及标准，特别是科研论文评审和医学科技期刊编辑出版与发表，是典型的学术或科学共同体的群体智慧知识产品的呈现和最后出口之处，其科研论文成果发表的过程，就是成果同行评价认可和社会认可的过程，因此，必须具有科学严密的学术治理结构和严谨、规范及合理的程序设计，严防死守，真正把好这个学术关口，确实从同行个体评议和同行群体评议中做到优胜劣汰，发现科研创新亮点和成果，培育和激励科技优秀人才脱颖而出。

3.科学共同体评审的特点　科学共同体咨询、科学共同体评议、科学共同体论证等，其最大特点是智慧或成果的群体性，它凝聚的是群体同行专家的智慧结晶，调动和激发的是群体专家的聪明才智，整合的是群体专家的智力资源，发挥的是群体专家的作用。众所周知，学术或科学共同体及世界科技学术界还有未成文的律令，那就是所有科学研究成果，必须首先在科技学术会议和科技学术期刊发表，特别是以其在正式公开发行的科技学术期刊发表为其知识产权的归属和时间界定的依据之一，其他新闻报道、社会流传等都不认可或成为依据，也就是接受科学家的同行评审和审查，然后在期刊公开发表才被认可，任何越过科学共同体，诸如召开新闻发布会，在公众媒体、新闻媒体和新媒体等草率传播和炒作，是有违科学规范和科学伦理道德的行为，当然为科学家和科技学术界所不齿。

另外，在这里特别指出的是，医学科技学术期刊每年都发表大量各个学科和专业的疾病诊断和防治指南、专家共识、诊疗规范等指导性学术文件，这种学术性、权威性和指导性的学术文件，是典型的学术共同体或科学共同体群体智慧的成果和结晶，严格讲是不合适以专家个体名誉或署名发表的，科学家个人或个体发表学术指南和规范性学术指导性文件是不合时宜的。其理由：一是这类学术指导类文件，应该是学术共同体或科学共同体群体认可或同行评价，是典型的群体智慧产品；二是专家个体起草撰写和个体署名发表，很难具有其客观性和权威性。

因此，医学科技学术期刊在组织撰写这类学术指导性文件或评审发表这类指导文件时，应严格和慎重，不应由专家个体撰写、专家个体署名发表这类指导性学术文件，一般应以学术共同体或科学共同体群体组织集体撰写、研讨和认可（当然应有主要执笔起草者或领衔专家），在医学期刊发表时，其署名也以学术共同体或科学共同体的名誉署名发表，如中华医学会糖尿病分会、中华医学会内科分会内分泌学组、高血压病临床诊疗指南专家委员会、甲状腺诊疗专家共识专家组等学术共同体形式。当然，为体现参与专家的学术贡献和智慧，其参与专家在文后依据贡献大小，依次列出专家个体名字，如执笔起草者、参与讨论和研讨者等，以显示其对成果的贡献和尊重，同时，也具有学术发展历史的史学价值。

四、医学期刊"三审五定"制度

在医学期刊审稿评价实践中，特别是在中华医学会主办的医学期刊编辑出版流程及审稿制度中，"三审五定"编辑出版制度多年被普遍应用，被誉为"最严格的审稿制度"。这大概也是中华医学会系列医学期刊始终保持高度严谨、高编辑出版质量、高学术水平和高品牌影响力的原因所在。

1.医学期刊"三审五定"的基本概念 "三审"即编辑部分管编辑初审（一审）、同行专家评审（二审，送两位以上同行专家评审）、学术共同体群体审定（终审，专业审稿组）；"五定"即供稿责任编辑审定、本期责任编辑审定、编辑部主任审定、主管社长审定、总编辑审定。各个环节不同编辑角色各司其职，层层把关，逐一审阅签字负责。这一制度的优点在于，通过同行专家评议审稿，学术共同体，即专业编审组集体讨论审定，可最大限度地控制审稿偏倚因素的发生，保证文稿的学术质量，严格控制学术不端行为，同时，在很大程度上避免了人为因素造成的审稿偏倚。但也存在难以两全的问题，这就是进入审稿程序和编辑出版程序，其流程较长，造成论文稿件的发表周期或时滞相对较长。因此，如何加快审稿和编辑出版流程各环节的处理周期，是编辑部要应当考虑的问题。

2.初审（内审） 一般是由编辑部专职编审或兼职专家完成初审任务。

（1）初审的目的：初审的主要目的是对期刊来稿实施快速初筛，以免对明显不符合本刊发表要求的稿件进入审稿程序。一般来讲，各个学术科技期刊来稿或选题组稿数量都比较大，若不加以初步遴选都送同行专家评议或其他处理程序，这无疑增加了编委、审稿专家等同行评议审稿负担，同时，也加大了无效劳动和审稿成本；此外，通过初审，编辑仔细要阅读稿件，了解和判断论文稿件的研究内容和专业，以利准确选择同行评审专家及时送审，保证送同行评审成功。

（2）初审的基本任务或标准：初审阶段，编辑通过阅读全文，主要判断论文稿件内容是否符合本刊所报道范围和读者对象，是否符合在本刊发表的要求，是否符合本刊约稿要求，对存在明显的科研设缺陷和重复性研究工作及缺乏新意的同类报道稿件酌情审定退稿；同时审查和判断论文稿件撰写的规范性。初步判断研究内容的创新性、科学性和学术价值，然后准确选择相应同行评审专家，及时送同行专家评审，对涉及复杂的统计学处理和科研设计的研究论文，还应选择医学统计学专家评审，涉及基础和临床的还应考虑同时送审相应专业的基础研究专家和临床医学专家评审。为了缩短审稿流程，尽量几个同行专家同时送审，以免因分期逐步送审，即回来一个再送审一个耽搁时间，加大同行评审周期。

（3）初审的要点：初审的要点是能清楚论文稿件的研究内容和专业，保证送同行评审不会发生偏差，送到非本专业或根本不熟悉本研究的评审专家处审阅，以免影响审稿流程或发生审稿偏倚。另外，要准确把握初审退稿的标准，以免盲目退稿漏失重大或具有潜在价值的研究成果。

3.外审（同行专家评审） 医学期刊同行评议，是医学科技学术期刊审稿或把关的重要环节，它是保证稿件学术质量的关键。

（1）外审的目的：主要是学术质量把关，审其是否具备本刊发表的条件、其真实性和存在的问题、需要补充修改的内容。

（2）基本任务和标准：同行专家评审的主要任务是在学术质量上，至于具体文字或文章结构一般不用同行专家耗费宝贵时间，这一般由编辑部分管编辑对文字、规范化和文章结构等存在的问题进行斟酌和修改。同行专家重点在研究论文的科研设计、统计学方法、样本设计等方法学上审查，根据科研设计和统计方法是否合理，结果和结论的科学性和可靠性如何，科研设计的合理性或存在的缺陷，以判断其结论的可靠性，是否符合医学科研伦理道德要求和学术不端行为或现象。一般学术期刊科研论文发表掌握的基本标准是论文的科学性、创新性、实用性、真实性基本标准。

（3）评审要点：同行专家评审时，还要注意本刊的基本水平，量体裁衣，以免评审标准和要求过高，使期刊稿件贫乏，要求过低，影响本期刊质量和水平；另外，还要注意文章的性质和体裁，对于医学科研论文，也就是原始研究（论著），就必须要求其科学性、创新性、实用性的标准；而对于评论性文章，如述评或专论等，就必须要求其发表的实际意义、对学术的导向性、对临床或学科发展的指导性、学术观点的鲜明性、所提建议或对策的合理性及操作性等；如果是普及性文章，如专题笔谈、专题讲座等，主要掌握其文章发表的意义、科学性、实用性和指导性等；对于二次文献性文章，如综述性文章，主要掌握其新颖性、实际意义、是否通过大量国内外最新文献分析，发现和推导出新问题、新观点、新线索、新建议等，综述文章并非他人文献结果、结论和观点的罗列，最重要的是能给同行以启发和指导。

同行评审环节是在编辑初审基础上送审，因此，编辑送同行专家评审时，送审编辑要充分了解所送专家的研究专业和研究方向，确保送审准确，以免论文研究专业与专家专业相悖，造成审稿流程进度或审稿偏倚。所以，分管编辑在送审时，要根据论文研究和科研设计的性质及复杂程度，对送同行专家有一个初步设计。例如，送同行专家评审，涉及复杂医学统计学方法时，同时送医学统计学专家或临床流行病学专家评审，研究内容涉及交叉学科时，还要同时送相关交叉学科的专家评审，最大限度地控制审稿偏倚的发生。

4.专业编审组集体审定　专业评审组相当于医学期刊的一个学术共同体，也就是说，这一环节是集体说了算。专业编审组群体审定形式，这在中华医学会系列杂志中大部分期刊编辑部都根据期刊所涉及的专业不同，设有数量不等的不同专业的专业编审组。一般各专业编审组都设有组长或副组长，其主要职责是负责主持审稿会，对编辑部提交的相关专业的文章实施集体同行评审；其成员也都是本专业领域高水平同行专家，成员数量一般都为7～10人，甚至更多。

（1）专业评审组评审的目的：其主要目的是对一审和二审基本通过的稿件，实施集体评议和评审，对稿件逐一审议，并全面权衡，特别是对二审同行专业意见不一致或具有明显争议的稿件，实施集体讨论和评议，以决定取舍，并对稿件提出补充修改建议。

（2）专业编审组的任务：专业评审组的主要任务是将编辑部提供的经过一审、二审通过的稿件或具有争议的稿件再实施集体审定，最终决定是否可以录用在期刊公开发表或进行哪些补充修改。其主要目的是发挥学术共同体的群体智慧，实施群体或集体评议，以最大限度地控制审稿偏移的发生，保证稿件的学术质量。特别是对具有争议的稿件，进行集体讨论和评议，以利形成共识，决定取舍。实践证明，即使二审有2～3位同行专家评审都建议或同意发表的稿件，在三审，即专业评审组群体评审时，其被否决的稿件也不乏其例。

（3）专业编审组评审的重点：其重点是对比较重大的科研创新论文、二审专家评审意见严重分歧者、具有争议性研究或结论、具有争议的学术观点、编辑部提供的特别选题约稿等，专业评审组实施重点讨论和评议。

5. 医学期刊"五定"制度 医学期刊"五定"制度，是进入编辑出版流程的必要的质量把关制度，它是在严格的稿件评审流程结束后，实施的编辑出版流程，也是不同编辑角色所应承担的责任，在这一流程环节中，不同的编辑角色把关的侧重点有所区别，但总体目标和任务都是医学期刊的全面质量控制。

（1）供稿/本文责任编辑审定：供稿编辑审定签字，主要是分管编辑对审稿流程通过的并经过退修的稿件，供稿责任编辑对全文进行严格推敲和编辑加工，使其达到排版发表的规范要求，并在提交本期责任编辑时审定签字，以示负责。对于所发表稿件的质量问题，本文编辑（责任编辑）的作用很重要，其关键点是，在退修时本文责任编辑能够把所有同行评审意见和建议，以及本文责任编辑所发现的规范化等问题，实施周到而全面的综合分析与整理，认真撰写好退修信件，逐条提供给作者斟酌和补充修改，尽量保证一次性退修成功。本文责任编辑在编辑加工阶段还要逐字逐句和全文推敲及修改，直至达到规定的规范化发表要求，因此说，编辑加工阶段是编辑出版流程环节中的重要阶段。

（2）本期/当期责任编辑审定：本期或当期责任编辑审定，主要是对所有供稿编辑提供的发排稿件都要进行逐一审阅，审定签字。当期责任编辑的主要任务是对本期杂志实施总体设计，包括内容总体设计、重点内容设计、栏目总体设计和布局、当期版面的总体设计等，并对当期所有稿件的规范化、稿件质量问题、是否符合审稿流程等实施总体把关和负责，及时反馈给本文责任编辑进行斟酌和修改。

（3）编辑部主任审定：本期责任编辑对整期稿件编排完成后，提交给本刊编辑部主任审定签字。编辑部主任审定的主要任务职责是，对当期所有准备发排的稿件实施总体把关，其任务是对本期的重点内容、总体设计的合理性、栏目设计的科学性、稿件评价流程的严谨性、重要内容的质量和政治性问题实施把关，并对期刊质量负有主要责任。

（4）分管社长审定：分管社长审定的主要任务是，对本期重点内容、总体设计、重大学术问题、重要文章或政治性问题实施总体审定把关，以尽可能控制重大编辑失察或编辑失误的发生。

（5）总编辑/主编审定：期刊总编辑或主编审定，是整个稿件的评审流程和编辑出版流程的最后环节，在这一环节，总编审定的主要任务是，对本期学术内容和学术质量负总责，其审定的重点是总体学术内容的质量、重点内容和重点文章学术质量问题、总体学术导向、涉及的重要的医学科研伦理道德及医学伦理问题、重要结论的科学性问题等。对存在的重大学术问题，及时反馈给编辑部主任或分管社长实施斟酌或处理，避免重大学术失误或失察的发生，把隐患和问题控制在期刊的出版和发行之前。

第二节 医学期刊编辑审稿方法

医学期刊的审稿方法主要是建立在同行评审制度基础上的审稿方法的适宜性选择，在严格遵守稿件评审流程设计的前提下，根据相应期刊的实际采用不同的审稿方法。其主要的审稿方法有非盲法审稿、公开审稿、盲法评审等方法。

1.非盲法审稿　这种审稿方法主要是评审者知道作者名字、通讯作者、作者单位、合作单位、联系方式等信息；当然，编辑部也不用对稿件进行盲法处理，取消稿件的所有作者信息，作者也可以向编辑部推荐审稿专家，把最熟悉自己研究论文内容的同行专家推荐给编辑部，以供责任编辑实施同行评审设计，优选同行专家审稿人。这种同行评议审稿方法的优点是节省稿件处理程序，评审者知道作者所从事的研究方向和学术水平，同时，在评审中遇到相关问题方便与作者沟通交流；作者也可以与评审者交流和沟通，解答和解释研究工作的背景与科研设计想法。其缺点是评审者容易碍于情面而发生网开一面，甚至发生审稿偏倚的可能性，这主要靠评审专家的自律性、科学精神和伦理道德的自我约束。

2.公开审稿方法　公开审稿方法也就是公开评议，它与以往单盲和双盲同行评议相比，具有公开性，也算是一种新生事物或新的评审方式与思路，其最早始于1996年《互动媒体教育杂志》（*Journal of Interactive Media Education*），之后也有科技学术期刊效仿。这种同行评审方法是作者与评审专家彼此都相互知晓，作者和评审专家都不需要隐匿，谁都知道是谁，评审者与作者都公开在明处。其优点是评审专家可以质疑询问，作者可以申述，主动或被动讲清自己科研设计思路和设计初衷，辨明是非，解答评审者疑惑或难以理解之处；显示其高度的学术民主性和公开透明性，消除潜规则之说。但也存在着缺陷和不足，由于评审者和被审者双方知己知彼，同行评审专家很可能会心存顾忌，给客观评价带来心理压力和障碍，因而造成审稿偏倚；被审作者也可能出于发表目的或功利目的，对评审者实施某种形式上的情感投入，动摇评审者的主观意志，从而发生倾向性和客观性。这种审稿评议方法目前还存在一定异议，使用时应慎重选择，尽量征询本刊编辑委员会专家集体的意见和建议，严格遴选其合适的同行评审方法。

3.盲法评审　在医学期刊同行评审实践中，盲法同行评审是应用比较多的评审方法。在盲法评审中，又可分为单盲评审方法和双盲评审方法。但也有研究认为，盲法审稿并非能够达到理想结果，因为同行专家在其本领域内，谁在从事哪些课题研究，某些研究成果出自何单位或何人，一般都能分析出来，很难达到盲法评审的初衷。但不管如何，盲法评审方法起码在形式上具有公正客观的一面。

（1）单盲评审方法：也称单向隐匿审稿方法，它是指作者不知道谁在评审自己的稿子，但同行评审专家知道作者名字和单位等信息。当然编辑部分管编辑也知道作者是谁，当论文稿件评审返回编辑部后，分管编辑再对同行专家评审意见或建议进行分析与综合，整理后以编辑部的名誉将审稿意见和建议反馈给作者，而评审专家的情况是向作者保密的，不告知是谁评审了自己的稿件。这种评审方法的目的是保护评审专家姓名不至于被泄露，达到保密的目的，以免作者对评审者的干预，也减少评审专家的心理压力和影响，保证评审的客观性。这种单盲评审方法在国际上的科技学术期刊中应用比较广泛，较多的医学期刊是单盲方法实施同行专家评议。

（2）双盲评审方法：也称双向隐匿评审方法，它是指作者和同行评审专家双方均不知道作者与评审者是谁，这是编辑部在送同行专家评审时，对稿件上的作者信息进行处理，删去所有作者名字和单位等作者信息，当然也不告知作者其评审者是谁，只有编辑部相关编辑知道彼此对双方，即评审者和被审者的信息知情，其初衷是对双方同时保密。但这种双盲同行专家评审方法，将大大增加编辑部对稿件处理的程序和难度，也容易造成失误或错误，同时，因同领域研究专业和研究方向的局限性与相互熟知性，也很难达到双盲评审的理想结果，一般同行基本都熟悉谁家在做什么研究及水平，要做到绝对双盲是很困难的，故在国际上医学期刊中应用比较局限。

4. 同行评审的基本原则　编辑部完成初审，在送同行专家评审中，除了视情况选择不同的同行评审方法外，编辑部在送同行专家评审时，还应遵循专业对口、专家分散、合理回避、交叉送审、合理保密、同行多审、控制审稿负荷、不可替代性的基本原则或要求。

（1）专业对口：俗话说，各行如隔山。随着学科和专业越加细化，专家研究方向不同，对科研论文的评价和判断的准确性也存在很大差异。因此，编辑部要准确把握稿件研究内容所涉及的专业领域，并对送审的同行专家的专业和研究方向具有深入了解，确保稿件研究内容与同行评审专家对口，以利审稿专家做出客观评价，避免发生审稿偏倚现象。

（2）专家分散：编辑部在送审同行专家评审时，要注意分散送审，避免过于集中，如避免过于集中在同一地区、同一医院、同一科研院校，甚至同一科室的审稿专家，尽可能避免各种因素对稿件评价的客观性的干扰。

（3）合理回避：编辑部在送审时，应避免将同一单位的论文稿件送相同单位的审稿专家评审，也不可以送作者的老师或关系密切的审稿专家评审。同行评审专家遇此情况应予以回避措施，特别是在专业编审组召开集体审定会议时，当评审和讨论到作者是本医院或同一科研单位、亲属或学生的稿件时，相关评审专家应采取暂时回避的措施，以避免利益冲突的发生。

（4）交叉送审：论文稿件送同行专家评审时，编辑部尽可能分别送不同科研院校、不同医院、不同地区的审稿专家交叉评审；根据稿件研究内容，也可以交叉送相关交叉学科、医学统计学和临床流行病学专家评审。

（5）合理保密：对同行评审和作者信息相互保密，即背对背评审；对退稿反馈作者评审意见时，为维护审稿专家的权益，应避免将审稿专家信息告知作者，以保证评审的客观和公正性。同时，同行评审专家也具有为作者所研究内容和科研思路保密的义务及责任。

（6）同行多审：在送同行专家评审时，应至少同时交叉送审两位以上审稿专家评审，最好同时交叉送审三位审稿专家。一稿多审可增加把关和客观性，但一般稿件过多审也没有必要，这会增加审稿周期和论文稿件的时滞及编辑部经济负担。

（7）控制审稿负荷：编辑部在送审时应尽量避免数量过多或过于集中，以免造成审稿专家审稿负荷过重，影响审稿的质量和审稿效率。一般来讲，同一位审稿专家掌握在 10～15 篇 / 年。

（8）不可替代性：对于同行专家评审和期刊审稿程序或审稿流程，任何其他形式意见，如单位和机构的鉴定意见、评审材料、媒体报道等，都不具有可替代性，也就是不能替代审稿流程和同行评审的基本原则。作者提供的相关鉴定意见或评审材料，尽可能规避审稿专家，以免影响审稿专家思路和评审的客观性。

第三节　医学期刊审稿的特别处理机制

医学科研论文发表过程是一个学术民主、学术评价和成果评审的过程，其目的是要保证具有创新性、科学性、实用性、真实性、科技竞争性强的重大医学科技创新成果，新的理论和新的学术思想能够尽快发表，使其迅速融入国际学术交流体系。在医学期刊学术论文评审流程和编辑出版流程中，如何快速实现上述编辑理念和编辑目的，除了实施论文评审流程和编辑出版流程优化、再造措施外，还要建立必要辅助评审和编辑出版机制，以尽可能提高期刊的学术竞争力。

1.快速评审机制　医学期刊快速评审机制，主要是指基本评审流程外的评审机制，它主要目的是，为加快具有重大创新成果和突破性的新成果、新理论和新的学术思想能够以最快速度发表出来，尽快融入国际学术交流体系，以争取首发权和知识产权，增强和提高国内和国际学术与科技竞争力所建立的学术快速反应机制。

这种快速评审机制其实就是医学期刊的学术快速反应能力，学术期刊编辑部和编审者为重大创新成果快速发表特别提供的"绿色通道"。但它应具备几个条件方可进入"快速通道"。①作者或研究者申请：作者在投稿时，首先向学术期刊编辑部书面申请，申明其研究论文成果的简要国际发展背景、创新性和重要性及学术意义。②同行专家推荐：如果研究者或作者未申请快速评审，具有同行专家推荐快速评审或快速发表的，编辑部也可以将其列入快速评审机制。③对符合快速评审条件的研究成果论文，编辑部可适当加收快速处理费用，当然，最好应在期刊《稿约》中加以说明。对于作者为了晋职称、学位评审、科技奖励等个人功利目的申请"快速通道"者，一般不予以放行。

对列入快速评审机制的论文稿件，编辑部应特例破常规快速处理稿件，避免在编辑部或编辑手中耽搁时间，以最快的速度送同行专家评审。编辑部在送同行专家评审前，要与同行专家沟通和确认其完成评审的要求，并向专家申明其背景，要求限定审回的期限。编辑部在送同行专家评审时，一般同时或同步送三位以上同行专家评审。当三位以上同行专家评审回来后，其评审意见都基本一致，确属重大创新或突破性科研成果，则可再呈送期刊主编/总编辑认可或编辑部集体商定即可做出快速发表的编辑决策。

2.快速编辑出版机制　对做出快速发表决策的论文稿件，应快速进入编辑出版流程。为加快编辑出版流程，应实施编辑出版优先原则。

（1）编辑加工环节：编辑对快速发表稿件优先实施编辑加工，迅速完成论文稿件的相应修改和规范化修改，使其达到发表的规范标准。

（2）快速出版环节：排版或出版人员接到快速发表稿件，应实施优先出版原则，按照事先预留版面或撤版让路的措施，将已排版、定版或准备出版的稿件选择性地撤下来，将快速发表稿件补上去。

（3）快速出版印刷环节：编辑部应向印刷出版人员申明，将本期杂志列为快速出版印刷的行列，使其能够以最快的速度实现快速发表，以保证其研究成果捷足先登的效果，最大限度地提高学术和科技竞争力。

3.申述重审机制　要保证学术期刊的学术民主性，同时，最大限度地避免具有潜在创新和学术价值的研究成果漏失，使其失去发表时机。因此，医学期刊建立申述重审机制是必要的，它既体现了期刊的学术民主性，同时也保证了作者或研究者的基本权利，这也是学术期刊编辑应遵守的编辑伦理道德。

申述重审机制，主要是对已退稿的研究论文，作者对其退稿意见或退稿处理难以接受，作者"不服判决"的稿件，可由作者书面、电子邮件或电话申述重审。作者要申明其重审的理由和依据，尽可能说明其研究的创新之处和学术价值及意义所在，也可以由作者建议或推荐同行评审专家，建议规避的同行评审专家。编辑部对提出申请的退稿作者要慎重对待，及时设计重审方案，合理遴选同行评审专家，以保证其同行评审的客观性，并根据重审意见做出客观、科学的编辑决策。

第四节　医学科研论文常见的方法学错误与审查要点

在医学期刊审读中，从其发表的科研论文科学性和学术质量方面讲，比较常见的是方法学问题，其中比较常见的是医学科研设计方法缺陷或统计学处理失当。科研方法学缺陷或错误，会直接影响其研究结果和结论的可靠性与科学性，这是医学期刊编辑人员始终应当重视的期刊质量问题。因此，医学编辑应当对医学科研论文常见的方法学错误具有足够的认识，并在审稿和编辑实践中加以有效控制。

一、临床医学科研论文研究对象设计缺陷

在临床医学研究论文中，研究对象或样本的设计、入组标准和样本量等，都是影响临床医学科研论文质量的重要因素，其常见的样本设计缺陷有如下几种。

1.疾病诊断金标准选择缺陷　在临床医学科研设计中，在研究对象的选择上，缺乏样本质量控制标准，常以不可靠的诊断方法作为金标准，致使研究样本的质量与可靠性受到质疑，严重影响了所得结论的可信性。另外，研究样本设计缺乏金标准，仅与非金标准诊断方法做一般统计学差异比较，这也严重影响了研究结果和结论的可靠性。例如，在重症急性呼吸综合征（SARS），也称传染性非典型肺炎疫情期间，据说在收治的SARS患者中有15%并非SARS，而是有大量其他普通肺炎或其他普通发热患者混杂其中。但在疫情期间或疫情之后，产出和发表了大量相关临床研究论文，用这些样本进行分析得出的某些结论其可靠程度可想而知。所以，用金标准筛选研究对象，是保证科研质量的关键。例如，1972年美国《儿科学杂志》曾发表过一篇论文，题目是《婴儿突然死亡综合征》一文，该论文结论是，婴儿突然死亡综合征是一种遗传性疾病。但在论文发表23年后，婴儿死亡的母亲供认是她闷死了自己的5个孩子；经过调查证实，这是一起谋杀案，而非疾病，更不是遗传性疾病。因为这一论文发表错误，直接导致美国国家卫生研究院数百万美金科研经费投入的损失。这一事件给医学期刊编审人员什么启示？作者科研论文病例具有何种诊断依据或金标准证明是遗传性疾病？是有遗传家系调查，还是具有染色体或基因检测分析做出的基因诊断依据？这虽

然是作者的医学科研道德问题，罪责难逃，但同时也是医学期刊编审人员严重失职的例证。

2. 样本或对象选择缺陷 在临床科研设计时，只选择健康人群作为对照；在其研究对象中，缺乏易混淆病例或者不交代入组病例的轻重程度，使临床科研设计存在严重缺陷，失去了其研究意义和价值。此外，还有的临床研究缺乏对照组，在其临床科研设计中未考虑对照组的设计，造成严重科研设计缺陷。在临床科研设计中，研究样本的选择要符合随机化的原则，以确保所选样本能够客观地反映总体。某些临床医生对随机化原则认识不足，有不少作者对随机化分组的意义及方法不够了解，误以为随机就是随意，没有真正理解随机的方法和意义；有的交代了随机抽样，而没有交代抽样和分配的具体方法；也有的甚至主观地在论文撰写中冠以随机化的描述，其实根本未按随机化原则进行分组设计和实施，这些都影响了临床科研设计的严谨性和结果与结论的可信性。

3. 金标准比较方法缺陷 在研究样本选择和入组分配时未使用盲法；还有在医学科研论文中未交代或叙述本研究的重复性试验结果。在一些实验室诊断性的研究论文中，应该采用而未采用实验诊断评价方法或评价指标。

4. 临床诊断性研究评价指标缺陷 在诊断性研究方面，特别是实验室诊断性研究方面，比较常见的是临界值或正常值确定不合理，入组对象诊断标准缺陷或掌握不严。还有就是敏感性、特异性、准确率等评价指标应用不正确。此外，在有的实验诊断性研究论文中，其联合实验指标评价有缺陷。

5. 临床对照设计缺陷 在临床医学研究中，实施对照设计是常用科研设计方法，它是指某种试验要阐明相应因素对对象的影响和处理效应或意义时，除了对试验所要求研究因素或操作处理外，其他因素都保持一致，并把试验结果进行比较的试验，在研究过程中通常分为试验组和对照组；试验组是接受试验变量处理的研究对象组；对照组也称控制组，是不接受试验变量处理组，两组一般是随机决定，由于试验组与对照组无关变量影响，因而是相等、平衡的，因此，试验组与对照组两者之差异，一般可认定为是来自试验变量的效果，这样其研究结果和结论才是可信的。这在临床医学科研中尤为重要，不设对照就难以鉴别其差异。在临床医学科研论文中，影响其科学性的主要原因是对照组的设计不合理或存在缺陷。众所周知，在临床上，疾病的自愈现象是疾病转归的普遍现象，也就是说人类的疾病具有自愈倾向，由于人体患某些疾病后，机体应激反应的作用或应激活力增强，激活免疫系统，因而出现病情自行缓解的现象；当然，人类疾病还与诸多病理过程的复杂因素的相互作用有关，除治疗因素外，还受精神、环境、营养等诸多因素的影响。因此，在临床医学研究中，如果不通过严格的对照设计，进行对照试验研究，就很难得出正确的判断和结论，难以说明其结果是何种因素作用的结果。在编辑实践中，经常可以看到有些医学科研论文，特别是临床医学研究论文，虽然设有对照组，但入组研究对象缺乏均衡性和可比性，同样会严重影响研究结论的可靠性。

6. 研究对象随机分组均衡性缺陷 在医学科研设计中，其对照组与试验组还必须遵循均衡性原则，以保证分组样本的一致性，也就是说对照组除了缺少试验处理因素外，其他条件应与试验组保持基本一致，从而排除非处理因素对结果和结论的影响。

例如，试验组与对照组两组的年龄、性别等应均衡一致，如果在分组设计时对照组与试验组缺乏均衡性，这会给对照组与试验组造成样本设计差异，使研究的可比性降低，影响研究结果的真实性。例如，一项高血压病患者肾脏早期损害指标的研究，其研究目的是探讨高血压病患者早期肾脏损害的诊断方法，研究对象为74例高血压病患者，其中男43例，女31例，平均年龄61岁（40～73岁），对照组为健康体检职工53例。众所周知，高血压病与年龄关系很大，而研究者并未说明对照组的年龄和性别，但一般讲，在职人员年龄不会太大，因此，本研究试验组和对照组入组样本很明显缺乏可比性或均衡性。

7.样本量设计缺陷　在大量临床性研究论文中，在样本量的设计上存在量不足的缺陷。大家知道，抽样误差是普遍存在的，即使再高的抽样技术，也不可能使样本完全反映总体情况；样本过小，很难代表目标人群，这在统计学上，其样本越小，误差也就越大。因此，在其样本量的设计上，要尽可能满足科研设计要求。在样本含量估计中，对于计量资料样本含量小于30例或计数资料样本含量小于50例称为小样本，而对于样本含量大于30例或50例的称为大样本。

8.偏倚因素控制缺陷　在医学科研特别是临床研究中，其偏倚因素较多，研究者在科研设计之初，如果对研究中的偏倚因素估计不足，而在研究中又控制不利，同样会影响到研究结果和结论的可靠性，这也是医学期刊编审在审稿实践中经常被忽略的科研设计问题。一般在医学科研论文中常见的偏倚有如下几种。

（1）选择性偏倚：它是指在临床研究中由于选择研究对象或样本的方法不当，在临床研究过程中就会发生样本变异而使研究结果偏离了真实情况。在临床病因及治疗研究中，选择试验组和对照组时，如果不采取随机分组易产生此种偏倚。例如，评价一种药物疗效，若对照组的病情重于观察组，其药物疗效观察结果可能两组差异非常显著，而客观事实该药疗效并非那么好，是由于两组病情差异所造成的假象，导致错误的结论。

（2）测量性偏倚：又称为观察性偏倚或信息偏倚，是指在收集临床资料阶段对入组研究对象所采用的观察方法或测量方法不一致所发生的组间差异。例如，询问病史时易产生"回忆偏倚"；向患者或家属调查既往史时易产生"家庭信息偏倚"；在临床病案统计中易产生"临床资料遗漏偏倚"或由于某些临床诊断方法价格昂贵、不安全等，患者拒绝检查而产生"不接受测量偏倚"等。在临床研究中，还应特别注意"不敏感测量偏倚"和"测量仪器偏倚"。

（3）混杂性偏倚：这是指由一个或几个变量或混杂因素导致的偏倚，由于这些混杂因素会掩盖或扩大暴露因素与疾病的真实关系，也会使其研究结论偏离真值。

二、医学科研论文统计学处理方法常见缺陷

在医学科研设计实践中，正确及合理地运用统计学方法，科学合理地处理和分析数据，是正确分析试验组与对照组之间差异性程度的主要方法，是保证获得正确结论的重要组成部分，这也是医学期刊编审人员审稿把关的重点之一。

1.定性资料和定量资料分析缺陷　在医学科研论文中，一般常见的有定量资料统计分析缺陷和定性资料统计分析缺陷等。例如，误用 t 检验处理单因素多水平定量资

料、错误地用t检验处理两因素析因设计的定量资料等；把定性资料误用χ^2检验处理配对设计的定性资料、误用χ^2检验处理缺乏金标准的配对设计定性资料、误用χ^2检验取代Fisher的精确检验、误用t检验处理定性资料等。

2.统计检验方法选择或应用缺陷　在选择统计检验方法上，首先应确定资料的性质，分析清楚是定性资料还是定量资料，而采用不同的检验方法，在医学期刊审读中，最常见的是对多组均数比较时用t检验代替方差分析，还有四表格χ^2检验的误用；组间t检验与配对t检验的误用问题。当多组间率的比较时，常误用两组间率的比较χ^2检验，以及配对χ^2检验与成组χ^2检验的误用缺陷。

在资料统计分析中，如果是定性资料，要求应先将观察单位按性质或类别进行分组，然后统计各观察单位的个数所得的资料。例如，在临床治疗转归上，一般计算出有效率、治愈率、病死率、阳性率等指标。而定量资料则是要求对每个观察单位用定量方法检测某项指标数值大小所得的资料，如血压、脉搏、体重、身高、白细胞总数等检测指标。

定性资料最常用的统计方法为χ^2检验或U检验，定量资料最常用的统计方法为t检验或F检验。一般情况下，应用t检验应具备以下条件：①研究对象或样本含量比较小时，一般要求样本应符合或近似正态分布；②在实验设计中，当两样本均数比较时，其两样本方差相等；③如果样本不符合正态分布时，一般应采用t'检验代替t检验方法；④在两样本方差不等的情况下，一般多应采用秩和检验或t'检验方法。在医学科研论文审读中，其最常见的是在使用t检验时未考虑到上述这些因素。而对于等级资料，一般是介于计量资料和计数资料之间的一种资料，它可通过半定量方法测量获得，例如，临床某些检验指标结果分为－、＋、＋＋、＋＋＋，肌力分级或疼痛分度等，它又称为半定量资料；等级资料的特点是观察单位没有确切数值，其各组之间只有性质上的差别或程度上的不同。

3.统计分析结论描述缺陷　对统计分析结论描述的缺陷，这在医学科研论文审稿中或医学期刊审读中比较常见；数理统计分析的基础是概率论，而对统计分析的资料下结论其依据是小概率事件，一般在单次试验中是不可能发生的。这一般在统计上习惯把概率$P \leqslant 0.05$或$P \leqslant 0.01$认为是小概率事件。当通过假设检验或显著性检验获得$P > 0.05$时，认为是大概率事件，这说明在这单次试验中很可能发生，因此，接受假设，认为差异无显著意义。反之，若$P \leqslant 0.05$，则认为差异有显著意义，$P \leqslant 0.01$差异有非常显著意义，也就是说P值越小，就越有理由认为被比较的均数或率之间有差异，至于两者差异有多大，这要由它们之间实际相差有多大并结合专业实践来判定，也并非由$P \leqslant 0.05$，还是$P \leqslant 0.01$来决定其结论。一般统计分析上说的"差异显著"（$P \leqslant 0.05$）或"差异非常显著"（$P \leqslant 0.01$）是统计学的术语，实际上它不同于一般意义上的显著的概念。

4.标准差与标准误应用缺陷　实际上，标准差是反映变量值离散状况的指标，它主要说明一组变量值与算数均数的距离，因此，它能直接概括和平均地描述其变异的大小。而标准差小，这说明个体间变异较小，也就是说其变量值分布比较集中而整齐；如果标准差比较大，则说明个体间变异较大，这说明各变量值分布比较离散。标准误也是统计指标分析的标准差，它可以是均数，也可以是相对数或两个平均数差数的标准差，它主要说明样本均数围绕总体均数的分布情况。标准误越小，说明样本统计量与总体参数的值越接近，样本对总体越有代表性，用样本统计量推断总体参数的可靠性越大。而标准误越大，说明样本均值和总体均值差距越大。

5.统计分析指标误用或缺陷　这在医学科研论文中也比较常见，一般常出现率与构成比、发病率与患病率、死亡率与病死率等的混淆。构成比是说明事物内部各构成部分在整体中所占的比重，也就是说某事物在整体中所占比重或同类事物的比值，它构成相对数或对比相数。而率则表明具有某种特征个体发生的频率，它说明某事物在其范围内可能发生的频率，应属于强度相对数，这两者均属于相对数指标，一般用百分数表示，这也是医学科研论文中容易混淆或应用错误的原因。发病率与患病率是指观察期内新发生某病的例数与同期平均人口数之比，它强调在观察期内的新发病例数。而患病率则指观察时点的某病的现患病例数与该时点人口数之比，强调的是该观察时点上某病的现患情况。死亡率与病死率是也是两个容易混淆的指标，死亡率是观察人群中某病的死亡频率，一般以十万分率表示；某病病死率是某病患者中因该病而死亡的频率，一般以百分率表示。前者反映人群因该病而死亡的频率，后者反映疾病的预后；在部分论文中常将某病住院病死率误为某病死亡率。

6.参变量统计分析方法缺陷　参变量也称参数，它是描述总体特征的概括性数字度量，是研究者想要了解总体的某种特征值，它是总体未知的指标。在临床研究中有时研究者关心某几个变量的变化及变量之间的相互关系，其中有些是自变量，还有些是因变量。如果引入一个或一些其他变量来描述自变量与因变量的变化，引入的变量本来并不是当前问题和必须研究的变量，人们把这样的变量称为参变量或参数。对计量资料的统计数据经常用 t 检验或 F 检验，但也经常出现把非参数计量资料的数据用参变量统计分析方法进行处理。例如，微量元素等生理指标数据经常出现偏态分布，当其数据呈现偏态分布时，小样本不能用参数统计分析方法，而应该用非参数统计分析方法或进行数据转换后用参数统计分析方法。

7.医学科研论文中统计分析图表缺陷　在疾病防治研究的论文中，经常使用大量的统计图表，以阐明疾病发生发展的客观规律，评价防治措施的效果。正确的统计分析表应该是简单、明了，统计图表具有自明性，主谓语关系清晰，逻辑关系明确，一般应用能够阐明各统计量之间关系和差异的三线式统计表。图表设计不宜过繁、过多、难以看懂和表达不清等，也不能把几种不同性质的和不具有逻辑关系的统计量堆砌到同一统计分析表格内。在医学期刊审读中或论文评审中，一般常见的统计分析图有直条图、构成图、普通线图、半对数线图和直方图等，各种统计分析图表有各自的绘制方法和规则，统计分析图表常见的问题是选择的图表缺乏合理性，如纵、横坐标比例不当，纵、横坐标未标识计量单位，难以读懂其内涵和意义。

第五节　医学编辑审稿中对科研设计审查重点

在医学期刊编辑审稿中，医学科研设计的审查是其中的重要内容和环节，而不是仅仅注重文章一般的创新性、规范性或文字，这是保证所发表论文稿件科学性和学术质量的关键。

一、把握医学科研设计的基本原则问题

审稿中，要对论文的研究主体和研究目的进行分析，审其是否符合医学科研设计的基本原则。大家知道，医学科研的基本目的是研究和观察处理因素施加于研究样本或研究对象所发生的反应情况，研究者根据反应性质与程度判断其作用和效果。但实际上，人体反应有时不取决于处理因素，而是与人体状态、环境、精神心理等多种因素有关，当然，其中还包含了诸多混杂因素和偏倚因素，如受到研究对象年龄、性别、种族、患病的轻重程度、并发症、病程和精神心理等诸多因素的影响。因此，其实验反应其实是处理因素与非处理因素的综合效应的表现，其科研设计的基本目的是设法使处理因素所引起的效应单独显现出来。所以，医学科研设计的核心是保证实验误差能够降到最低程度，以确保实验结果和结论的可靠性与可重复性，使研究结论具有良好的可信性。因此，医学科研设计的科学性、合理性和优劣，直接关系到科研论文的科学性、创新性、结果及结论的可靠性。这就是医学期刊编辑审稿把关的重要原因所在，它不仅仅是同行评审专家的任务，同样也是责任编辑的重要任务。医学科研实验设计坚持的基本原则是对照原则、随机化原则、重复原则、盲法原则和均衡性原则，在评审医学科研论文时，要严格权衡其原则的遵从性，特别是临床医学类研究，更应严格遵守医学科研设计的基本原则。

1.医学科研设计的对照原则　实验设计对照的实际意义在于鉴别处理因素与非处理因素的差异，尽可能消除或减少实验误差。对照就是在研究中设置与实验组均衡而且相互比较的对照组，在确定接受处理因素的实验组时，同时设立不施加处理因素的对照组。任何事物没有比较就没有鉴别，比较的最好办法就是设置参照系，因此，设立对照的目的是更好地鉴别和评价实验结果的真实性和科学性，以避免产生错误的研究结论。

医学科研设置对照的要求是研究样本的对等性，即除了处理因素外，对照组必须具备与实验组对等的非处理因素；研究样本的同步性，即在整个研究中，对照组和实验组始终处于同一条件；研究样本的专设性，即实验设计的对照是为相应实验组专门设计的，因此，不能具有任何代替性。

实验设计对照的形式多种多样，这需要依据研究的目的和内容不同加以合理选择。一般常用的对照形式：空白对照，也就是对照组不加任何处理因素；实验对照，这在空白对照难以控制影响研究结果的诸多因素时，采用与实验组条件一致的对照措施；标准对照，是用公认的标准值或正常值作为对照；自身对照，设置的对照与实验用同一研究对象；相互对照，一般不设立对照组，而是在实验组间互为对照。如果按对照的形式分，还有交叉对照、配对对照、潜在对照、相互对照等。

2.医学科研设计的随机化原则　随机化的意义在于，其研究对象或样本在分组处理时，都有等同机会随机入组或处理，使研究样本均衡地被分配到各组中，其目的是避免研究者的主观臆断性，使样本分配完全由机遇所决定，而不是按研究者的主观倾向性决定。但在编辑审稿实践中常常可以看到，研究者未理解随机的含义，以为随机就是"随意"，在医学科研论文中未交代随机方法，只交代是随机。其随机的方法一般

有随机数字表法、随机排列法、计算器随机数法、临床病例随机表法、电脑统计软件随机法等。

3. 医学科研设计的重复性原则 重复性原则的意义在于，其实验对象或样本量含量应足够大，也就是实验处理组与对照组的受试者要具有适当数量，这就是实验样本含量大小的问题，以保证在相同实验条件下能够具有重复性，避免实验结果的偶然性，使其实验结果表现出必然规律和客观真实的情况。其实，任何研究结果都应经得起重复实验的验证，并能得出相同的结果，不具有重复性的实验结果一定是缺乏科学性的研究。重复的目的在于测量实验效应指标，稳定标准差，观测其差异，获得实验误差的大小和估计。

4. 医学科研设计的盲法原则 这也是医学科研设计的重要原则之一，其意义在于所有研究对象（患者）、研究者和其他相关人员都不知道接受的是何种处理，以避免所有参与人员对试验结果的人为干扰和心理因素影响。在盲法中，一般有单盲、双盲、三盲和非盲法试验设计，在临床试验研究中选择何种盲法，这要根据研究类型、研究目的和试验因素而定。

5. 医学科研设计的均衡性原则 坚持均衡性原则的意义在于，要求实验组和对照组或其他实验组之间，除了观察的受试或处理因素不同外，其他所有条件应尽可能相同一致，如年龄、性别、种族、病种和疾病的严重程度等，以便避免实验误差，尽可能控制偏倚因素的干扰，保证其研究结果不偏离真值。

二、医学科研论文中科研设计合理性审查要点

医学期刊编审人员在稿件评审中或医学期刊审读中，对于科研论文学术质量的评审或期刊审读，其重点是分析科研论文中的研究类型，当然，这要根据其研究对象、研究目的、实验因素是多因素还是单因素等加以综合分析。医学科研设计类型总体上可分为比较型试验设计、关系型试验设计和基础研究类型设计三大类。

在医学科研论文评审中，对实验设计类型要有初步判断，因为医学科研中有时涉及一个因素或多个因素，在某些研究中或研究对象的选择中，还要考虑比较重要的非实验因素对结果的影响。在科研设计中，对这些因素的水平以不同的方式实施组合研究，会对实验结果产生不同的影响。医学研究的目的是希望通过实验设计和研究，了解和明确哪些因素对实验结果的影响是主要的，哪些实验因素对结果的影响是次要的，又有哪些因素在其特定的水平范围内对结果没有影响。研究者需要根据课题研究中可能会涉及的因素的种类、个数和水平数实施组合研究，以实现研究目的和实验设计目的，这种特定因素组合对应的具有针对性的实验设计，被冠以医学科研设计类型或医学实验设计类型。它的作用在于合理地利用各种医学实验设计类型，医学期刊编审人员可以准确地评价其研究各因素对实验结果的影响和科研设计类型运用的正确与否，并且可以合理地评价因素之间的交互作用的效应程度。在医学科研设计中，标准的实验设计类型具有相应的标准的医学统计学分析方法。因此，合理分析和处理定量资料的关键在于正确判断定量资料所对应的医学实验设计类型，同时，准确分析定量资料是否具备参数检验所要求的独立性和正态性及方差齐性。

在临床医学研究中，应用比较普遍的是比较型研究的试验设计，医学期刊编辑熟

悉或了解这些医学科研设计的类型，对提高论文稿件评审的质量控制具有重要的把关作用，也应该是医学期刊编辑应具备的基本能力。

1.单因素研究科研设计的审查要点　当论文课题研究的目的只研究一个因素，也就是研究者单纯分析一个因素对效应指标的影响，这种情况采用完全随机化设计类型就属于单因素设计研究。这一类型科研设计往往需要将研究对象按照随机原则分配到实验组和对照组，并分别给予处理因素和对照物。因此，正确分组是保证实验条件一致性和可比性的关键之一，其目的是减少实验的误差，提高实验结果的正确性。由于分组不正确导致结论错误的例子并不少见。随机化就是每个研究对象都有等同机会被分配到实验组或对照组中去，即除了处理措施之外，两组的其他因素基本一致和均衡，而不是凭研究者的主观意愿随意对研究对象进行分组。随机并非随意，任意将研究对象或样本一分为二的随机方法都是错误的，那不是随机，而是随意。因此，医学期刊编审人员在评审论文稿件时要分析其研究目的和研究因素是单因素，还是多因素，以正确判断其医学科研设计的合理性。

完全随机化实验设计的适用范围：主要适用于两组实验无法配对及多组实验无法配伍设计的情况下，一般均可采用完全随机化实验设计方案。特别是在临床医学科研设计中，完全随机化实验设计比较适用于非专科疾病的对比研究，其优点是设计方案简单、灵活、容易理解，处理数和重复数不受限制，可充分利用全部受试对象，并且统计学处理简单，便于样本例数的估计。

2.组间均衡性设计的审查要点　在实验设计方案中，要解决和保证非实验因素对处理组及对照组的不均衡性干扰因素，使其尽可能相同或匹配，最好的科研设计方法是应用配对实验设计。配对实验设计主要指受试对象相同或基本齐同的医学实验设计，它包括自身前后配对设计、左右配对实验设计和异体配对实验设计。其优点是抽样误差小，实验效率高，所需样本量相对较少。

（1）自身前后配对设计：这种设计也称自身对照试验，主要是以研究对象接受处理因素的变量值作为实验值，观察一定数量相同条件的研究对象，接下来对处理因素作用前后的效应指标的变化实施统计学分析。其适用范围：主要适用急性与短期的实验研究，需要时间较长的实验不宜用此种设计。其原因是随着时间的延长，有可能混入一些干扰因素，从而使处理前后失去可比性。

（2）左右配对实验设计：这种实验设计是对两种不同处理因素分别施加于同一个体，并分成左右两部分的实验设计。它是根据人体同一个体器官的对称性，其反应也相近的道理而设计的医学科研设计方案。它主要适用于人体局部处理因素的临床研究，如在临床上对扩瞳药物的临床试验研究、局部用药反应性临床观察研究等。

（3）异体配对实验设计：这种医学科研设计方案是将研究对象按照一定的条件，并将其条件相同的个体实施配对，然后再按随机方法分别分配到实验组和对照组中，实验结束后，对其结果再以配对分析的方法进行统计学分析，得出其实验结论。这是一种同期平行性观察研究，比较适用于急性实验研究，多用于慢性实验及长期观察研究。其临床试验要求病种、病情、病程、年龄和性别相同的配对研究；如果是动物实验，一般要求同种、同性别、同品系、同体重等配对研究。

3.双因素实验设计的审查要点　在医学研究中，要回答处理因素或者称为第一因素的差异或治疗效果的影响，同时还需要回答第二因素的差异及对实验结果和结论的影响作用，以这种研究为其目的，一般选用随机区组实验设计，也称配伍组实验设计。它的含义是按照一定的条件，将几个条件相同的受试对象划分成一个配伍组或区组，然后在每个区组内部随机将每个受试对象分配到各组，对每组分别施加不同的处理因素，然后对其结果进行分析。其特点是各个区组内部条件基本相同，组间均衡性好，因而抽样误差小，实验效率高。其应用范围：一般情况下，凡是研究目的要解决或回答两个因素，也就是被试因素和配伍组因素各自的差异有统计学意义的情况下，均可采用随机区组实验设计方案。

4.交叉试验设计的审查要点　对于临床上各种药物疗效、治疗方法效果、对慢性疾病短期症状缓解性与疗效观察性研究，如慢性疾病、高血压、支气管哮喘等疗效，一般采用交叉试验设计。这种交叉试验设计是在自身配对设计的基础上，进一步扩展的双因素科研设计。其特点：试验样本分配按完全随机或异体配对方式分为两组，但在施加处理因素上将两组分别先后处理观察。这种类型科研设计也称交叉配对设计。其主要在受试对象来源较少，而且受试对象状态比较恒定的状况下使用这种科研设计方案。

5.依照不同因素实验设计的审查要点　在医学科研实践中，往往被研究主体具有不同的影响因素，要真实而客观地找出存在的不同因素，并回答不同因素对疾病治疗或正常生理指标的影响，一般最常用的是层次分组实验设计方案。在临床研究中，研究对象可按甲因素分为几个大组，然后再按乙因素分为几个小组，每个小组又可按丙因素分为几个亚组。这种设计是依照不同因素进行分层，每层再分组，因而称层次分组设计。其应用范围是生理参数的确定、病因研究、治疗效果影响因素的研究。

6.多因素研究实验设计的审查要点　在医学科研选题实践中，有些研究目的在于不仅要回答各因素的主体效应，还要了解和分析各因素之间的交互作用，这种多因素多水平研究，一般采用析因实验设计，也称为完全交叉分组实验设计。由于前面谈到的其他医学科研设计方案均只考虑因素本身的作用，而未考虑因素之间的交互作用，但事实上，在临床医学研究或基础医学研究中，其任何研究主体或要素之间都存在着交互作用，甚至这种交互作用有时会超过因素本身的作用。因此，有些研究有时既要知道各因素的作用，又要知道因素之间的交互作用，故采用析因实验设计可以满足这一要求。其特点是将两个或多个因素的各个水平进行排列组合，实施交叉分组实验研究。

7.临床控制试验和药效评价试验设计的审查要点　在临床医学研究特别是临床药学研究中，一般多采用序贯试验设计。这种实验设计的特点和其他实验设计方案的区别在于，其他设计都是按既定要求将研究对象分配到几个试验组中，而序贯实验设计则在研究之初先不规定样本数量，而是每观测一例或一对受试者后即进行分析，等到可下结论时即停止试验观察。这样可避免盲目加大样本造成浪费，又可避免样本过小做不出应有的结论。其适用范围：用于新药和老药配对、新药与安慰剂的配对试验研究。

8.观察性研究实验设计的审查要点　在临床观察性试验研究中，如大样本多中心临床试验研究、罕见病例的临床研究、难见疾病的疗效评价研究等，一般采用队列实验设计，也称队列研究。它是由果到因的研究设计，在临床因果关系相关研究中应用比较广泛。其特点是试验研究前不规定样本量，而是受试对象配对后随机分配到两个处理组，每当得到一对试验结果就实施统计分析，直到能够判断其结果可以做出研究结论，即可终止试验研究。这种实验设计的特点是，对两种处理措施确实存在差异时，可以比较早地得出结论。因而可减少样本量，大大缩短试验周期，并可节省科研经费。

此外，还有不同个体的前后对照实验设计，这是在进行某种防治措施或接触某种可能的致病因素前后，在不同个体中随访观测结果。8病例对照实验设计，主要是从果到因，从现在回顾过去的一种回顾性调查分析研究。横断面实验设计，也称现况调查或横断面研究，适合于患病率调查或普查，即对现场情况的监测调查研究。单病例实验设计，也就是临床上特殊病例报告和病例分析，是指10个以下的临床病例报告，如罕见、特殊个案病例报告，这在中华医学会系列杂志上比较常见，也是比较简单的科研设计，但应注意其诊断和治疗效果及结论的可靠性。

三、临床检验诊断性科研论文科研设计审查要点

临床检验诊断性研究的科研设计与其他实验设计具有不同特点，主要体现在评价指标和样本设计上存在一定差异，因此，医学期刊编辑在审稿实践中，应结合其不同专业研究特点，实施重点审查把关。

（一）临床检验诊断科研设计的要点

1.确立金标准 临床诊断的金标准，是指临床上大家公认的诊断某一疾病最可靠的诊断方法。用金标准正确判断和区分有病和无病，是否真正符合研究对象的入组要求，以确定入组研究对象。

2.正确选择研究对象 临床检验诊断研究的对象包括两组，即用金标准判断为有病的实验组和用金标准确定为无病的对照组（明确无本病的患者或正常人群）。一般来讲，研究或评价筛检诊断方法的价值，研究对象应选择正常人群，研究或评价临床实验室诊断价值，研究对象应选择患者。

3.研究样本大小的设计 用金标准确定有病和无病后，再进行实验观察或指标动态检测，将其分为阳性、阴性，然后再用"评价诊断试验的四表格"分析评价指标。正确估计样本的大小，是检验诊断科研设计中的一个重要问题。样本过大，可能造成人力、物力及时间的浪费。样本过小不具有统计学意义，往往造成假阴性，影响研究结果的正确性和可靠性。

（二）临床检验诊断研究评价指标的正确判断

在临床检验诊断性评价指标中，比较稳定的指标有敏感性、特异性、阳性似然比和阴性似然比。但敏感性和特异性要达到何种水准才有价值，需要根据临床实际进行分析，一般来说，其敏感性和特异性越强，临床意义也就越大。

1.敏感性评价指标 敏感性就是指在由金标准确诊有病的实验组内，检测出阳性病例数的比率（%），即本实验诊断的真阳性率。其敏感性越高，假阴性率也就越低。假阴性率等于漏诊率，因此，敏感性高的检验诊断方法用于疾病诊断时其值越高，漏诊的机会就越少。所以，敏感性和假阴性率具有互补性。

2.特异性评价指标 是指在由金标准确诊为无病的对照组内，其诊断时验检测出

阴性人数的比率（%），即本诊断实验的真阴性率。特异性越高，其假阳性率也就越低。假阳性率等于误诊率，因此，特异性越高的检验诊断方法用于疾病诊断时，其发生误诊的机会就越少。由此可见，特异性和假阳性率也具有互补性。

3. 准确性评价指标　是指临床诊断实验检测出的真阳性和真阴性例数之和，占病例数的比例，即称本临床检验诊断的准确性。准确性反映了检验诊断的基本特性，即敏感性和特异性。准确度高的检验诊断方法，其敏感性和特异性之和也一定较高，因此，其假阳性和假阴性之和也就最小。

4. 漏诊率评价指标　是指在用金标准确诊为患病的病例组中被待评价的诊断试验判断为阴性的比例。因此，敏感性与漏诊率是互补的，敏感性越高，其漏诊率就越低。

5. 误诊率评价指标　是指在用金标准确诊无病的对照组中被评价的试验判断为阳性的比例。特异性和误诊率也是互补的，特异性越高检验诊断方法，误诊率也就越低。

6. 阳性预测值评价指标　又称预测阳性结果的正确率，是指在临床检验诊断检出的全部阳性例数中，真正患病的例数所占的比例，即从阳性结果中能预测真正患病的百分数，这也是临床医师最关心的诊断指标。阳性预测值的高低主要受患病率的影响，因此，临床检验诊断研究的阳性预测值能在不同的患病率情况下指导临床医师合理运用检验诊断项目。

7. 阴性预测值评价指标　又称预测阴性结果的正确率，是指在临床诊断实验检测出的全部阴性例数中，真正没有患本病的例数所占的比例。一般情况下（患病率）敏感性越高的实验诊断项目，其阴性预测值越高，相反，特异性越高的临床实验诊断阳性预测值越好。但是，患病率对预测值的影响要比敏感性和特异性的影响更为重要。

8. 患病率评价指标　是指被检测的全部对象中，真正患者的比例。患病率受很多因素影响，如不同水平的医疗机构或患者来源不同，其患病率会有很大差别。因此，不同的患病率，其诊断的预测值也有较大的差别。

9. 阳性似然比评价指标　阳性似然比是指临床诊断检测出的真阳性率与假阳性率之间的比值，即阳性似然比=敏感性/（1-特异性）。阳性似然比这一指标较阳性预测值为优，它反映了敏感性和特异性两者的特性，它不受患病率影响，比起敏感度和特异度更为稳定。利用这一指标可以计算出不同患病率的阳性预测值。

10. 阴性似然比评价指标　阴性似然比是指临床试验检测出的假阴性率与真阴性率之比值，此值越小，它说明该检验诊断方法越好。

（三）临床检验诊断研究正常参考值及其确定方法的判断

众所周知，与影像诊断学和病理诊断学是以形态变化依据诊断疾病不同，实验诊断学主要是以提供数值判断有无疾病，主要以数字指标为特点。因此，以何依据判断数值的异常或正常？这就需要有正常参考值作为参比系。在临床上，正常值范围的概念是指正常人的解剖、生理、生化等数值指标的变化范围。制订正常值应以正常人为对象，不是指机体任何器官、组织的形态和功能都正常的人，而是排除了影响所研究指标的疾病和有关因素后，所确定的同质人群。确定参考值的基本方法有如下几种。

1. 均数加减标准差法　在临床上，对正常值的确定大多采用均数±2个标准差作为正常范围，凡超过均数±2个标准差者视为异常。但是，采用此方法确定正常值必须注意，其诊断所测数据的频数分布应该是正态分布。

2.百分位数法　大家知道，多数检验诊断所测定数值的频数分布是非正态的，为此主张用百分位数法制订正常或异常界限。这是因为采用百分位数表示可以不考虑数据的分布问题。当然，采用百分位数法制订正常值有时误差较大，故要求观察的样本数要大，一般应在130例以上才能减少误差。

3.受试者工作曲线（ROC法）　临床诊断项目用于疾病诊断同时面临着正常和异常，临床医师通过诊断项目检测提供的数值区别就医者有病或无病。多数情况下，临床实验室在正常人群所测定数值的频数分布和在患者中所测定的数值的频数分布是互相交叉重叠的。所以，如将正常值的上限定得过高，其敏感度和阴性预测值可达标100%，这种情况一般不会漏诊患者，但会有相当一部分正常人被误诊为患者。假如将正常值的上限定得过低，其特异度和阳性预测值可达到100%，也就是说，这种情况下不会发生将健康人误诊为患者的情况，但是它会发生漏诊情况，将相当数量的患者漏掉。假使我们将正常值定在两者频数分布曲线的交叉处，这会使误诊率和漏诊率减少到最低程度。因此，这在疾病人群筛查中，将交叉点作为正常值的上限是比较合适的，这就是最佳临界值。应用交叉点作为划分正常和异常的界限，其假阳性和假阴性的病例数之和最小。

ROC曲线是以敏感性为纵坐标，假阳性（1-特异性）为横坐标，所形成的曲线，可以用来决定最佳临界值。其计算方法是选择一系列不同的临界值，再计算出各自的敏感性和特异性，然后将各临界点的敏感性和假阳性标在图上，将各点连接起来形成曲线，即为ROC曲线。最靠近左上角的点即为最佳临界点。以该点作为区别正常或异常的临界点，其敏感性和特异性都比较高，而且假阳性和假阴性之和最低。当然，仅靠一两次实验要想找到一个敏感性和特异性都好的临界点是难以完成的。ROC曲线可用来比较两种以上的实验诊断项目的诊断价值，有利于帮助临床医师做出最佳选择。

4.根据临床实际制订正常值　在有些情况下，临床检验诊断的测定值要达到何水准，有时需要根据临床疾病治疗实际而定。

（四）临床检验诊断研究科研设计的原则和评价标准判断

临床检验诊断方法研究科研设计的原则或评价原则，其实就是对研究创建和开发新的检验诊断方法或对已发表的新的检验诊断方法在应用于临床前进行临床验证所遵循的基本原则。这也是检验诊断研究科研论文发表审查的重点。

1.金标准选择与比较问题　临床研究入组对象要以疾病诊断的金标准作为选择依据，也就是当前临床医学领域普遍公认的疾病诊断的最准确、最可靠、最可信的诊断方法。临床上一般常用的金标准诊断有形态学检查、病原学分离培养检查、组织病理学诊断（如病理组织活检）、尸体解剖检查、手术中发现、影像诊断（如CT、磁共振、彩色B超）等。最具特异性强的诊断方法，它可以正确判断和区分为是有病还是无病，以确保入组研究对象的质量和可靠性，以利消除误差和偏倚。金标准比较是将纳入的研究对象是否与金标准实施了盲法同步比较，这是保证研究结果和结论可靠性的关键因素。试验诊断的准确性，即临床试验诊断方法是否能准确地反映研究对象确实有病或无病，首先是与金标准进行盲法比较，也就是临床上大家公认的标准诊断方法的比较。

2.样本代表性与均衡性问题　研究样本或病例选择的方法要正确，并予以详细交代，纳入研究样本或对象的代表性如何？病例组是否包含各型病例？对照组是否包括极易混淆的其他疾病患者？并对研究对象的来源交代其出处。在检验诊断研究的病例或样本的选择上，应包括各型病例，也就是入组样本的均衡性问题。在临床检验诊断的研究设计上，其研究对象应当包括各型病例，如轻型、重型、经过治疗的和未经过治疗的及患有容易混淆的疾病。

3.样本量设计问题　也就是说检验诊断研究的入组样本量要符合科研设计要求。尤其注意样本总量和必要分层设计分组后的样本量，在有的科研论文中，看上去样本总量不小，但其设计中又实施分层设计，这样一来其分层的样本就显得不足，也不符合样本量设计要求，这也会影响其结果和结论的可信性。

4.正常值或临界值问题　研究中对正常值所下的定义是否合理，如是否为正态分布、百分位数、危险因素、文化习惯、诊断性或治疗性等情况，再有，其临界值的确定是否合理可靠。正常值的含义应清楚，因为不同含义的正常值可直接影响测定值的意义。正态分布的数据，正常值可用平均值均数标准差表示。非正态分布数据可用中位数和百分比数表示，注意不要通用正态分布法。

5.试验结果的重复性问题　在检验诊断研究论文中，要详细交代试验的方法，其结果的重复性和变异测量情况等，以保证其结果的可重复性及对试验进行重复性操作。重复性即本试验方法的重复测定值处于相对稳定状态，即多次重复测定其结果彼此接近的程度，也就是说，在不同时间、不同操作者和不同实验室都能重复试验，而且能得到相同的试验结果。

6.检验诊断研究的评价指标问题　其检验诊断研究的评价指标确定和计算要正确合理，并且能正确解释和证明其合理性。

7.联合试验研究的评价问题　联合试验评价不仅要看试验总的敏感性、特异性、准确性，同时，还要评价其单项试验的敏感性、特异性及准确性指标。只有这样才能正确评价联合试验的诊断价值。另外，联合试验的方法是否得当，也是这类科研论文审查的注意点。

8.检验诊断研究的步骤问题　科研论文要对试验的指征、试验的操作步骤、结果的分析和判断方法交代清楚，如列入试验的对象在饮食种类和摄入量等实施限制及限制的程度，参与试验前的注意事项和不良反应等。另外，样本的获取、储存和运送情况，都应详细交代，以利于他人重复试验，也说明其结果的可靠性。检验诊断方法研究或用于临床，必须要求研究者将操作步骤、注意事项、结果判断方法、指征，以及检验标本的采集、运送和储存方法等加以描述。

9.检验诊断研究的实用性评价问题　检验诊断性研究的科研论文应对其临床实用性做出实事求是的估价，如其诊断方法的简便性、易操作性、特异性，患者的依从性，临床医师的认可性，患者和临床医生接受程度等。操作简便、无创、快速、经济是患者和临床所欢迎的，因此，在进行临床检验诊断方法研究的选题和科研设计时，临床实用性诊断价值是首先要考虑的问题和出发点。此外，检验诊断方法作为一组或一个系列试验方法的一部分，能否判断它是一系列试验中最确切和可靠性最强的方法。同时，还在注意其研究的科学性、创新性、逻辑性、规范性、伦理性的一般原则外，在医学统计学的要求上，还要遵循对照、随机、重复、均衡和盲法原则。

10.试验组与对照组样本来源问题　在检验诊断研究中，不同来源的样本或研究对象对临床诊断研究的结论和评价也有其影响，采用的样本或研究对象不同，将会直接影响检验诊断评价结论的可靠性。

第9章

医学科研伦理规范控制与编辑审稿要点

　　医学科研伦理问题尽管是研究者主要应遵循的科研行为准则，是医学科研院校伦理委员会审查把关的重点，但作为医学期刊编审者在审稿中也应对医学科研论文所涉及的医学科研伦理规范知识有所了解，特别是在医学科研论文评审中，医学编辑是把关的最后关口，应严格控制和防范严重违反医学科研伦理规范及道德的医学科研论文的公开发表，以保证所发表的医学科研论文符合医学科研伦理规范。因此，医学科研伦理问题的把关，是医学期刊编审者在医学科研论文评审中应当重视和把关的重要内容，也是医学期刊编审者在医学科研论文的发表中应当负有的重要的编辑把关责任。

第一节　医学科研伦理的基本概念

　　医学科研伦理问题，是指医药卫生科技人员在从事医学科研活动中，处理和调节研究者与被研究者、主要科研人员与其他参与研究人员、研究集体与个体、课题立项与科研目的、受试者/患者与权益保护、科研经费资助与课题利益冲突、科研动机与科研立项、隐私权与保密、科研成果与著作权、受试者与生态环境、科研风险与科研价值、科研设计与样本设计、科研论文发表与作者署名、科研目的与利益冲突等医学科研活动之间各种关系的伦理道德、行为规范和行为准则。可以说，科研伦理问题贯穿于医学科研的全过程，当然，这些也体现在科研论文中，医学科研伦理涉及科研选题、科研立项、研究对象的设计与选择、实验设计、动物实验、人体实验、临床试验、成果鉴定、科研成果与知识产权、科研论文发表等诸多环节。医学科研伦理是从事基础医学研究和临床医学研究者必须遵循的基本伦理道德规范，特别是世界医学大会发布的《赫尔辛基宣言》，是指导医学科研和科研人员伦理行为的基本准则与要求，遵守规定的伦理道德规范，是医学科研人员的基本义务，也是医学期刊编审人员在审查和评审医学科研论文发表资格的重要内容之一。因此，作为审稿的医学编辑和医学科研论文作者，在审稿和论文撰写中必须熟悉和遵守医学科研伦理行为规范和要求。《赫尔辛基宣言》是医学科研伦理指导性准则，是用以指导医学科研人员及其他参与者进行人体医学研究应遵循的伦理要求。在医学科研实践中，促进和保护人类健康是临床医生或医学科研工作者的基本职责与义务；患者的健康和患者的利益也是临床医学科研人员首先考虑的问题，只有在符合患者利益时，临床医学科研才可提供对患者的生理和心理的医学科研与医疗行为。

　　众所周知，医学的进步是以科学研究为前提的，这些研究在一定程度上最终有赖于以人作为受试者的基础或临床试验研究，医学科研只有以人体为样本进行试验研究时才更接近临床。因此，在人体医学研究中，对受试者健康和权益的考虑应优先于研究本身；临床医学研究的主要目的是提高疾病预防、诊断和治疗水平，促进对疾病病因学和发病机制的认识，即使是在医学实践中已被证实了的预防、诊断和治疗方法也应不断地通过临床研究来验证其有效性和安全性。在目前的医学实践和医学研究中，大多数的预防、诊断和治疗都包含有风险和负担。因此，医学研究应遵从医学科研伦理标准，高度尊重所有的受试人群，并保护他们的健康和基本权益。在多种多样的医学科研选题中，难免有些受试人群是弱势群体，对此，医学科研人员更应对其加以特别保护，必须认清经济和医疗上处于不利地位患者的特殊需要，并特别关注那些不能做出知情同意或拒绝知情同意的受试者，防止出现在胁迫下被动做出知情同意的受试者，同时，也应注意从研究中得不到受益可能的受试者及同时接受治疗的受试者。所以，医学研究者和医学期刊编辑必须知道人体研究方面的伦理、法律和法规的要求，并且要符合国际的要求。任何国家的伦理、法律和法规都不允许减少或取消《赫尔辛基宣言》中对受试者所规定的保护措施和要求，更不能将不符合医学科研伦理道德的医学论文在期刊上予以公开发表。

　　在医学研究中，特别是临床医学研究，保护受试者的生命和健康，维护他们的隐私和尊严是医学科研人员或临床医生的职责与义务。人体医学研究必须遵从普遍接受的科学原则，并基于对科学文献和相关资料的全面了解及充分的实验室试验和动物实验，必须适当谨慎地实施可能影响环境的研究，并要尊重用于研究的实验动物的权利。在医学科研活动中，每项人体试验的设计和实施均应在试验方案中明确加以说明，并应将试验方案或课题提交给相应的医学科研院校（所）的医学伦理审批委员会进行审核、评论、指导，在适当情况下，实施审核批准。相应科研单位的医学伦理委员会必须独立于研究者和申请者之外，并且不受任何其他方面的左右和影响。医学伦理委员会应遵从试验所在国的法律和制度，医学伦理委员会有权监督进行中的医学科研活动或临床试验行为或临床研究项目，其研究人员也有责任和义务向医学伦理委员会提交监察资料，尤其是所有的严重不良事件的资料。医学科研人员，特别是科研课题的主持者还应向医学伦理委员会提交其他资料以备审批，包括有关资金、申办者、研究机构及其他对受试者潜在的利益有冲突或鼓励的资料。而且其研究方案必须有关于医学科研伦理方面的考虑的说明，并表明该研究方案符合《赫尔辛基宣言》中所要求的原则。

　　医学科研行为，特别是人体医学研究必须由具有专业资格的技术人员在临床医学专家的指导和监督下进行，并始终是由具有资格的医学科研承担者对受试者负责，而绝不是由受试者本人负责，即使受试者已经知情同意参加该项研究，在每项人体医学研究开始之前，应首先认真评价受试者或其他人员的预期风险、负担与受益比。这并不排除健康受试者参加医学研究，所有研究设计都应公开并可以获得。医学科研人员只有在确信能够充分地预见试验中的风险，并能够较好地处理的时候才能进行相应的人体研究活动。医学科研中，人体医学研究只有试验目的的重要性超过了受试者本身的风险和负担时才可进行，这在健康志愿者为受试对象时更为重要。

在医学研究中，必须始终尊重受试者自身的保护权利，尽可能采取措施以尊重受试者的隐私，应将患者资料实施保密并将对受试者身体和精神及人格的影响减至最小。在任何人体研究中都应向每位受试候选者充分地告知研究的目的、方法、科研经费来源、可能出现的利益冲突、研究者所在的研究附属机构、研究的预期的受益和潜在的风险及可能出现的不适，而且受试者有权拒绝参加试验或在任何时间退出试验并且不会受到任何报复。当确认受试者理解了这些信息后，医学科研人员或临床医生应获得受试者自愿给出的知情同意，以书面形式为宜。如果不能得到书面的同意书，则必须正规记录非书面同意的获得过程并要有见证。在医学科研实践中，在取得研究项目的知情同意时，应特别注意受试者与医生是否存在依赖性关系或可能被迫同意参加。在这种情况下，知情同意的获得应由充分了解但不参加此研究并与受试者完全无依赖关系的医生来进行。对于在法律上没有资格，而且身体或精神状况不允许给出知情同意或未成年人的研究受试者，研究者必须遵照相关法律，从其法定全权代表处获得知情同意，只有该研究对促进他们所代表的群体的健康存在必需的意义或不能在法律上有资格的人群中进行时，这些人才可能考虑被纳入研究对象。当无法认定受试者资格时，如未成年儿童实际上能做出参加研究的决定时，研究者除得到法定授权代表人的同意，还必须征得本人的同意。有些研究不能从受试者处得到同意，包括委托人或先前的同意，只有当受试者身体/精神状况不允许获得知情同意为其人群的必要特征时，这项研究才可进行。应当在试验方案中阐明致使参加研究的受试者不能做出知情同意的特殊原因，并提交医学伦理委员会审查和批准。研究方案中还需说明在继续的研究中应尽快从受试者本人或法定授权代理人处得到知情同意。严格地讲，违背医学科研伦理的论文作者和编审人员都要承担伦理责任。在发表研究结果时，研究者有责任保证结果的准确性。阴性与阳性结果一样，阴性结果也应发表。发表论文时应说明资金来源、附属机构和任何可能的利益冲突。任何与《赫尔辛基宣言》中公布的医学科研伦理原则不符的研究论文是不能被学术期刊接受和发表的。

第二节　医学科研设计实施的伦理规范要求

在医学研究中，其主要医学伦理学合理性的基本特征：①本研究所采用的方法和所获取的资料是用其他方法无法获取的；②科研设计科学合理，其研究方法符合研究的目的；③研究风险相对于预期受益是合理的；④在医学科研设计和研究活动中尊重、保护和公平地对待受试者，符合临床科研的道德规范；⑤参与研究人员在教育和经验方面都具有医学科研资格，能承担并胜任相应研究课题。临床医学科研伦理问题主要有科研设计与实施、研究风险与受益、受试者的招募、知情同意书告知的信息、知情同意的过程、受试者的医疗和保护、隐私和保密等，涉及弱势群体的研究，如妇女、孕妇、儿童、精神障碍者的研究，境外医学科研机构、医药企业、学术组织等发起的合作研究等，是否符合医学科研伦理要求。

一、医学科研设计的伦理准则

医学科研立题或实施要满足受试者的要求，特别是要遵循《赫尔辛基宣言》的要求。对于涉及人类受试者的医学研究必须符合普遍认可的科学研究原则，这也应基于对科研文献、相关科研信息、满足实验和适宜的动物研究信息的掌握和了解，同时对实验动物的福利应给予应有的尊重。特别是对涉及人类受试者的医学研究必须由受过适当医学科研伦理和科学培训，而且具备医学科研资质的人员来实施研究过程，对以患者或健康志愿者为样本的研究，要求由一名能胜任的并具备资质的医生或卫生保健专业人员负责监督管理，每项涉及人类受试者的研究在招募第一个受试者之前，必须在可公开访问的数据库进行登记。研究者、作者、申办方、编辑和出版者对于研究成果的出版和发布都应承担应有的医学科研伦理义务和责任。医学科研人员有责任公开他们涉及人类受试者的研究结果，并对其研究报告的完整性和准确性负责。医学科研工作者的研究论文应遵守被广泛认可的医学科研伦理规范要求，对负性或不确定的结果必须和正性结果一同发表，不能只发表研究者期望的正面结论。对于科研资金来源、机构隶属和利益冲突必须在研究论文中或在出版物上公布，严格讲，对不遵守医学科研伦理原则的研究论文不应被接受和发表。

二、临床医学科研与基础医学科研的伦理原则

医学科研一般分为临床医学科研和基础医学科研，在医学科研实践中，通常把以人体或患者为研究对象的研究归为临床医学科研；而把以动物为研究对象或体外试验性研究归为基础性医学研究。当然，在医学科研实践中，由于研究目的不同，在科研设计中，既有人体研究对象或样本，同时又有动物研究对象或样本，这种研究对象混合性设计，一般称为临床与基础结合性的医学研究。但无论是以人体还是以动物为研究对象，作为研究者，在医学科研设计和实施的全过程中，都应分别遵循人体试验和动物实验的相应科研伦理原则和道德要求。

1.临床试验研究应坚持的伦理原则

（1）受试者知情同意原则：这是临床医学研究在以人体或患者为研究对象的试验中，首先应遵循的原则。保障受试者的知情权，是否参加研究的自主决定权由患者或纳入研究对象的正常受试者掌握，并严格履行知情同意程序，严防使用欺骗、误导、利诱、胁迫等手段使受试者同意参加研究，同时还要允许受试者在任何阶段有权无条件退出研究。

（2）受试者风险控制原则：研究者应将受试者人身安全、健康权益放在优先地位，其次才是研究目的和社会利益，其研究风险与受益比例应当合理，尽可能使受试者避免任何伤害。

（3）受试者免费补偿原则：在临床研究中，应当公平与合理地选择受试对象，对受试对象参加研究不得收取任何费用，对于受试对象在试验研究过程中，对其因参与试验所支出的相关合理费用，研究者还应当给予适当补偿。

（4）受试者隐私保护原则：研究者应切实保护受试对象的隐私权，并如实将受试对象的个人信息的使用、存储情况和保密措施告知受试对象，未经受试者授权不得将

信息向第三方透露或提供使用。

（5）受试对象依法赔偿原则：当受试者参加研究过程中受到损害时，应当得到及时免费治疗，并依据法律法规和双方约定给予相应赔偿。

（6）受对象特殊保护原则：在临床试验研究中，应对儿童、孕妇、智力低下者或精神障碍患者等特殊人群的受试者特别关注，应当给予特别保护措施。

2.基础医学实验研究应坚持的伦理原则　　对基础医学研究涉及以动物为研究对象，《赫尔辛基宣言》中已有规定；同时，国家实验动物数据资源中心对"动物福利伦理审核的原则"也有规定；国家科学技术部《关于善待实验动物的指导性意见》，也对饲养、管理、实验、运输过程中如何善待实验动物做出规定。因此，在医学科研实践中，涉及以动物为研究对象的，其研究者要遵循相应对动物的伦理原则。

（1）实验动物的3R原则：这项原则是目前公认的实验动物福利的核心和主要研究内容，3R即实验动物保护原则，它包括减少（reduction）医学科研活动中的动物使用量，尽量使用能够达到相同目的或能获得相同结果的动物替代（replacement）方法；尽可能采用可行技术和手段，使实验动物免受因实验所造成的痛苦、不安和疼痛，尽可能改善实验动物的生活环境，从而提高实验动物的生存质量的优化（refinement）方法；其优化是实验动物福利的具体体现，它需要研究者在动物实验中根据上述原则，对是否需要实验动物进行研究，动物实验中需要给予哪些具体的动物福利措施等。

（2）医学实验动物福利原则：它主要是指要保证医学实验动物生存时，包括运输中享有最基本的权利，享有免受饥渴、生活舒适自由，享有良好的饲养和标准化的生活环境，各类实验动物管理应符合该类实验动物的操作技术规程。

（3）医学实验动物伦理原则：这是指要充分考虑实验动物的利益，善待动物、防止或减少动物的应激和痛苦及其他伤害，研究者要尊重实验动物的生命，防止针对实验动物的野蛮行为，采取痛苦最少的方法处置动物；实验动物项目要保证从业人员的安全；动物实验方法和目的须符合人类的道德伦理标准和国际惯例等。

（4）医学实验利益平衡的原则：实验动物福利和动物伦理的审核，并不意味着绝对地保护实验动物不受到任何伤害，而是以当代社会公认的伦理道德价值观，同时兼顾实验动物和人类利益，尽可能地减少因实验给动物带来的过度伤害。

三、医学科研伦理与论文发表审稿要点

1.医学科研立题依据　　医学科研选题要符合公认的科学原理和基础研究与临床需要，基于对相关领域研究文献、其他相关领域和本领域研究进展及趋势等文献资料的充分了解和驾驭，并基于充分的实验研究依据，医学研究具有科学价值和社会价值，对人类疾病预防、诊断和治疗具有潜在价值，将受试者暴露于科研风险，而又没有可能受益的不科学和无任何实际应用价值的医学研究都是违背医学科研伦理道德的行为。

2.医学科研设计伦理　　在医学科研设计中，要明确研究目的，充分说明本研究的背景和研究的意义及价值，并明确不同研究阶段。一般分为早期探索性阶段和疗效确证性临床研究阶段。

（1）应明确和交代研究类型或科研设计类型：如实验性研究、临床试验研究、现场试验研究、社区干预试验研究、观察性研究、分析性研究（队列研究、病例对照研究）、描述性研究等。

（2）医学科研设计入组研究对象的选择：根据研究目的选择研究现场和研究对象；制订严格的入选标准和排除标准，用临床诊断金标准确定入组样本，以避免某些因素影响研究的真实效应或存在医学伦理问题。对于临床试验性研究的入组对象要求有干预措施有效、代表性好、预期结局事件发生概率较高、容易随访、干预措施对其有益或至少无害、依从性好且乐于接受并能坚持临床试验等。

（3）确定干预措施：对于临床试验性研究需说明干预措施的名称、来源、剂型、剂量、用法等，还须说明措施的实施方法和统一的实施标准。

（4）研究样本设计：样本设计应注意研究的样本量、随机、对照、盲法、观察期限、结局变量等的设计要求；在确定样本量时，不同科研设计方法，其样本量的计算及其依据也存在差异。

（5）坚持随机化分组原则：在试验性研究中，随机化是分配研究对象到各组别的首选方法，除非有另一种方法在科学或伦理上是合理的，如历史对照或文献对照。随机化分组，除了它通常的科学性优势外，还要具有使所有参加试验的受试者可预见的利益和风险均等的优点。但随机化分配可能使受试者被剥夺已知的有效疗法而受到损害，特别是随机化对照研究中的试验干预措施，是用于防止或推迟致命的致残的后果，此时，应通过风险最小化设计，制订相应的对策。

（6）确定对照的方式：在临床试验性研究中，要正确评价干预措施的效应，必须采用严密的、合理的对照设计，由此来有效控制偏倚因素，使研究结果更可靠和接近其真值。

（7）研究中盲法的应用：对于实验性流行病学研究信息的真实性往往容易受到研究对象和研究者主观因素的影响，这会产生信息偏倚。因此，可以采用盲法避免偏倚的产生。在临床医学科研中，盲法研究设计是基本原则之一，但盲法也不是所有研究都必须采用或都能应用。

（8）确定观察期限：在试验性研究中，需根据试验目的、干预时间和效应（结局事件）出现的周期等，确定研究对象的开始观察时间、终止观察的日期。

（9）研究结局变量及其测量方法：在试验性研究中，研究的效应是以结局标量来衡量的；而在临床试验研究中，结局变量也可称为终点。选择结局变量时还要规定测量的方法和判断的标准，否则将导致测量偏倚，造成结果的误差。例如，新疫苗的Ⅲ期临床试验需要通过所研究疾病/终点事件发生率的变化来评价疫苗的有效性，故病例诊断的标准/终点事件的定义和诊断是影响临床有效性结果评价的关键因素。病例疾病的诊断标准要具有合理性，应符合国内外公认的相关标准，特别是金标准，并具有高度的特异性、合理性和较好的敏感性。同时，实验室检测的指标也必须包含在定义中。

（10）确定基线数据和监测系统：基线资料一般包括人群的基本人口特征、结局指标的基线水平、其他可能影响研究结果的因素等。监测系统必须有相对低的成本和较高的灵敏度。

（11）研究对象的随访和资料收集：确定随访观察的内容、人员、资料收集方法等。在疫苗临床试验方案中应明确说明访视和随访的时间、间隔、次数，并阐述理由。应有一个周密的访视计划和全面的随访表。对访视点和随访时间的考虑取决于研究的人群、评价终点（临床终点、免疫原性终点和安全性终点）、疫苗接种程序、疫苗的特点等因素。

（12）统计学分析方法：应明确数据处理的方法及标准，所使用的统计工具及软件名称。

（13）研究的预期风险：避免或最小化风险的措施，如纳入标准和排除标准对风险人群的限定，提前中止研究的标准，预期严重不良反应的处理方案与程序，紧急破盲的规定，对症处理的规定，叠加研究设计等。

3. 医学科研的实施条件

（1）研究条件与研究人员问题：实验室或研究现场的设备及条件是否符合临床研究方案实施的要求，特别是主要研究者的资格、经验、是否有充分的时间参加临床研究。主要研究者和课题负责人，不得同时进行不同申办者相同课题的临床研究，并不得同时进行过多种选题的临床研究；主要研究者/课题负责人应接受临床研究管理规范进展的培训。其研究团队的人员配备满足临床研究实施的需要，研究岗位与其资格相符。所有研究人员均经过药品临床试验质量管理规范（GCP）培训、受试者保护的培训、利益冲突政策的培训，以及临床研究方案与实施操作的专业培训。

（2）医学研究中的利益冲突问题：根据研究利益冲突政策的规定，审核研究人员的经济利益声明；研究者研究经济利益声明报告的经济利益超过研究者的月平均收入，可采取相应限制性措施。

（3）医学研究的公开性问题：以人为研究对象的前瞻性、干预性临床研究，在招募首例受试者之前完成临床研究注册，其方案应符合关于临床研究注册责任者的规定。其研究结果的发表方式——多中心临床研究，应在合同中规定谁拥有发表研究结果的权力，并规定报告研究结果的文稿要与主要研究者一起准备，并服从主要研究者的意见。在阴性结果的情况下，通过公开发表或向药品注册当局报告途径，以保证可以得到这类结果。在某些情况下，可能被认为不适合发表研究发现的情况，如流行病学、社会学或遗传学研究的发现，其研究结果和结论可能对社会、人群、种族或民族定义的群体的利益造成损害。

四、临床医学研究中对照的设计问题

1. 医学科研对照的基本定义　临床研究中设立对照组的主要目的是为了判断研究对象在接受干预措施前后的变化是由干预措施引起还是由其他原因引起，它是临床研究质量和研究结论说服力的关键保证。临床研究中的对照组可根据接受干预措施的类型和决定将谁分配到对照组的方法，一般可分为安慰剂对照、同期空白对照、剂量效应同期对照、有效药物对照和外部对照。前4种是同期的对照（对照组和试验组从同一人群中选择且同时开始干预），外部对照（历史性对照）只应用于特殊的情况。保证各对照组间患者分布的均一性和均衡性、基础情况的均衡性是对照临床试验取得科学结论的基本前提。对照可以是平行对照，也可以是交叉对照，可以是盲法，也可以是非盲法；同一个临床试验可以采用一个或多个类型的对照组形式，但需视具体情况或试验目的而定。在临床试验研究中，如对于疫苗临床试验研究，当所采用对照的同类阳性疫苗的有效性已经确定，此时设计对照的目的主要是用于确定新疫苗的相对有效性，在没有合适的阳性对照疫苗时，可考虑采用安慰剂对照或者与其他抗原成分的疫苗对照进行有效性评价。对于联合疫苗则可采用与各单价疫苗进行对照观察和比较研究。当阳性对照疫苗的有效性可能受到疫苗的质量和稳定性、抗原的变异、免疫接种的覆盖率、流行病学因素、接种人群的状况及其他保护措施等因素影响时，则需要设计有多组对照的临床对照研究（如同时包含试验组、阳性对照组和安慰剂对照组），在符合医学科研伦理的前提下，选用安慰剂组作为研究的内部对照，可使研究结果更为客观。一般而言，诊断、治疗或预防性干预试验中对照组的受试者应得到公认有效的干预。当研究目标是评价性研究，主要观察干预措施的有效性和安全性时，使用安慰剂对照通常比有效药物对照更能产生科学而可靠的结果与结论。在很多情况下，除非是安慰剂对照，否则难以区分是有效干预还是无效干预。然而，如果使用安慰剂剥夺了对照组的受试者接受公认有效干预的权利，因而使他们暴露于严重的损害，特别是如果损害是不可逆的，使用安慰剂显然是有悖于医学伦理和医学科研道德的行为。

2. 医学科研安慰剂对照或同期空白对照设计

（1）安慰剂对照应用标准：对所研究的疾病尚无有效的防治药物，使用安慰剂后或不采用防治药物对研究对象的健康和病情无影响时；延迟或不采用公认有效的干预，可能使受试者感到暂时的不适和症状缓解延迟时；对采用公认有效的干预作为对照将会产生不可靠的研究结果，这时出于令人信服的及科学合理的方法学上的理由，使用安慰剂是确定一种干预措施有效性所必需的，而且使用安慰剂和治疗不会使患者遭受任何严重的风险及不可逆的伤害。

（2）临床试验安慰剂的使用：当缺乏有效的替代干预的安慰剂对照时，根据《赫尔辛基宣言》规定，对缺乏预防、诊断和治疗方法的情况，临床试验的对照组使用安慰剂在医学科研伦理上是可接受的。在这种情况下，安慰剂比不干预更科学，但在某种情况下，如果一种替代的设计方法既科学，又符合医学科研伦理要求，这可能是更可取的研究设计，如对某些疫苗的临床试验研究，其研究者可为对照组选择一个与研究疫苗无关的疫苗进行对照研究。

（3）安慰剂对照设计问题：对于风险较小的安慰剂对照，其研究干预针对的病情相对较轻，即使不采用公认有效的干预措施其风险也确实很小，而且很短暂，其安慰剂对照设计符合医学科研伦理要求，而且从科学依据上更具有可取之处。例如，安慰剂或阳性治疗仅在生理测量上产生较小差异，如出现血压轻微增高或血清胆固醇轻度升高，而且延迟治疗或不加治疗仅导致暂时性的不适，并不会发生严重不良后果。

（4）阳性对照结果不理想处理：对阳性对照很难产生可靠结果时的安慰剂对照，必须同时满足以下条件，才可被医学科研伦理所接受：①文献经验证明公认有效的干预措施不足以为研究干预措施提供科学可靠的对比，如没有经过随机、对照的临床试验，并证明其显著优于安慰剂的上市药物；②采用安慰剂对照不会增加受试者严重损害，特别是不可逆损害的风险。假如干预所针对的情况非常严重，如癌症或HIV/AIDS，不能剥夺对照组中受试者使用公认有效的干预措施，当缩短安慰剂的使用时间，并且科研设计允许在无法忍受的症状发生时改用阳性治疗，这种安慰剂对照研究在医学科研伦理学上是符合要求的。医院或科研单位的医学伦理委员会应确信受试者的安全与权利得到充分保护，对受试对象采用可替代的治疗方法应告知受试者，此种研究目的和科研设计具有合理性。

（5）安慰剂对照合理性问题：在安慰剂对照中，采用受试者损害最小化的方法，如果医学伦理委员会审查认为安慰剂对照是合理的，还应确信其风险已在可控范围内和最小化。安慰剂对照损害效应最小化的方法有叠加设计，在标准治疗基础上，加上试验治疗和安慰剂，这类研究一般用于研究性治疗的作用机制与标准治疗不同时。对已知标准治疗可以降低死亡率或不可逆损害的发病率，但这种试验采用标准治疗作阳性对照则难以实施或难以做出解释时，其方案应明确规定标准治疗方案，以保证组间基线的一致性。

3. 医学科研有效药物对照试验　作为安慰剂对照试验的替代，有效药物对照又称为标准方法对照、等效性试验。有效药物对照是将研究干预措施与公认有效的干预措施对比，从而产生科学和可靠的数据。有效药物对照不是为了判断研究干预是否优于公认有效的干预，其目的是判断研究干预措施的有效性和安全性，它与公认有效的干预措施相等或几乎相等；然而，这与公认有效的干预措施相比，等效或几乎等效的研究干预措施优于其他干预措施。阳性对照药物的有效性是基于其随机盲法安慰剂对照临床试验的结果，如果等效性试验设计与该研究的条件不同，如诊断标准和纳入人群的疾病程度、合并疾病、干预药物的剂量和疗程、主要疗效指标及其观测时点和测量方法等，由此得出试验药物与阳性药物同样有效的结论可能是不可靠的。在不同国家、地区、机构进行的临床试验，其结果表面相同，但实际可能因为研究实施环境的不同，可能导致其结果有相当大的差异。

4. 医学科研剂量效应同期对照试验　在临床医学研究中，剂量效应试验是指受试者被随机分类到试验药物的几个剂量组，伴或不伴有安慰剂组，其任务是建立剂量和效力、不良反应间的关系或为了说明效力。在理论上已知防止死亡或发病有效的剂量，随机有意地给予有效剂量治疗与安慰剂治疗，这是不符合医学科研伦理规范要求的，只有在疾病不严重的情况下或治疗产生明显毒性反应时，其剂量反应试验应用有效剂量或安慰剂可能被患者和研究者接受。对于剂量效益研究可以让患者和研究者接受较小的有效剂量以取得较大的安全性，这符合医学伦理和实际操作要求。

5. 医学科研中外部对照试验　外部对照是指对照组的患者与接受试验药物的患者不是来自同一治疗人群，即没有同期的随机对照组。一般讲，对照组是那些以前已被明确的病例，当一种新药是用于临床治疗严重的疾病，而当前又没有令人满意的其他治疗时，尤其是新药在理论上、动物数据、早期经验都证实是有希望的，那么有理由可以不接受新药治疗的同期对照组的对比试验。

第三节　预防医学科研伦理规范及审稿要点

在疾病预防中，疫苗无疑是重要的防治手段。在其开发研究、临床免疫试验和疫苗生产中，都应遵循医学科研伦理规范要求。

一、人用疫苗临床研究的基本要求

人用疫苗是指能诱导宿主对感染病原、毒素或其他重要抗原性物质产生特异性和主动保护性免疫的异源预防用生物制品。人用疫苗包括用化学和（或）物理方法灭活但仍具有免疫原性的微生物灭活疫苗；对人无毒或减毒但保留免疫原性的活微生物，即减毒活疫苗；由生物体或其分泌物提取及重组DNA等技术获得的抗原制备的疫苗。疫苗的研发主要分为两部分：临床前研究和临床试验。对疫苗临床试验提出总的要求是，疫苗临床试验的全过程应严格按照《药品临床试验管理规范》进行。

二、人用疫苗临床研究的特点

1. 疫苗组成的多样性特点　疫苗抗原具有多样性和复杂性，大部分疫苗成分复杂、不均一、结构难以确定、难以建立标准、难以采用理化方法定量和定性，所以，许多情况下只能通过测定生物学效价来间接测定其含量。人用疫苗有多种组分：经化学和物理方法灭活仍具有适当免疫原性特征的微生物；被选择性减毒仍保留了免疫原性特征的活微生物；从微生物中提取的抗原；微生物分泌的抗原；重组DNA技术产生的抗原；嵌合体微生物；活载体或核酸疫苗免疫宿主体内表达的抗原；体外化学合成的抗原；天然状态抗原，或是在引入突变后的不完全抗原或被修饰的抗原；用物理、化学方法去毒的抗原；聚集、聚合或与一个载体结合增加免疫原性的抗原。抗原可以单独出现，或与一个佐剂结合，或与其他抗原、添加剂、赋形剂结合等。

2. 人用疫苗生产原料的生物活性特点

（1）细菌病毒种子：疫苗是由细菌、病毒种子扩大培养制备而成，由于它们具有固有的可变性及在生产工艺过程中可能引起变化，如减毒疫苗毒力返祖、减毒稳定性改变等，直接或间接影响疫苗的质量。

（2）细胞培养：用于扩大培养的细胞基质存在被动物源性病原体污染的风险，需要加以控制。例如，用于麻疹疫苗生产的鸡胚细胞通常会污染禽白血病病毒；用于脊髓灰质炎疫苗生产的猴肾细胞可能有猴病毒污染，如SV40病毒污染等。

（3）动物源性原材料：细胞培养基中可能涉及的动物源性原材料存在潜在安全性隐患。

3. 人用疫苗生产过程的复杂性特点　疫苗的生产系统错综复杂，涉及生物过程及生物材料的加工处理，且这些生物学过程具有其固有易变性，过程中还存在内源性和外源性污染的风险；在发酵或细胞培养产物中也常常有许多杂质，这些污染物及杂质具有多样性和不确定性，定量困难，而终产品又不能在最终容器内灭菌和去除有些杂质，因此，在生产过程中必须采取无菌控制。由于这些问题，致使它们在不同疫苗之间、同种疫苗不同批次之间容易产生较大波动，这些污染物和杂质在成品检定时可能难于检测到而影响疫苗产品的安全性和质量。因此，对疫苗生产原料进行质量控制、控制生产过程、对疫苗生产的中间产物及疫苗最终产品实行检验检测是保证疫苗质量及安全性的重要条件。

4.人用疫苗质量评价的独特性特点　疫苗制品的质量控制大多采用生物学技术和生物分析方法，此类方法的检测结果的变异范围往往大于理化测定方法，因此，必须提高疫苗检定方法的准确性，研究建立简单易行的检测方法。而对于生物活性的效价或效力检定方法，一方面要使各个环节标准化；另一方面要采用生物标准物质进行校正，以取得相对准确和稳定的检测结果。

5.人用疫苗使用对象的特殊性特点　疫苗大多应用于健康人群，特别是婴幼儿和儿童，通过免疫机制使健康人预防疾病。所以对疫苗的质量和不良反应的控制应有更加严格的要求。

三、人用疫苗临床试验的伦理问题

1.临床前研究和实验室评价　疫苗临床前研究结果证实试验疫苗适合于人体试验。应确定试验疫苗的性质，包括适宜动物模型中安全性、免疫原性指标；应提供效力和免疫原性资料，建立和完善疫苗免疫原性（如血清阳转率、抗体滴度、细胞免疫等）和效力的检测指标及方法。

2.试验疫苗的生产和质量控制　应提供疫苗生产、质量控制资料；试验疫苗和安慰剂应按生产质量管理规范（GMP）要求生产，并通过国家检定。临床试验所用疫苗的菌毒种批和（或）细胞批应与注册后生产的代次一致。临床试验所用疫苗应有完整的批制造及检定记录，并保持工艺稳定一致。临床试验用疫苗的质量标准应与上市疫苗的一致；临床试验的数据应能反映疫苗质量的稳定和一致性。由于常用的药品毒性试验可能不适用于疫苗，缺乏合适的动物模型及动物模型反应模式与人体不同，研究者应对疫苗安全性评价的设计进行充分的考虑。

3.疫苗不同免疫程序和剂量与途径研究资料提供　DNA疫苗、重组疫苗、合成肽疫苗应分别按相应生产、质控和临床前评价要求进行；应证明佐剂、新型添加剂和疫苗的相配性及相容性。联合疫苗应尽可能在动物模型上进行合适的免疫原性研究，评价单个抗原的反应性。减毒活疫苗应提供毒力返祖、可能传播和与野毒株进行遗传信息交换等的研究资料。应提供疫苗拟用人群的流行病学及相关传染病疫情监测资料，目的是确定疾病的发病率、感染与发病比例、临床表现、诊断标准、高危人群（年龄、性别、种族或人群、地理、社会特征及季节等有关因素）等。在此基础上确定试验所需人群样本数量及临床试验时间。对于注射用疫苗通常不要求进行药动学研究，因其不能为确定合适的推荐剂量提供有用信息，但在其他途径给药时，则应考虑。

四、人用疫苗临床试验分期

人用疫苗临床试验研究分为Ⅰ期、Ⅱ期、Ⅲ期和Ⅳ期，Ⅰ期临床试验：重点观察安全性，观察对象应健康，一般为成年人。Ⅱ期临床研究：观察或者评价疫苗在目标人群中是否能获得预期的效果（通常指免疫原性）和一般安全性信息。Ⅲ期试验的目的为全面评价疫苗的保护效果和安全性，该期是获得注册批准的基础，在获得干预有效性的初步证据后进行。应当注意Ⅲ期试验不能过早地进行，只有在获得Ⅱ期剂量探索的数据之后才能开始。临床试验的目的是评价对某种临床状况的干预。阳性（或阴性）数据可能导致推荐使用（或不使用）该疫苗。使用非最佳剂量虽然安全但无效，不能满足社会的需要。如果Ⅲ期试验受试人群的纳入标准比前期试验更宽，前期试验在有限的受试人群所显示的有利的安全性结果未必适用于Ⅲ期扩大的人群。应当说明制剂在扩大的人群中使用是否安全存在争议，因此，Ⅲ期临床方案应当包括安全性参数的重新检测。在Ⅲ期临床试验中重新检测安全性参数的另一个理由是Ⅲ期临床试验更多的病例数可以有更大的机会发现罕见不良事件。Ⅳ期临床试验是疫苗注册上市后，对疫苗实际应用人群的安全性和有效性进行综合评价。

五、人用疫苗的特殊性考虑

人用疫苗用于健康人群，应避免或者减少不良反应事件的发生。对目标人群为儿童和婴幼儿的疫苗，由于儿童和婴幼儿对不良反应的耐受力低，应按照成人、儿童、婴幼儿的顺序进行。疫苗来源于活生物体，其成分复杂，需建立特定的检测方法测定，以保证疫苗的质量和其批间质量的均一性。

第四节　医学科研的风险与受益的伦理问题

一、医学科研风险与收益的基本伦理原则

医学科研的根本目的是为疾病防治提供新知识和新方法，尽管如此，研究者也不能凌驾于受试者权力和利益之上。当医学研究涉及人类受试者时，必须符合普遍认可的医学科研伦理原则，这也应基于对医学文献、其他相关信息和足够的基础实验及动物研究信息的充分认识基础上。即使以动物为研究样本，也还要注意实验动物的福利和应给予的尊重。在医学实践和医学研究中，绝大多数干预措施具有风险，并有可能造成一定负担，只有在研究目的的重要性高于受试者的风险和负担的情况下，所涉及人类受试者的医学研究才可以考虑实施。所有涉及人类受试者的医学研究项目在开展前，必须认真评估该研究对个人和群体造成的可预见的风险和负担，并比较该研究为他们或其他受影响的个人或群体带来的可预见的益处，必须考量如何将风险最小化。研究者必须对风险进行持续监控、评估和记录，只有在确认对研究相关风险已做过充分的评估并能进行令人满意的管理时，医学科研人员才可以参与到涉及人类受试者的医学研究之中。当发现研究的风险大于潜在的获益或已有决定性的证据证明研究已获得明确的结果时，医学科研人员必须评估是继续、修改还是立即结束研究。

二、医学科研论文评审要点

对于所有人体生物医学研究，医学科研人员必须保证潜在的利益和风险得到了合

理地平衡，并且做到风险最小化。

1.医学科研风险的评估

（1）医学科研预期风险：要注意鉴别研究风险与医疗风险。医学科研风险，其研究行为（包括研究干预和研究程序）可能造成伤害；医疗风险为即使不参加临床研究也将承受的医疗风险；只有研究风险在伦理审查的考虑范围之内，从研究干预、研究程序等方面，分析并定义预期的研究风险，如身体伤害、心理伤害、社会伤害和经济伤害。

（2）医学科研风险的等级：最小风险指研究预期伤害或不适的可能性和程度不大于日常生活（进行常规体格检查和心理测试）所遇到的风险，如不涉及危险性程序的非干预措施研究、抽血、营养评估、行为学调查等。还有不使用镇静剂的影像学检查、研究标本的二次利用、心电图、步态评估、调查/问卷表等。低风险主要指研究风险稍大于最小风险，有可能发生可逆性的轻度不良事件的可能性增加。例如，低风险干预措施研究，其风险与临床实践中预期产生的风险相当，如内镜检查、口服糖耐量试验、皮肤或肌肉活检、鼻腔清洗、腰椎穿刺（腰穿）、骨髓活检、要求镇静的影像学检查等；非治疗性干预措施研究，如行为学研究、精神病学调查、营养性治疗等；对涉及已知可能有安全性问题的制剂，但获准在本适应证和人群使用的治疗性试验。中风险主要指研究风险大于低风险，但概率不是非常高；发生可逆性的、中度不良事件，如低血糖反应、支气管痉挛、感染的可能性增加，但有充分的监督和保护措施使得其后果最小；严重伤害的可能性非常小到几乎没有。例如，既往有明确的人体安全性问题数据，提示为适度的、可接受的治疗或干预相关风险的Ⅰ期或Ⅱ期临床试验，如胰岛素钳夹试验、静脉糖耐量试验、器官活检等；还有涉及弱势群体的低风险研究，可能有较小的不可逆改变的可能性和涉及健康志愿者的研究。高风险是指研究风险大于中风险，发生严重而且持续的，并与研究相关不良事件的可能性增加，以及关于不良事件的性质或者可能性有很大的不确定性。例如，所涉及新的化学药品、药物或装置，在人体几乎没有或完全没有毒性数据的试验；具有已知潜在风险的涉及干预或侵入性措施的试验，患者的基础疾病可能会产生与研究治疗有关的严重不良事件。

2.医学科研风险的影响因素　依据试验干预措施的临床经验、目标受试人群特征（如疾病状况、体质差异等）、试验药物的生物学特性，分析研究风险发生和风险程度的影响因素。

3.医学科研风险在可能的范围内最小化　针对预期的风险及其易感因素，采取研究风险最小化的措施。例如，排除对研究风险更敏感或更易受伤害的个体或群体参与研究；预期不良事件的处理方案与程序，包括研究者应急处理能力的培训；当无法忍受的症状发生时，允许采用阳性药物治疗的规定；叠加设计，当研究性治疗的作用机制与标准治疗不同时，可以考虑在标准治疗的基础上，进行研究干预与安慰剂的对照设计。

4.医学科研预期受益的评估　受试者的受益，如具有诊断、治疗或预防的直接益处。作为激励或报答向参加研究的受试者支付的报酬或其他形式的补偿，不应被考虑为研究的"受益"，其个体研究受试者福祉必须高于所有其他利益、科学和社会的受益。

5.医学科研风险与受益比是否合理的评估　对受试者有直接受益前景的研究，提供给受试者的具有直接诊断、治疗或预防益处的干预措施或治疗过程的合理性在于，从可预见的风险和受益的角度看，其与常规医疗可得到的任何替代方法相比至少是同样有利的。这种有益的干预措施或治疗过程的风险相对于受试者预期的受益而言必须是合理的。医院或科研单位伦理委员会，对受试者没有直接诊断、治疗或预防的干预措施的风险，相对于社会的预期受益而言必须是合理的。受试者的风险应能被社会的预期受益所辩护，风险相对于将要获得的知识的重要性而言必须是合理的。知情同意：并不限制充分知情、能够完全认识研究的风险和受益的志愿者，为了无私的理由或为了适度的报酬而参加研究。伦理审查应重点关注：充分告知风险和避免过度劝诱。

三、对不能做出知情同意受试者风险的要求

1.受试者最小风险　对涉及不能做出知情同意受试者的医学研究，同时该项研究对受试者没有直接受益可能，其研究风险应不大于最小风险。此时，除了需要满足所有涉及该特殊人群研究的一般要求外，无须专门的附加保护措施。

2.对超出受试者最小风险的要求　当具有非常重要的科学或医学科研攻关理由时，并得到医学伦理委员会的批准，对于超出最小风险值也可允许实施。但医学伦理委员会必须判定，其研究目的是针对受试者所患疾病或针对他们特别易感状态，并在研究所处条件下或相应的临床环境下，研究干预措施的风险仅略大于对受试者常规体格检查或心理检查的风险，其研究目的和意义十分重要，而且能证明受试者风险增大的合理性。以临床医疗常规适应证为判断条件，要求研究的目的是针对受试者的有关疾病或症状。例如，腰椎穿刺或骨髓抽吸，要求研究受试者属于该项检查适应证范围内的患者，而不能对健康儿童使用这类干预措施。

3.随机对照研究的风险最小化　随机对照试验的受试者有被分配接受已被证明疗效较差的治疗的风险，为了评价一种干预措施预防或推迟致命的或致残后果的随机对照临床试验，为使其风险最小化，临床医学科研人员决不能为了进行试验而不使用已知的标准治疗措施。

四、医学科研数据与安全监察

临床试验研究数据和安全监察的目的是保证受试者的安全，避免以往未知的不良反应，保证数据的有效性，以及当明显的受益或风险被证实时，或试验不可能成功获得结论的情况下，适时中止试验，保护受试者不必要长时间接受疗效较差的治疗。

1.医学科研数据安全基本原则要求　所有的临床试验都应制订数据和安全监察计划；安全监察的强度应该与研究风险的等级相适应，必要时需要建立数据和安全监察委员会。

2.医学科研安全监察强度要求　安全监察的强度应该与该研究风险的等级相当。对于处于两者之间的风险等级，应该就高一级的风险等级进行监察，而且与该研究干预有关的所有不良事件都将被详细记录在受试者的医疗文件和病例报告表中，并且进

入研究机构数据库。医学科研是在获得了干预有效性的初步证据后进行的，因此，对每一不良事件的发生、持续时间、程度、所需治疗、结果及需要早期中止干预措施的情况提供文件证明，以判断不良事件与该研究干预措施的相关性。在研究中，所有不良事件都必须跟踪到满意缓解或事件的稳定阶段，并及时向医学伦理委员会、科研申办者和药品监督管理部门报告非预期不良事件或严重不良事件，并定期对所有不良事件进行累积性审查，负责提交临床研究年度报告，其内容包括预期不良事件与非预期不良事件发生率、不良事件等级和归因比例、不良事件处理的说明等；受试者退出研究数及其原因的说明文件，违背方案数及其处理的说明资料等。双盲临床研究的监察要在盲态下实施，而且具有可疑研究病例的揭盲程序。

3. 医学科研低强度安全监察　如包括最小强度的监察行为，应定期召开课题研究分析会议，讨论科研项目的风险情况和安全监测措施。

4. 医学科研中等强度安全监察　对上述低强度的监察行为，应密切监察研究，主要研究者对不良事件进行实时监察。按临床研究干预后的规定时间随访患者，严密观察临床情况的变化情况。在其研究方案中应规定最大耐受剂量的限定标准，中止研究或者终止受试者继续研究的标准，以及外部监察者的介入等。例如，必须由安全监察员或者数据安全监察委员会审查不良事件，并事先规定审查的频率或时间，以确定多少比例的严重不良事件或非预期的不良事件是可以允许的范围。

5. 医学科研高强度安全监察　对上述中等强度的安全监察行为，确定其研究数据报告的时限要求，如按观察的随访时点进入电子CRF系统或寄送书面CRF。还要建立紧急情况下受试者的呼救系统，以及与研究者的有效联系方式。大多数高风险临床研究还需要有数据和安全监察委员会，其中包括高危、双盲临床研究，预防或推迟致命的或致残后果的随机对照研究，大于最小风险的多中心Ⅲ期临床研究，涉及转基因或基因治疗的临床研究等。

6. 医学科研数据和安全监察计划　数据与安全监察计划至少应包括针对风险等级的安全监察强度、负责监察的人员、组织和不良事件处理及报告等。①医学科研风险等级的评估及基于风险等级的安全监察强度。②负责监察的人员或组织，在大多数涉及人类受试者的研究中，指派一名数据和安全监察委员是不必要的。为了保证研究受到密切监控，以早期发现不良事件，研究者或主要研究者指定一个人负责，对认为需要改善的不良事件监测系统或知情同意过程乃至对终止研究提出建议。③对不良事件处理和报告，预期不良事件，以及不良事件风险最小化的措施，包括不良事件的医疗计划、揭盲程序、中止研究的规定等。

五、医学科研中特定人群的风险

在医学科研实践中，某些领域的研究，如流行病学、遗传学或社会学，可能对团体、社会或以人种及民族定义的人群的利益带来风险。可能发表的研究信息也许会给一个群体打上不良烙印，致使其成员受到歧视或偏见。这样的信息可会被能正确或错误地提示，如对某一人群的酒精中毒、精神病或性传播疾病的发病率比平均发病率要高或特别易患某些遗传性疾病等，实施这样的研究计划应注意如下所示的问题。

（1）要特别注意研究期间和研究之后的保密。

（2）要特别注意以尊重所有各方利益的方式发表研究结果或者在某些情况下不发表研究结果。

（3）医院或科研单位的医学伦理委员会应确认所有有关各方的利益都得到了适当考虑；在这方面，研究者明智的做法通常是征求个体知情同意，再辅以社会咨询。

第五节　医学科研受试者招募的伦理问题

一、医学科研受试者招募的伦理原则

应通过公平分配研究负担和利益的方式选择研究的受试人群，如果潜在受试者与研究者有依赖关系，以及有被迫表示同意的可能，在设法获得其参与研究项目的知情同意时，研究者必须特别谨慎。在这种情况下，知情同意必须由一位合适的、有资质的、完全独立于这种关系之外的人来获取和承担。

二、医学科研受试者的审稿关注要点

在临床医学研究中，招募合格的受试者是临床试验过程中至关重要的科研环节，而且可能也是医学科研中最困难、最富有挑战性的工作。作为医学伦理审查的一部分，其招募材料必须经过医学伦理委员会的审查和批准，并且这些文件的任何修改都必须作为试验的正式修改再次提交审查。

1.医学科研受试者招募方式　在招募受试者的步骤、媒介（如广告）或医疗过程中，应坚持尊重隐私、合理说服、自愿参加的原则和保密原则。临床医生或研究者在知情同意过程中必须向受试者保证，不论受试者决定参加研究与否，都不会影响医患关系或他们应得的其他利益。严禁以诱导的手段影响潜在受试对象的决定，更应严格避免强迫和不正当的影响，绝不可以有意夸大研究的潜在受益程度，也不可以向受试者承诺受益情况，更不可以低估其研究的风险。研究者不应做出关于研究受益、风险或不便的不合理的保证。

2.医学科研受试人群的选择　应坚持公平公开的原则，对所有受试者不分群体和等级，其负担均不应超过其参加研究公平承担的负担。同样，任何人群都应公平地获得研究利益，包括参加研究的直接利益和间接利益。受益和负担公平分担审查主要考虑：研究目的是否证明研究目标人群的选择是正当的；仅因为贫困者更容易受到小额报酬的引诱而参加研究，就有选择地招募贫困者作为受试者是不公平的。如果有选择地招募贫困者作受试者参加针对该人群普遍存在问题的研究，则不是不公平的。其研究的受益和负担是否在目标疾病受试者群中公平分配。从研究的整个地理区域内的合格人群中招募受试者时，不应考虑种族、人种、经济地位或性别，除非其科研设计需要或存在合理科学的理由，需要以另外的方式去招募。承担研究风险的特定受试者或特定受试者群体是否从研究中获益，其限制某些可能受益的人群参加研究的理由必须是合理的，对弱势群体的成员也有同样的权利从对非弱势群体显示有治疗效应的研究干预措施中受益，特别是当没有更好的或等效的治疗方法时，其代表性人群通常是指研究应该包括男性、女性、少数民族和各年龄参加者，使其与受试者代表的人群分布比例保持一致。因此，研究包含人群的代表性不仅是重要的，而且有时是强制性的。其研究人群代表性的审查主要考虑受试者的种族、年龄和性别分布是否合适，是否符合代表性原则。

3.医学科研受试者的激励与补偿　对所有提供给受试者的报酬、补偿和免费医疗服务应是合理的，并必须得到医学伦理委员会批准。补偿合理性的评估应根据研究的复杂程度、占用受试者的时间、预期的风险、不良反应、不适和受试者参加研究的额外开支等，审查其补偿数目是否合理。

第六节　医学科研知情同意书告知的伦理要求

一、医学科研知情同意的基本伦理原则

在医学科研中，特别是临床研究中，涉及以人为研究对象时，每位受试者和潜在受试者必须得到足够的信息，包括研究目的、方法、资金来源、任何可能的利益冲突、研究者组织隶属、预期获益和潜在风险、研究可能造成的不适等任何与研究相关的信息。受试者必须被告知其拥有拒绝参加研究的权利，以及在任何时候收回同意退出研究而不被报复的权利。特别应注意为受试者个人提供他们所需要的具体信息，以及提供信息的方法。在确保受试者理解相关信息后，研究者或其他合适的、有资质的科研人员应该设法获得受试者自由表达的知情同意，最好以书面形式。如果同意不能以书面形式表达，那么非书面的同意必须进行正式记录并有证明人在场，必须向所有参与医学研究的受试者提供获得研究预计结果相关信息的选择权。根据《赫尔辛基宣言》规定，临床医生必须完全地告知患者在医疗护理中与研究项目有关的部分。患者拒绝参与研究或中途退出研究的决定，绝不能妨碍患者与临床医生之间的关系。

二、医学科研论文审稿要点

1.临床试验性研究应告知受试者的信息　其研究性质、研究目的、干预措施，以及随机分到各组的可能性，所需遵循的试验程序，包括所有侵入性操作、受试者的责任、干预措施和程序的说明等。还有与试验相关的预期风险和不良反应，应十分客观地告知受试者的各种细节。

2.前瞻性研究受试者应知晓的信息　在要求受试者同意参加研究之前，研究者必须以其能理解的语言或其他交流方式提供以下信息：①受试者是受邀参加研究，适合参加该项研究的理由，以及参加是自愿的；②受试者有权拒绝参加，并可在任何时候自由地退出研究而不会受到惩罚，也不会丧失其应得利益；③本研究的目的、研究者和受试者要进行的研究过程，以及说明该研究不同于常规医疗之区别；④关于对照试验，要说明研究设计的特点，如是随机化，还是双盲，在研究完成或破盲以前受试者不会被告知所分配的治疗方法；⑤预期个体参加研究的持续时间，试验提前中止或受

试者提前退出试验的可能性；⑥受试者待遇，是否有经济或其他形式的物质作为受试者参加研究的报酬，如果有，应说明种类和数量；⑦一般在研究完成后，受试者将被告知研究的发现，每位受试者将被告知与他们自身健康状态有关的任何发现；⑧受试者有权利在提出要求时获得他们的数据，即使这些数据没有直接的临床用途；⑨对参加研究有关的受试者带来的任何可预见到的风险、疼痛、不适或不便，包括给受试者的配偶或伴侣的健康或幸福带来的风险；⑩受试者参加研究任何预期的直接受益；⑪受试者完成研究后，在何时、如何得到被研究证明是安全和有效的干预方法，受试者是否要为此支付经济负担；⑫对受试者医疗过程中的病历记录和生物标本的直接研究利用及二次研究利用的可能性；⑬研究结束时是否计划将研究中收集的生物标本销毁，如果不是，关于生物标本储存的细节和将来可能的利用，以及受试者有权做出关于将来的使用、拒绝储存和让其销毁的决定。

三、医学科研知情同意的过程问题

1. 医学科研知情同意过程的基本原则　个人以受试者身份参与医学研究必须是自愿的，尽管与家人或社区负责人进行商议，但除非有知情同意能力的个人自由地表达同意，否则不能被招募进入研究项目。

2. 医学科研知情同意的表达　在确保受试者理解相关信息后，临床医生或其他研究人员应该设法获得受试者自由表达的知情同意的意愿，以书面形式表达最好，如果不能以书面形式表达，非书面的同意必须进行正式记录并有证明人在场。同时，必须向所有医学研究的受试者提供获得研究预计结果相关信息的选择权，如果潜在受试者不具备知情同意的能力，研究人员必须从其法定代理人处设法征得知情同意。

3. 医学科研受试者表达知情同意能力受限的要求　根据《赫尔辛基宣言》规定，当被认为不具备知情同意能力的潜在受试者，不能够表达是否参与研究的决定时，其研究人员在设法征得其法定代理人的同意的情况下，还必须征询受试者本人的某种表达形式，以保证受试者的异议应得到尽可能的尊重。

4. 医学科研人体材料或标本的处理　对于使用可辨识的人体材料或标本、数据的医学科学研究，通常情况下临床医生或研究者必须设法征得对收集、分析、存放或再利用这些材料或人体标本数据的同意。对有些情况下，征得其本人同意可能难以做到或无法获得，以及为得到其本人同意可能会对研究的有效性构成威胁。在这种情况下，医学科研人员只有在得到医学伦理委员会的审查和批准后方可实施科研。

5. 医学科研特殊受试人群的处理　当研究涉及身体或精神上不具备知情同意能力的受试者如无意识的患者或精神障碍患者时。这种情况只有在阻碍知情同意的身体或精神状况正是课题攻关研究目标人群的一个必要特点和目的时，其研究方可实施。在这种情况下，临床医生必须设法征得法定代理人的知情同意。如果缺少此类代理人，并且研究不能被延误，那么该研究在没有获得知情同意的情况下仍可开展，前提是参与研究的受试者无法给予知情同意的具体原因已在研究方案中被重点说明，并且该研究已获得医学伦理委员会批准。即便如此，仍应尽早从受试者或其法定代理人那里获得继续参与研究的知情同意的相关意见材料。

四、医学科研中免除知情同意的伦理要求

1.临床医疗资料和人体生物标本　在临床医学研究中，利用在临床诊疗中记录和积累的医疗病历资料及生物标本进行基础或临床设计研究，但要符合以下所有条件，并经医学伦理委员会认可，方可部分或全部免除知情同意：①其研究给诊疗资料或人体生物样本当事患者造成的风险极小，其受试者的权利或利益不会受到侵犯；②受试者的隐私、个人资料、秘密或匿名得到严格保护；③医学科研设计和研究的目的是回答一个重要的医学问题；④如果按规定逐一获取知情同意，其研究将无法实施；⑤在条件具备的情况下，尽可能在研究后的适当机会向受试者提供适当的有关研究信息。受试者有权知道其病历资料或人体标本可能用于临床研究工作，医学研究机构也可以通知所有新入组受试者，其病历档案或诊疗用过的人体标本可能会因医学研究目的而被利用，应给予受试者同意或拒绝这种利用的机会和权利；若受试者先前已明确拒绝在将来的医学研究中使用其医疗病历资料和标本，则该受试者的医疗资料和标本只有在公共卫生紧急情况需要时才可被利用。

2.患者诊疗资料和生物标本用于研究的伦理要求　①在以往研究中已获得受试者的书面知情同意，已授权允许其他的医学研究项目使用其病历资料和剩余标本；②本研究所用材料符合原知情同意的许可条件；③其受试者的隐私和身份信息的得到充分保密和安全保证。

五、医学科研无法获得知情同意研究伦理规范

1.医学科研特殊研究无法获得知情同意　应同时满足以下条件：一是该研究处于危及生命的紧急状况或特殊情况，需要在发病后很快进行干预；二是该研究情况极为特殊和紧急，大部分受试者无法给予知情同意，且没有时间找到合法代表人；三是缺乏已被证实有效的治疗方法，而试验药物或干预有望挽救生命。

2.医学科研特殊或紧急情况下研究的伦理考量　①临床医学研究方案根据目前的科学证据，必须给予试验干预的治疗窗，而且该治疗窗包括了一个合适的联系合法代表人的时间段；②医学研究者承诺在开始研究之前，在治疗窗的分段时间内，尽力联系受试者的合法代表人，并有证明努力尝试联系的文件记录；③受试者的状态许可或找到其合法代表人，应告知所有相关信息，并尽可能早地获得其反对或继续参加研究的意见；④本研究得到所在社会或医学领域的支持。

3.医学科研特殊或紧急情况相关规范要求　在药物临床试验质量管理规范中，无法获得本人及其合法代表人的知情同意书，在特殊和紧急情况下，如缺乏已被证实有效的治疗方法，而试验药物有望挽救生命、恢复健康或减轻病痛，可考虑将其作为受试者，但需要在试验方案和有关文件中完整说明其接受这些受试者的方法，并获得医学伦理委员会的认可和同意。在《中华人民共和国执业医师法》中指出，临床医师进行试验性临床医疗和研究中，应当经医院伦理委员会批准并征得受试者本人或其家属同意。在人体生物医学研究国际伦理指南中指出，在急诊条件下，在未征得受试者同意前就拟开始的研究计划，如果缺乏当时社会和必要性的有力的支持，其研究是有违医学科研伦理规范的。

第七节　医学科研中受试者医疗保护的伦理问题

一、医学科研受试者医疗保护的基本伦理原则

根据《赫尔辛基宣言》规定，促进和保护患者的健康，包括那些参与医学研究的患者，是临床研究者的责任所在。

1.医学科研受试者健康得到保证　当临床医生将医学研究与临床医疗相结合时，其患者作为临床研究的受试者参研究，对于潜在疾病预防、诊断和治疗价值而言是公正的，而且具有充分理由相信参与临床研究不会对受试者健康带来任何负面影响。

2.医学科研周密的研究方案　在其研究方案中，对涉及受试者的研究项目的科研设计和操作，都必须在医学科研设计方案中有明确的说明和描述。其研究方案中应包括与研究方案相关的医学科研伦理问题表述，特别是应表明《赫尔辛基宣言》中的伦理原则是如何得到体现的，其研究方案应说明有关课题资金资助来源、申办方、隶属机构、潜在利益冲突、对受试者的诱导，以及对因参与研究而造成的伤害所提供的治疗或补偿条款等。在临床试验研究中，其研究方案还必须描述试验后如何给予受试者适当的安排。

3.医学科研受试者干预措施的要求　对个体患者实施治疗时，如果被证明缺乏有效的干预措施，以及其他已知干预措施无效，临床医生在征得专家意见并得到患者或其法定代理人知情同意后，方可使用尚未被证明有效的干预措施，其前提是根据临床医生的判断干预措施有希望挽救生命和健康。但之后应将干预措施作为研究对象，实施临床评估，对其安全性和有效性实施临床设计研究，并记录其新信息和临床价值，在适当的机会和场合将结果予以公布。

二、医学科研设计方案的伦理问题审稿要点

1.医学科研受试者的医疗与保护　医学研究者具有临床试验方案中所要求的专业知识和经验，能胜任所承担的临床试验项目，其研究有充分的依据和出处，并具有潜在的疾病预防、诊断和治疗价值，而且有充分的理由相信研究对受试者的健康不会造成不良影响。

2.医学科研对照干预伦理规范　在临床干预试验中对照组的受试者应得到公认有效的干预，其安慰剂或同期空白对照，应符合临床研究中对照的选择所提出的标准要求。如果研究剥夺了受试者接受公认有效干预的权利，因而使他们暴露于严重的损害之中，特别是损害是不可逆的，很显然，这样的研究是违背医学科研伦理道德要求的。

3.医学科研受试者医疗监测与保护　受试者在试验中，应当给予适当的医疗和保护措施，当受试者自愿退出研究或提前中止研究时，拟采取的措施应恰当。在研究过程中，为受试者提供适当的医疗保健，并为受试者提供适当的医疗监测和心理支持。

4.医学科研受试者治疗与补偿　当受试者发生与试验相关的损害时，受试者应得到及时的临床治疗与必要补偿。受试者因参加研究而受到伤害，应保证其有权获得对

这类伤害的免费医疗，以及经济或其他方面的补助，作为对于造成的任何损伤、残疾和功能障碍应公正地给予的补偿；参加试验研究而死亡的，受试者的受赡养人有权得到补偿。

第八节　医学科研隐私和保密的伦理问题

根据《赫尔辛基宣言》规定，医学科研必须采取一切措施保护受试者的隐私，并对个人信息进行保密。

一、医学科研隐私与保密的基本伦理规则

（1）医学科研者必须采取安全措施，有效保护受试者的隐私和个人信息的秘密。

（2）参与研究的受试者应被告知，其研究者保守受试者秘密的能力受到法律和其他规定的限制，并对受试者秘密泄露的可能后果具有足够的认识。

二、医学科研人员和受试者之间的秘密限定

（1）研究者必须保护受试者的隐私和个人信息的秘密；在数据报告时隐藏可识别受试者身份的信息，并可限制接触和使用这些信息的权限，减少无关人员对信息的接触和实用，必要时对数据实施匿名措施。

（2）知情告知义务问题，对所采取的保守秘密的防范措施，应该告知受试者本人，由于法律和其他的原因，研究者严格保守秘密的能力是有限制的，如研究者有责任向有关机构报告某些传染病；食品药品监督管理部门有权视察临床试验记录等。

（3）对HIV/AIDS疫苗临床试验，参加HIV/AIDS疫苗临床试验可使受试者受到严重的社会歧视或伤害的风险，对这类风险与疫苗的不一样后果值得研究者慎重考虑，必须努力减少风险的可能并减轻其发生严重后果的程度。同时，要向参加HIV/AIDS疫苗临床试验的健康受试者提供文件证明，以表明他们参加了疫苗临床试验课题研究，他们的艾滋病病毒或血清抗体阳性是由于接种疫苗而不是自然感染所致。

三、医学科研中临床研究者与受试者之间的秘密问题

临床研究者负责受试者秘密保护，临床研究者有责任严格防止受试者的任何信息泄露；临床研究者不应将任何可识别受试者身份的信息公开给其他无关人员，除非同时满足以下两个条件：一是获得受试者的同意；二是利用医疗病历资料进行相关研究，医生和其他卫生保健专业人员在病历或其他临床病历资料中记载了观察和干预措施的详细信息。

四、医学科研中遗传学研究的保密问题

利用可识别受试者身份的生物标本，进行已知临床或预后价值的相关遗传学研究。

（1）必须获得受试者的知情同意或法定代理人的同意。

（2）如果符合免除知情同意的条件并得到医学伦理委员会批准，还必须使生物标

本完全的匿名并脱离有关联系，以保证从该研究中不会得到有关具体个人的信息。

（3）人体生物标本不是完全匿名，并且预料到可能有正当的临床研究的理由，需要将遗传学研究的结果和受试者相联系，研究者应向受试者保证，受试者的身份将通过生物标本的安全编码限制其访问数据库而得到保护，并向受试者解释这些过程。出于促进医学发展或者研究的理由，要将遗传试验的结果报告给受试者或受试者的医生时，受试者应该被告知将要发生这种公开及试验标本将被清楚的标记。未经受试者同意，研究者不得将诊断性遗传学研究结果公开给受试者的亲属。医学科研设计方案应说明没有受试者同意情况下防止将结果公开的措施。所有上述保护性措施，应在知情同意实施过程中明确地加以解释和说明。

第九节　医学科研中涉及弱势群体研究的伦理问题

一、医学科研弱势群体研究的基本伦理原则

在医学科研中，有些参与研究的群体和个人特别脆弱，他们更容易受到胁迫或者额外的伤害。对所有弱势的群体和个人作为受试者时，都需要得到特别的保护和关注，这在《赫尔辛基宣言》中已明确规定。但当医学科研攻关课题研究重点就是解决特殊弱势群体的本身问题时，以及研究是出于弱势人群的健康需求或卫生工作需要，同时又无法在非弱势人群中开展时，所涉及这些弱势人群的医学研究才算是正当的。不仅如此，还应该保证这些弱势人群从研究结果中获益的权利。

二、医学科研论文中涉及弱势群体审稿要点

1.医学科研特殊弱势人群的概念　在医学科研实践中，特殊弱势人群是指那些相对没有能力维护自身利益的人群，也就是说，这些弱势群体没有足够的能力、智力、教育、财力、力量或其他必需的属性来保护其的自身的利益。通常被认为弱势的群体，是指那些能力或自由受到限制而无法给予同意或拒绝同意的人群，无能力自主决定同意或拒绝的人群，如儿童、精神障碍而不能给予知情同意的人群；老人通常被认为是弱势的，他们可能处在公共福利机构照料之下或有不同程度的痴呆；接受生活补助或社会援助的人，如贫困者和失业者、急诊室的受试者、少数民族、无家可归者、流浪汉、难民或被迫流离者、服刑人员、患不治之症的受试者及不熟悉现代医疗概念的社会成员等；患有严重的、可能致残或致命疾病者。

2.医学科研弱势群体受试者特殊保护措施　当涉及弱势群体作为受试者的临床研究，其研究可能导致参加研究的负担和利益分配不公平，这在医学科研设计中，邀请弱势群体参加临床研究需要特殊的理由，如果选择这些人群，必须切实履行保护这些弱势人群的权利和健康的措施。临床研究纳入弱势群体受试者，医学伦理委员会需要确信，若以非弱势人群为受试对象，无法达到预期的研究目的。研究是为获得该弱势群体或者是受试者本人，以及弱势人群中其他相同处境的成员，具有特有的或独特的疾病，并为其健康和疾病诊断、预防和治疗所必要。作为研究成果能为疾病诊断、预

防或治疗产品发挥作用，并通常要保证能合理地用于受试者或弱势群体。当可能的受试对象无能力或因其他原因不能充分地给予知情同意时，弱势群体的知情同意要由他们的法定监护人或其他合法代表人予以许可。一般来说，临床研究必须先研究弱势程度较小的人群，再涉及弱势程度较大的人群。

三、医学科研和论文中涉及儿童研究伦理的审稿要点

1.医学科研儿童相关法律规定　在相关法律中，10周岁以上的未成年人是限制民事行为能力人，可以进行与他的年龄、智力相适应的民事活动，而其他民事活动应由他的法定代理人代理或者征得他的法定代理人的同意。也就是说，不满10周岁的未成年人是无民事行为能力人，由他的法定代理人代理民事活动。未成年人不具有完全民事行为能力，属于弱势群体，因此，以儿童为受试者参加医学科研或临床试验的，其伦理审查需要考虑一些特殊问题。

2.医学科研儿童受试者研究的合理性　研究儿童期疾病和儿童特别易感的状态，如疫苗试验，以及用于儿童又用于成人的药品的临床试验，在这种情况下，儿童作为受试者的参与是绝对必要的。现在已经普遍公认，作为一般规律，任何可能适用于儿童的新的治疗、诊断或预防产品在上市前，申办者必须评价其对儿童的安全性和有效性。当涉及儿童的临床研究时，其研究者必须确保：①以成人为受试对象，研究不能同样效果进行；②研究的目的是获得有关儿童健康需要的成果；③每位儿童的父母或法定代理人给予了同意；④已获得每位儿童在其能力范围所给予的同意；⑤儿童拒绝参加或拒绝继续参加研究的意见将得到充分尊重。

3.医学科研儿童受试者风险的特殊考量　应坚持痛苦最小化和风险最小化的科研设计原则，受试者的预期受益证明所涉及的风险是正当的，其研究风险和受益比至少与现有备选的干预措施相当。

4.医学科研儿童受试者的赞同　儿童和未成年人参加临床试验应该获得其父母或法定代理人的知情同意，并在儿童发育和智力程度的允许范围内告知其研究情况，并征求儿童的合作意愿。而10周岁以上的儿童，应获得他们本人的知情同意。

5.医学科研儿童父母或监护人的同意　未成年人参加临床研究，必须获得其父母或监护人的同意，未成年人的父母已经死亡或者没有监护能力的，则由其他具有监护能力和法定资格的人担任监护人同意。

6.医学科研儿童监护人参与试验过程　作为儿童受试者参加研究做出许可的父母或监护人应有机会，在适当的程度上参与观察研究的进行，以便能使孩子及时退出研究，如果父母或监护人判定这样做是从孩子的最大利益出发，可以继续参与研究。

7.医学科研受试者心理学和医学支持　涉及儿童的研究应在儿童和父母能够获得充分的医学和心理上支持的情况下实施。作为对儿童的加强保护，研究者可以就关于孩子参加该研究的问题获得孩子的家庭医师、儿科医师或其他卫生保健工作者的建议。如果研究明显不同于常规治疗，应该邀请父母一方或双方在场给孩子安慰，必要时，代表儿童与未成年人处理相关事宜。如果研究不允许父母在场，应该加以解释，并且在知情同意书中明确说明。

8.医学科研儿童受试者知情同意的特殊考量　儿童作为受试者，必须征得其法定

监护人的知情同意并签署知情同意书。当儿童能做出同意参加研究的决定时，还必须征得其本人同意。提供给儿童和未成年人受试者的知情告知信息，应以符合他们年龄和理解水平的语言和文字表述解释研究信息。10周岁以上的未成年人，必须获得其参加研究的同意；如果其具备相应的阅读和理解能力，应要求其签署知情同意书。10周岁以下的儿童，如果能做出同意参加研究的决定时，也应获得其参加研究的同意。告知儿童的父母或监护人，他们可以在什么程度上观察研究的进行，并可以从孩子的最大利益出发，决定孩子是否退出研究。

9. 医学科研中涉及公共福利机构儿童和未成年人的研究　公共福利机构中的儿童没有父母或其父母在法律上无权给予监护或同意，关于招募儿童受试者进行研究的合理性，医学伦理委员会在审查中应寻求熟悉公共福利机构儿童情况的主管人员或监护人意见，应获得法定监护人的同意。公共福利机构的工作人员，即使是合法监护人，一般不被认为是代理知情同意的合适人选。对已经由法院指令由公共福利机构托管的儿童和未成年人，纳入他们参加研究需要法律授权。而且当儿童能做出同意参加研究的决定时，须征得其本人同意。

四、医学科研中涉及精神障碍人群研究的伦理问题

1. 医学科研精神障碍患者受试者的伦理要求　在医学科研活动中，对精神疾病的研究也是医学科研攻关的领域之一。精神障碍是各种精神或心理异常的总称，又称精神和行为障碍或精神疾病，大多数精神障碍的受试者能够理解研究的性质和研究的风险，能够做出自主决定。这里所指的是那些没有能力给予充分知情同意或由于病情恶化变得暂时没有能力的精神障碍患者。

2. 医学研究合理性的考量　其研究的目的是为获得有关精神障碍者特有的健康需要的科研成果、治疗方法、理论知识等，并且只能在精神障碍人群身上进行的临床试验研究；如果在知情同意能力没有受损的人身上能同样好地进行研究，这类人就不能成为受试者。而对于探索某些严重智力或行为障碍的病因和治疗的大部分研究，精神障碍者显然是唯一合适的受试者。对已获得与每位受试者能力程度相应的同意，受试者拒绝参加研究应始终受到尊重，同时，还应获得其法定监护人的同意。

3. 医学科研精神障碍者知情同意的实施规范　首先是其法定监护人的同意；即使在有法定监护人同意的情况下，仍需尊重能力低下者其本人的感觉和意愿，而对已经由法院指令由公共福利机构托管的精神障碍受试者，纳入他们作为受试者参加研究还需要法律授权。对于能够理解研究的性质和研究风险，给予知情同意的精神障碍的受试者，应在他们精神状态许可范围内征得其本人对参加与否表示同意和拒绝，任何反对参加或没有直接受益的研究应始终受到尊重；绝对不可以在没有其本人同意的情况下将其作为受试者纳入临床研究。

第十节　医学科研中涉及妇女研究的伦理问题

在临床或基础医学研究中，对涉及育龄期妇女在研究期间有怀孕情况，其本身不

能作为排除或限制参加研究的理由。这就涉及人类受试者的临床研究应包括不同的性别，这样研究结果可以使得患有该疾病的所有人群都能受益，特别是妇女易患疾病的研究。排除生物学上能够受孕的妇女参加临床研究的规定是不公平的，因其使妇女这一群体丧失了从研究中获得新理论知识或治疗方法的利益。如果是在基于人群的研究中，某个性别被排除在外，研究者必须提供明确的有说服力的理由，这也是医学科研设计，特别是临床医学研究设计的要求。在进行研究设计和符合研究目的的样本量计算时应该考虑性别问题。

一、医学科研中育龄期妇女作为受试者的条件

要分析和研究对孕妇和胎儿的风险，是妇女做出参加临床研究理性决定的先决条件，这应以妊娠试验确认受试者未受孕，并在研究开始之前采取有效的避孕措施；如果由于宗教或其他原因，不能采取避孕措施，则研究者不应招募可能怀孕的妇女进行可能有这类风险的研究。如果研究的潜在风险足以要求排除孕妇参加，就必须明确排除可能妊娠妇女参加研究，以确保育龄期妇女在研究期间及其后一段时间不受孕，在必要情况下可对其进行单独研究。

二、医学科研中育龄妇女受试者知情同意的伦理问题

应帮助育龄妇女理解如果在研究期间受孕，特定研究程序可能对胚胎或胎儿、本人具有当前已知的或不可预测的风险存在，可建议在研究期间甚至在研究结束后的一段时间内避孕或中止哺乳。受试者一旦怀孕，要立即通知研究者。如果受试者受孕可在两个方案中选择：自愿地退出研究或终止妊娠。如果不终止妊娠，应该向受试者保证提供医疗随访和健康监测。

三、医学科研中育龄妇女受试者知情同意的履行

对生活在某些地区的妇女习惯于服从权威或丈夫，在这种情况下，研究者在知情同意过程中要给予特别的关心，以保证她们有充分的时间、适当的环境、根据所给予的明确信息做出自己的决定。在涉及育龄期妇女的研究中，不论怀孕与否，只需要该妇女本人的知情同意，她就可参加研究。其配偶或伴侣的许可决不能代替个体的知情同意，如果妇女希望在决定参加研究以前与她们的配偶或伴侣商量或自愿地获得许可，这不仅在伦理上是允许的，而且在有些情况下是非常可取和必要的。然而，严格要求配偶或伴侣的授权，这有违尊重个人的独立原则。

四、医学科研中涉及孕妇的伦理问题

1. 医学科研中孕妇作为受试者研究的合理性　只有当研究是针对孕妇或胎儿特有的健康需要或针对孕妇总体的健康需要，并且如果适用，还应有来自动物实验，尤其是关于致畸和致突变风险的可靠证据予以支持，才能在孕妇群体中实施研究。在涉及孕妇的研究时可能对妇女及其胎儿带来风险和可能的受益，因而要证明其研究的合理性。

2. 医学科研孕妇受试者知情同意的考量　要充分告知有关受试者自己、受试者身

孕、胎儿和对受试者后代的影响，以及受试者的生育力风险和受益情况。作为知情同意过程的一部分，关于风险可接受性的决定应该由母亲做出，而针对胎儿健康的研究，即使没有或没有明确的有关风险的证据，如果可能，对胎儿风险可接受的决定最好也应征求其父亲的意见。

3.医学科研孕妇受试者的特殊考量

（1）研究人员无权参与终止妊娠的时间、方法或措施的决定；研究人员也无权参与新生儿生存问题的决定；在有些群体或地区，文化信仰认为胎儿比妇女的生命或健康更重要，妇女可能感到是被迫参加或被迫不参加研究，因此，应采取特别保护措施，防止不适当地劝诱孕妇参加对胎儿有直接受益前景的干预措施的研究，特别是当研究可能对孕妇造成伤害时。

（2）在胎儿异常情况下，一般不被认为是流产适应证的时候，如果受试者参加研究确实可能导致胎儿异常，就不应该招募孕妇受试者参加研究。

（3）研究者应在涉及孕妇的科研设计方案中包括监测怀孕结果的计划，即关于妇女的健康及孩子近期和远期的健康问题。

第十一节 医学科研国际合作研究中的伦理问题

这种情况是指国外机构发起的研究而在国内的研究机构实施，一般由国外的国际或国家的组织、医药企业与国内相关机构、学术团体或个人合作研究，并达成合作研究协议。

一、医学科研国际合作研究的伦理原则

1.医学科研伦理的规范性问题 国外的申办组织或个体的研究者应向其所在国提交研究方案，并进行医学科研伦理学和科学性及意义的审查，医学科研伦理评价标准应和研究实施所在国同样严格。研究实施所在国的医学伦理委员会应审查确认研究方案是针对研究所在国的国民健康需要，并具有重大科学价值和意义，而且符合必要的医学科研伦理标准和规范要求。

2.医学科研国际合作研究课题符合伦理要求 其研究实施所在国和申办者所在国的医学伦理委员会都有责任进行科学性、实用性、必要性、可行性、重要意义和医学科研伦理问题的严格审查，对不符合科学性和实际需要及医学科研伦理标准的研究合作方案，医学伦理委员会都有权拒绝批准，并且必须尽可能地保证其审查是独立的，避免与其研究任何方面有关的和可能影响医学伦理委员会委员判断的利益冲突。当国外的申办者是一个国际组织，对其研究提案的审查，必须符合其自身的独立医学伦理委员会审查程序和标准。

二、医学科研课题国际合作研究伦理问题审稿要点

1.医学科研课题国际合作研究的要求 ①申办者所在国或国际组织的医学伦理委员会的特殊职责，应判定科学方法是否合理并符合研究目标；②如果是属于疫苗研究，

其程序是否符合安全标准；③研究在东道国而不是在申办者所在国或其他国家实施是否存在合理性依据；④医学科研课题国际合作研究方案是否符合国外申办者所在国或国际组织的伦理标准。

2. 医学科研国际合作研究国内医学伦理委员会把关与职责　①其研究目标是否针对本国的健康需要，是否具有科学依据和重要的实际意义。②根据国内的社会风俗和传统，严格判断研究方案各个方面的医学科研伦理的可接受性，获取知情同意的方法和途径，尊重受试对象权利的其他方面，以及所提议的保护研究受试者健康的方法的可接受性。根据当地社会的礼物互赠及其他风俗和传统，就物质利益或激励措施是否提出合理性建议。③根据国内受试人群的文化和道德标准，审查研究计划的依从性问题。

3. 医学科研国际合作研究应具备国内健康需要　①其研究是针对实施研究所在地人群或社会的重大健康需要问题，特别是疾病的预防、诊断和治疗所需要的重大问题；②以对任何干预措施或开发的医学新产品或获得的理论知识和技术等，都将被合理地用于使该人民健康和社会受益为前提；③国际合作研究是针对实施研究所在地人群或社会的健康需要问题，如对某疾病在该人群中的流行概况，需要新的或进一步的深入研究。同时，该人群将获得成功的干预措施或其他健康的受益。如果研究实施国绝大部分人群负担不起试验产品，而研究所获得的理论知识、技术和医疗产品等，主要使极少数人群受益，缺乏普惠性和普及性，这就证明其研究具有私利特征，这样的国际合作研究是违背医学科研伦理和道德规范的行为，理应予以拒绝。

第10章

临床医学诊疗指南制定伦理规范
与编辑出版伦理

　　临床医学诊疗指南，也称临床实践指南（clinical practice guideline），是重要的临床诊断和治疗决策的重要指导性文件，它是现代临床医学发展的重要进步和临床医疗决策行为规范化的重要表现，它不仅具有临床诊断和治疗的指导性、规范性和实用性，而且还具有法律质证效力。因此，其制定的程序性、规范性、权威性、科学性、实用性、客观性就显得尤为重要，其涉及制定规范和伦理问题及编辑出版伦理，也直接影响其整体质量。所以，医学编辑掌握其制定的原则、规范和程序、利益冲突、临床指南评价和编辑出版伦理问题，对临床医学指南的质量控制具有重要意义。

第一节　临床医学诊疗指南基本概念

　　在国际上，早在20世纪初就开始了临床医学指南的制定，1951年世界卫生组织还制定了《临床指南制定规范》，以后又编制了《世界卫生组织临床指南制定手册》，并进行了多次修改和完善。在我国，20世界80年代才开始重视临床医学指南的制定工作，进入21世纪以来，临床医学指南的制定发展非常迅速，目前，各个临床学科或专业基本都制定了相应临床诊疗指南，但有不少是国外相关临床医学指南的翻版，也有不少相关临床指南的制定缺乏规范性和权威性，更有甚者在其制定过程中存在着临床指南伦理、利益冲突和编辑出版伦理处理失范现象，这在某种程度上影响了临床医学指南作用的发展发挥。

一、临床医学诊疗指南与专家共识基本定义

　　临床医学诊疗指南综合当前最佳临床研究证据，是指导临床诊断和治疗的重要指导性规范性文件，是确保临床医疗质量和最大限度地降低医疗成本的重要措施，也是促进临床诊疗规范化的重要手段；它对指导临床医师实施正确诊疗决策，帮助临床医师或患者恰当处理临床诊疗中的相关问题，实现临床疾病诊疗方案的最优化和提高医疗质量及促进临床医学发展发挥着重要作用。

　　在医学科学领域学术技术指导性和规范性文件中，如果按其执行强度或依从性而言，其依次为专家共识（建议）、临床医学诊疗指南、规范、标准、法规条例。而专家

共识、临床医学诊疗指南和规范属于指导类技术规范文件；标准属于国家强制性技术文件；而法规条例属于法律层面的国家法律范畴。临床医学指南和共识的制定是通过系统循证或证据评价，对相关证据实施再评估与整合，同时考虑利弊关系，经过专家集体讨论和研讨达成一致意见，也可提出最恰当的推荐意见，形成具有权威性的诊疗指导性文件。帮助和指导医药卫生科技人员做出正确的临床诊疗决策。在实际临床实践中，临床诊疗指南或专家共识也很难满足或适用于所有临床问题及患者千差万别的具体情况，其最终的诊疗方案的制定和临床决策，还要根据患者的具体病情和患者的意愿、临床医师认知和认可等综合因素而定。

临床医学指南、专家共识、专家意见或建议这三者的服务宗旨均是为广大临床医务工作者和患者提供特定临床问题的指导性、建议性意见或推荐意见，以最大限度地减少不恰当的临床决策行为，降低医疗成本，改善医疗服务质量和医疗安全性。①临床医学指南：它是基于循证医学的系统评价证据和平衡了不同干预措施的利弊，在此基础上形成和制定的，能够为临床患者疾病诊断与治疗提供最佳医疗护理服务的推荐意见集合。②专家共识：它体现和强调的是专家经验在临床医学指南制定过程中发挥作用，其专家经验主要来源于多学科专家代表组成的团队，它针对具体临床问题和诊疗方案达成的共识结果，专家共识尚达不到指南的要求和条件，其质量难以保证，缺乏可靠性。③专家意见或建议：它是专家个体或几个专家的个人见解或建议，是没有经过正式或非正式的共识过程提出的意见或建议，其科学性差，只是作为一般参考。④临床医学诊疗指南类型：一般分为标准指南、完整指南和附属延伸版指南。标准指南主要是单纯针对某专业、专科或技术方法的临床实践问题而制定的，也是比较常见的临床医学指南类型；一般来讲，标准指南内容针对性和专一性极强，不需要覆盖或涉及其他各种疾病的临床问题，其推荐意见也必须基于高质量的临床证据。完整指南一般是针对全面覆盖某学科领域的系统临床或公共卫生问题，其特点是系统性和涉及各个方面的临床问题，如诊断、治疗、预后、预防监测和干预措施等相关推荐意见，并且各个方面都必须具备高质量临床循证系统评价。而附属延伸版本指南一般是指针对基层的，适用于基层医疗机构和指导基层医疗卫生服务实践的临床医学诊疗指南版本。

1. 证据评价，最优指导　临床医学诊疗指南是通过系统综述分析相关科学证据，对各种临床备选干预方式和诊断及治疗方案的利弊实施循证评价，经过医学相关领域最优同行群体专家制定和评审认可，由科学/学术共同体发布的临床最优指导性与规范性文件，称为"临床医学诊疗指南"。

2. 系统研发，严格论证　临床医学诊疗指南是规范性和指导性文件，是通过严格及科学的系统研制开发出来的临床医学成果，是集体专家群体智慧的结晶，其内容经过严格的证据和循证评价，并经过严格论证，适用于相应的临床疾病的诊断与治疗领域，以指导临床医师的医疗行为和医疗决策，所以临床医学指南具有很强的权威性、科学性、指导性、可操作性和临床适用范围。

3. 制定科学，程序严谨　临床医学诊疗指南制定应具备以下条件。①严格筛选，系统评价：是对相应学科或专业现有临床证据的系统评价。②专家团队，集体智慧：临床医学指南的制定者，必须是来自专业团队，是本专业领域的顶级专家和学科带头人，特别是领衔和执笔专家，应该是本领域或本专业的领军人物，它是各相关学科专家和主要学术共同体专家参与制定而成的文件。③制定透明，控制偏倚：临床医学指南的制定过程应当公开透明，最大限度地控制各种人为干扰、控制偏倚因素和使利益冲突最小化，保证其客观公正。④严格证据质量，解释合理：临床医学指南中对各项备选干预措施和相应结局之间的关系给出合理解释；同时，对证据质量和推荐意见实施分级描述。⑤适时修订，重新评议：临床医学指南在应用过程中，若有重要的新证据，如新方法、新技术、新的特效药物诞生，应对原来临床医学指南适时进行重新修订和评议。⑥以人为本，兼顾患者：临床医学指南制定过程中，要注意尽可能兼顾重要疾病患者亚群和患者的偏好，适当考虑患者的依从性。

二、临床医学诊疗指南的功能与价值

临床医学诊疗指南的制定和施行，是临床医学的一大进步，它的主要功能和意义在于对临床决策和诊疗行为的指导意义，促进诊疗行为的规范化和统一化，降低诊疗、预防和保健服务成本，全面提高医疗、预防、护理和保健质量。

1.指导临床决策，规范诊疗行为　在以往临床诊疗实践中，各医疗机构之间和医疗技术人员之间，在同一疾病的诊断、治疗和护理上，采取的诊疗行为是千差万别的，所应用的诊断措施、治疗方案和护理手段等都具有较大差别，也存在着不合理的现象，过度诊疗、过度治疗、不合理用药等现象严重，对同一种疾病或临床问题，不同国家、不同地域、不同医疗机构、不同医疗技术人员，甚至同一医疗机构或同一科室，其处理方法和措施等医疗服务行为各异，这些差异存在着医疗行为的不合理、不规范和不科学的问题，试验性和经验性治疗、药物滥用、过度诊断和扩大应用诊断措施等医疗行为普遍存在，使临床决策失去了科学性与合理性，致使医源性疾病与日俱增，而基于研究证据和循证评价的临床医学诊疗指南，具有缩小这些差异和规范及统一医疗行为的功能与作用，使临床决策更趋于合理性，让患者享受到更加优质的医疗服务。

2.降低医疗费用，减轻疾病负担　当今世界，医疗卫生资源的有限性，难以满足日益增长的卫生资源的消费，更经不起无休止的医疗卫生资源的不合理应用与浪费，即使经济发达国家其医疗卫生资源的消费承受力也频频告急；在我国，医疗费用不断增加，已经超过国民生产总值的增长率，特别是实行全民医保后，如何科学、合理与高效地使用有限的医疗卫生资源，是医疗机构和政府亟待解决的问题。而临床医学诊疗指南对相关疾病根据证据分析和成本效益分析，制定出整套规范化与科学的诊断与治疗措施，以及推荐意见，用最适宜、最可靠和最经济实惠的诊疗技术解决临床问题，既减轻疾病和诊疗负担，又最大限度地减轻患者痛苦，这是临床医学指南最佳功能。

3.医疗措施科学化，诊治技术适宜化　调查研究表明，以往在临床诊疗实践中，所有诊疗、预防、保健、护理等医疗卫生服务行为中，有1/4～1/3的诊疗措施是没有必要应用的，甚至是滥用或是误用的。例如，普通感冒和普通发热患者，缺乏应用抗生素的证据，临床上多以试验性、经验性和预防性使用抗生素，形成抗生素的不合理使用，甚至滥用，而造成抗生素耐药趋势日趋严重。而临床医学诊疗指南使诊疗措施证据化、科学化、规范化、合理化和实用化，使用诊断和治疗的最适宜技术解除患者痛苦，促进诊疗服务行为的合理化与规范化。

三、临床诊疗指南制定的原则

1.遵循医疗卫生需求，体现健康核心价值原则　临床医学指南的制定首先是遵从临床需要，制定前应对其必要性实施评估，确定没有其他相应临床指南可以覆盖或代替，并以充分体现患者的健康利益为核心价值；具有明确的指南应用的专业群体队伍及指南普及传播措施，以保证临床医学指南的实用性与效益。

2.严格确认目标人群，增强使用效率原则　临床医学指南的制定要考虑目标使用人群，以免制定发布后没有明确应用人群；其目标使用人群可以是医疗卫生行政管理者、卫生政策的制定者、临床医师、护理人员、患者和普通群众等，要确保指南的使用效率和效果。

3.实施诸学科合作，严格控制偏倚原则　临床医学诊疗指南是集体智慧成果，而且涉及各个相关利益者的知识和观点，在组建指南制定专家委员会或小组时，就要考虑其成员的学科专业结构的合理性，既要考虑本专业领域的专家，又要考虑相关专业领域的专家，如临床药学专家、诊断学专家、方法学专家和临床流行病学专家及医药卫生政策的制定者等，同时，尽可能考虑其成员的年龄、性别、专业、技能、地区分布和价值观等因素的平衡问题，以确保所有利益相关方能够平等参与制定。在制定过程中，要分析可能存在的干扰因素或偏倚因素，尽可能控制偏倚风险的发生。①保持制定的独立性，避免干扰因素：在临床医学指南制定或撰写中，要保持其独立性不受外来因素干扰。例如，临床指南中涉及的药物、医疗器械设备和产品等，应符合法规要求，根据充分，合理合规，避免所涉及的医药企业的商业利益渗透和干扰。②充分交流，形成共识：在临床医学指南制定过程中，其专家委员会或专家小组成员，要充分研讨和交流，并征询相关领域专家学者意见，全体成员应切实达成共识，避免一言堂。③公开利益报告，严控利益冲突：对参与临床指南制定的专家学者，特别是主要领衔专家和执笔者，应进行利益声明，公开报告利益冲突，而且要进行严格评价、严格控制可能的利益冲突，确保指南制定的客观、公正性和权威性。

4.证据公开，客观评价原则　要保证临床指南制定中证据的公开获取性，其推荐意见也是对现有证据的全面客观评价；在形成推荐意见前应全面检索和综合当前证据，确定是否具有相关指南和系统评价，以便采取不同的系统评价形式，在方法学上，应采用国际公认的制定透明推荐意见的标准评价证据质量和推荐意见强度及质量，以确保临床指南是现有最佳证据和证据的最优化，同时，应考虑和兼顾患者的偏好与依从性及价值观，尽可能处理好利弊平衡与资源整合利用的关系，最大限度地增强临床指南的客观公正性。

5.流程系统、透明清晰原则　在临床医学指南中过程中，其制定流程设计应系统、透明清晰，评审委员会实施初审和终审，并受相应机构或学术共同体监督，在其临床应用中，其效果和存在的问题也应得到评价和监测；专家委员会或专家小组在制定中应公开研讨，保证决策的透明性；对利益相关者参与制订，既要体现用户群体代表的利益，又要对推荐意见的制定过程、制定依据能够充分了解。

6.指南的普惠性，不同地域的普及性原则　临床医学诊疗指南的制定应在不同地域环境下有适用性，既可在经济发达国家和地域实施，又可兼顾中低经济收入的国家或地区的疾病诊断治疗和健康服务，同时，又要考虑妇女、儿童、老年人群和残疾人群等弱势群体的普惠性，以及推荐意见评估强度的可实施性问题。

7.重视公平，注重人权原则 在临床医学指南制定中，应重视其公平性，关注人权，以及性别和卫生问题等社会因素，在其制定的规划阶段、制定阶段、发布阶段和修订更新等各个环节，都应考虑其公平性、人权性、性别和卫生问题。

8.伦理风险控制原则 由于临床诊疗指南对临床医疗决策的指导性、规范性，对临床医生的医疗实践具有重要的指导意义和规范医疗行为的作用，因事关患者的生命和健康，它的正确性和可靠性对于临床疾病诊断和治疗极端重要；临床医生对临床指南所依赖的诊断和治疗方案本身出现偏差，甚至在临床指南制定中专家责任心不强、故意造假或发生利益冲突，使临床诊疗指南发生严重偏倚，不难想象，其后果将是灾难性。例如，2011年11月欧洲心脏病学会临床指南制定小组主席，世界著名心血管病医学专家、荷兰伊拉斯谟医学中心教授汤珀德曼（Don Poldermans）被开除，原因是在起草制定欧洲心脏病学会临床指南中其证据采纳存在严重缺陷和学术不端行为，给临床医生和患者带来严重伤害。

在2014年1月，世界著名的医学期刊《欧洲心脏杂志》发表了英国伦敦皇家学院国立心肺研究所的科尔（Graham D. Cole）和弗朗西斯（Darrel P. Francis）两位医生的文章，题目是《研究的失误会致命：临床研究是这个世界上最为危险的专业吗》这篇质疑文章，其结论震惊了学术界和国际社会，轰动了世界医学界及世界各大媒体。在2011年，欧洲新版心脏病指南中推荐对于大多数非心脏手术的患者在术前给予β受体拮抗剂。然而，这一推荐证据是基于一组已被发现有数据造假和学术不端的临床研究的结论而做出的。而本研究的作者所属的大学所进行的调查发现，该研究的领衔者和主要作者涉及一系列不正确或前后矛盾的声明，其所涉数据有伪造和不可信的证据。在2012年该大学的后续调查中确认了其中被欧洲心脏病临床指南直接引用的文章数据不严谨，且存在严重偏差。欧洲心脏学会的临床指南非常倚重于此系列相关研究，因为这些研究提示在非心脏手术患者术前给予患者β受体拮抗剂能大幅度降低死亡率。但如果剔除这个小组的系列研究结果，而大样本大数据研究则得出相反的结论，也就是说，非心脏手术的患者术前给予β受体拮抗剂可能提高围手术期死亡率达27%。科尔和弗朗西斯两位医生指出：根据新版指南，整个欧洲每年实施非心脏手术后而死亡的患者数达76万之多，如果按照新指南小组推荐的计算方法，则可推算出因为错误指南而导致大约16万患者不必要的死亡。基于此计算，则可以初步估计在新指南的5年有效期间内，大约会有80万欧洲患者因错误的心脏病临床指南而丧命。科尔和弗朗西斯医生认为："如果是临床医生出现失误，哪怕没有患者死亡，英国的医学委员会也会进行调查。然而如果研究有误，它所带来的伤害会大得多，大到只有政治领导人的错误才能相提并论。在过去50年世界各国因政治领导人的错误决定所导致的8个最大的人口死亡平均数是50万。也就是说，据以上估计，临床研究的错误导致的不必要死亡甚至比政治动荡更为严重。"这篇文章引发了巨大反响，世界知名媒体争相转载。《福布斯》杂志用了这样一个题目：是医学还是大屠杀？

其实，科尔和弗朗西斯医生在文中虽然没有点名，但被两位医生形容为导致比大屠杀更严重的原系列研究论文的作者就是荷兰著名的心血管专家、欧洲心脏病学会临床指南制定和起草小组主席汤珀德曼。汤珀德曼是荷兰伊拉斯谟医学中心的心血管病学教授，世界著名心血管疾病研究专家，他领导着围术期心脏监护室，同时还是欧洲心脏病学会临床指南委员会成员、欧洲心脏病协会任务组主席。汤珀德曼多年来致力于围术期的心脏病预防和治疗的研究，发表了多达500多篇研究论文；其研究论文被广泛引用，诸多相关研究团队的课题都是基于其发表的研究成果。因此，欧洲心脏病学会心血管委员在更新指南时毫不犹豫地采用汤珀德曼研究团队的研究结果和结论。

荷兰伊拉斯谟医学中心发布公告开除汤珀德曼。其理由：①未能适当地保留和管理研究的原始资料和数据，导致进一步的调查和分析成为不可能；②在临床研究中未能记录实际所用药物的数据；③未能取得研究参与患者的知情同意书；④最严重的是他在多项研究中出现伪造或者篡改的数据。其最为严重的指控是，汤珀德曼所领导的研究未能遵循现有科学标准，在收集数据时草率混乱，在其中一项研究中，汤珀德曼使用了患者的数据，但未能获取知情同意书，这有违医学科研伦理道德；他还被发现使用捏造的数据，其中两个提交到学会的研究报告含有不可靠的数据。汤珀德曼在围术期的治疗和预防领域，长期影响着临床医生对于围术期的用药选择，影响或左右着欧洲心脏协会的临床指南的内容，甚至还影响了欧洲各国对于临床医药的相关政策的制定。汤珀德曼的学术不端不但损害了无数相关研究的科学家，还导致大量经费的浪费，更严重的是无数患者的健康和利益因此受到侵害。因此，临床医学指南制定的伦理问题和医学科研人员的学术不端或者学术造假，不仅违背了科学精神和医学科研伦理道德及科研诚信，更严重的是误导了医学科研和影响医学科技进步，给患者带来难以弥补的损害。因此说，临床诊疗指南的制定存在着巨大伦理风险，其制定者和医学期刊编辑，应重视其相应伦理问题的风险控制，尽可能将临床诊疗指南伦理风险控制在最低，以确保临床诊疗质量和患者生命与健康利益。

第二节　临床医学诊疗指南制定程序与方法

临床医学诊疗指南是权威性指导性医疗卫生文件，其特点是凝聚与整合了群体高水平相关领域专家的专业智力资源，是高智力专家群体或集体智慧的结晶和成果，它的主要功能是指导医务人员的医疗卫生服务行为。因此，其制定必须合规、合理、符合程序和资质、符合规范，具有明确的针对性、必要性和目的性。

1.临床医学指南立项与备案　在临床医学诊疗指南制定或修订工作启动前，应向相应的学术/科学共同体或专业机构申请立项，如向学会、专科分会、协会或政府科学技术主管部门立项与备案，只有立项备案认可后方可启动制定或修订工作。

2.严格制定目的与需求评估　临床医学诊疗指南的制定或修订的目的，也就是其实施后所带来的效果，能否达到规范和指导临床诊疗服务行为、促进临床诊疗水平提高、提高临床诊疗质量、保证医疗安全、降低医疗费用成本、使患者结局满意的目的；也就是说，以临床指南的制定或修订者、使用者、患者三方满意为最终目的。临床医学诊疗指南启动与实施，还应确定其真正需求，制定者要考虑谁需要指南、其受众专业队伍情况和目的、必要性与可行性，以及是否具有相同交叉专业的资源。

3.严谨确定主题,明确专业范围 要确定临床医学诊疗指南的制定主题,确认专业或疾病范围,界定是单一临床实践问题,还是某类疾病的诊断与治疗、适应证或诊疗等一系列问题,主题与范围的确定应由领衔专家提出,并征求相关专业领域专家学者的意见;其范围还应包括临床医学诊疗指南适用实践、学科领域或政策领域、目标受众人群、诊疗方案、干预措施和可能的结局指标等。

4.实施证据检索与系统评价 确定指南主题后,应进行文献预检索确定相关资源,如对现有相关指南、系统评价、临床技术评估与医学经济学评价报告等进行认真分析,并确定无相关专业领域相同主题的临床医学指南,以避免重复,造成资源浪费。

5.严格遴选参与者,成立专家小组 在指南项目启动后,应遴选确定参与制定的各相关学科专业领域专家学者,成立临床医学诊疗指南制定或修订小组,其成员应由具备相应临床专业的权威专家,如临床流行病学、循证医学、卫生经济学、医学统计学、文献学等专家;根据《世界卫生组织指南制定手册》规定,临床医学指南制定小组其成员还应包括技术专家、终端用户、利益相关者、卫生经济专家等。同时,还应成立外部评审小组和系统评价小组。

(1)领衔专家或首席专家:临床医学指南制定小组应设领衔专家或首席专家,一般由学术/科学共同体提名确认。首席专家应对指南所涉及的学科专业和病种深入了解,是相关领域的著名权威专家和学术/学科带头人,并熟悉临床医学指南制定的方法或程序及相关要求。其任务是负责指南的总体构想和设计,具体指导制定工作,对指南制定质量、验证和评价等系列工作负有监督检查和指导责任。

(2)临床指南专家组组长:应具备较高学术水平,是相关领域的著名专家和学科/学术带头人,相应专业领域的领军人物,主要负责指南制定或修订方案的制定和草案的撰写及组织管理,协调成员之间的分工合作,确保制定小组正常高效运作,并在相关研究领域履行相应的职责。

(3)专家组成员:应是相关专业领域高水平权威知名专家,学术造诣深厚,根据分工,主要负责相应章节的执笔起草撰写工作。

6.经费资助与利益声明 临床医学指南制定的经费资助者可以是私人、基金会、医药企业或政府相关部门,但经费支持者不参与其制定过程,更不能影响推荐意见的形成,避免影响临床医学指南制定的独立性与客观公正性。利益声明报告主要说明经费来源的合理性、合规性与合法性,其主要内容有制定过程中利益冲突及其处理方法的简要介绍,对无利益冲突的也要同样需要声明;临床医学指南制定专家组成员及全体参与者均应做出利益冲突声明。

7.严格征询意见与同行评审 完成临床医学指南撰写和专家组讨论确定后,应安排研讨会或征询意见会及专题培训会议,实施多方面的意见征询和完善工作,进一步修改完善后,根据《世界卫生组织指南制定手册》要求,还应递交相关评审组进行评审,其评审人员应是指南制定或修订小组以外的独立成员,在其成员中应当包括临床诊断(病理、影像、临床检验或实验室)、治疗、临床流行学、方法学、医学统计学、卫生经济学、临床药学等多方面的专家和患者代表参与评议或评审。

(1)同行评议或评审:根据《世界卫生组织指南制定手册》的要求,临床医学诊疗指南定稿后,还要呈送外部评审组进行评审或评议,其外部评审组主要是由对本指南感兴趣的相关专业技术人员等组成，其主要责任是对指南实施评议或评审，这也称为同行评议。此外，还要经过系统评价小组的评议，它主要是由不具有利益冲突关系的相关专家组成的系统评价小组实施评议，在国际上，一般由世界卫生组织委托制定系统评价相关内容和要求；在我国，制定医学类指南过程中一般都省略或淡化了这些评议或评审环节。严格地讲，规范的制定程序、过程或方法其基本的同行评议或评审环节应当是必须遵守的。总体来讲，其评审或评议的主要内容有指南系统评价的方案，其中包括了研究方案和纳入排除标准及纳入的研究标准等，还有证据概要表的草稿、推荐意见、实用性和规范性等内容。

（2）撰写格式与发布：对于临床医学指南一般应具备执行总结、主体和附录部分。其执行总结应包括主要推荐意见，正文应包括目录、简介、方法、推荐意见和结论。在撰写、编辑和校对之前，应确定执笔人选，一般不以委员会的名义撰写，并在指南中应避免出现专利产品名称和特定的产品与产品商标及特定相关信息；当临床医学指南得到评审委员会认可通过后，可进行排版、印刷和发布，其发表可通过在线出版、医学期刊发表、翻译版本和印刷专辑册子、新闻发布会、学术会议资料赠送、网站等传播形式。

（3）临床试用与意见征询：临床医学诊疗指南在正式发布前，应进行适当范围和规模的临床试用阶段，也可先发放征询意见稿，广泛征询相关领域医疗卫生技术人员的意见，收集与汇集各方面意见后再进行补充修改。

（4）制定说明与背景阐释：在指南制定或修订的同时，应附上指南制定说明，主要阐释其制定背景、编制简况、任务来源和经费来源、协作单位、主要执笔人及所做工作；其制定或修订原则，包括文献检索策略、信息资源、检索内容与检索结果、文献纳入与排除标准等；对于专家共识的实施过程、意见征询的处理过程和依据、征询意见的形式和方法、意见的处理形式与处理结果及指南临床试用效果。

第三节　临床医学诊疗指南伦理规范与发表审稿要求

临床医学诊疗指南和专家共识类医疗卫生文件的特殊性和重要性及地位，决定了其在医学期刊发表的严肃性和规范性，对不具备条件和规范化要求的草率制定、粗制滥造和发表，都是对患者的侵害与失责，是有悖于医学伦理和编辑出版伦理的行为，不难想象，对于缺乏规范要求的临床医学诊疗指南的发表，将会给临床诊疗或医疗卫生服务行为及患者带来不可估量的伤害。因此，医学期刊对于发表临床医学诊疗指南、诊疗规范、专家共识和专家意见建议等指导类文章，都必须对其制定过程或编制的资质、权威性、程序性、规范性、科学性、实用性、指导性、客观公正性、经济性和伦理要求（利益冲突）等进行认真审查与核实，以保证发表后的临床诊疗工作的安全性与有效性。

一、临床医学诊疗指南制定中伦理规范与利益冲突

伦理问题涉及各个领域，制定临床医学诊疗指南也不例外。它是人与人、人与自

然的关系和处理这些关系的伦理道德规则；同时，临床医学诊疗指南更多涉及医学伦理，它是认识和解决医疗卫生实践和医学科学发展中人与人的关系、医与患的关系、医学与社会之间的伦理道德关系。在临床医学诊疗指南制定过程中，制定者应对指南伦理问题和利益冲突问题具有全面考量和规范化处理措施。

1. **明确目标人群，均衡利益关系** 在《世界卫生组织指南制定手册》中具有相关要求。对于临床诊疗指南的制定，应明确使用人群或专业队伍，其目标人群包括相应专业的临床医生、医药卫生政策的制定者或管理者、其他医务人员、医疗卫生项目管理者、患者、照护者、普通人群和其他利益相关者，临床指南制定者应对这些利益各方关系进行考量，并做出合理的兼顾处理措施。

2. **兼顾公平，注重人权** 世界卫生组织曾强调，关注和兼顾公平性、性别、人权和公共卫生问题的社会因素。因此，临床诊疗指南制定的规划阶段、制定阶段、发布阶段和更新修订阶段，在其各阶段和环节及步骤中，都应考量其伦理问题，注重其公平性、人权、性别和公共卫生问题的各种社会因素。指南的制定者要对不公平现象和其他因素的证据实施分析，分析现有相关指南、标准、政策、法规和社会决定因素，对资源分配进行分析，正确处理性别问题的策略和措施，参与卫生决策的方式和相应规定，确保临床诊疗指南制定的透明性、问责机制和责任担当；以确保其制定过程中的性别平衡、利益均衡和其他公平因素敏感性的合理关切与处理。

3. **群体合作，风险控制** 在《世界卫生组织指南制定手册》中强调，临床诊疗指南的制定与编制是诸多学科和专业及群体专家合作的智慧成果，在组建相关制定小组或修订小组、评审和评价专家小组或专家委员会时，必须考量遴选纳入专家的学科或专业领域分布、相关临床专家、医药卫生管理者和政策制定者、方法学专家、临床药学专家、诊断学专家等，以利于利益相关者参与其制定，在可能的情况下，还应兼顾各小组或委员会成员的性别、年龄、专业或研究方向、技能、价值观或观念、地域分布与覆盖面等因素的均衡性。对于偏倚风险的控制，临床医学诊疗指南的执笔或制定者，要注意其撰写和编制的独立性原则，对指南中推荐和涉及的药物、诊断仪器设备、治疗设备、手术器械等，应具有足够的循证依据证明其有效性和适用性，而且不能提及医药企业名称，以避免涉及商业利益和利益冲突。

对于临床诊疗指南或专家共识的制定，其利益冲突的伦理规范问题近来备受关注，如果控制和防范不力，很容易造成临床诊疗指南的伦理规范缺陷，甚至发生伦理失范或失控，不仅严重影响临床诊疗指南的学术权威性和实用价值，而且会严重侵害患者利益，甚至影响患者诊疗质量和疾病负担，其危害比任何学术文章失范造成的危害都大得多，其后果难以估量。在临床诊疗指南研制或制定实践中，其制定者也确实面临着伦理道德规范的考量和挑战。个别医药企业极力想参与相应临床指南的制定或提供经费资助，以获得参与权或话语权，甚至走关系，唯恐本医药企业的药物、器械设备、诊断试剂、诊断技术方法等产品被排除在相应临床诊疗指南或专家共识的应用范围之外。如果制定者伦理失范，极易被利益冲突所绑架，使临床诊疗指南或专家共识的制定丧失伦理规范标准和准则，使其学术价值、实用价值和临床指导价值失去真值。例如，作为世界癌症治疗的金标准和权威指南的《NCCN恶性肿瘤临床实践指南》，就被国际著名顶级医学期刊之一的《英国医学杂志》（BMJ）质疑。

据CNN报道，美国俄勒冈健康与科学大学的Vinay Prasad团队在《英国医学杂志》发表最新研究表明，该NCCN指南并非完全公允，它对癌症患者推荐的某些治疗药物，不但没有得到美国食品药品监督管理局的批准，也没有充足的临床试验数据和循证支持。Vinay Prasad研究团队在2016年3月将食品药品监督管理局批准的癌症药物与该NCCN指南的建议进行了比较研究，并对其指南中超出美国食品药品监督管理局批准的建议进行研究，重点评估了这些额外建议的临床证据是否充足，其研究发现，美国食品药品监督管理局共批准47种新型抗癌药物用于69种适应证，而NCCN指南则将这47种药物的适应证扩大到了113种肿瘤的治疗，其适应证中有69种（62%）与美国食品药品监督管理局批准的一致，另外44种（39%）属于额外建议。他们的进一步研究发现，该NCCN指南的额外建议中只有10项（23%）是基于随机对照试验，其中7项（16%）基于Ⅲ期临床研究的证据。而77%的建议依赖于小型和不受控的研究或病例报告，甚至根本没有提供证据。实施跟踪研究后还发现，该指南的额外建议提出两年后，仅有6项（14%）获得了美国食品药品监督管理局批准，而另外的大部分（86%）仍然并未获得美国食品药品监督管理局批准。

Vinay Prasad认为，这一研究发现和结论令人恐慌。该NCCN指南目前实施20多年，已覆盖约97%的癌症种类，由于它的权威性，现在美国的普通医生，每时每刻都在参考它，在临床上决定癌症患者的治疗方式和用药，这直接造成了效果不明的药物的广泛应用。而且，这些药物通常价格不菲，大大加剧了患者的治疗负担。而国内的肿瘤临床治疗中，也受该指南的误导，因为国内没有这些药物进口，而有些患者就通过各种途径高价从美国购买用于癌症治疗。

因此，临床诊疗指南和专家共识制定中的利益冲突问题既要引起制定专家的高度重视和防范，同时，医学期刊编审人员也要发挥审稿把关作用，严格控制和防范相关利益冲突和伦理规范的缺陷。

临床诊疗指南研究或编制完稿后，其制定专家小组应集体进行研讨和交流，逐条斟酌和推敲，论证其证据的可靠性、科学性和实用性，首先应达成共识和意见基本一致；对所有参与制定的成员都应有利益冲突声明，而且要严格管理、评价和公开报告利益冲突，特别是对经费资助者或医药企业的参与程度实施风险评价，以利有效控制临床指南成果偏倚和发生伦理规范风险。

二、临床医学诊疗指南编辑出版伦理审稿要点

医学期刊对指南类文章的评审程序可以有别于其他医学科研论文，一般不用再进入同行评议程序，对其审查重点是合规性、资质性、权威性和制定程序的合理性，重点审查其应提供的相应资质文件和指南评审小组的评审意见证明等文件。医学期刊编辑审查要点如下所示。

1.合规性与合理性　编辑应对提供发表的临床诊疗指南制定的合规性与合理性进行审查。合规性，即指南的制定是否经过相应学术/科学共同体备案、批准或认可，如学术团体、学会、协会、研究会或政府医药卫生主管部门认可。合理性也就是需求或需要，相应医学指南的制定是该领域迫切需要的，具有较强的必要和明确的专业用户群体，并且有利于促进医学科学相应领域的进步与发展。

2.资质性与权威性　临床医学诊疗指南作为专业或行业指导性学术文件，不是谁都能制定，也不是任意召集几个人就能随意制定指南用于指导临床，制定者必须具有相应的学术或专业资质，其制定或编制团队必须在相应学会、协会或学术团体等医学科学共同体的监督、指导或评审下进行制定工作，特别是参与制定的专家学者应具备相应专业技术水平和学术认可度，其领衔专家或主席、组长必须是本学科或专业领域的著名专家或领军人物，具有较高的学术权威性和学术影响力；其成员或委员，也必须是相关专业领域的高水平知名专家学者，而且其成员数量、相应专业覆盖面应足够大，真正呈现整合集体专家智慧，反映群体高智力专家智能的结晶，以保证指南质量的可靠性和权威指导性。

3.程序性与方法学　医学编辑应审查其指南或专家共识制定的程序设计是否合理和是否规范，其制定的方法是否正确。对于临床医学诊疗指南的制定过程，必须具有严谨与符合临床医学指南制定要求的程序化设计，而且应注意其程序的执行情况和程序各环节的操作效果，避免"有组织无纪律"，有名无实，搞形式化，使指南的编制过程脱离程序性控制，其质量得不到保证。

4.规范化与偏倚控制　临床医学诊疗指南制订的规范性是其质量保证的前提，而偏倚因素贯穿于制定的全过程，对其偏倚因素估计不足和控制不力，也会影响指南制定的质量。其制定的规范性首先是制定过程应当规范，如制定指南题目的优选、对临床问题的陈述、证据的收集、证据的评价、整合证据形成指南建议、对推荐意见或建议的分级、患者意愿的考量、成本效益分析等，以及证据的系统检索和循证、方法的正确运用、证据级别的评分和根据证据级别及其强度提出的推荐意见的规范性；对系统证据检索、证据质量分级与推荐意见的形成和指南制定的公正性和透明性，都会影响到指南制定的规范性，以致影响其权威性。此外，在制定过程中的偏倚因素的估计和控制手段，也会影响到指南制定的质量，如果偏倚因素控制不力，也会使指南在某些程度上失去其真值，会不同程度降低影响临床医疗决策和医疗卫生服务行为的效果。

5.实用适宜性与经济实惠性　制定临床医学诊疗指南的最大目的是规范诊疗行为和指导临床医疗决策，用最适宜、最有效、最经济廉价、最节省医疗卫生资源的技术方案，让医疗卫生人员和患者受益，使患者真正得到实惠。因此，编辑在审查指南时，要认真考量其实用性、安全有效性、技术方法的适宜性和简便性、诊疗费用的最低性，这是衡量临床医学诊疗指南制定成败的关键，也是其发表的意义所在。

三、临床医学诊疗指南期刊发表规范要求

临床医学诊疗指南和专家共识的制定与临床推广，是当前医疗决策和医药卫生服务行为规范化的重要手段，也是临床医学的标志性进步。因此，医学科技学术期刊及时组织制定指南、发表指南和普及指南是义不容辞的责任担当，并为临床医学诊疗指南的推广、扩大传播半径和显示度做出应有贡献。例如，近些年来，中华医学会系列杂志不但积极主动发表相应学科领域制定的临床医学诊疗指南，而且还对空白学科专业领域积极组织专家制定和发表，并且在临床推广和普及上下功夫，中华医学会杂志社还专门组织了"临床医学诊疗指南巡讲团"深入全国医疗机构，特别是相对基层的医疗机构解读和巡讲普及，极大地发挥了临床医学诊疗指南的功能和效益。但是，为

保证和控制临床诊疗指南制定的科学、公正、权威、实用和规范，在医学科技学术期刊发表时应遵循相应编辑出版伦理和发表的规范化要求，使其更加严谨、科学和规范。其审查要点如下所示。

1.指导类学术文件范畴　医学期刊发表的学术或技术指导文章有专家意见建议、专家共识，临床医学诊疗指南，医疗操作规范或临床诊疗规范、草案、标准，医疗卫生法规条例。对指导类学术或技术文件，根据不同体裁和执行强度具有不同的特点、制定程序和批准发布要求。本章主要阐述临床医学诊疗指南和专家共识发表要求与审稿要点。

2.临床诊疗指南作者署名问题　临床医学诊疗指南和专家共识类文章，其特点是整合与凝聚了相关专业领域顶尖水平专家的高智力资源，是专家集体智慧的结晶和成果，而且其制定也是在专家组集体和医学科学共同体的指导下完成的，因此，为体现指南的权威性，其发表或发布应以医学科学共同体的名义署名发表，如以学会、协会、专科分会、专业委员会、某专家委员会或专家组形式署名，其知识产权和著作权归上述医学科学共同体所有。但是，为体现专家个体的学术和智慧贡献与参与专家的价值，将参与制定的专家依据其所发挥的作用和贡献，依次在文后列出，如将首席专家或领衔专家、专家组组长、专家组副组长、执笔者及专家组或专家委员会成员等依次列出；对于指南的更新修订后的作者署名形式也应当照此规范进行。

3.范围与目的　对于临床医学诊疗指南和专家共识，应具有明确和极具针对性的学科专业范围，应该说，临床诊疗指南的制定越高度专业或越深入越好，如细化到某疾病的诊疗规范指南，这样对临床才具有实用性与可操作性，临床诊疗指南过于泛化，很难具有实用性，其可操作性也会大大降低，因此，其范围应当很明确，界定清晰。按照行为科学界定，一切行为都具有其行为目的，临床诊疗指南的制定更是如此，其制定或编制应有明确的目的性，为什么制定指南？具有何用处？要达到什么目的？这些必须十分清晰和明确，避免赶时髦和盲目制定，失去其作用和功能及在医学期刊发表的实际意义与价值。

4.专家结构合理，彰显相应专业水平　编辑在审查时，要考量制定者的资质，也就是说，参与制定的专家学科专业领域和利益相关各方人员布局及其结构的合理性；其制定者学术和学科专业技术水平为相关领域最权威专家学者，具备制定指南的资格，并具有极强相关学科专业或领域的学术群体代表性，是极具权威性的和不可替代性的相应专业临床医学诊疗指南。

5.制定程序严谨，证据评价到位　在指南启动或制定初期，应具有科学的前期研究铺垫和基础，应具有有循证医学证据支持，制定过程和程序设计符合要求，严谨规范，撰写格式规范，符合要求，文字表述精练明确，其选题具有显著的代表性和临床需求及必要性。

6.论证充分，评议严谨　临床医学诊疗指南的框架、结构和内容应经过专家群体的充分论证、临床检验和调研，制定背景和制定依据充分，对其内容评议科学严谨，具有极强的应用性和普及性。

7.保持独立性，承担社会责任　临床医学诊疗指南的制定者与编辑出版者及医学期刊都应保持其独立性，制定者和出版发表者不能受任何医药企业、经费支持等利益方的左右，必要时向用户群或读者明确告知或声明利益冲突情况。此外，临床诊疗指南作为指导性极强而且具有法律质证效力技术文件，制定者和发表者都应具有神圣的科学精神和社会责任担当，应不忘初心，牢记使命，承担自己的社会责任和科学责任。

8.文本合规，证明充分　在医学期刊发表时，制定者应提供内容和文字经过审核的终稿，同时，应提供相应评审及评议委员会或评审小组的意见结论文本证明，具有在医学期刊公开发表或发布的权威资质文件依据方可发表，用于临床推广应用。

9.适合期刊专业与读者群定位　作为医学科技学术期刊一般都愿意发表指导类和评论类文章，因其指导性和学术导向性强，被读者和作者及相关领域专家学者引用的机会比较多。但不是所有医药卫生领域的指南都适合在本刊发表，应符合其报道范围和基本读者群定位，也就是说，所要发表的相关医学指南应适应本刊专业领域范围和特点，这样才能发挥其应有的功能和效益。

10.多刊发表与转载的一致性　临床医学诊疗指南可以在相关医学期刊多刊发表或转载，但在不同医学领域专业期刊共同决定同时或联合发表时，以及在其他医学期刊转载时，对其内容和版式必须保持一致性和完整性，任何期刊或编者不得更改和删节。为保持指南文件的连贯性和阅读及标引方便规范，同一份临床医学诊疗指南或专家共识文件，尽量安排在同一期杂志上发表，尽量避免分期、分段和化整为零的发表形式，人为造成文献的零乱和阅读困难。

11.重复发表与二次发表　一般来讲，作为临床医学指南在多种相同专业和交叉专业期刊及医学专业网站转载或重复发表，这对扩大相应读者群和传播范围及发挥指南效能是极为有利的一面，应当鼓励适合相应专业和读者群医学期刊的转载或重复发表。但应遵循相关医学期刊编辑有关规定和二次发表的规范要求，转载时应征询首次发表期刊编辑部的意见和署名作者意见，符合《国际生物医学期刊投稿指南》中有关重复发表或二次发表的相关规范要求。

第11章

医学编辑出版伦理与编辑伦理失范控制方法

在医学编辑实践和编辑活动中，医学编辑所涉及的伦理考量是多方面的，如出版伦理、编辑伦理、作者伦理、同行评审（审稿人）伦理和医学科研伦理等。作为医学编辑面临着多重伦理问题的考量、把关、压力或制约，如医学编辑自身应恪守的编辑伦理规范和临床医学科研论文审稿中应注重审查把关的科研伦理问题。医学编辑自身应恪守的伦理规范，主要是编者与作者、编者与读者、审稿与发表、录用与退稿、编辑与职业之间的伦理关系和所遵循的编辑伦理规范，同时，医学编辑在其编辑活动中，也要明确编辑角色本身的伦理规范要求和出版伦理规范，并严格遵守编辑伦理规范和职业道德原则，这是确保医学科技期刊质量的重要环节和内容。

第一节 医学编辑出版伦理基本概念

一、医学编辑出版伦理基本定义

严格讲，医学编辑出版伦理涉及编者伦理、作者伦理（学术伦理）、出版者伦理，应该都属于出版伦理范畴，只是其伦理问题发生的主体和对象不同而已，但无论是编者伦理缺陷或缺失，还是作者学术出版伦理缺失、缺陷，违背伦理学术道德规范或出版者伦理失当，但最终都体现为科技出版物的学术质量、学术权威性和学术公信力的受损。因此，这三者的伦理规范的概念既有区别，又具有内在联系和结果的一致性，只是其侧重点不同而已。医学编辑伦理和出版伦理及学术伦理，在医学书刊编辑与出版实践活动中很难截然分开，因为作为编辑角色，既是编辑伦理的恪守者和依从者，同时，又是医学出版伦理和学术伦理规范的把关者和守门人；这几方面出现伦理问题或伦理道德失守和伦理缺陷，都会影响到医学编辑出版质量和医学科研学术质量及学术公信力，其结果是一样的。因此，要给医学编辑出版伦理下一个定义是比较难的事情。可以试定义为医学编辑出版伦理是指在编辑出版实践活动中，在编辑出版行为和学术上基于共同的价值观念和价值取向而认同的编辑出版伦理道德标准和行为规范与准则。它主要指出版机构（期刊社、出版社、编辑部等）的编辑出版行为所折射出的学术、文化、价值观、伦理道德标准、社会责任和社会伦理的角色担当。具体地说，是编辑在处理编者与作者、编者与读者、论文评审与论文发表、稿件录用与退稿、编辑与专家、编辑规范与出版规范、相关利益冲突、学术规范与学术不端、编辑选题与出版价值取向等相互关系及处理这些关系的准则，而在学术上则往往指人们基于共同的价值观念而认同的道德标准和行为规范，以及在处理这些关系中应遵循的道理、准则和伦理规范。

医学编辑理论规范是一系列指导编辑出版行为和观念的守则，是从医学编辑伦理概念角度上对编辑伦理道德的哲学思考。应该说，不同的社会角色和职业角色具有不同的职业伦理规范或道德要求，它不仅包含着编者与作者、编者与作者、投稿与审稿之间关系处理中的行为规范，而且也深刻地蕴涵着依照一定原则来规范编者行为的深刻道理。当然，在一般意义上说，仅就伦理而言，它也是指做编辑的基本道理，其中也包括人的情感、人生观、核心价值、处世哲学、意志和价值取向等方面。简单地说，就是指职业之间、社会角色之间、编者之间、作者之间和人与人之间符合某种伦理道德标准的行为准则或行为规范。"伦理"的"伦"即人伦，特指人与人之间的关系；"理"即道理或规则。伦理就是人们处理相互关系，其中包括职业关系和各种社会角色关系之间应遵循的基本道理、规则和底线。在人类社会活动或社会生活中的人与人之间、社会角色与社会角色之间、职业角色与职业角色之间都存在着各种各样的社会关系和内在外在联系，如工作关系、编者与作者的关系、服务与被服务的关系、领导与被领导关系、亲属关系、朋友关系、同事关系等。由此必然产生碰撞、利益冲突和各种矛盾及问题，这就需要有一种道理、规则、规范来约束人们的行为，以利调整人们相互之间的关系。而编辑伦理道德就是调整编者、作者、出版者相互关系的行为准则和规范的总和。因此。现代伦理学就是研究道德问题的学问，所以说，伦理学又叫"道德哲学"或"人生哲学"。实际上，医学编辑伦理、出版伦理和学术伦理具有不同的概念和内涵，医学编辑伦理侧重于编者（包括编辑人员、编委、同行审稿专家等）本身在编辑活动中应遵守的伦理道德规范。出版伦理和学术伦理更多地涉及作者在论文发表、图书编著出版、学术研究等活动中的伦理问题，如利益冲突、作者署名、学术不端行为、医学科研伦理的依从性和规范性等伦理道德问题。而医学编辑除了要遵守编辑角色所赋予的伦理规范外，同时，还肩负着对医学科研、医学图书出版和医学多媒体编辑出版中涉及所有伦理道德问题的考量与把关，以保证编辑出版的医学刊物符合相应伦理道德准则标准。虽然在整个学术研究活动的产业链中，编辑出版处于下游，但作为编辑出版守门人的编辑角色，在防范医学出版伦理问题方面是重要的把关环节和底线的坚守者与守门人。因此，作为医学期刊或医学图书编辑，如果不熟悉和没有掌握相关的出版伦理规范，就会对相应编辑出版伦理规范缺乏认识，这很难在医学编辑出版实践中发挥作用，甚至放任违反相应伦理道德和伦理缺陷的医学科研成果公开发表，使医学期刊或图书的公信力受到严重损害，不仅会损害读者利益，还会影响到疾病预防、诊断和治疗水平，甚至误导医药卫生技术人员，危害人民群众的健康。

二、医学编辑出版伦理发展基础

在社会生活和编辑出版实践中的各个社会角色，既有各自的角色要求和目的，同时又受到社会政治、社会责任、社会角色义务和责任、国家法规和伦理道德的支配与约束；要使所有社会角色和整个社会真正具有理性和规范其各自行为，就必须具有相应伦理道德的自觉规范，作为社会调控体系的重要手段，伦理道德与法律规定共同构成个体角色和团体角色社会伦理道德行为规范。当然，医学编辑出版中所涉及的编辑、作者、出版者、读者个体和医学出版机构团体也不例外，自然受到相应伦理道德规范的制约。

近年来，医学编辑出版伦理受到重视，相关编辑出版准则和学术组织先后成立，作为医学编辑要熟悉和掌握医学编辑出版伦理的相关要求，以利更好地履行医学编辑角色。例如，2013年国际医学期刊编辑与出版伦理学术论坛在北京召开，会议期间成立中国医学期刊编辑与出版伦理委员会（China Committee of Medical Journal Publication Ethics，CCMJPE），CCMJPE的基本任务是开展相关学术研讨和学术交流，制定、普及和推行医药卫生期刊编辑与出版伦理规范，以确保医学编辑出版、医学科学研究和知识服务产品的客观、公平、真实、负责和透明，不断提高医学编辑出版和医学科研论文发表的权威新与公信力。在国内，2014年国家卫生和计划生育委员会发布了《涉及人的生物医学研究伦理审查办法》（征求意见稿），对伦理委员会的设定、伦理审查的原则、知情同意的签署、伦理审查工作的监督管理及法律责任的认定等进行了界定，这为医学编辑出版伦理的重视、研究和学术发展奠定了基础。

在国际上具有代表性的医学伦理规范是《赫尔辛基宣言》；1997年在英国成立了国际出版伦理委员会（Committee on Publication Ethics，COPE），旨在应对全球范围内违反科学研究及出版规则的学术伦理问题的滑坡，其目的是探讨和寻找处理这些出版伦理问题的实用方法和对策，研究制定科学出版伦理方面的指南与规范，就此使医学科技学术期刊的作者、主编、编辑委员会成员、读者及所有编辑出版者受益，回归学术本真和科学精神，促进和推动科技学术进步。COPE针对出版伦理的各个方面制定出了指导性的文件，尤其是应对科研和出版中的伦理规范不当行为。COPE还制定了一系列科学出版伦理方面的指南和规范，以应对全球范围内违反科学研究和出版规则的学术伦理问题；为便于操作和实施，COPE还制定了普及性和操作性较强的流程图，并专门还发布了中文版流程图。这一编辑出版伦理发展的国际背景和发展趋势，为我国医学编辑出版伦理的重视和发展提供了国际学术背景支撑。

三、重视医学编辑出版伦理规范的意义

在当今，在医学出版领域和医学科学研究领域，都面临着相应伦理问题的无情挑战，甚至发生医学科研或学术伦理及医学出版伦理的严重失范，在国内外发生学术伦理和出版伦理失序的现象都屡见不鲜。因此，重视医学编辑出版伦理的研究和普及，具有重要的学术意义和规范医学编辑出版行为的现实意义。

1.规范编辑出版职业行为，实现编辑出版职业自律　医学编辑出版职业行为是指人们对编辑出版实践活动的认知、认识、评价、价值取向、情感和职业态度的心理过程及行为反映，是实现医学编辑出版职业目的的基础。编辑出版职业行为从形成意义上说，是由相应编辑出版主体和客体与出版职业环境、医学编辑出版职业要求的相互关系所决定的。编辑出版职业行为包括编辑出版创新行为、编辑出版竞争行为、职业奉献行为和伦理道德行为等。编辑出版职业纪律是在编辑出版活动范围内所涉及的行为主体必须共同遵守的行为准则；这包括医学编辑纪律、出版纪律、同行评议纪律、

编辑出版规范、组织纪律、保密纪律等基本自律要求。而医学编辑出版伦理道德规范是规范编辑出版行为和职业自律的重要行为准则，是保证编辑出版职业行为规范化和编辑出版职业自律的基础和前提。

2.保证学术权威性，增强刊物社会公信力　医学书刊作为医学科学知识的载体和知识服务产品，它是推动医学科技进步、促进学术交流和医药卫生科技创新，保证人民群众身体健康和指导疾病预防、诊断和治疗的重要知识与技术支撑，因此，其学术的权威性、科学性、创新性、真实性和实用性，以及社会和学术公信力是其生存基础和基本法则。要保证医学编辑出版的权威性和社会公信力，其编辑出版的个体、群体和团体机构，都必须严格依从和恪守编辑出版伦理规范行为准则，使医学书刊始终成为人类可以信赖和依靠的知识产品。

3.牢记使命，承担社会责任　编辑出版者、编辑出版机构及其生产的知识产品，古今中外社会都赋予其特殊使命和应肩负的社会责任，其社会角色和职业角色定位、角色责任和角色义务，都在内涵和外延上被赋予了使命和责任，不忘初心，牢记使命，承担社会责任，是医学编辑出版职业的根本，它要求编辑、作者、主编、编委、同行审稿专家、印刷出版者、医学出版的管理者等所有参与人员，都必须恪守医学编辑出版伦理道德行为规范和准则，这是使命，也是责任。

第二节　医学编辑出版伦理规范主体与范畴

医学编辑出版伦理是涉及作者、编辑、审稿专家、医学期刊主办者、书刊出版者和出版管理者等编辑出版相关人员的伦理道德要求。因此，医学编辑出版涉及环节众多，当然涉及相应伦理问题主体责任也各异，但它们之间既具有不同的概念和特点，同时又具有相同目的和目标及最终结果的同一性，这也是医学编辑出版伦理规范的特点所在。

在医学编辑出版伦理各主体中，由于其主体不同，所遵循的编辑出版伦理道德规范和行为准则也不同。

一、作者或研究者伦理要求

作者或研究者伦理问题，实际上是学术或科研伦理问题，是造成学术质量问题的源头，它涉及学术不端、学术失范和利益冲突等伦理问题。它是指违反学术规范和学术伦理道德的行为。这里多指捏造科研数据、篡改实验数据和剽窃等学术伦理失范行为。捏造科研数据是指凭空假造医学实验数据的行为；而篡改科研数据一般指以作伪的手段将原始实验数据进行改动或曲解相应科研数据；抄袭和剽窃一般指窃取或抄袭他人的科研成果，这其中包括原作者观点的抄袭、段落抄袭、全文抄袭等。在医学期刊编辑实践中常见的有伪造、剽窃、篡改、署名失范、一稿多投、重复发表、拆分发表等学术伦理问题。另外，还有利益冲突问题，这是指在其医学科研活动中，在科研经费支持、资源分配或涉及医药企业产品等方面所发生的利益冲突问题，未能得到正确合理平衡，甚至干扰研究和失范行为。

作者的学术伦理或出版伦理失范既有作者的问题，同时也有编辑出版者失察或失责的伦理问题。例如，被肿瘤学界盛赞为"伟大的突破，将拯救无数人性命"的美国杜克大学的明星科学家安尼儿·珀替（Anil Potti），连续在《柳叶刀》《美国医学学会杂志》《新英格兰医学杂志》等世界著名医学杂志上发表数篇论文。但很快就被查出来他的研究全是伪造，其很多实验根本就没有做过，这一学术事件震惊了世界学术界。无独有偶，日本的干细胞科学家小保方晴子的学术造假丑闻导致她的导师笹井芳树黯然自杀更是轰动全球。小保方晴子因2014年1月在世界著名科技期刊 Nature 发表具有突破性的干细胞研究论文而名声大噪，甚至被追捧为有望冲击诺贝尔奖的"日本居里夫人"。然而，她的论文很快引起造假质疑。因培养过程简单安全，有望给再生医疗带来新思路和希望，其研究论文发表后备受世界关注。然而，很快便有众多研究人员对研究论文提出诸多疑点，迫于舆论压力，日本理化学研究所成立了专门调查委员会，对其论文材料的可信性实施调查。委员会发布调查报告认定，小保方晴子研究过程中存在"捏造"和"篡改"图片行为，科研论文中的一张实验照片酷似小保方晴子博士论文中的照片，这从根本上破坏了数据的可信度，属于"捏造"行为，而另一张实验照片是合成照片，属于"篡改"行为。

近年来，由于学术伦理和医学编辑出版伦理失范导致的论文撤稿时有曝出。例如，据2011年发表在医学伦理杂志上的一项调查文章统计，2000年学术杂志的论文撤稿的数量还仅只是个位数，而到了2010年就达到了近两百篇之多，这10年间仅医学文献数据库 pubmed 上能查到的撤稿数就达到了742篇。其中73.5%是因为数据的错误或者未公示的原因，这其中有26.6%是因为伪造或修改数据。特别是2017年4月，施普林格自然出版集团发表声明，宣布撤回旗下《肿瘤生物学》期刊107篇发表于2012～2015年的科研论文；这些论文全部来自中国作者，撤稿原因是同行评议造假，涉及524名医生和119家医院或科研院校，也是涉及中国学者人数最多的一次集体撤稿。截至2018年5月，全球共有15 059篇论文被撤稿，其中我国学者6879篇，占45.68%；近5年中，中国学者被撤稿数为1437篇。这是对学术伦理和医学编辑出版伦理的严峻挑战。而从撤稿期刊看，撤稿数与杂志的知名度成正比，杂志的知名度越高，其撤稿数就越多。虽然有些科研论文的错误的确是无意失误造成的，也的确有一些研究者是抱着良好善意的目的修改数据，但科学研究最重要一点应该是追求真实，特别是医学科学研究事关人们的健康和生命。这些发生在学术界的科研诚信问题，既是研究者的学术伦理问题，也是医学编辑出版伦理把关者的伦理问题，应当引起医学编辑的高度重视。

1. 作者责任与义务　作者或研究者应对科研论文的真实性负责，在提交学术期刊发表时，负有责任和义务向编辑部提供原始实验数据、照片资料、科研基金立项任务书、项目名称和批准项目标号等课题原始证明材料。

2. 证明文件与说明　作者在向医学期刊投稿时，应按规定提交科研单位证明信，其科研管理部门应把关，除证明其科研论文稿件内容和作者的真实性外，还应证明稿件无一稿多投和重复发表，不涉及保密问题，署名不存在争议和署名的规范性。发表时，向编辑部提交所有作者签名的《医学科研论文专有使用权授权书》。

3. 秉承原则，杜绝失范　作者应严格遵守科研论文"五不准"原则，即不准由第三方代写论文；不准由第三方代投论文；不准由第三方对论文内容进行修改；不准提供虚假同行评审人信息；不准违反论文署名规范，杜绝学术不端现象的发生。

4.规范署名，拒绝人情署名 作者在完成科研论文撰写时，要对署名实施严格推敲，按照作者的条件要求署名，满足《国际生物医学期刊投稿指南》对作者的四项条件和对其他贡献者处理要求。严禁无关作者和人情作者的署名。作者署名原则上按贡献大小排序，而且在投稿时确定；作者和单位署名一经确定，原则上不得更改，如确需变更时，应由论文的主要负责人向编辑部提交书面变更申请，由所有署名作者签字认可，避免在修改稿中任意更改署名作者。

5.通信作者与同等贡献作者 通信作者一般只标注1位，对临床多中心研究或多学科协作研究，可根据需要酌情增加通信作者，其增加的通信作者应该是合作研究的不同研究机构的学术负责者。对具有同等贡献的作者，应在投稿时标明。同等贡献者一般不超过2位，对大样本多中心临床研究或多学科协作研究，可酌情增加。但增加的同等贡献者应来自于合作研究的不同研究机构。

6.作者署名单位与知识产权归属 对作者隶属的科研机构单位与科研课题完成、科研设计方案、病例样本来源和提供实验室研究条件的机构不一致时，如研究生、进修生、访问学者，应当以提供研究条件和完成研究课题的机构为署名单位，可注明作者身份，这关系到知识产权归属单位问题。

7.遵循临床研究规范，防范医学科研伦理缺陷

（1）对临床医学研究论文作者，应遵循国际相关指南要求，如随机对照试验报告规范（CONSORT）指南、非随机对照试验研究报告规范（TREND）、观察性研究报告规范（STROBE）、诊断准确性研究报告规范（STARD）等相关要求。

（2）临床试验科研论文作者应遵循国内外的相关医学科研伦理要求；对涉及以人体为研究对象或以实验动物为实验对象的科研论文，作者应提供伦理审查证明文件和受试者的知情同意书。

（3）对涉及随机对照研究、队列研究、病例-对照研究、病例报告或以人体标本实施的研究，作者原则上应在世界卫生组织国际临床试验注册中心进行注册登录，在其科研论文中标注临床试验注册号。

（4）作者应采取保护受试者隐私的措施，在其科研论文中不得涉及患者姓名、住院ID号等个人身份信息。对涉及可识别人体材料或数据医学研究，应按要求征得受试者的同意。

8.利益冲突与声明 在完成科研课题，作者向医学期刊投稿时，应对所涉及的利益冲突予以声明；对存在利益冲突的，要说明对其研究成果可能带来的影响，对所有可能发生利益冲突，如本研究与医药企业是否存在商业利益关系，科研资金资助方对科研设计、数据处理、结果结论、论文撰写是否有干扰等都应予以声明。

9.解释与说明 在编辑和同行专家评审中，对论文会有不同意见是很正常的，作者如果对评审意见和结果存在异议，作者有权向编辑部提交书面申述和说明，对其评审意见做出有理有据地详细解释和说明，充分表明作者的意见或要求重审。

10.首发与再次发表 医学科技期刊一般遵循首发原则，作者应遵守国际生物医学期刊多次发表的伦理规范，对于原始研究成果，医学期刊可以有条件地再次发表，但

应符合下列规范：①以另一种语言面向不同国家或地区的读者群再次发表；②作者必须获得首发医学期刊和再次发表期刊的授权和同意；③再次发表的时间与首发时间间隔至少1周以上；④再次发表的科研论文应标明首次发表的期刊名称、年卷期页码、题目及原文网址等信息，并遵循首发原文内容与形式，避免更改。

二、同行评审专家伦理要求

医学期刊科研论文稿件的同行评议是国际生物医学期刊通行规则，它对保证医学期刊学术质量和编辑决策质量发挥了不可替代的重要作用，但是，其同行评审过程中评审者的伦理问题也备受作者和编辑关注。因此，重视和分析同行评审专家的伦理规范和要求，对保证医学期刊学术质量和医学期刊的学术公信力具有重要意义。其同行评审专家主要伦理规范有以下几点。

1.客观公正，对稿件负责　作为同行评审专家，无论是本刊编委还是普通审稿人，都具有相应的社会角色，承担着相应的社会责任和学术责任，也是学术期刊的信任和认可。因此，在同行评议过程中，应秉持客观、公平、公正和及时的伦理规范原则，对论文稿件的学术质量负责和对作者负责相统一，认真对待每一篇论文稿件，及时对稿件做出认真细致和负责任的评审意见或补充修改建议。避免草率从事，轻率下结论或耽搁延误，贻误作者发表时机；尤其对作者的科研机构、地域、专业资历、学历、职称、民族、年龄等产生偏见或歧视，这些都是有悖于同行评审专家的伦理规范的行为。

2.严格保密义务，防止内容泄露　作者多年的研究工作完成后投向学术期刊发表，编辑首先送同行专家审评，无疑这是对专家或编委的信任，因此，在作者科研论文尚未公开发表之前，评审专家有义务为其内容保密，严禁将其研究内容泄露给其他同行或同一研究方向的同道，以免给作者带来无法挽回的伤害。

3.合理回避，规避利益冲突　同行审稿专家接到熟悉的作者稿件是难免的事，但当评审专家与作者存在利益冲突，如亲属关系、师生关系、校友关系、同事关系、学术或研究领域竞争关系时，为保证评审的公正性，审稿专家应及时向编辑部申明利益冲突，由编辑部调整审稿专家予以回避，是有效规避利益冲突的好方法。

4.严禁压制贬低，维护公平正义　医学科学的专业学科或亚专业，从事同一研究领域和研究方向的专家学者很多，当评审专家发现作者从事的研究和自己相同或相近时，应保持平常心态，不嫉妒、不压制、不贬低，公平正义，客观公正，认真负责和及时做出评审意见或修改补充建议，这是基本的学术伦理道德规范要求。

5.注重评审时效性，提高评审质量　同行评审专家应按时完成所提交论文稿件的评审任务，当由于外出开会、休假或工作忙等客观原因不能按时完成评审的，应及时告知编辑部或退审，也可推荐其他审稿专家评审。但未经编辑部同意，评审专家不得委托自己的学生、同事等代为评审，以免其不熟悉论文评审标准影响评审质量。

6.客观判断，忌讳沟通　评审专家在论文稿件评审过程中，应对作者保密，避免作者直接与评审专家沟通和交流，以免影响评审专家的客观判断或发生利益冲突；当需要原作者说明或提供相关资料时，应用通过编辑部与作者联系予以满足。

三、医学编辑出版伦理规范要求

医学编辑作为医学期刊或医学图书编辑出版的主体，具有编辑策划、选题组稿和论文稿件编辑决策的主动权，因此，编辑的伦理道德规范意识和行为准则的依从性，直接关乎期刊的学术和编辑出版质量，也直接影响到学术和社会公信力。其编辑伦理道德规范主要有如下几点。

1. 编辑道德问题 编辑是处理作者论文稿件的主体，是初审、选送同行专家评审和参与编辑决策过程的实施者，因此，编辑公平、公正、客观、高效率、快速和认真严谨地处理每一篇稿件，严格践行编辑伦理行为规范，依据稿件标准慎重对待作者论文稿件，是保证学术质量和编辑出版质量的重要环节。

2. 编辑保密问题 由于编辑职业岗位优势，作者的私人信息和科研论文内容信息与相关文件都提供给了编辑部，这是作者对编辑的信任。但是，编辑对作者个人信息和科研论文相关内容具有严格保密的责任；另外，编辑还具有在同行审稿专家和被评审作者之间的保密义务和责任，这是作为编辑职业的基本操守底线。

3. 利益冲突问题 编辑职业岗位的特殊性，在某种程度上形成了利益冲突的焦点，各种社会关系、人情关系、医药企业的利益关系，如亲属关系、师生关系、校友关系、同事关系、竞争关系等，在某种程度上会干扰编辑的职业行为。因此，编辑要坚守职业红线，应回避处理该稿件，以避免受到利益冲突驱使，更不能操纵或干预同行评审专家的评审，要保证同行专家评审的独立性，以确保同行评议的公平公正。

4. 选择同行评审专家问题 编辑在选送同行专家评审时，应了解或核实审稿专家相关信息，要尽可能选择与被评审稿件作者无相关利益冲突，而且比较熟悉被审稿件研究内容的专家，同时避免与作者为同一单位，也不得选择在被审稿件中署名作者作为审稿专家，以尽可能规避利益冲突和审稿偏倚的发生。

5. 对读者作者负责问题 编辑要满腔热忱地为读者和作者服务，要做到对作者负责，让读者满意。积极策划和组织选题，以满足读者对学术内容的需求。对作者，编辑有责任提醒作者其科研论文发表中可能存在的学术风险，如学术不端、重复发表、一稿多投、署名问题、著作权和知识产权问题带来的学术风险。

6. 学风问题 编辑首先要具有良好的学术风范，尊重作者的学术观点和科学发现，对具有重大创新苗头的科研论文，要尽可能抢先发表，以提高学术竞争力和首发权。在不影响编辑出版规范的情况下，尽可能维护作者行文风格，对科研论文所做的涉及学术观点、结果和结论等关键性修改，必须征得作者的同意和认可。

7. 帮助作者提高问题 编辑要具有发现人才和培养人才的意识，其最好的方式是帮助作者提高科研论文水平。科研论文稿件无论是录用还是退稿，编辑都应尽可能给作者提供详尽的修改意见、论文稿件的优点和缺陷、需要补充修改建议、注意的问题等，以帮助作者提高医学科研和论文撰写水平，即使是退稿，也忌讳一退了之，要将退稿理由、论文学术缺陷、改进意见和建议、研究中或科研设计中注意的问题等向作者交代清楚，把医学科研论文评审、退修、发表、退稿的过程，当成培养作者、教育作者和提高作者的过程。这是编辑的责任，也是编辑出版伦理道德规范所赋予的特殊使命。

四、医学出版者伦理规范要求

就狭义的出版者主体而言，一般指医学期刊的主办单位、医学出版机构（学会、协会、研究会、政府科学技术主管部门、杂志社、出版社等）、出版人、医学期刊版权的所有者、医学图书出版机构和出版的领导与管理者等，其主要特征是他们都具有医学刊物的主办权、出版权、版权、审批权、编辑和编审人员的聘用与解雇权、管理权等，因此，出版者的伦理规范行为的缺失、缺序和缺位，都会更严重地干扰和影响到医学编辑出版的学术权威性、学术公信力和社会公信力。

1.维护编审者学术独立性问题　作为医学出版者或主办者，具有行政权力、管理权力和人事权力，但出版者不能以权力干预学术，应避免对医学期刊或图书出版学术选题、学术报道内容、编辑策划项目、科研论文取舍、学术导向等实施行政干预或行政威胁，应维护和保证编辑、总编辑/主编、编委等的编辑独立性、学术独立自由和编辑决策的自主与独立权力。

2.行政利益冲突问题　编辑出版行政管理机构、出版领导者、出版的管理者等，应避免以行政权威方式向编辑推荐、授意和介绍具有利益冲突关系的科研论文，如亲属、朋友、同学、领导等，更不能干预评审程序或以行政命令方式责令编辑发表某学术文章或退稿，以确保学术期刊或图书出版的客观与公正。

3.出版者支持编辑活动问题　作为医学期刊或图书出版机构、主办机构、出版社，应全力支持和维护编辑的权益和编辑出版活动，如对总编辑/主编、编委会组成人员、同行评审专家或编辑人员具有建议聘任自主权，以保护正常的编辑决策活动和编辑实践的运行，避免过多的行政干预。

4.对学术不端行为的治理问题　医学期刊是学术不端现象的重灾区，出版管理者或版权所有者应与编辑人员形成合力，对学术造假、学术违规、抄袭剽窃他人科研成果等学术不端行为，应形成学术治理合力，对一经确定具有严重学术不端者，应采取退稿、撤稿、撤销著作权、刊登声明、通报作者单位等措施，积极抵制和控制存在学术不端问题稿件的发表。

5.利益冲突和学术不端治理的制度化问题　出版机构和出版管理者除了重视编辑出版伦理规范的建设外，还应对有效控制利益冲突和学术不端行为的发生实施制度化管理，制定和完善相应制度，实行出版伦理道德规范与制度化管理措施并举。

第三节　医学编辑出版伦理规范的基本内容

一、作者署名的伦理规范要求

作者署名是很严肃的事情，非随意添加或增减，甚至人情署名或照顾性署名，作者署名必须在具备作者署名资格的前提下，才拥有署名权益。而署名权是属于知识产权法范畴特有的精神权利概念，是基于科研论文或其他作品创作产生的权益。世界上第一部国际版权公约《伯尔尼公约》指出，署名权包含以任何方式在自己作品上署名的权利；在我国，著作权法也规定了作者拥有的署名权力，也就是说，在科研创新论文和其他创作作品中，作者具有显示身份和在其发表作品上署名的权益。两人以上合作完成的科研论文或创作作品，其著作权由合作作者共同享有。也就是说，合作作者均具有相应的署名权。但是对于署名权的具体内容，具体到署名排序的问题，我国著作权法及其实施条例中并没有相应的规定。因此，作者署名权既是法律范畴，也是学术伦理和编辑出版伦理问题。

1. 作者资格　①在科研设计和构思上具有实质性贡献，也就是说具有科研思路或创新性思想；②对实验数据的获取和分析具有实质性贡献，并对结果和结论进行阐释；③对科研论文执笔整理或关键性重要内容进行补充修改；④对科研论文最终发表进行审核校阅和把关，最终同意发表；⑤对科研论文的各个方面承担责任，以确保该研究课题论文相关问题的处理和解决。只有满足上述条件才具备作者资格要求，而对于不能全部满足作者资格，但又在科研资金资助、数据采集、统计处理、论文修改等做出贡献的，可以在致谢中加以注明。

2. 通讯作者与第一作者署名　在科研创新性文献中，如科研论文、专利、调研报告等署名中，由于多为合作完成课题研究，因此，其署名作者不止一个，对研究贡献大的主要研究者名字通常署名在最前面，其他根据贡献大小依次排列；而在科研论文署名中，各学术期刊也都有比较细致的规定，在稿约中加以提示。署名，对于专家学者而言，涉及研究生毕业、科技成果评审、职称评定、知识产权界定等个人利益，因此，署名作者的名次有时比较重要，第一作者显然比第二、第三作者重要得多。由于科学研究的复杂性、系统性、多学科性和多样化，据报道，个别重大课题研究的科研论文署名作者多达几百人，因此，署名不仅是责任的象征，也是学术贡献的象征，因而，署名具有其严肃性和规范性，应符合编辑出版伦理规范。

（1）第一作者：是指署名排在最前面的主要作者，第一作者与通讯作者不同，这主要是创造性贡献不同，在课题研究中角色地位不同，发挥的职能和作用不同，承担的责任也不同。第一作者应当是主要科研创新思路或创新性科研思维的贡献者，科研设计方案的设计者和科学实验的实施者或亲自操作者，必须是科学实验操作的首要实施者和原始数据的收集、整理分析和处理的完成者，同时又是科研论文资料整理和执笔起草者；因此，第一作者要对研究结果和数据的真实性负首要责任，所以，研究生毕业论文的第一作者必须是研究生本人，而不应该是导师或领导者。

（2）通讯作者：一般要求应是课题研究的总负责人，承担课题的经费、科研设计、实验室和实验设备条件、科研论文审阅把关。大多情况下通讯作者是研究生导师，访问学者或进修生所在科及实验室主任等负责人，科研论文和研究材料的联系人；最重要的是要承担文章可靠性和真实性的责任，并负责与期刊编辑部的相应通信联系和相关咨询等。实际上，科研论文的知识产权单位隶属通讯作者的所在单位，其研究成果的知识产权个体归属应属于通讯作者。也就是说，研究生、进修生或访问学者，在通讯作者单位的实验室、科室完成的研究工作及科研论文，发表时必须署名通讯作者所在单位，即使毕业或完成访问学习离开后到新的单位，如果发表也只能署名通讯作者所在单位，因为这涉及知识产权归属问题。

通讯作者一般多是本研究的学术指导人或研究生导师，但所在研究单位的非高级职称的作者和研究生都是有资格作为通讯作者在发表科研论文时予以标注。通讯作者作为研究论文的指导者,对科研选题的先进性、创新性、科研设计、统计学方法学的严谨性、科学性与合理性,其研究结果和结论的可信性等负有主要责任;通讯作者还对论文发表时署名安排和次序、论文一稿多投或重复发表学术不端现象负有主要责任。通讯作者由于不直接实施研究的实验操作,因此,对原始数据的真伪虽然负有一定责任,但一般不负首要责任。在科研课题研究中或科研论文发表中,由于其扮演的研究角色不同,因而其责任也不同,一般讲,原始研究(论著)或研究生毕业论文,其通讯作者不应兼做第一作者。所以,通讯作者作为论文的指导者或导师,在学术单位中一般具有较高而稳定的学术地位,因此,科研论文发表之后,学者或读者有质疑和咨询时,当与通讯作者联系咨询或反映意见时,通讯作者有责任承担回答咨询或质疑问题。

(3)并列第一作者:一般又称"共同第一作者",其必须具备第一作者的资格和条件方可列为并列第一作者。应在科研论文公开发表时在文章中相应位置予以标注声明;它一般适用于原始创新性研究成果论文的发表,即论著类文章。应标注说明"并列第一作者与第一作者具有同等贡献"或"相同贡献"等的声明。在创新性医学科研作品,如医学科研论文、技术专利、调研报告等署名中,对于多个作者共同完成的情况,对科研作品贡献最大的人的名字通常署名在最前面,特别对于科研成果论文的署名,各科技期刊都有更细致的伦理规范要求。由于科学研究、特别是医学科学研究的复杂性和多样化,尤其是大样本多中心临床研究、大面积多中心大样本流行病学调查、医学生物信息研究和调查研究等,仅靠少数专家学者的智慧和科研思维及科研设计等难以完成,曾有生物信息学研究论文发表,同一篇论文其作者署名人数达到几百人的情况。

二、医学科研论文发表的利益冲突问题

医学科研论文涉及利益冲突问题比较复杂,对于医学期刊编辑出版,就医学科研论文本身而言,其潜在的利益冲突的产生在诸多环节上都可能存在,如作者、编辑、审稿人、专业编审组、编委会成员等。因此,正确合理与透明地处理医学期刊潜在的利益冲突,是保证医学期刊学术公信力、可信度、学术权威性和信任度的重要因素。

1.作者或研究者利益冲突 医学期刊编辑出版中与作者的潜在利益冲突可能涉及受试对象利益、课题经费资助来源方、作者功利目的、经济关系、学术竞争、学术信仰等。作者或研究者要正确处理利益冲突,无论研究课题是与医药企业合作,还是与非营利性组织合作,作者在其协议中和具体实践中,都应确保自己研究所获取的所有数据、结果和结论客观公正,保持研究的学术独立性,而且能够独立地进行数据分析和解释。科研论文投稿发表时,应根据医学期刊要求提交相应利益冲突声明。在申明有无利益冲突的同时,研究者或作者也可以声明研究数据的获取和分析受到了多大程度的影响,其潜在利益冲突对数据的获取和分析的影响程度,这有助于编辑和同行审稿专家对其研究论文结果和结论的可信性程度实施准确评价。在某些情况下,对涉及利益冲突的相关资料可在论文中加以显示并发表,如研究经费资助来源、数据采集、分析和解释;论文撰写、论文投稿等。如果科研经费资助方未参与研究工作,应予以声明其研究未受资助方影响。期刊编辑部为了确认这些内容,有时会要求作者签署一

份声明，申明作者能够完全获取所有的研究数据，对数据的完整性和分析的准确性全权负责。

2.同行审稿专家的利益冲突　审稿专家在履行同行评议过程中，难免遇到同学、同事、学生或利益相关等关系亲密作者的论文稿件，在这种情况下，审稿专家应向编辑部提出回避，向编辑部声明可能影响评审意见的利益冲突，如果确实存在发生偏见的可能性，应当回避和避免参与评审相应稿件。担任同行审稿专家，应当避免在所审论文稿件发表之前，利用论文中的信息材料达成自己的利益；特别是当遇到与自己研究课题或研究方向相近的论文时，应忌讳故意拖延审稿时间，甚至压制或做出不客观的评审意见。作者论文稿件再未公开发表前，应属于保密阶段，因此，编辑和同行评审专家所审稿件应属于保密资料，因此，编辑或同行审稿专家应严禁向第三方透露，也不能向作者咨询。当确有必要与作者联系时，应通过编辑部与作者联系沟通或咨询。编辑部编辑对存在利益冲突的论文稿件，应当回避对相关稿件的处理或做出最终取舍的编辑决策；编辑部其他参与稿件编辑决策的人员，也应当对具有任何利益或其他利益冲突的告知相关负责人，对确实存在利益冲突的，应采取规避措施。编辑是除作者外，首先目睹作者论文研究成果的人，因此，编辑人员应避免利用处理稿件的优越条件，利用工作之便获取科研论文成果信息来谋求私利。编辑部应当建立定期声明与编辑人员相关的潜在利益冲突的报告制度。

三、编辑部的责任与编审伦理要求

编辑部具有第三方或中介色彩，医学科技人员完成一项课题研究非常不容易，甚至耗费一生的智慧和精力，其艰难完成研究，最先将研究成果投给学术期刊，这是对编辑的信任。因此，编辑有责任对作者的相关信息严格保密，编辑应避免向作者和审稿专家以外的第三方透露作者的相关信息，如论文稿件是否已被接受、评审过程和评审意见、论文稿件研究内容、论文稿件最终处理结果等，编辑也无权允许或提供给第三方将论文稿件及其审稿意见用于司法程序，以及其他任何用途。

1.编辑和审稿专家保密义务　编辑部应在《审稿通则》中做出要求或明确规定，应当提醒或要求同行审稿专家对作者的论文稿件和相关资料承担严格保密的义务；同行审稿专家和编辑部工作人员应避免公开讨论作者研究的所有意见。

2.作者论文权益保护　论文稿件在评审过程中，同行审稿专家应避免在作者论文稿件发表前盗用其中的科研思路、材料和观点等，更严禁将作者论文稿件留作为私用，审稿专家在完成评审任务后，应当销毁作者论文稿件的复印文档，及时删除电脑中的电子文档，以确保作者论文稿件权益不会受到侵害。

3.退稿论文稿件保护　在医学期刊，退稿处理是正常编辑决策活动，因医学期刊稿件的录用率一般为10%～30%，可见退稿是很正常的事情。但论文稿件退稿后，应将退稿意见、理由和建议回馈作者，同时，编辑部应当从其存储稿件系统中删除该文档，如需保留退稿文档，应在稿约中予以声明。但已做退稿处理的论文稿件，编辑部未经作者同意或授权不得用作他用。

4.录用或发表后的保护　作者论文稿件录用和发表后，编辑部应当保留作者原始投稿文件、同行专家和专业审稿组意见、编辑修改意见等文档实施归档保存，一般应保存三年，特殊文档应永久保存。对同行专家评审意见或建议，未经作者或审稿专家的同意或授权，编辑部无权公开发表或以其他形式公开。

5. *同行审稿专家权益保护* 对采用盲法（匿名）评审审稿的，特别是审稿意见未被署名，编辑部在未获得审稿专家授权同意或书面同意时，编辑不可以向作者和任何其他人透露审稿专家身份和评审意见。但发现有不诚实或欺诈事件及学术不端行为者，编辑部可以违背匿名或盲法原则，将相关事实材料提供给监督或鉴定方，但要尽可能将相关情况通知作者和相关编审人员。

6. *读者权益维护* 作者论文稿件发表后，编辑部应当继续支持读者或同行评议，倡导和允许读者对已发表论文提交评论、学术争鸣、提出存在的问题和表达批评意见，作者有责任对同行或读者提出的问题予以认真解答，作者应配合编辑部回应任何对数据和其他方面的质疑。

7. *维护编审决策的公正性* 学术期刊的编审决策应基于科研论文的内容质量、创新性、科学性、真实性和实用性，应当避免受到商业利益、私人关系、阴性结果、学术权威或领导的干扰和挑战，始终保持编辑的独立性。

四、对增刊和特刊的编辑出版伦理要求

在医学期刊编辑实践中，编辑部根据选题需要、重点内容、读者或作者需求及稿件的积压情况，具有针对性地在正常规定期数之外，编辑出版特刊或增刊已成为医学期刊编辑出版的常态。但编辑部应当坚持编辑出版的基本程序和原则，保证其学术质量和编辑出版质量，不应因为是增刊或特刊就放松原则和质量，特别是避免因受到外来资金支持或相关利益冲突影响选题、质量或偏离期刊报道内容主体，偏离办刊方向，应始终坚持正确的办刊方针和原则。

1. *坚持正确的办刊方针和宗旨* 期刊编辑部必须全权负责增刊或特刊编辑出版的方针、办刊宗旨、选题内容、出版的必要性、全面质量控制等，以及学术选题内容、文章作者、同行评审专家的选取；特别应严禁授权经费资助方或医药企业选题和编辑出版，也不应当以营利为目的编辑出版增刊或特刊。

2. *期刊编辑部权利* 期刊编辑部在额外编辑出版增刊或特刊时，会增加编辑工作量，因此，编辑部有权为出版增刊聘任外部编辑承担相应工作，但必须为外部编辑的工作承担责任，也就是说，尽管有权聘请外部编辑，但所出增刊或特刊的选题、组织、评审和全面质量控制的责任都必须由期刊编辑部负总责，其责任和义务不可转移。同时，期刊编辑部有权将增刊论文稿件送外审（同行专家评审），而且无论有无外审，编辑部都有权根据实际情况需要做出退稿处理的编辑决策；这些规定在编辑出版前编辑部应当具有告知权，其作者、审稿专家、读者和外聘编辑具有知情权。

3. *增刊或特刊背景声明* 在增刊或特刊编辑出版的编者按或前言中，应当交代编辑出版增刊或特刊的背景、目的和意义，并声明增刊或特刊主题或选题来源、其增刊所发研究内容和出版所接受的资金资助来源、增刊中与资金资助方或医药企业产品有关的内容等，将潜在的或可能的利益冲突交代清楚，以利读者和同行评判与监督。

4. *增刊或特刊广告伦理要求* 增刊或特刊所刊发的广告产品，应当遵循与其他常规化出版的期刊所刊登广告要求相同的政策，必须符合广告法和国家药品及医疗器械

广告管理条例的要求，更严格避免刊登虚假广告，严防利益冲突发生。

5.增刊或特刊识别　为确保读者和作者能够区分常规期刊内容与增刊或特刊的区别，编辑部应当在增刊或特刊的封面显要位置标识增刊或特刊字样，以利读者和作者区别常规化期刊与增刊或特刊。

6.增刊或特刊编辑利益冲突问题　编辑出版增刊或特刊其伦理要求与常规化期刊一样，期刊编辑部和增刊编辑应当避免接受增刊资金赞助方的个人利益或报酬，以保证其内容的公正性。

7.增刊中二次发表与署名规范问题　严格讲，对于文章二次发表和署名伦理规范与增刊或特刊增刊并无本质区别，其要求是同等的，在增刊或特刊中，其文章二次发表是可以的，但应当注明首次发表的期刊，标题和内容应当与首次发表一致，并且应当为不同语种或不同读者群的期刊。常规期刊作者署名权和潜在利益冲突的声明也适用于增刊或特刊。

五、医学期刊电子版编辑出版伦理规范

随着医学期刊出版业态和传播段的多样化，其编辑出版已冲破单纯纸质版的局限性，不断向电子版、网络版和多媒体延伸，这为学术信息的扩散和扩大传播半径提供了现代化手段；但同时也带来编辑出版中的伦理规范的问题。因此，加强多媒体编辑出版伦理规范的认识，对保证医学期刊多媒体编辑出版和传播的公正性具有重要意义。

1.网络电子版的出版伦理原则　网络电子出版等多媒体期刊的出版伦理原则与常规化纸质版期刊出版所遵循的出版伦理原则是相同的，并无其他例外。但网络电子出版应慎重对待外部链接，虽然期刊编辑无法控制外部链接的内容，但对读者会造成期刊认可的概念，对此，期刊编辑部应当谨慎对待。若确有必要建立外部链接，期刊编辑部应当声明对其内容、广告、产品及其他内容并无授权认可，对其链接不承担责任和义务。

2.网络版文章保留的永久性　在网络版刊出的文章，应当在其网站上具有永久和稳定保存的要求，以便文献查阅。如果基于法律或违规原因需要移走某篇论文，必须详细说明其理由，但同时该论文应当保留在期刊的内网文档中，以利备查。

3.出版者的责任　对网络版期刊所刊发的文章要永久保存，并保持期刊全部内容的完整性，这是编辑出版单位、主办单位或出版者的责任和义务；如果杂志停刊，编辑出版单位应当将网络版期刊内容完整移交给具有信息资源管理、开发利用的第三方负责利用，以利保证网络期刊内容可持续为读者获取和服务。

4.网络版期刊的标识　网络版期刊的Logo或品牌标识、主办单位和编辑出版单位等，应当与常规期刊标识一致，以保证期刊品牌标识的统一性、稳定性和读者的识别性。并要求对网站上非论文内容页内容更新后应当注明其更新日期，特别是对期刊编辑出版人员、正副总编辑、编辑委员会委员、稿约等标明更新时间。

六、医学期刊广告发布伦理规范要求

医学期刊广告发布是常规编辑出版经营活动，期刊发布的多少，还反映了期刊的效益和品牌影响力，也是医学期刊推动和促进成果转化，为临床提供诊断、治疗和预

防手段的重要形式。但医学期刊广告产品的发布应严格遵守其广告发布法规和伦理规范，保证其发布的质量，这是医学期刊编辑出版伦理规范必须遵循的要求。

1.医学广告发布的利益冲突　尽管医学期刊允许刊登广告，但医学期刊不应被广告主或医药企业的利益所主导，对于不符合广告发布规范的广告产品，其广告主支付再多的费用，编辑也不能违背伦理规范和法规；更不能因为刊登企业广告而受到广告主的左右，避免因广告产生的利益冲突影响或干预编辑决策的正确性。

2.医学期刊多媒体刊物广告伦理规范的一致性　无论是纸质版常规期刊、增刊或特刊、网络电子版期刊，只要发布医学广告，其法规和伦理规范要求是一致的，不应由于期刊出版形式不同其标准发生改变，无论是纸版期刊和网络电子版，都应当严格执行广告法和国家药品及医疗器械广告管理条例，并向广告主申明。

3.医学期刊学术内容与广告内容的利益冲突　医学期刊所刊登广告内容不应与学术内容并列或混用，更不能以学术性文章代替广告发布，也不能在医学科研论文或其他学术文章中故意夸大某企业产品的功效，其刊登的广告内容应当具有明确的广告形式和标识，具有相关政府管理部门的广告审批文号。

4.医学期刊广告发布权益　期刊编辑对其纸质期刊、网络电子版期刊等具有广告招商和发布的权利，并承担广告合法性与合规性把关，严禁和避免虚假广告和有害健康的产品在期刊发布广告；编辑应当确保所在刊登广告的合法性与合规性及真实性，并接受对刊登后广告的社会监督和对所刊登广告的批评意见。

七、医学科技学术期刊与公众媒体伦理规范

高度专业化的医学科技学术期刊读者或受众面总是具有局限性，对重大科研成果通过公众媒体报道，发挥其受众广，传播范围大的优势，以扩大社会影响。例如，中国科协实施的科技期刊新闻发布会，就是定期召开新闻发布会，由学术期刊的编辑，将最新发表的重大科研成果撰写成科技新闻稿，在新闻发布会上发布，由与会的各公众媒体记者采纳报道，这既保证了科研成果的及时宣传，又保证了公众媒体报道科技新闻的准确性。但学术期刊科研论文成果在公众媒体发布，应坚持正确的伦理规范要求。

1.医学科技学术期刊向公众媒体报道的要求　从科技学术期刊到公众媒体，可有效链接传播链和扩大传播半径，但编辑向公众媒体推介前，应征得作者认可，达成一致意见，也可在稿约或通知作者论文发表时加以申明；对科研论文尚处于审稿或待发表阶段，编辑不应向公众媒体公开其研究成果，这要与媒体达成一致，在论文尚未发表前不要加以报道。

2.特殊需要公众媒体报道的成果　对于具有重大公共卫生需要，具有加快推广和重要的临床意义的研究成果，需要在医学科技学术期刊发表前迅速公布于众。例如，在SARS（传染性非典型肺炎）疫情暴发时期，处于紧急防治的需要，有关专家学者有效的防治经验和成果论文及相关诊断与防治指南，因在医学期刊发表需要较长周期，为加快其传播和推广应用，在医学期刊尚未发表前，就破例抢先在公众媒体发表，这对疫情防控发挥了积极作用。而对于这种情况，必要时应当由政府公共卫生主管部门决策，对此承担其责任；编辑、作者与主管部门应当达成共识，获得知情同意。

3.科研论文发表前允许扩散的形式　作者研究论文在发表前，应当可以用于学术会议报告、学术会议的论文摘要；在学术会议报道的科研人员可以与媒体记者介绍其研究，但应掌握其限度，一般不能透露超过会议报告以外的研究细节。

4.医学科技学术期刊与公众媒体的合作　当科研论文成果将要发表，期刊编辑应当积极向其他新闻媒体提供准确的报道文稿，在可能情况下准备新闻发布会、回答问题、提供新闻背景材料、向媒体记者推荐相关专家等；当然，新闻媒体应当配合期刊发表论文与新闻媒报道的时间差。

八、临床医学试验研究的注册规范要求

临床试验研究的注册，主要体现了其前瞻性临床试验的特点，它可有效增强临床试验的透明度，同时又可在研究结果发表后核对其试验方法的准确性和完整性，这样可有效降低选择性结局偏倚和发表偏倚的发生，最大限度提高临床试验的真实性与可靠性，而且有利于加强国际及地区间的科研交流与合作，为患者和临床医师提供参考和信息来源，同时，还可以为医学期刊编辑判断和理解试验结果提供帮助，也对科研基金的有效投入和分配发挥作用。临床试验注册还可使试验结果以标准化格式提交，对系统性综述进行分析和研究及发挥文献的最大效用。因此，世界卫生组织将临床试验注册视为一种科学和医学伦理道德行为责任，国际医学期刊编辑委员会要求所有的临床试验研究均进行注册，否则其研究论文将不允许在医学期刊发表。临床试验注册的基本要求：对随机对照试验研究必须在科研设计和研究开始前予以注册；观察性研究目前尚未做统一要求，但目前也有需要注册的趋势，一般建议观察性研究也尽可能进行注册。国际医学期刊编辑委员会（International Committee of Medical Journal Editors，ICMJE）则要求所有的医学期刊编辑，在临床试验招募首例患者之前，就必须在公共临床注册机构注册，这是临床试验研究论文发表的前提条件。注册地址可登录世界卫生组织临床注册平台（WHO International Clinical Trials Registry Platform，ICTRP）或其下属注册机构注册均可。

九、医学科研论文发表伦理失当处理

在医学编辑出版和科研论文发表过程中，发生出版伦理失当比较常见，这里有主观的也有客观的，但发生后应适时处理。

1.发表失误的修正　其发生一般由于编辑排版校对失误和作者数据计算及书写错误，对于有些影响到概念、研究结果、结论的意义，容易造成歧义的错误，应当予以更正；一般由作者或编辑撰写更正声明，在同一期刊"更正"栏目中刊登，予以纠正。

2.严重学术错误的处理　由于作者客观或主观原因，在研究资料统计分析和整理过程中发生错误，导致整个科研论文的数据、结果和结论偏离了真值，严重影响了论文结果和结论的可靠性，已经失去了发表的意义，而且用简单的更正声明也难以弥补，这种情况就必须撤回文章，对其研究数据、资料进行重新分析，甚至重新撰写。

3.撤回稿件的处理　如果被撤回的科研论文错误是由客观原因所致，并非作者主观故意行为，主观上不存在学术不端行为，这种情况论文稿件通过严格修改后，再进入审稿评审程序，评审通过后期刊可以再次发表，完全替换原来的论文稿件，作者应

在附件中说明被修改的内容或数据及结论的变化。

十、编辑出版中对学术不端行为的处理

医学期刊比较常见的学术不端行为一般有捏造实验数据、伪造数据和剽窃他人研究成果等，对于质疑或者发现了已投稿或已发表论文的学术不当，医学期刊通常会启动相关调查程序，责成其作者单位的科研管理机构进行核实调查，并责成作者写出书面说明或检查，如果经调查核实确属学术不端行为，应对论文稿件做撤稿处理，甚至可对作者在以后投稿时，要求其所属研究机构提供保证。常见的学术不端行为一般有如下几种。

1. 学术成果剽窃或抄袭　在学术界，无论是国内还是国外学术不端现象如剽窃和抄袭都时有发生，它破坏了学术风气和学术生态环境，也对其他学者造成了不公，尤其是误导读者，从而伤害到读者的利益。剽窃和抄袭有时还涉及侵犯他人著作权的情况，极端的甚至有侵占他人学术成果的恶劣行为，因此，往往涉及编辑出版伦理和学术伦理问题，甚至涉及法律问题。作为医学编辑，有责任维护学术研究和学术出版的纯洁性和规范性。

2. 科研论文篡改和伪造　篡改和伪造也是比较常见的学术不端行为，它与剽窃或抄袭相比，其手段更隐蔽，主观故意更强，影响更恶劣。其内容涉及篡改或伪造数据、图像等资料，编造虚假的研究成果和学术履历等信息，虚构合作者署名等。在国内，在学术不端行为中论文买卖和第三方代写论文同属伪造。例如，国内某医学期刊，经过对某时期来稿严格分析，发现疑似第三方代写代投论文高达21.0%，近年来，发生多起国内部分科研工作者在国际学术期刊发表论文被撤稿事件，给我国科技界国际声誉带来极其恶劣影响。为了抵制学术不端行为，中国科协、教育部、科技部、国家卫生和计划生育委员会、中国科学院、中国工程院、国家自然科学基金会等七部委于2015年联合印发《发表学术论文"五不准"》的通知。其中明确规定不准由"第三方"代写、代投、修改论文等。然而，2017年再次发生严重学术不端事件，施普林格·自然出版集团一次性撤销了涉嫌造假的107篇文章，当然，撤稿的原因是多方面的，但其中不少作者是将科研论文交给"第三方机构"，由它们再向学术期刊进行推荐和代投。这些第三方机构不仅提供投稿前的"润色"服务，而且还提供代替作者投稿的服务，这些属于伪造科研信息，是一种灰色地带的科研不端行为。

3. 科研论文拆分式出版和重复发表　这种拆分式出版，即同一个研究被"碎片化"后拆分成几篇小文章发表，这在学术出版领域并不少见。另一种情况是一稿多投、重复发表。个别作者甚至将题目和摘要等改头换面，稍作修改另投期刊发表，看上去发表了许多文章，其实质是同一个内容。这两种出版的直接后果是稀释了学术论文的含金量，浪费了出版资源，误导了读者。这些同属于出版伦理和学术伦理范畴，医学期刊编辑要尽可能控制违背学术和出版伦理规范的文章发表，最大限度地避免编辑出版伦理行为和缺陷的发生。

十一、医学科研论文重复发表的处理

在医学科研论文发表过程中，对于一稿多投和重复发表，无论是从编辑出版伦理、

国际医学期刊编辑委员会的规定和《国际生物医学期刊投稿指南》的规定来讲，都是不予接受的出版伦理行为。

1.对一稿多投与处理　一稿多投是指同一篇论文，其作者或同一研究群体不同作者，在期刊编辑和审稿人不知情的情况下，试图或已经在两种或多种期刊同时或相继投稿，无论是以同一种语言，还是多种语言的形式同时投多家期刊，都是不允许的行为。这种行为会造成资源浪费，容易发生重复发表，造成学术文献资源混乱。一经发现，应做退稿处理，并对作者提出警告。

2.对重复发表与处理　重复发表是指作者内容相同的研究论文在两种以上不同期刊多次发表，以及其科研论文内容，如方法、样本数量、数据、图表、结果和结论等具有相当重复性和一致性的文章，而且论文之间缺乏充分的交叉引用或标引，其论文稿件、作者、研究机构与已发表论文有显著或大量重复内容，称为重复发表。这是违反编辑出版伦理规范的行为，如果确定属于重复发表，根据国际医学期刊编辑委员会规定，应做退稿或撤稿处理，令其作者做出检查，在以后投稿和发表中加以有限度的制约。在具备以下条件的情况下允许二次发表：①在两期刊编辑均同意的情况下可以发表，但应当与作者协商，留出适当的发表间隔期；②在二次发表时，是针对不同的读者群，并在首次发表的文稿上做了删减；③在二次发表时，应忠实于首次发表的数据和结论；④在二次发表时应告知读者、审稿人和文献机构，并文中予以标题处注明为二次发表，并标引首次发表的文章；⑤虽然为同一数据，但为不同研究可以被考虑发表，其前提是采用了不同的分析方法或有不同的解释和结论，并恰当地引用以往基于该数据的研究文献。对于二次发表，不管是不同读者群，还是不同语言或不同国家的期刊，一般都被学术界持质疑态度，不予认可。

第四节　医学编辑出版的伦理失范控制措施与方法

医学编辑作为职业伦理道德规范的守门人，这是其职业角色和职业特点所决定的，因为医学编辑处在医学期刊学术平台之上，科研工作者把自己的研究成果论文首先提交给医学编辑，对编辑具有高度的信任，因此，坚守医学编辑伦理和职业道德，是医学期刊编辑的本分和职责。

一、医学编辑出版伦理规范基本准则

医学编辑出版伦理规范是在编辑出版活动中应遵循的基本伦理守则，它是社会伦理道德要求与编辑职业伦理的具体实践相结合的产物。医学编辑的伦理准则既具有普适性，同时又具有职业性特点，也具有个性化特征。医学编辑伦理所调整的利益范围是内部主体，如编辑主体、选题内容、稿件录用与退稿、编辑决策等，同时与外部环境，如相关的社会关系、编者与作者、编者与读者、编辑与编委、选题与约稿等各方面的利益关系。因此，医学编辑主体与客体的外在伦理规范准则，是其内在伦理道德品质与职业素养或操守的有机结合，也是他律与自律的有机统一。在医学编辑活动中，医学要坚持公平、公正、公开原则，诚实尊重原则，平等相待原则，守信保密原则，同行评议原则，协商沟通原则，稿件质量唯一原则等。作为编辑既要维护编辑的自主权，也要尊重作者的自主权益，坚持以论文稿件质量作为唯一的录取标准，并且与作者的人格平等和信息对称，合理保护作者的权益。特别是在当今数字化，网络化，投稿、送审、退修远程化管理，加大了论文稿件内容泄密的机会和复制的便利性，这给医学编辑出版和编审人员的伦理道德规范提出了新的要求。

二、医学编辑出版的伦理规范要求

严格讲，医学编辑在编辑实践中，经受着多重相关伦理规范的考量，既有自身的编辑职业伦理道德的约束，也有医学科研伦理、评审专家伦理规范、作者伦理等把关的任务。因此，俗话说，打铁还需自身硬。作为编辑职业，理应做相应伦理道德规范的坚守者和践行者。

1.公平相待，质量唯一 医学编辑要公正地对待每一篇稿件，不以作者或单位高低大小取舍，避免任何偏见，坚持论文稿件第一的原则，克服盲目认为大牌专家或大的医疗科研单位的稿件质量高，而对基层单位的稿件不屑一顾的偏见心理，更不能因为是熟人或存在利益关系而放宽标准，编辑活动的主体对象是稿件本身而不是稿件作者，因此，编辑对稿件中可能存在的利益冲突要保持相当的敏感性，要严格把握和处理稿件作权、作者排序方面的利益冲突，严格遵守作者署名和著作权要求。

2.坚持职业操守，做好稿件保密 科研工作者把研究成果论文首先提交给编辑，这是对期刊的信任，在未公开发表之前，编审人员有责任保守作者研究成果的秘密，其研究思路和设计等内容不得泄露给任何人，并确保审稿过程的保密性和稿件信息的安全性。同时，又要做好审稿过程的保密性和公正性，尽可能采用盲法审稿，避免作者、单位等个人信息泄露，并尽可能保证同行评议审稿过程的公正，避免同行评议受到客观信息的干扰和影响，从而保护作者的权益。当然，也要对送审同行评议专家的信息保密，以保护稿件评审者的利益，最大限度地避免外界因素干扰，保证审稿过程的公平性。

3.对稿件负责，让作者满意 编辑要认真对待每一篇稿件，严格编辑规范要求，对稿件要及时送审，不积压稿件，对完成稿件处理流程，确定录用稿件要及时安排发表，对决定退稿的稿件要及时整理退稿意见，及时反馈和告知作者。对于录用稿件也应做到及时整理评审意见反馈作者和退修，以尽可能缩短发表时滞，缩短作者等待周期。编辑要对每一篇稿件都做到有处理结果，对作者查询审稿状态的给予及时热情回复。对录用稿件或退稿做到有理有据，特别是退稿，不能一退了之，应将稿件存在的问题、补充修改内容、科研设计缺陷和修改建议完整地反馈给作者，以利于作者修改和提高。

4.维护作者权益，保护读者利益 作为编辑要注意维护作者的合法权益，作者享有投稿权、发表权（即决定研究论文是否公之于众的权利）、署名权（即表明作者身份，在研究成果论文上署名的权利）、修改权（即修改或者授权他人修改文章的权利）、保护研究论文完整权（即保护研究论文内容不受歪曲、篡改的权利，编辑有权修改作者文章，但修改后必须征得作者认可才能发表）、复制权（即以印刷、复印、拓印、录音、录像、翻录、翻拍等方式将论文制作一份或者多份的权利）、发行权等一系列法定权益。对于读者来说，主要是维护读者订阅或退订期刊的权利，同时，编辑要在期刊的内容组织上，要尽可能满足读者的需求，维护读者的利益，任何粗制滥造、偏离期刊报道范围和背离读者群需要的内容，都是对读者利益的侵害。这是医学期刊编辑在工作实践中应当注意的问题，这也是被期刊编辑忽视的职业伦理问题。

三、医学编辑出版伦理失范控制方法

1.实施伦理规范培训，增强伦理道德规范意识　应加强医学编辑、出版人员、医学科技工作者相应伦理规范的学习培训，特别是医学编辑，既要熟悉和遵守编辑出版伦理规范，同时，又要了解作者伦理规范、医学科研伦理规范、同行评审专家伦理规范，以利实施有效伦理失范的控制和把关。

2.完善制度，建立约束机制　作为编辑出版伦理道德规范，具有软性特点，是非强制性规范，是靠人们的自觉意识实现的行为规范。因此，要教育编辑和医学科技人员遵循相应的伦理规范，规范和约束各自的行为，同时，还要在不同层面建立或完善约束性制度，在相应医学院校的科研管理机构、医学期刊和图书出版机构等建立伦理失范的惩戒机制，对严重违背医学科研伦理、学术伦理规范、编辑出版伦理规范的行为实施必要的惩戒措施。

3.完善伦理规范，做到有理可循　根据编辑、同行评审专家、出版者、作者等相应社会角色不同和实际情况，制订和完善相应伦理规范行为准则，以利于各社会角色间都清楚相应伦理规范要求，在编辑出版和学术实践中约束伦理道德行为。

4.声明公告，昭告业界　在编辑实践中，可将相应伦理规范要求在《本刊稿约》中予以声明，也可以在医学期刊专门发布相应伦理规范要求，还可以在编辑部给作者退修稿时，附送相关伦理规范要求和必要的提醒，在召开编辑委员会会议时，向本刊编委或评审专家发送相关伦理规范要求，使其各个编辑流程环节上的职业角色都能熟悉相应伦理道德规范要求。

5.严格队伍标准，维护伦理主体纯洁　对于编辑队伍、出版人员队伍、评审专家队伍和编委队伍，要严格纳入标准，对存在伦理主体失范、学术道德和职业道德缺陷的应避免进入医学编辑出版和编审队伍。对发生编辑出版和职业伦理失范及造成严重影响的人员，应当及时予以撤销其相应资格，以保持队伍的纯洁性。

6.评审专家伦理规范控制措施或方法

（1）履行义务，及时评审：同行评审专家是实施同行评议和学术质量把关的重要环节，也是学术研究和科研活动的组成部分，是科学共同体中每个参与者的责任和义务，因此，应该尽力履行审稿任务，如果不能履行职责应尽快退审、推荐他人评审、告知编辑可能延期评审的原因。

（2）公正评价，鼓励创新：对评审稿件要以科学性、创新性、实用性、真实性为标准，避免偏见，公正评价，要对稿件科研选题依据和意义、创新点和学术价值、结果和结论的可靠性、解释和论证的合理性等做出公正的评价，应尊重作者思想的独立性和科学研究创新的积极性，避免门户之见、学术偏见、种族歧视和私人恩怨等对学术伦理规范和职业伦理规范的影响。

（3）客观评价，循证评审：在同行评审过程中，应充分考虑个体在学术研究上的

局限，应坚持客观评价，循证评审，对做出的评审意见和建议，应有理有据，尽可能地解释和引证评价的依据，必要时提供评价所依据观点和事实的参考文献，追求评价的客观性和循证性，而且易于编辑和作者对审稿意见的理解，避免评价的主观性和臆断性，严禁过激语言和人身攻击，维护作者权益和声誉。

（4）全面审查，分析严谨：在同行评议过程中，应注意评审的全面性，既注重学术质量的审视，同时也注重医学科研伦理、学术伦理、利益冲突的评审和把关，同时也不忽视学术伦理道德的评判，如对科研论文中存在的漏引、错引、抄袭和伪造等学术不端行为的关注，即使不确定也应提醒作者和编辑部稿件中可能存在的嫌疑，以利于编辑与作者进一步地核实。

（5）规避冲突，及时提醒：要维护评审稿件的公正性，对于存在利益冲突的应当主动规避，及时提醒，对确实存在利益冲突的应向编辑部声明，实施退审，由编辑部另行安排其他评审专家。

（6）坚守责任，严格保密：评审专家应牢记信任与嘱托，应对所评审科研论文稿件的内容负有保密义务和责任，在未公开发表前，严禁向其他相关人员泄露作者稿件的研究内容、结果、结论和作者相关信息，若确因评审需要而求助于其他专家学者或相关人员时，应尽可能事先向编辑部告知身份信息和一般情况。

（7）恪守规范，端正学风：同行评议是国际学术界通行规则，也是同行专家学者的义务和学术活动形式之一。因此，评审专家应恪守学术伦理规范，树立正确的学术风气，对于受到作者研究启发而形成或完善的个人研究成果要予以审慎考虑，处理好学术伦理关系，尽可能事先征得作者同意，引用作者研究成果发表后的文献或开展合作研究，应严禁使用或泄露作者被审稿件中的结果结论和科研思路；也不得借审稿意见明示或者暗示作者引用自己的文献和学术观点。

7.作者伦理规范控制措施或方法

（1）明确作者责任，恪守科学精神：医学科技人员追求学术功利是应该的，但应树立正确的学风，坚守科学精神，明确作者署名的社会责任、科学责任和法律责任，对作者的科研论文应确保成果描述的准确性、客观性、科学性和可靠性，严禁避免夸张和虚构；对原始研究的科研论文的实验数据、相关试验记录、设备数据等原始资源慎重保管，以备质疑，也为同行重复研究或验证研究提供依据。

（2）实施发表承诺，警醒学术失范：作者科研论文在正式发表前，编辑部可要求作者签署相关承诺文件，保证其科研论文无重复发表、一稿多投和成果的真实性，实施发表承诺，警醒作者学术失范的发生。

（3）发挥查重系统作用，严格学术伦理缺陷：医学期刊编辑部要发挥查重系统检测软件的作用，对来稿实施查重检测，分析其相似度或重复比率，对存在严重重复的科研论文应实施退稿处理，同时提醒作者注意或警告。

（4）增强编辑责任意识，提高识别能力：在编辑实践中，编辑要增强责任意识，不断提高识别学术不端行为的能力，要研判"第三方代写代投"论文的特征和查重检测判定标准，严格控制作者学术失范的发生。

（5）风险警示，善意提醒：对作者科研论文可能存在的学术伦理、医学科研伦理和编辑出版伦理问题，编辑有责任与作者沟通交流，善意提醒，告知存在伦理缺陷或伦理失范可能带来的社会风险和责任。

8.编审者伦理规范的控制措施或方法 医学书刊的编辑、编委和同行评审专家既是编辑出版伦理规范的践行者，也是编辑出版伦理和学术伦理的守护者，因此，编者的相关伦理道德规范的水准，对医学编辑出版的整体质量有影响。

（1）严把人才关：对编审人员除了注重科学文化、学术和编辑出版业务水准外，还要注重人才的职业伦理规范和学术伦理道德行为的考量，使编审者真正成为相关伦理规范践行的模范和忠实守护者及把关者。

（2）增强责任意识：编审者要具有很强的责任感和责任意识，既要对学术刊物负责，也要对读者和作者负责，同时还要对学术和社会负责，严禁和忌讳草率失责、放任失控的不良学风。

（3）实施失范问责：对于编审者，无论是自身相应伦理规范缺失造成不良影响，还是负责编辑、评审的科研论文出现编辑出版伦理规范、学术伦理规范和医学科研伦理规范失察的，特别是严重违背学术和科研伦理道德规范失序，尤其是造成恶劣社会和学术影响，应当对所涉及编审人员实施问责机制。

（4）公正评价：编审者对论文稿件的评价和编辑决策过程中，应当客观公正地对待每一篇稿件，严格录用和退稿标准，严禁与作者的种族、医学科研机构、职称、国籍、性别、资历等相联系，做到在论文稿件评价标准面前一视同仁，公正评价。

（5）科学评价：要建立和完善论文稿件科学的评价机制和论文稿件的编辑决策评审流程设计，所有科研论文稿件必须进入程序化评审流程，杜绝流程外操作。为了保证评价的公正性和科学性，当作者要求回避某些审稿专家时，编辑应当给予充分的考虑；对退稿要允许作者申述和满足其重审的要求。

（6）主动回避：对编辑人员自己撰写和署名论文稿件，尽量规避在自己负责的期刊上发表，如果确实必要向本人负责的刊物投稿，应当交给编辑部其他编辑处理，而且严格执行评审流程，以尽可能避免发生利益冲突，确保证其客观性与公正性。

第 12 章

医学期刊审稿偏倚与控制方法

审稿偏倚（peer review bias）在科技期刊审稿中应该说普遍存在，审稿偏倚可以发生在审稿过程中的各个环节，它是影响审稿质量的重要因素。把握和分析审稿偏倚的原因和要素，加强对审稿偏倚的控制，是保证科技期刊审稿质量，全面提高科技期刊学术水平、科学性、创新性和编辑出版质量的重要措施。

第一节 医学期刊审稿偏倚的概念

偏倚，在测量学中是指一切测量值对真值的偏离。后来，科研人员把这一概念引用到临床医学科研中，特别是临床科研设计中，以此分析科研设计中的偏倚因素，其中包括测量仪器校验欠准确、样本过小、科研设计不合理、研究样本分配或分组不均衡、样本抽样未按随机要求进行、研究者或测量者具有心理主观倾向等。在医学研究或科研设计中，偏倚是指在其临床研究中，研究结果总是或多或少的偏离其真实情况，这种偏离在临床研究中称之为误差（error）。在不同的研究或学科中，对偏倚的认识或释义差别不大，一般都统称为与真实目标发生偏离的意思。因此，在科学研究，特别是临床医学科研中，必须严格分析和估计偏倚因素，在科研设计中尽可能考虑到偏倚因素的存在的状况，并在科研设计时加以控制和排除，使研究结论更可靠。

临床医学研究中的偏倚（bias）是指从科研设计、样本设计、科研实施、试验资料和数据处理各个环节中产生的系统误差，以及结果解释、推论中的片面性，导致研究结果与真实情况之间出现倾向性的差异和偏离，因而其结论偏离其真值，甚至被假象所掩盖。临床研究中误差的来源可以分为两类：一类是随机误差（random error）；另一类是系统误差（systematic error）。这些常见的误差有以下几种。

1. 随机误差　是由于抽样误差所引起的，其大小可以用医学统计学方法进行估计，但没有方向性，也就是说，这种误差的存在可使研究结果随机的高于或小于真值。

2. 系统误差　即偏倚（bias），它是指研究结果系统地偏离了真实情况，它与随机误差有所不同，偏倚的存在总是造成研究结果或高于真值或低于真值，因而具有方向性。由于在临床研究工作中定量估计偏倚的大小比较困难，而确定偏倚的方向却相对较容易。当偏倚使研究结果高于真值时，称之为正偏倚，反之，偏倚使研究结果低于真值时，称之为负偏倚。

3. 选择性偏倚　这一般多出现于研究设计阶段，它是指由于研究对象选择不当而使研究结论偏离真实情况而产生的偏倚。一般临床科研设计上的缺陷是选择偏倚的主要来源，在确定研究对象时表现得最为突出。常见的情况是在研究开始时试验组和对照组就存在着除诊疗措施以外的差异，而缺乏可比性。

4. 信息偏倚　也称观察偏倚、测量偏倚，它是指研究过程中进行资料和信息收集时产生的系统误差。这主要由于测量方法的缺陷，入组样本临床诊断标准特别是金标准不明确或掌握不严格，以及存在资料缺失遗漏等，都是造成信息偏倚的来源因素。

5. 混杂偏倚（confounding bias）　在临床流行病学研究中，因为单个或诸多外来因素的存在和影响，在某种程度上掩盖或夸大了研究因素与疾病的联系，因而部分甚至全部歪曲了两者间的真实因果关系。在临床医学科研设计中，根据偏倚因素的性质，对偏倚具有不同和行之有效的控制方法，这就保证了其研究结果和结论的可信性和可靠性，确保研究质量和研究成果的科学性。

综上所述，将其概念进一步延伸，把偏倚的概念引申到医学科技期刊审稿过程中，同样具有实践意义。因为编者都知道，医学科技期刊同行评议是基本准则，其稿件评审工作是一项复杂的系统工程和编辑决策过程，审稿的目的是对科研论文稿件的科学性、创新性、实用性、真实性和学术价值做出科学与正确的评价，并得出稿件取舍建议和修改完善意见，为论文稿件取舍提供编辑决策依据。

但是，在审稿过程中，同样会受到诸多不利因素或偏倚因素的影响，这会干扰审稿人对稿件的客观评价的因素，使审稿结果最终偏离真实情况或偏离其真值，甚至发生严重科学性或学术造假失察的情况，以至于造成科研论文真实学术价值的误判。因此，医学科技期刊审稿偏倚，就是指在科研论文的评审过程或评价过程中，由于诸多干扰因素的存在和影响，使其评审结果与其论文稿件真值之间出现了某种程度上的偏差，这种稿件评审的偏差现象我们称之为审稿偏倚。

第二节　医学期刊审稿误差发生的类型

医学科技期刊审稿控制作为一个系统工程，其环节较多，干扰因素或偏倚因素也比较多，因此，审稿偏倚在某种程度上带有普遍性、复杂性和难控性。一般常见的审稿误差或偏倚有以下几种类型。

1. 审稿人选择性误差　现代科学的特点是高度分化，分科越来越细，同一学科、同一领域或不同专业，甚至不同的研究方向和不同的研究重点，其科学家对学科研究的把握程度也存在差异，尤其是新学科、新技术、新方法、新理论日新月异，发展速度很快，同一领域或同一学科其研究方向不同，对该领域学术进展的驾驭也存在其局限性。因此，编辑在送审稿件时，由于对审稿人专业或研究方向及侧重点了解的不全面，所送审稿件研究内容偏离了审稿专家的专业特长，特别是有的审稿人怕退审麻烦或碍于面子，在不熟悉稿件研究内容的情况下评审，难免发生误差。另外，期刊编辑部对审稿专家选择标准不高，审稿人未能达到应具备的学术水平，由此发生审稿人选择性误差。

2. 学术伦理道德与情感误差　审稿人缺乏自律意识，对学术道德、科学伦理意识淡漠，在审稿过程中从主观意愿出发，人为的对稿件过于苛求挑刺或降低标准，甚至不能一视同仁，对熟人或学生网开一面，不能客观公正地对稿件进行评价，偏离编辑道德或学术道德规范，特别是对"人情稿"不能正确对待，放松标准，而发生道德与情感误差。

3. 审稿态度误差　担任科技学术期刊的审稿是一项公益性活动，审稿人的劳动是一种无私的奉献，报酬很少甚至没有任何报酬，审稿人应以促进学术发展的高度责任感，对待每一篇稿件，一丝不苟，认真负责。但是在审稿过程中因时间紧张，工作繁忙等诸多因素的影响，致使有的审稿人对稿件处理草率从事、不负责任，导致审稿态度误差。

4. 审稿心理误差　编辑审稿和专家审稿同样具有复杂的心理活动，对知名专家或著名科研机构的稿件过度崇拜，以及对知名专家审稿意见过度依赖或依从心理，而造成心理因素对稿件评价的无形干扰，审稿人不能以循证为客观依据、公正地评价每一篇稿件或碍于对名家的情面，而使审稿心理发生偏倚，不能以良好的编审心理对待每一篇稿件。

5. 审稿者个体误差　也称为审稿者偶然误差，它是指在相同条件下，对同一科研论文不同个体评审者给出不同的评审结果。这主要是由于评审者各种偶然因素，以致出现不同的认识、学术判断、看法和学术价值取向。其产生评审者个体偶然误差的原因很多，如专业知识水平、对研究发现的认识差异、责任态度、学术敏感性等诸多原因，而且难以确定某个因素产生的具体影响的大小，因此，评审者个体偶然误差难以找出原因加以干预或排除。主要控制措施是在盲法评审的基础，同时多送几位同行专家评审，再具体分析其评审意见一致性的多寡，慎重做出编辑决策；另外，应加强同行评审专家学术水平和资格的遴选标准，确实保评审专家具有相应学术判断水平和责任意识。

6. 编辑管理控制误差　这是由于编辑出版管理和学术管理因素造成的系统误差。它主要是编辑管理者存在管理和控制缺陷，甚至管理缺失造成的，如管理者责任缺失或缺位、缺乏制定评审规范或学术标准、编辑出版制度缺失等，其控制方法是加强编辑部主任、总编辑责任感和责任意识，发挥编辑角色职能作用。

第三节　医学期刊审稿偏倚产生的原因

审稿偏倚可由很多干扰因素引起，其中有主观的，也有客观的，可发生在编辑审稿、专家审稿、编委会审稿等各个阶段，但其最终结果是造成编辑决策失察，影响科技期刊的整体质量。因审稿偏倚酿成编辑失察的例子屡见不鲜。例如，1986年4月 *Cell* 杂志发表的美国著名生物医学家、诺贝尔奖获得者戴维·巴尔的摩（David Baltimore）等有关移植外来基因对鼠基因物质影响的研究论著，由于编审人员对著名专家的信任心理和名人效应心理，编辑和审稿人对稿件未能仔细分析或核实数据，文章即得到发表。其实该文有些实验根本没有做过，一些数据是伪造的。文章发表后麻省技术研究所癌研究中心博士后研究生 Margort O'Toole 提出质疑，经过美国有关机构长达5年的调查，作者于1991年5月在*Nature*上发表了检讨书。这一震惊世界科技界的事件，虽然是科学家违背了科学伦理道德，但作为审稿人和编辑失察，对导致这一事件的发生也有不可推卸的责任和教训。一般审稿偏倚发生的原因主要有以下几种。

1. 审稿的运行机制失控　科技期刊审稿质量控制是以严格的审稿制度为基础的。因此，必须严格执行国家对科技期刊审稿的规定，建立和完善审稿的运行机制，真正做到在审稿过程中各个阶段层层把关、互相制约。缺乏良好的审稿机制和制度制约，期刊审稿无章可循，稿件取舍个人说了算，甚至违反同行评议原则，编辑决策随意性大是造成审稿偏倚的重要因素之一。

2. 审稿专家专业不对口　现代科学的特点是学科高度分化，分科越来越细，而且不断产生和派生出新的学科。科学家同一学科，但有不同的专业或不同的研究方向，对一个学科的学术发展的熟悉程度差别较大，而对审稿内容的把握程度也存在较大差异。人们常说的隔行如隔山；有时一篇论文涉及多个专业，如临床医学、基础医学、统计学各个专科医学等。所以，对稿件评审的困难性和局限性是客观存在的，在这种情况下如果送审稿件不对口，而有的专家有时碍于情面，对接收到与自己专业不太对口或不太熟悉专业的稿件也坚持评审，这样容易发生审稿偏倚。

3. 职业伦理规范的依从性　不同职业有不同的职业伦理规范和职业道德，编审人员和专家也不例外。甘做人梯，无私奉献，善于发现人才，推出人才，认稿不认人，公正无私，一视同仁，是审稿专家和编审人员应遵守的职业道德，也是编辑道德和学术道德的具体体现。但是在实际工作中，当作者的研究成果送杂志发表，有的审稿人在遇有与自己专业相同、研究方向一致甚至对自己的研究具有挑战性时，如果不能正确把握学术道德准则，在审稿中就会带有苛求、挑刺、甚至压制，造成审稿道德与情感偏倚。

4. 编审人员态度失衡　审稿人的劳动既是创造性劳动，又是一种默默无闻的社会责任，应具有甘当幕后英雄的奉献精神，以对学术发展的高度责任感，对每一篇被审稿件认真负责，以科学的态度和科学精神对待每一篇稿件，是赋予审稿专家及编审人员的社会责任。但是由于审稿态度不端正，对被审稿件草率从事，不负责任的做法在审稿实践中也是屡见不鲜的，这也是造成审稿偏倚的原因之一。

5. 同行评审专家和编辑的业务素质　编辑在审稿过程中具主动控制的职能，而且承担着审稿全部过程的调控，因此，对编辑素质应有特殊要求，特别是编辑要对学术发展动态、某些学科的国内外的研究水平和进展、审稿人的专业特长和研究方向等应当有比较深入的了解，否则在送审过程中容易出现偏差，而审稿专家的专业学术水平也是影响稿件客观评价的重要因素。

6. 编审心理与情感因素　编辑和审稿人的心理因素和情绪变化直接影响被审稿件的准确把握和严谨性。另外，编辑对知名专家审稿意见过度依赖或依从，审稿人对名人稿的过度崇拜和过度信任心理，容易造成心理偏倚，因而影响对稿件评审的客观性及真实性，使所审稿件偏离真值。编审人对知名专家有崇拜心理，过度信任或过度依赖，使编审人在审稿时不敢提出不同意见。另外，对经常来往的熟人、老师、同学，审稿时降低要求等，是编审人员共有的编辑心理状态。这些因素均会影响审稿的公正性和准确度。而有的作者为迎合编者、读者心理，在写文章时总愿署上一位名人，认为这样做可以提高文章的分量，产生一定的"名人效应"。而编审人遇有这种情况时，往往也会产生"马太效应"，发生心理和情感失衡，而出现审稿偏倚现象。

第四节　医学期刊审稿偏倚的控制方法

审稿发生偏倚对科技期刊的质量影响是比较严重的，因此，应重视对审稿偏倚的控制，特别是应加强超前控制，并贯穿于审稿的全过程，把事后把关提到事先预防上来。审稿偏倚可发生于审稿的各个环节，其影响因素较多，因此，必须根据偏倚产生的特点，采取具有针对性措施加以控制。

1.坚持同行评议制度控制　医学科技学术期刊论文稿件的同行评议原则，是国际上，特别是著名医学科技学术期刊严格遵守的准则，同行评议制度的执行，对保证医学科技学术期刊质量发挥着不可替代的作用。因此，医学期刊要严格遵循同行评议的原则，所有稿件首先经过同行专家评议程序，即使编辑部专职编辑人员具备相应医学专业学术水平，也应通过临床、科研一线的同一专业的专家学者评审，以保证其评审的客观性，尽可能减少审稿偏倚的发生。

2.完善和优化审稿队伍　审稿是决定文章取舍，保证科技期刊学术质量的关键环节。由于现代医学科学发展较快，仅亚学科就发展到近千个，不同学科的专家有不同的专业侧重点和研究方向，有时一篇论文涉及多个专业，如临床医学、基础医学、统计学、各个专科医学等。因此，要求审稿专家对每一篇论文都能准确无误的把握和评价显然是不现实的，应根据期刊的学科及内容不同，不断完善和优化审稿队伍，建立审稿专家库，是科技期刊的基本建设，也是保证审稿质量和避免审稿偏倚的基础。编辑可以根据论文的研究内容和所涉及的专业、审稿专家的专业特长和研究方向，准确地选择有关审稿专家，最大限度地控制选择偏倚。因此，扩大杂志的审稿专家队伍，做到学科结构合理十分必要。例如，美国医学会杂志就有4000名审稿者的详细数据库。中华医学杂志是我国重要的综合性医学核心期刊，本刊除有各学科著名学科带头人组成的编辑委员会外，还根据本刊综合性强、涉及学科多这一特点，建立了由1000余名多学科专家组成的审稿专家库。这些审稿专家都是由全国各大医院、学校、科研单位推荐而来，其学科带头人占90%，审稿专家库内除有每位审稿人的基本情况及承担审稿的专业范围外，还有从事的研究课题，承担国家重点课题项目，国内外发表论文情况、获科技成果奖等详细资料，编辑可根据稿件的具体内容，从审稿专家库中调出合适的审稿专家，做到送审准确无误，最大限度地减少选择性偏倚。

3.交叉评审控制　为减少由于同一地区或单位的审稿者偏见、情感和心理可能造成的审稿偏倚，充分体现公正性，对送审稿采取异地和不同单位交叉送审，如北京地区的来稿可送上海等地区审稿人评审，上海地区的来稿送北京等地区审稿人评审，以减少由于同一地区或同一医学科研院校评审者学术、情感和偏见等原因造成的审稿偏倚。

4.专业立体交叉评审控制　在编辑实践中，经常处理涉及多学科或专业的研究论文，有时一篇论文稿件所研究内容涉及多个不同领域或交叉学科，如何从不同的专业视角予以审视和评价，尽可能避免因审稿人专业的局限性带来审稿偏倚，这就要求编辑了解稿件研究的类型和涉及的专业，了解审稿专家的专业特长和研究方向，准确地选择审稿专家，实施合理的专业审稿设计，如遇多中心临床研究类型的稿件，除送临床专科审稿人外，还要送基础医学及统计学、临床流行病学专家，甚至临床药理学专家审评；涉及临床和基础交叉的稿件，除送临床专科专家外，还应送基础医学专家审评，从不同的学科视角进行立体交叉评审，特别应重视临床科研设计和统计学方法合理性的评审，严格控制审稿偏倚的发生，以保证所报道研究结果的可靠性。

5.实施盲法评审控制　所谓盲法审稿，即审稿者不知道被审稿件的作者姓名、单位等，投稿者（作者）也不知道审稿人名字；审稿人与审稿人之间也不知道各自的审稿意见。盲法审稿可减少对名人稿、熟人稿可能发生的误差或偏倚，体现公正性和客观性，评审者可无拘束、无顾忌地完全按照自己的客观判断来行使对稿件的判断和裁决权，打消审稿人的顾虑，减少审稿人心理误差。

6.分级审稿逐层把关控制　健全医学期刊的审稿机制，是控制审稿质量的保证，中华系列杂志制定了严格的"三审五定"的编辑制度："三审"即编辑初审、外审（两名或两名以上同行专家评审）、专业编审组或编委会终审。"五定"即供稿编辑、责任编辑、编辑部主任、社长、总编辑分级审定签字，各负其责，发挥不同编辑角色的职能作用，以尽可能防止和控制审稿偏倚的发生。

7.稿件评审标准化控制　科研论文稿件评价标准的一致性，在评审中稿件优劣的标准是客观的，为统一评价尺度，应具有可遵循的评价指标和标准，以避免因审稿人的情感、身份和职业而改变。应该说，其客观标准只有一个，那就是从创造性、科学性、实用性、真实性、可靠性上评价文章的质量。不同的医学期刊或不同的栏目对稿件的要求和标准各异，审稿意见是否符合期刊的要求，除审稿人自身的因素外，编辑部向审稿人提出的要求是否合理、全面、简明也是一个重要因素。所以，要准确把握医学期刊对不同类型稿件的要求和标准，就必须让审稿专家熟悉期刊对不同类型稿件的评价或录用标准、审稿通则或要求，使不同类型稿件评审差异化和标准化。既要有定性审稿的形式，还应配有量化标准，以减少或避免各种偏倚因素的发生。

8.网络远程稿件处理系统流程控制　医学期刊网上远程稿件编审系统，为医学期刊的评审流程控制提供了现代化手段。在线稿件远程处理系统是通过以权限管理为基础的编辑、作者和审稿专家多向交流的网络平台，可实现稿件编辑管理流程的自动化与信息化管理。

（1）编辑部主任监控管理：由于在线稿件远程处理系统是编辑部现代化网上处理平台，它可以将论文稿件的处理过程自动实施全景式的分类记录，而且是作者、编者和同行评审专家共享及参与的平台，有作者注册投稿、编辑初审、送同行专家评审、编审组集体审定、作者退修、审稿意见反馈、作者校样审校、编辑排版校对等系列流程。因此，这为编辑部主任和总编辑/主编实施流程管理提供了便利条件。所以，编辑部主任应掌握医学期刊在线编辑出版流程的关键环节，实施有效的监测管理控制，以保证系统流程的有效性。

（2）总编辑/主编网上学术管理与质量控制：总编辑/主编作为医学期刊学术的掌门人，在线稿件远程处理系统为总编辑/主编学术质量控制提供了有效的平台和路径。

在线稿件远程处理系统的论文稿件编辑出版、编辑决策评价流程系统、编者办公系统的主编工作区等，为医学期刊总编辑/主编的学术管理控制提供了便捷的平台。总编辑/主编可通过授予的权限实现对论文稿件实施学术评价和编审决策职能，把控、驾驭学术内容、学术质量和学术导向，可有效提高编审决策效率和编审决策质量。同时，总编辑/主编在网上在线远程稿件处理平台工作区下，对所有在线平台处理稿件中可以显示编辑部当前所有论文稿件的状态，可直观地观察到论文稿件所处阶段，如待初审、待外审、审回、编审组待审定、录用情况、退稿、退修、待发录用通知、责编处理、待发排、拟发排期数等一系列编辑决策流程和编辑出版流程，可适时进行学术质量管理控制。同时，总编辑/主编工作区还可对论文稿件初审、同行评议、稿件退修、评审意见、退修意见等实施总体监测评价，随时对医学期刊学术质量和编辑出版质量实施有效控制。从系统编辑流程的角度，将医学期刊的质量控制划分为前馈控制、同期控制和反馈控制等不同编辑流程环节与阶段的质量分析及控制。总编辑/主编还可以通过在线平台工作区实现对医学期刊学术质量的前馈控制和同期控制，实现学术质量的扁平化管理，及时分析论文稿件的来源、稿源状况、质量状况、稿源分布、稿件积压状况等，根据具体情况实施必要的干预和调度。同时，还可以了解编辑、责任编辑、同行评审专家、本刊编委的评审效率、时效和处理稿件的质量与能力，客观评价编委、同行审稿专家的工作态度，为激励和优化编审人才队伍提供依据，实现全方位的质量控制角色职能。

（3）编辑决策流程时效与质量控制：医学期刊科学合理的编辑决策流程设计和高效的流程运行，是科研论文评价与编辑决策质量及时效控制的重要手段，而通过在线稿件远程处理平台，可实现医学编辑决策流程的自动化和智能化，实现作者、评审者、编辑、编辑部主任、总编辑/主编之间的实时信息传递、信息交流和信息反馈，这提高了编辑决策和编辑出版的质量与工作效率。但其流程运行效率和质量，是受到编辑主体的编辑和评审者的能动性所控制的，因此，要发挥在线平台的作用，编辑部主任和总编辑/主编的角色意识和责任意识很重要，要勤于和善于对编辑出版及编辑决策流程环节实施有效监测管理，适时进行必要的运行提醒或管理干预，以促进流程高效和高质量运行。编辑部主任或总编辑/主编可通过其管理权限和工作区及时有效干预及管理初审、同行专家评审、退修、责编处理等编辑流程环节，以避免某环节的主观和客观原因所造成的运行延误，确保编辑出版和编辑决策流程的优化与高效。编辑部主任或总编辑/主编及时跟进编辑流程，了解和监测论文稿件的最新状态和处理情况，从而实施对编辑审稿流程的控制管理，以达到相互制约和促进的目的。例如，编辑部主任和总编辑/主编通过检查所有在线处理稿件显示项目中的稿件标题、处理状态、投稿日期等二级显示项目了解稿件审稿流程，根据论文稿件所处状态和投稿日期判断稿件是否得到及时的处理，因稿件处理系统设有强大的提醒功能，对未在限定时间内完成编辑审稿任务的稿件自动显示提醒或催审警示，编辑管理者还可发送催审信，避免编辑、审稿者的疏漏。此外，按照医学期刊稿件处理周期要求，编辑部主任和总编辑/主编可通过其工作区对所有在线处理稿件的各个环节实施观测掌握稿件处理情况，以利于实施编辑决策流程和编辑出版流程的质量和效率控制，防范偏倚因素的发生。

第13章

医学编辑创意的产生与创意方法

医学编辑创意是编辑策划的前提和基础，任何编辑策划或选题组稿策划都首先是具有编辑创意，这是编辑策划中的重要环节，也是不可缺少的首要环节。可以说，如果没有以编辑创意为前提的编辑策划项目也就没有成功的编辑策划，最初的创意体现了编辑策划者的创新、素质、理想和创新思维能力，所以，编辑创意是编辑策划的灵魂和精髓。

第一节　医学编辑创意的概念

编辑创意是创造意识或创新意识的简称。编辑创意是一种通过编辑创新思维和创新意识，从而进一步挖掘和激活期刊资源组合方式，进而提升期刊资源价值的方法；编辑创意是对传统和常规编辑模式的叛逆与挑战，是冲破编辑常规的哲学思考，是医学编辑和期刊破旧立新的编辑创造和创新的过程与循环，也是编辑创新思维的碰撞和编辑智慧的对接，它是编辑具有新颖性和创造性的思维火花，编辑创意是不同于寻常的解决方法。

创，即为创新、创造、开创、创立、创制；意，即为意识、观念、智慧、点子、思维、思想。创意是人类最大的财富，是人类大脑开启意识的金钥匙；创意起源于人类的创造力、技能、才华和智慧，创意来源于社会又指导着社会发展。人类是创意、创新、创造、开拓的产物。原始社会类人猿首先想到了造石器，然后才动手动脚把石器造出来，而石器一旦造出来类人猿就变成了人。人类是在创意、创新和创造中诞生的，当然也要在创意、创新和开拓中发展。

医学编辑创意或编辑策划创意，是编辑创新思维、编辑创新思想和编辑开拓发展的体现，编辑创意是一种灵感，虽具有偶然性或突发性，但也存在着必然性，即编辑创意灵感来源于深厚的编辑功底和多年积累的编辑工作经验；编辑创意是编辑策划的首要环节，没有编辑创意，也就没有编辑策划，创意是策划的开始。

编辑创意的定义：编者在面对期刊发展的重大问题中，在深思熟虑和苦思冥想中，突然迸发出的编辑灵感，提出解决问题的点子、策略或促进发展的路径，这种编辑灵感称为编辑策划创意。

编辑创意和编辑策划是两种不同的概念，编辑创意只是提出了解决期刊发展问题的点子或策略路径，但要具体实施并达到实现编辑创意的内涵目的，就要实施编辑策划，精心、周密设计编辑策划方案，确定通过编辑策划方案的实施应达到的目标。编辑创意和编辑策划可以是同一人，即自己提出编辑创意，自己实施编辑策划；也可以是两人，即编辑创新者只提出创意，实施编辑策划也可以是其他人。如果编辑创意和编辑策划非同一人，那么，编辑策划者要深入了解编辑创意的深远意图和意义，以便正确把握编辑策划要实现的目标，避免违背编辑创意的初衷。

第二节　医学编辑创意灵感的产生

编辑创意作为一种编辑灵感，既神奇，又具有生命力，同时又富有创造性、创新性、思想性，并具有偶然性和突发性的特点。其实，编辑创意的灵感主要来源于以下几方面。

1.编辑创意来源于编辑实践　编辑创意灵感是一种积累和沉淀，植根于编辑实践之中，任何心血来潮和空穴来风的创意都是没有生命力的创意，脱离编辑实践的根基很难产生编辑灵感和迸发出编辑创意。因此，作为科技学术期刊的编者，要善于实践和勤于实践，潜心研究期刊编辑业务，勇于发现期刊发展的问题和制约期刊发展的瓶颈，为编辑创意的迸发提供来源基础。

2.编辑创意来源于执着　编辑创意灵感始于对编辑工作的热爱和浓厚兴趣，以及对期刊编辑事业的执着追求，同时对编辑工作富有强烈的责任感和编辑好奇心，这是产生编辑创意灵感的来源基础。一个对编辑业务毫无兴趣和责任意识及责任担当的编者，其头脑中是难以迸发出编辑创意的，只有在强烈的事业心和编辑好奇心的驱使下，编辑创意才会呼之欲出，源源不断。

3.编辑创意来源于积累　任何具有生命力的编辑创意都不是无中生有的，更不是天上掉馅饼，它需要长时间的知识、实践、思考、分析研究的积累。只有当编辑创意者达到一定程度的积累，其编辑创意灵感会意外迸发和产生。因此，善于学习，用于实践，钻研不止，勤于总结，不断思考，是编辑创意产生的源泉。

4.编辑创意来源于普通　编辑创意源于普通，这有如下两层含义。一是创意者并非要领导者、管理者或专业策划家，普通编辑工作者就是编辑创意的主力军。因为普通编辑工作者每天在期刊的编辑实践和编辑活动中，最熟悉期刊存在的问题和解决问题的办法，因此，其编辑创意更有针对性和实际意义。二是编辑创意要从小着眼，不要贪大求全，如从一篇学术导向文章题目或内容的选题创意、一个特色栏目的设计创意等，这种创意虽小，却是提高科技学术期刊质量和水平的重要创意点子。所以，从小处着眼，是做好编辑创意和编辑策划的基础。

5.编辑创意来源于初始化　对编辑创意活动而言，编辑创意者就是要使自己处于心灵的空白状态和初始化，要具有初学者的天真、胆大和敢想敢做的心态，创意者头脑中缺乏框框和模板，没有任何束缚，更容易在思考和意识上敢于冒险和突破，赢得编辑创意的主动权。

6.编辑创意源于幻想　编辑创意是一项很强的创造性思维活动，虽然创意的思考技巧比较多，但富于幻想，是编辑创意思维活动的特点。编辑创意者就是要克服习惯思维或惯性思维，冲破固有的思维定式，富于想象和幻想的翅膀，让创意者的智慧充分释放，促进编辑创意灵感的涌流。

7.编辑创意源于创新 编辑创意的灵魂和根本是创新，缺乏创新的编辑创意不能称其为创意，编辑创意者就是要想别人没想到的，做前人未做过的事，开拓创新是编辑创意和编辑策划的重要特征。

第三节 医学编辑创意者的基本素质

作为编辑创意者要具备一定素质，完善的知识结构和智能结构，应具有敏捷活跃的思路，严谨的逻辑思维意识和能力，善于观察，勤于思考，勇于提出问题和善于解决问题的编辑品质和素质。

1.更新观念，追逐潮流 其实，编者的职业特点就是策划人、思想者、未来预测者和学术谋划者，作为编辑创意者，要善于不断更新和接受新的编辑观念，不断追逐学术潮流，勇于引领潮流，指点江山，适应科学技术和学术飞速发展的形势，驾驭学术和学科发展趋势及最新进展，编辑创意者只有具备全新甚至超前的观念和对学术发展趋势的驾驭及把握，才能把握科技学术期刊发展的脉搏，不断迸发出编辑创意灵感。

2.思路清晰，观点独特 编辑创意是思想性极强的脑力劳动，也是创新性编辑思维的重要体现，因此，编辑创意者一定是思维活跃，思路清晰，逻辑性极强，观点尖锐、独特而鲜明，这是编辑创意者应具备的基本素质。

3.思想敏锐，感受力强 编者产出的产品是要引领和指导广大科技人员开展科学活动的精神产品，编者思想的敏锐性和感受力要高于其他科学工作者，才能策划和编辑出超前的学术产品（期刊）。因此，作为编辑创意者其思想敏锐性、学术洞察力和学术感受力要强，只有具备这种特质的编者，在编辑实践中比较容易产生有价值的编辑创意和具有影响力的编辑策划。

4.富于幻想，敢于冒险 具有丰富的幻想和想象力，同时，敢想敢做，敢于冒险和承担风险，脚踏实地，勇于实践，是编辑创意者应具备的精神。创意活动如果思想禁锢和僵化，思维局限，惧怕风险，就很难在编辑创意上有所突破。

5.好奇心强，善于发现问题 优秀的编辑创意者应具有很强的好奇心，这是创新型人才或创意者所具有的特征之一。具备好奇心，对所有事情都心存为什么，追根溯源，刨根问底，才能善于提出问题，而提出问题就已经达到解决问题的一半。

6.毅力坚韧，执着追求 坚忍不拔的毅力，对期刊编辑事业勇于奉献和执着追求的敬业精神，这是做好编辑创意的基础。不思进取，对事业无所追求，缺乏敬业精神和毅力，是很难有编辑创意灵感的，即使有，也很难实现其价值。

第四节 医学编辑创意的程序

编辑创意或创意灵感非心血来潮，无中生有，也非偶然，而是创意者对编辑工作有计划、有预测、有设计、有方向、有目标的深入思考、深思熟虑的思维和意识行为，创意灵感的产生也是需要前提的。因此，编辑创意也遵循着其固有的程序，无论是何种创意活动，都应该遵循提出问题、发现问题、研究问题、查阅文献、收集和获取相关信息、分析他刊成功经验和案例等一般准备工作。

1. 编辑创意的孕育期　这是编辑创意的酝酿阶段或准备阶段，此时编辑创意者不仅获取和掌握了大量信息，而且对相关信息具有深入研究和了解，创意者已经开始深入思考。这一时期或阶段，编辑创意者的主要任务是分析文献和转化信息，触类旁通，在编辑创意者头脑中实施象征性尝试，并对概念和思考进行重新组合。在这一阶段思考不受理性、意识和逻辑思维等可能阻碍编辑创意思考因素的限制，创意者长时间思考、集中精力酝酿、假设、否定、幻想等潜意识活动为创意灵感的诞生创造着孕育条件。

2. 编辑创意的产生期　这一阶段编辑创意的灵感有时瞬间产生和降临，创意灵感的来临，对于创意者有时犹如戏剧性，在无意中或睡眠醒来灵机一动，创意的灵感悠然而发，类似十月怀胎，一朝分娩之势，经过创意的潜伏期或孕育阶段，编辑创造性的新观念、新观点或创意的点子突然迸发，呈现出柳暗花明又一村的感觉。

3. 编辑创意的验证期　经过前两个时期或阶段，创意者对创意一般要思考验证一下创意的可行性和实际效果。所以，创意者验证阶段是对已有经验教训的总结，并对创意点子在头脑中实施模拟验证，衡量利弊，对比分析，斟酌和思考其前景和预期效果，思考成熟后将其创意提交受意者或同道，征询意见，进步验证其价值和可行性。同时，这过程也为以后创意提供参考依据。

第五节　医学编辑创意的基本原理

编辑创意是一个复杂的编辑心理和思维活动过程，它是编辑创意灵感产生的必要条件和表现形式，这种复杂而又高级的心理和思维活动来源于编者的编辑实践感知，这是基本的编辑创意原理。脱离了期刊编辑实践，也就很难产生具有创新性的编辑心理活动过程和思维活动。其编辑创意心理和思维活动具有以下几种类型。

1. 编辑创意的表象型原理　编辑创意的表象其实是编辑心理现象或思维过程。它是客观对象不在主体面前呈现时，编辑创意者在观念中所保持的客观对象的形象和客体形象在观念中呈现的过程。表象不仅是编辑创意者的映像，而且是一种操作，即心理操作可以以表象的形式进行，也就是形象思维活动。因此，编辑创意者表象的心理操作、形象思维与概念思维可处于不同的相互作用中。在心理学中，编辑创意表象是指过去感知过的事物形象在编者头脑中再现的过程。

编辑创意表象又可分为记忆表象和想象表象。记忆表象是指编辑创意者感知过的事物不在面前而在脑海中再现出的形象；想象表象是指编辑创意者由记忆表象加工和改造成的新的没有直接感知的事物的新形象。众所周知，想象本身就是一种创新，也是对编辑创意者表象的重新分解和重组，它源于编辑实践又高于编辑实践，因此说，表象是编者创新的思维过程。

2. 编辑创意的意象型原理　编辑创意的意象也是编者的心理智能活动，编辑创意除了充分挖掘感性意识外，也要发挥理性意识，即编辑意象。编辑表象是感性认识的产物，它是浮现在脑海中的一种朴素的、表面的、外化的感性形象。而编辑意象则带有理智的成分，它渗透了编者主观情绪、意向、心意和情意的感性形象。

3. 编辑创意的联想型原理　联想是编辑创新性思维的重要思维形式之一。编辑创意要脱离传统和现实的制约，从实践、现实和未来而引发新的联想。编辑创意联想是指编者的期刊实践和客观事物之间的不同联系，在编者大脑中形成的心理构想现象，它是从一种事物的体验而联想到不相关的另一事物的思维和心理过程，敢于联想、善于联想、勤于联想，是编辑创意灵感产生的重要心理和思维形式。

4. 编辑创意的抽象型原理　在编辑创意活动中采用抽象型的思维和表现方法，也是编辑创意活动中值得运用的方法。编辑创意抽象是通过分析与综合的途径，运用概念在编者头脑中再现对象的非本质和本质的方法，它可分为非本质抽象和本质的抽象，通过分析形成非本质抽象，再综合分析形成本质抽象，也称具体的抽象。编者创意抽象是从众多的期刊和编辑事物中抽取出带有共性和本质性的特征，而舍弃其非本质的特征。例如，科技学术期刊、科学普及期刊、科技图书等，具有共同特性的事物，这一认识过程就是抽象的过程。抽象的前提是要比较，缺乏比较就无法找到在本质上存在的共同点或共同特征。而共同特征是指那些能把某类事物与其他类事物区分开来的特征，这些带有区分特点的特征就是本质特征。所以，编辑创意者找出期刊的共同特征，也就悟出了期刊的本质特征。因此，编辑创意者抽象的过程也是去粗取精的过程。

5. 编辑创意的意境型原理　编者意境，顾名思义，是指一种能令编辑创意者感受领悟和意味无穷，但又仅能心意不能言传的感觉。但无论编辑创意的形式如何，一般都离不开编辑创意者的主题编辑思想，也就是编辑创意的意境。实际上，编辑创意的意境也称境界，它是编者头脑中情景交融，并具有浓厚情感和具体形象的带有艺术境界场景的思维构象。这种编者意境，一定是编者对其编辑事业达到如醉如痴的程度和执着追求的境界，编辑创意者才可能自然进入创意灵感迸发的程度，因此，热爱编辑事业，研究期刊编辑业务，追求卓越，是编辑创意灵感产生的基础。

6. 编辑创意的形象型原理　从心理学的角度来看，形象就是人们通过视觉、听觉、触觉、味觉等各种感觉器官在大脑中形成的关于某种事物的整体印象，简单说就是知觉，即各种感觉的再现。有一点认识非常重要：形象不是事物本身，而是人们对事物的感知，不同的人对同一事物的感知不会完全相同，因而其正确性受到人的意识和认知过程的影响。由于意识具有主观能动性，因此，客观事物在人们头脑中形成的不同形象会对人的行为产生不同的影响。所以，编辑创意者只有扎根期刊编辑实践，深入临床、科研、教学第一线，全面了解广大科技人员的实际需要和国家科研重点，才能产生和迸发编辑策划灵感，创新性提出编辑策划的好点子。

第六节　医学编辑创意的基本技巧

在编辑实践中，多学习、多观察、多思考、多分析，善于提出问题和解决问题，是编辑创意的基本要素，也是期刊编辑不断和连续产生编辑创意的基础。

1.善于提出问题，研究解决问题　在期刊编辑活动中，编者头脑中要多提出问题，多问几个为什么。善于提出问题，就是编辑创意的灵感的萌芽状态；提出问题就要解决问题，研究解决问题的过程，就是编辑策划的萌芽状态或编辑策划过程。因此，善于提出问题，勇于研究解决问题，是编辑创意的基本技巧。

2.编辑创意的延伸与扩展　在期刊编辑创意实践中，往往一项编辑创意成功，有时会发生派生性、延伸性、扩展性、关联性或连续性的编辑创意灵感的产生，也就是人们常说的"一发而不可收"。也就是编辑创意者当完成一项创意时，会引发或激发出新的创意线索和灵感，当然也会产生对已完成创意的连续性创意，这种连续性创意会不断完善初始创意，使编辑创意和编辑策划活动不断向纵深发展。这种编辑创意的派生性、延伸性、扩展性、关联性和连续性的效应、效果或技巧的产生，首先基于编辑创意者对编辑事业的执着追求和不断思考，编辑创意者真正把握和驾驭了编辑创意的主动权。

3.瞄准切入点，寻求路径　编辑创意单纯靠苦思冥想不行，还要注意创意思维的科学性，对一个问题的提出和解决，其创意的出路就是要找准切入点，寻求合适的切入路径，这是编辑创意成败的关键。

4.突破思维定式，更新创意观念　编辑创意是一项创新性的思维活动和行为，要获得意想不到的创意灵感和创意效果，编辑创意者首先要战胜自己。战胜自己就是要勇于突破自己的思维定式和固有编辑思维模式，善于更新编辑观念，否则很难在编辑创意上有所突破。

5.触类旁通，移植再造　编辑创意者在其创意思路处于困境或难以走出重围时，不妨跳出思维怪圈，跳出专业和学科领域，回顾一下其他学科、专业和成功案例，甚至可以采用移植再造创新的方法，将其触类旁通，以期达到"柳暗花明"的效果。当然，这需要编辑创意者具有广博的多学科知识和应用能力。但触类旁通，移植创新，是研究和解决各类问题的有效方法，也是编辑创意的有效技巧。

第七节　医学编辑创意的方法

编辑创意尽管是一种编辑心理思维意识活动，但它受到编辑实践和创意者知识结构的影响甚大，也就是说，任何编辑创意思维活动都不是凭空产生的，而是受到编辑活动需要的支配，同时，其创意意识活动和成功的编辑创意，也一定具有创意方法学的支撑与合理运用。比较常用的编辑创意的方法有以下几种。

1.编辑境界创意方法　这种创意方法既有对编辑实践的深邃思考和对编辑目标的情景再现，同时又具有编辑创意者对其编辑事业的高标准境界的憧憬与追求。国学大师王国维在代表作《人间词话》中，曾提出的"古今之成大事业大学问者，必然经过三种境界"，他用三段绝美的宋词极其形象地总结和概述了创意思维求索和解决方案的过程，即"三境法"创意过程。

第一境界："昨夜西风凋碧树，独上高楼，望尽天涯路。"这是对编辑目标、编辑对象和编辑环境的审视，是对编辑任务高标准、站在国内外学科发展的高度，多角度、全方位观察、思考、搜集、整理和分析学术信息资源的过程；正所谓站得高，看得远，能够看到和把握学科和学术发展的方向与趋势。

第二境界："衣带渐宽终不悔，为伊消得人憔悴。"这是编者或创意者根据实践经验、目标和标准、规律等参照期刊编辑系统对以往编辑实践经过分解列举各个关联要点进行筛选和判断，并不断地去伪存真，去粗取精的艰辛编辑创意思维活动过程。

第三境界："蓦然回首，那人却在，灯火阑珊处。"这是编辑创意经过不断地思考、探索、类比、比较、求证的创意思维过程，看到编辑创意的思维曙光，终于迎来顿悟开朗的创意萌发和创新点子的诞生与落地时刻。

这种"三境界"创意方法，不仅被广泛地运用于诸多领域和社会实践中，而且也可运用到医学编辑活动的创意实践中，因为无论任何主体或客体，人们思维创意活动的过程都具有相似性和共性的特点。因此，编辑要善于运用这些创意方法，打开编辑创意的钥匙。

2.编辑创意的"五W二H"方法　这种编辑创意方法，正所谓"五W二H"方法，是分别从七个方面去思考创意对象和目标实施设问。它既是角度，也是对创意目标的分解，更是对编辑创意对象的思考程序。在其分解步骤和分解内容中，要分解的这七个方面的英文单词的第一个字母正好是五个W和两个H，因此，被称为"五W二H"创意方法。这分解的七个方面如下所示。Why：为什么需要创新和创意？What：什么是创新和创意的对象？即创新和创意的内容及应达成的目标。Where：从什么地方着手？Who：什么人来承担这项任务？When：什么时候完成创意任务？How：怎样实施创意点子？即用什么样的方法实施。How much：要达到怎样的水平？需要何种资源和成本。

这种编辑创意方法能够帮助创意者的思维路径实现条理化，可有效理顺和调整思维路径，使编者围绕创意目标，理清思维和思考步骤，以避免思维的盲目性、混乱性、无序性、随意性，这会使编辑创意更合乎实际和理性。

3.编辑创意的"行停法"方法　这也是一种设问类型和启发式的编辑创意方法。行停法（gonging-stopping method）是美国创造学家阿里克斯·奥斯本（A. F. Osbern）总结整理出的一种设问类型的创新或创意技法。它通过go（行）实施发散思维首先提出创造性设想和stop（停）运用聚敛思维对编辑创意或创造性设想进行冷静分析与思考，并注重程序化思考，以利逐步接近所需创意和解决的问题。其基本思考步骤如下所示。go（行），创意者思考列举与所需要解决的问题相关联的要点因素；stop（停），对所思考创意的编辑事项实施详细的分析和比较；go（行），对所要创意和解决问题有哪些可能用得上的信息与资源；stop（停），如何方便地得到这些文献和信息资源；go（行），要提出编辑创意和解决问题的所有关键点；stop（停），科学判断和确认最好的解决切入路径；go（行），尽量找出验证试验的方法；stop（停），选择最佳的试验和验证方法，并循环往复，直至编辑创意思维和创新达到预期目标，并获得成功答案或创意点子，最终形成完整的编辑策划方案。

4.编辑创意的"六顶思维帽法"方法　这种六顶思维帽法（lateral thinking）创意方法，是英国剑桥大学的心理学医学博士爱德华·德·波诺（Edward de Bono）在20世纪80年代发明的平行思维法。它是针对具体事情,在编辑创意思维的某个小环节和同一时刻,在创意者思考时,将情感、信息、逻辑、希望、创造力等都要参与到思考之中,编辑创意者要同时控制这些思维要素。这种编辑创意方法主张,在创意思维活动中,要把情感和逻辑分开,创造力与信息分开,以此类推。这种编辑创意方法形象地把各个概念比作不同颜色的思考帽,戴上一顶帽子代表使用一种思维方式。其基本创意思考步骤如下所示。白帽:纯白,属于纯粹的事实、数字、文献和信息等。红帽:刺目的红,属于创意者情绪和感觉,包括预感和直觉。黑帽:漆黑,属于错误倡导者,是否定判断,代表负面因素。黄帽:阳光的,属于明亮和乐观主义,肯定和建设性的,具有一定机会。绿帽:象征丰收,属于创造性的,种子萌动发芽成长,意动和激发。蓝帽:冷静和控制,属于管弦乐队的指挥,对创意思维实施思维控制。

这种编辑创意思维形式是戴上不同颜色的帽子,并分别从不同的倾向角度去面对思考的问题,最后所得出的结论会有所不同,通过综合这些思维结果所得出的结论往往是最好的编辑决策方案。

5.编辑创意的头脑风暴方法　头脑风暴法(brain-storming)是人们比较熟悉而且应用广泛的创意方法,它在医学期刊编辑创意活动中也具有普遍应用意义。头脑风暴法也是由阿里克斯·奥斯本(A. F. Osbern)于20世纪30年代提出的思维方法,它主要是激发人的大脑思维产生创造性设想的一种集体讨论方法,又称BS法。奥斯本把这种方法的有效性归因于四个方面:其一是思想的产生有赖于联想,联想能力在一定程度上依赖于不同思想的相互启发和诱导;其二是一般人在小组讨论中比单独思考更能发挥其想象力;其三是智力活动在竞争情况下,会产生思想的能力增强50%,尤其以产生灵感的能力增强最为突出;其四是在小组中个人设想往往会立刻得到他人的鼓励、引申和发展,从而增加激发和启发创意者提出更好设想的机会。

编辑创意头脑风暴方法的具体思考路径:编辑创意者围绕某个编辑目标或明确的学术主题,组织由10名左右专家参与的咨询会或讨论会。会议主持人的言辞要妙趣横生,创造轻松和谐的场面,善于引导、激励与会成员积极思考的气氛。为使会议气氛轻松热烈,对与会专家或编者约定四条原则:第一,不允许批评他人提出的任何意见和设想;第二,要提倡无约束地自由思考和倾吐想法;第三,要鼓励尽量提出新奇设想和思路;第四,要结合他人的见解提出新设想。其主要步骤包括准备、热身、明确主题、自由畅谈、加工设想等五个步骤。然后先把设想归为明显可行的、荒谬的和介于两者之间的三类,再经评价筛选出最佳编辑创意方案。

第14章

医学期刊编辑策划方法与原则

在医学期刊编辑出版实践中，编辑策划是体现编辑创新意识和创新能力的具体表现，也是展现编辑思想的重要形式，同时也是提高医学科技期刊编辑质量和经营效果的重要手段之一。尤其是综合性医学科技期刊，面对的是多学科，各专业学科稿件都有，没有一个独具匠心的总体设计思想和总体设计方案及有效的编辑策划，来什么稿编什么稿，编出的刊物只能是一本"论文汇编"。这种编辑模式必然存在盲目性，编辑出来的期刊内容缺乏针对性和学术导向性及学科特点，对临床和科研及学科建设缺乏指导性。

第一节　医学期刊编辑策划的概念

对于医学科技学术期刊，仅仅有了总体设计是不够的，要具体落实总体设计方案，实现编者的总体设计思想和设计目标，其关键是要做好编辑策划，实施具体的编辑策略。简单地说，编辑要有思想性、创新性、目的性、计划性、组织性、超前性和学术敏感性及编辑快速反应能力。编辑要具备"策划师和导演"的素质与能力，要善于调动、开发、培训和组织专家，挖掘与整合专家闪光的学术思想和智慧，通过医学科技学术期刊让更多的同行了解、放大和辐射，发挥更大的学术效益。来什么稿编发什么稿，简单地把稿件堆砌起来，是单纯的文字匠，必然缺乏目的性，也就很难有指导性。当然，有效的编辑策划要建立在编者对学科发展趋势、本领域存在的问题和对专家研究方向有较深了解的基础上。特别是选题策划，要有创新性的编辑构思和组织计划及对专业发展趋势的驾驭能力。

一、编辑策划的定义

医学期刊编辑策划的定义：在编辑实践中，根据期刊的办刊方针、办刊宗旨、总体设计思想和总体设计框架，针对相关学科领域临床和科研中的热点、难点及存在的问题，依据本学科发展的需要，对期刊的编辑活动进行超前谋划，实施阶段性或单位时间内的编辑构思，预先设计编辑选题、编辑框架、操作程序、实施计划和策略，这一编辑方案的制订和实施的过程，称为编辑策划。为实现特定的编辑目标或实现办刊目的，编者创新性地提出新颖和具有开拓性的思路创意，在大量信息和文献分析的基础上，从而制订出具体的编辑策划方案的创新编辑思维和编辑创意的实施过程。实施编辑策划有利于实现和落实办刊方针和期刊的总体设计，避免编辑的盲目性，体现编辑的思想性和学术导向性，提高医学期刊的编辑和经营的计划性，以达到预期效果。

二、编辑策划发展简史

医学期刊编辑策划的提出是近些年的事，尚未形成理论框架和完整的理论与实践体系。编辑策划首先出现和应用于新闻报纸编辑，也有大量具有影响深远的新闻编辑策划成功案例。期刊编辑策划，特别是医学期刊的编辑策划一词的运用则更晚，而且更缺乏完整的系统理论与实践经验。但仅就"策划"而言，在我国已有2000年的历史。在古代，策划最早来源和应用于军事领域，是一种军事谋略的行为过程。人们把策划习惯称为"出谋划策"；当今策划又称"科技咨询"。策划实际上具有计划、方案、谋略、筹划、计策、对策的含义。策划以其创意、信息、文献资料、谋略、点子、目标等要素为核心。策划既是科学又是艺术，同时也是技术和文化。

在我国古代的策划，实际上是一种智谋或出谋划策，策划一般仅限于政治、军事和外交之中，如《尚书》《史记》《汉书》《资治通鉴》《二十四史》等，对策划人和策划案例及策划思想都有记载，《孙子兵法》中的"妙算"，也是讲的计谋；《汉书•商帝亿》中记载的"运筹帷幄之中，决胜于千里之外"，都记录了策划的含义。1998年出版的《兰德咨询》一书中，称邓小平为"国策的总策划人"。应该说"策划"在人类社会生活中被普遍运用，而且是自觉与不自觉地在运用着策划技术和方法，因此，策划在人们生活与工作中自然存在着。近些年来，策划在影视界和企业界被广泛运用，而且也取得了大量成功案例，使人们品尝到了策划带来的甜头和效益，目前，策划具有向专业化发展的趋势。

三、编辑策划的属性

1. 编辑策划的目标性　编辑策划的行为目的就是要达到高层次的办刊目标，实现预期的编辑构想，即良好的社会效益和经济效益。因此，编辑策划要围绕着本刊的办刊方针、期刊任务和期刊的整体战略规划实施，充分体现期刊的总体办刊目标。

2. 编辑策划的创新性　概念创新和理念创新是编辑策划的本质特征，没有创新的编辑策划是没有生命力的策划，也就不可能达到预期的编辑目标。编辑策划追求创新是策划与常规计划的根本区别，编辑策划创新非常强调通过资源整合进行创新，这与临床科研创新必须通过实验发现创新是有区别的，通过资源整合创新是编辑策划的精髓，因此，创新是编辑策划的根本。

3. 编辑策划的目的性　就策划而言，其本身具有极强的目的性，策划的目的就是要达到谋划者的行为目的；科技学术期刊编辑策划也是如此。编辑策划不管是期刊品牌策划、学术报道重点策划，还是编辑选题策划，都隐含着编辑策划者的战略目的和预计实现的策划目标。因此，在编辑策划创意之初，编辑策划者就预谋好明确目的，要达到的预期目标，严格禁忌编辑策划的盲目性。

4. 编辑策划的可操作性　任何编辑策划缺乏可行性和可操作性那必然是纸上谈兵，最终造成编辑策划失败。因此，编辑策划者要周密思考、精心谋划、科学设计，反复掂量和斟酌初始创意，对其创意的实施条件和基础，策划方案的可行性、必要性、可操作性等实施全面分析，避免盲目决策造成策划失误。

第二节　医学期刊编辑策划基本原理

编辑策划最基本原理就是别出心裁，出奇制胜与创新。同时，编辑策划是在期刊办刊方针、办刊宗旨、期刊总体设计思想的指导下实施的编辑谋划，因此，编辑策划要坚持正确的办刊方针和宗旨，围绕办刊的总目标实施编辑策划，以避免编辑策划偏离办刊方向和期刊运行轨迹。

1.创新求变原理　创新与奇特、求变是编辑策划的灵魂和特点，编辑策划就是要与众不同，求新求变，突破常规，冲破常规思维和习惯思维，从常规中寻求突破，追求标新立异，新奇独特，这是编辑策划的基本原理。编辑策划就意味着创新，缺乏创新的编辑策划或许只是一个编辑计划，没有创新的编辑策划是没有价值的策划。

2.读者满意原理　不同的学科期刊有不同的基本受众群体，编辑策划的目的是能让更多的读者受益和认可，满足读者的需要，让读者满意，这是编辑策划的基本出发点，因此，编辑策划的基本前提是要了解读者的需求，回答读者的问题，引起读者思考和共鸣，使编辑策划具有较强的针对性，这是为谁实施编辑策划的问题，也是编辑策划的原动力。

3.系统制胜原理　编辑策划者要站在本期刊整体系统中考虑和提出创意，要善于运用系统论思想分析问题，即使是局部或专题策划，也要用系统观点考量策划项目对期刊全局或期刊系统的影响。因此，编辑策划者要高瞻远瞩，深谋远虑，以系统论或系统思想为指导，把编辑策划项目放在整个编辑系统中加以分析，充分掌握策划项目对局部、对系统、对长远的影响，不仅要取得策划项目本身或局部的效果，还要实现局部对全局或期刊编辑系统的良好效果。

4.临床需要原理　作为医学期刊，首先考虑其策划内容和目的是否对临床具有指导意义，为临床和科研提供新理论、新技术和新知识，指导临床医务人员医疗和科研工作，最终让患者受益。因此，编辑策划的出发点应着眼于临床需要，推动医学科技进步，只有这样编辑策划才有意义，策划的成果才具有生命力，这也是衡量编辑策划成败的重要标准。

5.动态变化原理　编辑策划与其他事物一样，都是在变化中的，变是绝对的，不变是相对的，作为编辑策划者或策划方案的执行者，都要具有动态变化的意识，根据期刊的发展形势和实际情况，要善于随机应变，对变化了的形势和条件要具有快速反应能力，及时调整和修正编辑策划方案，以适应期刊发展的实际需要。

6.学术发展原理　科技学术期刊作为学术交流的平台，当以促进学术发展为基本功能。同时还要以发展的观念审视相关学科领域的学术发展，既要跟上和反映学术发展的进程，又要超前引领学术发展的趋势，促进和推动学术发展的方向。因此，编辑策划者要以学术发展为基本动力，在编辑创意和编辑策划时，要严格遵守学术发展的基本原理。当然，编辑策划也要立足于对学术热点和难点的跟踪及解读，一切有利于促进学术发展，开展学术争鸣，促进学术成熟，完善学术体系的范畴，也都是编辑策划应当涉猎的。因此，编辑策划者要以促进学术发展为主要动力。

7.突出学科特点原理　编辑策划者要结合本学科或本期刊特点与特色，把握学科优势和学科发展趋势，善于抓住学科发展中的难点、热点、焦点问题，回答学科发展中的急需破解的疑难问题。因此，编辑策划要突出学科特点原理，善于挖掘学科和学术及技术发展中的亮点，单刀直入，深挖细研，才能使编辑策划更有深度，取得意想不到的学术效果和策划效果。

8.学术导向原理　学术导向是科技学术期刊的重要功能之一，也是科技学术期刊的基本属性。学术期刊要善于发挥学术导向作用，引导学术潮流，促进学术发展。为此，编辑策划的重点和主要目的是要突出学术导向性，引导学术沿着健康的方向发展，纠正错误的认识和误区，弘扬学术主旋律，避免学术误导，不让伪科学或伪学术登堂入室，贻害患者。

9.居高俯视原理　是指编辑策划者在实施策划创意和制订编辑策划方案时，不仅要站得高，而且还要看得远，要善于超越时空限制和专业限制，把眼光放远些，跳出固有思维和习惯思维模式，要站在本学科领域和本期刊的金字塔尖的高度，用全新视角审视、预测和分析编辑策划项目的实际意义，而且策划项目起点要高、要新，要具有创新性，目标要高，水平要高，编辑策划者就是要站在学科发展的高度，实施高水平编辑策划，以利推动期刊和学科的发展，最大限度地达到编辑策划的目的。

10.连续追踪原理　无论是期刊、学科学术或科学研究都具有较强的周期性和阶段性，如基础研究阶段、临床研究阶段、临床远期观察阶段等，需要长期的基础和临床研究才能证明其临床实用价值或学术价值，期刊也是这样，其发展具有周期性和阶段性。因此，对于编辑策划也要具有连续性，根据研究进展，不断实施跟踪策划，以体现其学术研究的周期性和学术报道的连续性，不断引导学术向纵深发展，以展现和显示其发展的规律性，吸引学者跟踪阅读，避免心血来潮，虎头蛇尾，给读者造成遗憾。

11.策划超前原理　编辑策划的最大特点就是超前性和预测性，滞后性、模仿性或跟随性编辑策划是应当忌讳的，这种滞后或模仿性策划既缺乏创新，也没有意义，应避免随大流、事后模仿的编辑策划模式。因此，编辑策划要有超前意识，充分体现出编辑的分析和预测能力、编辑的组织能力，在其学术研究的萌发或孕育阶段，就出其不意地实施编辑超前策划，为其学术发展点火加油，施加推动力量。

12.策划整合原理　实施一项大的编辑策划往往就是一项系统工程，有时涉及各个方面。所以，要完成一项编辑策划任务，仅靠编辑一个人有时是难以完成的，必须整合社会资源，如信息资源、专家资源、学术资源、人力或资金资源、有形和无形资源，特别是要发挥编委会的作用，调动专家的积极性和创造性，使分散和无形的社会资源整合起来为我所用，使其发挥更大的作用。

13.策划的易行原理　编辑策划项目的简单易行、可操作性和可执行原理，是编辑策划者首先要考虑的，因为再好的编辑创新和编辑策划方案，其可操作性差，甚至不能顺利和有效实施，这样的策划是没有意义的。此外，编辑策划的可执行原则，也是策划者应当注意的原则，也就是说，实施一项编辑策划方案有时非一人能完成，需要团队合作，甚至多领域参与。因此，其策划要具有很强的可执行性和可操作性，容易被接受和实施，并能取得预期的编辑策划目标。

第三节　医学期刊编辑策划的原则

策划具有无穷的魅力，周密而创造性的策划给事业带来蓬勃发展的机会。当今，各行各业具有众多通过策划手段而获得成功的案例，策划是事业走向成功的重要手段，俗话说，只有想不到的事，没有做不到的事，这就是策划的魅力所在，策划者比常人高一筹的是，别人想不到的事，策划者想到了，别人办不到的事，通过策划办到了。但事物总是具有两重性，通过策划可以办大事，办成事，成就事业。当然，策划失误，也可以坏大事，使人一败涂地。编辑策划也是如此，策划成功，事半功倍，策划失败，也会给期刊发展带来负面影响或损失，所以，这就需要编辑策划者要掌握正确策划原则，最大限度地控制编辑策划偏倚或失误，确保编辑策划质量。

1.编辑策划的创新原则　创意就是点子，创，就意味着别具匠心，独出心裁，具有创新性，前所未有；创意就是解决问题办法，破解难题的钥匙，具有一个好的创意点子有可能挽救一家企业，救活一个期刊，人们常常将好的创意称作金点子，是事业成功的无价之宝。具有独到见解的创意或好点子，就是编辑策划的引爆点，比较好策划方案和成功的编辑策划首先是从编辑创意开始和起步，没有编辑创意，也就谈不上编辑策划，因此，编辑创意或编辑策划具有如下特点。

（1）突破常规，跳出框框：编辑创意者就是要打破习惯思维，富有极强的想象力，善于突破编辑常规，从传统编辑常规中寻找突破点，否则，编辑创意难以有所突破。

（2）跟踪模仿，立足创新：在编辑策划实践中借鉴和模仿其他期刊成功案例或经验是难免的，受到前人或其他期刊经验启发也是正常的，但是，作为编辑创意，贵在不原样照搬，而是在前人的基础上有所创新和与众不同，否则，很难称其为编辑创意。

（3）逆向突破，独辟蹊径：在编辑实践中，往往提出一个好的编辑创意或点子很不容易，编辑实践也证明，具有很高价值的编辑创意，一定是独辟蹊径，逆向突破。因此，编辑创意者要善于运用逆向思维，跳出学科、领域和专业限制，跳出条条框框，逆向思考，独辟蹊径，寻找灵感，这是迸发具有价值的编辑创意的路径之一。

2.临床与科研需要原则　医学期刊所报道的内容要对临床疾病预防、诊断与治疗具有指导和促进意义，为临床和科研提供新理论、新技术和新知识，适时指导医药卫生科技人员的临床和科研实践。因此，编辑策划的出发点应着眼于临床和科研的需要，解决和回答临床热点、难点和焦点问题，推动医学科技进步，只有这样编辑策划才有意义，策划的成果才具有生命力，这也是衡量编辑策划成败的标准。

3.信息独占原则　古语曰"运筹帷幄，决胜千里"，其实靠的就是大量而准确的信息。信息实施上就是情报，在实践活动中，无论是对重大事项的决策还是策划，都离不开对大量信息或情报的占有和分析，信息是也是编辑策划的原材料和基本内核，编辑创新或编辑策划也是在占有大量信息和文献分析基础上实施的。在实施编辑创新和编辑策划前，首先是对相关信息加以收集、整理、加工和分析。因此，信息的真实性和全面性是编辑决策成败的关键。在收集和整理信息时，应坚持以下原则：①全面收集相关原始信息；②甄别信息真伪，力求收集的信息真实可靠；③信息收集的系统性和连续性；④重在收集系统外原始信息；⑤信息整理准确、加工及时、适用。

4.出奇制胜原则　编辑策划要想获得成果，并取得较好的社会效益、学术效益和经济效益，编辑策划者就必须坚持出奇制胜的原则，编辑创意者或策划者就是要"异想天开"，敢于想象，善于设计，洞察科技发展趋势，把握学科、学术、社会发展和空间的时机，出奇制胜，超前谋划，适时策划。

5.目标优先原则　编辑策划的特点就是具有创新性、计划性、操作性、效益性和目标性。在编辑创意阶段，就首先考虑到编辑策划的目标，也就是编辑策划要达到什么效益，何种程度的效益。因此，编辑策划首先要目标优先，缺乏明确目的或目标的编辑策划是盲目的策划，很难达到编辑策划的实际意义。

6.周密设计与运筹原则　策划就意味着其中的复杂性，它涉及期刊内部系统和外部系统的各个方面，一项大的编辑策划就是一项系统工程。因此，编辑策划者要周密思考，系统分析，通盘考虑，周密运筹，权衡利弊，计算投入与产出比，分析风险，规避风向，精心设计补救措施、预案等，避免草率从事，导致编辑策划失败。

7.编辑资源集中整合原则　编辑策划就意味着竞争，要比同行或对手技高一筹，优先一步，这就要知己知彼，了解同类期刊或对手的情况，是编辑策划捷足先登和技高一筹的关键。此外，编辑策划和策划方案的实施，需要消耗人力和物力资源，要取得编辑策划的成功，就必须集中和有效整合各方面的资源，如人力、物力、资金、专家优势资源、学科专业优势资源、学术资源、社会资源等，集中力量实施编辑策划项目，以保证策划项目的成功。

8.编辑策划的随机权变原则　任何事物都不是一成不变的，编辑策划也是如此，也是动态变化的，经常会遇到各种影响因素或突发事件，甚至由于期刊发展的变化，原来的策划方案已经不适应实际变化的需要，这时要根据实际情况修改和调整编辑策划方案或者终止编辑策划，以避免不必要的损失。

9.策划的连续性原则　编辑策划具有很强的连续性，而且随着策划成果效益不断产生，编辑策划也要不断向纵深发展，甚至派生出其他编辑策划创意和策划项目。例如，国际著名科技期刊Nature策划实施的期刊"杰出导师奖""年度十大科学人物"评选，《福布斯杂志》策划的"三十岁以下医疗科技界领军人物"称号，《柳叶刀》编辑策划的"全球最佳论文"评选、"学科人物介绍"栏目和"科学家事迹介绍"，《美国医学会杂志》编辑策划的"全球心脏介入领域最重要研究"评奖项目，美国的《财富》(Fortune Magazine)1954年编辑策划推出的"全球500强排行榜""世界财富论坛"等，在世界上影响巨大，都让世界相关领域的专家学者刮目相看。其编辑策划项目连续和持续策划几十年，并形成了具有世界巨大影响的期刊编辑策划品牌项目，极大地扩大了期刊影响力，成功地培育了期刊品牌，成就了这些期刊世界品牌地位，蓄积了强大的期刊品牌资源和无形资产，也极大地推动了相关领域的发展，取得了举世瞩目的社会效益、经济效益和学术效益。

10.学科与学术发展原则　学术期刊是推动本学科学术发展的重要形式和手段。当然，编辑策划也要立足于对学术热点的关注，有利于促进学术发展，繁荣学术交流，开展学术争鸣，促进学术成熟，完善学术体系。

11.突出学科特色原则　对编辑策划的主题要具有学科优势和学科特色，善于抓住学科发展中的难点，回答学科发展中的疑难问题。因此，编辑策划者要善于挖掘学科和学术及技术发展中的亮点，单刀直入，深挖细研，才能使编辑策划更有深度，取得意想不到的学术效果。

12.读者满意原则　不同的学科期刊有不同的基本受众群体和读者定位，编辑策划的目的是能让更多的读者受益，满足读者的需要，这是编辑策划的基本出发点，因此，编辑策划的基本前提是要了解读者的需要，回答读者问题，引起读者共鸣，使编辑策划具有较强的针对性，单纯满足作者的编辑策划是没有生命力的策划。

13.学术导向原则　学术导向是医学期刊的重要任务，也是学术期刊的基本功能之一。医学期刊要善于发挥学术导向作用，引导学术潮流，促进学术发展，为此，编辑策划的重点和主要目的是突出学术导向，引导学术沿着健康的方向发展，纠正错误的认识和误区，弘扬学术主旋律，避免学术误导。

14.连续追踪原则　学术或技术研究具有较长的周期性和阶段性，如基础研究阶段、临床研究阶段、临床远期观察阶段等，需要长期的基础和临床研究才能证明其临床价值。因此，对于编辑策划要有连续性，根据研究进展，不断实施跟踪性编辑策划，以体现其学术研究的连续性，不断引导学术向纵深发展，显示其发展的规律性，吸引学者跟踪阅读，避免心血来潮，虎头蛇尾，给读者造成遗憾。

15.超前创意与及时策划原则　编辑策划的特点是超前性，其首要前提是编辑创意的超前性和编辑策划的及时性，也就是说，想到就要做到，应避免随大流、事后模仿的追随性编辑形式。因此，编辑策划要有创新意识，充分体现出编辑的分析和预测能力、编辑的组织能力和创意能力，在其学术研究的萌发或孕育阶段，就出其不意地实施超前编辑策划，为其学术发展点火加油，施加推动力量。

第四节　医学期刊编辑策划的类型

医学期刊的编辑策划视其策划范围和策划重点不同，一般可分为总体编辑策划和局部编辑策划，宏观编辑策划和微观编辑策划等。如果用系统论观点分析问题，也可将编辑策划过程视为系统工程，因此，又可将其分为系统编辑策划、分系统编辑策划、子系统编辑策划和次子系统编辑策划。

一、按系统分类

1.系统编辑策划　一般对于准备新创刊的期刊应进行系统策划，也就是对办刊方针、办刊宗旨、学科定位、读者定位、市场定位、启动资金、发行模式、广告经营模式、办刊理念、编辑部运行机制等一系列编辑运行系统实施统筹谋划，这在新刊创刊之初是不可缺少的编辑策划过程。

2.分系统编辑策划　指在办刊过程中，根据期刊的总体设计实施的局部编辑策划过程，如单纯对报道内容、期刊发行或广告经营等编辑系统运行中的分支工作进行战略和策略的调整，制订和谋划编辑、发行或广告经营策划方案。

3.子系统编辑策划　指在分系统范围内，对某一专题实施的编辑策划过程，如对某一专业、技术、栏目等实施的专题组稿策划、新栏目设计或调整等，是操作性很强的具体的编辑策划。

4.次子系统编辑策划　指在编辑实践过程中，对某一具体的编辑活动实施的策划，如编辑选题、约稿命题、撰稿人选择、编排形式、版式设计等谋划过程，这是编辑具体操作意义上的筹划，也是编辑不可缺少的技能。

二、按编辑策划的对象分类

1.编辑战略策划　是谋划科技期刊长远的、重大的和带有发展性的编辑策划，这是一种宏观和带有战略中长期编辑策划项目。

2.编辑策略策划　是为了实现某一编辑目标，预先根据可能出现的问题制订的若干对应的编辑策划方案，并在实现目标的过程中，根据期刊形势的发展和变化来制订出新的方案，以及根据学术形势的发展和变化来选择相应的编辑策划方案，最终实现期刊编辑目标。

3.编辑战术策划　谋划期刊具体的编辑活动或编辑项目的策划，这是一种编辑技术或操作性的编辑策划。

三、按编辑策划的频度分类

1.周期性编辑策划　如按编辑流程进行的常规编辑策划。

2.阶段性编辑策划　谋划期刊编辑中某一时期的编辑计划。

3.单一性编辑策划　谋划单独或一次性的编辑任务，如选题策划、约稿策划等。

四、按编辑策划的动机划分

1.依赖性编辑策划　编辑策划的动机是为了谋求主管部门或委托者的认可。

2.自主性编辑策划　为了达到期刊发展目标，独立自主地实施的编辑策划项目。

3.主动性编辑策划　期刊在编辑实践中，抓住时机，主动出击实施的编辑策划，以利获取最好的社会、学术和经济效益。

五、按编辑策划的性质划分

1.处方型编辑策划　主要解决期刊发展中存在问题的编辑策划，有针对性地解决某一问题。

2.开发型编辑策划　从期刊现实可能性出发，开发和拓展期刊新的领域所做的编辑策划。

3.预防型编辑策划　预测和防止期刊发展中可能发生的问题所做的编辑策划。

4.改善型编辑策划　探索期刊问题，改善期刊现状的编辑策划。

六、按编辑策划内容划分

编辑策划按其策划的内容可分为期刊品牌策划、期刊营销策划、广告销售策划、编辑选题策划、期刊栏目策划、报道重点策划等。应该说编辑策划的范畴是比较广泛的，从编辑方针到办刊宗旨，从内容定位、读者定位、市场营销等，到选题策划、专题策划、栏目策划等，而本文仅限定在一般编辑策划，因为一般编辑策划是保证期刊质量和赢得读者，保证期刊生存与发展的基础。

1.编辑选题策划　选题策划是保证期刊质量和提高竞争力的重要手段，应该说是编辑的常规工作，可根据栏目设置进行选题。选题要切中学科发展中的难点、热点和焦点问题，有针对性地进行命题，向有关专家组稿，而不是单纯靠自由来稿随意选编，避免学术报道的盲目性。选题策划的原则：①强化选题策划意识；②选题策划的创新意识；③选题策划的时效意识；④选题策划的重点意识。

2.学术导向策划　医学期刊导向策划包括学术导向策划、思想导向策划和学术争鸣策划。学术导向是学术期刊的重要职能，充分发挥学术期刊的学术导向性，对促进学术发展将发挥重要作用。众所周知，在学科和学术发展中，特别是在临床、科研和教学中，一些误区或不正确认识是普遍存在的，学术期刊就是要及时指明航向，引导学术和学科建设的健康发展。思想导向就是要引导医学科技人员树立正确的医德医风和科研道德，弘扬科学精神。学术争鸣就是要倡导学术民主，鼓励学术争鸣，通过学术争鸣达到去伪存真，促进学术发展的目的。

3.报道专题策划　编辑围绕某一专题或技术进行组织筹划，实施有计划地集中专题报道，以利集中总结和反映某一专题研究成果，引起学术界的关注，促进对该研究的发展。

4.广告销售策划　编辑围绕广告经营实施的经营谋划，作为学术期刊，广告经营应以学术为主导，以学术促进和吸引广告销售。例如，编辑组织了某一疾病专题文章，编辑可有针对性地联系相应医药企业，争取广告配合发表，这样不仅提供了某一疾病研究的成果，同时通过广告提供了治疗这一疾病的药物或诊疗器械，这样既增加了信息量，又提高了广告发布的效果，是读者和商者双赢的编辑策划。

5.期刊发行策划　是编辑针对期刊发行实施的筹划。发行策划具有多种手段和形式，如在实施专题策划的同时兼顾发行策划；专门采取的发行优惠、有奖发行、会员制发行等多种形式的策划手段。

6.编辑管理策划　是制订非人力资源与人力资源相匹配的管理策划，编辑管理策划的关键是要调动人的积极因素，发挥编辑人才的最大潜在能力，包括岗位设置、编辑职责、各项惯性运行制度、编辑流程等编辑操作系统。

7.期刊形象策划　也就是期刊识别战略或期刊形象战略，通过期刊的形象策划和宣传设计，在本学科和相关领域及读者印象中建立期刊的识别特征，来体现本期刊有别于其他期刊的标识或标志。塑造期刊在学科和读者心目中特定位置和形象的战略，它具有判别化、系统化和长期化的特点。例如，《中华检验医学杂志》在设计宣传彩页时，就醒目地打出了"百种中国杰出学术期刊、医学科学主流学术期刊、检验医学重要核心期刊"等形象标识。

8.期刊品牌策划　期刊品牌除了多年编辑出版积累和沉淀外，同时也需要期刊品牌策划加以放大，不断提升期刊影响力，扩大学术著名度和社会知名度，在学科和读者中树立品牌期刊的烙印。

9.期刊文化策划　期刊文化，一般有广义和狭义之分，广义的期刊文化是指期刊在创业和发展过程中形成的物质文明和精神文明的总和。具体包括期刊管理中的硬件与软件、外显文化与隐形文化两部分。而狭义的期刊是指意识形态范畴的，包括期刊的编辑部的思想、意识、习惯、感情等。一般来讲，期刊文化是指期刊编辑人员在长期的创业和发展过程中逐步培育形成并共同遵守的最高目标、价值标准、基本信念、办刊理念及行为规范等。例如，《中华检验医学杂志》在其宣传策划时，就醒目地打出了"对作者负责，让读者满意"的编辑理念，旨在树立本刊的文化形象。

第五节　医学期刊编辑策划方法

科技学术期刊编辑策划的方法不是一成不变的，应根据策划内容或项目的不同，采取不同的策划方法。但作为编辑策划者和策划的操作执行者，应掌握其基本方法。一般常用的方法有如下几种。

1.头脑风暴法　编辑自身头脑中萌发的具有创新性编辑构思，无须借助外脑的智力支撑，并经周密计划制订和完成的编辑谋划方案。这种策划来源于编者对学科和学术发展状况的准确把握，特别是对临床和科研或技术有非常深入的研究和了解，深知临床、科研和教学领域的热点和难点问题，对学科或学术亟待解决的问题具有足够的把握，体现了编辑的综合素质。

2.专家咨询法　编辑对某一研究或专业缺乏了解，对学术研究中的热点和难点难以把握，编辑选题无从下手，这时编辑需要延伸大脑，借助外脑实施编辑咨询，如召开编委会、征询编委对学术报道和选题的意见和建议，还可以向学科或学术带头人及专家咨询，征询意见。通过咨询提出的编辑策划一般更具有针对性，同时也会得到同行专家的支持，策划容易达到预期目的，受到专家欢迎。

3.读者调查法　期刊是给读者看的，读者喜欢什么，哪些内容对科研和临床有指导性，只有读者最清楚。因此，编辑策划要围绕读者需要进行，通过读者调查，征询读者的意见和建议，借此制订编辑策划方案，这样会更适合读者胃口，让读者满意。

4.座谈讨论法　对学术或技术发展中的误区，可邀请专家召开短期座谈会，对某一专题或专业进行座谈讨论，提出建议和指导性意见，对形成的会议成果，通过会议纪要或配合相关文章实施报道，对有重要意义的咨询意见，还可以形成有价值的"咨询报告"，提供给政府有关部门，以唤起决策层的重视或为政府决策提供参考依据，促进学术发展。

5.专题研讨法　为了更深入了解或推动某一研究领域或专题的发展，策划组织全国性或地域性专题学术研讨会，征集相关研究论文，组织专科学者或跨学科专家进行学术交流和研讨，对研究趋势、存在的问题、建议和对策等进行研讨，并撰写完整的学术纪要，配合相关文章发表，这种形式可起到事半功倍的学术效果。

6.重点报道法　编辑根据对专业或学科及存在问题的把握，针对某一学术难点和热点，策划专题组稿，拟定组稿计划和实施方案，然后在杂志上以突出位置集中予以重点报道，即所谓的"重点号"，这种策划形式是中华医学会系列杂志多年来成功的做法。

7.重点跟踪法　学术报道要有针对性和时效性，作为编者，必须了解国家卫生工作重点和科学研究重点，熟悉国家重点研究课题或重大科技攻关课题的实施计划，特别要熟悉学科带头人和专家的研究动向和进展，编辑进行适时跟踪，及时组稿，快速发表，在编辑部坐等来稿的消极编辑模式是不可取的，必然会被迅速发展的学术期刊所淘汰。

第六节　医学期刊编辑策划者的基本技能

医学期刊编辑策划是跨学科的行为，因此，作为编辑策划者应具有综合素质和综合能力，其中包括编辑创意能力、编辑创新能力、学科驾驭能力、期刊市场调研能力、编辑组织能力、编辑洞察能力、编辑竞争能力、编辑整合能力和编辑执行能力等。

1.编辑创意能力　编辑创意是指具有独创性的思维，编辑在实践中应处于主导地位，不能什么都推给编委或依靠编委，编辑自己没有创意和点子。编辑首先自己拿出创意，再征询编委和有关专家的意见，然后实施创意。

2.编辑创新能力　编辑策划就意味着创新和编辑常规的突破，编辑满足于单纯抠标点符号和标字号及简单的编辑堆砌，只能说是"简单劳动"。

3.学科驾驭能力　编辑策划的动力源泉来源于编辑对医学科学或本学科现状和发展趋势的把握，能够准确把握学科发展走势，了解学科和临床中存在的问题，熟悉临床需要，驾驭和跟踪本领域发展趋势。

4.期刊市场调研能力　是指编辑策划者对同类期刊的掌握程度、竞争对手、本刊的核心竞争力、期刊受众群体的状况和价值取向的获取能力。

5.编辑组织能力　是指编辑策划者能够根据策划本身的要求，将编辑策划资源进行有机地整合。包括对编辑策划所需资料的搜集、分析归纳，策划方案的制订和实施，专家积极性的调动和组织协调等。

6.编辑洞察能力　是指策划者能够全面、正确和深入地分析客观现象的能力，并具有很强地学术敏感性和快速反应能力，善于抓住编辑时机，以快和准制胜。

7.编辑竞争能力　有人说期刊的竞争是编辑人才的竞争。编辑策划者除具备应有的素质外，还应具有较强的竞争意识，迷恋和满足于混天黑的编辑，很难有竞争意识和竞争力。

8.编辑整合能力　是指编辑策划者对信息的有效使用能力，即指编辑策划者在占有大量信息资源的基础上，所应具备的有效取舍信息元素，形成编辑策划要素组合的合力效应的能力。

9.编辑执行能力　是指期刊编辑策划者将创意整理为可实行方案，并指导操作者予以有效实施的能力。任何一种好的编辑创意，如果不能实施的话，就不可能产生效益。因此，编辑策划者要尽可能使编辑创意及编辑策划方案能够付诸实践，达到编辑策划预期目的。

第七节 医学期刊编辑策划的基本要点

在科技学术期刊编辑实践中，有了总体设计和有效的编辑策划是不够的，还应注意必要的编辑策划实施策略，也就是在具体的编辑策划中还要注意以下几点。

1. 突出综合，体现交叉 对于综合性医学期刊而言，其优势就在于"综合"，要发挥综合优势，就要站在大科学发展的高度，纵览学科全局，始终站在学术发展的潮头，引导学术发展的方向，报道具有交叉性和普遍关注的学术热点和难点课题，而不是与专科期刊"争稿源"，去协助专科期刊报道专科技术问题。例如，20世纪80年代，我国医学科技界普遍存在较严重的科研设计缺陷问题，极大影响了我国科研质量和学术论文发表的科学性、可靠性，成为学术界不可忽视的重大问题。作为综合性医学期刊的《中华医学杂志》首先抓住这一问题，策划组织60多位我国各学科著名专家，召开了"临床科研设计问题座谈会"，会后在杂志上发表了长篇会议纪要。纪要发表后，在当时医学界引起了很大反响，有学者纷纷在期刊上撰文称赞座谈纪要称为"81纪要"，"《中华医学杂志》在我国举起了重视科研设计的大旗"等。这一选题，引发和推动了我国医学界对科研设计的重视。编辑部注意连续跟踪策划，到了20世纪90年代，根据科研设计和统计学应用中存在的新问题，又组织召开了"全国临床科研设计和统计学应用研讨会"，会后组织发表了一系列有关文章。文章发表后，国内很多医学期刊纷纷转载，这一选题策划对加强和促进我国临床科研设计和统计学的重视发挥了重要作用。

2. 突出专科，体现特色 对于专科学术期刊，其特色之一就是"专"，因此，编辑策划要围绕专科，突出专科特色，实施"单刀直入"的编辑策划和学术报道，更进一步体现学术研究和学术报道的深度。例如，《中华检验医学杂志》针对我国细菌耐药性监测研究、毛细管电泳技术的临床应用研究、蛋白质飞行质谱技术的临床应用研究等实施的编辑策划等，都是在"点"上作文章，带有极强的学科特色和临床实验诊断应用价值。

3. 突出难点，体现热点 编辑策划的基本要点是有的放矢，其策划的依据是解决和回答学术研究中的难点和热点问题，有针对性地推动其研究和发展。众所周知，基因诊断和基因治疗涉及医学各个学科，具有很强的交叉性、边缘性和方向性，是基础医学和临床医学研究的前沿领域，也是医学科学研究的难点和热点。早在20世纪90年代《中华医学杂志》就意识到本领域的重要性，在国内率先策划组织召开了"首次中国人类基因诊断与基因治疗及预防学术研讨会"。此后，该刊紧紧跟踪本领域的研究和发展，连续策划召开了四次中国基因诊断与基因治疗学术研讨会，每次会议都云集了我国多学科两院院士出席会议，让多领域的学者从不同的学科视角进行交流和研讨，使其学术思维形成立体交叉和碰撞，使其产生学术或科学创新思维火花。这一点，在每次研讨会的论坛或讨论中得到充分体现。本刊还根据本领域研究中出现的问题，适时组织发表了大量述评和专家论坛文章。十多年来，仅此专题就组织发表了几十篇评论性文章，其中大部分是约请两院院士撰写，特别是在我国基因治疗研究出现"过热"和"过冷"现象的时期，及时约请"863"首席科学家撰写评论文章，较好地发挥了学术导向作用，引导这一前沿领域研究的健康发展。

4.关注焦点，培育亮点　编辑策划要善于触及学术敏感点和焦点问题，以引起学术共鸣，同时还要注意扶植和培育学术或学科亮点，通过有效的编辑策划，促进其成熟，完善学术或技术体系。因此，学术期刊要善于站在科学发展的高度，审视学科发展中的学术焦点，最大限度地发现和培育新的学术亮点，点燃学术研究火焰。例如，细菌耐药是临床各科抗感染治疗的难题和十分棘手的医学问题，也是临床抗感染治疗失败的重要原因之一，对此，世界卫生组织也高度重视。为加强和推动我国对此领域的重视和研究，我们抓住这一学术难点和热点，积极实施超前性编辑策划，在国内首次组织召开了"首届全国细菌耐药监测与临床专题研讨会"，会议还根据目前我国抗生素滥用和细菌耐药流行趋势严峻的情况，起草了《合理使用抗生素，遏制细菌耐药性流行》的倡议书，与会专家纷纷在倡议书上签名。会后及时将倡议书送交国家食品药品监督管理总局，得到国家政府部门的重视和采纳，促成2004年7月1日国家正式实行抗生素为处方药。倡议书也同时在《光明日报》头版发表，引起很大社会反响。本刊发表的相关论文，受到临床各科医师的关注，对指导和促进临床合理应用药，提高抗感染治疗水平，节省有限的卫生资源发挥了积极作用，同时也取得了很好的学术效益、社会效益和经济效益，同一期杂志三次再版印刷，其发行量超过同期发行量的数倍。实践证明，医学期刊只要重视和发挥编辑策划的作用，真正发挥优势，突出难点，体现热点，抓住学科关注的热点问题，以学术引导期刊的经营，会赢得读者，引来作者，吸引商者，实现学术效益、社会效益和经济效益的最佳结合。

在科技期刊编辑活动中选题策划具有重要的地位，它是编辑思想和编辑创新的重要表现形式之一，也是科技期刊赢得读者、满足临床和科研需要的重要手段，是编辑主动创新、开发编辑出版资源、挖掘和设计选题内容的创造性活动，选题策划对提高科技期刊质量，最大限度地提升期刊的学术效益、社会效益和经济效益具有重要作用。

第八节　医学期刊编辑策划的内容

应该说编辑策划的范畴是比较广泛的，从编辑方针到办刊宗旨，从内容定位、读者定位、市场营销等，到选题策划、专题策划、栏目策划等，而本文仅限定在一般编辑策划，因为一般编辑策划是保证期刊质量和赢得读者，保证期刊生存与发展的基础。

1.选题策划　是保证期刊质量和提高竞争力的重要手段，应该说是编辑的常规工作，编辑可根据栏目设置进行选题。选题要切中学科发展中的难点、热点和焦点问题，有针对性地进行命题，向有关专家组稿，而不是单纯靠自由来稿随机编辑，避免学术报道的盲目性。

2.学术导向策划　在学科和学术发展中，特别是在临床、科研和教学中，往往出现某些误区，如何拨乱反正，引导学术健康发展，这就需要期刊实施有效的学术导向，正确加以引导。可根据存在的问题，召开专题座谈会，通过专家讨论达成共识，提出指导性意见，并通过座谈纪要、建议等形式发表，同时约请有关学术带头人撰写评论性文章，对存在的问题、应采取对策等实施评述，正确加以引导。

3.**专题策划**　为推动某一领域或新的诊治方法的发展，编辑围绕一个主题实施的组织筹划，并有计划地集中进行专题研讨和专题报道，以利总结和反映某一专题研究趋势和进展，引起学术界的关注，促进对该研究不断向深入发展。

4.**栏目策划**　医学期刊栏目是体现办刊方针和充分体现学科及期刊特色的重要表现形式。因此，栏目的合理而科学的设计策划对办好期刊尤为重要，它可有效发挥栏目的导读功能、学术导向功能、分类功能、索引功能等。而且通过栏目设计可反映编者的编辑思想，体现办刊宗旨和学术报道的重点，同时也体现期刊的特色和学科特点。

5.**期刊品牌策划**　要树立期刊在目标读者中的良好形象，扩大期刊的影响力，积蓄期刊的无形资产，除不断提高期刊的学术质量、编辑出版质量和权威性外，同时还应实施期刊的品牌宣传策划，注重期刊的内在文化建设，在医药卫生科技人员中树立良好的期刊品牌形象。其策划的形式是多种多样的，如策划宣传期刊的活动、策划优秀论文评奖项目、杰出医学专家学术影响力评选、优秀科研论文影响力排名等项目，激励、凝聚和吸引相关领域科技人员关注期刊，扩大期刊品牌印迹和品牌影响力。

6.**广告策划**　作为学术期刊，广告经营应以学术为主导，以学术引导期刊广告的经营。例如，组织了某一疾病治疗性的专题文章，编辑可有针对性地联系相应医药企业，争取配合广告发表，这样不仅提供了某一疾病研究的成果，同时通过广告提供了治疗这一疾病的药物或诊疗器械，这样既增加了信息量，又提高了广告发布的效果，是读者和商者双赢的编辑策划。

7.**发行策划**　是编辑针对期刊发行实施的重点筹划。发行策划具有多种手段和形式，可根据期刊特点和优势，采取不同的发行策划方案，如结合重点选题策划同时实施的发行策划；专门采取的优惠发行、有奖发行、会员制发行等多种形式的策划手段；还可以根据重点内容与医药企业或作者联系，实施单行本或抽印本发行服务。

8.**读者激励策划**　读者订阅期刊或阅读书籍，也是具有其订阅的功利目的，如何使读者的功利目的最大化和增强读者的忠诚度，这是医学编辑工作者应当考量的实际问题，不仅仅是将期刊正常按时出版和送到读者手中如此简单。因此，医学编辑要善于运用编辑策划手段，实施有效的读者激励，激发读者兴趣和满足感，这是因为读者是医学期刊的客户，满足读者或客户的功利目的，是产品制造者和营销者的重要任务。编辑可实施编辑策划项目激励读者，如为读者服务的策划项目、读者沙龙、读者俱乐部、读后感的征集与奖励项目等，增强读者的获得感、荣誉感、服务感和功利目的实现感，其实，双赢的读者激励编辑策划活动，既能提高读者对刊物的忠诚度，同时又能提高期刊的品牌影响力。

9.**作者激励策划**　作者发表科研论文具有更强的功利目的，而医学期刊编辑目前仅仅是满足论文发表的基本功利目的，而缺乏对作者的激励措施和手段。大家对中外著名医学期刊或其他科技期刊的编辑策划项目不难看出，国外世界著名科技期刊最大特点是一般都具有对作者的激励手段，使作者的荣誉感和作者功利目的得到无限放大，这大概也是高水平科研论文外流或投向国际医学科技期刊的原因之一吧？因为其高水平的研究工作发表后，很快能够得到期刊认可、激励和荣誉，使其作者功利目的最大化。在国际著名医学期刊，其常用的作者激励形式是，在作者具有创新或开拓性研究成果发表同时，经常配发编者按、短评、述评、作者学术事迹介绍或人物事迹介绍等认可和激励形式，这极大地鼓舞和激励作者的科学精神，实现作者功利目的，这是具有第三方性质的权威认可和激励，备受作者和科学工作者青睐，也备受科研评价机构认可。但在国内医学期刊这种作者激励形式被视为"禁区"，也很少有医学期刊实施策划。另外，还有世界著名期刊 *Nature* 策划实施的"杰出导师奖""期刊年度十大科学人物"评选策划项目，《福布斯》杂志的"三十岁以下医疗科技界领军人物"称号策划项目，《柳叶刀》编辑策划的"全球最佳论文"评先、"学科人物介绍"栏目和"科学家事迹介绍"，《美国医学会杂志》编辑策划的"全球心脏介入领域最重要研究"评奖项目，美国的1954年编辑策划推出的"全球500强排行榜""世界财富论坛"等作者激励编辑策划项目，都具有世界影响力和深远意义。例如，我国学者曹雪涛教授，2015年被 *Nature* 评为杰出导师奖：终身成就奖。杨璐菡教授，2014年评为《福布斯》"三十岁以下医疗科技界领军人物"，原因是在 *Nature* 发表的研究，应用基因编辑技术敲除猪基因组中的有害基因，攻克了猪器官用于人体器官移植的重大难关。陈化兰教授，2013年因发明疫苗研究在该刊发表，被 *Nature* 评为"年度十大科学人物"。钟南山教授，2008年因在《柳叶刀》发表羧甲司坦多中心研究论文，被该刊评为"全球最佳论文"。韩雅玲教授，因发表的研究论文获《美国医学会杂志》"全球心脏介入领域最重要研究"奖励。王俊教授因其学术研究创新性贡献，*Nature* 杂志两次专文介绍其科研和学术事迹。孙颖浩教授因在《柳叶刀》发表创新性研究和学术贡献，其"科学人物"栏目专文介绍孙颖浩在前列腺癌临床研究的事迹和故事。陈竺教授将三氧化二砷与全反式维A酸作诱导联合治疗白血病成功的相关研究在 *Nature* 和 *Blood* 相继发表后，1992年被杂志列为20世纪全美白血病治疗重大进展事件，被誉为20世纪90年代国际抗癌药物三大发明之一。还有，美国的1954年编辑策划推出的"全球500强排行榜"，世界影响巨大；其杂志举办的世界财富论坛，更是吸引全球国家首脑争先出席，推动着世界经济的发展，其世界影响极其深远，为期刊赢得无尽的品牌资源和经济效益。

第九节　医学编辑策划方案设计与制订方法

在编辑创意的基础上，制订和设计周密的编辑策划方案，这是编辑创意和编辑策划实施的初步阶段，这样编辑创意和策划设计才有可能按计划实施和落实。编辑策划案一般分为新创办期刊策划方案、选题策划方案、学术导向策划方案、期刊品牌策划方案、专题技术推广方案、医学指南和专家共识制订策划方案、医学广告策划方案、学术研讨会策划案、期刊营销策划案、期刊网站策划案等。在编辑策划方案制订前，首先要明确策划的目标和目的是什么？策划的依据是什么？策划的对象是什么？策划的意义是什么？策划预测效益是什么？策划的成本和资源是什么？策划的方法是什么？策划的步骤和策划的时间节点是什么？因为编辑策划方案是策划成果的表现形态，通常以文字或图文为载体，编辑策划方案源自于编辑创意和编辑策划者的初始创新思维，终结于编辑策划方案的实施者的具体按步骤操作，其目的是将编辑策划思路与内容客观、清晰、生动和创新性地呈现出来，以达到编辑策划的目的和促进期刊发展的最终目标。

一、编辑策划方案设计与制订的原则

1.方案的可执行原则　编辑策划方案设计与制订的目的是为了更好地有计划有步骤地实施，因此，方案的可行性或可操作性是其基本原则，否则，方案只不过是纸上谈兵，落在纸上，而很难执行和落实，更不可能达到编辑创意和编辑策划的目的与目标。所以，在可能的情况下，方案设计和制订后，应实施必要的论证分析，特别是对重大编辑策划方案应慎重。

（1）方案的可执行性分析：编辑策划方案的设计与制订，应实施可行性分析，其原则是建立在科学实践基础上，召开相关专家座谈会实施论证，也可以通过其他形式征询相关领域人士的意见，对其必要性和可执行性进行深入论证分析，以保证方案的可靠性。

（2）编辑策划方案的实验性分析：对涉及面广和周期长及可持续性的编辑策划重大项目，为科学而准确掌握其可行性或效益性，可在方案实施前进行实验性分析，这是编辑策划方案可行性验证的高级形式或手段，方案的实验性分析可采取局部试点、小范围试行的方法，考察和分析方案的可执行性或可操作性。

（3）方案的效益分析：一般编辑策划的实际目的就是为了效益，这包括社会效益、学术效益和经济效益，而原则是社会效益优先，兼顾三个效益是方案的最优化境界，无利可图和劳民伤财的编辑策划方案是无意义的，因此，在方案制订后，应对方案实施效益分析、预测分析和必要的测算，以利达到预期目标。

2.编辑策划方案的优势及制高点原则　编辑策划项目方案要考量其优势与制高点的基本原则。在方案制订中，要分析策划项目方案的优势，判断其是否站在了相应领域的制高点上，这有利于把握和驾驭策划项目领域的全局，可有效控制事物发展的走势、运行状态和发展的本质规律。

（1）编辑策划战略制高点：编辑策划方案的设计与制订，就是要站在医学期刊或学科发展的长远和战略高度去思考，围绕相关领域长远战略问题，也就是制高点策划设计和运筹，避免短视，只顾眼前利益，忽视长远战略意义和可持续发展的问题。

（2）编辑策划方案独特性与特色性制高点占领：编辑策划方案要具有竞争优势，必须具有独占性和特色性，这本身就是创新与发展，要分析本刊各种优势和资源，突出本刊特色与特点，别出心裁，唯我独有，克服同质化和简单模仿，这也是策划方案的意义和价值体现。

（3）方案的方向定位：战略、特色和方向是编辑策划方案制订与设计的三要素，把握好编辑策划的方向，就不会犯方向性错误，尽管实施中有挫折，但方向正确就会达到预期目标。

3.编辑策划方案的借势原则　所谓借势，就是要借助其他资源和优势为我所用，因为，任何医学期刊或出版机构的资源和优势都具有其局限性，要弥补自身优势缺陷，就必须合理借助相关优势和资源，实现方案设计的目标。

（1）借资源：编辑工作的技能和资源具有局限性，对于重大编辑策划方案的实施，仅靠编辑部的能力和资源有时难以完成，这时就可以实施资源整合与借势，实施合作运作，利用社会资源、专业资源、人力人才资源，技术资源和资金资源实施借势合作运行，实现合作共赢，风险共担。

（2）借优势：要分析自身优势和缺陷，了解对方优势所在，发挥合作方的优势，增强方案的执行优势和效益优势。

（3）借形势：编辑策划方案的设计与制订，要结合国家的总体科技政策和国家科技攻关的战略重点及科学技术发展的形式，同时，还要结合本学科领域学术发展趋势，借势扬帆，行稳致远，是编辑策划方案制订和实施成功的基本前提。

4.编辑策划方案的细化与量化原则　编辑策划方案的制订与设计的目的是为了操作和落实，因此，其方案的制订要周密细致，应分析和估计可能出现的不确定因素和干扰因素，同时，制订出干扰因素的预防和控制措施，对实施的具体步骤和环节都应当有详细的安排，并尽量用数量或指标化界定，避免"大概""大约"等模糊概念制订或描述，而且做到每个事项都尽可能做到量化和指标化，以保证方案的科学性和准确性。

二、编辑策划方案制订内容与程序

编辑策划方案和内容具有多样性和形式的多元性，应根据期刊编辑需要选定不同的策划方案。编辑策划方案选题要准确，具有重要意义，制订策划方案要周密细致，具有操作性和目的明确的特点。同时，还要考虑资源和经费的可承受性，量力而行，尽量以较低成本换取良好的社会效益、学术效益和经济效益，实现策划的目标。

1.编辑策划方案制订的背景　在撰写编辑策划方案时，首先简要交代方案制订的背景，也就是说，其方案是在什么情况下制订的，社会背景、学术背景、期刊发展背景等应加以交代。

2.编辑策划方案制订的指导思想　为避免编辑策划方案制订的盲目性，应在方案中简要交代策划的指导思想，明确和清晰的指导思想，反映了策划者清晰的思路和正确的认识把握，也反映了策划者的价值取向，这是做好编辑策划方案的思想基础和实施前提。

3.编辑策划方案的目的和意义　方案设计与制订的目的和意义表明了方案制订和实施的价值，它充分体现了策划者明确的目的性和实际意义，也充分体现了编辑策划方案的预期效果和实施的必要性。

4.编辑策划方案实施内容　这是编辑策划方案设计和制订的重点部分，是方案制订成败的关键。因此，方案的制订者要周密设计具体实施步骤、内容、目标和时间节点，具体操作的注意事项，应达到的数量和指标要求，以提高方案实施的准确性。

5.编辑策划方案预期目标　方案的设计和制订，应明确实施的总体目标，也就是说要达到何种效益或效果，使方案的实施者或操作者目标清晰明确，避免盲目性和确保方案实施的方向性。

6.编辑策划方案资源配置　这也是方案设计和制订的重要内容，应对方案实施的资源投入具有清晰的估计，如对人力资源投入、经费预算投入、技术投入、学术资源投入等实施科学分析，而且具体和数量化计算，避免模糊概念、盲目投入。同时，应对方案的投入与效益比实施分析，测算其投入产出比，以利有效控制成本效益。

7.编辑策划方案的实效性与时间性　众所周知，编辑策划方案具有很强的实效性和时间节点的严谨性，其方案实施周期越长其消耗资源越大，牵涉策划者或实施者精力越大，并且很有可能随着时间的延长，编辑策划的内容失去意义。因此，编辑策划方案的实施要严格掌握其实效性，对其实施步骤要严格界定完成时间节点，实施者必须按时间节点要求完成各个环节任务和步骤的实现，以免影响整体策划方案的系统运行效果、实效和目标效益。

第15章

医学期刊选题策划原则与方法

医学期刊选题策划既是常规性的编辑活动和技术，也是全面提高医学期刊学术质量和效益的重要手段，医学编辑对选题策划方法和选题原则掌握的如何，直接影响选题策划的效果和期刊的内容质量。因此，特别列出本章加以重点阐述。

第一节　医学期刊选题策划的概念

一、医学期刊选题策划的定义

医学期刊选题策划，又可称选题策略方案、选题战术计划，是为达到某种编辑目的、任务和目标，借助编辑方法学和编辑策划手段而实施的有创意、有构思、有计划、有目标、有设计的制订选题方案和实施方案的编辑活动过程。

医学科技期刊选题策划是将来时，它是编辑未来行动的准备过程；选题策划是精心设计的学术营销宣传和手段，对学术事件发生和发展的驾驭；选题策划是整合学术资源，采用各种策略和方法实现编辑思想的系统工程；选题策划是从无到有的编辑创新性和创造性的行为活动；选题策划是编辑程序和编辑智慧的集成；选题策划是编辑创造性、构想、谋划、设计、选择、决策、学术蓝图的设计；选题策划是医学科技期刊出奇制胜，赢得期刊良好效益的有效方法。

医学期刊选题策划就是根据学科热点、焦点、难点问题，并结合读者和学术发展需要，对医学科技期刊编辑选题内容实施超前编辑构思、设计、谋划、操作和方案的制订过程；它是有思想、有创新、有目的、有目标、有构思、有设计、有计划、有程序、有预测、有操作的选题策划的实施流程，我们把这一过程称为选题策划。选题策划实际上是一种学术内容设计、学术再创造和学术引导，它是编辑创新性思维和创造性产品，也是编辑生产力和学术生产力的再现形式。

二、医学期刊选题策划原理

1.选题策划的心理原理　编辑选题策划作为创新性智慧的具体表现形式，是编辑在其实践活动中心理活动的结果；离开编辑心理活动就不可能产生选题策划项目。因此，编辑选题策划是大脑对人际和学术刺激因素的兴奋点与学科知识经验的创新性发现而发生的系列编辑思维活动。编辑选题策划实际上是大脑对学术发展和读者需要这一客观事物的主观反映，从而迸发出创新性的选题思维，这种创新性的选题思维活动，既受到编辑实践活动的影响，也受到编辑个体知识结构、个性特征、经验阅历和专业兴趣等因素制约，同时，它又带有编辑个体主观特征，是创新性编辑思维成果集中体现。

2. 选题策划的创意原理　　选题策划的初始来源于创意，而选题创意应具备的基本条件如下所示。选题创意形成的前提：动机与目的。选题创意形成的基础：专业知识积累。选题创意方法与过程：选择性与可变性。选题创意实现的关键：联想与假设。选题创意成功的核心要素：创新。编辑选题创意就意味着迸发出具有创新的点子，编辑创意者要具有创新性编辑思维，善于突破传统的和固有的编辑思维模式，从狭隘的习惯或惯性编辑思维模式走向开阔的编辑思维境界，应摆脱惯性和单一编辑思维形式，实现和跨入多维度立体编辑思维空间，这是编辑选题创意是否突破常规和实现创新性突破的关键。

3. 选题策划的主体原理　　编辑选题的主体原理是编辑对于自身主体地位、主体能力、主体价值和主体角色的自觉意识，它是编辑具有主观能动性的重要动力；编辑选题的自主意识、选题的自由意识和选题的主体意识，是编辑选题创新的重要前提。编辑的自主意识主要指编辑能够意识到自己在书刊编辑选题中的主体角色地位和责任，在编辑创意和选题实践活动中，编辑始终具有选题创意和实施的主导性和主动性。也就是说，编辑应始终意识到自己是选题创意的主人，具有编辑选题的独立性和独立自主的职业性格。编辑自由意识主要指编辑选题主体的最高理想和最终目的就是要克服主体与客体的关系，真正实现编辑选题主体的独立性、自由性、能动性和创造新性。在现实医学编辑实践中，编辑往往忽视和缺乏选题的主体意识与主体责任，往往变主体为客体，把编辑选题的主体责任推卸给主编、编委或相关专家，因而形成选题创意和实施的依赖性，编辑的选题的主动性、独立性、创新性发生颓废和失用性退化，使编辑失去了选题创意的能动性和创新性编辑思维的发挥。

第二节　医学期刊选题策划的意义

医学期刊办刊方针和办刊宗旨与期刊总体设计的实现，很大程度上有赖于选题策划的实施，也对突出编辑思想、体现编辑创新、增强编辑针对性、避免盲目性、提高对期刊效益预期性等具有重要意义。

1. 实现办刊方针　　科技期刊办刊方针和办刊宗旨的落实，主要依赖于有针对性的选题策划，结合办刊方针和宗旨、学科现状、学术发展实际，特别是要结合读者和学术发展的需要，实施有针对性的选题策划，它可有效体现期刊和学科特色及学术导向性，特别是期刊总体设计、栏目设计和学术导向及编辑思想的体现，其选题策划是重要的具体技术手段和措施。

2. 突出编辑思想　　在编辑活动中，一般而言，很难体现出编辑的思想，只有通过编辑策划得到体现和展示，通过选题策划实现编辑设想，将编辑的思想融入选题策划的全过程，并将其选题策划的成果转化为学术效益、社会效益和经济效益，充分体现编辑的职业价值和思想价值。

3.体现编辑创新　创新是人生价值的体现，也是期刊编辑活动的生命力所在。选题策划是编者创新的重要手段和表现形式，编辑的创造和创新通过选题策划得到展现，选题策划的过程就是编辑创新思维和编辑内容设计结合创造的过程。

4.增强针对性，避免盲目性　选题策划是在期刊总体设计思想指导下，有依据、有目的、有计划、有步骤的选题设计过程，因此，具有极强的目的性和针对性，不是坐等来搞，也不是来什么稿编什么稿，它可有效避免办刊的盲目性，按照策划的预期实现选题目的，这对提高期刊编辑和经营的计划性有重要作用。

5.效益的预期性　期刊选题策划是主动编辑模式，而单纯靠来稿是被动编辑行为，被动选稿模式对其效果和效益缺乏可控性和预测性，而主动选题策划对其效益具有基本分析、评估和预测，选题的目的就是要效益，并且这种效益具有可控性和预期性，这是主动选题模式与被动选稿模式的本质区别。

第三节　医学期刊编辑选题策划的基本能力

选题策划是编辑的基本技能，对选题策划者来说应具有综合素质和综合能力。因此，选题策划者应具备：编辑创意能力、编辑创新能力、学科驾驭能力、市场调研能力、编辑组织能力、编辑洞察能力、编辑竞争能力、编辑整合能力、编辑执行能力和编辑营销能力等。

1.编辑创意能力　选题创意是指编辑具有独创性的思维和创新思想，主动思考实施选题策划，而不是单纯靠编委或专家，编辑自己缺乏创意和点子。编辑首先能拿出创意和方案，再征询编委和有关专家的意见，然后实施选题创意。

2.编辑创新能力　选题策划就意味着创新和编辑常规的突破，缺乏创新能力和创新意识，也就很难策划出好的选题，编辑满足于单纯来稿和简单的编辑堆砌，只能说是"简单劳动"，编出来的杂志也只能是论文汇编。

3.学术驾驭能力　选题策划要求编辑对本学科和医学科学发展现状和趋势、学术热点、难点和焦点具有基本把握，能够准确把握学科发展走势，了解学科和临床中存在的问题，能驾驭和跟踪本领域学术进展，这是实施有效选题策划的基本前提。

4.市场调研能力　医学期刊选题策划者，要善于应用调研方法，具有对学术市场、临床应用和推广、医药市场、期刊市场的调研能力，这也是衡量选题策划者对同类期刊的掌握程度，竞争对手、核心竞争力、受众群体的状况，目标客户价值取向和市场信息的获取能力。

5.编辑组织能力　是指选题策划者能够根据策划本身的要求，将编辑策划资源进行有机地整合，包括对编辑策划所需资料的搜集、分析归纳，策划方案的制订和实施，专家积极性的调动和组织协调等。

6.编辑洞察能力　是指选题策划者能够全面、正确和深入地分析客观现象、捕捉选题机会的能力，同时具有很强的学术敏感性和快速反应能力，善于准确抓住选题策划的时机，以快和准制胜。

7.编辑竞争能力　竞争是自然界和人类社会的普遍现象和规律，没有竞争就没有进化和发展，有人说期刊的竞争是编辑人才的竞争。选题策划者除具备应有的素质外，还应具有较强的竞争意识，同类期刊或竞争对手越多，越能体现选题者的竞争优势和能力，只有竞争才能将期刊越办越好，缺乏竞争意识和竞争能力的编辑很难办好期刊。

8.编辑整合能力　是指选题策划者对信息的有效使用的能力，即指选题策划者在占有大量信息资源的基础上，所应具备的有效取舍信息元素，形成编辑策划要素组合的聚合效应的能力，如编委资源、专家资源、作者资源、读者资源、文献资源、网络资源等有效整合与利用的能力。

9.编辑执行能力　是指期刊选题策划者将创意整理为可执行与可操作方案，并自我操作实施和指导操作者予以有效执行选题方案的能力。任何一种好的选题创意，如果不能执行和缺乏可操作性的话，就不可能实现设想和产生效益。因此，选题策划者要尽可能使编辑创意及编辑策划方案能够付诸实践，实现选题策划的预期目的。同时，一项重大选题策划有时不是一个编辑能够完成的，需要其他编辑的配合与执行，这就需要编辑具有选题方案的执行力。

10.编辑营销能力　是指编辑将自己编辑出版的内容产品推销给目标读者的能力；而市场营销是指营销者通过产品、价格、销售渠道、促销措施、售前售后服务等手段，对营销对象、目标客户（读者、作者、专家、企业）进行的有偿经营推销活动。编辑的营销能力就是要体现出把握学术市场、期刊市场、目标客户、竞争对手、提高读者（客户）购买力，实现期刊利益最优化的能力。这是目前医学期刊编辑应当具备的能力，仅仅满足于制造产品而不推销产品，很难以适应当今期刊市场发展。

第四节　医学期刊选题策划原则

医学期刊选题策划最重要的原则是效益优先原则，即"社会效益和经济效益"。如果要想获得比较好的经济效益，应做到两个满意：即读者满意，医药企业满意。选题策划要具有生命力，就必须坚持正确的办刊方针和宗旨，围绕国家不同时期医药卫生工作重点，结合临床实际和重大疾病防治工作需要，并抓住学术研究中的热点、难点和焦点问题，实施有针对性的前瞻性选题策划，避免选题偏离办刊方向和办刊宗旨，影响选题的效果。

1.选题效益优先原则　选题策划的目的就是要效益：社会效益、学术效益、经济效益。不能产生效益的选题是无价值的选题，哪怕只有一个效益，最好两个效益结合，单纯将同一专业稿件堆砌和拼凑的"重点号"是不可取的，因此，选题或重点号应优先考虑到效益性。

2.选题价值优先原则　不同的学科期刊有不同的基本受众群体和读者定位，选题策划的目的是能让读者满意，并让更多的读者受益，满足目标读者的需要，这是选题策划的基本出发点，因此，选题策划的基本前提是要了解目标读者的需要，回答目标读者问题，引起读者的共鸣，使选题策划具有很强的针对性，单纯满足作者功利目的的选题策划是没有生命力的选题。

3.选题创新性原则　选题策划就意味创新，缺乏新意和创新的选题很难达到预期效果。选题策划就是要突破惯性思维模式，跳出固有的编辑思维形式，运用多种编辑创新思维方法，别出心裁，唯我独有，事后追随和模仿的选题思路是不可取的，因此，选题创新是跳出编辑思维怪圈的关键，也是选题成功的基础。

4.选题超前原则　选题策划的特点就是超前性和前瞻性，在学术技术热点的萌芽和孕育时期，就能预测到学术事件的发生，把握其脉搏，实施黎明前的选题策划。应避免随大流，事后模仿的选题形式，在其学术研究的萌发或孕育阶段，就出其不意地实施超前选题策划，为其学术发展实施引导和施加推动力量。医药卫生学术期刊要引导和推动学科和专家发展，而不是学科和专家推着期刊发展。

5.临床与科研需要原则　医学期刊所报道的内容要对临床疾病预防、诊断和治疗有指导意义，为临床和科研提供新理论、新技术和新知识，指导医务人员的临床实践。因此，选题策划的出发点应着眼于临床的需要和亟待解决的问题，推动医学科技进步，只有这样选题策划才有意义，选题策划的成果才具有生命力，这也是衡量选题策划成败的标准。

6.促进学术发展原则　学术期刊是推动本学科学术发展的重要平台和手段。当然，选题策划也要立足于对学术热点的关注和学术争鸣，以促进学术发展、繁荣学术交流、开展学术争鸣，促进学术成熟，完善学术体系。

7.突出特色原则　选题策划的主题要具有学科优势和学科特色，善于抓住学科发展中优势、特色、难点，回答学科发展中的疑难问题。因此，选题策划者要善于挖掘学科和学术及技术发展中的亮点，单刀直入，才能使选题策划更有深度，取得意想不到的学术效果。

8.发挥学术导向原则　学术导向是医学期刊的重要功能和任务，也是学术期刊的基本功能之一。医学期刊要善于发挥学术导向作用，引导学术潮流，促进学术发展，并实施超前引导，为此，选题策划的重点和目的是要体现学术导向性，引导学术沿着健康的方向发展，纠正临床和学术上的误区，弘扬学术主旋律，避免学术误导。

9.连续追踪原则　学术或技术研究具有较长的周期性和阶段性，如基础研究阶段、临床研究阶段、临床远期观察阶段等，需要长期的基础和临床研究才能证明其临床价值。因此，对于选题策划要有连续性，根据研究进展，不断实施跟踪性的选题策划，以体现其学术研究的连续性，不断引导学术向纵深发展，彰显其学术发展的规律性，吸引读者跟踪阅读，避免心血来潮，虎头蛇尾，给读者造成遗憾。

第五节　医学期刊选题策划内容

医学期刊选题内容非常广泛，只要是读者、临床和科研需要的，都是选题策划的内容。

1.学术导向选题　学术导向作用是学术期刊的重要功能之一。但如何主动导向、导向的内容、导向的形式等，需要根据学术发展的实际需要和编辑目标实施选题策划和设计，一般常用的导向形式是有针对性地选题，选择合适的学科带头人撰写评论性文章，如以述评、社论、专家论坛、专论等载体形式，实施学术引导。但要避免将评论性文章撰写成综述式，要能提出问题、发现问题、评述问题、解决问题。选题策划者还要将选题的背景、目的、意义和编辑基本思想与执笔专家实施有效沟通，编辑策划者还要将题目、内容、重点、撰写的基本思路、文体形式、撰写要点、字数要求等，以建议口吻与约稿执笔专家沟通，以便执笔专家领会其编辑思想、意图和目的。

其实，学术导向策划的选题内容、形式和范围比较广泛。例如，为了加强和引导对某一领域或重大疾病的研究攻关，编辑策划者可专门选题策划这一领域的专题研究内容，实施集中和重点专题报道，在学术期刊形成一种重视相关领域研究的趋势，这样会有效引导相关领域专家学者和广大科技人员的关注和研究，促进其研究的不断深入。

2.科研创新选题　学术期刊要体现当代学科发展的水平和最新进展，成为某一学科领域具有学术权威性的学科领衔期刊，就要跟踪学科最新研究成果，报道具有国际和国内水平的研究成果，特别是原始创新研究，如临床创新研究、基础创新研究等；尤其是要跟踪国家科技攻关课题、国家重点疾病防治课题研究的进展，及时实施选题策划。

3.临床普及选题　创新与普及相结合，是学术期刊的立足之本。根据某领域、应用技术和新方法等临床推广与普及的需要，有计划和有针对性地实施选题策划，以专题讲座、专题笔谈、继续教育等形式进行推广普及，使医务人员达到更新知识、普及新知识、新技术，指导临床实际应用的效果。

4.临床热点选题　在学科和学术发展中，特别是在临床实践中，其临床热点、难点、焦点问题是普遍存在的，作为学术期刊，就是要抓住临床、科研、教学中的难点问题实施选题策划，解决和回答临床亟待解决的热点问题。

5.学术前沿选题　作为学术期刊要纵览和跟踪国内外最新进展，将本领域和相关领域国际上的新理论、新发现、新进展、发展趋势和热点问题有重点地介绍给目标读者，这就需要有周密的选题设计和选题策划，以回顾或综述形式，反映国内外某一领域的研究历史、现状、进展和发展趋势，使目标读者一刊在手，纵览学科发展全局。

第六节　医学期刊选题策划的基本步骤

期刊的选题策划是编辑工作的一项重要而严肃的任务，来不得半点马虎和随意，否则就会造成选题失误或偏离初衷，给期刊带来不利影响和损失。因此，期刊的选题策划要遵循基本的相关信息及文献分析、市场调研（读者和学术）、选题设计、选题论证和选题优化等基本步骤。

1.期刊相关信息及文献分析　期刊选题策划要具有足够的选题依据，就必须获取大量相关信息，占有足够文献分析证据，编辑策划者要通过现代多媒体手段，纵览国内外相关领域的发展趋势和研究进展，收集和获取相关信息，研判和分析选题的必要性、先进性、可行性，通过海量文献分析，修正选题方向或选题定位，并通过信息和文献分析，从中发现新的选题线索或选题创意。因此，这一步骤是编辑选题策划者基本前提和准备。

2.期刊市场调研　所谓期刊市场调研，就是编辑选题策划化者要熟知和了解自己的客户（读者）的心理和实际需求，读者在想什么？读者需要什么？读者的困惑是什么？围绕自己的客户需求和亟待解决问题的基本路径去立题，才能策划出受读者喜爱和有生命力的编辑选题。另外，还要了解本领域国内外的学术发展市场状态，也就是本学科和相关学科领域学术发展的学术技术热点、难点、焦点问题和学科亟待解决的问题，从学科中寻找立题的支撑点，是编辑选题策划的基本立足基础。

3.期刊选题设计　在实施编辑选题策划之前，要对选题实施严谨而周密的选题设计，对其目标和预期所要达到的效益实施预测，其基本要点有如下几点。

（1）抓热点，选难点。在选题设计中，首先注意捕捉新的选题热点，本领域专家学者和专业人员所关注的学术问题和难点问题，就是期刊选题设计的基本方向。

（2）选题与整体匹配。严谨构思选题与期刊总体结构及总体设计的关系，避免与本刊总体设计和期刊总体结构发生冲突，防止违背本刊方针和办刊宗旨及期刊特色，也就是要与期刊整体设计相匹配。

（3）注意选题内容的创新点。这是选题的核心问题，其内容要新颖，避免与相关期刊已报道内容的雷同与重复，要具有独到之处。

（4）选题的效益分析和预测。编辑选题策划的目的就要效益，一是社会效益，二是学术效益，三是经济效益。要以社会效益优先，尽量做到三个效益兼顾，这是选题策划的最优效果和最佳状态。

在选题设计中还要注重设计的细节问题，如选题的专业或研究方向、选题撰写专家的遴选等；此外，对选题的具体操作和撰写要求，如题目的提炼、撰写的格式和结构、撰写内容的侧重点，甚至撰写的字数和提交稿件的期限等要求，都应设计好，并与约稿撰写专家进行有效沟通，编辑还要向约稿专家详细交代所约稿的背景、目的、意义，所要达到的目标等，尽可能让约稿专家理解选题的意图，同时启迪约稿专家的思路和撰写欲望及兴趣。另外，在选题设计时，还要注意选题中子题的数量与不同类型文章的科学匹配。例如，在选题的一组文章中，应具有基础研究、应用研究、评论性文章或学术导向性文章、述评、专论或综述性文章的合理搭配，以保证选题的效果。

4.期刊选题论证　在编辑选题策划之前，确定选题之初，应对选题实施科学论证，特别是对某些重大选题策划的编辑决策，要确保决策的正确性和科学性，实施必要的选题论证是应该考虑的问题。其论证的内容：①选题内容论证，对选题的内容设计提交相关专家、编辑委员、读者或作者讨论，征询其意见；②主题和形式论证，对选题的主题、选题形式和在期刊报道的形式征询相关专家和业内专家意见；③选题前景论证，对选题的创新性、新颖性、必要性和可行性咨询相关专家意见，并对选题市场前景，如读者需求前景、对学科或学术发展的前景、社会效益、学术效益和经济效益、存在的问题、进一步深入选题的方向等，做出分析和预测。

在选题论证的方式方面，可选择的方式方法比较多，这要根据选题的大小和难易程度决定其论证的方式，一般可采用以下几种方法。

（1）编委会讨论法：编委会是科技学术期刊的学术组织，具有对期刊学术把关和学术选题的智能，同时，编委也都是相关领域或专业的学术/学科带头人，对选题最有发言权。因此，对重大选题策划和选题计划，适时提交编委会开会对期刊进行讨论是期刊常规做法，也是实施学术把关的有效措施。

（2）调研分析方法：采用调查研究的手段，对其选题实施研究和分析，以确认选题的可靠性和必要性。

（3）组织研讨法：召集和组织相关领域的专家学者，对选题进行专题研讨，全方位研讨和论证选题的意义、前景，并提出选题方案或修正意见，完善选题内容。

（4）读者和作者调查法：科学设计问卷，向读者或作者发出问卷调查，广泛征询本刊客户（读者和作者）的意见，这是保证选题具有针对性和受到读者认可的重要途径。

（5）网上咨询法：将选题提交到本刊网站或微信群，征询广大专家、网友、读者和作者的意见，可引起广大读者和专业技术人员对选题的广泛期待、关注和跟踪阅读，是一种既经济，又具有广告效应的咨询方式。

（6）个性化咨询：对于非大型选题，如个别特殊文章、述评、专论等文章的选题，可通过电子邮件、微信、短信、电话等通信手段，直接向本刊总编辑、副总编辑、编委咨询征询意见，这样更便捷，而且咨询效率高。

5.期刊选题优化　事物总是在运动和变化之中的，俗话说计划赶不上变化，就是这个道理。因此，即使在选题方案确定后，还要对其题目、内容、选题设计、组稿计划、稿件评审等实施进一步修正和完善，在选题方案确定后和实施中都可以不断优化选题，尽量做到尽善尽美，优化完善。

第七节　医学期刊选题策划方法

在期刊选题策划实践中，掌握了正确选题方法就能达到事半功倍和预期效果，一般常用的选题策划方法有文献分析法、学术预测法、市场调研法、专家咨询法、目标读者调查法、座谈讨论法、专题研讨法、经验判断法、重点报道法、热点跟踪法、大数据分析法等。

1.文献分析法　这是编辑选题前常用的方法，通过对大量国内外文献的检索分析，获得选题灵感和选题依据，判断选题的必要性、可行性和选题价值。选题策划者要善于应用文献分析法对海量文献实施检索、搜集、鉴别、整理、综合、认识、分析和推导，从中获得正确的判断和结论。

2.学术预测法　学术预测是指选题者在掌握现有学科、专业和学术发展信息的基础上，应用预测方法学和掌握的信息及规律对学术发展未来做出的预测、评估和分析，以利达到事先或超前了解学术和学科发展进程及结果。学术预测常用的方法有临床应用评价法、经验估计法、文献综述分析法、逻辑推导法、学科发展趋势分析法、专家咨询法、相关学科调查预测法、读者作者调查法、典型调查分析法等。

3. 市场调研法　对临床应用前景、临床应用范围、临床推广程度等实施调研分析，编辑常用的市场调研方法有文献（文案）调研法、临床调研法、特殊调研法（如统计分析法）等。

4. 专家咨询法　是指选题策划者借助专家的专业知识、技术专长、经验、智力优势作为外脑智力资源，实施咨询、论证和决策建议。作为编辑选题策划者不可能对所有学科或专业学术研究中的热点和难点全部把握，编辑选题无从下手时需要延伸大脑，借助外脑实施编辑咨询，如召开编委会、征询编委对学术报道和选题的意见和建议，还可以向学科或学术带头人及专家咨询，征询意见。通过咨询提出的编辑策划一般更具有针对性，同时也会得到同行专家的支持，策划容易达到预期目的。

5. 目标读者调查法　选题受众是读者，读者喜欢什么，哪些内容对科研和临床有指导意义，只有读者最清楚。因此，选题策划要围绕读者需要进行，通过读者调查，征询读者的意见和建议，借此制订选题策划的方向和重点，这样选题会适合读者胃口，让读者满意。

6. 座谈讨论法　选题策划者对选题内容难以把握，可邀请专家、临床医生、读者召开座谈会，对选题策划内容、当前学术热点、难点和焦点问题进行座谈讨论，提出选题方向、建议和意见，为选题决策提供咨询参考，避免走弯路。

7. 专题研讨法　为使选题更深入读者和作者，推动选题领域的发展，扩大选题组稿范围，辐射和影响相关学科，可策划组织全国性或地域性专题研讨会，征集相关研究论文，组织专科或跨学科专家进行研讨，对研究趋势、存在的问题、建议和对策等可撰写完整的学术纪要，同时配合相关文章发表，这种形式可起到事半功倍的学术效果。

8. 经验判断法　选题者根据自身对学科、专业、技术、临床和学术的把握、凭借自身积累的实践经验判断而萌发的具有创新性选题构思，无须借助外脑的智力支撑，并经周密计划制订和完成的选题谋划方案。这种选题策划源于编者对学科和学术发展状况的准确把握，特别是对临床、科研进展和技术有非常深入的研究和了解，并具有丰富的编辑经验积累，体现了选题者的综合素质。

9. 重点报道法　选题者根据对专业或学术发展的需要，为推动或引导本领域学术发展，选题策划组织专题报道，拟订选题组稿计划和实施方案，并在期刊突出位置集中予以重点报道，即所谓的"重点号、专题报道"，这种选题策划形式是中华医学会系列杂志多年来成功的做法。

10. 热点跟踪法　学术报道要有针对性和时效性，作为编者或选题策划者，必须了解国家卫生工作重点和国家研究重点与方向，熟悉国家重点研究课题或重大科技攻关课题的实施计划，领衔科学家或课题承担者的研究动向与进展，适时跟踪，及时选题组稿；同时还要注意跟踪本学科学术带头的研究动向，国内外研究动向和进展，把握时机及时组稿，快速发表，这是选题组稿取得成效的重要方法。

11. 大数据分析法　利用国内外医学数据库和相关数据库，实施大数据和云计算分析，探寻本领域专家学者普遍关心的学术前沿、热点领域和热点问题，通过大数据和云计算，预测、分析和研判相关领域发展趋势和问题，为超前和创新性选题提供科学依据。

第八节　医学期刊选题策划基本策略

在医学期刊选题策划实践中，具有选题策划意识和选题内容还不够，还应注意选题实施策略和选题要点，正确把握选题策划的要领，在具体选题策划中应注意以下几点。

1. 显示综合，突出交叉　对于综合性医学期刊而言，其优势就在于"综合"，要发挥综合优势，就要纵览学科全局，引导学术发展的方向，报道具有交叉性和普遍关注的学术热点及难点问题，而不是与专科期刊"争稿源"。

20世纪80年代，我国医学科技界普遍存在科研设计的问题，影响了我国科研质量和学术论文发表的科学性、可靠性，成为学术界不可忽视的重大问题。作为综合性医学期刊的医学杂志敏锐地抓住这一问题，选题策划了"临床科研设计问题专题座谈会"，组织60多位我国各学科著名科学家进行座谈，会后组织发表了长篇会议纪要和述评文章，在当时医学界引起了极大反响，学者纷纷在期刊上撰文大加赞扬，称《中华医学杂志》在我国率先举起了重视科研设计的大旗。这一选题，引发和推动了我国医学界对科研设计的重视。杂志社注意连续跟踪策划，到了20世纪90年代，根据统计学应用和科研设计的新问题，又选题策划实施了"临床科研设计与统计学应用研讨"，会后组织发表的有关文章被国内多家医学期刊纷纷转载。

2. 突显专业特点，彰显学科特色　对于专科学术期刊，其特色之一就是"专"，因此，选题策划要在点和专上下功夫，突出专科特色，实施"单刀直入"的选题策划报道，使其选题内容即具有学科特色和专业特点，同时又具有专科深度，充分体现学术研究和学术内容的特异性。例如，《中华检验医学杂志》选题策划的"肌钙蛋白临床应用、自动化流水线临床应用、耐药监测、毛细管电泳技术、蛋白飞行质谱技术"等新技术临床应用，其选题策划都是以专业热点为切入路径，带有极强的学科或专业特色，因而取得了很好的学术效益和经济效益。特别是根据临床抗感染耐药的难题，选题策划的"细菌耐药监测与抗感染专题研讨"，组织多学科专家讨论，形成了专家建议、对策和共识，并以倡议书的形式，签名呈送政府有关部门，被国家食品药品监督管理总局采纳，并在人民大会堂召开新闻发布会，倡议书分别在《人民日报》《光明日报》《中国药房》等报刊发表，促使政府下决心将抗生素纳入处方药管理，这对控制抗生素滥用、促进合理用药、遏制细菌耐药流行趋势发挥了重要推动作用。之后，卫生部、各省、各地区细菌耐药监测中心、耐药监测网纷纷成立，促成了一个"专业领域"的诞生。在期刊发表的多期选题重点和述评文章，受到临床各科医师的关注和欢迎，对指导和促进临床合理应用药，提高抗感染治疗水平，节省有限的卫生资源发挥了积极作用。选题策划组织发表的文章有多篇入选"中国百篇最具影响的论文"。同时也取得了很好的社会效益和经济效益，同一期杂志三次再版印刷，其额外大宗发行量超过邮局发行量的数倍，还售出单行本几十万册，获得非常好的学术效益和经济效益。

3. 抓学科难点，突出临床热点　选题策划的基本要点是有的放矢，其选题策划的要点就是回答和解决学术研究中的难点问题，解决和回答临床热点问题，有针对性和超前性地引导和推动其学术研究，引领学术发展的潮流。

众所周知，基因诊断、基因治疗、基因预防是医学发展的方向，它涉及各个学科，具有很强的交叉性、边缘性、前瞻性和方向性，是基础医学和临床医学研究的前沿热门领域，也是医学科学研究的难点和热点。早在20世纪90年代《中华医学杂志》就超前实施选题策划，在国内外率先选题策划实施了"人类基因诊断和基因治疗与基因预防研讨"，并连续跟踪其研究发展，连续多次选题策划，发表了大量基础和临床研究及述评文章，每次研讨会都吸引了20多位多学科两院院士出席。当美国基因治疗发生"杰辛格事件"（临床基因治疗死亡病例）后，其研究从国内到国际都陷入低谷，甚至出现，质疑和迷茫和停滞。这一研究领域向何处去？为此，我们再次选题策划，申请召开了香山科学会议，即第149次香山科学会议，以"基因治疗研究与开发战略"为题进行讨论，出席会议的有政府官员和多位两院院士。会议成果以高级内参形式呈报国务院和政府有关部委。并根据会议共识整理了"我国基因诊断与基因治疗研究的战略重点"，署名多位院士和首席科学家，以长篇述评发表，进一步推动了本领域研究的健康发展。

4.关注学科焦点，培育临床亮点　选题策划要善于触及学术敏感点和焦点问题，以引起学术共鸣，同时还要注意扶植和培育学术或学科亮点，通过有效的选题策划，促进其成熟，完善学术或技术体系。

例如，《中华医学杂志》对癌转移临床热点问题的选题策划和报道，最终促成癌转移学会的成立和一个新兴学术领域的诞生。实践证明，医学期刊只要重视和发挥选题策划的作用，真正发挥优势，突出难点，体现热点，抓住学科关注的热点问题，以学术引导经营，会赢得读者，引来作者，吸引商者，实现学术效益、社会效益和经济效益的最佳结合。

5.关注企业成果，催生产品转化　转化医学是研究如何加快"从实验室到临床应用"的学问，也就是将科技成果如何尽快转化为生产力。而医学期刊可再延伸一步，通过期刊平台或学术媒介优势，将医药企业产品尽快推广到临床，扩大新产品、新技术和新方法的推广半径，选题策划编辑就是要及时跟踪医药企业新技术、新成果、新方法、新产品的发展，及时掌握医药企业新技术和新产品的问世，抓住时机为企业新技术和新产品的临床推广实施选题策划，为企业拓展市场，将医药企业具有临床应用价值的新产品推广普及到临床，促进成果转化。这会取得临床满意、患者满意、企业满意、社会满意、选题策划者满意的良好效果。

第16章

医学文章标题制式分类与修饰方法

标题（heading，title），又称文题、题名、题目、篇名。标题是文章的总纲，是用最恰当最简明的词语，反映出文章中最重要的特定内容的逻辑组合和研究主体、研究客体、研究方法和结论。标题是文章的眼睛，也是文章最精髓的集中体现，同时它还具有引导读者和文献检索的重要功能。因此，医学科技文章标题表达的规范性和准确性与否，直接影响医学科技文章的编辑质量和信息交流。

第一节　医学科技期刊文章标题分类

医学类文章标题的制式运用不是绝对的，首先应根据文章的类别、形式及其内容或研究主题来提炼标题，采用适当的标题制式，同时也要结合文章类别和栏目特点加以正确选择和修饰。主要应根据文章内容的需要来推敲和选择标题形式。医学科技文章的标题总体上分为母标题、子标题、次子标题。

一、医学期刊学术性论文标题制式分类

医学科研文章标题从词组类型上一般可分为词组型标题、动宾型标题、动宾偏正结构标题、陈述句标题等。词组型标题主要由一个或数个单词或词组单独或并列，按偏正关系排列组成；如果按其组成关系又可分为三类：一是单一概念标题，它是由一个不可再细分的和具有完整概念的单词或词组构成。由于这些单词或词组是文章的主要对象或研究主体，这也就是文章标题的中心词。二是多概念并列标题，它由两个或两个以上具有独立完整概念的词组并列组成。三是多概念偏正标题，由多个具有独立和完整概念的词或词组构成，而其中有一个受其他词或词组所修饰、限制或说明，这个被修饰、限制或说明的词及词组就是文章标题的中心词，它位于标题末，是与修饰、限制或说明它的词共同构成偏正关系。而动宾型标题是由动词和宾语共同组成的词组类型；动宾偏正结构标题以动宾词组充当中心词的定语；陈述句标题主要是用陈述句作标题。一般常见医学文章标题分类有如下几类。

1.提示式性标题　　这类标题以提示性语气警示相关领域的专业技术人员和读者注意，作者或研究者用自己的研究发现或临床经验提醒和警示同行，引起对相关发现和问题的关注和阅读，如标题：高碘对甲状腺疾病发病的影响。

2.评述式标题　　文章标题以评论的形式表达，以展示文章的类别、性质、主题和

观点所在，使读者对文章的观点一目了然。这类标题一般多用于评论性文章，如述评、社论、专家论坛、专论等评述性文章，作为科技学术期刊，这类文章一般由相关领域的学科/学术带头人或著名专家撰写，并且以约稿为主，主要是根据相关领域临床、科学科研、教学和学术发展中存在的问题，实施权威性和有针对性的评述，这类评论性文章具有较强的学术导向性和学术引导作用。例如，标题：我国基因诊断与基因治疗研究的重点。

3.直陈式标题　这类标题的特点是直接把研究结果或结论表达出来，比较直观，在标题中直接告诉读者和相关领域的专业技术人员其结论或要注意的问题。例如，文章标题：青霉素治疗儿童急性咽喉痛可降低链球菌感染后遗症的发生率。

4.联合式标题　这类标题具有新颖性，标题使用连词，如"和""及"等，把不同的研究内容或目的等巧妙地连接起来，丰富了标题的内涵。这类标题一般用于表达两个以上的研究主体，也可用于既反映其研究主体，又同时体现出其研究客体的重要性，同时也可以用于其他文章所提出两个以上问题的表达。例如，文章标题：突发性烈性传染病的诊断和防治建议，严重急性呼吸综合征的发病特点及病原学鉴定。

5.加强式标题　为使文章主题或问题受关注，更加醒目和震撼读者，并体现对某一研究主题的关注，标题语气较重。这类标题一般用于评论性或述评性文章，在文章中提出的问题对相关领域影响比较大，所提问题比较严重，迫在眉睫，对问题评述或论述的语气较重，需要引起相关领域的专业技术人员或管理者及决策者的高度重视并加以改正。例如，文章标题：加强细菌耐药性流行控制刻不容缓。

6.祈使式标题　这类标题表达一种要求和希望，比较明确地表达文章主题希望如何做，这类文章一般多为评论性文章，应该多由权威性强、学术影响大的著名学科/学术带头人撰写。例如，标题：应重视检验与临床的结合。

7."的"字式标题　这类"的"字式标题反映了某一研究或临床治疗的基本状态，它体现出的是静态的状况，反映的是相关领域常规技术或学术问题。例标，标题：儿童抑郁症的治疗。

8.提问式标题　此类标题是以提问的形式点出观点或研究主题，以激发和引起读者的兴奋点和兴趣，适应读者求知心理和激发读者求知欲望，因而有效调动读者阅读的积极性和阅读欲望；这类标题在学术性文章和科学普及性文章中都可以运用，能较好地达到意想不到的效果。例如，文章标题：食管癌发病的真正原因是什么？

9.否定式标题　此类标题直接反映出对某一研究主题结论和问题的否定，其结论鲜明，直接将研究结论或要回答的问题在标题中展现出来，也是对研究结论的直接表述，将核心问题直接告诉读者。例如，文章标题：激素替代治疗不能减低卵巢癌的危险性。

10.并列式标题　这类标题也是反映或体现不同研究主体及研究客体、研究目的或结论，特别是同一研究课题，有时研究的并非一个问题或两个以上的研究主体，但为了体现课题研究的整体性和文章所研究结果结论的系统性及相关性，为在同一篇文章中反映出来，避免拆开分别发表影响研究的整体性，这时可以用并列式标题加以体现。例如，文章标题：①移植静脉粥样硬化与管壁蛋白聚糖关系的实验研究；②静脉疾病的基础与临床研究；③石杉碱甲治疗阿尔茨海默病的有效性与安全性多中心研究。

二、医学科学普及性文章标题的特点及制式分类

科学普及性文章读者对象一般是非专业技术人员或大众人群，其目的是普及和推广医学科学知识，促进大众群体健康水平和疾病防治常识。因此，其标题要通俗易懂、引人入胜、形象生动，能吸引读者眼球，所以，科学普及性文章标题要采用多种表现手法提炼、推敲、斟酌标题，一篇精彩有趣的文章标题，可使读者牢记终生，记忆犹新。

1. 比喻式标题　这类标题采用比喻手法，以拟人和拟物，形象生动的比喻感染和吸引读者阅读，以展现文章主题和普及的内容。

例如，医学科学普及性文章标题：人体卫士，文章比喻血液中的白细胞抗菌和吞噬细菌的功能，生动和形象的普及血液白细胞的功能，使读者更容易理解。

例如，文章标题：医院里的侦察兵，比喻医院检验技术人员的工作特点或工作性质，展现医院检验技术人员的作用和意义，也凸显了检验专业人员的职业特点。

2. 幽默式标题　这类标题采用幽默和带有情趣的表现手法，把复杂深奥的科学理论和科学现象，以幽默有趣的表现形式加以拟题，形象生动地达到普及和讲清科学道理及科学知识的目的。

例如，文章标题：一颗豆粒的旅行。通过一颗未被消化的豆粒从食入到排出的全过程，通俗易懂地向大众普及人体消化道知识和食物消化的过程及常识，也说明了饮食和咀嚼功能的意义。

3. 点睛式标题　这类标题以点石成金的手法，直接点睛看穿实质和事物的本质特点，直截了当地告诉读者要了解的东西，一语道破天惊。例如，科学普及性文章标题：把好病从口入关。一语道破患病的重要关口和预防疾病的关键所在。

4. 评述式标题　这类标题以评论的形式展现事物本质和要普及的知识要点所在，以其充分的理论依据和实践证据评述某一主题，其说理性比较强，使读者信服。例如，文章标题：肥胖对心脑血管病的影响。

5. 判断式标题　此类标题主要以科学证据和因果关系，实施逻辑推理判断，在标题中展现对研究的结论或论断，以展现事物的本质规律，达到启迪思维，普及医学知识的目的。例如，文章标题：吸烟是肺癌发病的重要元凶。

6. 联合式标题　这类标题的特点是要体现两个以上主题或问题，并具有科学性和因果关系的主题或问题，它可以直接展现和告诉读者某一行为会造成的因果关系。例如，文章标题：运动与健康、饮酒与健康。

7. 提问式标题　在科学普及性文章中也经常用提问式标题，以激发读者的求知欲望和猎奇心理，促使读者迫切阅读和了解其结果。例如，标题：林黛玉死于何病？通过林黛玉所患疾病，普及结核病的防治知识。

8. 祈使式标题　这类标题一般体现对读者的劝告、叮嘱、请求等语气，从标题中就体现要求人们或读者做某事或不做某事；这类标题也使读者感到亲切、温暖和关心。例如，文章标题：老年人要积极预防骨质疏松症。

9. 直叙式标题　这类标题比较直截了当，标题中直接体现主题或结果，使读者一目了然，虽未阅读全文，但对文章的主要内容已经心中有数了。例如，文章标题：长

寿六要素。

第二节　医学文章标题的功能

1.标题的命名功能　世间的任何物质或事物都有名称，这样才有利于分类、记载、铭记和交流。文章也不例外，有了写作主题，完成了文章的写作，还要根据文章主题思想命名一个标题，以其最简短和精练的语言体现文章的研究主体和重要发现及结论，以便于发表、记忆、传播，引导读者选择性地阅读。

2.标题的导读功能　读者阅读书刊一般首先浏览标题，以了解文章的基本研究和结论内容，然后选择感兴趣和需要的内容阅读，因此，论文标题可引导读者阅读全文或指导读者阅读的价值取向。

3.标题的信息功能　科研论文标题是文章的首要信息，主题决定标题，标题体现主题。因此，论文标题是便于读者记忆和检索工具收录的信息载体。

4.标题的检索功能　一般而言，文章标题中体现了文章主要研究内容或主题，同时也含有和具备主要关键词或主题词，因此，文章标题是关键词、主题词的主要来源，为数据库索引和科技文献检索系统提供了主要检索关键词或主题词，以利于在任何时候使检索系统准确快速地检索到相应或类似研究的文献。

5.标题的分类功能　通过文章标题进行文章内容的学科和专业的分类，以利于文献计量学分析和学科及专业科研论文产出量的统计分析与文献管理。

6.标题编制目录功能　通过文章标题编制期刊或书籍目录，以利读者选择性阅读，为数据库和文献目录编制提供方便。

第三节　医学文章标题的结构与质量控制方法

医学科研论文具有记载创新科研成果、传播学术信息、交流学术思想、指导临床和医学科研实践的功能，而医学论文的标题是重要的信息载体和创新主体的集中体现，因此，要求医学科研论文命题要准确反映研究主体和主要内容，展现和提供最有价值的创新亮点和信息，故要求医学科研论文标题精练、简洁、鲜明、贴切、准确，同时又要有特异性、特色性、创新性和可检索性。

一、文章标题的语法结构

一般来讲，文章的标题应该是一个完整的句子，表达一个完整的意思，其主要修辞成分包括主语、谓语、宾语，有时还有附加成分，如定语、状语、补语。主语和谓语是标题的基本语法成分，但不是绝对的，不一定每条标题都具备各种语法要素，应根据文章主题和研究内容实际需要来提炼标题，运用适当的语法修辞形式。

二、医学文章标题的构词要素

作为一条规范、准确、精彩的标题，应该具备主要的词语要素，即主题词、中心词、限制词、关键词。为理解这些词在标题中的意义和重要性，首先对这些词有一个基本定义和大致的概念。

1.主题词　也称叙词，在标引和检索中用以表达文献主题的规范化的词或词组，也是体现科研论文或文章研究主体和客体及文章主要内容的主题词组。

2.中心词　简单地讲，中心词就是指与研究客体或主体相邻近的属；中心词也称中心语或定位词。要理解这个概念，必须具备一定的现代汉语语法知识。中心词是偏正短语中被修饰语所修饰、限制的中心成分。在含有多层定语或多层状语的偏正短语中，每一层定语或状语所修饰的中心语成分都是中心词。要注意这个概念，多层定语或多层状语，也就是说，定语＋名词（代词），状语＋动词（形容词），这两种结构中的"＋"后面的就是中心词。例如，《循证医学》"医学"就是中心词，"新书出版消息"中的"消息"就是中心词。

3.限制词　也称限定词，是揭示中心词与研究客体之间的种差。限制词是在名词词组中对名词中心词发挥特指、类指及表示确定数量和非确定数量等限制作用的词类。名词词组除有词汇意义外，还有其所指意义，是特指还是类指（即泛指一类人或物）；是有确定的数量，还是没有确定的数量。能在名词词组中表示这种所指意义的词类就是限制词。

4.关键词　关键词是图书馆学中的词汇，它主要反映文章主要内容或主题的词语，也是供编制目录、索引、检索等二次文献的特定信息要素。

在医学科研论文标题中，比较常用的为动宾结构和主题词结构两种表达形式。

（1）动宾结构：例如，医学科研论文标题

用纤维胃镜　观察　萎缩性胃炎患者　胃黏膜病理动态变化
　方法　　　动词　限制词　　　　中心词　　　　结论
　　　　　　　　　　　　主题词

动宾结构的标题一般由动词＋主题词构成，可以比较准确表达研究过程中所用的某种特殊手段或研究方法。

（2）主题词结构：例如，医学科研论文标题

偏头痛患者外周血液中　血小板超微结构的　变化
　限制词（多次）　　　　　　中心词　　　结论
　　　　　　　　　主题词

三、医学科研论文标题的词语组配

在医学科研论文的标题中，一般比较常见的是主题词结构，因此，准确地组配中心词及恰当地运用限制词进行逻辑限制，使其外延不至于过大或过小，是制做主题词结构标题的基本原则。同时还要兼顾特定信息词组的选配，使论文标题既表达准确又符合规范。

1.关键词的组配　医学论文标题中所用词语应该提供有助于编制题录、检索、索

引等二次文献的特定信息。也就是说，论文标题既要反映文章的研究主体、方法和结论，又尽可能兼顾关键词的标引，在标题中应含有一个以上的关键词，并特别注意尽可能选用《医学索引》（Index Medicus）中的医学主题表（MeSH）中的词，为国内外图书情报检索机构等文献检索系统收录和科技人员进行二次文献开发与利用提供特定的信息，使人们在任何时候和任何检索机构都能用规范的关键词检索出相应主题的研究文献，为科研选题和查新提供便利条件。

例如，医学科研论文标题

丙型肝炎病毒NS5a蛋白单克隆抗体的杂交瘤细胞株的建立及应用

关键词：丙型肝炎病毒；单克隆抗体；杂交瘤

2.医学论文标题中心词的组配　　在医学论文的标题中，如果中心词组配不当，如词的概念外延过大或过小，都会影响标题表达的准确性，甚至给人文不对题的感觉。因此，在进行标题词语组配时，应进行全面的分析，掌握好如下基本原则。

（1）明确研究方法与研究客体或研究主体：在一项科研课题或一篇论文中，对其客体的研究和在研究客体过程中进行方法学的探索是比较常见的，特别是实验诊断学（检验诊断学）研究论文，一般是以方法学研究为主，但在撰写论文或制作标题时，应严格区别其研究主体与客体的关系，否则容易将研究主体（方法学研究）当作研究客体，而把研究客体作为研究主体。当然，有的课题其研究主体本身就是对方法学的探索，因此，更要特别注意其研究主体与客体的关系，避免混淆，在同一篇论文标题中应主次分明，重点突出，符合逻辑关系。

例如，标题：　　垂体多激素瘤的　免疫组化与电镜研究
　　　　　　　　　研究主体　　　　研究客体

此例标题中的"免疫组化与电镜研究"运用欠恰当，研究主体与研究客体表达欠准确，重点不够明确。众所周知，免疫组织化学和电镜技术是常用的研究方法或手段，不是本研究的主体，本文研究的不是"免疫组化与电镜"，这两种方法或技术都是成熟方法，只是作为本课题的研究方法。而且该研究只检测了几种激素的变化和观察了细胞形态变化，所以，其限制词运用不当，外延过大，表达不确切。并且将研究主体与研究客体混淆。

可试改为

用免疫组化和电镜　观测　垂体多激素瘤的　激素与细胞形态学　变化
　　方法　　　　　动词　限制词　　　　中心词　　　　　结果

也可以试改为　垂体瘤　多激素与细胞形态　变化的研究
　　　　　　　限制词　中心词（并列）　　结果
　　　　　　　　　主题词

例如，医学科研论文标题：反相斑点杂交快速检测幽门螺杆菌基因突变方法的建立

本标题研究主体和研究客体表达欠准确，从标题难以判断"反相斑点杂交"是本研究的主体，还是"幽门螺杆菌基因突变"是研究主体，通过阅读全文，才了解本文研究的思路。作者是应用"反相斑点杂交技术"这一方法，也并非是作者"建立"了一种新方法，实际研究者是探讨"幽门螺杆菌基因突变"的位点、规律和其临床意义，同时验证了其快速检测方法的有效性，因此可试改为"反相斑点杂交在幽门螺杆菌基

因突变快速检测中的应用与临床意义"。

（2）中心词并列应确切：在实际科学研究中，有时在同一研究中涉及多个相关问题，而且又有因果及逻辑关系，分别论述会使研究成果缺乏系统性或失去分量，所以，难以将其分开论述，这在标题中一般常采用中心词并列的方法。但要特别注意明确并列中心词之间的主次及概念关系，一般以两个中心词并列较为常用，过多会造成标题复杂化，显得文字冗长，研究主体不明确等现象。

例如，标题

<u>我国食管癌的</u>　<u>流行病学与病原学</u>　<u>研究</u>
限制词（二次）　中心词（并列）　　结果
　　　　　　　主题词

通过阅读全文和分析，事实上，本研究只对某一地区的人群饮食习惯，即食用腌熏制品与食管癌发病的因果关系进行了调查分析，显然，标题采用"流行病学与病原学研究"为中心词并列是不够确切的，外延过大，人为地夸大了其研究范围，使本文显得头重脚轻，读者难以通过标题领悟到本研究的真正内容，其实反倒使读者失去阅读全文的兴趣；另外，本文的限制词运用也欠妥当，某一地区的某一人群很难代表全国，因此，应根据主要研究范围进行修正，可试改为

<u>某人群长期食用</u>　<u>腌熏制品与食管癌发病</u>　<u>关系的调查分析</u>
　限制词　　　　　　并列中心词　　　　结果　　动词
　　　　　　　主题词

如此修改，使研究主体一目了然，专业人员或非专业群体都会受到研究主体的吸引，迫切需要知道食用腌熏食品与食管癌发病的关系，以利引以为戒，防止自身发生食管癌，这样具有很强吸引力的研究主体，肯定会引导大量读者去阅读该文。

（3）限制词的组配：在一些研究论文中，往往研究或论述的是某一学科的某一个专业上的局部问题，一般很难有现成的通用单独概念的中心词可选配，因此，在论文标题中，往往要运用限制词对中心词实施修饰性限制，使其概念适当，并增加内涵，恰当地限制其外延，以避免形成"大题小作"和"小题大作"的现象，增强标题表达的准确性，使主题词概念更明确，论文主题更鲜明。

例如，标题

<u>低流量</u>　<u>血液透析过滤</u>　<u>300例临床研究</u>
限制词　　中心词　　　　　结果
　　　　主题词

本研究论文标题看上去表达比较模糊，什么低流量？前面缺乏定语或限制词。其实，本文的研究思路是根据慢性肾衰竭患者不能耐受常规血液透析的问题，而采用低流量血液透析，对其耐受性进行了观察。显然，标题对中心词"低流量血液透析"的范围未加限制，并运用临床研究，其概念也不明确。可试改为

<u>慢性肾衰竭患者</u>　<u>低流量血液透析的耐受性观察</u>
　限制词　　　　　中心词　　　　结果
　　　　　　主题词

（4）主题词的组配：主题词是表达论文主要研究客体的词组，正如前所述，只要

抓住主要的研究客体，正确运用中心词和限制词，主题词就能被准确地表达。

3.论文标题内容的基本要素 作为一条论文标题，一般应反映出研究的主体、对象、目的、方法、结论等，但这些不一定面面俱到，其表达模式或在标题中的位置也不是固定不变的，应根据研究的主体与客体，取其重点、恰当取舍。论文标题一般表达模式为主题词（一个以上）＋研究对象（或目的）＋研究方法＋结论（重要性或贡献）。例如，标题：<u>恶性肿瘤</u> <u>局部热疗后</u> <u>自然杀伤细胞活性</u> <u>变化及对肺转移影响的实验研究</u>、<u>偏头痛患者</u> <u>外周血液中血小板</u> <u>超微结构的变化</u>。

第四节 医学科技文章标题的质量控制要点

在编辑实践中，要提炼制作标题应做到四性，即准确性、鲜明性、生动性、新颖性。要做到这四点，必须在制作标题前，认真阅读文章全文，了解文章研究主题、主要结果和结论，熟悉文章研究的研究背景和意义，在理解文章要意的情况下，再提炼或修正文章标题。

1.表达准确，贴切生动 论文标题应不抽象、不笼统、不含糊其词、不夸张。医学科研论文标题，不像文学作品文章标题，可以采用夸张、描写、形容等写作手法，而医学科研论文标题要客观呈现该研究主题和重要创新发现，紧贴研究内容和研究主体，并准确予以展现。

2.简洁精练，亮点显著 文章标题应简洁精练，高度概括，集中体现，一般以不超过20个字为宜，最多在30字以内。医学科研论文标题忌讳繁杂和罗列概念，应简短干练，以展现主要研究主体和重要发现或亮点，并尽可能避免使用副标题。

3.重点突出，主题鲜明 对于一篇科研论文不可能在其标题中面面俱到，应突出重点，非重点内容和创新发现可在文中加以阐述即可，其标题主要是体现研究重点内容和重要发现或意义，做到突出重点，主题鲜明。

4.体现新意，避免雷同 具有原始创新性和重要创新发现的研究工作，一定要在其标题中予以展现，要突出科研论文的独创性和创新性内容的主要亮点，也就是说，创造性成果应有创新性标题，以增强标题的学术感染力。同时，应避免文章标题的雷同，要反映出本研究与其他相关研究的不同点。

5.突出特点，彰显特色 每一项研究课题和研究创新发现都具有其相应特点或特色，因此，制作、提炼或加工修改论文标题，应尽可能反映研究主体内容的特点或特色，这是与其他相关研究的主要区别，也是科研论文标题的亮点所在。同时，文章标题的词语应尽可能相称，醒目明快，突出特点。

第五节 医学论文标题修改范例

例1.原标题：乳腺癌组织中葡萄糖转运活性显著增高

试改为

（1）乳腺癌组织中葡萄糖转运活性显著增高的临床意义

（2）葡萄糖转运活性增高在乳腺癌早期诊断和预后判断中的价值

例2.原标题： 孕妇及胎儿体内铅、砷、镉、锰和锌元素水平及影响因素探讨

试改为：孕妇和胎儿微量元素与重金属水平及其影响因素

例3.原标题： 沙门菌检测的实时荧光定量PCR联合显色培养技术

试改为：实时荧光定量PCR联合显色培养技术在沙门菌检测中的应用

例4.原标题： 采用血清蛋白质组学方法筛选能诱发自身抗体的鼻咽癌相关抗原

试改为

（1）血清蛋白质组学方法在鼻咽癌相关抗原筛查中的应用

（2）蛋白质组学方法在鼻咽癌肿瘤标志物筛查中的临床意义

本研究筛选到13个NPC相关抗原，这些抗原能诱导患者产生自身抗体，这些抗体有可能成为NPC诊断标志和治疗靶标。

例5.原标题： 应用血细胞分析仪检测网织血小板在肿瘤患者化疗中的临床应用

本研究应用2100血细胞分析仪进行IPF检测精密度高，稳定性好；IPF可作为肿瘤化疗患者PLT生成情况的有效评估指标。

试改为：血细胞分析仪在网织血小板比率检测中应用及在肿瘤化疗评估中的意义

例6.原标题： 高效液相色谱法测定肿瘤化疗患者紫杉醇的血药浓度

试改为

（1）高效液相色谱法在肿瘤患者紫杉醇血药浓度检测中的应用

（2）患者化疗中紫杉醇血药浓度检测方法的建立与临床意义

例7.原标题： 高效毛细管电泳法检测甲氨蝶呤耐药细胞内整体DNA甲基化水平

试改为

（1）高效毛细管电泳法在甲氨蝶呤耐药细胞内DNA甲基化检测中的应用

（2）甲氨蝶呤耐药细胞内DNA甲基化检测方法的建立与临床应用

例8.原标题： 建立一种低速离心提高重组反转录病毒滴度和靶细胞感染率的方法

试改为：重组反转录病毒滴度和靶细胞感染率方法的建立与应用

第六节　医学文章标题编辑制作注意事项

1.构词严谨，概念一致　医学科研论文标题使用的各种概念应统一，不应将本质属性上无共同点的不同概念并列在一起。其标题中词语概念和用法应与文内保持一致性，避免标题中的词语表述、概念和内涵与文内出现差异，以免造成概念和逻辑混乱，影响文章表达的准确性和严谨性。

2.逻辑性清晰，概念明确　在文章标题的制作、提炼、斟酌或修改中，应注意标题概念和词语运用的因果关系，逻辑清晰，概念严谨，避免出现逻辑性缺陷。

3.缩写词和符号运用规范　在科研论文标题中缩写词和符号应用以公认公用为原则，尽量不用不常用的缩略语、代号或公式等。同时，应避免在文章标题中使用标点符号，人为造成断句，一条文章标题要表达和使用一个完整句式，对于连词应避免多

次出现或同一连词重复使用，以免造成标题零乱。例如，文章标题：<u>PCR</u>和<u>ELISA</u>检测<u>HBV DNA</u>

　　本文标题中多次使用英文缩写词，特别是不常用的缩写词，使读者难以理解，标题失去可读性和基本功能，而且标题表达过于简单，未能体现研究目的，使文章失去了应有的精彩和对读者的吸引力。

　　可改为：<u>聚合酶链反应和酶联免疫吸附分析在乙型肝炎病毒DNA检测中的应用及价值</u>

　　例如，文章标题：应用生物芯片技术<u>、</u>PCR技术研究支原体<u>、</u>幽门螺杆菌与胃癌的关系

　　本文标题多次出现标点，使标题零乱，逻辑关系表达不清，不能准确地表达文章研究客体和研究方法的关系，失去了文章标题应表达完整主题和精练的要求。其实很简单，在原词序和表达不变的情况下，合理而巧妙地运用连词就可以满足标题的要求，并且注意避免同一连词在同一标题中的重复出现。

　　可改为：应用生物芯片<u>和</u>PCR技术研究支原体<u>及</u>幽门螺杆菌<u>与</u>胃癌的关系

　　4.数词应用规范　　在医学科研论文标题中，数字一般用阿拉伯数字，而且尽量不用作主语，将数字用于标题之首，作为名词、形容词或定语用的数字一般用汉字，如二氧化碳，十二指肠等。

　　例如，标题：<u>686</u>例医院真菌感染的病原学分析

　　可改为：医院内真菌感染<u>686</u>例病原学分析

　　5.避免重复，可读性强　　在医学文章标题中应尽量避免同一词组或单词的重复使用，以及同音字或同意字的重复出现，以增强文章标题的可读性和规范性。

　　例如，标题：<u>糖尿病</u>　病人血糖连续监测对<u>糖尿病</u>诊断的意义

　　可改为：<u>血糖连续监测对糖尿病</u>　患者诊断的意义

　　6.连词运用应得当，避免重复　　对于并列关系的研究或重要发现，在标题中可巧妙运用联合式标题，并避免同一连词在同一标题中重复出现。下列标题不但连词重复，而且逻辑关系表达欠准确。

　　例如，标题：同型半胱氨酸<u>和</u>高敏C反应蛋白<u>和</u>纤维蛋白原<u>及</u>冠心病的相关性

　　可改为：同型半胱氨酸<u>和</u>高敏C反应蛋白<u>及</u>纤维蛋白原<u>与</u>冠心病的相关性

　　7.有的放矢、避免盲目　　在编辑加工中修改或制作标题时，编辑首先应通读全文，弄清作者的科研思路，在明确研究主题或研究主体与客体的前提下，明确研究的重要创新点和意义，在读懂全文的情况下，再思考和斟酌修改标题，以免盲目修改，南辕北辙，曲解原意，要确保标题表达的准确性和严谨性。

第17章

医学期刊评价指标与评价方法

医学期刊乃至整个科技期刊评价是一个复杂的问题，如何客观和科学地评价期刊，是科技期刊界和科学技术界一直在探索的命题。评价是指人类在社会活动的行为中发现其意义和价值，从而揭示价值内涵的方法与手段。而科技期刊评价则是对期刊的学术质量、期刊影响力、期刊知识服务能力、期刊品牌影响力和期刊价值做出的客观判断。如果从广义的科技期刊评价，其评价内容还应包括期刊的学术质量、编辑出版质量和政治内容的考量。期刊评价具有判断、评估、预测、选择、引导、激励和发现问题的基本功能，对促进科技期刊发展具有激励和助推作用。严格地讲，要客观而科学地评价一本科技学术期刊的真实学术价值，应该具有以下条件：①严谨的评价标准，也就是精品期刊或优秀期刊应具备什么标准；②完善而科学的主观和客观评价指标体系；③期刊评价的程序化设计。

在医学期刊评价指标中，具有一般的工作量统计指标和期刊影响力评价指标，了解和运用这些指标的评价方法和意义，对评价期刊影响力和办好期刊具有重要实际意义。因此，针对期刊内在质量和学术影响所进行的各种评判标准就是期刊评价指标，不同指标从不同的角度反映了期刊的质量和影响力，合理构建期刊评价指标就构成了期刊评价的指标体系。期刊评价指标是文献计量学研究的重要组成部分，它通过对学术期刊的发展规律和增长趋势进行量化分析，揭示学科文献数量在期刊中的分布规律，为优化学术期刊的使用提供重要参考，同时可以提高学术期刊的内在质量，促进学术期刊的健康成长和发展。

第一节　医学期刊编辑工作量统计分析指标

1.总刊出率　是指一定时期内期刊全部收稿中最终刊出稿所占的比率。在实际统计计算时，通常统计某年度刊出稿在该年度全部收稿（包括上年度存稿）中所占的百分率。其计算方法为

$$总刊出率 = \frac{全年刊出稿篇数}{全年收稿篇数 + 上年度存稿篇数} \times 100\%$$

这一指标主要反映期刊稿源的充足度与用稿的精选度。一般来说，综合性医学期刊和专业范围较宽的期刊，一般来稿量较大，其总刊出率一般不宜超过20%；而专科医学期刊和专业范围较窄的期刊，其来稿量相对较小，一般总刊出率应控制在30%

左右。

2. **时段刊出率** 是指在某一时段稿件刊发的比率，这是衡量和评价某时段稿件刊出的量化指标。例如，医学期刊一般为缩短发表时滞，最大限度地缩短稿件发表周期，一般规定并考核期刊或编辑年内刊出率、280天刊出率、180天刊出率指标，以考察稿件的处理周期，衡量期刊或编辑工作效率。它是指某一时期内刊出稿件中，从收稿到刊出的时间不足1年、280天或180天者所占的比率。医学期刊通常统计某年度收稿后不足1年、280天或180天刊出的稿件在全年刊出稿中所占的百分率，以考核或评价期刊编辑部对稿件发表时滞和处理效率。其计算方法为

$$时段刊出率 = \frac{年刊出稿中某一时段（1年或280及180天内）刊出篇数}{全年刊出篇数} \times 100\%$$

这一指标主要反映期刊刊出稿件的时效性。医学期刊一般要求1年内刊出率要求均达到100%；280天内刊出率要求周刊达到95%，半月刊达到85%，月刊达到75%，双月刊达到60%，季刊达到45%；180天内刊出率，要求周刊达到60%，半月刊达到45%以上，月刊达到35%以上，双月刊达到25%以上，季刊达到15%以上。

3. **某时段稿件处理率** 这也是衡量医学期刊稿件处理效率的评价指标，它是指一定时期内收到稿件中，在3个月内已具有处理结果的稿件比率，它包括拟刊用、退稿或修改后重审等处理结果的稿件，并且已将处理结果通知作者的稿件所占的比率。医学期刊通常统计某年度3个月内已处理稿件在全年收稿中所占的百分率。其计算方法为

$$某年度稿件处理率 = \frac{全年3个月内处理稿篇数}{全年收稿篇数} \times 100\%$$

这一指标主要反映医学期刊处理来稿的及时性和工作效率。根据《中华人民共和国著作权法》规定，作者向期刊投稿30天内未收到通知决定刊登的通知，作者可以另投他刊；而双方另有约定者除外。根据此规定，医学期刊，特别是中华医学会系列杂志一般在稿约中写明来稿3个月内未收到通知决定刊登的，作者可另投他刊。到3个月尚未做出是否刊用或退稿决定的，编辑部应及时通知作者，并尽快决定处理结果。医学期刊一般要求3个月内处理率应达到100%，但在目前条件下难以完全办到。因此，要求3个月内处理率达到85%以上，其余在6个月内处理完毕。

4. **组稿率** 这也是一项医学期刊工作效率评价指标，它是指某一时期内刊出稿件中组稿所占的比率。通常统计某年度刊出的组稿在全年刊出稿中所占的百分率。其计算方法为

$$组稿率 = \frac{全年组稿刊出篇数}{全年刊出篇数} \times 100\%$$

这一指标主要反映医学期刊编辑策划和选题策划的主动性和能动性，由被动编辑模式向主动编辑模式的转变，也体现了编辑的思想性。一般医学期刊的组稿率控制在20%～30%，也不宜过高或过低。组稿方式包括函约、面商、公开征稿和召开专题组稿座谈会等选题策划。

5. **重点号刊出率** 这是一项期刊编辑工作效率和质量的评价指标。它是指某一时期内，一般以统计某年度重点号刊出数量为主，也就是在期刊总期数中重点号刊出所占的比率。其计算法为

$$重点号刊出率 = \frac{全年刊出重点号期数}{全年刊出期数} \times 100\%$$

这一指标主要反映医学期刊的总体设计、学术导向性和选题策划的编辑质量与效率的量化指标。医学期刊的重点号主要是在每一期杂志中具有某一学术报道的侧重点，一般应以配合国家医药卫生工作重点、医学科研攻关重点工作重点或重大公共卫生问题及重大学术热点问题实施的具有学术导向性的重点报道，以反映本学科领域重要研究进展、热点和难点问题为目标，编辑部策划组织一系列高质量的学术论著，配以述评、专论、专家论坛、座谈纪要、综述、专题讲座等，从各方面进行学术引导性报道。医学期刊重点号一般要求应占全年期数的1/2以上。

6. 基础研究与临床研究的比例　这是指某时期内刊出内容中基础医学研究与临床医学（包括预防）研究的比例。在实际计算时，医学期刊通常统计某年度刊出的基础医学研究论著性稿件与临床医学研究论著性稿件分别占全部刊出篇幅的百分率。其计算方法为

$$基础与临床比例 = \frac{全年基础研究论著刊出页数}{全年刊出页数} \times 100\%$$

这一指标主要反映医学期刊基础医学研究与临床医学研究报道的协调性、实用性。医学期刊既要重视重大基础医学创新性研究的报道，同时又要注重临床医学研究的报道，以指导广大临床医务人员的临床实践。根据医学期刊的办刊方针和宗旨及读者定位，对于临床医学类期刊，基础医学研究应适当控制其发表的数量，一般应控制在15%左右，临床医学研究稿件，其中包括基础医学研究与临床应用结合的稿件应占70%左右比较合适。还有15%左右为其他各类体裁和不同内容的文章。但在以基础医学研究为主的期刊，则适当控制临床医学研究类文章的刊出数量和比例。

7. 刊出提高性内容与普及性内容比例　这是衡量和评价医学期刊提高性与普及性及实用性强弱的指标，它是指某时期内刊出内容中提高性研究内容，尤其是基础性研究内容与普及性内容的刊发比例。一般是统计某年度刊出的提高性研究内容稿件与普及性内容稿件分别占全部刊出篇幅的百分率。其计算方法为

$$提高性内容比例 = \frac{全年提高性内容刊出页数}{全年刊出页数} \times 100\%$$

$$普及性内容比例 = \frac{全年普及性内容刊出页数}{全年刊出页数} \times 100\%$$

对于以临床医学研究报道为主的期刊，一般应以50%左右篇幅报道高水平的原始创新研究内容，如新进展、新成果等；同时注重普及性内容的报道，一般以50%左右篇幅报道普及内容，以保证基层医疗机构的广大医务人员的实用性与普及性，以利指导基层医务人员的临床诊疗实践活动，最大限度地占有读者群。

8. 出版准期率　这是衡量和评价期刊出版效率的评价指标，它是指某时期内（通常统计某年度）期刊出版各期中准期出刊所占的比率。其计算方法为

$$出版准期率 = \frac{全年出版准期数}{全年出版期数} \times 100\%$$

这一指标主要反映医学期刊出版的准时性，是考核出版印刷人员的工作效率指标，

以及评价期刊按时出版，期刊按时与读者见面，期刊非准时出版或延期出版的指标，出版准期率达不到要求是对读者合法利益的侵害，应当严格期刊的按时出版，一般医学期刊出版的准期率要求达到100%。

9.编辑出版差错率　这是衡量期刊或编辑出版人员工作质量的统计指标或评价指标，它是指某时期内出刊各期的编辑出版和排版印刷错误发生的频率或占总字数的比率。一般统计某年度所有各期中编辑、校对和排版印刷错误数占总字数的百分率。其计算方法为

$$编辑出版差错率 = \frac{全年编辑出版差错数}{全年出刊总字数} \times 100\%$$

这一指标主要反映期刊编辑、校对和排版印刷工作的质量和严谨性。编辑出版期刊中的文字、图表和数据错误，一般均应予以统计计算，它反映了期刊编辑出版人员对工作的认真程度和工作质量；特别是对其中影响文章含义、概念错误、作者和单位署名错误等问题，必须要刊发更正的错误，应严格加以控制，一般要求控制在1/30 000。

10.刊后自查率　这是衡量医学期刊质量控制的评价指标，它是指某时期内，一般统计某年度期刊出刊后编辑部自行检查质量的期数占总期数的比率。其计算方法为

$$刊后自查率 = \frac{全年刊后自查期数}{全年出刊总期数} \times 100\%$$

这一指标主要反映医学期刊贯彻落实审读制度及期刊质量管理的情况和严肃性，一般要求期刊出刊后认真进行质量自查，并认真如实填写期刊质量自查表，对达到要求者方可计入自查期数。一般要求出刊后自查率要达到100%。

11.获奖成果首发率　这是衡量医学期刊发表科研论文学术质量和水平及科研成果首发情况的评价指标，它是指某时期内获得国家级和省部级科技成果奖项目中，其相应医学科研论文在本期刊首发或发表刊出所占的比率。在实际统计分析和计算时，一般以统计某年度公布的国家和部级科技奖及中华医学科技奖项目中，在本期刊专业范围相关项目的医学科研论文在本期刊当年或以往年份首先发表刊出的百分率。其计算方法为

$$获奖成果首发率 = \frac{某年度国家或部级科技成果奖中本刊发表数}{某年度国家或省部级获奖成果总数} \times 100\%$$

这一指标主要反映医学期刊学术上的创新性、先进性和权威性，是医学期刊学术水平与学术影响力高低的重要衡量及评价指标。此外，还可以统计获奖成果刊出率，也就是在某年度内，期刊发表医学科研论文的总数，其中获得国家和省部级科技成果奖的比率或百分率。其统计分析和计算方法为

$$获奖成果刊出率 = \frac{某时期内刊发获国家和省级科技成果奖论文篇数}{同期发表医学科研论文总篇数} \times 100\%$$

这一评价指标能够较好地反映医学期刊的学术质量和学术权威性，也体现了医学期刊的学术影响力。

12.基金论文比　这是反映和衡量医学期刊发表国家和省部级科研基金资助课题论文数量的统计与评价指标，它集中体现了本刊发表国家自然科学基金、国家科技攻关

专项基金、重大科技项目基金、国际科研基金和省部级科研基金等资助课题论文，在某时期或某年在本期刊发表的数量和比率。它反映了医学期刊的学术质量和学术水平，也从一个侧面反映了某医学期刊对科学家论文发表选刊的价值取向与影响作用。这是一项比较客观地反映医学期刊质量和水平的重要评价指标。其统计分析和计算方法如下所示。

$$基金论文比 = \frac{某年度内刊发国家和省级科研基金论文篇数}{同期发表医学科研论文总篇数} \times 100\%$$

13.国际论文比 这是衡量和评价医学期刊国际化程度的统计指标，它主要反映国外作者或科学家在本刊发表科研论文的数量，其国际作者发表科研论文比例越高，说明期刊的国际影响和国际化程度越高，这是衡量医学期刊是否达到国际化期刊的重要指标，仅仅在期刊编辑委员会成员中增设几个跨国编委，这根本算不上国际化医学期刊，要成为国际化期刊，必须扩大国际影响力，增加和吸引国际作者特别是多国作者或科学家投稿发表科研论文，才能创办真正意义上的国家化医学期刊。其统计计算方法是

$$国际论文比 = \frac{某年度内刊发国际作者论文篇数}{同期或年度内发表医学科研论文总篇数} \times 100\%$$

第二节 医学期刊影响力及学术价值评价指标

1.总被引频次 是指该期刊自创刊以来所登载的全部论文在统计当年被引用的总次数。这一评价指标是一个绝对数量值，它是比较客观地反映期刊被作者引用情况的评价指标，而且充分显示了该期刊被其他作者或读者关注的程度，同时也体现了所发表文献的学术价值和被同行关注的范围和程度，在某些意义上也体现了期刊在学术交流中的作用和学术地位。

2.期刊影响因子（impact factor） 是指该期刊前两年发表的论文在统计当年被引用的总次数与该刊前两年发表的论文总数之比。在1998年，美国科技信息研究所所长尤金·加菲尔德（Eugene Garfield）博士在《科学家》（*The Scientists*）杂志中叙述了影响因子的产生过程。这说明他最初提出影响因子的目的是为《现刊目次》评估和挑选期刊。人们所说的影响因子一般是指从1975年开始，《期刊引证报道》（*Journal Citation Reports*，JCR）每年公布上一年度世界范围期刊的引用数据，并给出该数据库收录的每种期刊的影响因子。JCR为世界著名权威性综合数据库，它的引用数据来自全世界的近万种期刊。其学科专业范围涵盖了自然科学、科学技术和社会科学；JCR是当前世界上评估或评价学术期刊比较好的综合性工具。

影响因子评价指标目前已成为国际上通用的期刊评价指标，它不仅是一种测度期刊学术价值和显示度的指标，也是测度期刊的学术水平和论文质量的重要参考指标。影响因子作为一个相对统计量，并非评价期刊或科研论文影响力的绝对客观标准。从某种意义上讲，其影响因子越高，期刊的影响力就越大；但实际上对于某些综合性期刊，由于其发表研究的领域广泛，因此，其引用率也比较高，国际上影响因子较高的

医学科技学术期刊，大多数为综合性医学期刊。影响因子评价指标尽管在某些程度上可体现学术质量的优劣，但其影响因子与期刊学术质量或科研论文间不呈线性关系，可以说，影响因子为8.5的期刊，很难讲就优于影响因子为3.0的期刊，也就是说，期刊影响因子不具有对学术质量实施精确定量评价的功能和价值。其计算方法为

$$期刊影响因子 = \frac{该期刊前两年发表论文在统计当年被引用的总次数}{该期刊前两年发表文章总数} \times 100\%$$

3.即年指标（immediacy index）　是衡量和评价期刊即时反应速率的指标，其主要功能是表述期刊发表的论文在当年被引用的情况。其意义在于可确定某一特定期刊在当年被引用的速度，特别适用于评估新创办的期刊，分析其在研究领域专业期刊中的影响力。其计算方法为

$$即年指标 = \frac{该期刊当年发表论文的被引用次数}{该期刊当年发表文章总数} \times 100\%$$

4.他引率　也称为他引总引比，主要指某期刊的总被引频次中，被其他期刊引用次数所占的比例。他引率分析指标是利用数学、统计学和文献计量学的方法进行比较、归纳、抽象和概括的逻辑方法，对科技期刊、科研论文、作者等分析对象的引用和被引用现象进行定量分析，其目的是揭示数量特征和内在规律。他引率分析具有三种基本类型：一是数量分析，主要用于评价期刊、科研论文，分析科技文献情报流的规律；二是网状分析，主要用于揭示学科结构、学科相关程度和进行文献检索；三是链状分析，期刊或科研论文间存在着"引文链"，对引文链状结构的分析，可揭示科学或科研课题的进程。他引率指标的意义在于它体现了非本刊作者对本刊所发表文章的关注，是评价期刊学术质量和影响力的重要参考指标。其计算方法为

$$他引率 = \frac{被其他期刊引用的次数}{期刊被引用的总次数} \times 100\%$$

5.自引率　这是体现或评价科研成果连续性的指标，与他引率指标相对应，它是指该期刊全部被引次数中，被该期刊本身引用次数所占的比例。自引率一般不可过高，在15%左右基本属于正常，若自引率过高，甚至曾有的期刊自引率达到50%以上，这似乎不大正常，可能有人为操作的嫌疑。其计算方法为

$$自引率 = \frac{本刊自引的次数}{本刊被引用的总次数} \times 100\%$$

6.被引半衰期（cited half-life）　是确定被引用期刊的刊龄基准，它主要显示期刊从当前年度向前推算引用数占截至当前年度被引用期刊的总引用数50%的年份数，也就是指该期刊在统计当年被引用的全部次数中，较新一半被引论文发表的时间跨度，这就是说，从以前某时刻到现在的时间跨度N内的引用数占该期刊自创办起至今的总引用数的一半，N就是被引半衰期。被引半衰期是测量期刊老化速度和学术生命周期的一项评价指标，一般来讲，被引半衰期长的期刊比相对较短的期刊其学术影响力更加深远。被引半衰期通常不是针对个别文献或某一组文献，而是指某期刊、学科或专业领域的文献总和。

7.平均引文率（mean citing rate）　是可测度期刊的平均引文（引证文献）水平，考察期刊论文吸收他人学术思想的水平。主要指该期刊在统计当年发表的每一篇论文

平均引用的参考文献数。其计算方法为

$$平均引文率＝\frac{该刊当年刊出论文所引用参考文献量}{该刊同期来源文献量}×100\%$$

8.引用半衰期（citing half-life） 它主要指从当前年份开始往前，其引文数目达到目前截至当年引用期刊提供的总引用数50%的年份数，其意义在于除了衡量医学期刊学术效用的寿命长短外，还可以通过与被引半衰期比较，评价医学期刊的编辑策略的效应。

9.来源文献量 它主要指该期刊在统计当年发表的全部论文数，其主要体现和说明统计期刊被引数据的来源。

10.参考文献量 主要指该期刊在统计当年发表的论文所引用的全部参考文献数，这是衡量医学期刊科学交流程度和吸收外部信息能力的评价指标。但是，有的医学期刊为了压缩版面，人为地删减作者参考文献的数量，也有的医学期刊在稿约中就说明了引用参考文献的限制数量，这样就使这一指标的意义打了折扣。

11.平均作者数 这是指该期刊统计当年每一篇论文平均拥有的作者数，它是衡量医学期刊科学或学术生产力的评价指标，也说明其课题研究的参与规模与合作研究的格局。

12.地区分布数 这主要指该期刊统计当年登载论文所涉及的地区数量。这是衡量期刊论文覆盖面和全国影响力大小的评价指标。

13.机构数 这主要指该期刊统计当年刊出的论文的作者所涉及的医疗科研院校（所）的机构数量。它也是衡量医学期刊科学和学术生产力的评价指标。

第三节 医学期刊相关评价指标

1.H指数（H-index） H指数是一项混合量化评价指标，它最初是由美国加利福尼亚大学的物理学家乔治·赫希（Jorge Hirsch）在2005年首先提出来的，其目的是用于量化科研人员作为独立个体的研究成果。Hirsch的原始定义为，个体科学家的H指数是指其发表的N_p篇论文中有H篇每篇至少被引H次，而其余$N_p－H$篇论文每篇被引均小于或等于H次。H指数也称H因子（H-factor），是评价专家学者学术成就的新方法。H代表"高引用次数"（high citations），科研人员的H指数是指他至多有H篇论文分别被引用了至少H次，H指数能够比较准确地反映科学家的学术成就。例如，某科学家的H指数越高，则表明他的研究论文学术影响力就越大。假如某科研人员的H指数是20，这说明其已发表的论文中，具有被引用至少20次的科研论文总共有20篇。因此，H指数是一项用于科学家个体科研绩效评价的文献计量学评价指标；自诞生以来，H指数得到了国内外科技情报学界和科技期刊界的广泛关注，由开始用于科学家个体评价迅速推广到用于科技期刊、研究机构、科研基金资助项目、学科研究热点等方面的科学评价。

H指数的计算方法：一般要确定某人的 H指数，首先登陆 SCI 网站，先检索出其发表的所有被 SCI收录的论文，再按被引次数从高到低排列与核对，直到某篇论文的序号大于该论文被引次数，将该序号减去1就是某科学家的H指数。其实，H指数不仅用于科学家个体的评价，也可以用于具有相同来源项的评价对象，如医学科研群体、学术共同体、学术期刊等评价。

2.特征因子（eigenfactor）　是2007年由美国华盛顿大学和加利福尼亚大学的研究小组发布的新的期刊引文评价指标。特征因子与影响因子和H指数都是单纯依靠引用的数量来判断期刊影响力的差异，而特征因子的基本假设为，假如期刊越多地被高影响力的期刊引用则其影响力也越高，当然也就满足和实现了引文数量与质量的综合评价。特征因子的分析原理类似于Google的"网页排名"，其两者都基于网络理论，它的区别在于Google是利用网页链接，而特征因子则是借助引文链接，但都基于整个网络结构对每篇论文的重要性进行评价。而期刊特征因子使用JCR数据源，重在构建剔除自引的期刊5年期引文矩阵，以类似于PageRank的计算方法迭代计算出期刊的权重影响值，从而实现引文数量与价值的综合评价。因为影响因子和H指数只考虑了施引文献的数量，其功能未涉及施引文献的质量问题，因而显现出影响因子诸多缺陷，如容易被人为操纵、统计错误、跨学科比较限制、选刊源标准、非英文期刊等干扰因素。

3.Web即年下载率　是指期刊在某一期刊全文数据库中当年出版并上网的文献在当年被全文下载的次数与该期刊当年出版并上网文献总数比率。它反映了阅读频率，较好地体现了期刊在读者中的扩散程度，更加真实地反映了期刊中论文流通和被读者阅读的情况。其计算方法为

$$Web即年下载率 = \frac{该期刊当年出版并上网文献当年被下载的篇次总和}{该期刊当年出版并上网文献总数} \times 100\%$$

4.引用刊数　这一期刊评价指标主要衡量和反映被评价期刊被使用的范围。它主要体现引用被评价期刊的期刊数量，其引用期刊越多，这说明期刊的使用半径越大，期刊的学术传播范围越大，期刊的学术影响力也就越大。

5.他刊影响因子　是客观反映期刊影响力的评价指标，他刊影响因子主要是指其他期刊引用本期刊的影响因子，即该刊前两年论文被其他期刊在统计年引用的篇均次数，这一评价指标客观上能排除自引文献量对影响因子的不正当影响和干扰，可以更加客观地反映期刊的学术水平和学术影响力。

6.扩散因子　这是用于衡量和评价期刊影响力的评价指标，它主要显示其总被引频次扩散的范围。其具体意义在于为该期刊当年每被引100次所涉及的期刊数量。它说明期刊的辐射半径，也就是说，其辐射半径越大，期刊扩散范围越广，其学术传播范围越大，期刊的学术影响力也就越大。其计算方法为

$$扩散因子 = \frac{总被引频次涉及的期刊数}{总被引频次} \times 100\%$$

7.学科扩散指标　这主要指在统计源期刊范围内，引用该刊的期刊数量与其所在学科全部期刊数量之比。它的意义在于衡量或说明该刊的学术内容的学科交叉性，也体现了该刊对其他学科或专业期刊的辐射半径和学术传播范围，当然也说明该刊对其他学科期刊的学术影响力。其计算方法为

$$学科扩散指标 = \frac{引用刊数}{所在学科期刊数}$$

8.学科影响指标　这一评价指标主要指期刊所在学科内，引用该刊的期刊数占全部期刊数量的比例。这一指标的意义在于说明该刊在本学科领域的影响力，也说明期刊在本学科领域的学术领衔作用，是本学科领域旗帜性领衔期刊。

$$学科影响指标 = \frac{所在学科内引用被评价期刊数量}{所在期刊数量}$$

9.文献选出率　按统计源的选取原则选出的文献数与期刊的发表文献数之比。

第四节　医学期刊全面质量评价内容

医学期刊的评价应建立在全面质量管理与全面质量控制的基础上，不仅要重视期刊的学术质量、期刊学术影响力和期刊品牌影响与价值，同时也要重视期刊的整体设计、编辑规范化、编辑出版、印刷装帧、广告刊登质量和政治性质量等评价。采用定量评价、定性评价、期刊自主评价与第三评价相结合，实施期刊的全面质量和影响力的评价。

一、医学期刊政治质量

医学科技学术刊物要恪守政治规矩，避免出现政治导向性错误，其刊载内容和出版过程等方面应严格避免有违党和国家方针、政策的重大问题，尤其是被国家期刊管理部门给予处罚，应视为不合格期刊的政治性问题。

1.政策法规　对执行国家有关新闻出版、版权、保密、专利、广告、科技、医药、卫生、人口、环保及国家主权与外交等方面，应严格恪守其相应法规、政策、条例及其他有关规定。遵守国家出版管理法规和期刊出版管理规定的相关要求。

2.办刊方针及办刊原则　坚持四项基本原则，贯彻执行党和国家科技政策和医药卫生工作方针，促进医学创新和卫生事业发展。履行办刊宗旨和学科报道范围，坚持以社会效益为主，兼顾经济效益。

3.坚守医学伦理和道德规范　以弘扬科学的世界观、方法论和科学精神，避免和反对各种伪科学。严格遵守医学科研伦理道德规范和医学伦理道德，避免和控制学术不端现象发生。

二、医学期刊学术质量

医学期刊学术质量以创新性、科学性、真实性、学术导向性和实用性为标准。①创新性：对医学科研论文发表要求具有原始创新、新发现、新认识、新理论或修正、补充、否定已有理论或技术方法，探索或研究出具有实际意义的新问题，引领或代表学科发展前沿。②科学性：所发表医学科研论文其研究方法先进、医学科研设计严谨、医学统计学分析方法合理正确，研究数据和结果真实可靠，结论合理可信。③真实性：医学期刊所发表的科研论文其实验数据、研究对象、结果和结论要求必须真实可信，所涉及的材料、图片、实验过程必须是作者亲自做出来的，属于研究者或作者自己的创新性思维和学术思想，严禁抄袭、剽窃、伪造、数据造假等学术不端行为；编辑要履行好学术把关的作用和责任，严格执行医学期刊审稿流程，确保所发表科研论文成果的真实性。④学术导向性：研究成果具有较强的学术导向性和引领性，既具有促进专业深入研究，又具有促进疾病预防和诊断治疗的意义。⑤实用性：医学科研论文其结果既具有可重复性，又具有在疾病预防和临床诊断治疗中的实际应用意义，注重理论与实践、基础与临床、科学普及与提高相结合。期刊评价指标结构要求如下所示。

（一）期刊学术质量评价指标

1.期刊总被引频次　指该期刊自创刊以来所登载的全部论文在统计当年被引用的总次数，以其在本学科专业领域影响相对值（即在同专业领域被引频次排名中所处水平）进行评价。

2.期刊影响因子　为期刊前2年发表的论文在当年的被引次数除以该刊前2年发表的论文总数，以本学科专业领域影响相对值进行评价。

3.期刊他引率　指该期刊全部被引次数中，被其他期刊引用次数所占的比例，以其在本学科专业领域影响相对值进行评价。

4.期刊自引率　指该期刊全部被引次数中，被该期刊本身引用次数所占的比例。要区分合理自引和人为蓄意自引，此外，还要考虑因为学科不同可能导致的自引率不同，一般而言自引率应＜30%。

5.期刊基金论文比　是指省部级及其以上各类基金资助的论文占所发表全部论文的比例。基础研究类与临床应用类期刊应分别评价。

6.科技成果首报率　计算期刊单位时间内，其发表的原创科研论文获得国家和省部级等以上科技成果奖所占比例。

（二）期刊学术质量评价参考指标

1.期刊国际化程度　①被本领域世界著名专业检索系统或数据库收录，能被世界同行检索或了解；②在国际上具有一定知名度，具有一定数量的跨国作者论文发表；③期刊具有一定数量的国际发行，期刊为国际通用语言或双语期刊（英文摘要）出版；④具有一定数量的跨国编委；⑤属于具有相对国际优势的学科，应根据期刊语种及专业特点选取评价指标或分别评价。

2.获奖论文数　科技奖项目是指国家、省部级最高科学技术奖、自然科学奖、技术发明奖、科技进步奖和国际科学技术合作奖。

3.期刊影响因子　是指该刊前5年发表的论文在统计当年的被引用总次数除以该刊在前5年内发表的论文总数，以其在本学科专业领域影响相对值进行评价。

4.期刊平均引文数　指来源期刊每一篇论文平均引用的参考文献数；主要用于评价基础研究类期刊。

5.期刊引文新颖度　是指期刊出版前2年（不包括出版当年）的参考文献占整个参考文献的比例；以期刊审读统计数据为准。

6.其他评价指标　其他评价指标还有年指标、进步指标、Web下载率、扩散因子等指标。

（三）期刊编辑质量

1.期刊总体设计　具有明确的办刊宗旨和编辑方针，以及学科报道范围和读者对象。期刊定位明确，栏目相对固定且生动活泼。具有完整的年度设计和选题计划，每期具有相应编辑策划重点选题，年重点号刊出率＞50%，年组稿率20%～30%。

2.期刊编辑规范化　贯彻执行国家有关标准和规范。遵守国家卫生部颁布的《中国医药卫生期刊编排规范》及相应国家标准；封面设计、法定计量单位、插图及表格、语言文字、标点符号、参考文献等使用规范。

3.文字加工　文稿内容准确、结构严谨、层次清楚、文理通顺、引文正确、图表安排合理、数学公式和反应式及外文字母书写正确、规格统一、表达规范；发排前符合齐、清、定要求。科学普及性文章深入浅出、通俗易懂、图文并茂。

4.编校差错　编校差错率＜3/万，年度出刊需要更正错误率（包括编辑、排印、校对）≤1/万。

5.稿件录用率（总刊出率）　反映期刊稿源的充足度与用稿的精选度。稿件录用率应控制在30%以下。

6.论文发表时滞　要求周刊达到3～5个月、旬刊4～6个月、半月刊5～7个月、月刊6～8个月、双月刊8～10个月、季刊10～12个月。

（四）医学期刊印刷装帧出版质量

1.封面及版式设计　期刊版式和谐醒目、图表规范、体例统一、装饰适度。封面美观庄重、主题突出、构图新颖、简洁明快。著录项目符合国家标准和要求。

2.印刷装订　期刊印刷字体清晰、线条规范，无压痕，无"重影"，版面清洁，插图反差强弱适度，层次分明。装订牢固平整，裁切整齐，无缺、损、倒、联、白页等。

（五）医学期刊综合质量

1.期刊学术共同体　具有完备的期刊编委会和编辑部组织构架；总编辑/主编具有较高学术水平和学术知名度，是相关学科专业领域的学术/学科带头人。具有完善的期刊发展规划；健全和完善的各项编辑出版规章制度；健全和完善的稿件评审机制和同行评议/评审流程设计。具有较好的发展潜力及自我生存、自我发展的能力。

2.社会效益与经济效益　以学术引导期刊经营，在确保社会效益的前提下，兼顾期刊的经济效益，并具有较好的社会效益和经济效益。

3.期刊影响力　①被本学科专业相关重要数据库收录情况；被国内外重要文摘期刊收录情况；被专业相关图书馆收藏情况。②读者认同度：根据国内主要科技期刊网的读者点击情况和期刊发行量判定。③期刊获奖情况：期刊获国家、省部级优秀期刊奖及发表的科研论文获奖情况。④期刊人才培养：期刊管理人员具有开拓精神和能力及编辑策划成果；拥有一支高水编辑队伍，期刊直接或间接发现和培养相关专业科研人才情况。⑤期刊现代化建设：这是指在编辑、审稿、出版、稿件管理等编辑活动中实现网络化、自动化、数字化或智能化的程度。⑥期刊出版发行：发行达到100%准时准期出版发行，发行量保持稳定或增长。

另外，还有期刊品牌影响力评价指标，如期刊品牌知名度、期刊品牌认可度、期刊品牌美誉度、期刊品牌偏好度、期刊品牌占有率、期刊品牌满意度和期刊品牌忠诚度指标。

第18章

医学期刊学术导向功能与学术导向方法

医学期刊的学术导向性，是期刊的重要功能和任务，也是医学期刊应承担的学术责任和社会责任。应该说，医学期刊的学术导向作用和功能，是医学期刊固有的责任与功能，只是在办刊实践中，在有一些期刊和编者不同程度地忽视了期刊的这一功能和责任。医学期刊或科技学术期刊的学术导向功能发挥如何，它反映了期刊的学术水平和办刊境界及刊物的思想性，可以说，医学期刊的学术导向任务，是编辑部和编者日常编辑活动首要考虑的问题。否则，期刊就会失去思想性和生命力，也就很难发挥学术引导作用。

第一节　医学期刊学术导向的基本概念

实际上，医学科技期刊的学术导向性或学术导向功能，是期刊所固有的特性、功能、责任和任务，只是期刊编辑人员在实践中缺乏对其概念的认识，在期刊评价和期刊质量审读中也是缺失的，特别是有些医学期刊或科技学术期刊在办刊活动中忽视了这一功能，其概念和认识严重缺失，从而导致不少期刊缺乏学术导向性，使期刊的思想性、可读性、导向性、引导性不强，作用发挥缺失。

一、医学期刊学术导向的概念和基本定义

要做好和强化医学期刊的学术导向性和导向功能，首先应对其基本概念和基本定义有个初步的认识和理解。

1.医学期刊学术导向的基本概念　医学期刊学术导向是医学期刊或科技学术期刊的学术导向，即学术引导或指引方向。它是借用医学科技期刊学术交流平台，运用学术舆论操纵相关领域和相关学科科技人员的学术意识和学术价值取向，引导或指引专业技术人员的学术意向与科研方向，从而导向或控制专业技术人员的学术和科研活动行为，使他们沿着正确的学术方向和国家科学技术重点开展科研活动，按照党、政府和社会管理者制定的正确路线、方针、政策、规章制度和科技政策从事学术及科学技术研究活动，纠正学术误区，修正科学研究和实践中存在的问题与改进的对策，紧跟科学和学术发展的大趋势，及时指引和校正学术研究发展方向。

2.医学期刊学术导向的基本定义　编者根据本学科领域临床、科研和教学中存在的实际问题，以及临床技术和学术误区，针对性地策划和组织正确的学术舆论、学术

评论、述评、社论、学术评价、专题讨论、专家共识、学科指南、学术或技术专论、专题重点报道等，强化思想性、评论性、评价性、指导性、导向性、引导性，并具有很强编辑思想性、针对性及学术指引性的文章，以利修正和引导学术发展的正确方向，促进科技人员树立正确的学术观念和学术价值取向，规范学术或技术活动行为及医学科研伦理道德，这种具有很强针对性和思想性的编辑措施称为学术导向。

3. 医学期刊学术导向的作用　首先是体现了期刊编者的编辑思想和编辑创新；医学期刊或科技学术期刊不仅体现的是科研成果发表记载功能和学术交流职能，更重要的是反映编者的思想性和学术引导，发挥医学期刊学术风向标和导航指引学术/学科及科学研究活动与方向的特性，这是医学期刊学术水平和思想水平的重要标志和意义所在。

二、医学期刊学术导向的价值

医学期刊学术导向功能的发挥，是期刊学术平台和编者的责任，是期刊学术价值取向的标志，因此，医学期刊学术导向既要具有思想性、主动性、驾驭性，又要具有及时性、准确性、针对性和鲜明性，使医学期刊真正成为学科和学术旗帜。

1. 医学期刊学术舆论导向的学术价值　医学期刊具有反映、营造和调控学术舆论的功能和任务，而学术导向功能的发挥，是实现期刊学术导向功能的重要手段和措施，它体现了医学期刊的学术引导作用和学术价值。

2. 医学期刊学术舆论导向的科学价值　医学期刊的学术舆论是反映和引导学术界或相关学科领域学术导向的有力手段，期刊的学术舆论影响和作用于学科领域的全过程，也是科技学术期刊引导广大科技人员做出价值判断和价值取向选择的过程。同时，医学期刊学术舆论还把分散的科研人员联系起来，在学科领域和学术界形成具有秩序的学术氛围及学术思想活动与凝聚，并且从精神层面通过期刊学术舆论导向，促使广大科技人员对客观事实做出科学和客观评价，为学术界提供理性认识和分析思考，规范学术行为和学术思想，实现学术价值取向和学术观点的规范化和有序化，促进学术健康发展。

3. 医学期刊学术舆论和学术导向的社会价值　科技学术界和科技人员都离不开社会环境和良好的学术环境，因此，医学期刊正确的学术导向和引导，使医学科技人在临床实践活动、医学科学活动和医学科研活动中少走弯路，这会调整和平衡医学科技人员心理压力，从而促进学术研究和谐与社会和谐，更好地提高医学科技人员的科研创新能力，为临床医学实践和医学科研实践提供思想、理论、价值观、方向、策略和措施支撑。

三、医学期刊学术导向的意义

医学期刊通过有效的学术导向和学术引导，积极指引学术发展方向，充分展现期刊的思想性、可读性、引导性和编辑创新性，也反映学术共同体和学科带头人及编者的学术意志。

1. 增强期刊的思想性　看一本医学科技期刊是否具有活力和思想性，其重点是看期刊的学术导向性或学术引导功能发挥的程度，它的特点：其一是充分体现了编辑的思想性和编者的创新意识，展现编辑创新价值和责任意识；其二是彰显期刊内容的思想性和学术引导性，为期刊内容增添灵性和生命力，克服医学科技期刊呆板面孔和单纯科研论文记载功能，通过具有针对性且精准的学术导向策划，增强医学期刊的学术导向性，激发和引导读者思考，不断修正学术研究和学科发展中的不足与缺失。

2.增强期刊的可读性　医学期刊或科技学术期刊的可读性一般误认为单纯刊载具有创新性和国际先进水平的研究成果，能够反映本学科最新研究进展，就是高水平的刊物，因而编者们往往把主要精力投放在发现和组织原始创新科研成果的报道，而轻视了期刊的学术导向或学术引导性及思想性强的评论性文章选题报道，而导致期刊可读性缺陷，学术思想性和启发性不强。两者兼顾，才有可能更进一步增强期刊的可读性，吸引和培育忠诚度高的读者，这也是编辑亟待改进的工作。

3.发挥期刊的引导性　医学科技学术期刊，特别是专科学术期刊，是相关学科领域的一面学术旗帜，既然是旗帜，就凸显了方向性、引领性与空间方位性，能否有效发挥学科旗帜的学术领衔作用，其突出的特点就是期刊的学术导向性和引领性的彰显程度，在这方面，医学期刊应当仁不让、弥补缺失，充分展现学术责任担当，把握和驾驭好学术发展的航向，握住学术航向的方向盘。

4.展现编者的创新性　医学期刊编辑创新思维和创新性思想的展现，在很大程度上要看医学期刊学术导向性和思想性很强的学术引导选题的报道，因为这类的学术导向选题极少有自然投稿或专家主动撰写，而绝大部分是要编者具有针对性和目的性的编辑选题策划，这种编辑选题策划直接反映了编者的编辑意志、编辑思想和学术思想及学术价值取向。因此，医学期刊的学术导向性和学术引导性选题，是展现编者编辑创新和编辑思想的重要标志。

第二节　医学期刊学术导向基本原理

医学期刊学术导向原理最基本的是源于期刊的功能原理、医学期刊的责任原理、医学期刊的任务原理、医学期刊的问题导向原理和医学期刊的导向设计原理。

1.医学期刊的功能原理　医学科技期刊是知识的载体，是传播医学科技成果和医学理论知识的重要工具，这是医学期刊的基本功能，实际上医学科技期刊还具有一个基本属性和固有功能，就是学术导向和学术引导功能，也是医学科技学术期刊做好和发挥学术导向和学术引导的基本原理之一。

2.医学期刊的责任原理　医学科技期刊在学术交流和学术促进中扮演着重要角色，既然在学科和学术领域具有应有的角色地位，理当承担着应有的学术责任和社会责任，其中包括学术导向和学术引导的责任。因此，发挥医学期刊的学术导向作用和责任，是医学科技期刊的重要属性。

3.医学期刊的任务原理　中国科学院原院长卢嘉锡院士曾说"在科研活动中，科技期刊既是龙头，又是龙尾"。这话很形象，又很精辟。何谓龙头，何谓龙尾？其实龙头和龙尾都具有引领方向和平衡方向的功能与任务，这一精辟比喻，真实地反映出整个科技学术期刊的学术引领和学术导向的基本任务原理。

4.医学期刊的问题导向原理　善于发现问题和解决问题是期刊学术平台和编者的特有素质与职业特点，医学科技期刊编辑就是要善于发现学科和学术发展中的问题，以问题为导向，倒逼解决学术问题的办法、战略、策略和措施，这是医学科技期刊编辑学术敏感性、学术敏锐性、学术针对性、学术驾驭性的基本素质要求。因此，医学科技期刊以学术问题为导向，善于提出问题和解决问题，是有效发挥医学期刊学术导向和学术引导功能的重要原理。

5.医学期刊的导向设计原理　导向设计原理（orientierungs sevetem）从狭义上来讲，其导向设计系统的基本概念分为两个部分，其一，通常特指用来指明或表明方向和区域走向的图形符号；其二，指符号在环境空间中的呈现方式。一般来说，前者是从视觉效果上和传达角度来诠释，它主要关注的是如何用简洁的图形符号来表达准确方向的含义，而且还能跨越国界，无须语言诠释，人们瞬间就能理解和识别出其意义；而后者是从环境设计的角度来研究，它重点着眼于形式、材质、感官、位置、艺术表现形式等因素，而且对图形符号在环境氛围中的融合实施设计。因此，导向设计关系到视觉传达和环境设计两个领域，概念彼此交叉，同时又相互独立。而从广义上来说，就是用大导向视野来观察社会或学科学术环境，也就是把一切用来传达空间概念的视觉符号和表现形式都看作导向设计；所以，导向设计也可以是文字、图案形式，大导向视野的基础是建立在导向设计是规范社会或学术功能角度上的，凡是用来规范社会区域和学术环境正常运行的都可以视为导向设计的组成部分。据此原理，医学期刊的学术导向设计，既要从本学科领域科研学术环境进行考量，同时又要结合国家科学技术需要和整体价值取向，紧跟学术发展的方向和正确的学术价值取向实施学术导向设计，适时向医学科技人员和读者释放出学术导向音符、学术舆论和学术风向标，及时指引、警示和提醒医学科技人员和读者需注意的问题，并提供解决问题的方法和路径。

第三节　医学期刊学术导向的内容

医学期刊学术导向内容比较广泛，其主要是围绕临床、预防、科研中存在的问题、热点、难点和焦点问题，实施具有针对性的学术导向设计和学术引导。另外，医学期刊还要担负起医学职业伦理道德规范、医学科研伦理规范、学术伦理道德规范、职业核心价值观及价值取向的正确引导。

1.当前学术和学科发展的评价与引导　在临床、科研和学科/学术发展中，其发展趋势、存在的问题及热点、难点、焦点问题，广大医学科技人员普遍关心的学科和学术问题等，都是开展学术评价、学术评论和学术导向的内容。编者要善于发现和瞄准这些问题，积极设计和策划学术导向选题，实施卓有成效的评价与评论，及时实施学术引导，引领学术发展的正确航向。

2.科研和技术研究重点与方向引导　为避免医学科技人员迷失方向，抓住相关领域发展重点和研究重点、研究方向，特别是国家健康战略和医药卫生工作重点，警醒和引导医学科技人员的学术研究重点和方向，以利于指点迷津，倡导学术和医学科研发展主旋律，促进医学科技进步和健康战略目标的实现。

3.临床和科研及教学存在的问题　医学期刊在开展学术导向和学术引导中，要善于发现问题，并提出解决问题的办法。因此，以问题为导向，抓住学科发展中具有代表性的问题和难点问题，做好导向设计，及时约请相关专家撰写评论性或述评性文章，实施正确的学术引导，推动相关领域学术发展。

4.学术共识和学术价值取向　在临床上，对于某一学科、专业或某一疾病的诊断治疗规范性文件，如各类临床疾病诊断治疗指南、实验室诊断指南、影像诊断指南、疾病诊断治疗规范、技术操作规范、对某一专业领域的专家共识等，都属于规范性、指导性学术和技术文件，对临床具有很强的指导性、规范性和学术与技术导向性。根据临床和科研需要，医学期刊编辑部可与相关领域及专业的学术共同体共同组织专家研究制定相关指南。在研究制定这些临床指南、规范或专家共识时，应组成专家委员会或专家组，对这类技术指导和学术导向性极强的文献，实施专家集群讨论制定和论证，一般不应由个人制定，当发布或发表时，也应由集体署名，如以学会、研究会、专家委员会等发布，以显示其权威性、可靠性和可信性。

对学术价值取向的学术导向，一般指对新的学术观点、新的诊断治疗技术、新理论、新方法等，广大专业技术人员尚不能了解和普及推广，编者可选题约请相关专家撰写评论性文章，对其实施和应用前景加以评论和学术引导，促进其临床推广应用和研究。

5.学术环境与职业价值观引导　在当今科技学术领域出现道德规范滑坡的情况，医学期刊有责任实施职业伦理道德价值取向的引导设计，积极配合政府相关部门制定的要求，实施学术伦理和职业道德规范价值取向的正确导向，如策划与设计对学术不端、医学科研伦理失范、医学伦理道德失序等现象的专题评论或述评，积极倡导正确的学术和职业伦理道德规范，引导广大医学科技人员正确的功利观和学术价值观，崇尚科学精神，践行和弘扬正确的学术伦理规范行为。

第四节　医学期刊学术导向方法

医学期刊学术导向要掌握正确的方法，力求学术导向内容科学、客观准确，要抓准问题，瞄准要害，避免出现偏差或误导。

1.编辑委员会讨论法　对于重大学术导向命题，学术导向选题的创意者，可将学术导向创意方案，如选题的依据、目的、意义、必要性、选题的背景等实施方案提交期刊的编辑委员会讨论和论证，制订出具体实施的计划、方案，以免造成学术导向失误，酿成不良后果。

2.专家研讨法　对于需要规范化的临床诊断治疗、技术应用等具有指导性和规范性的导向性学术文件，一般采用组织相关专业或相关领域的著名权威专家，集体实施研讨和制定，可先由领衔专家执笔草拟成文，然后提交专家组或专家委员会集体论证和讨论，如制定某一专业、某一领域、某一疾病或某一技术方法临床诊断治疗和应用指南、专家共识、诊断治疗规范、技术操作规范等指导性学术技术文件。因对其科学性、实用性、规范性、针对性、权威性和指导性要求特别高，所以，要求参与研讨的专家要具有权威性和严谨性，以确保文件制定得科学、客观，以免造成学术或技术误导。

3.选题约稿法　编辑在很有把握的情况下，可实施学术导向的创意选题，由期刊编辑部直接向编委、专家、学科带头人或重点课题领衔专家命题约稿。这种选题约稿方法多用于比较简单的学术导向问题的约稿，不需要复杂的选题策划方案，但也要周密设计和思考，避免选题失误。学术导向创意或选题策划者，要向约稿专家详细交代学术导向选题的背景、目的、意义、内容、要求、注意事项等，让约稿专家充分理解选题的目的和意义，以利启发专家思路，并得到约稿专家的支持，激发专家撰写欲望，保证学术导向选题策划的成功。

4.专题研讨会法　在编辑实践中，对于重大学术导向的课题一时难以把握，可实施研讨会议的方法，命题召开专题学术研讨会议，征集稿件，云集与整合多领域专家学者进行会议研讨，最后将研讨会议讨论的内容、达成的共识、会议提出的观点和问题、解决方法、对策建议等，以"专题学术研讨会纪要"的形式发表，同时，也可配发其他相关文献，这种形式也可有效达到学术导向和学术引导的良好效果。

5.社论与短评引导方法　对于重大学术问题或重大科研突破成果的报道，为加强学术导向的力度和彰显其重要性与意义，必要时可以以杂志社、编辑部或编辑委员会的名义，发表社论、短评、述评或专论，以及其鲜明的观点，彰显期刊社、编辑部或编辑委员会对某一学术问题的鲜明态度和观点，以强化对重大学术问题的学术引导。

第五节　医学期刊学术导向原则

医学期刊的学术导向选题或学术导向策划，是期刊重要且影响大的编辑活动，编辑部必须严格把关，精心研究，周密设计，要坚持政策法规原则、科学真实原则、正面引导原则和学术导向原则。

1.政策法规原则　医学期刊的学术导向有时涉及政策法规，期刊在学术导向选题时，其内容要避免与国家政策法规，特别是科技政策、行业规范、国家标准、政府主管部门条例和规章制度相悖，以免造成误导，给期刊带来不必要的负面影响。

2.科学真实原则　医学期刊的权威性和影响力对广大医学科技人员具有影响和引领作用。因此，在学术导向创意和学术导向策划时，其学术导向内容的科学性和真实性是首要原则。在编辑实践中，要针对本领域学术和技术发展的实际需要和必要性，周密创意和策划学术导向选题，对其内容要客观真实，学术引导的方向要科学，符合科学和学术发展规律，并具有科学和实践意义。严格避免学术导向内容和引导方向错误或偏倚，以免造成难以弥补的学术影响。

3.正面引导原则　在医学期刊学术导向的实践中，要坚持正面引导的原则，严格避免伪科学、未经科学证实的理论、技术和方法无依据的导向，要弘扬科学精神和学术主旋律，尤其是广大医学科技人员普遍关心的学术热点、难点和焦点问题，为医学科技人员答疑解惑，指引学术研究和发展方向，促进学术和科技进步。

4.学术引导原则　医学科技学术期刊以学术为本，当然，其学术导向和学术引导也要紧紧围绕本专业学术问题进行，避免扩大学术导向内容范围或触及其他敏感领域。此外，医学期刊的学术导向或学术引导，是一种学术评论、交流和讨论的形式，应严格避免用行政命令式或指示性形式实施导向，这是学术与行政的区别之处。

第19章

医学期刊的系统设计原则与设计方法

　　医学期刊的系统设计，也称期刊总体设计或整体设计。实际上就是对办好期刊的系统或总体规划。医学期刊的系统设计在编辑出版和经营实践中具有重要的位置，它是在总体编辑构思的基础上实施的重要编辑过程，也是医学期刊编辑出版不可缺少的重要步骤。可以说，卓有成效的期刊系统设计会使期刊从内容到外在形式及经营效果达到最优化，而缺乏独具匠心的系统设计思想和系统设计构架或方案，盲目模仿和盲目办刊，就会在期刊编辑出版实践和运行中顾此失彼，也很难体现出期刊的整体效果和特色。

第一节　医学期刊系统设计原理与概念

一、医学期刊系统设计的定义

　　所谓系统设计，就是用系统论或系统工程的观点、理论和方法，首先把期刊视为一个系统，将期刊放到大系统中加以全面、系统考察和分析，用系统论的观点、思想考量期刊整体系统中的诸多环节、分系统和子系统的设计和系统规划设计问题。

　　医学期刊的系统设计就是指在办刊过程中，以系统编辑思想和编辑构思为核心，在单位时间内，对医学期刊的整体编辑架构进行超前性的系统而全面的整体谋划、设计和规划，制定出总体编辑模式、期刊运行机制、期刊运行模式和全面的设计方案及编辑出版目标等，这一全面的谋划与设计过程，称为期刊的系统设计。实施系统设计的优点是，有利于实现期刊的总体要求和目标，克服和避免编辑出版及期刊经营的盲目性，体现编辑出版超前的系统编辑思维和编辑思想，提高医学期刊编辑和经营的整体效果；期刊的系统设计或总体设计，对于新创办期刊更是不可缺少的环节，期刊的总体设计犹如建楼房，要建设什么风格和功能的楼房，要满足什么目的和目标，必须根据需要进行总体设计，然后按设计图纸或方案施工建造；期刊也是如此，编者要办成什么样的期刊，达到什么样的目标、特色风格及系统运行模式等，都必须事先实施期刊的系统或总体设计，按照期刊的总体设计规划实施期刊编辑出版，以提高办刊的针对性和目标性，尽可能减少办刊的盲目性。

二、医学期刊系统设计基本原理

　　医学期刊系统设计原理，首先是在系统分析的基础上，整体设计出能够高标准满足期刊发展预定目标的系统设计过程。医学期刊系统设计内容主要应包括确定设计方针和方法，并将系统分解为若干子系统，再确定各子系统的目标、要求、功能和相互关系，以决定对期刊各子系统的目标、运行机制、管理体制和控制方式，对期刊各子系统实施运行设计和评价，对期刊整体系统实施设计和系统评价等。系统原理是管理原理之一，主要理念是运用系统观点、理论和方法对期刊整体系统实施系统分析，以达到办刊预期效益和管理的最优化目标。其实，任何社会组织都是由人、物、信息组成的系统，任何管理都是对系统的管理，其中蕴含了整体性原理、动态性原理、开放性原理、适应性原理和综合性原理。它不仅为认识管理的本质和方法提供了新的视角，而且它所提供的观点和方法广泛渗透到人本原理、责任原理和效益原理之中。在期刊的办刊实践和运行中，实际上很自然地运用到系统论、信息论和控制论的经典的老三论的观点和方法，其基本观点可应用于诸多科学领域，它既是方法论，同时又是认识论和系统思想的基础。系统论的观点认为，事物的复杂性、开放性、自组织性、等级结构性、关联性、动态平衡性、整体性和时序性等，是人类社会和自然界所有系统的共同特征。它既是系统所具有的基本思想观点，也是系统方法的基本原则，它揭示了系统论不仅是反映客观规律的科学理论，而且具有科学方法论的实际意义，也是系统论的基本特点，而系统论的核心思想是系统的整体观念。

众所周知，系统论是把任何系统都看作一个有机的整体，它不是各个部分的机械组合或简单相加，系统的整体功能是各要素在孤立状态下所没有的性质。同时认为，系统中各要素不是孤立地存在着，而是具有内在联系和关联性，每个要素在系统中都处于一定的位置上，并具有其特定的功能，发挥着特定的作用，这就是人们常说的"触一发而动全身"的道理，也就是其要素之间相互关联，构成了一个不可分割的整体，其要素是整体中的要素，如果将其要素从系统或整体中分割出来，孤立出去，它将失去要素的基本作用和功能，同时也会影响系统功能和系统的正常运行，如人体，由众多器官组成人体复杂系统，各个器官又具有各自的系统和功能，任何器官（分系统）发生障碍，都会影响整体系统的正常运行，甚至造成整体系统系列调节障碍。而系统论的基本思想方法，就是把所研究和处理的对象或事物，甚至把世界上任何事物都看作相应系统，系统在自然界和人类社会及生活中是普遍存在的。因此，从分析系统的结构和功能，研究系统、要素、环境三者的相互关系和变化的规律性，并优化系统的各个要素或环节，如任何建设工程施工总是设计先于施工，施工遵从总体设计，只有这样才能达到和保证设计要求，实现质量和目标的最优化和有机统一。而用系统论的观点看问题，任何事物都具有系统性或整体性，也就是说，应当把任何事物都当作一个系统来分析研究。因此，医学期刊或科技学术期刊也不例外，任何一本期刊都是一个完整的复杂系统，它从编辑方针、办刊宗旨到期刊社运行和编辑出版发行，实际上就是一个完整而复杂的系统工程。将医学期刊的编辑出版视为一个系统，就是要从医学期刊的整体性出发，来研究或设计期刊系统内部和外部各组成部分之间的有机联系及外部环境的相互关系，这就是系统编辑思想和期刊的系统设计的基本理念和基本原理。医学期刊的系统设计强调的是整体与局部、期刊系统本身与外部环境之间相互依存、相互影响的制约关系。医学期刊的系统设计具有整合性（资源整合）、相关性、层次性、整体性、目的性、动态性、目标性、时间性和有序性等基本特性，即以系统工程理论为指导，将期刊放在大系统中加以考察、分析和设计；也就是说，要按照医学期刊本身固有的系统性，始终从医学期刊的整体与局部、外部与内部、本学科与相关学科、本期刊与相关期刊及大环境与小环境的相互联系、相互影响、相互竞争、相互作用、相互制约的关系中，综合地、全面地、准确地加以分析和系统设计，以达到期刊运营的最优化设计。

第二节　医学期刊系统设计的原则

在医学期刊系统设计中，应遵循系统设计的前瞻性、全面性、可操作性、独创性、时机性、相关性、环境适应性、优化等基本原则。

1. 系统设计的前瞻性　医学期刊的系统设计要具有预测性和超前意识，能够把握国家相关政策和国家卫生工作重点，以及本学科或相关学科发展的脉搏，实施超前性的系统设计，避免设计后短期内落后于总体发展形势及学科和学术发展的趋势。

2. 系统设计的全面性　期刊的编辑出版是复杂的系统工程，涉及诸多环节和内外环境，任何环节的失误或设计不合理都会影响编辑出版流程的运行效果，因此，既然是系统设计，就要有整体思想、整体观念和系统观点，充分体现系统设计的整体效果。

3. 系统设计的可操作性　可操作性是指根据可观察、可测量、可操作的特征来界定变量含义的方法；即从期刊具体的行为规范、特征、指标上对变量的操作进行设计描述，将抽象的概念转换成可观测、可测量、可检验、可实施、可重复的项目。从其本质上说，期刊系统设计的可操作性定义就是详细描述设计变量的操作程序和测量指标，在实证性操作研究中，其可操作性更为重要，它体现了实证研究是否有价值的重要前提，而期刊的系统设计也是如此，其设计要结合期刊实际，便于实际操作和实施，避免盲目性，否则，使期刊的系统设计方案难以付诸实施。

4. 系统设计的独创性　医学期刊编辑的系统设计要有新意，独具匠心，避免雷同，要结合本学科特点和本刊实际需要，实施创造性的系统设计，以利取得良好的学术效益和社会效益，促进期刊全面发展。

5. 系统设计的时机性　医学期刊的系统设计具有时效性和时间性，非一次性设计，而是根据期刊发展的不同时期和需要，适时修正原有设计，在期刊发展中，要善于把握期刊发展需要和学科发展的脉搏，结合期刊市场、知识服务和学科发展的难点和热点，抓住时机，实施有效的系统设计，以利引导和推动学科的发展。

6. 系统设计的相关性　医学期刊系统各要素之间是有机联系和相互作用的，在诸多要素之间具有某种相互依赖和互为因果的特定关系。因此，在实施期刊系统设计时，首先要对内部和外部的影响要素进行系统分析，知己知彼。同时对有形资源、无形资源、可整合资源和非整合资源进行分析或整合，使期刊的系统设计更符合本刊实际、特色与优势。

7. 系统设计的环境适应性　达尔文说过，"物竞天择，适者生存"，而任何系统都存在于物质环境和社会环境之中，医学期刊更不例外。医学期刊的系统设计要结合环境、适应环境、满足环境，只有这样，医学期刊的系统设计才能生存和发展。

8.系统设计的优化　期刊的系统设计方案要坚持最优化原则，也就是在系统设计中，最好多设计几个不同方案，然后实施设计方案的优化论证，从中遴选出最优化的设计方案。如果设计方案单一，使论证者或决策者缺乏选择余地，也就达不到最优化原则。

第三节　医学期刊系统设计的意义

医学期刊系统设计或总体设计的意义在于，对期刊长远发展和近期重点有一个总体规划和基本设计，以保证期刊发展的规范性、长远性、整体性、全面性和目标性，避免盲目性。

1.科学规划，明确方向　期刊的系统设计对于刚创办或创办不久的期刊尤为重要，它涉及期刊如何发展、要办成一本什么样的期刊、为谁办刊的重大问题。因此，对期刊的系统设计就是要科学规划期刊的发展定位和发展方向，确定办刊方针和办刊宗旨，明确期刊的基本定位、发展方向和发展目标，为期刊设计和解决发展的重大问题。

2.明确目标，避免盲目　要解决盲目办刊的问题，就必须对期刊实施全面的系统设计，将期刊的总系统、分系统和子系统等办刊环节与要素都实施科学而系统的设计，明确不同时期和中长期刊物的发展目标，克服办刊的盲目性，增强办刊的科学性和针对性。

3.突出重点，明确定位　期刊在发展过程中，真正做到全面发展是很难的，因此，要办好期刊，就必须坚持有所为、有所不为的原则，要突出重点，彰显特色。此外，期刊的定位很重要，如期刊报道内容定位、读者定位、作者定位、期刊性质定位等，都必须通过期刊的系统设计予以明确和界定，以利期刊的健康发展。

4.凸显期刊风格，突出期刊特色　期刊系统设计的重要内容之一，就是期刊的风格和期刊特色的系统设计，如栏目的整体设计、刊物封面和标识的设计、期刊品牌设计等，只有通过期刊的系统或整体设计，并在办刊和编辑实践中加以落实，通过编者的努力，才能实现期刊风格和期刊特色的系统设计思路。

第四节　医学期刊系统设计的方法

医学期刊系统设计的方法比较多，如参比模仿方法、系统模块化设计方法、期刊市场调研方法、大数据分析方法、同行评议论证方法等，同时还可以采用归纳法和演绎法。应用归纳法实施期刊系统设计的基本程序是，首先尽可能地了解和收集现有期刊成功做法、相关规范要求和同类期刊系统设计经验资料，在对这些系统设计、规范要求和运行状况进行分析研究的基础上，根据本刊设计系统的功能要求和目标实施优化选择和比较，通过对同类期刊设计系统做出相应修正和选择，结合本刊特色、特点、目标和定位，最后设计出理想的系统设计。演绎法则是公理化方法，首先是从期刊普遍规则和原理出发，根据办刊者的知识、经验和规范，从期刊具有一定功能的元素集合中选择能够符合系统功能要求的多种元素，然后将这些元素按照一定形式进行组合，从而创新性地设计出新的总体设计系统。一般常用的系统设计方法有：

1.参比模仿方法　相同期刊一般都有相对成熟的办刊经验和运营模式，学习、借鉴和参比其他期刊的模式，吸取和学习名牌期刊的设计形式是期刊系统设计常用的方法。但在参比、借鉴和学习中，要结合本刊的实际情况和目标任务，突出本刊的特点和特色，切忌全盘照搬，在参比和学习他刊成功经验的同时，要有所创新和突破，并在模仿和跟踪过程中创新发展。当然，最好是根据本刊实际自我创新设计，真正做到与众不同、前所未有，彰显特色与个性，做到开拓发展。

2.系统模块化设计方法　在期刊总体设计思想和总体框架的指导下，按照期刊系统原理，分成总系统、分系统和子系统，也就是实施模块化设计，如期刊的运行机制设计、报道内容或重点设计、期刊编辑出版流程设计、期刊封面设计、期刊品牌标识设计、期刊栏目设计、期刊定位设计、期刊营销宣传设计、期刊装帧设计等模块化，然后汇总成总体设计方案。

3.期刊市场调研方法　期刊的系统设计一定是在掌握或了解相同期刊市场状况的情况下，根据大量信息和市场分析才能做出符合实际的期刊系统设计方案，仅凭印象或一知半解很容易脱离实际，造成期刊系统设计偏离真值。因此，在对期刊实施系统或总体设计之前，应采用市场调研和信息分析的方法，对同类期刊的市场状态、办刊模式、运作机制、期刊品牌状态、经营状况等，实施全方位的市场调研和分析，只有知己知彼，才能发现路径和方向，避免期刊的盲目设计。

4.大数据分析方法　利用国内外各类期刊数据扩库、数字化期刊平台和网络等现代数字化平台，采用大数据分析技术和分析方法，对同类和相关期刊实施大数据分析，从不同角度和需要，全面分析期刊的状态和发展趋势，为本刊的系统设计提供大数据证据支撑，进一步完善期刊的系统设计，增强期刊系统设计的科学性。

5.同行评议论证方法　为使期刊系统设计更严谨，还可以召集相关专家学者进行研讨，广泛听取本学科或相关领域专家学者的意见。期刊系统设计方案设计出来后，再召集相关专家实施论证和评议，以确保期刊系统设计方案的可靠性、可行性和可操作性。

第五节　医学期刊系统设计的内容

医学期刊系统设计就是要明确任务和目标，规划期刊系统的规模，确定期刊系统的模块规格和组成部分，并明确和界定分析系统或模块在整个系统中的职能、作用和相互关系，以确定期刊系统中的硬件配置，确定期刊系统中采用的运行机制、编辑出版规范、期刊经营模式等，以确保期刊整体目标的实现。因此，期刊系统设计应全面，特别是初创期刊，除一般设计外，还要建立系统功能模型、系统运行流程设计，如编辑出版流程、编辑决策流程、编辑行政管理流程等。此外，还要对期刊系统运行环境进行设计，如期刊编辑部（社）硬件环境设计、期刊软件环境设计（各类规章制度和规范）、期刊编辑岗位设置等。这里只简要介绍期刊编辑出版方面的系统设计。

1. **医学期刊办刊方针的设计**　办刊方针是医学期刊不可缺少的重要组成部分，它是引导和指明期刊前进方向的指针或旗帜，是期刊运行的轨迹，指引期刊沿着正确的方向前进，达到预期目标。脱离了正确的办刊方针，也就意味着脱离了期刊运行的轨道，必然造成脱轨，迷失办刊方向，其后果可想而知。办刊方针的制定和设计是结合国家的大政方针和政策，以及国家卫生工作的方针政策进行。同时，办刊方针也不是一成不变的，要结合国家不同时期卫生工作的重点，随时修改办刊方针，以适应国家卫生工作的需要。

2. **医学期刊办刊宗旨的设计**　办刊宗旨也就是医学期刊的办刊目的，是要回答为什么办刊、为谁办刊、要办成什么样刊物的问题。一个期刊没有正确的办刊宗旨就会失去办刊目的，不知道为何办刊、为谁服务、期刊的受众群体是谁。因此，设计正确的期刊办刊宗旨，首先要有准确的期刊定位（包括办刊目的、内容定位）、读者定位、学科定位等，同时还要结合学科发展的水平、专业队伍的整体素质，临床、科研和教学实际设计正确的办刊宗旨。

3. **医学期刊学术治理结构设计**　对于新创办期刊，其系统设计中还应涉及期刊治理结构的设计，如编辑委员会成员数量、学科或专业结构、总编辑和副总编辑设置、专业编审组设置、编辑部专业人员设置，以及其他相应学术和编辑出版机构的设置设计等。

4. **医学期刊的导向设计**　医学期刊的导向是期刊本身所肩负的职能，也是期刊学术质量的重要标志之一。医学期刊的导向一般包括学术导向、思想导向和学术争鸣。而要突出和发挥医学期刊的导向作用，编辑就必须实施有效的导向设计或谋划，如专门设计相应专题栏目、侧重学术报道重点专业等，只有这样才能达到预期学术导向效果。

5. **医学期刊内容的设计**　医学期刊内容的系统设计关系到读者是否喜欢本刊，能否满足读者需求。医学期刊内容的设计要依据办刊方针，体现提高与普及并重的原则，突出选题的整体设计，要根据读者和学科实际，结合国家不同时期医药卫生工作重点，临床、科研、教学中的难点、热点和焦点问题，学科或某一技术最新发展趋势等，实施学术内容的重点选题设计。在内容的系统设计中，要突出学术导向性，始终把期刊的学术导向作为医学期刊的重要职能，以有效地引导学术和学科沿着正确的方向发展。并根据栏目的系统设计，结合栏目的内涵和外延，进行有针对性的内容设计，要坚持"对作者负责，让读者满意"的编辑理念，科学合理地设计内容。

6. **医学期刊品牌设计**　期刊品牌设计是重要的系统设计内容，它涉及期刊封面设计、品牌标识设计、品牌载体设计、期刊品牌营销规划设计等，这是办好期刊必须认真周密设计的重点。

7. **医学期刊版式与装帧的设计**　学术期刊除了内容要实用和读者喜欢外，期刊的外在形式也是不可忽视的，其设计要体现学术期刊特点和学科特色，具有美学意识，既要体现学术期刊的严肃性和高雅性，又要兼顾可视性，给读者以视觉上的美感，做到形式与内容的统一，触发读者的阅读欲望，加深读者对期刊的牢固印象，树立品牌期刊形象。

8. **医学期刊经营设计**　医学期刊的经营有两大经济支撑点，一是期刊的发行量；

二是期刊的广告销售。期刊是特殊产品，这已是共识，既然是产品就要销售，没销路的产品也就会失去生产意义和生存价值。因此，期刊的发行量是衡量期刊经营效果的重要指标，也是期刊生存的基础。期刊发行设计，就是要根据读者定位或受众群体，设计多元化发行模式，最大限度地促进期刊发行。医学期刊广告经营也应实行多元化经营模式，并结合期刊不同的报道重点，及时与相关企业沟通，配合内容，实施主动广告版位销售，达到互惠互利的目的。

第六节　医学期刊栏目的系统设计

在医学科技期刊的总体设计中，栏目的总体设计尤为重要，通过栏目设计可体现办刊方针和学术导向，体现期刊特色。因此，应依据办刊方针和学科特点，按照期刊的总体设计思想和整体设计框架，对期刊栏目实施总体设计和配置。

一、医学期刊栏目设计的要点

根据刊物的学科特点、编辑思想及编辑目标，设计不同类别的栏目；其结构应科学合理，突出专业期刊特点，而且栏目的内涵和外延尽量丰富，避免公式化和雷同。科技期刊的栏目可分为评论类、原著类、普及类、指导类、争鸣类、讨论类、进展类、互动类、宣传类、信息类等。

1.栏目设计的时间性　栏目设计分年度设计和当期设计。也就是说，要根据每年的期刊报道重点和任务，进行年度栏目设计或调整栏目，但要尽量保留实践证明读者喜欢的栏目，保持其连续性，以利形成名牌栏目。当期设计即指编辑或责任编辑按照总体设计要求，对当期杂志的栏目实施个性化设计，以保证当期栏目合理性和具有丰富的内容。

2.栏目的学术导向性　栏目的总体设计体现了编者的编辑思想、办刊方针和办刊宗旨，同时栏目又具有导读和学术导向作用。为体现学科特点和真正体现"提高与普及相结合"的办刊思想，对栏目进行了系统设计，并经编委会讨论，最后将栏目设计为9类40多个常设和非常设栏目，经过一年的实践，受到读者广泛好评。

3.栏目设计结构的合理性　栏目要体现办刊方针，就必须注意栏目结构的合理性。例如，要体现"提高与普及相结合的办刊方针"，在栏目的设置上既要有原始创新性的栏目，又要有普及性的栏目，以指导和提高科技人员的技术水平。

二、医学科技期刊栏目设计的原则

科技期刊栏目设计要体现学科和专业特点，并结合实际需要，重点反映刊物特色，突出编辑思想和学术导向性，同时坚持以下原则。

1.突出办刊方针原则　任何一个期刊都有自己明确的办刊方针和办刊宗旨，在编辑实践中如何落实和体现办刊方针和宗旨，首先是要对栏目实施系统设计和栏目策划，通过栏目体现和落实办刊方针。因此，在栏目设计和策划中，应始终围绕办刊方针和宗旨这一原则，才能保证和避免期刊偏离方向。

2.体现读者定位原则 每一个期刊都有自己受众群体的基本定位，熟悉自己读者群的基本情况，满足读者的需要，牢牢抓住读者，也就抓住了市场，这是期刊发展和生存的基础。因此，栏目设计和策划，要把读者需要放在第一位，要贴近读者，服务于读者，满足于读者，只有这样，所设计栏目才有生命力。

3.突出期刊特色原则 栏目是体现刊物特色的重要组成部分，一个期刊具有何种特色，栏目是重要标志，因此，期刊栏目设计与策划要有创新性，独具匠心，别出心裁，突出特色。

4.体现学科发展原则 栏目设置要有利于促进学科发展，抓住学科发展的热点和难点，促进学术交流与发展。

5.增强期刊个性原则 目前同一学科的期刊众多，有的甚至连刊名都大同小异，众多刊物栏目雷同，缺乏个性化。所以，要体现刊物个性，首先应在栏目上下功夫，通过栏目设计和策划，突出期刊个性化，使读者对刊物打下烙印。

6.相对稳定与动态平衡原则 期刊栏目要让读者认可，并读有所循，就要保持栏目的相对稳定性，逐步形成名牌栏目，但又要注意不断完善。一般讲，一个栏目的出现，最好能持续1年，若确实读者不喜欢，可在第二年进行调整或修改栏目。

第20章

综合性医学期刊的办刊策略与方法

在我国医药卫生科技期刊中，综合性医学期刊占32.1%，是医药卫生期刊的重要力量，并在我国医药卫生期刊发展史上发挥了重要作用。但是，随着医学科学的发展，医学科学分支学科高度分化，专科化和专业化趋势愈加突出，分科越来越细，专业化程度越来越高，这是医学科学乃至其他科学领域发展的必然趋势，也是现代科学发展的特点之一。而医药卫生学术期刊也不例外，也由综合向专科化或专业化转变，医药卫生学术期刊由原来局限在一级学科的办刊，不断向二级学科、三级学科、亚学科发展，甚至发展到一种疾病、一种器官、一种细胞、一个分子办一本期刊，其办刊分化程度和专业化程度极高。例如，我国最具代表性的中华医学会主办的中华医学会系列杂志，20世纪20～40年代，只有《中华医学杂志》一种综合性医学期刊，从20世纪50年代开始，随着中华医学会各专科学会的相继成立，各专科学会开始创办专科学术期刊。到目前为止，已发展到140多种专科，而且期刊从一级学科、二级学科向三级学科甚至单病种、单器官分化和单细胞发展。高度分化的专科医学期刊的发展，对促进学科或专业的发展和深化学术交流发挥了极大的促进作用，但同时也给综合性医学期刊的发展带来了严重危机和挑战。综合性医学期刊如何面对挑战、调整定位、抓住机遇、促进发展、正确掌握综合性医学期刊的办刊方法和办刊策略，是综合性医学期刊能否可持续发展所要思考的问题，也是办好综合性医学期刊的方法学保证。

第一节　综合性医学期刊的基本定位

在当今医学专科学术期刊如林的今天，综合性学术期刊应进行重新定位，找准自己的位置，调整办刊理念。毋庸置疑，"综合"是综合性医学期刊的特点，如何真正发挥"综合"的优势，这是综合性医学期刊所要面临的新课题。"综合"并非是大杂烩的代名词，也不是各科稿件都刊登就是综合性期刊，因此，正确的期刊定位是综合性医学期刊发展的前提，也是综合性医学期刊赖以生存的基础。医学期刊学科分化程度和专业化程度越高，分科越来越细，也就更加需要综合性医学期刊，这也是分化与综合（交叉）的必然趋势。

1. 内容定位　人们往往误认为各科文章都刊登，其内容是大综合、内容全面、各科学科或专科内容都有就是综合性医学期刊，而缺乏正确的内容定位，使综合性医学期刊出现既不像"综合"又不像"专科"的扭曲现象。综合性医学期刊正确的内容定位是：应站在整体医学科学的高度，重点是体现"综合"、突出"共性"、彰显"交叉"，以其内容的交叉性、边缘性、前沿性、新兴专业学科重要原创研究及医学科学的热点、难点、焦点问题为契入点，引导医药卫生科学的学术潮流，同时，注重医学人文、作者激励性和医学伦理问题等导向性报道，实现硬科学与软科学的有机结合，让内容活起来，使期刊既见创新学术，又见人文。在具体学术内容或文章类型上，重视重大原始创新研究的同时，应当侧重和突出评论性、评价性、论述性、观察性、学术引导性、专论性和重大卫生政策等思想性、学术导向性及指导性强的文章，特别是突出各相关学科和学术带头人评论性文章约稿和发表的力度，实施全方位和多元化学术评论与学术导向，以其强烈的多学科吸引力激发读者阅读和需要。

2.作者定位　综合性医学期刊的作者定位具有相对性，但应以各学科学术或学科带头人为侧重点，这是学术（学科）"领袖型"群体，具有独领学科风骚和代表学科潮流及引导学术发展的学术优势，同时兼顾不同层次和不同学科具有交叉性、跨学科性或相关学科所关注内容领域的作者。

3.读者定位　中文学术期刊其读者基本定位应该是母语读者群体，其办刊宗旨和办刊方针毫无疑问是根据母语国家的国情而定的，满足的是母语读者群体的学术交流需要。作为综合性医学期刊，对于母语群体来说，应该是各个学科医药卫生科技人员均能开卷有益，从中得到启迪和汲取有用的东西。在当今期刊如林、"信息爆炸"的年代，作为医药卫生科技人员，如何把握本学科和本专业的发展动态，既要精通和掌握本专科的发展动态，又要熟悉一级学科（母学科）的发展概况和动向，所以，阅览一本有代表性的专科期刊和一本有代表性的综合性医药卫生期刊就基本能把握学科发展的大致方向。因此，综合性医学期刊的读者定位应该是各个学科的医药卫生科技人员；综合性医学期刊应成为各专科学者了解和掌握整体医学发展动向的窗口及重要的信息源。

第二节　综合性医学期刊面临的危机和挑战

综合性医学期刊既有与其他专科期刊相同的危机，又面对着专科期刊迅速发展带来的挑战，这使得综合性医学期刊的发展更加困难。

1.作者分流，稿源不足　稿源是期刊的第一资源，也是期刊生存的基础。目前，我国有医药卫生期刊近1200种，而其中大部分为专科期刊。对于作者，总是渴望自己的研究成果被同行所了解和认可，特别是专科化程度较强的研究工作，因此，大量水平较高的专科研究论文被投向专科学术期刊，专科学术期刊也在努力跟踪自己的核心作者，将反映本专业最高水平研究工作争取到本刊发表，由此形成综合性医学期刊稿源或作者的严重分流，使综合性医学期刊的作者群不断减少，出现稿源不足或与专科期刊竞争的现象，甚至当专科学术期刊退稿后才转投综合性医学期刊，综合性医学期刊成了专科期刊的"副刊"，这也就使综合性医学期刊的学术质量下降。

2.读者分流，订户减少　医学科学专科化的发展，使读者更加关注自己所从事的专科期刊，较少订阅综合性医学期刊，因而导致综合性医学期刊读者群的分流，其订户大量减少，使得综合性医学期刊的发行量锐减。如有的综合性医学期刊在20世纪50～60年代发行量达十几万册，而目前下降到数千册。同时，由于数字化、网络化和多媒体等阅读方式和信息获取渠道的改变，使综合性医学期刊面临更大的危机和挑战。

3. 广告分流，经营效益下降　当今，学术期刊的广告发布，是学术期刊赖以生存的重要经济支柱。由于学术期刊的专科化，医药企业更多地将企业的专科产品的广告投放到目标用户集中的专科期刊，较少投向综合性医学期刊，这使综合性医学期刊的广告大量分流、经费困难，有的甚至难以维持，步履维艰，使其大有在狭缝中生存的状况。

4. 误区与怪圈　在学术期刊界，一味地追求所谓的高质量和高水平，崇尚SCI，成了医学期刊的一大误区。其忽视了国家医学科技水平和创新论文产出的局限性和有限性，学术期刊的高水平是与创新性的研究工作和大量高水平论文的产出成正比的，脱离了国家整体科技水平，学术期刊的高水平也就无从谈起。另外，有的学术期刊千篇一律的是论著、论著简报，单纯满足了作者研究生毕业、职称晋升、成果评奖等功利因素，而忽视了读者的需要和利益，不管读者是否喜欢和需要，单纯满足了作者的发表需求。因此，编辑出的杂志成了单纯的低水平重复的"论文汇编"，这种恶性循环既失去了读者，也逐渐失去了作者。这也是综合性医学刊面临的误区和怪圈；跳出怪圈，走出误区，是综合性医学期刊必须面对的问题。

第三节　综合性医学期刊办刊路径

虽然综合性医学期刊面临着严峻的危机和挑战，但往往挑战和机遇是并存的，综合性医学期刊要抓住科学发展的特点，扬长避短，调整定位，发挥优势。医学科学专科化程度越高，对综合性医学的需要越迫切，也给综合性医学期刊的发展提供了空间，正如目前国内外方兴未艾的全科医学的发展。医学科学是庞大的科学系统，人体是一个系统和整体，任何一个专科与专科之间都有其内在的密切联系，任何一个器官的病变都不是孤立的，诊治疾病必须有整体医学观、系统观及系统思维观念。综合性医学期刊就是要提供医学交叉学科和整体医学的新理念、新理论、新思维、新知识和新进展。特别是在当今，边缘学科、交叉学科、新兴学科不断派生是科学发展的一大特点，另外，医学科学的热点、难点、焦点问题比比皆是，大量跨学科的医学问题和临床问题都是综合性医学期刊所要回答和涉足的内容，这些也都是综合性医学期刊需要跟踪和关注的契入点，是专科医学期刊所不及和难以关注和涉及的，更是作为医药卫生科技工作者都亟待关心的问题，这给综合性医学期刊提供了极大的发展机遇和发展空间。综合性医学期刊就是要站在比专科期刊更高一层的高度和整体医学的角度，高屋见瓴地去开发报道内容，整合各科医药卫生科技人员都喜欢读并带有共性和普遍意义的选题，同时也避免综合性医学期刊与专科期刊"竞争稿件"之嫌，避免把综合性医学期刊办成专科期刊的附属品，致使丢了读者，又失去作者的尴尬境地。其实，综合性医学期刊只要真正突出和体现"综合"优势及特点，避免办成"大杂烩"，努力跳出与专科期刊"抢稿"的怪圈，抓住专科期刊的劣势，充分发挥综合性医学期刊优势，扬长避短，就一定会吸引作者，满足读者，招来商者，做到以学术引导期刊的经营。

1. 推崇整合医学，需要综合医学期刊　医药卫生科学是一门庞大的科学系统，其涉及的学科和专业之多是难以想象的，据世界卫生组织统计，医药卫生科学的学科，即一级学科、二级学科、三级学科和亚学科约有数千个，形成庞大的学科体系，而且其他学科也不断向医药卫生科学渗透，新兴学科和交叉学科不断派生。从临床医学角度讲，高度专科化和专业化促进了研究的深入与临床诊断诊疗的深化和精准，但同时也显现出其弊端，那就是医学科学的碎片化，临床诊断思维的局限化，在临床上，大有各专科老死不相往来，只知其一、不知其二的现象，也有出现患者各专科之间推来推去、不知归属哪一科的疾病的现象，因此，在高度专科化的同时，也在呼唤综合。医学期刊也是如此，单靠高度专科化期刊来涵盖这一庞大的系统学科是不可能的，存在很大的局限性，所以，医药卫生科学的发展也呼唤综合性医学期刊对其学术的引导作用，从整体医学的高度宏观而系统地指导医学科学的发展。

也正是在医学科学高度分化和专科化程度极高的发展现状下，给临床医学也带来不利的一面，在此背景下，中国工程院副院长、中国工程院院士樊代明教授，中国医师协会会长张雁灵教授，中国医师协会整合医学分会会长、军事医学科学院院长张士涛教授等专家积极倡导和推行"整合医学"的新概念，并成立了"中国医师协会整合医学分会"的学术组织机构，大力倡导整合医学，促进整合医学的发展。整合医学的基本理念和观点认为，现代西方医学借鉴自然科学中还原论的分析方法，试图将人体和疾病还原为各种不同层次的物质实体，以此来探寻生命的真谛，揭开疾病的本质，使医学走上不断的专业细划和专科分化的发展道路。这种以分为主的发展方式极大地促进了医学知识的爆炸式增长，也适应了整个社会分工和疾病预防、诊断和治疗分工的需要，提高了人类对疾病的诊疗水平并增进了自身的健康状态。但是，随着社会环境、自然环境和生活方式的变化，面对疾病谱的变化和老龄化，越来越多的医学工作者和研究者意识到，现代医学亟待转型，否则医学知识、学科和理论呈现碎片化和短路，医疗实践走向机械化，逐步远离以人为本的核心价值，其发展缺陷日趋凸显。也就是在这种医学发展背景下，整合医学（holistic integrative medicine，HIM）的概念和措施应运而生。

整合医学就是将医学各领域最先进的知识理论和临床各专科最有效的实践经验分别加以有机整合，并根据社会、环境、心理的现实进行修正、调整，使之成为更加符合、更加适合人体健康和疾病治疗的新的医学体系。整合医学是对现代医学知识和技术体系的凝练和升华，它在庞杂的生命物质之间，在生理与心理之间，生命与时空之间建立普遍的联系，以一个简单而充满内在和谐的原则把它们整合到由少数彼此独立的基本要素组成的系统框架之中。不少专家学者将整合医学的基本特征概括为：以系统论和系统方法为思维方式；实施医学内部结构合理耦合；学科研究领域相互交叉、相互融合、相互协同；医学与外部环境的关系日趋紧密与和谐，患病的人和人的病患作为有机整体进入医学的领域，受到全面的关怀和照顾；医学处于整体发展、趋向成熟的状态。整合医学的提出得到了医学界和学术界的广泛关注和认可及大力推崇，虽然学术界对其看法尚不统一，认识上不一致，但整合与综合应属趋势，其研究和推行趋势方兴未艾。

整合医学的倡导和推行，意味着医学科学在高度专科化发展的同时，更需要整合医学、综合医学和交叉医学的支撑，因此，整合医学概念的提出和推行，也为综合性医学期刊的发展带来良好机遇，这是办好综合性医学期刊的基础，也正说明综合性医学期刊是不可缺少的医学期刊门类。它应该在大力发展和呼唤整合医学及综合医学的今天，也为综合性医学科技期刊的发展提供学术环境和有利条件。

2.突出综合，体现交叉　《中华医学杂志》是我国创刊历史较久的综合性医学期刊，其学术青春之所以长久不衰，正是发挥了其"综合"的优势，做到"引导学术潮流，当仁不让"，真正站在大学科的高度纵览学科全局，始终站在学术发展的潮头，引导学术发展的方向，而不是与专科期刊争稿源，去协助专科期刊报道专科技术和经验问题。例如，20世纪80年代，我国科技界拨乱反正，科学的春天刚刚来临，我国学术论文的产出量不断增加，但也普遍存在着较严重的科研设计缺陷问题，极大地影响了我国科研质量和学术论文发表的科学性、可靠性和质量，成为学术界不可忽视的重大问题。《中华医学杂志》编辑部首先意识到这一问题，策划组织60多位我国各学科著名学术/学科带头人和著名专家，召开了"临床科研设计问题座谈会"，会后在《中华医学杂志》发表了长篇会议纪要。纪要发表后，犹如一石激起千层浪，在整个医学界引起了极大反响，特别是有学者纷纷在报刊撰文，称为"81纪要"《中华医学杂志》举起了重视科研设计的大旗"等赞誉。这一选题，引发和推动了我国医学界对科研设计的重视。到了20世纪90年代，编辑部又根据科研设计和统计学应用中存在的新问题，组织召开了"全国临床科研设计和统计学应用专题学术研讨会"，会后《中华医学杂志》组织发表了科研设计和统计学问题相关重点文章。文章发表后，国内很多医学期刊纷纷转载，对推动我国临床科研设计和统计学分析方法的正确运用发挥了重要作用。

临床流行病学和循证医学是20世纪80～90年代国际上的新兴学科，其学科特点是具有交叉性和边缘性，对各学科又具有实用性和指导性，而且具有方法论意义，是医学各科都应该了解和应用的学科，《中华医学杂志》敏锐地抓住并及时跟踪本领域的发展，在国内医学期刊率先开设"循证医学"和"临床流行病学"栏目，策划组织发表了大量有关临床流行病学和循证医学的文章，促使这一领域很快被国内医学各学科接受和普遍应用，研究机构和学术团体相继成立，并促进了我国对本领域的研究，缩短了与国际的差距。

众所周知，医学科学已从器官水平发展到细胞水平，又从细胞水平发展到分子水平，从形态学诊断和治疗，发展到分子诊断、分子病理、分子影像、基因诊断和基因治疗等，这是医学科学的进步和必然，它具有前沿性，基因诊断和基因治疗涉及医学各个学科，具有很强的交叉性、边缘性和方向性，早在20世纪90年代，《中华医学杂志》就意识到本领域的重要性，在国内率先组织召开了"首届中国人类基因诊断与基因治疗及基因预防学术会议"，在我国吹响了对基因诊断与基因治疗研究的号角。此后，本刊紧紧跟踪本领域的研究和发展，连续组织召开了多届全国基因诊断与基因治疗学术会议，每次会议都云集了我国众多各学科两院院士出席会议，《中华医学杂志》还根据本领域研究中出现的问题，策划选题和组织发表了大量述评和专论文章，培育和引导这一医学前沿领域的健康发展。

3.突出难点，体现热点　在临床工作中，细菌耐药性和肿瘤耐药，是临床各科抗感染治疗失败和肿瘤化疗失败的重要原因，也是临床十分棘手的临床难点和热点问题，更是多学科医师关注的问题，同时也是全球性关注的热点，就此世界卫生组织也成立了专门机构；《中华医学杂志》编辑部及时敏锐地抓住这一具有跨学科和交叉性的重大临床学术难点，在掌握了国内外有关现状和发展趋势的前提下，在国内外率先组织召开了"细菌耐药性与抗感染化疗专题学术研讨会"和"肿瘤耐药与肿瘤化疗专题学术研讨会"，这一选题得到各科临床工作者的极大兴趣和关注，会后分别在《中华医学杂志》组织发表了"重点号"，特别是"细菌耐药与抗感染化疗"重点，发表了多中心细菌耐药监测结果，产生了很好的学术效益、社会效益和经济效益，同一期杂志3次再版印刷，增加杂志发行和制作单行本数万册，超过其发行量的数倍，并吸引了大量广告，当期杂志额外实现直接经济效益数十万元，而且其学术效益，如指导临床各科合理使用抗生素，最大限度地避免抗生素的滥用，提高抗感染治疗水平，其巨大的间接经济效益更是难以估量。实践证明，综合性医学期刊只要真正发挥综合优势，突出难点，体现热点，抓住各学科都普遍关注的焦点学术问题，可赢得读者，引来作者，吸引商者，实现学术效益、社会效益和经济效益的最佳结合，走出综合性医学期刊"生存难"的狭道，开辟综合性医学期刊的市场。

众所周知，尸体解剖率是影响和制约医疗水平提高的重要因素，多年来是我国医疗实践中的难点，《中华医学杂志》早在1922年就率先倡导和发表了有关重视尸体解剖率的评论。到了20世纪90年代，随着医学科学现代化的发展，临床尸体解剖被忽视，一些大医院的尸体解剖率极低，甚至为0；医院现代化诊断仪器的应用，尸体解剖还是否需要？对此，《中华医学杂志》编辑部组织我国著名医学专家召开了"现代医疗条件下尸体解剖重要性座谈会"，会后发表了座谈纪要，并在同期杂志发表了吴阶平教授的"尸体解剖与提高医学水平的关系"，裘法祖教授的"最后一句要由病理学家来说"，罗慰慈教授的"提高医院尸体解剖率，促进医学发展"的述评文章，再一次告诫我国临床医学：现代医疗条件下仍然需要高度重视尸体解剖。这是综合性医学期刊应该担当的学术引导任务，也是专科学术期刊难以涉猎的领域。

4. 关注焦点，培育亮点 作为综合性医学期刊，要善于站在整个医学科学的高度，审视学科发展中的焦点问题，并善于发现和培育新的学术亮点，促进成熟。如癌转移是恶性肿瘤诊断和治疗的焦点，其转移的机制如何，怎样有效并早期控制癌转移，是临床肿瘤诊断和治疗的重点和难点，《中华医学杂志》早在20世纪90年代就抓住这一学术焦点，率先在国内组织专家召开了"癌转移主题学术研讨会"，这引起了肿瘤内科、肿瘤外科、病理科和影像诊断科等多学科专家学者的极大兴趣和关注，为推动研究和学术交流，不断培育新的学术研究领域，对其研究成果在杂志连续进行重点专题报道，并连续召开多届学术研讨会，直至培育其成立"中国癌转移专业学术组织"，使其专业学术研究从幼稚不断走向成熟，发挥了综合性医学期刊培育亮点、促进专业成熟的作用。

脑死亡是医学界多年普遍关注的热点问题，也是世界医学界长期面临和关注的热点问题，既是医学科学的理论问题，又是临床医学实践的观念问题，它涉及临床诊断学、急救医学、医学伦理学、法学、卫生经济学等诸多领域，也正是综合性医学期刊应当涉足和关注的领域。对此，作为综合性医学期刊的《中华医学杂志》，当仁不让地肩负起这一学术交流和推动其发展的责任。率先在国内组织多学科专家召开学术座谈会，及时将讨论会纪要在杂志发表，并组织多学科专家起草和制定了《脑死亡条例》，得到了国家卫生部的关注、支持和指导，并引起了中央电视台、健康报等多家新闻媒体的关注，多次采访编辑部和有关专家，并进行了大量报道，直至向全国人大提交了"脑死亡立法的议案"，使学术期刊的作用得到有效延伸，发挥了期刊的"学术咨询"作用，得到了国家政府有关部门的肯定。

第四节　综合性医学期刊的办刊策略与方法

综合性医学期刊不同于专科学术期刊，专业稿件比较集中单一，而综合性医学期刊稿件专业学科繁杂，涉及领域多。什么稿都登，来什么稿登什么稿，必然编出的杂志有"大杂烩"和"论文汇编"之嫌。也就是说，刊登过于专科化的稿件，又失去其综合性特色，而且专科稿件登得再多，也难以与专科学术期刊媲美和竞争，最终失去特色，既不像综合性期刊，又不像专科性期刊，其结果是失去读者或未赢得作者。因此，综合性医学期刊必须体现编辑思想，重视总体设计，实施编辑策划和选题策划，避免编辑的盲目性和随意性。如果将综合性医学期刊比作"大拼盘"，要突出整体效果和目的，体现特点，突出特色，抓住重点，适合不同读者的口味或总能在这一"大拼盘"中发现适合与喜欢的口味，使其口味尽量"大众化"。这就必须精心策划、精心设计、精心组织、精心选料、精心组合，并要实施编辑超前策划或前瞻性创意。

一、综合性医学期刊的系统设计方法

期刊的系统设计在综合性医学期刊尤为重要，没有一个独具匠心的系统设计及系统设计思想和理念，必然处于盲目办刊的状态，特别是在编辑部坐等来稿，有什么稿编什么稿，这是一种"简单劳动"，这种编辑模式编出来的期刊必然存在盲目性，缺乏思想性和针对性，难以使读者从中得到启迪、引发思考、点燃科研火花，对临床、科研和教学缺乏指导性，只不过是单纯满足了作者发表的功利需要。因此，读者不喜欢读而失去读者，也背离了办刊的目的。

1.综合性医学期刊栏目的系统设计方法　栏目的设置体现出编者的编辑思想、编辑方针和办刊宗旨，同时具有学术导向作用。栏目系统设计要体现本学科和本刊的特点及综合医学期刊的特色，注意连续性和长期性，逐步形成特色和名牌栏目。栏目系统设计可分为长期设计、年度设计、当期设计，也就是说，有了全年的系统设计还不够，还要在年度系统设计的框架内，做好当期杂志的系统设计。目前，多数学术期刊栏目缺乏设计，随大流，有的栏目单一，既缺乏内涵，又缺少外延，只局限于论著、简报、论著摘要、综述栏目，众多医药卫生期刊一个面孔，缺乏学科和期刊特点，未能形成自己的特色和风格，这是综合性医学期刊应当避讳的通病。

综合性医学期刊栏目设计，要充分体现综合性医学期刊的特点，要在综合、整合与交叉性上设计和思考栏目的特色，其栏目设计、设置和特点要有别于专科性学术期刊，要在原始创新性栏目、学术导向和引导性栏目、学科交叉性栏目、学术争鸣性栏目、新兴学科栏目、学术普及性栏目、学科发展趋势性栏目、新技术新方法性栏目、医药卫生政策性栏目、答疑解惑性栏目、医学科学热点难点性栏目、问题与建议性栏目、标准与规范性栏目、临床与指南性栏目、医学人文性栏目等设计上下功夫，真正体现综合性医学期刊的特色与不同之处。

2.学术内容的系统设计方法　作为综合性医学期刊，只具有较好栏目设计是不够的，还必须加强栏目内容的策划和内容的选题组织工作，否则，设计再好的栏目但缺乏实质内容，也只是局限在设计层面，而缺乏与其栏目相匹配的丰富内容。因此，栏目内容设计和选题是非常重要的，具有栏目总体设计的基本框架，再根据国家不同时期医药卫生工作重点，临床、科研、教学中的难点、热点和焦点问题及需要，学科或某一技术最新发展趋势等，实施编辑策划，选题组稿，可避免学术报道的盲目性，提高针对性和实用性。

3.专题重点设计方法　综合性医学期刊要摆脱"大杂烩"的现象或倾向，就必须克服编辑无重点、无中心、无思想、无目的、无目标的盲目编辑出版模式，即使是综合性期刊，也要每期尽可能突出一个重点专题或热点专题问题，以反映相关专业领域的学术热点和学术动态，引导或吸引相关专业的研究。这就需要编辑部具有很强的编辑思想和学术敏感性，充分了解和驾驭相关领域学术热点、难点和焦点问题，以及学术进展和发展趋势，适时策划、设计和组织专题文章。对此，编辑在具有足够选题依据的情况下，实施精心策划和设计与计划，拟订选题组稿计划，对约稿数量、文章体裁结构和比例、作者遴选、组稿题目等，都要做出计划和设计，以保证选题设计和策划成功。

4.版式与装帧系统设计方法　综合性学术期刊除了内容要实用和读者喜欢外，期刊的外在形式也不可忽视，其设计要体现综合性医学期刊特点和特色，具有美学意识和品牌意识，给读者以视觉上的美感。

二、综合医学期刊的编辑策划策略

编辑策划在综合性医学期刊的编辑实践中具有举足轻重的位置，编辑没有掌握策划方法或缺乏编辑策划意识，很难办好综合性医学期刊。因为期刊高度专科化，本领域专家学者都倾向于将研究工作投向专科学术期刊。此外，综合性医学期刊若缺乏选题策划，仅靠单纯自由来稿很难组织适合综合性医学期刊发表的内容和选题，同时，靠自由来稿也很难组织起具有较强针对性和学术导向性的选题，所以，要办好综合性医学期刊，必须加强有效的编辑策划和选题策划，这是办好综合性医学期刊的重要技术方法。

编辑策划，简单地说，综合性医学期刊的编辑要有较强的编辑思想性、编辑目的性、编辑计划性、编辑组织性、编辑超前性和编辑学术敏感性。编辑要具有"导演"的技能，坚持"编辑搭台，专家唱戏"的原则，并善于"培训"、调动和组织专家，激发专家的积极性和热情。来什么稿编发什么稿，简单地把作者来稿堆砌起来，只能说编辑出来的不是期刊，而是"论文汇编"，编辑也只是单纯的文字匠，必然缺乏目的性、针对性和指导性。因此，缺乏有效的编辑策划很难办好综合性医学期刊，特别是应实施超前编辑策划。当然，有效的编辑策划要建立在编者对学科发展趋势、整体医学科学、相关学科领域发展走势和存在问题的把握与驾驭上，这也是编辑综合能力的体现。特别是选题策划，要有创新性的编辑构思和组织计划，突出和体现编辑思想。

众所周知，在作者的文章中不可能体现出编者的思想，即使作者按照编者的要求修改文章，其思想和观点毫无疑问是署名作者的，编辑的思想和观点就是体现在当期杂志的总体设计内容和编辑策划上。例如，《中华医学杂志》根据临床细菌耐药性流行趋势日趋加剧的问题，针对这一临床各科抗感染治疗十分棘手的难题，在当时国内尚极少开展细菌耐药性监测工作的情况下，为加强和推动我国对此项领域的重视和研究，编辑部抓住这一新兴热点，积极实施超前性编辑组织策划，从编辑构思到编辑初期组织策划，经过一年多时间，率先在国内和国际上首次组织召开了"细菌耐药性监测与抗感染化疗专题研讨会"，并约请有关专家介绍国际上细菌耐药性监测工作的最新动态和细菌耐药性流行的趋势，及时把这一新的热门研究领域介绍给国内学者，会后又在杂志上专门组织了"细菌耐药性监测重点号"。很快，此项工作在全国各大医院相继开展，跨地区的细菌耐药监测协作组或监测网相继成立，国家卫生部还成立了"国家细菌耐药监测中心"，极大地促进了这一领域研究工作的发展。在我国经过2年的监测研究工作的基础上，大量多中心高水平的监测结果和研究成果完成，编辑部适时跟踪各地的研究动态，当时机成熟时，根据本研究中出现的带有普遍性的问题，编辑部再次进行连续跟踪策划，组织召开"第二届全国细菌耐药性监测与抗感染化疗专题研讨会"，及时总结和交流我国各地区的监测结果和研究成果，会后又在杂志上组织了"细菌耐药性监测重点号"发表，并根据会议上反映出的"实验室与临床的结合问题""细菌耐药监测的质量控制问题""临床抗感染治疗中抗生素应用的若干问题"等，拟定选题，组织专家撰写相应专题的述评文章并发表，引导和促进本领域研究的健康发展，在学术界引起很大反响；发表的大量监测结果，受到临床各科医师的关注，对指导和促进临床合理应用抗生素、提高抗感染治疗水平、节省和充分发挥我国有限的卫生资源发挥了重大作用。这一选题策划从编辑构思到连续跟踪策划，其跨度历时4年，体现了学术发展的周期规律，取得了很好的社会和学术效益。

三、实施多学科引导与学术导向方法

在学术期刊的作用和职能中，除了报道记录或交流研究成果外，学术思想导向和学术导向也是非常重要的作用，特别是学术导向作用，这是学术期刊至关重要而又容易被忽视的作用，特别是综合性医学期刊，缺乏学术导向性，期刊也就失去了思想性（学术思想）、指导性、针对性和活力，把期刊办成了单纯的"论文汇编"。而且综合性医学期刊的学术导向与专科学术期刊学术导向应有不同之处，如果说专科学术期刊学术导向侧重于"战术或战役"导向，重点是专科技术问题的学术引导，而综合性医学期刊则应偏重于"宏观学术战略性"的导向，也就是说，要站在整个医学科学或某一学科的重大学术发展的高度，抓住学科发展中存在的重大问题和热点及难点，实施有针对性的重点学术导向，引导学科的健康发展。作为综合性医学期刊还应注重学术导向的连续性跟踪，发挥连续导向作用，及时纠正学术和学科发展中存在的重大问题，促进学科发展。其学术导向常采用的主要方法如下。

1.评论性文章的学术导向　在学术期刊中，最能体现学术导向性的是评论性文章，

它类似于新闻报纸的社论性质，具有极强的引导性。这类选题文章具有针对性、思想性、权威性、及时性；倡导什么，反对什么，存在什么问题，应采取的对策和注意的问题，观点明确，评述有据，具有极强的学术引导作用，这类文章就向大海里的航标灯、航船上的舵手，及时指明学术研究和学科发展的航向和目标，使学科和科技人员少走弯路，并对国家政府职能部门具有决策咨询作用。评论性文章的栏目可以分不同层次或侧重，如《中华医学杂志》的"述评""专家论坛""专论"等评论性栏目。编辑实践证明，评论性文章自由投稿极少，即使个别有，也缺乏应有的权威性和针对性，因此，这就需要建立在编辑对学科发展趋势和存在的问题有足够了解和对本领域学术（学科）带头人研究方向比较熟悉的基础上，主动实施选题组稿策划，及时向学科带头人约稿。例如，在我国医学学术界，一度出现分子生物学过热的倾向，科研选题和撰论文章不涉及分子生物学就错误地认为没有达到一定水准，使本领域的研究大有脱离临床和实际的现象，为此，《中华医学杂志》编辑部专门召开由著名学科带头人参加的"分子生物学与临床的结合座谈会"，讨论如何看待和纠正医学科研中分子生物学"过热"和脱离实际的问题。会后发表了座谈纪要，并同时发表了中国工程院院士、中国工程院副院长、中国医学科学院院长刘德培教授的"当前我国医学分子生物学研究的几点看法"和北京协和医院张之南教授的"临床医生如何面对医学分子生物学的发展"的述评文章，这在学术界引起了很好的反响。特别是基因治疗，20世纪90年代，在我国学术界就曾经出现过"过热"和"过冷"的现象，根据学术研究中存在的错误认识，及时组织学术带头撰写述评文章，克服一轰而起和盲目乐观的倾向。1997年，美国18岁的杰辛格因患遗传性疾病在宾夕法尼亚大学人类基因治疗研究所接受基因治疗而死亡，在学术界称为"杰辛格事件"，引起了世界轰动，一时间，基因治疗研究在国内外出现低潮，由过热突降为过冷，大有被"冷落"或停滞的势头。为此，《中华医学杂志》编辑部及时策划选题，约请有关学术带头人撰写述评文章，正确和科学看待基因治疗死亡事件，引导基因治疗研究的健康发展，《中华医学杂志》从20世纪90年代至21世纪初，连续跟踪其发展动态，根据不同时期学术研究中出现的问题，适时组发评论性文章，引导学术航向。多年来连续组织发表了国家863首席科学家吴旻院士的"基因治疗纵横谈"；国家863首席科学家顾健人院士的"我国基因诊断与基因治疗研究的前景及有关问题""论肿瘤生物治疗研究中的若干问题""我国基因治疗研究的冷与热""基因治疗研究的现状与对策""我国基因治疗研究十五发展战略与对策及建议"；曹雪涛教授的"肿瘤生物治疗方法及研究的热点问题"等。根据我国基因治疗研究出现的"过冷"和存在的问题，通过申请和立项，2000年9月中国科学院香山科学会议第149次召开，对我国基因诊断与基因治疗研究实施研讨和决策咨询，根据会议达成的共识和结果，编辑部编辑执笔撰写述评，然后征询曹雪涛教授、顾健人院士、强伯勤院士、刘德培院士、吴旻院士、卢圣栋教授等同意并联名发表了"我国基因治疗研究的方向与重点"的重要述评文章。该述评文章在《中华医学杂志》发表后，在学术界产生了很大反响，对促进我国本领域的研究和健康发展发挥了重要促进作用。

综合性医学期刊评论性文章的基本类别和选题方法：

（1）综合性医学期刊述评文章的选题方法：综合性医学期刊述评文章的选题与遴选撰写专家有所不同，其选题要具有足够的选题依据和选题的必要性，选题方向重点侧重于整体医学、综合性和交叉学科的热点与难点问题，且要站在整个医学科学的高度去审视学术和学科发展的问题。文章撰写专家的遴选一般选择相关领域国内外著名学科/学术带头人，应具有驾驭和引导学科/学术发展的水平与学术地位，具有较高的学术影响力，并且应位居较高的学术、科研、临床或科研院校所学术及学科领衔单位，以保证其具有较强权威性和学术影响力度。

编辑部在向学术带头人约稿时，首先要进行有效沟通，详细交代选题背景和意义，并向撰写专家建议或交代命题（具体题目）、撰写的评述或论述内容、回答或解决问题的对策、撰写的格式、篇幅或字数要求、交稿时间、规范化和基本要求等；并在必要的情况下给予思路上的启发或启迪，以利激发专家思路和撰写的兴趣。这是保证达到选题目的和发表后效果的重要环节。

（2）综合性医学期刊专题论述性导向文章的选题方法：专题论述性文章同样具有很强的学术引导性或学术导向性的文章，但它与述评性文章有所区别。专题论述性文章一般仅对专业性较强的学术问题、技术问题、存在的问题等予以论述，并指出改进的建议和解决问题的策略。这类评论性文章约请撰写专家一般选择在某一专业领域学术造诣较深、专业或专科研究比较深入，具有一定著名度、权威性和学术影响力的专家署名发表。编辑在选题时，其选题的依据要充分，选题意义和目的要明确，同样也要与约稿专家进行有效沟通，让专家充分了解编辑部选题背景、目的和意义。这类评论性文章一般发表在"专家论坛""专论"等评述性栏目中。

（3）综合性医学期刊导向性学术纪要文章的选题方法：这类学术导向性文章选题和操作一般比较复杂，一般应用于重大学术或技术问题的学术导向。这类会议纪要性质的学术导向性文章，它是集体智慧的结晶，是凝聚群体专家智力资源而产生的学术成果。一般对重大学术问题，通过召集相关领域的专家学者，召开专家座谈会、专家论坛、专家讨论会、专题研讨会等形式，通过集体专家学者的深入研究、讨论和座谈，整合群体专家智慧，最后形成专家共识，提出有价值的建议、解决问题的对策等，甚至还可形成学术或政策性咨询报告，提供给政府相关部门参考。通过以学术纪要或座谈纪要的形式，把讨论达成的专家共识成果实施归纳整理，最后以学术纪要的形式发表，以达到学术引导或学术导向的目的。因此，这样学术成果得来成本较高，其操作也比较复杂，需要编辑部实施精心策划和组织实施，并对讨论的问题和预期达到的学术成果有一个基本预测及把控，以避免偏离目标，达不到预期目的。

这类学术纪要性质的文章撰写可以由编辑部编辑执笔归纳整理，然后请与会专家审阅补充修改，也可以由会议领衔专家或主持专家（主席）执笔归纳整理，然后征询与会专家的意见，同意后可在期刊发表，同时，为达到更好的学术效果，最好配合述评文章和背景学术研究文章等同时发表，以达到更好的学术导向和学术引导的效果。

2.专题报道的示范与导向方法　综合性医学期刊如果来什么稿登什么稿，各科各专业稿件都刊登，其结果就是"大杂烩"和"论文汇编"，专业或学科文章形成碎片化，所以，专业或专科医药卫生科技人员觉得读综合性医学期刊对所从事的专业收获小，难以满足需要，这就造成专业或专科技术人员不投稿、不阅读的现象。因此，综合性医学期刊也要改变传统编辑形式，要精心策划，每一期也要突出一个重点，展现一个专题或主题，以较大的篇幅重点报道某一专业的热点内容，体现期刊对该领域研究的重视和关注，以利于体现和推动某一领域的研究趋势和进展，即所谓的"重点号"，也是综合性学术期刊的另一种有效的学术导向形式或手段。例如，20世纪90年代，在国际上刚刚发现一氧化氮在多种疾病发生发展和治疗中的重要作用，国内仅有极少数学者在涉足研究，为引导科技人员重视对一氧化氮的研究，《中华医学杂志》率先倡导召开了"全国一氧化氮临床应用研究专题研讨会"，会后组织了重点号，发表了国内学者的初步研究工作，并同时配发了刘耕陶院士的述评"一氧化氮的研究前景"和会议纪要。一石激起千浪，很快有关一氧化氮的研究在各个学科开展，极大地推动了本领域的研究。近年来，肿瘤内科学临床研究发展迅速，特别是以化疗为重要手段的肿瘤内科治疗，有效提高了恶性肿瘤患者的生存期，并且有些肿瘤经化疗可达到治愈的良好效果。但随着化疗药物的临床应用，肿瘤耐药性问题日趋突出，成为临床肿瘤化疗失败的重要原因，并成为临床肿瘤内科的热点和难点问题。因此，重视和加强对肿瘤耐药性的研究已成为当务之急。为此，《中华医学杂志》率先策划组织召开了"全国肿瘤耐药性与肿瘤化疗专题研讨会"，会后组织了专题重点号，并配发了杨纯正教授的述评"肿瘤耐药性研究的若干问题"，促进了我国对肿瘤耐药问题的基础和临床等不同层面的研究工作。

3.综合性医学期刊学术争鸣及选题方法 发扬学术民主，倡导学术争鸣，是学术界的优良传统，也是学术期刊的重要职能，它更是综合性医学期刊的优势所在，通过学术争鸣澄清真伪，达到去伪存真、避免误入学术误区的目的，引导学术研究始终沿着正确的方向发展。《中华医学杂志》曾发表过天津医科大学总医院内分泌科邱明才教授的"甲状腺疾病治疗的反思"一文，其文中提出了甲状腺功能亢进症用糖皮质激素治疗的实践和观点。文章发表后，引起了内分泌学术界的很大反响，产生了很大学术分歧，一时成为学术界热点问题，有的临床医生写信询问，如果采用这一观点治疗，与患者发生医疗纠纷问题，医生可否作为"举证倒置"的依据？对此，为取得共识、避免临床治疗驶入误区，在北京市内分泌专业委员会的倡导下，召开了"糖皮质激素治疗甲亢学术争鸣会"，在《中华医学杂志》"争鸣与评论"栏目加编者发表了"糖皮质激素在甲状腺功能亢进症治疗中的地位"的长篇学术争鸣纪要，同时配发了北京协和医院白耀教授的述评"目前我国甲状腺疾病治疗中需要注意的若干问题"，通过学术争鸣，取得了学术共识，引导了学术发展和临床治疗，受益的是患者，提高的是医务人员的学术水平。

一般来讲，学术争鸣性文章更加难以组织，其自由来稿也几乎没有。其原因是，人们的普遍心理是不愿意得罪人，特别是具有一定学术影响力的专家学者，即使其观点或研究结论存在某些异议，也很难有人写文章发表不同观点进行学术争鸣讨论，因此，学术期刊开展学术争鸣是一大难题，在医学科技期刊上开展学术争鸣几乎名存实亡。这在某种程度上是编辑部或编辑的原因，主要是缺乏对学术争鸣文章的编辑策划和选题策划工作的意识，具有畏难心理。综合性医学期刊要引导学术争鸣，必须做好编辑策划与设计，其方法是，根据学术争鸣的问题，具有针对性地选择撰文对象，首先做好思想和说服工作，精心策划和提供争鸣主题文题，鼓励其撰写。同时，再遴选作者，撰写以读者来信或读后感的形式提出自己的观点和意见，一并在期刊上发表，以利引导和开展学术争鸣，鼓励和引导在学术期刊上开展学术争鸣活动。

四、综合性医学期刊品牌培育方法

综合性医学期刊要赢得效益，就必须加强期刊的品牌培育，不断扩大期刊品牌影响力，真正体现出期刊品牌的溢价性和溢价能力。这就需要编辑部要重视期刊的品牌建设。这是综合性医学期刊赢得学术效益、社会效益和经济效益的重要基础。综合性医学期刊品牌培育的基本路径和方法如下。

1.期刊内容质量培育路径　期刊是以内容为主的知识产品，其内在质量主要体现在学术内容上，这主要体现在内容的创新性、科学性、实用性、指导性、权威性、导向性等，期刊学术质量是期刊品牌建设和品牌培育的核心。因此，在某种意义上讲，期刊质量是期刊品牌的代名词。

2.期刊形象培育路径　期刊品牌形象培育包括期刊形象设计，如期刊封面设计、期刊标识设计、期刊版式设计等，其设计要具有差异化和特色，为读者和作者及专业技术人员打下牢固的期刊品牌印迹。

3.期刊软实力培育路径　期刊品牌的形成是多因素积淀的结果，除了期刊整体质量和期刊形象外，其软实力也是期刊品牌培育的重要因素，如期刊服务质量，也就是为读者、作者、广大医药卫生科技人员服务和服务于国家科技创新战略与健康中国战略的实际成效。此外，还有期刊文化建设、编辑部文化、办刊理念、办刊宗旨等期刊软实力建设，这些也是期刊品牌培育的重要因素。

4.期刊品牌营销路径　仅仅具备很高品牌价值、品牌条件、品牌要素、品牌效应、品牌影响力是不够的，还必须通过期刊品牌营销，不断扩大品牌影响，俗话说"酒香也怕巷子深"。期刊品牌具有了高美誉度后，就要在提高知名度上下功夫，还必须通过期刊品牌营销由品牌高美誉度提升品牌高知名度和品牌忠诚度。因此，期刊品牌培育达到一定程度，就要采取品牌营销措施和手段，将期刊品牌核心价值让读者和作者认同，其方法可以采取多种媒体实施品牌宣传，以期刊名誉召开大型学术会议、学术论坛、联合相关学术团体、国际学术组织参与主办大型国内和国际会议，以期刊名誉设立有奖征文、优秀论奖项、立科研基金或以继续教育等形式推介期刊和扩大期刊影响力，培育读者和作者队伍，最大限度地提高读者和作者对期刊品牌的忠诚度，让期刊品牌的溢价性和溢价能力得到充分发挥。

第21章

医学期刊品牌评价方法与培育方法

　　医学期刊的编辑出版与经营具有不同的发展层面，而品牌经营是期刊经营的高级阶段和高级层面，也是期刊发展与经营的最高层面。当今，医学期刊的经营已由期刊产品经营转向期刊品牌经营，期刊品牌是期刊发展的无形资产与核心竞争力，是期刊经营制胜的无形资源和制高点，特别是在期刊如林与竞争激烈的今天，谁拥有了期刊品牌，谁就能赢得期刊经营与发展的主动权，缺乏品牌的期刊很难在市场中长期生存与发展。所以，医学期刊的总编辑/主编、社长、编辑部主任们，都应重视和加强期刊的品牌评价、品牌培育、品牌建设与品牌经营，这是促进医学期刊发展的重要工作和任务，也是期刊可持续发展的必由之路。

第一节　医学期刊品牌的基本概念

　　医学期刊品牌与商品品牌具有相同的属性，但又不完全等同于普通商品的品牌，同时也与其他时尚期刊和报纸品牌有所差异，其品牌内涵与核心价值也与普通商品和期刊有所不同，医学期刊品牌价值主要体现的是科学价值、学术价值、评价认可价值、学术交流价值、促进人类健康和推动医学科技进步的社会价值。

一、医学期刊品牌定义

　　著名广告大师奥格威给品牌下的定义是："品牌是与某个产品和企业相联系的属性、名称、包装、价格、历史、声誉、宣传风格的无形组合"。而期刊品牌与这种普通商品意义上的品牌有所不同，医学科技学术期刊是高层次的科技文化、知识和学术产品。因此，期刊品牌的定义与普通商品也应该有所区别。那么，医学期刊品牌的定义是什么？医学期刊品牌的定义是："能够全面反映本领域最新学术进展和医学科技创新水平，能有效指导临床和科研实践活动，引导医学科学和学术发展方向，在相关领域具有较强的学术权威性和影响力，被本学科或相关领域的专家学者所广泛认知、美誉、崇尚、推崇、信赖和跟踪的学科旗帜性领衔期刊或精品期刊"。

　　在文化体制改革不断深入和期刊市场竞争日益激烈的今天，期刊品牌经营已成为医学科技期刊在竞争中获得可持续发展和经营制胜的重要途径；医学期刊品牌主要体现在促进医学科技进步和人类健康的价值、学术权威性和学术影响力、整体形象、学术文化内涵的先进性、读者和作者的信赖与崇尚、期刊品牌经营的溢价性等。医学期刊要在期刊市场竞争中求得生存与发展，必须改变期刊同质化现象，将期刊打下差异化或特色化的烙印，为读者、作者和广大医学科技工作者所识别、钟爱、跟踪和普遍赞誉，并在头脑中打下牢固的期刊品牌印迹。因此，重视医学期刊的品牌建设和品牌培育，实施期刊品牌战略，对于医学期刊的可持续发展具有深远的现实和战略意义。

二、医学期刊品牌的内涵与要素

医学期刊品牌具有其内在的和外在的品牌要素，具有其可视性和不可视性的东西，具备有形的也有无形的东西，具有主观的也有客观的东西，具有看得到的也有看不到的东西。

1.期刊品牌名称　　在期刊品牌中具有可以读出的刊名、主办单位和编辑出版单位名称、标识、词语、字母、数字或词组等组合，如 *Science*、*Nature*、中国科学院、《中国科学》中华医学会《中华医学杂志》等品牌名称。

2.期刊品牌标志　　在期刊品牌中，具有不发声的有形印记标志，包括期刊的符号、标识、图案、明显的色彩或字体，如"刊徽""会徽""国家期刊获奖""国家自然科学基金资助""精品期刊工程""中华医学会系列杂志"等标识。

3.期刊品牌角色　　通过拟人化的标识来代表期刊品牌的方式，这样容易触发人脑空间形体记忆，有利于广大医学科技工作者对期刊的形象识别和印记识别，使期刊品牌形象具有形象化、唯一性、独特性和专有性。期刊品牌形象的塑造过程，其实也是通过一个有清晰性格特征的期刊品牌角色的塑造过程，富于感染力和亲和力的"期刊角色"必然引导并改变着读者、作者和广大医学科技人员的阅读欲望，由此达到吸引读者和作者，并最大限度地实现市场推广和增加期刊订阅或发行的目标。

其实，每个人在日常生活中所有行为都有意无意追寻某种身份角色的实现与满足，期刊订阅行为也不例外。对身份角色的追求是现代人角色确认的最基本社会依据。期刊品牌角色营销的手段之一，就是通过期刊品牌形象给读者和作者一种身份承诺，让读者在阅读品牌期刊时获得一种学术身份和学术水平的确认感、认同感、认可感和心理满足感。期刊品牌角色的象征就因为它所具有的这种拟人化了的效果，最终使期刊品牌形象让广大读者和作者从心理、文化和社会感情上产生亲切感和敬重感，并赋予期刊品牌角色和切合读者或作者身份追求，这必将成为一个成功的品牌期刊，这种品牌角色形象将充满持久性，并能有效引导和创造期刊订阅发行，实现真正意义上的创造性期刊品牌营销。期刊品牌角色营销是期刊社品牌形象营销战略的实质，这是因为当代科技学术期刊市场的竞争实际上是期刊品牌形象的竞争，而期刊品牌形象的核心就是期刊品牌的角色感。这种期刊品牌角色感从专家学者、读者和作者的学术价值观念、学术追求、性格特征、生活情调、身份表现等精神、文化、心理、感情及社会的层面保障了一个期刊品牌的内在魅力。

4.期刊品牌商标　　这是期刊受到法律保护的整个期刊品牌、品牌标志、品牌角色或者其各要素组合。当期刊商标使用时，要用"R"及"注"予以明示或条码指明期刊注册商标，从而实施有效的期刊品牌法律保护和品牌管理。

三、期刊品牌的相关概念

1. 期刊产品　期刊是可以交换的产品，具有产品的一般属性，但它又不完全等同于普通商品，它是高层次的科学文化产品。因此，期刊产品是能够提供给读者市场，被读者群阅读、使用和消费，它能够满足读者群对学术进展、学术交流、科研成果与学术思想发表和功利的需求；期刊产品具有不同的层次，即期刊核心产品、期刊形式产品和期刊延伸产品。期刊的核心产品是指整体内容产品提供给读者或订阅者获得直接利益和效用；期刊的形式产品是指期刊产品在市场上出现的物质实体外形，包括期刊品质、期刊风格特征、期刊总体设计感官、期刊品牌标识和封面特色设计等；期刊延伸产品是指期刊提供给读者和医学科技人员的系列附加服务或利益，如优秀论文评奖和作者激励项目、读者作者沙龙活动、专题学术研讨会和其他学术产品及品牌延伸服务。

2. 期刊品牌资产　期刊品牌资产也称期刊品牌权益，它主要是品牌期刊所产生的经营效益和市场效益，其主要特征是期刊品牌的溢价性和溢价能力，其品牌资产或品牌资源是无形的，但也可以科学评估出其市场价值。期刊品牌资产或品牌资源是与品牌、品牌名称和品牌标志相联系，它能够增加也可减少期刊所销售产品、服务价值的系列资产与负债；它主要体现在期刊品牌忠诚度、期刊品牌认知度、期刊品牌联想和其他专有资产，这些品牌资产通过多种方式和渠道向读者、作者和期刊经营者提供价值。

3. 期刊商标　所谓商标是一种法律用语。它应该是商品的品牌在政府相关部门依法注册后才成为商标。商品的商标是用来区别经营者的品牌与服务和其他经营者的商品及服务的标记；国家商标法规定，凡是经商标局核准注册的商标，如商品商标、服务商标、集体商标、证明商标，其商标注册人享有商标专用权，受法律保护。期刊既然是商品，也应具有商标，它是编辑出版经营者在其编辑、出版印刷、公开发行、期刊销售服务上采用的，为了区别期刊商品和服务，应具有显著特征的标志，它由文字、图形或其组合构成。经国家新闻出版总署核准注册和批准的期刊名称，即为"期刊注册商标"，还有"中国标准连续出版物"号、ISSN 和 CN 号及期刊条码。

4. 期刊品牌定位　是在综合分析目标读者市场与同类期刊竞争的前提下，完善和建立符合期刊产品特点的独特品牌形象，同时对期刊品牌的整体形象实施系统设计和品牌营销宣传，从而在目标读者和作者心中占据独具价值地位的过程。期刊品牌定位着眼点是目标读者的心理感受，其途径是期刊对品牌整体形象的周密设计，从而在目标读者和作者心中形成期刊品牌的独特心理位置。

5. 名牌期刊　所谓名牌期刊，就是学术界广大科技人员或社会公众对某一期刊产品的学术权威性、学术影响力、学术价值及品质的普遍认知与推崇，对于名牌期刊最通俗的理解就是知名品牌期刊或著名医学期刊。名牌期刊不是出版机构或主办单位自封的，也不是政府行政机构或学术共同体命名的，而是广大医学科技人员普遍公认和耳熟能详的著名期刊，如被誉为世界四大顶级医学期刊的新格兰医学杂志（NEJM）、柳叶刀（*Lancet*）、美国医学会杂志（JAMA）和英国医学杂志（BMJ）。

6. 期刊品牌识别　是品牌营销者希望创造和保持的，能引起读者和作者对品牌期刊美好印象的联想物；期刊品牌识别指从期刊产品质量、学术权威性和影响力、出版机构、编者、期刊服务、期刊文化、期刊标识等层面能够打动读者、作者及广大科技人员，而且有别于同类竞争者的品牌联想，它与期刊品牌核心价值共同构成了期刊品牌联想。可以想象，著名医学期刊一般都具有强势品牌特征和鲜明的期刊品牌识别，而期刊品牌识别将指导期刊品牌创建、品牌培育、品牌延伸、品牌扩张和品牌传播的全过程。

7. 期刊品牌符号　　是区别期刊产品和期刊服务的基本手段，它包括期刊名称、主办单位、标志标识、封面色调、特殊符号等。这些识别要素形成一个有机结构，对读者和作者具有影响作用，这是形成期刊品牌概念的基础。其实，期刊品牌培育成功的品牌符号也是期刊经营者的重要资产。

8. 期刊品牌个性　　是特定品牌期刊所拥有的系列个性特色，也就是期刊品牌所呈现出的个性特色和品质；它是期刊品牌识别的重要组成部分，期刊品牌个性或特色能带来强大而独特的期刊品牌联想，极大地丰富期刊品牌的内涵和外延。

9. 期刊品牌形象　　主要是指读者和作者能够接触和感受到的期刊品牌信息，并经过自身的甄别、认识、选择与加工，在其大脑中形成的期刊品牌的印象总和。期刊品牌形象与品牌识别既有区别，又有联系，两者的区别在于，期刊品牌识别是品牌经营者所希望的读者和作者心目中的品牌形象，期刊品牌识别是品牌形象形成的来源和依据。

10. 期刊品牌文化　　是指通过赋予品牌深刻而丰富的文化内涵，鲜明和准确的期刊品牌定位，期刊经营者充分利用各种强而有效的内外部传播途径形成读者、作者及广大医学科技人员对期刊品牌在精神上的高度认同，培育和创造期刊品牌信仰，最终形成强烈的期刊品牌忠诚；期刊品牌在其经营活动中逐步形成文化积淀，它代表了期刊编者和读者的利益认知和情感归属，是期刊品牌与传统文化及编辑出版机构个性形象的总和。期刊品牌文化的核心是文化内涵，也就是其蕴含的深刻的学术价值和社会价值内涵和科技人员的情感内涵，这是期刊品牌培育和文化沉淀的价值观念、学术态度、学术价值取向、学术审美情趣、学术修养、学术品位和功利情感诉求等精神象征。期刊品牌文化的积累和孕育是通过塑造期刊产品的科技文化效应与期刊品牌精神高度完美结合的境界，它能超越时空的限制带给读者和作者更高层次的学术、社会满足感和追求科学的精神慰藉与寄托，在读者和作者心灵深处形成潜在的科技文化认同和学术追求情感的眷恋与崇拜；在读者和作者心目中，能够订阅和阅读名牌医学期刊，以及能够在名牌医学期刊上发表科研论文，视为学术追求和科学人生的荣耀，医学科技人员钟情的期刊品牌作为科技文化学术商品的标志，它除代表了期刊产品的整体质量、学术价值、权威性和独特的学术定位外，还代表读者和作者的学术价值观、学术品位、学术追求格调、学术地位和订阅及投稿价值模式，科技人员订阅名牌期刊产品也不是简单的期刊，而是与众不同的学术体验、自我实现和展现水平的象征，成为实现自我价值和社会认可的媒介与载体。所以，读者和作者可对喜爱的品牌期刊形成强烈的信赖感、依赖感和崇尚追求感，其对品牌期刊的选择和忠诚不是建立在直接的利益上，而是建立在品牌期刊深刻的文化内涵和精神内涵上，以此维系广大科技人员与品牌期刊长期的情结和渊源，这是独特的期刊品牌形象和情感因素的融合，这样的读者和作者很难发生品牌忠诚度转移，这无疑是期刊可持续发展的源泉和动力。

11.期刊品牌延伸　主要是指在已具有相当知名度与品牌影响力的基础上，将品牌期刊的资源运用到新创办期刊、学术产品和学术服务上，以利于降低新创办期刊或学术产品进入市场的经营风险策略和资源投入，它主要借助期刊品牌影响力，实施期刊的延伸服务和延伸经营，以取得更大效益。

12.期刊品牌结构　是期刊社不同期刊品牌的组合，它具体规定了期刊品牌的作用和各期刊品牌之间的关系，以及各自在期刊品牌体系中扮演的不同角色；而合理的期刊品牌结构有助于寻找共性，并实现协同效应，以达到有效管理多个期刊品牌的目的，尽可能减少对期刊品牌识别的损害，同时快速高效地做出调整，更加合理地在各期刊品牌中分配和调度期刊资源。

13.期刊品牌偏好　广大科技人员的期刊品牌偏好程度也是期刊品牌影响力的重要体现，它主要是指读者和作者对该期刊品牌的喜好程度，是对读者和作者的期刊品牌选择意愿的体现。

14.期刊品牌认知度　是品牌资产的重要组成部分，也是衡量读者和作者期刊对品牌内涵与价值认识及理解的深度。对于成功的品牌期刊，首先应具备比较高的期刊知名度，其次才是科技人员对期刊品牌内涵、特色、学术权威性和品牌影响力的充分了解，而且这种了解带来的情感共鸣是积极的和正面的，由此，在订阅期刊和认可了期刊产品价值后，一般会重复购买，形成忠诚度较高的目标读者或作者队伍。

15.期刊品牌美誉度　是品牌影响力的重要组成部分，是读者和作者及广大科技人员对期刊品牌的赞美程度和信赖程度。期刊品牌认知度是美誉度的前提，而期刊品牌美誉度是能够真正反映期刊品牌在读者和作者心目中学术价值水平的标志，两者均是衡量期刊品牌价值外延程度的衡量指标。期刊品牌的知名度可以通过宣传措施快速提升，而美誉度则需要通过长期的精心经营和培育，经过多年积累与积淀才能提升良好的期刊品牌形象。

16.期刊品牌忠诚度　是指读者、作者和广大科技人员对期刊品牌情有独钟，在期刊价值取向上形成偏好，而且长期订阅和投稿的追随行为，也就是读者或作者的重复订阅和投稿的占有行为。它又可以划分为认知性忠诚、情感性忠诚、意向性忠诚、行为性忠诚。要维持和培养忠诚度，既要不断提升期刊整体质量，又要不断满足读者需要，同时不断提升服务质量。

第二节　医学期刊品牌核心价值

1.期刊品牌的营销价值　当今的商品经济在某种意义上说是品牌经济，人们崇尚品牌，追随名牌已成为社会潮流，使用名牌和享受名牌已成为当今社会时尚和地位的象征，因此，在当今商品市场上没有品牌的商品无法在激烈的市场竞争中生存。期刊品牌也是如此，能在著名品牌医学科技期刊上发表论文已成为医学科技工作者学术水平的象征和学术追求，具有良好影响品牌的科技期刊能赢得读者、作者和商者，而缺乏品牌的科技期刊在市场竞争中步履艰难。所以，科技期刊已由期刊产品经营转向期刊品牌营销，谁占有了品牌，谁就赢得了市场主动权。

在商品市场中，其竞争形式具有三个层面，即第一层面是价格竞争；第二个层面是质量竞争；第三个层面是品牌竞争；品牌竞争也是商品市场竞争的最高层面。期刊也具有商品属性，目前国内外科技期刊竞争日趋加剧，其竞争的重点是争读者、争作者，而凝聚读者和作者的核心引力是科技期刊的品牌，科技期刊品牌的影响力决定高水平研究论文的流向，引导着读者或科技人员对期刊的跟踪程度。因此，期刊品牌是科技期刊经营制胜的核心动力，是期刊的无形资产和期刊发展的助推器，国内外一些著名品牌科技期刊成功的经验已经证明，期刊品牌是赢得市场的法宝与核心竞争力，众多国际著名品牌期刊单靠出卖其品牌就赢得了巨大市场和财富，科技期刊的竞争说到底是期刊品牌的竞争。如《读者》杂志2005年经世界品牌实验室及其独立测评结构评估，其品牌价值为33.82亿元人民币；《家庭》杂志经广东省物价局价格事物所评估，其品牌的无形资产价值达2.68亿元。品牌商品如可口可乐有形资产只有138.7亿美元，而其品牌价值达434.3亿美元。中国"红塔山"品牌价值332亿人民币，"长虹"品牌价值122亿人民币，"海尔"品牌价值77.4亿人民币。由于期刊也具有品牌的固有效应，所以，谁具有期刊品牌地位，谁就赢得了期刊竞争的主动权。因此，中国科协把加强科技期刊的品牌建设作为战略重点，也就真正抓住了科技期刊发展的根本，如2006年启动的"中国科协精品期刊工程"就是期刊品牌建设的重要手段和措施之一，它必将为我国科技刊的品牌建设和促进科技期刊的发展发挥重要作用。

2.期刊品牌的资源价值　品牌既是社会资源又是市场经济资源，而且品牌资源是紧俏资源，具有可限性，特别是科技期刊品牌资源的有限性尤为突出，同类产品或同类学科的品牌科技期刊在某一国家，甚至在世界上不可能具有无限性，其数量是有限的，这也是由品牌的性质所决定的。因此，科技期刊的竞争，说到底是期刊品牌资源的竞争。

3.国家科技实力和地位影响价值　科技期刊是科技创新成果和论文产出的重要载体，也是科学共同体认可和科技创新首发权的重要体现，因此，对科技期刊品牌资源的占有程度，从一个侧面反映了国家的科技创新实力和国际地位，也反映了出版单位的实力和地位，品牌科技期刊资源的占有程度与其科技创新能力、科技实力成正比。

4.期刊品牌的市场价值　医学科技期刊作为特殊商品，其品牌的市场价值与其他普通商品的品牌一样，只要具有了品牌影响，就会形成品牌的市场效应。例如，美国的 Science 杂志除销售期刊的内容和广告外，还特别注重期刊品牌销售和品牌延伸经营，在其经济总收入中，广告占50.0%，发行占37.5%，其他期刊品牌经营收入占12.5%（含单行本销售）。中华医学会系列杂志社注重品牌营销和品牌延伸经营，2007年，中华医学会系列杂志（会内）广告收入占总收入的33.7%，发行收入占总收入的19.0%，而品牌延伸经营收入占到总收入的31.5%（含单行本销售），仅次于广告收入，特别是在品牌经营中有效整合"中华医学会系列杂志"的品牌资源，实施期刊数字化"借势经营"，更是取得了非常好的社会效益、学术效益和经济效益。

第三节　医学期刊品牌的认知要素

品牌期刊是期刊质量、期刊特色、期刊权威性、期刊影响力、读者和作者认知度、期刊文化、期刊历史等诸多因素凝聚和积累的结果。因此，品牌期刊的定义为："被学术界或本学科专家学者所推崇、仰慕、信赖和跟踪，能全面反映本领域最新进展和引导科学活动的学科旗帜性领衔期刊"。品牌期刊应具有"权威度、认可度、信任度、美誉度、知名度"。

1.期刊影响指数　影响因子（impact factor，IF）、被引频次、他引率和扩散因子等期刊影响指数在本学科或本领域期刊中位居前列。科技期刊影响指数，特别是影响因子和扩散因子是目前科技期刊影响力评价的客观指标，它从一个侧面体现了科技期刊被同行研究者和学者的关注程度与范围，也体现了所发表文献的学术价值和学术质量。因此，科技期刊的影响指数反映了科技期刊的学术影响力、认知度、知名度，特别是在本学科或本领域同类期刊中具有较高的被引频次和影响因子，是国内外著名品牌科技期刊的共同特征。

2.国内外权威检索系统收录　科技期刊被国内外著名权威检索系统收录情况，特别是被本领域国际权威检索系统收录，从一个侧面反映了科技期刊质量、国际化程度、影响力和期刊品牌地位。国内外著名权威检索系统对科技期刊的收录都有严格的遴选标准和准入程序，能被其收录，它说明期刊已具有较高水平和品牌影响力，并能迅速融入国际或国内学术交流体系，被国际和国内同行及时检索引用，是科技期刊品牌必备的条件之一。

3.论文录用率　科技期刊稿件录用率的高低，可从一个侧面反映期刊的学术质量和作者的认知程度，据了解，国内外著名品牌科技期刊稿件的录用率一般在20%以内，国际上特别是著名的品牌科技期刊稿件录用有的在10%以内。稿件录用率过高，期刊的学术质量难以保证，选择优秀稿件余地小；作者投稿少，也说明作者对期刊的认可度低，不具有品牌科技期刊对作者的凝聚力和占有丰富稿源的品牌期刊特征和构成要素。

4.国际作者数量　科技期刊刊登跨国作者论文的多少，充分表明期刊的国际化程度和期刊品牌的影响力和影响半径；科技期刊只有具备很好的期刊品牌形象、权威性和影响力，才有可能吸引国际专家学者投稿，吸引追随者和学术跟踪者，形成科技期刊的品牌效应。因此，科技期刊跨国作者投稿或发表论文的数量是品牌科技期刊国际影响力的重要标志。

5.基金论文比　国家重点课题研究成果的论文的流向，从一个侧面说明这些重点课题领衔科学家或学科带头人对期刊的认知程度，如"国家863高技术计划资助项目""国家自然科学基金资助项目""国家973重点基础研究发展规划项目"等，其中标课题都具有国际和国内先进性和前沿性，领衔科学家也都是一流的学科带头人，故其研究工作成果发表期刊的学术影响力和权威性具有认同性，因此说，科技期刊发表重点课题论文的比例体现了期刊品牌内在要素。例如，据统计，在获省部级以上医药卫生科技成果中，有95%以上首先发表在中华医学会系列杂志上；国际著名品牌科技期刊Science、Nature首发了大量诺贝尔奖论文，被称为诺贝尔奖的"摇篮期刊"。

6.发行量与范围 期刊发行量和发行范围，特别是在本学科或本领域的发行量，是品牌期刊影响力的重要指标，它体现了期刊读者忠诚度和期刊传播半径，发行量相对较大和发行范围广，是科技期刊国际化和品牌科技期刊的重要特征。

7.期刊获奖 科技期刊获得奖励、称号和国家基金资助，从一个侧面反映该刊质量和影响力，特别是获得"国家期刊奖""全国优秀期刊奖""省部级优秀期刊奖""百种中国杰出学术期刊""国家自然科学基金资助期刊""中国科协择优资助期刊""中国科协精品期刊工程资助期刊"等，说明了该刊的品牌地位和社会认知程度，是品牌科技期刊的特有象征。

8.广告刊载数量 企业在期刊上的广告投向是以严格的市场调研为基础的，特别是对期刊的品牌影响力、读者认知度、目标读者群和发行量及范围一般都有客观的指标依据。因此，企业广告资源的流向带有很强的针对性，广告资源大量流向期刊品牌资源集中和突出的期刊，这也是目前品牌科技期刊经营效益好的重要原因之一，也体现了期刊品牌价值。

9.学科地位 是本学科或专业领衔期刊。科技期刊编辑出版主体或主办机构的权威性、影响力、科技创新能力、资源优势及科学共同体的社会认知度，是其主办科技期刊品牌培育和成长的重要保证，期刊在科学共同体（学术团体、科研结构、学会）、本学科或本领域的唯一性和学术垄断性，是培育学科或专业旗帜性领衔期刊的重要因素，也是塑造和形成期刊品牌的先天条件与优势。

10.期刊历史沉淀 期刊品牌具有文化内涵，它的形成不是短期而就，而是历史、年代、传承和积淀的结果，期刊品牌培育和形成需要长期的积累，因此，期刊品牌是综合要素的长期积累和沉淀而形成的。所以，医学科技期刊要塑造成品牌期刊，首先需要时间和空间的培育周期，非短期就能成为品牌期刊。一般最短也需要10年以上的办刊历史才有可能形成品牌期刊，国际和国内的具有期刊品牌的著名科技期刊，其绝大多数刊龄都比较长。例如，Science创刊于1880年，距今已有127年的历史；Nature创刊于1869年，距今已有138年的刊龄；《新英格兰医学杂志》（New England Journal of Medical）目前已有186年的刊龄；《美国医学科学杂志》（American Journal of Themedical Sciences）有185年刊龄；《柳叶刀》（Lancet）有182年的刊龄；《美国医学会杂志》（The Journal of the American Medical Association, JAMA）1883年创刊，至今有124年的刊龄；《英国医学杂志》（British Medical Journal, BMJ）1895年创刊，至今有112年的刊龄；《中华医学杂志英文版》目前已有130多年的刊龄；《中华医学杂志中文版》目前已有100多年的刊龄。可见，这些国内外名刊其品牌的形成需要多年的培育和文化积淀，能够百年而不衰的老刊肯定具有品牌期刊的要素，否则不可能长久生存下来。

第四节 医学期刊品牌的溢价性与溢价能力

期刊品牌价值是随着期刊品牌影响的不断扩大而提升的，其主要表现在期刊品牌的溢价性、期刊品牌的市场营销价值、期刊品牌的资源价值等，期刊品牌价值主要体现在期刊的溢价性和溢价能力上。期刊品牌的溢价性，就是指随着期刊品牌的成熟，在目标读者、目标作者、目标企业客户中留下深刻的品牌印记，并形成偏爱和追随与拥有心理，这时期刊品牌的溢价性和溢价能力就会得到充分体现，期刊相关要素的身价或价值也会随之得到提升。真正具有品牌影响力的科技期刊应该具有显著的溢价性和溢价能力，换言之，没有溢价能力的期刊品牌还算不上是真正的品牌期刊，更谈不上拥有忠诚的读者和作者群体，也不会产生期刊品牌的社会效益和经济效益。

医学科技期刊品牌的溢价性主要体现在：读者溢价、作者溢价、编者溢价、广告客户（医药企业）溢价能力等特有要素。

1. 读者溢价能力　读者是期刊的核心目标客户，读者溢价能力或溢价性，即读者和作者对品牌期刊的价格敏感度降低，目标读者为了阅读和拥有本学科品牌期刊可以不考虑其价格因素，读者心甘情愿地付出更高的价格订阅或拥有期刊。

2. 作者溢价能力　作者是科技期刊的重要资源，没有作者就没有期刊和稿源，期刊失去源泉。作者溢价能力或作者溢价性，即作者为满足各种功利目的，如提升自己的学术水平和学术影响力、社会价值和社会认可程度，为了晋升职称或职务等，对品牌科技期刊的推崇、仰慕、追随和占有欲望倍增，只要能在著名品牌科技期刊上发表研究成果或学术观点，作者可以不考虑支付版面费等其他付出因素；为了能在著名品牌科技期刊上发表文章，作者可以甘愿寂寞、苦苦钻研和创新、锲而不舍地向品牌期刊投稿。

3. 编者溢价能力　即随着期刊品牌影响力的不断提升，期刊编者的自身价值和地位也随之上升，编者在作者和读者心目中的学术水平也会发生心理变化，编者的社会价值和社会形象及美誉度也会进一步提升，相关领域的专家学者将能够担任著名品牌科技期刊的编委视为学术荣誉和学术地位的标志及资本，甚至想方设法通过不同途径争取编委名额，为显示其学术身价，还有专家学者将担任的著名科技学术期刊的职务印在名片上。当然，名牌期刊的编辑人才也会得到凝聚和吸引，品牌期刊社的人力成本也会低于非品牌期刊，因为编辑员工看重的不仅是钱，而且是名牌期刊对个人事业发展的机会和荣誉。其编辑人员的身价也随之提升，到哪个科研单位或学术单位都受到欢迎，这就是品牌期刊编者溢价能力的体现。

4. 广告客户（企业）溢价能力　这是指随着期刊品牌影响使其名扬四海和美誉度的提升，广告客户为提高产品的知名度及回报效益，最大限度地占有市场，企业向目标品牌科技期刊广告投入也会加大，并对广告版位价格的敏感度降低，为体现企业实力和增强企业品牌知度、争得显著版位发布广告，企业可以不考虑价格因素，只要能在著名品牌期刊上刊发广告，广告版位价格可以不考虑，甚至为了争得显著广告版位，广告客户与客户之间会发生竞价行为，这足以说明品牌期刊的魅力和溢价能力。

第五节　医学期刊品牌形成要素与评价

医学科技期刊品牌是学术质量、期刊特色、期刊权威性、期刊影响力、期刊服务、期刊文化、期刊历史等诸多因素凝聚、沉淀和积累的结果，非一日之功。科技期刊品牌评价主要由期刊品牌权威度、期刊品牌认可度、期刊品牌忠诚度、期刊品牌认知度、期刊品牌知名度、期刊品牌美誉度、期刊信任度等要素或基本标准构成。在期刊品牌评价标准中，根据科技期刊品牌的内涵和构成要素，其评价标准应该具有主观指标和客观指标。

1.期刊品牌权威度　　是指其学术信息被科技工作者、科学共同体或社会的信任程度，它具有独占性，并能支配和引导学术研究行为和学术发展方向的能力。期刊品牌权威度除作者和读者主观认识外，其客观指标有科技成果的发表率、国际首创性论文发表率、国内首创性论文发表率、基金资助课题比、优秀论文发表率、学科权威标准或指南首发率等指标，并能全面反映本学科国内外最新研究进展，引领学术潮流。

2.期刊品牌认可度　　是指读者、作者、广大科技工作者、科学共同体和国内外著名检索系统，对科技期刊品牌的学术质量和创新水平及服务在品质上的综合整体印象与认同感。体现期刊品牌国际认可度和社会认知度的客观指标还有被国际著名检索机构收录和获得期刊奖等，如被国际著名检索系统SCI、CA、EI、IM收录等，获得国家期刊奖、全国优秀期刊奖、百种中国杰出学术期刊奖、国家自然科学基金、中国科协精品科技期刊工程、国家科技部精品科技期刊奖、被权威性科学共同体遴选核心期刊奖等。

3.期刊品牌忠诚度　　是指读者、作者、图书情报机构或企业等，在订阅、期刊馆藏、投稿取向、广告投放决策中，重复表现出对某期刊品牌具有偏向性和偏爱（而非随意）的行为反应。作者则表现出稿件投向的偏爱，使优秀论文的流向发生价值取向上的重度倾斜。体现期刊品牌忠诚度的客观指标还有期刊的期刊发行量、期刊发行范围、国际发行量、网络版在线浏览量、读者下载量、广告数量、年收稿量、稿件录用率、退稿率等指标。期刊品牌忠诚度的形成不完全依赖于期刊的品质、知名度、品牌联想及传播，它与读者和作者本身的学科或专业及订阅经历密切相关。因此，提高期刊品牌的忠诚度，对科技期刊的生存与发展，提高期刊的社会效益和经济效益极为重要。

4.期刊品牌认知度　　是指读者、作者、广大科技工作者或科学共同体，通过期刊品牌来认识、认知、了解和选择期刊的价值取向与服务的程度。除有关体现科技期刊读者和作者关注程度、认知程度的客观指标外，还有总被引频次、影响因子、扩散因子、即年指标、他引率、学科扩散指标、学科影响指标、被引半衰期、海外论文比、地区分布数、引用半衰期等评价参数。

5.期刊品牌知名度　　是指期刊被公众、科学共同体、科技工作者、本领域专家学者知道和了解的程度，以及社会影响的广度和深度，这也是评价科技期刊名气大小的客观尺度。期刊品牌知名度是美誉度的基础，而期刊品牌美誉度可真正反映期刊品牌在读者和作者心目中的价值水平，两者都是衡量期刊品牌价值外延度的重要指标。期刊美誉度是期刊品牌在读者和作者心目中的良好形象；是以知名度为前提的，即没有良好的知名度就谈不上期刊品牌形象。而知名度是可以通过宣传手段快速提升，但美誉度则需要通过长期品牌经营才能建立起来。如果知名度低，而且美誉度也低，这说明期刊品牌处于市场导入期，期刊品质和品牌营销宣传尚缺乏成效；如果知名度低，而美誉度高，这说明原本很优秀的品牌期刊并未被同行知道和了解；如果期刊知名度高，而美誉度低，它反映出期刊具有名声不好之嫌；期刊的高知名度和高美誉度是成熟品牌期刊的重要特征（图21-1）。

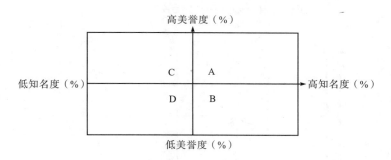

图21-1 期刊品牌知名度评价分析图

A区：期刊品牌知名度高，期刊品牌美誉度高；B区：期刊品牌知名度高，期刊品牌美誉度低；C区：期刊品牌知名度低，期刊品牌美誉度高；D区：期刊品牌知名度低，期刊品牌美誉度低

6.期刊品牌美誉度 是指读者、作者、广大科技人员和科学共同体对期刊品牌评价所持的满意、赞许和赞美程度。期刊美誉度与知名度一起构成期刊的社会形象和在广大科技工作者心目中的神圣学术形象，如国际科学界誉称 *Science*、*Nature* 为诺贝尔奖的"摇篮"；国内医学界誉称中华医学会主办的期刊为"中华牌"等美誉。

7.期刊品牌信任度 是指期刊学术权威性、编者魅力、服务质量和期刊所产出的信息源无论说什么都会令人相信的能力与程度，简单地说，即对科技期刊信用量化和评价的尺度，也是品牌科技期刊形成公信力的核心要素。

第六节 医学期刊品牌评价方法

医学科技期刊品牌评价方法可应用读者、作者和公众问卷调查的方法，对期刊品牌识别、期刊品牌回想及期刊品牌市场状态进行定量分析，掌握期刊品牌在读者、作者、科学共同体心目中的类型，如强势期刊品牌、正常期刊品牌、衰退期刊品牌、利基期刊品牌和弱势期刊品牌等几个品牌期刊状态。

1.期刊品牌识别 是指读者、作者和科技工作者在面对大量品牌科技期刊时能否识别出特定某学科领域的品牌期刊。期刊品牌识别，也称提示期刊知名度，它是期刊品牌知名度的最低层次，期刊提示知名度反映的是目标读者或作者的普遍认程度。它可通过问卷调查，用提示和帮助目标读者记忆的方法测试获得。

2.期刊品牌回想 是指不向目标读者（被调查者）提供期刊品牌刊名，而且不加提示，期刊品牌回想反映了读者或作者对期刊品牌的记忆程度，它对读者的订阅决策影响很大。期刊品牌回想又称不提示期刊知名度，其方法也是通过问卷调查请被调查者说出某学科领域的品牌期刊。特别指出的是，在其品牌回想中第一提及的品牌期刊，称为第一提及知名度，是期刊品牌回想中的特殊状态，也是品牌知名度的最高层次，它是被调查的读者或作者首先想到的期刊品牌，这表明在被调查者心目中的地位高于其他期刊品牌。

3. 期刊品牌市场状态　对上述提示期刊知名度和不提示期刊知名度进行回归分析，采用品牌记忆认知模型（Graveyard），以不提示期刊知名度为 X 轴，提示期刊知名度为 Y 轴，并在二维图中标出其品牌状态或位置（图21-2）。

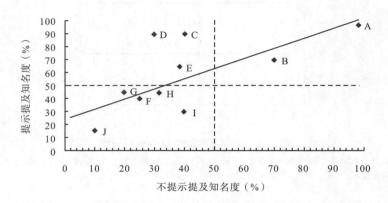

图21-2　期刊品牌状态或类型分布图

通过图21-2可见，将期刊的提示前后知名度进行回归分析，并给出回归线，这样即可将期刊品牌分为5种状态：

（1）正常期刊品牌：E、H、G、F位于回归线附近，其特点是提示前后知名度与目标读者市场基本一致。

（2）衰退期刊品牌：D、C位于回归线右上方的期刊，它的特点是不提示知名度很低，这表明该期刊品牌在目标读者中呈淡忘趋势。

（3）潜力期刊品牌：I位于回归线左下方的期刊，它的特点是不提示知名度相对于提示知名度较高，这表明读者对该类期刊品牌的认知度虽然不高，但期刊品牌回忆率较高，这说明具有较高的忠诚度。

（4）强势期刊品牌：A和B位于回归线右上方的期刊，其特点是提示前后知名度都很高，读者或作者对其有很高的忠诚度。

（5）弱势期刊品牌：J位于回归线左下方的期刊，其特点是提示前后知名度都很低，不具备期刊品牌影响力。

第七节　医学期刊品牌的分类

科技学术期刊品牌具有学科性、专业性、区域性和领域性的特点。因此，科学而合理的科技期刊品牌分类，对科技期刊品牌建设和培育具有重要的指导意义。

1. 国际品牌期刊　是指具有跨地区、跨国界、跨学科、跨行业、国际化、各学科专家学者共同认可的国际化品牌科技期刊，如 *Science*、*Nature* 等综合性国际著名品牌科技期刊。另外，在国际上本学科或本领域专家学者共同认可的、具有国际化的品牌专科期刊。

2.国内品牌期刊　是指在国内本学科或多学科专家学者都推崇和认可的品牌科技期刊，特别是在本领域、本学科具有高认知度和高美誉度的学科旗帜性领衔科技期刊。

3.区域品牌期刊　是指具有区域特点和区域优势的品牌科技期刊，如地方病杂志、少数民族医学、传统医学、学报、院报等科技期刊，在本区域、本省或本行业专家学者都认可的品牌科技期刊。

4.专科品牌期刊　是指在本专业或本领域中，具有专业特色、全面反映本专业研究和学术进展，并被同专业专家学者普遍认可和推崇的专科品牌科技期刊。

第八节　医学期刊品牌培育内容与方法

在构成期刊品牌的要素中，期刊的质量、特色、权威性和影响力是品牌形成的核心要素，而期刊特色是有别于其他刊物的重要识别要素。但仅具备期刊品牌构成的基本要素是不会完全产生品牌效应的，同时还要注重期刊品牌形象的塑造与完善，特别是期刊形象识别的培育和打造，这是期刊品牌培育的重要手段和方法。

一、医学期刊质量培育

期刊质量是品牌期刊的代名词，期刊质量包括学术质量、编辑质量、出版质量和服务质量等。特别是科技期刊，它是以内容为主的产品，因此，期刊品牌培育的重点首先是内容的质量培育，这是科技期刊品牌建设的基础。

1.学术质量培育　学术质量是科技期刊品牌培育的核心，因此，期刊的学术质量建设是品牌培育的重点。科技期刊要善于跟踪本学科国内外最新学术进展和成果，反映学术发展前沿，引导学术潮流，就必须重视期刊的系统策划和编辑选题策划，跟踪核心作者和学科/学术带头人的研究课题、国家各项重点科研攻关课题的研究进展，及时组织重大选题的报道。同时还要注重期刊的学术导向性，合理兼顾实用性内容和推广普及性内容的报道，全面提升学术权威性。

2.编辑质量培育　就是要严格执行各种编辑规范和要求，避免和减少编辑错误，重视期刊的总体设计、栏目设计和版面设计，提高期刊的可读性和对读者的感染力。

3.出版质量培育　重视和加强出版印刷质量控制，严格出版印刷标准和规范，提高期刊的装帧质量。

4.服务质量培育　编者要树立为读者和作者的服务意识，在编辑工作中要真正做到"对作者负责，让读者满意"的编辑理念，培育良好的期刊文化。

二、医学期刊品牌形象培育

按科技期刊品牌形象的表现形式，期刊品牌形象的构成要素可分为内在形象要素和外在形象要素。内在形象要素主要包括期刊形象和期刊文化形象；外在形象要素主要包括期刊品牌标识系统在读者和作者心目中表现的信誉。

1.期刊品牌形象　科技期刊形象是期刊品牌的重要因素之一。它是与期刊品牌的功能性特征相联系的形象认识，潜在的读者和作者对期刊品牌的认识首先是通过期刊功能和价值体现出来的。科技期刊品牌不是抽象和虚无的东西，而是能满足作者和读者心理与物质的需求，这种满足与期刊品牌息息相关。例如，科学家将能在世界著名品牌科技期刊如 *Science*、*Nature* 等期刊上发表论文视为学术荣誉、对学术水平和学术生涯的追求，能最大限度地满足作者功利目的和心理需求。当潜在的读者和作者对期刊形成高评价时，就会产生较强的信赖感，这种信赖最终会转移到期刊品牌上来，对期刊品牌形成良好形象印记。

2. 期刊品牌标识系统　是指读者和作者及社会公众对期刊品牌的认知与评价。科技工作者对期刊品牌的心理评价首先来自视觉形象，特别是期刊的总体设计，如期刊的封面设计、期刊标识设计、背景色调设计、栏目的设计等。尤其是在科技期刊如林的今天，同一学科和同一专业科技期刊众多，因此，应首先在视觉上给读者和作者形成差异化效果，只有抓住读者和作者的视线，才有可能赢得目标读者和作者。

3. 期刊品牌信誉　科技期刊品牌信誉是指读者、作者、广大科技工作者及社会公众对期刊品牌信任度的认知与评价。具备品牌科技期刊要素和条件的期刊，不仅仅具有知名度、权威性和影响力，还必须具有与期刊品牌相匹配的品牌信誉，如为读者和作者服务的意识和行为准则；树立以读者和作者为中心的编辑思想及"对作者负责，让读者满意"的编辑理念，是维护期刊品牌忠诚度的法宝，也是保持期刊品牌魅力的重要因素之一。

4. 期刊品牌形象的稳定性　期刊品牌形象是读者、作者和科技工作者对品牌期刊的看法或印象，它反映的是期刊品牌给读者、作者和科技工作者的总体感觉。因此，期刊品牌形象要有一致性、统一性、长期性和稳定性，否则就会形成读者和作者对品牌形象的印迹混乱，造成期刊品牌错觉感，失去期刊品牌印记和信赖。

三、医学期刊品牌形象塑造的原则

科技学术期刊品牌形象塑造其重点是突出特色，要有别于同学科或同专业期刊的差异，充分显示期刊的学科特点，在读者、作者和科技人员中形成深刻的品牌形象。

1. 期刊品牌民族化原则　俗话说"只有民族的，才是世界的"，科技期刊品牌也是如此，在科学领域有些学科或专业具有民族特色、特点或优势，期刊品牌培育和塑造就是要抓住唯我独有的东西，充分显示其民族特点和学科特色，避免期刊形象和设计雷同，缺乏特有的品牌形象印迹，使广大科技人员、读者和作者难以识别品牌形象，甚至造成品牌形象印迹混乱，难以记忆或者记混，失去品牌培育的意义。

2. 期刊品牌个性化原则　期刊品牌个性化是指期刊品牌的差异化或特色化，其差异化程度越强，期刊品牌的特点越显著，对读者、作者认知程度越高。因此，期刊品牌培育和策划的目的就是要强化期刊品牌独特的个性化特征，充分显示其独特魅力。

3. 期刊品牌协调性原则　期刊品牌形象的形成和塑造是多因素综合作用的结果，它有期刊内容、期刊总体设计、期刊品牌宣传等，也有期刊社或编辑部为读者、作者和广大科技人员服务的质量，既有硬件的，也有软件的，有内部的，也有外部的，因此，期刊品牌培育和塑造要协调实施，全面完善。

4. 期刊品牌社会化原则　品牌是社会化的需求和认知，科技期刊品牌也不例外，它是广大科技人员、读者、作者和社会需求，同时也是社会对其认知和读者作者忠诚追求的产物。因此，期刊品牌培育和塑造要遵循社会化原则，顺应时代和科学发展的潮流。

5. 期刊品牌规范化原则　期刊品牌形象的规范化和差异化原则是辩证统一关系，期刊品牌形象的差异化并非随意化，因此，期刊品牌打造还必须遵循规范化原则和标准，避免随意性和时空上的非稳定性，使期刊品牌形象在读者、作者和科技人员中产生多变性，造成期刊品牌形象离散，而淡化期刊品牌印记。

四、医学期刊品牌标识塑造要点

要使读者、作者和公众对期刊留下牢固的品牌形象和品牌印记，就要注重期刊品牌标识的设计和培育。

1. 期刊品牌标识的简洁性　不管是期刊的封面设计、总体设计、栏目设计、标识设计等都要简洁生动，体现科技期刊特点，让读者、作者和科技工作者一目了然，容易理解和记忆。

2. 期刊品牌标识的统一性　就是把同类事物两种以上的表现形式限定在同一范围内，如同一期刊名称和标识在不同国家、不同载体形式（纸版、网络版、光盘版等）保持品牌形象的一致性，以便读者进行品牌形象识别。

3. 期刊品牌标识的系列性　是指对同类对象设计中的组合参数、期刊开本、封面背景设计、标识设计尺寸和在期刊上的位置等做出合理的规划，以保持期刊品牌间的协调统一，如中华医学会系列杂志的封面设计就较好地体现了统一性、标准化和系列化的特点，使广大医药卫生科技人员一看就知道是中华医学会系列杂志或"中华牌"，具有极强的识别性。

4. 期刊品牌标识的通用性　也就是说，期刊品牌形象设计或标识设计要具有通用化，可适用于不同的场合，既可放大，又可缩小，如中华医学会系列杂志的"会徽"，它可以印刷在期刊封面上，也可以印在各种宣传品上，同时也可以制作成胸章佩戴。

第九节　医学期刊品牌形象识别的内容与方法

医学科技期刊形象识别具有指导性、实践性、整体性、广泛性、长期性、全面性和系统性的特点。通过期刊形象识别的塑造，增强读者、作者及专业技术人员对期刊所形成的品牌烙印，在其心目中树立起期刊形象识别印记，通过传播系统要素，将期刊编辑理念、期刊文化、办刊宗旨、学术权威性、学术影响、学术价值观等传达给科技界和本学科及本领域的专家学者，并得到读者、作者、专业技术人员、社会和科学共同体认知。期刊形象识别策划除在期刊编辑部层面具体实施外，还要在更高层面实施整体形象策划塑造和宣传，以提高社会对品牌科技期刊的认知度。

一、医学期刊形象识别要点

在期刊形象识别的策划和实施中，应坚持基本的实施原则与要点，才能保证期刊形象识别策划的成功，为此，应遵循"战略性、个性化、学术性、学科性、系统性、全面性、统一性、实践性、规范性"的原则。

二、医学期刊形象识别塑造方法

科技期刊品牌形象识别塑造包括意识、行为、视觉、听觉等内容或方法。

1.期刊意识识别塑造　包括办刊方针、办刊宗旨、编辑指导思想、编辑理念、编辑的服务意识、期刊经营原则、期刊文化、期刊发展战略、期刊经营风格等期刊软件建设，它是期刊所蕴含的内在动力和品牌底蕴，是影响期刊发展和期刊品牌建设的重要因素。

2.期刊行为识别塑造　期刊行为识别有编辑规范、期刊编辑制度、审稿制度、编辑决策治理结构、学术决策治理结构、编辑出版流程、编辑人员素质、编辑行为规范、编辑职业道德、期刊学术交流活动、编辑部环境和编辑形象等。

3.期刊视觉识别塑造　期刊视觉识别有期刊总体设计、期刊标志、封面设计特点、栏目总体设计、编排风格等，它是期刊形象识别中最外在，也是最直观的，并且在本领域专家学者中能迅速形成识别印记。例如，中华医学会系列杂志以往各刊封面设计缺乏统一性和品牌标识，在读者中难以形成品牌系列的整体形象和品牌印记，为此，中华医学会杂志社对期刊封面实施了总体设计，统一了基本设计风格和形象标识，但各刊背景色调和背景花纹不同，为有别于其他"中华"字样期刊，并强化中华医学会系列期刊品牌标志，在封面的统一位置加印"中华医学会会徽""中华医学会主办""中华医学会系列杂志"等标识，增强了中华医学会系列杂志期刊封面视觉识别形象的特点，在广大读者、作者和医药卫生科技人员的头脑中打下了牢固的品牌视觉印记，提升了期刊的影响力。由此也引起了不少其他医学期刊在封面设计上模仿其设计思路，甚至效仿造假，这也从一个侧面反映了其品牌效应和视觉形象设计的成功。

4.期刊听觉识别塑造　期刊听觉识别对于科技期刊一般应用较少，但也可以应用，它有利于强化期刊品牌识别效果，强化识别印记，它包括刊歌、广告宣传语、编辑团队歌、社歌等，以利彰显刊刊个性，容易激活科技人员的记忆细胞，在头脑中打下品牌烙印。

三、医学期刊品牌载体识别塑造方法

科技学术期刊品牌形象通过载体传播和影响可达到事半功倍的效果，它能有效提高目标读者和作者对期刊品牌的认知效率，提高期刊品牌的权威性、信任程度和品牌形象烙印的形成。

1.期刊主管单位载体识别塑造　期刊主管单位载体形象的权威性和公众认可程度，是通过其行政和管理的权威性体现的，它能给读者、作者和社会公众以信任感和安全感，因而对期刊品牌培育和认知度的提高具有支撑作用。因此，科技学术期刊应选择好本刊的主管单位，特别是选择具有政府科技主管部门或具有国内国际权威性的学术管理机构，这样可有效提升读者和作者对期刊的权威性与安全感。

2.期刊主办单位载体识别塑造　期刊主办单位的载体形象，如学术或科技共同体（学会、研究会、协会）的社会影响、信息、专家资源、学术资源和独特优势，对期刊品牌的培育和塑造具有登舟扬帆的作用和效果，可达到事半功倍的效果。

3.编辑出版单位载体识别塑造　编辑出版单位的品牌载体形象对期刊品牌的形成和培育具有重要作用，如编辑出版单位在国内或国际学术的领衔地位、优势学科地位、学术和社会影响等，对期刊品牌的形成和培育具有催化作用。

4.名家载体识别塑造　两院院士、著名学术带头人、权威专名专家、学术名流等领衔主编或编委，对加速期刊培育和品牌成熟具有"形象代言人"的品牌载体效应。因此，通过著名科学大家这一载体传播和影响期刊，对科技人员和读者形成显著的期刊品牌识别印记、加速期刊品牌的形成具有深远意义。

第十节　医学期刊品牌的维护与经营

期刊品牌仅仅培育成熟是不够的，还要围绕期刊品牌实施有效的品牌资源整合、品牌营销、品牌延伸经营，促进期刊品牌价值的不断提升，形成期刊"品牌效益→社会效益→学术效益→经济效益→品牌价值"的良性循环。

一、医学期刊品牌资源的整合

期刊品牌资源具有垄断性，但期刊品牌资源又具有离散性和散点性的特点，因此，期刊品牌只有通过品牌经营，才能有效整合品牌资源，将散点资源整合为能量资源。例如，期刊的编委、本学科专家、作者、读者、企业等资源，只有通过期刊品牌平台，实施有效的组织、凝聚和交流，才能将专家的离散智慧形成集体智慧和智能，从而推动学术进步。期刊品牌资源的整合与经营，可以通过期刊品牌固有效应来实现，即期刊品牌聚合效应、期刊品牌扩散效应、期刊品牌磁场效应、期刊品牌的时尚效应。

1.期刊品牌聚合效应　随着期刊品牌知名度和美誉度不断提高，品牌期刊的聚合效应愈加显著，期刊凭借其品牌优势，逐步形成品牌垄断，期刊的核心竞争力不断增强，这为品牌聚合与品牌扩张经营或延伸经营提供了条件。

2.期刊品牌扩散效应　期刊品牌的扩散效应是指品牌在读者、作者和企业心目中形成的良好印象，从而让读者和作者对期刊产生信赖、推崇、仰慕和跟踪，当期刊以原有品牌推出新的"学术产品"后，能自然地被读者、作者和企业认可与接受。期刊可利用品牌的扩散效应实施品牌多元化、系列化和品牌延伸经营。

3.期刊品牌磁场效应　是指期刊品牌拥有很高的影响力、知名度和美誉度后，期刊在读者、作者和相关企业心目中树立的极高威望而表出对品牌的极度忠诚，期刊品牌就如同磁石强烈地吸引着读者和作者，因此，期刊要极力维护品牌的原有形象，加大品牌策划和宣传力度，从扩大期刊品牌的知名度入手，全面培育读者和作者对期刊品牌的忠诚度。

4.期刊品牌时尚效应　它是指在特定的年代里，由于期刊品牌的知名度、权威性、影响力和美誉度很高，读者与作者将阅读品牌期刊和在品牌期刊上发表研究成果视为创新能力与学术水平的象征，研究生导师和同行专家学者会推荐自己的学生及同行阅读追踪，并向本期刊投稿，如当今专家学者推崇和追随SCI等世界著名检索系统收录与高影响因子品牌科技期刊，形成了一种阅读跟踪和研究成果投向趋势，无意中形成了一种学术时尚或学术交流新潮。

二、医学期刊品牌营销方法

期刊品牌有了知名度并非品牌真正培育成功，还必须通过期刊品牌营销由品牌知名度上升为品牌美誉度和品牌忠诚度，才真正体现期刊品牌的价值。因此，期刊品牌培育达到一定程度或知名度，就要采取品牌营销措施和手段实施品牌营销，将期刊品牌核心价值让读者和作者认同，其方法可以期刊名誉召开大型学术会议、学术论坛、联合相关学术团体、国际学术组织参与主办大型国内和国际会议，以期刊名誉设立有奖征文、优秀论奖项、设立科研基金、继续教育等形式推介期刊，培育读者和作者队伍，最大限度地提高读者和作者对期刊品牌的忠诚度。

三、医学期刊品牌延伸营销方法

期刊品牌延伸经营就是在品牌增值和品牌形象完善的主线上延伸与扩展，实际上，期刊品牌延伸经营和营销的过程，就是期刊品牌再造和深度培育的过程，通过期刊品牌延伸经营和销售，不断再造期刊品牌，优化和提升品牌价值，使期刊品牌价值最大化。

1.期刊品牌数字化营销　借助期刊品牌效应对过刊文献实施开发或深层开发经营，充分发挥文献的学术价值，如制作成不同的"学术产品"，满足不同层次专业技术人员的需求。

（1）学术光盘：对过刊或当年文献制作成光盘版销售，便于文献收藏和查阅，也可以对不同内容、不同文体的文章分类编辑不同学术产品，如学术著作、科普读物等。

（2）网络版：对期刊学术内容开发网络期刊，读者可随时登录网站检索，也是国际上普遍采用的期刊品牌营销方式之一。

（3）数据库：将多年期刊文献制作成数据库实施文献开发利用。

（4）期刊文献特色开发：将过刊有特色的文献进行重新组织和开发利用，制作成不同形式和专题的"学术产品"。

（5）多媒体产品：如微信、手机报等学术信息发布产品。

2.期刊品牌版权营销　版权是科技期刊重要资源，借助期刊品牌优势合理开发和利用版权资源，实施版权合作经营，如将版权转让或合作出版不同文字的期刊；对期刊相关内容转让给经营单位或出版单位进行再开发营销。

3.期刊品牌学术营销　借助期刊品牌资源和学术平台，联合企业或科研院校，冠名参与协办期刊、合办栏目等，以提高企业知名度。还可以与企业或科研实体设立科研基金、联合征文、有奖征文等，促进相关技术或产品的学术推广与临床应用，达到双赢的目的。

4.期刊品牌服务营销　发挥期刊的品牌优势，调动与整合专家资源，为企业和科研院校提供技术、产品、科研、教学、学术咨询服务。如开展专题培训、继续教育、市场拓展服务、企业咨询服务等，通过期刊品牌服务的营销，完善品牌形象，提高品牌美誉度，同时提升期刊品牌价值。

第22章

医学期刊栏目分类与设计方法

医学期刊栏目设计的合理与否,对办好期刊具有重要作用。期刊栏目也称专栏,是期刊中不同学术板块的有机分割或划分,是医学期刊的信息单元,实际上,期刊就是由不同的信息单元组成期刊的整体信息系统,它是期刊的重要信息窗口,反映了期刊不同的风格、特色和内容,带有很强的个性化、特色化和灵活性。通过栏目便于灵活处理不同体裁的文稿和期刊所关注的重点问题。

医学期刊栏目设计,在期刊的总体设计中占有重要位置。通过对栏目科学而合理的设计,不仅可以比较充分地体现和发挥医学期刊的学术交流功能和社会功能,而且反映编者的编辑思想,全面落实办刊方针、办刊宗旨和学术导向性,同时可有效突出期刊的特色和学科特点,充分彰显不同学科医学期刊的个性特征。因此,重视对医学期刊栏目的设计方法和分类,对提高医学期刊编辑质量具有重要意义。

第一节 医学期刊栏目的功能

医药卫生科学其专业或学科众多,其学术期刊既要反映不同学术内容,又要体现不同学科和不同专业的特点,同时还要体现学术期刊的社会功能。因此,发挥栏目的功能,通过栏目设计划分不同的学术板块,并通过不同的栏目全面反映期刊的功能、特色、编辑思想和创新性的编辑思维活动。

1.导读功能 读者在阅读期刊时,一般首先浏览目次的栏目和标题,通过栏目引导读者决定阅读的重点,并根据自己对期刊内容的不同兴趣,有针对性和有目的地选择阅读,使读者用最短的时间,准确选择最感兴趣的学术内容信息,同时,引导读者连续关注和阅读相应栏目的内容。

2.导向功能 一般地讲,栏目的设计是编者根据期刊的总体设计、办刊方针、办刊宗旨、学科特点、学术热点、关注重点而设计,它体现了编者的总体编辑思想和重点报道的范围和关注的学术问题,医学期刊所关注的学术热点和难点问题,也就是相关学科专业技术人员所关注的,因而对医药卫生科技人员的研究和临床具有导向性,使栏目有效发挥学术导向作用;同时引导作者有针对性地为专栏撰文投稿。

3.个性化功能 医药卫生科学期刊众多,假如栏目设计形式仅局限在常用的"论著""简报""综述""消息"等雷同栏目,使期刊栏目形成同一面孔,难以体现不同学科特点、个性化和期刊特色,在读者心目中难以形成有别于其他同类刊物的识别印记。因此，根据学科特点和办刊方针，通过对栏目的精心设计，充分体现出不同学科、专业和刊物特色，强化期刊个性，增强期刊在专业人员中的形象标识和阅读欲望。

4.分类功能　医学期刊的特殊功能决定了所报道文章的类别、体裁和专业领域各异，而不同栏目对文章的体裁要求和写作风格也不一样。因此，通过栏目设计与合理配置，很自然地对不同文章类别起到分类的作用，使期刊所报道的不同内容或重点层次分明，避免"大杂烩"；读者可根据自己的需要阅读不同类别或内容的文章，最大限度地节省浏览时间。另外，编者和审稿人还可以根据栏目对文章体裁的不同需要和标准取舍稿件，所以，对审稿人评审或取舍稿件也具有指导作用。

5.检索功能　不同栏目刊登不同类型的文章，编者可按照栏目编制索引或数据库索引；读者也可以根据栏目检索以往发表的文献。同时依据栏目的类别，实施二次文献开发和利用，将同一栏目的内容制做出不同类型的数据库、光盘版、文献汇编、专题学术著作等"学术产品"，有效发挥不同类型文献的作用和价值。

第二节　医学期刊栏目分类

医学期刊栏目的分类或类型缺乏统一分类标准和固定模式，其设计也应结合学科特点和编辑策划要求，设计不同类别的栏目。但栏目结构应科学合理，既要体现栏目的内涵和外延，同时又要避免公式化和雷同。一般分为常设栏目（固定栏目）和非常设栏目（随机栏目）。现以《中华检验医学杂志》栏目设计实践为例，试对医学期刊栏目进行分类尝试。《中华检验医学杂志》根据办刊宗旨和学科特点，对以往多年开设和沿用的"论著""简报""综述""消息"简单而雷同，同时又缺乏学科特点和内涵的栏目进行重新分类设计。重新设计后的栏目类型分为评论类、原始创新类（论著类）、评价类、专题论述类（专论）、理论类、普及类、指导类（指南与规范）、讨论类、进展类、互动类、宣传类、信息类等。

1.评论类　是医学期刊学术导向性很强的一类文章体裁，医学期刊的学术导向和学术引导主要通过这类文章加以体现。

（1）述评（editorial）：一般请本学科学术或学科带头人或编辑部，就某一领域学术发展及临床实践中的热点、难点和焦点问题实施评述，并站在学科的整体高度，纵览学科或专业学术发展的全局，实施有针对性的评述。

（2）短评：是对人和事物进行的简短评论，属于评论的一种；短评是新闻评论中常见的一种文体，它篇幅短小、语言精练、内容单一、分析扼要尖锐，是十分便捷的评论体裁，在报纸、广播、电视等时政媒体中都可以使用，其中在报纸上的短评最为常见。近年来，在科技学术类期刊也普遍应用，特别是医学期刊，主要是学术短评，对特殊学术内容的报道配发短评也比较常见，它可以就一篇文章或学术报道主题配发短评，也可以就学术发展中某一热点或难点问题发表短评。编辑实践表明，恰当运用短评形式或手段，对重大学术专题或具有相应背景的学术技术问题的报道，同时配发短评加以评论，可有效增强学术引导性和学术及技术的渲染效果。短评在发表时有署名与不署名两种。署名短评以个人身份发言，形式自由，手法多样。不署名短评代表媒介编辑部发言，是编辑部评论中比较短小、灵便的一种体裁。短评在运用时有两种形式：一是针对某一事物或问题发表的独立成篇的简短评论；二是为配合重大学术报道或新闻报道就实论虚、就事论理的短小评论。短评的主要功能：评论功能、引导功能、强调功能、学术或技术推介功能、深化功能、解释功能、认可功能、警醒功能、辩驳功能等，短评的功能是多元化的，无论是时政类报刊，还是科技学术类期刊，编辑恰如其分地运用好短评手段，对增强所报道课题的效果和学术引导及渲染具有重要的作用。

（3）编者按：也属于评论文体，也称按语或编者案（editor's notes），"编"指的是编者或编辑，"按"指的是编者附加的评论、判断，是编者为了让读者、作者或广大医学科技人员认识、理解或更明白而增加的特别的说明和评述，是编辑人员对一篇文章或某一专题所加的意见、评论等，以表明编者对问题的态度，常常放在文章或消息的前面。编者按不是一种固定的单独运用的文体，而是编辑在编稿过程中经常使用的一种处理方式，它是以最简短、最轻便的言论形式，阐明和表达作为编者的意见、看法和立场，这在编辑实践中用途很广。

（4）社论（leader）：是新闻评论或学术品论的一种，在科技学术期刊应用的比较少，但它是最为重要的新闻评论、舆论或学术评论工具，是报刊编辑部、报社、杂志社就重大问题以编辑部或报刊社的名誉及署名发表的评论。它一般用于重大新闻事件或重大学术问题，要通过刊社的立场表明学术观点、看法和立场。这在英文中，社论称leader，又称leading article，前者指的是总编评论文章，后者则有首席评论文章之意。美国作者史本沙尔在《社论写作》一书中认为，社论是一种事实与意见的精确、合理与有系统的表白，是为了引导和影响公众，也为了解释新闻，使一般读者能够了解其重要性。

（5）专家论坛（specialists forum）：一般由相关领域的著名专家撰写，就相关专业、学术或技术问题发表专题论述和评述。

（6）专论（specialists article）：就某领域、某专题、新技术、新方法、重要理论问题等实施专门论述和评价。

2.原始创新类（论著类）　是具有严格而系统的科研设计和独创性科研思维，具有创新性和先进性的一类原始创新研究。如《中华检验医学杂志》栏目设计有：

（1）临床检验诊断研究（clinical diagnostic research）：以人体或人体标本为检测研究对象，并具有创新性的原始研究。

（2）基础检验诊断研究（laboratory diagnostic research）：以动物或动物标本为检测研究对象，研究或探讨检验诊断技术、方法、基础理论、诊断指标等，并具有创新性和先进性的原始研究成果。

（3）实验诊断方法评价（laboratory methods evaluation）：对新的实验室诊断方法用于临床前实施的可靠性临床评价研究，以及传统诊断方法的临床再评价等原始创新性评价研究。

（4）新技术与新方法（new technology and methodology）：具有创新性和先进性的新的实验室诊断技术的原始开发研究，具有创新性和先进性的新的实验室诊断方法的建立等。

（5）临床输血研究（clinical transfusion research）：具有创新性的有关临床输血领域的原始研究。

（6）试剂与仪器评价（reagents and instruments）：对诊断试剂和实验室诊断仪器设备的敏感性、特异性、准确性等参数的临床多中心评价，对新开发研制的诊断试剂或诊断仪器等的临床应用评价。

（7）细菌耐药监测研究（bacterial drug tolerance monitoring）：对细菌耐药机制或抗生素耐药的流行趋势监测研究等。

（8）临床治疗药物监测：对患者治疗药物浓度、蓄积、治疗效果等的实验室监测研究，可体现刊物对这一领域的关注和重点发展的编辑意图。

（9）临床实验室管理（laboratory management）：具有原始新意的实验室管理方法、观点、经验等，体现刊物对本领域研究的重视和导向。

（10）检验质量控制研究：检验诊断的质量控制是检验医学或实验室诊断永恒的主题，它是提高检验质量的根本保证，设置本栏目体现了刊物对这一问题的重视和关注。

3.学科进展类　一般以二次文献为依据，在占有大量国内外文献的基础上，对某一学科或专题文献进行综合分析，并就其研究进展、发展趋势、存在的问题等加以综合论述。

（1）学科进展：对本学科或亚学科最新进展的系统介绍。

（2）国内外进展（progress in research）：对某一专业领域、技术、方法、疾病等国际和国内的最新研究进展的专题介绍。

（3）回顾与分析（lookback and analyse）：专家学者对承担的某一重大课题、专题、专业等系统研究的综合回顾性分析。

4.指导类　对临床、科研、疾病诊断、治疗和预防等具有参照性和指导性的依赖性学术或技术文件。

（1）标准与规范：具有指导性的实验室诊断新标准、操作规范等学术性文件。

（2）会议纪要：具有指导意义的学术会议、专家座谈会、专题研讨会等会议成果加以介绍。

（3）国际标准指南：介绍检验医学或相关领域国际性学术组织和机构制订的诊断或操作指南。

（4）临床诊断指南：刊登或介绍国内本领域学术组织制订的实验室诊断指南、建议等学术文件。

5.理论类　这类体裁一般无须周密的科研设计，是通过实践、理论思维、逻辑推理、科学分析总结概括出的理论和观点，对某一专业或相关领域具有理论指导意义。

（1）学科建设与发展：探讨具有新意的学科建设理论、新观点等。

（2）循证检验医学：探讨循证医学在检验医学中的应用和检验方法、数据的系统评价等。

（3）检验医学教育：探讨检验医学教育理论、方法、教学模式、知识结构等理论性研究。

6.争鸣讨论类　对有争议或尚无定论的学术和技术问题，特别是对已发表的文章观点、结果、结论有不同看法，可以通过学术讨论和学术争鸣达成共识，去伪存真。

（1）争鸣与评论：对有争议的学术问题、观点通过学术争鸣的形式发表不同意见，以利引起学术讨论，倡导学术民主，促进学术争鸣。

（2）问题与建议：为专家学者提供发表对学科建设、学术研究中存在的问题和建议的平台。

7.普及类　对于某一成熟的临床实用的新技术、新方法、新理论等加以普及推广，并对专业技术人员进行知识更新教育。

（1）专题笔谈：对某一专题、技术、方法等，深入浅出地加以介绍和普及。

（2）国际学术交流：介绍国际学术会议的最新内容和进展。

（3）继续教育：对某一专业或技术，面向不同专业人员，特别是基层专业技术人员的知识更新教育或普及性教育。

8.宣传类　对本领域做出突出学术和科研贡献的著名学科或学术带头人、专家、国家和地域性重点实验室加以介绍宣传，以鼓励和激励同行成才和发展。

（1）学科人物：介绍学术或学科带头人及有突出学术贡献的著名专家，特别是中青年专家，提供成才经验。

（2）重点学科：介绍在学科建设、学术研究、重点科研攻关、学术和技术领先的科室，特别是国家重点学科点或实验室。

（3）企业与临床：介绍著名相关医药企业或产品，促进企业与临床的结合，满足临床需求。

9.信息类　这是一类以简短的文字和较强的时效性快速报道大家普遍关注的相关信息，以增强期刊的信息量和可读性，并且可以"补白稿"的形式刊出，有效利用版面。

（1）消息：具有新意的相关信息和学术活动等。

（2）学会动态：关于本专科学会、相关学术组织的重大活动、计划、换届改选等信息。

（3）医学新闻：医学科学领域重大科技发明或成果等。

（4）会议征文：各种相关学术会议的征文。

（5）产品信息：介绍新产品、新仪器、新试剂等。这些栏目稿件一般短小，既提供了补白稿，又增加了期刊的信息量。

10.互动类　是读者、作者、编者相互交流、答疑解难的一类针对性和实用性极强、体裁风格各异的文章，对读者和作者具有很强的吸引力，增强参与意识和积极性。

（1）专家答疑：对具有普遍性的学术、技术问题请有关专家解答，也可以就读者或专业技术人员提出的问题，请专家答疑解难，形成读者、作者、编者的互动，活跃学术气氛，引起读者兴趣。

（2）读者来信：刊登读者或专业人员来信提出的具有针对性或普遍性的专业问题，也可以同时刊登专家或编辑部答复，达到解决问题的目的。

（3）问题解答：就读者和作者及广大专业技术人员普遍关心的问题，由编辑部、有关部门或专业人员解答。

另外，《中华医学杂志》作为综合性医学期刊，其栏目设计有：①临床研究，主要报道以临床为主的原始创新研究；②基础研究，主要报道基础医学创新性原始研究；③述评，刊登具有学术导向性的评论性文章；④专家论坛，刊登著名专家或学科带头人对某一学术或专业领域学术问题的专题论述等。

第三节　医学期刊栏目设计的要点

医学期刊栏目合理设计，除了遵循办刊方针和宗旨外，还要依据期刊的总体设计和栏目的整体策划，把握好医学期刊栏目设计的要点，突出和体现期刊栏目的特色，特别是要突出和体现学科及专业的特色与特点，使栏目设计展现出差异化。

1. 栏目设计的创新性　结合学科特点，做到人无我有、富于创新，是栏目设计的生命力所在。若编者只是将文章简单堆砌，千篇一律，重复雷同，缺乏内涵和外延，多种期刊同一类栏目、同一个面孔，则难以让读者识别。因此，栏目设计一定要具有创新意识、别出心裁，避免雷同和缺乏特色，并精心策划组织稿件，才能达到预期的学术效果。

2. 栏目设计的特色与特点原则　特色是事物与事物之间显著区别于其他事物的风格和形式，也就是人或事物所具有的特别与特殊之处。它是由事物赖以产生和发展的特定的具体环境因素所决定的，是其所属事物独有的东西和风格。特点简单地说就是与众不同，因为任何物质都有其自身的特性和特征，任何事物都具有不同的特征和个性，也有与其他事物所固有的共性，如同样是人，其个性和外形特征都具有不同之处，在个体身上体现出来的这种与众不同的特性，就是特点。而不同学科或专业医学期刊也是如此，期刊是共性，而每一学科或专业就凸显了其特点和特色，而栏目设计要具有差异化和特色，就是要抓住学科和专业特色，设计出具有特色和特点的栏目，以此彰显期刊的不同于特色，这是医学期刊栏目生命力所在。

3. 栏目设计的时效性　期刊栏目设计分总体设计、年度设计和当期设计。也就是说，要根据每年学术报道重点和任务，在总体设计的框架下，实施必要的年度设计，并视其每期不同重点实施必要的当期设计或调整，特别是对非固定栏目，要根据实际需要，适时加以调整，但要尽量保留实践证明读者喜欢的栏目，尽量保持其连续性，以利形成名牌栏目。并根据临床和科研实际需要，适时设置急需栏目，如"非典"疫情流行期间，中华医学会系列杂志某些期刊及时开辟"非典防治"专栏，对疫情控制发挥了重要的指导作用。

4. 栏目设计的导向性　栏目设计体现了编者的意图和编辑思想、办刊方针和办刊宗旨，也是国家医药卫生工作重点在医学期刊的表现形式。因此，栏目设计具有学术导向作用，针对本领域临床、科研、防治重点，学术发展中的热点、难点和焦点问题，有针对性地设计相应栏目，以示对这一领域或专业研究的重视，从而起到学术导向作用，引导其研究不断深入，促进学术成熟和健康发展。例如，"非典防治"栏目，具有很强的时间性、针对性、指导性和学术导向性。

5. 栏目设计的合理性　要全面反映期刊的功能和本学科内容，具体落实办刊方针和宗旨，就必须注意栏目设计结构的合理性和科学性，设置系统，层次分明，重点突出。例如，要体现"提高与普及相结合的办刊方针"，就要在栏目的设置上既要有以提高为主的原始创新性的论著栏目，同时还要有普及性栏目，如"专题笔谈""专家讲座""继续教育"等普及性栏目板块，增强期刊内容的实用性，真正发挥指导临床的作用。为体现学术民主和学术争鸣，同时还要设计学术争鸣类的栏目，如"争鸣与评论""学术论坛"等栏目，以丰富和活跃期刊内容。

6.栏目名称的简洁性 栏目要精心设计，词语高度精练、简洁和醒目，荟萃精华，画龙点睛，既反映内涵，又体现外延，字数不宜过多，但又不宜过少，一般控制在8个汉字以内。

第四节 医学期刊栏目设计的原则

医学期刊栏目设计要贴近临床、贴近读者、贴近实际、突出特色，真正让读者喜欢和满意，编者在实施栏目设计时，就必须进行全面的分析研究和调查，避免盲目性和随意性，把握正确的原则与方法。

1.坚持办刊方针和宗旨的原则 任何一个期刊都有自己明确的办刊方针和办刊宗旨，在编辑实践中如何落实和体现办刊方针和宗旨，首先是要对栏目实施总体设计和栏目策划，通过栏目体现和落实办刊方针。因此，在栏目设计和策划中，应始终围绕办刊方针和宗旨这一原则，才能保证和避免期刊偏离方向。

2.体现读者定位原则 每一个期刊都有自己受众群体和目标读者，熟悉自己读者群的基本情况，满足读者的需要，牢牢抓住读者，也就抓住了学术市场，这是期刊发展与生存的基础。因此，栏目设计和策划，要把读者需要放在第一位，要贴近读者，服务于读者，满足于读者，只有这样，所设计栏目才有生命力。

3.注重临床需要原则 医学期刊最重要的是要贴近临床或科研实际，为临床医生或科研工作者提供学术指导，解决临床或科研中的难题，更好地为患者提供高质量的诊断、治疗和预防服务。因此，栏目设计要紧密围绕临床与科研需要，有利于提高临床医生和科研人员的实际水平。

4.突出学科特色原则 期刊栏目是体现刊物特色的重要表现形式，一个期刊具有何种特色，栏目是重要的表现形式和标志。因此，期刊栏目设计与策划要有创新性，独具匠心，别出心裁，突出期刊特色，使期刊与众不同，具有独到的特点和个性。

5.促进学术发展原则 栏目设置要有利于促进学科和学术发展，抓住学科和学术发展的热点和难点，促进学术交流与学科建设。

6.增强期刊个性原则 目前同一学科的期刊众多，有的甚至连刊名都大同小异，众多刊物栏目雷同，缺乏个性化。所以，要体现刊物个性，首先应在栏目上下功夫，通过栏目设计和策划，突出期刊学科个性，使读者对刊物打下烙印。

7.保持相对稳定原则 期刊栏目要让读者认可，并读有所循，就要保持栏目的相对稳定性，逐步形成名牌栏目，但又要注意不断完善。一般地讲，一个栏目的出现，最好能持续1年，若确实读者不喜欢，可在第二年进行调整或修改栏目。

第五节　医学期刊栏目设计方法

医学期刊栏目设计要贴近读者，体现学科和专业刊物特色，逐步培育期刊的品牌栏目。在栏目设计中还要掌握正确的设计方法。

1.读者问卷调查法　医学期刊栏目是否具有生命力，其衡量标准是看读者是否喜爱，能否受到读者喜欢。因此，在栏目设计前或设计后，采用问卷调查的方法，广泛征询读者的意见，这是保证栏目设计成败的关键。栏目设计者要精心设计问卷调查表，可通过网络、微信或刊登在期刊上等调查途径实施调查，用调查数据证明和预测栏目设计的效益及关注程度。

2.专家论证评议法　医学栏目设计者将所设计的栏目设置方案，可通过编辑委员会会议讨论，也可以召集相关专家实施评议和论证，征询相关专家和读者意见，以保证栏目设计的可靠性和实用性。但在栏目设计中，医学期刊的编者要居于主体地位，也就是说，栏目设计要体现编者的编辑思想和主观意志，要体现期刊的学术导向和期刊特色，彰显编者的思想性。但这并非排斥民主性，而是在编辑实施栏目精心和周密设计方案完成后，再广泛征询相关专家、读者和作者意见，而不能把栏目设计的主动权全盘推卸给编委或其他人员。

3.栏目设计方案优选法　医学期刊栏目设计者在制订和设计栏目方案时，设计者可同时预设几个方案，以利方案的优选，然后再实施论证、评价或征询意见，从中优选出最佳的方案，也可以由编辑决策者在几个方案中进行比较，从多种方案中优选或遴选出最佳方案。

4.栏目设计的比较法　在实施栏目设计时，可将相关医学期刊的栏目设置情况进行分析和比较，实施多期刊栏目设置比对，借鉴其栏目设置的经验和成功做法，避免栏目设计中与其他相关期刊栏目设置过度相似，并尽可能与其他相关期刊栏目设置具有不同之处，充分规避雷同，彰显特点、特色、风格、差异和不同之处，尽可能凸显本刊栏目设计的特性和个性特征。

第23章

VUCA环境与医学编辑思维变革

在当今医学期刊如林的环境下，影响医学期刊发展的因素众多，其不确定性和复杂性及非稳定性与日俱增，有来自社会、政策、经济、经营环境、学术环境、新媒体、智能化、学科发展、编辑人才等诸多因素的影响，因而人们将当今世界称为"VUCA时代"或"VUCA环境"。

第一节 VUCA环境的基本概念

VUCA的概念早在20世纪90年代就被提出来了。首先是由美国军方提出并使用VUCA概念，它主要被美军用来描述冷战结束后的国际形势，属于军事用语。它的主要思想和观点是，美军认为自冷战结束后，其世界环境越发凸显其不稳定性、不确定性、复杂性、模棱两可和多边性。特别是在美国9·11恐怖袭击事件发生之后，这一概念和首字母缩写才真正被确定下来。由此，VUCA被引用到诸多领域和战略分析，特别是被战略性商业领袖用来描述已成为常态和混乱的及快速变化的商业环境。《世界是平的》一书中指出，当今世界改变的速度已与过去不同，每当文明经历一个颠覆性的技术革命，都给这个世界带来了深刻的复杂变化和不确定性，致使一些企业管理者或期刊经营者难以跟上科技和社会发展的步伐，更有甚者凸显出焦虑和不安的心理冲击，因此，正确分析医学期刊的VUCA环境，是应对和化解期刊经营危机的重要理念。

VUCA发音"乌卡"，在VUCA中每个字母元素都具有深层次含义，将其延伸运用到医学期刊经营与发展的环境因素分析，可用来提高期刊对VUCA环境的预见性、预测性、洞察性和应对性的经营战略分析与战略思考及战略对策，也可用来提高期刊经营管理和发展中的行动力和应变能力。VUCA，V=volatility（易变性），是事物变化的本质和动力，是由变化驱使和环境因素催化产生的；U=uncertainty（不确定性），缺少预见性，缺乏对意外的预期和对事物的理解及意识；C=complexity（复杂性），期刊发展被各种复杂因素、外在或内在因素与事物干扰；A=ambiguity（模糊性），对现实的模糊和难以看清方向，期刊经营与发展的方向上的模糊性和不清晰性，是误判误解的根源，各种因素和条件及因果关系的混杂，更增加了方向的模糊性。也就是说，医学期刊或整个科技期刊的发展环境也是处在VUCA环境之中，实际上也是处在易变性、不确定性、复杂性和模糊性的发展环境中。

第二节　VUCA环境对医学期刊编辑的挑战

在VUCA环境下，医学期刊的发展除面临着诸多不确定和难以掌控的挑战外，还面临着整个科技期刊在发展中所面临的问题和挑战。

一、医药卫生领域的VUCA性的挑战

在医药卫生科学领域其VUCA性更为突出和显著，这是其他自然科学领域和社会科学领域都无法比拟的。这是由医药卫生科学领域的特点所决定的，这无疑也给医药卫生科技期刊编辑带来诸多不确定性和VUCA环境。

1.医药卫生环境的VUCA性　国家医药卫生体制改革的不断深入，其医疗环境、医院体制改革、医学人才培养体系、人才评价体系、学术环境、医学科研重点等，都可能发生不同程度的变化，作为医药卫生科学领域发展晴雨表的医学期刊，也必然受到医药卫生大环境的影响，而且这种影响和挑战都是未知的、不确定性的和模糊的，这就给医药卫生科技期刊的发展环境带来了VUCA性，如何应适应和应对医药卫生领域的VUCA环境，是医学编辑必须面对和思考的问题。

2.公共卫生环境的VUCA性　在医学科学的公共卫生领域，更是具有其VUCA性的典型特点，其不确定性、突然性、非稳定性、复杂性、模糊性、难测性、危急性和危害性都是被历史证明的。重大自然或人为灾害具有典型的VUCA性质，人类的重大自然灾害或人为灾害，基本都具有突发性、不确定性和难控性，重大自然灾害或人为灾害的发生，不仅伴随重大公共卫生事件的发生和疾病预防任务，还将牵动整个医药卫生领域的运行轨迹，如唐山大地震、汶川大地震，都给医疗卫生或公共卫生领域带来重大危机和挑战；又如，2003年SARS的暴发流行，不仅牵动了整个医药卫生领域，甚至牵动着社会政治的惯性运行及生态。这种医药卫生领域的VUCA环境和挑战，也必然给医药卫生期刊带来重大挑战。医学编辑如何应对这种VUCA环境，在医疗或公共卫生事件发生时，能及时有效应对挑战和面对危机，积极主动和超前配合国家对重大医疗或公共卫生事件的应对处置，从专业和学术角度予以配合指导及学术导向，全力提供知识服务和学术支撑，是医学编辑必须常态化思考的重大问题。

3.医药卫生科学与学术发展的VUCA性　医药卫生科学是一个庞大的科学体系，它既涉及自然科学及生命科学诸多领域，同时也涉及社会科学，其学科或专业已达到数千个，而且新学科或亚专业不断派生，专业越来越细，而医药卫生科技期刊也从以综合性期刊为主，不断向专科期刊发展，而且期刊学科和专业越来越细，甚至达到为一种疾病、一个器官、一种细胞、一种分子就创办一种专业学术期刊的程度，高度专科化医学期刊的发展，给综合性医学期刊的发展带来严重挑战。同时，学术界对SCI的推崇，导致大量高水平科研论文投向了国外期刊，因而带来国内医学期刊稿源质量的下降，严重影响了医学期刊的学术质量和水平。因而，这种学术环境和期刊发展的VUCA环境，对编辑或期刊都带来严重的挑战。

4.医学人才评价体系变革的VUCA性　在我国医药卫生科学期刊中，具有相当数

量的期刊生存基础依赖于或得益于医学人才评价体系与标准的缺陷性，这就是唯论文的度量标准。在我国职称评定，不同职称级别各单位都具有不同的论文数量和发表期刊级别的要求，职称评定要论文、研究生毕业要论文、科研课题申请要论文、科研成果评价要论文，甚至非技术职务晋升也要论文，这就给医学期刊提供了生存和发展的土壤、条件和空间。但随着医药卫生体制改革的深入和各项改革措施的落地，医学人才评价标准或评价体系也将会发生变化，在一些基层医疗机构，特别是从事临床医疗的职称系列，将淡化单纯对发表论文数量的评价指标。临床医疗人员职称评审对发表论文的淡化，意味着临床医务人员对论文发表的迫切性丧失，也就是说，晋升职称可以没有论文发表，这种临床医学人才评价标准的变化，无疑将给医学期刊带来挑战和生存发展的机会，这种医学人才评价体系的VUCA环境，也给医学期刊的发展带来了VUCA性，这是医学编辑应当面对和思考的严峻问题。

二、社会及经济环境挑战

当今世界环境和社会环境复杂多变，特别是单边贸易和冷战思维抬头，世界经济形势复杂多变，不确定性、难控性和多变性增强。在全球经济一体化的今天，世界经济形势的变化和不确定性，也必然影响到各国社会和经济发展形势的变化与变革；这种国际和社会经济发展的不确定性，也必然会造成医疗环境、医学科研环境、学术环境的变化和不确定性，当然也会影响到医学期刊和其他科技期刊的发展走势，这就给VUCA环境下的医学期刊经营带来诸多更加易变的、非稳定的、复杂的和模糊的不确定因素。

因此，医学期刊在VUCA环境下，编者，尤其是期刊的主办者、经营者或管理者，要善于分析和预测社会经济形势对期刊发展的影响，预估影响期刊经营和发展的社会经济因素和关键因素，实施必要的期刊风险防范、预测和控制，将不利因素转化为有利因素，以保证期刊的健康发展。

三、VUCA学术环境的挑战

在学术环境中，也同样具有VUCA性，即具有学术发展和学术环境的易变性、不确定性、复杂性和模糊性，这是对医学期刊影响最直接的因素。这些影响因素中有些是不稳定的、复杂的或易变的和模糊的，但也有些是非模糊的、常态化或显而易见的，甚至是稳定的影响因素。

1. 学术不端对期刊的影响　在世界科技学术界，学术不端行为不仅在我国存在和时有发生，即使在世界上，尤其是科学技术发达国家也是经常发生，诸多起震惊世界的学术不端行为，让世界学术界惊愕。

学术不端是指学术界的一些弄虚作假、行为不良或行为失范的不良学术风气，特指某些专家、学者在学术研究方面剽窃他人研究成果、弄虚作假、伪造科研数据和科研成果，败坏学术风气，影响或阻碍学术进步，这违背科学精神和学术伦理道德，它抛弃科学的真谛和对实验数据的真实诚信原则，给科技学术环境带来严重的负面影响，在极大损害和扭曲学术形象的同时，也给学术期刊带来严重冲击和危害，致使科技学术期刊的学术公信力、学术影响力和权威性降低。

2. 稿源外流对学术期刊的影响　在我国学术界，其优质高水平创新科研成果论文外流相当严重，据中国科学院某研究所统计，其科研人员产出的科研论文外流，在国外学术期刊发表论文的数量达到论文产出总量的90%左右，只有被国外期刊退稿或水平一般的论文才投国内学术期刊。这使我国科技学术期刊学术质量难以保障，其局面的形成因素是多方面的，既有学术评价体系的问题，也有科技学术期刊的问题。总之，这种局面给我国科技学术期刊的发展带来严重危机和挑战。

3. 医学科研伦理失范对期刊的影响　在VUCA学术环境下，医学期刊还面临着来自医学科研伦理道德，如医学科研设计论理、科研论文发表伦理、临床诊疗伦理、医学编辑出版伦理、临床诊疗指南制订伦理等诸多伦理道德的挑战和考量，直接影响医学期刊的学术质量和学术诚信及学术公信力，是医学期刊随时都要面对的问题和挑战。这些问题把控失范，也会影响到医学期刊的健康发展。

4. 学术诚信与学风对期刊的影响　科技学术期刊是学术成果的载体，学术诚信与学风的优劣会直接影响到学术期刊的影响力和发展。就学术诚信而言，其主要有两层含义，即学术行为和科研行为主体对待科学要讲究诚字，对待其他研究者及其学术成果要讲究信字。学术诚信的诚字，它是指研究者的学术行为或医学科研主体要真诚，遵守科学或科研事实本真，坚守和强调内在的个体学术道德修养和职业操守，坚守学术职业底线，强调个体外在科研行为上的自我约束和道德修养；要做到诚字，就必须求真务实，追求真理。而学术诚信的信字，主要是指医学科研或学术行为主体对其他研究者及其科研成果要讲究信用和信誉。研究者或学者间不能搞学术垄断和学术霸权，要追求学术和科研诚信，诚实守信是学术行为主体最基本的科学素养及最重要的学术行为准则。因此，学术诚信和学术风气等学术环境，对学术期刊的影响和挑战是最直接的，也是学术期刊随时要面对的挑战。

5. 原始创新能力对期刊的影响　医学期刊的学术影响力提升的重要因素之一，是能够刊登最新原始创新成果，全面反映本学科领域的发展水平。在这里，科技学术期刊面临两个层面的挑战：其一是本学科领域的原始创新能力，其研究水平和学科发展是否处在国内外学术发展前沿，能否引领学术发展方向，这是期刊学术水平、权威性和学术影响力高低的源泉；其二是学术期刊是否能够将本学科领域最新原始创新成果吸引到本刊及时发表，能够占有最新原始创新成果的学术资源，这是提升和保持医学期刊学术水平和影响力的根本。但对于医学期刊而言，这些都是处于VUCA状态，其易变性、不确定性、复杂性、难控性、非稳定性和模糊性十分突出，其挑战也十分严峻。

6. 期刊经营压力的影响　当今，医学期刊，乃至整个科技期刊的经营压力巨大，面临着办刊经费困难、优质原始创新稿源匮乏的瓶颈和挑战。这些挑战基本是显性和稳定性的，再加上处于VUCA环境下，医学期刊或整个科技期刊的经营压力和挑战更加严峻。

四、医学编辑人才的挑战

医学期刊编辑出版人才对期刊发展的影响愈发凸显；如果说科学技术的竞争说到底是人才的竞争，而科技学术期刊的竞争，其实也在于编辑人才，特别是期刊编辑经营管理和战略性人才的竞争。医学期刊要冲出突围，首要的是突破编辑人才瓶颈，构建一支善于编辑策划、善于经营、善于管理和具有战略思维的多方面编辑人才，以应对VUCA环境对医学期刊发展和医学编辑人才的影响。

五、新媒体VUCA环境的挑战

由于新媒体、多媒体和融媒体技术的发展，人们的检索和获取信息及阅读方式发生颠覆性变化，当下已到了"一机在手走遍全球"的时代，人们不再单纯依赖于传统纸版期刊，致使纸版期刊赖以生存的期刊发行量急剧下滑，其中有不少期刊的纸版印数只有几百册，只是为了赠阅作者而已，这种VUCA环境给传统的纸媒期刊带来巨大挑战和发展的不确定性及模糊性。

新媒体主要是指应用数字技术、互联网技术、移动终端技术，具有互动性并可无限传播的新形式媒体，目前主要以手机和移动互联网为代表，是具有时代特征的新媒体形式。以互联网、平板电脑、手机、阅读器等为移动阅读和信息获取终端的新媒体，包括所有数字化的新媒体、网络媒体、移动端媒体、数字电视、数字报刊、数字图书、数字文献等。期刊必然会走向融合发展的路径，即传统纸版期刊出版与多种载体形式的新媒体出版结合，将以数字媒体为核心对接与融合，也就是说，传统媒体与新媒体融合、无线互联网与有线互联网融合，充分发挥以数字技术为核心的新媒体技术。随着数字技术的不断发展，新媒体的应用带给人们的便捷、快速和低成本的知识学习、文献资料检索、信息获取和书刊阅读，并不断推广，互联网、移动电视、电子书刊、手机移动终端和移动阅读器等越来越离不开人们的生活，特别是从3G、4G到5G的提升，以手机为基本终端的移动服务和以网络为代表的互动服务已成为新媒体发展的必然趋势。新媒体与传统纸版期刊媒体相比，无论是在传播范围、传播半径、传播速度、学术显示度、覆盖地域、时效性、受众面与数量和学术影响力上，还是在信息获取渠道和即时性与快捷性上都具有无以替代的优势。因此，医学期刊在这种VUCA环境下，应准确分析和把握发展趋势，找准路径，应实现资源合理配置与最优化，整合新媒体与传统纸版期刊媒体使其互动与融合，使期刊通过新媒体与传统纸媒广泛合作，能让更多的用户和读者及时得到更加丰富的和最新的科技信息与成果，实现互惠互利，促进医学期刊全面发展和学术繁荣。

六、编辑智能化VUCA环境挑战

人类的工业革命开始于18世纪60年代，西方工业革命是资本主义发展史上的一个重要阶段，它实现了从传统农业社会向现代工业社会的重要转变。第一次工业革命，始于18世纪60年代，终于19世纪中叶，它以人类开始进入蒸汽机时代为特征；第二次工业革命，始于19世纪下半叶，终于20世纪初，以人类进入电气化时代为特征，并以计算机信息技术革命为顶峰；第三次工业革命，始于20世纪后半叶（第二次世界大战后），以人类进入现代科技时代，生物克隆技术、航天科技的出现为特征；第四次工业革命，始于21世纪初叶，在2013年德国汉诺威工业博览会上，由德国提出"工业4.0"概念。德国提出的工业4.0（Industry 4.0）是德国政府提出的高科技战略计划，它突出制造业的智能化与智慧化水平，也就是以智能化为主要特征。由此可以说，人类进入智能化和智慧化或人工智能时代。智能化与智慧化制造业的飞速发展及人工智能的实现，给期刊的发展带来了更加扑朔迷离的VUCA环境。智能化是指在互联网、大数据、物联网和人工智能等技术的支撑下，所具有的能动地满足人类的各种需求的属性，如智能医院、智能诊断、智能出版、智能住宅小区、无人驾驶汽车、智能人脸识别等，它将传感器物联网、移动互联网、大数据分析等技术融为一体，能够实现逻辑分析、逻辑推理和逻辑判断，具有思维判断能力是智能化的重要特征；自动化是以程序化设计为基础，按照人的要求，无须工作人员操作或用极少人实施监控，就能实现自动检测、信息处理、自动分析、操纵控制等，实现预期目标的过程。智能化或智能制造的发展，将极大地满足人类的多种需求和便捷。

1. 智能化编辑出版对医学编辑的挑战　可以想象，智能制造与人工智能的飞速发展，将是颠覆性和革命性的，它将深刻改变人类社会活动和生活，也必将对期刊编辑出版手段带来变革、影响与挑战，这代表整个期刊编辑出版的未来又是一个VUCA时代。《中国制造2025》其重点是在核心技术的突破与自主创新，将以智能制造和人工智能为重点；《2016—2017中国数字出版产业年度报告》也认为，智能化或人工智能的发展将为新闻出版业的转型与融合带来更多机遇，智能化与人工智能技术将融入编辑出版现代化，将重塑编辑出版流程，促进出版流程的智能化和智慧化。书刊出版技术从活字印刷，到以计算机时代汉字激光照排技术的应用普及，为编辑出版提供了便捷高效的方法，进入大数字化时代，书刊编辑出版以数字化出版技术为引领，很快被书刊编辑出版业应用与普及，给书刊编辑出版业带来极大的效益。那么，随着第四次工业革命的迅速发展，智能制造和智能化也必将随着智能化、智慧化和人工智能的快速发展，为书刊编辑出版手段的智能化和智慧化带来突破性甚至颠覆性的变革，促进出版业进入以智能编辑、智能出版、智慧物流为主要特征的崭新时代。处于医学期刊发展的VUCA环境，应对期刊编辑出版手段现代化发展走势有一个基本预判。期刊出版环节将被人工智能出版替代，而期刊编辑出版流程中的编辑活动，也很有可能由人工编辑转化为智能编辑。

2. 智能化与智慧化人工智能撰写对编辑的挑战　智能化与智慧化人工智能撰写在编辑出版乃至撰写创作上，给书刊编辑出版带来了智能化发展的VUCA环境，其对编辑的挑战来自于诸多方面。在文稿创作上，智能化、智慧化智能编辑撰写已不是童话，而是现实发展趋势。目前，智能化、智慧化人工智能编辑已由撰写简单的新闻稿件起步，正在开始尝试智能写作具有一定深度的稿件文章，而且很有可能实现撰写理论文章。在当今新媒体中，已应用到诸如人工智能机器校对、语音录入、人工智能机器写作等，并且已经成为常态化和常规性工作。特别是中文校对软件已在国内众多书刊出版社中投入应用。据报道，早在2016年，日本就举行了文学作品小说创作比赛，由智能机器人创作的小说还通过了评委的评审和认可；在美国，帮助作家实施文献资料分析与读者研究的智能化软件已经问世，它可协助作家实施作品创作。特别是在书刊编辑流程上，其可进行对作者信息资源、书刊信息、市场销售信息、订户与读者信息资源、文献评价信息进行智能化大数据分析，通过学术文献和读者热点分析，对学科或学术发展热点、难点和焦点问题实施分析，为编辑选题策划和编辑决策提供依据，使期刊编辑策划、选题策划和学术报道重点更准确，更加贴近学科发展的需要和科技工作者的需求。

3.人工智能编辑对传统编辑的挑战　众所周知，随着智能制造的飞速发展，智能化和智慧化制造技术与智能产品将迅速渗透到编辑出版领域，其智能化编辑也在不断进化和演变，这将部分取代传统人工编辑出版专业技术人员的工作，对书刊编辑的挑战是必然的趋势。图书编辑出版流程最有可能率先实现编辑出版智能化进程，取代人工编辑劳动。人工智能编辑将逐步进入相对稳定的图书出版物，如教材图书（理工类教材、工程技术类图书）的编辑出版流程，以及普及类功能的图书，诸如基础教育用图书，物理学、数学、化学、生物学教材等，还有高等教育理工科教材，工程技术类图书，少儿读物，科普类图书，普及类功能的数理科学、化学类图书，天文学、地球科学、工业技术类图书，辞典类工具书和艺术类图书等编辑出版流程业务。这是因其编辑出版业务中对人工智能编辑记忆能力和信息处理、逻辑分析和逻辑判断能力的需求相对直接，因而由人工智能编辑替代或完成相关编辑出版流程比较适用。由此可见，编辑出版智能化的发展，将把医学期刊编辑出版领域带入一个VUCA环境，而面临的机遇和挑战具有未知性和不确定性。

4.智能化编辑对人才的挑战　尽管智能化、智慧化和人工智能具有记忆、运算、思维、创造、逻辑分析和逻辑判断的能力，可以替代部分传统编辑出版流程的工作，但人的智商和情商、思维能力、创新思维能力、创造能力、记忆存储能力、逻辑分析能力、逻辑思维能力、逻辑判断的能力、预测分析能力、回忆能力、快速反应能力等，是难以用人工智能代替的。也就是说，随着人工智能编辑出版的发展，对书刊编辑人才的知识结构和智能结构的要求越来越高，因为编辑不仅要面对高智商、高度专业化和高强能力的专家学者，还要应用和面对具有智能和思维能力的智能编辑工具。据报道，预计到2020年，由于人工智能、机器人和智能化科技的发展，具有相当部分工作被智能化或人工智能替代，约有超过500万岗位将会被取而代之；在预计淘汰的700万个岗位中，2/3是脑力劳动岗位，而非体力劳动者。因此，在编辑出版智能化发展进程中，医学编辑要适应和应对这种VUCA环境，首要的出路和对策就是适应、学习、再学习。

第三节　VUCA环境与医学编辑观念及思维变革

在VUCA环境下，医学期刊的经营与发展存在着诸多复杂、多变、模糊且充满不确定性的挑战，适应和控制VUCA环境对医学期刊的影响因素，首先是加强编辑出版人才的能力提升，同时，对不同时期VUCA环境实施正确分析和预测预判，根据对期刊发展影响的程度，实施正确的应对策略和编辑观念转变。

一、VUCA环境对编辑出版人才的要求

俗话说，环境改造人。在何种环境下就会造就何种类型的人才，战争环境锤炼和造就将军，商海环境造就商业领袖和企业家，科技学术环境造就科学家。面对医学期刊的VUCA环境，同样也会锤炼和培养编辑出版和经营人才。当然，在医学期刊VUCA环境下，对医学编辑出版人才的评价标准和要求已由体力、智力、编辑出版经

验和能力、熟练编辑技术规范，转变为编辑出版人才的潜力和潜能内在蕴含能量的要求。VUCA 环境下医学期刊的竞争力最终取决于编辑出版和经营人才资源的竞争力及人才潜能的发挥，因此，构建符合期刊发展的经营型和战略型编辑出版人才，不断提升期刊经营人才资本价值，是期刊正确把握发展机遇和控制VUCA环境的人才保证，也是应对各种挑战，赢得期刊竞争优势，保证期刊健康和可持续发展的根本。

1.潜力型编辑人才　　所谓潜力，主要是指潜在的或隐性的智慧、创新能力和力量，内在的或隐性的未能发挥出来的创造力量或能力，也就是人类原本具备却忘了使用或发挥的潜在能力，具备潜力、发挥潜力、挖掘潜力、使用潜力，是编辑出版人才管理的重要任务。具备潜力的编辑出版人才可应对各种VUCA环境的挑战；因为在VUCA环境里，未知的挑战因素很多，特别是在期刊竞争环境下，期刊发展战略、合作对象和编辑出版团队成员都会发生变化，只有具备潜能的编辑出版人才，才能适应和应对复杂的、多变的、非确定的和模糊的期刊发展的挑战。

2.战略型编辑人才　　战略最早是军事用语或军事概念。它主要指军事指挥者作战的谋略，也称军事战略，是对军事作战全局的谋划、运筹、策划和指导，是战略指导者基于对军事斗争所依赖的主客观条件及其发展变化规律性认识，实施全面规划、部署、指导军事力量的运筹和运用，以有效达成既定目的和目标。现今，战略和战略人才被引用和延伸到各个领域，当然也包括期刊编辑出版和经营管理的战略型人才。而编辑出版战略型人才，主要是指对期刊发展具有深谋远虑和长远发展的战略思想与战略对策，运筹帷幄、整体策划、总体设计、宏观控制、预测和规划未来发展、整体驾驭控制、有效化解危机和风险能力的编辑出版人才。

3.创新型编辑人才　　是指在期刊编辑出版和经营活动中，不因循守旧、墨守成规，勇于突破传统或固有思维模式和期刊经营模式，善于创意和筹划期刊策划或选题策划，不断推出新的创新、独特、新颖、效益优先、成果显著的期刊策划项目，并不断推出新的编辑思想的人才，只有编辑思维敏锐活跃、创新性编辑思维不断迸发、编辑创意和策划不断产生，期刊发展才有活力和效益。因此，在医学期刊发展中的难题和新的问题面前，特别是在VUCA环境下，充分发挥编辑出版创新型人才的作用，以新颖独特的编辑创造和经营创新，才能应对VUCA环境和期刊发展中所面临的各种挑战与困难。

4.应变型编辑人才　　在VUCA环境下，更加需要具有应变能力的编辑出版人才，因为期刊在VUCA环境中发展，每天都处在易变的、非稳定的、复杂的和模糊的环境下，因此，集团组织或个体管理者的应变能力，是集团或个体管理者成熟和自信的象征。也就是说，应变能力主要是指自然人或法人在外界事物或环境发生改变时，特别是干扰和不利因素及突发经营危机时所做出的快速反应能力或本能应激反应，当然也包括经过大量思考过程后，对其所做出的快速决策。在医学期刊经营活动中，面对VUCA环境，期刊经营管理者具有良好应变能力，善于预测判断，审时度势，随机应变，果断决策，化解危机，是医学期刊经营安全有效的基本保障。

二、医学期刊VUCA环境下编辑应对策略

在医学期刊发展的VUCA环境下，如何做到应对自如，胸有成竹的抵御和化解期刊经营发展可能面临的危机，而且适时抓住可能带来的机遇，这就需要期刊编辑出版和经营管理者具有行之有效的应对策略和必要的能量储备。

1.医学编辑服务观念的转变　以往认为医学期刊只具有单纯论文发表功能，编辑也只是在编辑部坐等来稿，而且作者有求于编辑，这也就形成了编辑固有观念和思维模式。而在当今，随着国家科技创新体系建设与完善及国家科技创新振兴战略的实施，医学书刊的功能要被重新审视与定位，编辑的观念也应重新构建，作为知识服务体系重要组成部分的书刊出版领域，要服务于国家科技创新体系建设和国家科技创新振兴战略，为国家科技创新振兴战略提供知识服务和学术导向。当今，科技学术期刊的编辑出版是以读者需求为中心，选题或报道重点及学术引导要面向国家创新体系和科技创新振兴战略的主战场，为科技创新一线供给知识内容服务和解决方案的服务。这种知识服务是指从各种显性和隐性知识资源中，按照广大科技人员或读者需要有针对性地提炼知识和信息内容服务产品，构建知识网络和全媒体知识服务手段，为科技人员和读者在科研创新中遇到的难点、热点及焦点问题提供知识内容服务与解决方案的信息服务过程。因此，医学书刊的功能和社会角色地位要转变，编辑的服务观念更要转变，首先是由单纯编辑观念转变为知识服务观念。

2.预测分析，把握未来　期刊发展的可控性和对未来发展的可控性来源于对VUCA环境的预测分析和评估研判。预测分析是用科学的方法分析VUCA环境中的各种不利因素和有利因素，采用统计分析方法、大数据分析方法、趋势分析预测方法及数据挖掘分析，形成解决方案和编辑出版经营决策，它包含可在结构化和非结构化数据中使用以确定未来结果的算法和技术，为期刊发展预测、优化、预报和模拟等许多其他用途实施部署。特别是预测分析、模拟分析、模型构建分析和假设分析可帮助期刊审视和权衡潜在编辑决策活动的影响力和编辑决策的科学性。同时，还可用来分析期刊经营发展历史模式和概率，以预测未来风险危机和经营业绩，以及所采取预防措施。因此，正确的VUCA控制和期刊危机与机遇的抉择，首先来源于正确的预测分析和相应对策策略运用与有效控制。

3.洞察力与能力储备　在期刊VUCA环境中，期刊经营者的洞察力和应对能力，特别是快速应对能力是关键要素，也就是说，在期刊发展中能够及时洞察到风险、危机或机遇，但缺乏相应控制能力或快速应对能力，其结果都是徒劳的，因为这是逻辑关系和锁链式环节反应，其能力缺一不可。其洞察力主要是指对VUCA环境、问题和机遇的早期判断能力，它是集团或个体通过表面现象精确判断出背后本质规律的能力。通俗地说，洞察力就是透过现象看本质；如果用弗洛伊德的话来说，其洞察力就是变无意识为有意识，在人们尚未意识到苗头时，首先意识到未来发展本质规律的事物燃点；如果用更加通俗和简单的话来讲，就是做到察言观色。任何效应的发挥，都离不开相关因素的作用，洞察力效果的实现，需要相应资源和能力的储备，因为经营风险和危机随时发生，机遇稍纵即逝，若反应能力迟钝，再好的机遇也会功亏一篑。

4.医学期刊战略规划与战略管理　在VUCA环境下，医学期刊的经营发展的战略规划和战略管理，是期刊在VUCA环境下既要保持发展方向的战略定力，又要随着VUCA环境的变化随机应变，根据期刊实际环境变化的态势修正战略规划，实施有效的战略管理。所谓期刊的战略规划，就是指对期刊重大发展问题、带有全局性问题、未来发展目标、办刊方针和办刊方向、总体设计的谋划。期刊发展战略规划涉及的范围具有方向性、规划性、目标性，这就要求期刊经营管理者在战略规划的制订中必须注意总揽期刊发展全局，用战略眼光全面把握期刊发展的大方向和总目标，同时要立足全局，着眼未来，从宏观到微观予以权衡；还要注意期刊战略规划的长远目标与阶段目标的紧密结合，重要的是增强期刊战略规划的预见性和预期性。同时，要重视期刊战略规划的有效性，即期刊经营战略的正确性；再有就是期刊战略的适宜性，是否适合于期刊管理过程。因此，期刊战略规划应具有目标明确、可执行、组织人事落实和灵活性的特点。

在VUCA环境下，期刊的战略规划制订非一朝一夕之事，也不是一成不变的，而是应随着期刊经营环境的变化而变化。在VUCA环境下，似乎以往的"运筹帷幄之中，决胜千里之外"已不符合VUCA环境，当今的期刊战略规划和战略管理要适应VUCA环境的变化，在千变万化的期刊市场中做好战略规划和战略管理。

5. 医学编辑的快速联动效应　所谓联动反应，其原意主要是指若干个相关联的事物或事件发生运动或变化时，其相关或具有内在外在联系的事物也跟随发生运动或变化，即联合行动或联动效应。在数控机床中，它是指在数控系统中能够联动的两个或两个以上的轴，其中一个轴发生运动时，其他的轴也做匀速或周期运动。这在计算机中，它主要是指应用程序和用户界面上的控件之间发生互相关联运动和变化。因此，医学编辑要应对VUCA环境，特别是重大医疗公共卫生事件，要在医疗公共卫生VUCA环境下有所作为，就必须发挥快速联动效应，快速为公共卫生事件的处置提供知识服务。这就要求编辑和书刊出版机构要有足够的知识储备和应急预案响应机制，快速做出联动反应和行动。

6. 以变制变，以快制危　在各种VUCA环境下，变是绝对，不变是相对的，VUCA环境最大特点就是易变性、不确定性、复杂性和模糊性，也就是说，所有都是未知的和处在变化之中的，各种风险和危机随时发生，这就需要编辑以变制变、以快制危。因此，编辑在VUCA环境下，要善于以变制变，增强快速反应，以利快速应对，以快控险，以快制危。这就要求编辑或出版机构要具有足够的知识储备、应对预案储备和应对策略储备，以利赢得VUCA环境带来的挑战。

三、VUCA环境与编辑思维方式的变革

在VUCA环境下，编辑的思维方式要适应这种易变性、不稳定性、复杂性和模糊性的发展环境，就必须转变编辑传统思维或习惯思维方式，特别是在当今互联网时代、大数据时代、新媒体时代、人工智能时代和数字化时代交织与千变万化的环境下，越发凸显编辑思维方式转变的重要性、迫切性和适应性，否则，就难以适应医学期刊发展的VUCA环境对编辑工作的挑战。

1. 互联网时代编辑思维方式转变　即医学编辑互联网思维。所谓互联网思维就是在互联网＋、大数据和云计算等现代信息技术不断发展的环境下，编辑对期刊市场、读者、作者、医药企业价值链，以及整个期刊经营生态和编辑工作模式实施重新审视的思维方式或思维模式。在当下，编辑无时无刻不在互联网环境里畅游，如远程稿件处理系统，实现了投稿、审稿、定稿、编辑决策、退修稿、发稿、数据统计分析的自

动化和智能化，编辑部的围墙已经模糊，编辑手持一部移动终端可走遍全球，编辑部可以在家里、在火车飞机上、在全球各处。互联网时代的编辑思维方式，还不仅局限于网上编辑工作，还包括互联网学术产品、互联网期刊品牌营销、期刊产品推广、网上学术活动、网上稿件征集等，无限性地扩大了医学编辑的空间和地域。这里指的互联网，不仅是桌面互联网或移动互联网，还有各种移动终端，如台式机、平板电脑、笔记本电脑、移动手机、移动手表、移动阅读器、移动眼镜等。因此，医学编辑要转变思维模式，构建互联网思维，实施编辑思维方式的转变，以适应互联网时代的生态环境。

2. 大数据时代编辑思维方式转变　　即医学编辑大数据思维。所谓大数据思维，主要是指在编辑实践和编辑决策活动中，善于积累大数据和运用大数据实施分析、判断、循证和编辑决策，特别是在编辑策划或选题策划中，善于运用大数据思维模式，发现和遴选读者最需要的学术选题。当下的大数据时代给编辑带来了思维方式的转变，当然这种思维方式的转变并不意味着抛弃已有的编辑思维形式，而是在大数据环境下转变和运用大数据思维方式，以解决编辑实践中的具体问题；这只是编辑思维方式的升级版，编辑透过数据看世界和分析编辑实践的困难。因此，编辑大数据思维应有三个维度，即由抽样（样本）到全量思维，由精确到模糊思维，由因果到关联思维。大数据时代思维方式转变，有因果关系和相关关系、整体与零碎、精确与混杂及记忆问题的重要转变，要结合这些问题来探寻大数据时代编辑思维方式的转变。同时，这些方面也勾画出大数据时代思维方式转变的预测性、模糊性和复杂性的趋势。社会事业的发展和进步，首先是人的思维方式的改变和进步，大数据时代下编辑思维方式的转变，可使期刊编辑对大数据时代的认识更加深刻，也可积累大数据和运用大数据为编辑工作提供支撑。

3. 新媒体时代编辑思维方式转变　　即医学编辑新媒体思维。这种思维方式基于新媒体技术的发展，它改变了信息传播、信息获取方式和手段。所谓新媒体思维方式，主要是指编辑在其编辑活动中，在新媒体时代环境下，善于运用新媒体思维方式，充分发挥多媒体、融媒体等媒介技术实现学术信息传播半径和覆盖面的最大化，使编辑的学术产品和学术信息的显示度无限化。在当下，以电子信息技术为依托的互联网媒体技术的发展，催生和带动了相关新媒体传播手段与技术的大发展，人类在信息交流、信息获取方面多依靠新媒体技术，甚至形成依赖。人类文明和文化的急剧更新与转变，也改变了人类的生活方式和思维方式，同时，作为以学术信息甄别、评价、刊载、传播为主要目的期刊编辑，其思维方式也必然随着新媒体传播技术发展而发生改变。在新媒体时代环境下，其媒体技术与思维方式的转变之间存在着紧密联系，互为条件、相互作用并相互制约；新媒体技术的发展也必然引发编辑思维方式的变革，同时，新媒体和多媒体的发展，也是医学期刊多元化经营的重要途径和新的增长点，作为医学期刊编辑如不适应新媒体时代发展，适时转变编辑思维方式，就会影响期刊的发展和竞争力的提升。

4. 智能化时代编辑思维方式转变　　即医学编辑智能化思维。创新思维带来新时代，新时代必然引发新思维。智能化或人工智能时代的到来和技术的飞速发展，特别是人工智能在编辑出版领域和信息传播手段现代化方面的渗透与应用，给医学编辑的思维方式也提出了新的挑战，医学编辑也必然需要适应人工智能时代思维方式的转变。

人工智能编辑思维方式，主要是指编辑在其编辑实践中，应具有智能化的思维意识和思维方式，在思考和编辑制作学术产品时，如何使其制作和传播方式智能化，如何提高学术信息出版和科技信息服务的智能化水平，是编辑思维方式转变的客观原因。新时代带来新机会，也意味着思维方式的更新与变化，它要求编辑思维方式随之发生转变。以往，编辑出版学术产品只考虑按期出版，但在未来，编辑要考虑其学术产品和学术信息传播的智能化制作和智能化服务。同时，编辑要对国际上智能出版、智能编辑的发展动向及相关理念和技术等，具有充分认识和了解，掌握编辑出版智能化发展的动向，以利把握编辑出版现代化发展的趋势和脉搏。

5. 数字化时代编辑思维方式转变　即医学编辑数字化思维。所谓数字化编辑思维方式，就是一种在数字化时代或数字化环境下形成的前所未有的超越性思维形式，它是具有个性化、开放性、虚拟化、数字化学术产品和数字化资源意识的编辑思维形式。当今的数字化就是将许多复杂多变的学术信息和医学知识转变为可以度量的数据、数字形式，再以这些数据和数字建立起适当的数字化模型，将其转变为一系列二进制代码，同时引入和存储在数据库，将任何连续变化的输入，如图画的线条或声音信号转化为一串分离的单元，通常用模数转换器执行转换，经过处理和重组构建，再通过计算机和网络终端随时再现或检索获取需要的信息。

数字化既能无限扩大纸版医学期刊学术信息的传播半径、覆盖面和显示度，又能保证期刊学术资源的安全性。例如，中华医学会杂志社与万方数据有限公司合作建设的"中华医学会系列杂志数字化平台"，创新性地制作或派生出诸多学术产品，极大满足了临床医疗、医学科研、教学、卫生管理、疾病防治、医学装备和药物研发生产的需要，搭建了"产、学、研、用"的数字化学术技术平台，提高了科技创新和知识服务的水平。因此，医学编辑数字化思维形式的转变是必然的趋势，也是适应数字化时代发展的必然选择。

6. 信息化时代编辑思维方式转变　即医学编辑信息化思维。所谓信息化编辑思维，是编辑对信息化的认知与意识的反映，也就是说，编辑要用信息化视角来认识、有意识地分析和处理医学编辑实践活动中的各种问题，以此实现医学编辑实践与信息化的有效结合。要能实施编辑信息化思维方式的转变，能够用信息化观点和信息化方法处理编辑活动中的信息问题，因为编辑工作的实质就是在实施信息处理，诸如信息甄别、信息评价、信息分析、信息处理、信息存储、信息传输、信息反馈、信息传播、信息服务等，同时，信息资源作为这个地球上的三大资源之一，是无限的宝贵资源和无形资产，也是重要的生产力，任何行业和学科的发展既产生信息（信息源），又离不开信息和信息服务，编辑用信息论观点处理编辑实践活动，能够运用信息化技术和方法提高医学期刊经营效益。也就是说，信息化编辑思维是对信息化意识的进一步强化，即用信息化或信息论的观点、方法、技术和视角来认识分析与处理编辑实践，在互联网＋、大数据、云计算等科技不断发展的背景下，对医学期刊市场、读者、作者、期刊产品和期刊价值链，以及整个期刊生态实施重新审视的思维形式。

在信息化环境下，编辑首先要清晰三个信息化处理的要素。

（1）信息源：它是信息产生的源头，是信息的生产者，缺乏信息源，也就形成了无源之水。医学期刊编辑工作既是信息产生的源头，又是信息处理和信息传输的主体，而信息管理的基本目的是信息的控制质量和信息流向，要实现信息资源的有效利用和市场价值，编辑首先要转变思维方式。因此，编辑是控制期刊信息资源、信息质量、信息传播的主体，而科技学术信息的收集、甄别、存储、传递、处理和利用等信息活动过程都离不开现代信息化技术的支撑。

（2）信息流：也就是信息活动过程。信息流如同水流，只有流动起来，才不会死水一潭，信息活起来，才能发挥应有的效益。也就是说，信息流主要是指由期刊信息资源的形成和积累、信息质量甄别、信息传递和信息利用而形成的信息管理过程与信息服务活动。医学期刊信息资源的形成，以信息的收集与获取、信息质量甄别、信息产品的形成、信息的存储、信息传递、信息传播等信息处理活动为特征，其目的是形成高质量、具有时效性和可利用的信息资源。医学文献信息资源的开发利用，主要是指将纸版文献资源实施二次开发，将其转化为数字资源，形成数字化、网络化和多媒体形式的学术文献信息产品，更好的发挥信息资源的价值，为信息服务提供更好的信息产品。这一过程，其实也是对信息资源再加工和深度加工与挖掘的过程，它以信息资源业态的转变为特点，对信息资源实施再评价、再选择、在挖掘、再制作、再分析、再吸收、再利用和再传播等，其目的是实现医学文献信息资源的价值最优化、信息服务便捷化和利益最大化。

（3）信息管理：信息资源是生产力，是无形资产，因而其信息资源管理的安全性，也就成为编辑工作的重要内容之一，这是编辑信息化思维方式转变的重要依据之一。信息资源的管理贯穿于整个信息处理的全过程，它涉及信息的获取、信息加工、信息存储、信息传播、信息控制、信息利用和信息资源的深度开发等全过程管理。

第24章

医学期刊信息分类与管理方法

期刊信息管理（journal information management, JIM）是人们采用技术的、经济的、法律的和人文的方法与手段，对信息，包括正规信息流和非正规信息流实施控制，是以提高信息的及时性、准确性、有效性和利用效率，最大限度地提高和实现信息效用价值为目的活动。信息管理在期刊社或编辑部系统运行中始终处于重要位置，因为任何有效的管理和决策都是靠丰富而准确的信息来实现的，缺乏及时有效信息就不可能有高质量的管理和高效率的工作。期刊编辑部既是信息源，又是信息获取、加工处理、储存和输出的信息枢纽。期刊编辑部的信息管理，就是把编辑管理过程作为信息的收集、整理、储存、输出的过程，并通过信息实施编辑管理和有效的期刊经营。也就是按照编辑部的信息特点，科学地获取、存储信息、传输信息和处理信息，建立和完善信息管理系统。

第一节　期刊信息管理的基本概念

期刊社或编辑部的信息管理，就是指在整个期刊管理过程中，所有从事期刊工作的员工，对信息获取、信息加工与传输、信息存储和信息输出的总称。实际上，期刊社对信息管理的过程，就是信息获取收集、信息传输、信息加工和信息存储的过程。期刊信息的收集就是对原始信息的获取；而信息传输就是指信息在时间和空间上的转移或运动，因为所有信息只有及时而准确地传递到使用者的手中才能有效发挥信息的功能和作用；而信息加工是指对期刊社信息形式的变换和信息内容的甄别处理；信息形式的变换主要指信息在传输过程中，通过加工和变换传输载体，使信息更加准确和规范地传递给信息受体。信息内容的甄别和加工是指对原始信息进行加工处理，进一步分析和揭示信息内容本质，使输入的信息转变为准确和有价值的信息，这样才能被有效利用和发挥信息的作用。信息是事物的存在状态和运动属性的表现形式，一般来说，事物也就是人类社会、思维活动和自然界所有可能的对象；其存在方式是指事物的内部结构和外部联系；其运动是指一切意义上的变化，包括机械的、物理的、化学的、生物的、思维的和社会活动。运动状态是指事物在时间和空间上变化的特征、态势和规律。

而所谓信息管理，就是指对编辑活动和管理活动的各种相关因素，如物流、人流和信息流实施科学计划、组织、协调和控制，以实现期刊信息资源的合理开发和有效利用的全过程。其中包括微观和宏观对信息内容的管理、加工组织、分类检索和信息服务等，这些构成了期刊信息管理系统。信息流一般分为两种，一种是非正规信息流，即由信息的产生者直接流向信息的利用者；另一种是正规信息流，即信息在信息系统的控制下流向信息的利用者。

期刊社或编辑部，就是通过制定完善的信息管理制度，建立科学有效的信息管理系统，采用计算机等现代信息技术和工具，保证期刊信息系统的有效运行。对期刊的信息实施静态和动态管理，特别是信息的动态管理，不仅要保证期刊信息的及时准确和完整，而且还要保证期刊信息系统的信息获取、信息加工、信息输入、信息输出和信息反馈的系统循环正常运行，以保证期刊管理的质量和高效。

第二节　期刊信息管理的分类

在期刊社或编辑部信息流中，有稳定信息和非稳定信息（流动信息），加强各类信息的获取、处理和存储，是做好编辑管理工作的基础。一般来讲，编辑部的稳定信息有各种编辑出版标准、编辑出版规范、编辑规章制度、行政管理规章、发排稿档案、历年出版期刊、历届编辑委员会成员资料、历年编辑出版工作总结和出版资料等。非稳定信息一般是反映某一时期编辑出版工作变化情况的信息流，如编辑出版报表、稿件处理系统中稿件的动态变化，如来稿、退稿、刊登稿件的数量，出版数据库、编委数据库、审稿专家数据库、作者数据库、发行数据库、电子邮件等。稳定信息是由非稳定信息的获取、甄别、整理、归类、存储而来的，所以，编辑部要重视和加强日常非稳定信息的获取、信息加工、信息分类和信息存储的归档工作，这是保证稳定信息存储和输出利用的前提保证。特别是要重点做好学术文献数据库的信息安全管理，注重积累期刊的大数据信息和安全管理。

一般按信息文献的类型，可将期刊社的信息文献分为期刊行政性信息、财务类信息、期刊文献信息和编委专家、读者与作者等数据库信息。

一、期刊行政性信息

这类信息一般有各类人事工作信息、各项行政管理制度和规章、各类行政文件、各类工作总结、各项工作计划、各类审批文件、各类报表、上级机关来文、各类会议记录、各类工作简报、各级领导讲话、各类合同资料、各类汇报材料等，这些行政类信息包括不同载体形式，如文字的、影像的、数字化的和图片资料信息等。

二、期刊财务工作信息

期刊财务工作信息除财务本身按照财务工作规则、财务法规和财务原则、工作规则和程序对财务所有信息严格存储外，一般在行政管理活动中涉及的财务信息也应加以获取、加工和归类存储，如各阶段财务预算、各类人员工资表、职工奖金分配明细表、各类投资性文献信息、经济合作性合同、期刊经营分析、经营性收支明细资料、期刊销售明细资料、广告销售资料、项目收支明细表等相关信息。

三、期刊编辑业务性信息

期刊编辑活动的业务信息一般比较多，其量也相对较大，作为期刊发展史料性信息，应严格加以获取、加工、分类和存储，以保证期刊发展史料的完整性。这类期刊业务性信息一般可分为以下几类。

1.期刊文献类型或按载体类型分类

（1）印刷型信息：如图书资料、各期刊刊物、纸质来稿、纸质发排稿、各类印刷版规章制度、纸质版编辑出版规范、会议文献汇编、会议纪要或会议记录、编辑策划方案、编辑工作计划、重大编辑策划实施计划等。

（2）视听型信息：如唱片、光盘、录音带、录像带、期刊各类活动影像信息资料、数字化影像信息等。

（3）缩微型信息：如期刊缩微交卷、期刊缩微胶片、期刊信息移动软盘等。

（4）期刊数字型信息：如电子图书信息、电子期刊、期刊数据库、期刊发排稿电子版、期刊活动数字化信息等文献。

2.期刊文献级别或按文献加工深度分类

（1）期刊一次性文献信息：即期刊原始性文献信息，如著者或著名专家研究成果的手写稿（如实验资料、观察资料、调查研究结果等）、著作、论文、研究报告、会议文献、专利文献、学位论文、会议论文资料、电子期刊、电子图书、编辑部总结、编辑委员会工作文献、原始影像信息资料、总编辑/主编讲话稿、编委成员名单等信息文献。

（2）期刊二次文献信息：也就是将期刊大量无序、分散的一次文献实施收集、整理、加工、分类、著录和存储，并按顺序加以编排，形成可供检索的新文献信息，如题录、目录、索引和文摘等信息资料。

（3）期刊三次文献信息：即围绕某一专题，利用二次文献检索，在吸收一次文献内容的基础上形成的文献信息，如述评、评论、综述、研究进展、期刊编辑工作进展、期刊年鉴、指南、期刊手册等具有参考性的编辑工具书。

（4）期刊零次文献信息：如未经信息加工，直接记录在相关载体上的期刊编辑工作原始信息，如会议记录、调查报告、期刊设计草图、专家私人笔记、口头交流信息等。

第三节 期刊信息管理原理

期刊信息管理的对象主要有期刊信息资源、期刊信息活动、期刊信息获取等内容；其信息管理涉及信息资源管理原理、信息理论原理、信息控制原理等。

一、期刊信息控制原理

1.信息资源管理原理 是20世纪70年代在美国首先发展起来的信息管理理论，其后迅速在全球传播和应用这一理论，它是现代信息技术特别是以计算机和现代通信技术为核心的信息技术的实际应用所催生和派生出的新型信息管理理论。信息资源管理分狭义和广义概念。狭义的信息资源管理原理主要是指对信息本身即信息内容实施管理的过程；而广义的信息资源管理原理主要是指对信息内容与信息内容相关的资源，如信息设备设施、信息技术、信息产业投资、情报信息技术人员、信息资源升值与产出、大数据信息产业发展等实施管理的过程。信息资源之所以在当今社会受到高度重视，是基于对信息价值的认识，其根本原因在于它对人类社会的生存和发展所起的重要作用。当今的信息社会，信息已作为构成客观世界的三大要素之一或三大资源之一，其资源价值和效益价值是无限的，而且对于消除人的认识不确定性和增强世界的有序性发挥无可替代的作用。对于医学期刊或企业来说，信息资源也是期刊和企业赖以生存的重要因素之一。而期刊信息资源管理的核心内容就是信息资源的合理配置问题，信息资源的充分开发和有效利用则是信息资源管理的基本目标。在当今信息社会多元开发与多层次信息机构中，信息资源的形态和层次呈多样化趋势，以大型数据库信息获取、信息存储、信息分析和信息挖掘、信息传输、信息产品开发、大数据信息分析等，为社会和科学发展提供了重要便捷手段，各种形态的信息资源在形态转化中相互作用，由此形成社会信息资源和科学信息资源及医学科技学术信息资源结构，作为学术文献信息资源枢纽的医学期刊也是如此，职能和社会重任在肩。

2.信息理论原理 主要是指依据事物之间普遍存在相互联系、相互作用的基本规律和哲学观点，把被反映的物质属性和基本规律作为定义信息和理解信息本质概念的基础，通过深入分析信息的普遍规律和物质属性关系，把信息的可传递性、输出性、存储性、整合性和信息形式与信息内容的关系，用以揭示信息本质概念和丰富内涵。信息概念与信息有关理论，从申农在通信领域创立信息论开始，在多年的发展历史中，信息概念已从狭隘的通信领域进入人类生产、生活和科学研究的所有人类社会活动的所有领域。所伴随的信息资源、信息技术革命、企业信息化、社会信息化、信息社会、大数据信息和智能化发展等也成为当代社会生活中最热门与最具活力的领域。信息科学作为高度交叉、高度融合、高度依赖、高度智能化的领域，正在逐步发展成为重要的新兴、交叉和边缘科学，它与传统的自然科学、社会科学及系统科学、哲学等都有密切的联系，特别是许多前沿科学研究，如生命科学、基因科学与遗传机制、大脑思维机制、量子计算机等，也都越来越多地需要依靠信息科学概念的支撑；信息资源和信息科学对人类社会、经济发展和科学的发展正在发挥越来越重要的影响和无以替代的作用。

3.信息控制原理 实际上，控制的含义就是管理；信息控制原理是通过主体自觉的、积极的活动实现信息从不对称向对称转化的理论与模式，它是控制论和对策论的基础理论。所谓对策，就是在信息对称或接近对称的基础上依靠知识和智慧实施决策的思维方式与行为方式，其本质特征是知己知彼、百战无不胜的决策策略，在信息不对称的情况下，也可以通过各种制度、机制、方案设计达到信息对称的效果。这种自觉的、积极的实现信息从不对称到对称转化的过程，它既是策略和对策的过程，也是对信息的控制过程。对于信息控制论来说，人与自然、人与社会的信息对称是绝对的，不对称是相对的，而信息控制论也是社会主义市场经济宏观调控的理论依据。

二、期刊信息活动特征

1.期刊信息资源　是信息的产生者、信息和信息技术的有机整体，而期刊信息管理的目的是控制信息的流向，实现期刊信息的效用和信息价值，但是，大家知道，期刊所产生的信息并不一定都具有信息价值和资源价值，要使其成为具有价值的资源，并实现信息的有效利用和价值，就必须借助人的智力或信息技术手段，将信息实施分析、分类和甄别，去除伪信息和不具有实际价值的信息。因此，期刊编辑人员是控制信息资源和协调信息活动的主体，是信息产生、获取和利用的主体要素。而期刊信息的获取、加工、存储、传输、分析和利用等信息活动过程都离不开信息技术的支撑，因为在期刊庞大的信息管理中，缺乏现代信息技术的应用，要实现期刊信息高效管理是比较困难的事情，因此，期刊信息管理要充分发挥数字化技术和信息数据库的作用，使期刊信息管理更加安全、便捷和规范。期刊的信息活动和管理，其本质上是为了产出信息、传递信息和利用信息资源，其信息资源是期刊信息活动的结果，而信息产出者、信息传输、信息储存和信息技术四要素构成有机整体，即信息资源，这是期刊信息管理的基本对象。

2.期刊信息活动　是指期刊编辑部围绕信息资源形成、输出和利用而进行的管理及服务活动，期刊信息资源的产出阶段，是以信息的产出、记录、获取、传输、存储、分析、利用等活动为其主要特征，其目的是形成可以发挥作用的信息资源。期刊信息资源的开发利用阶段，是以信息资源的传顺、检索、分析、遴选、评价和利用等活动为其主要特征，其目的是实现和挖掘信息资源的价值，以期达到信息有效管理的目的。

3.期刊信息资源的积累　期刊在编辑出版活动中要产出海量信息，这些信息在产出、传输、分析、利用、反馈中，应注意信息的收集、整理、归类和储存，否则就会边产出信息，边丢失信息，缺乏对期刊编辑出版活动中信息的积累，甚至造成期刊信息失去连续性和断档，使得期刊信息资源失去其利用价值。因此，在期刊信息活动中，作为期刊社或编辑部，应专门安排或设置专门人员，对期刊编辑出版活动中具有资源价值的信息实施收集、整理、归类、储存等信息管理，以保证期刊信息管理的质量和利用价值。

第四节　期刊社信息处理的原则

要充分发挥信息在编辑部系统运行中的作用，提高编辑管理的有效性和工作效率，在信息处理的全过程中就必须坚持及时、准确、实用、畅通和安全的原则。

1.期刊信息处理的及时性　就是信息管理系统要反应灵敏，能够迅速地发现信息和抓住信息，并及时将有效信息提供给信息受体或需要者。这就需要在编辑出版活动中，及时地发现和收集相关信息。因为在科学技术飞速发展和编辑活动中，其信息纷繁复杂，瞬息万变，特别是有些信息稍纵即逝。因此，信息具有极强的时效性，期刊信息的管理必须最迅速、最敏捷地反映出各类信息的动态变化，并及时加以获取和记录，并及时予以信息分析。同时，要对具有价值的信息及时传输信息，以利及时得到利用，因为信息只有传输到需要者手中才能发挥作用和应有价值，产生信息效应和效益。因此，应以最迅速、最有效的手段将有用信息提供给有关部门和人员，使其成为决策、指挥和控制的信息依据。任何信息都具有时间性和有效性，过时的信息就会失去其应有的价值，甚至影响系统运行和管理效果。因此，负责信息收集和执行信息者要有时间观念，要求对信息迅速收集、加工、传输和反馈，特别对有重要价值的信息要及时上传下达，加快处理周期。作为编辑要信心敏感性，特别是要有学术敏感性和快速反应能力，及时发现重要报道线索或选题信息，迅速组织报道，最大限度地缩短发表时滞，以提高学术信息报道的时效性。

2. 期刊信息处理的准确性　期刊信息不仅需要及时，而且需要准确的信息，因为只有准确的信息才能使管理者或编辑决策者做出正确的分析和判断，做出正确的编辑决策。伪信息和失真的信息不但会给编辑决策造成失误，而且可能会造成极大损失。在当今信息化的社会里，编辑部无时不在信息流中，这就要求信息的收集和传输者要对获取的大量信息进行整理和甄别，保证信息的准确性，严格执行各项制度，确保信息的质量。例如，各种编辑工作数量统计、出版和发行统计信息报表，其统计数据要及时准确，避免管理者决策失误。

为保证期刊信息准确，首先要求原始信息可靠。只有可靠的原始信息才能加工出准确的信息。期刊信息工作者在收集和整理原始信息资料时，必须坚持实事求是的态度，克服主观随意性，对原始材料认真核实，使其能够准确反映实际情况。其次是保持信息的统一性和唯一性。在期刊管理系统的各个环节，既相互联系又相互制约，反映这些环节活动的信息有着严密的相关性。所以，系统中许多信息能够在不同的管理活动中共同享用，这就要求系统内的信息应具有统一性和唯一性。因此，在加工整理信息时，要注意信息的统一，也要做到计量单位相同，以免在信息使用时造成混乱现象。

3. 期刊信息处理的实用性　要发挥信息在管理和实际工作中的作用，就必须要求所获取和传输的信息具有实用性，确实符合实际工作需要，对工作有指导意义。这就要求信息收集和输出者对信息进行认真分析和加工处理，去粗取精，去伪存真，运用各种分析方法对信息进行分析，找出问题的本质和事物的内在规律，为编辑管理提供可靠而有价值的决策依据。

4. 期刊信息处理的畅通性　是保证高效编辑出版管理和运行系统惯性运行的前提，要保证信息流各个环节和过程的畅通，就必须建立及健全各项规章制度和工作程序，明确不同岗位工作职责，使信息的收集、加工、传输和反馈保持常规运行状态，这是期刊编辑部信息管理的重点。

5. 期刊信息处理的安全性　当今，信息管理进入了计算机化的时代，甚至达到了无纸化办公的程度，信息的获取、收集、处理、传输、储存更加现代化和快捷，如编辑部稿件远程处理系统、各种数据库、电子邮箱、期刊网站等数字化信息，对信息的安全性要求越来越重要，因为任何失误都有可能造成储存信息的丢失，造成不可挽回的损失。因此，要求信息管理者严格执行计算操作和管理规定，适时对信息数据进行备份管理，定期对计算机进行病毒检测，严格防范计算机病毒对计算机的侵袭。要将固定存储信息或重要史料性信息与正常工作中常用共享信息区别开来，以免造成信息丢失，确保信息的完整性。同时加强计算机数据库的保密工作，对数据库进行加密管理，防止非信息管理者违规操作或盗取信息，确保信息管理的安全。

第五节　期刊社信息处理的范围与程序

期刊编辑部的信息处理内容或范围比较广泛，应该有专职人员实施信息管理工作，特别是对稳定信息，如各种数据库、稿件处理系统、公用电子邮箱、各种统计报表、档案资料、出版期刊存档管理等，以保证编辑部信息管理的规范性和完整性。编辑部信息处理一般包括信息的收集、加工、传输、存储、检索和输出。

1. 期刊信息收集　是编辑部对原始信息的获取过程，也是信息资源积累和丰富的过程，信息资源的收集是增强系统运行和期刊经营能力资本，这是信息管理的重要换环节和基础，同时，原始信息的全面性和可靠性决定了信息管理的质量。编辑部信息收集的内容：稿件的管理，如收稿、退稿、刊发稿、存稿等数量，各种编辑出版指标统计分析、各种原始编辑档案资料的整理归档，特别是各种数据库创建，其创建过程本身就是信息收集整理的过程，如编审专家数据库、作者数据库、文献数据库、读者与发行数据库、科研院校数据库、广告数据库等。

2. 期刊信息加工　大量的信息收集后，要对信息进行甄别、整理和加工，一般而言，要对所收集到的信息进行分类、整理、排序、统计分析、比较等，通过加工整理使信息便于检索和利用，随时为工作和管理者提供参考。

3. 期刊信息传输　收集到的信息通过加工，并通过信息传输才能形成信息流，并且形成信息反馈系统，发挥信息在编辑出版管理中的作用和信息价值。

4. 期刊信息存储　期刊信息经过获取、分析、加工整理后，有些信息需要立即输出使用，而有些具有保存和应用价值的信息需分类归档存储起来，以便备查和开发利用。

5. 期刊信息检索　对于存储的大量信息，为了方便检索和利用，必须对存储的信息资料按时间顺序进行分类编目，使存储的信息资料容易检索到，并使存储信息具有连续性和史料价值。

第25章

医学期刊社的运行管理与运行机制

医学期刊社的经营管理运行规律和运行机制，既不同于行政机关，也不完全等同于生产企业，更有别于科研院校等科研教学实体。因此，运用系统论、信息论、控制论的观点来研究、分析和构建期刊社的经营管理运行系统，探讨其惯性运行与调度运行机制、特点和规律，对实现期刊社的科学管理，提高期刊社的整体运行和系统运行效率及运行质量，增强期刊的经营能力和系统运行效果，对促进期刊社会效益和经济效益的最优化具有重要的理论与指导意义。

第一节　期刊社运行管理的基本原理

期刊社或编辑部的运行管理虽然与其他企业事业单位有所特点或区别，但作为管理其基本原理具有相同之处。在期刊社或期刊编辑部的运行管理中，自然也遵循着一般管理原理和普遍规律，这也是期刊社运行管理的理论基础。

1.期刊社运行管理的系统论原理　为了达到期刊管理的最优化或最佳管理状态，必须用系统观点分析问题，重点抓住系统的三大环节，即整体性、目的性和层次性。用系统论的观点分析问题，不管是杂志社还是期刊编辑部，都是一个完整的有机运行系统。既然是一个系统，就涉及系统运行和系统环节的协调调度指挥，要使期刊社系统功能和运行效率最优化，就必须发挥管理的作用。

系统论作为实践性很强的指导思想和方法论，它是运用整体性、集中性、等级结构、终极性、逻辑同构等基本观点，看待和适用于一切总系统、分系统和子系统的运行控制模式、原则和规律，并力图对其结构和功能进行数学描述。系统论强调整体与局部、局部与局部、整体与外部环境之间的有机联系，具有整体性、动态性和目的性三大基本特征。作为一种认识论和指导思想，系统论要求把事物当作一个整体或系统来考察和分析。

在系统原理中，包括整体性原理、动态性原理、开放性原理、环境适应性原理、综合性原理等。所谓整体性原理是指系统要素之间的相互关系及要素与系统之间的关系以整体为主进行协调，局部服从整体，使整体效果为最优。所谓动态性原理，是指系统作为一个运动着的有机体，其稳定状态是相对的，运动状态则是绝对的，系统不仅作为一个功能实体而存在，而且作为一种运动而存在。所谓开放性原理是指任何有机系统都是耗散结构系统，系统与外界不断交流物质、能量和信息，才能维持其生命和运行。所谓环境适应性原理是指系统不是孤立存在的，它要与周围环境发生各种联系。这些与系统发生联系的周围环境或事物的全体，就是系统的环境，环境也是一个更高级的大系统。如果系统与环境进行物质、能量和信息的交流，能够保持最佳适应状态，则说明这是一个有活力的理想系统。否则，一个不能适应环境的系统则是无生命力的。所谓综合性原理，是指把系统的各部分各方面和各种因素联系起来，考察其中的共同性和规律性。

2. 期刊社运行管理的控制论原理　用控制论的观点或控制系统的主要特征来考察期刊社的管理系统，实际上管理在某种意义上说就是控制，期刊管理系统实际上就是控制系统。管理系统中的控制过程在本质上与工程和生物系统具有相似性，都是通过信息反馈来揭示运行效果和实现有效控制，并根据信息反馈实施偏差修正，使系统运行稳定在预设目标状态。因此，控制论既适合于工程控制，又适用于生物控制的理论与方法，当然也适合于期刊运行管理控制系统。控制论运用信息反馈，通过黑箱系统辨识与功能模拟仿真等方法，研究各个系统的运行状态、运行功能、运行规律和行为，并通过调节和控制系统实现稳定状态和最优化目标。

3. 期刊社运行管理的信息论原理　用信息论的基本观点分析期刊社的管理问题，实际上是比较适用的理论和方法。因为期刊社的运行管理很大程度是对信息的占有和信息控制，各类管理都离不信息管理，尤其是期刊本身就是信息获取、信息加工、信息甄别、信息储存、信息传播的信息载体，因此，信息论原理是期刊社或期刊编辑部运行管理的基本原理和方法。

信息论是以信息的产生、获取、变换、传输、存储、处理识别及利用的理论和方法为主。当然，信息论也研究信道的容量、信息编码、信息控制、语义信息、有效信息和模糊信息等方面的问题。信息论还以编码理论为中心，对信息系统模型、信息度量、信息容量及噪声理论等为研究范围。同时还研究以计算机处理为中心的信息处理技术或方法，其中包括信息评议、文字处理、图像识别、学习理论及其各种应用。信息论把信息视为物质在相互作用中外部表征情况的一种普遍属性，它是以一种物质系统的特性的形式，在另一种物质系统中的再现形式和表现出的特征。

4. 期刊社运行管理的环境决定原理　环境（自然环境和社会环境）决定了事物的存在和发展，一切事物都是环境的产物，环境孕育和催生了事物的发展，事物的能量和物质都来自环境；期刊也不例外，它是科学技术发展和学术交流市场环境的产物，当然受到社会环境和自然环境的影响及制约。因此，期刊的发展和变化归根到底都是周围环境因素作用的产物和结果。

5. 期刊社运行管理的利益驱动原理　在社会生活和经济活动中，集团或组织追求组织利益，个人追求个人功利，组织和个体的功利目的共同驱动了事业的发展。因此说，人们参与管理活动的根本动机是自身功利或利益所驱动的，这是事业发展的基本动力源泉。

6. 期刊社运行管理的组织分化原理　期刊的发展变化是一个在外部环境因素，特别是期刊市场因素推动下实施的组织分化过程，也就是说，事物总是通过不断吸收外来的新的因素，在原有系统结构的基础上不断地分裂分化，逐步形成新的越来越复杂的组织结构。

7.期刊社运行管理的惯性原理　物体保持初始状态或匀速直线运动状态的性质，称为惯性原理。惯性是物体的一种固有属性，它表现为物体对其运动状态变化的一种阻抗程度，质量是对物体惯性大小的量度。当作用在物体上的外力为零时，其惯性表现为物体保持其运动状态不变，即保持静止或匀速直线运动；当作用在物体上的外力发生改变时，其惯性表现为外力改变物体运动状态或方向。在同样的外力作用下，加速度较小的物体惯性较大，加速度较大的物体惯性较小。因此，物体的惯性在任何时候、任何情况下都不会改变，更不会消失。在人类的社会实践活动中也是如此，期刊社或集团组织在环境条件不变的前提下，无须实施干预或调度运行措施，便可始终保持惯性运行状态，维持其原有运动状态不变，这就是惯性原理。

8.期刊社运行管理的能级原理　能级的概念源于物理学，其原意是原子由原子核和核外绕核运转的电子构成，电子由于具有不同的能量，就按照各自不同的轨道围绕原子核运转，即能量不同的电子处于不同的相应等级，这种现象在管理学上也同样存在。

在期刊管理实践中，要将不同的编辑员工，根据其能力大小，分别安排在适当层次的组织运行机构中，做到人尽其才、才尽其用。在期刊现代管理中，期刊社、编辑部、集团组织、员工都有能量问题和能级结构，管理就是根据能量的大小建立一定的能级秩序、能级规范和能级标准与能级职责。期刊社运行管理的任务是要建立一个合理的能级管理运行结构和运行模式，使期刊社管理的动态处于相应的能级结构运行环境中，这就是现代期刊社管理的能级原理。在现代期刊社运行管理系统中，期刊社各元素的活动必须服从于整体系统，其要求具有高效率与高可靠性的标准。期刊社或编辑部管理的能级结构就是为了实施有效的管理，实现最优化效益，因此，必须在期刊社运行管理中建立合理的内部能级结构，并按照相应能级岗位标准和职责要求，将期刊社运行管理的对象置于相应的能级环境和能级控制之中。因此，用能级原理指导编辑人才岗位设置与人才管理，是科学合理使用人才和配置人才资源的基本思想，不难想象，期刊社一味地追求高级人才，假如同一单位的职工全是博士、编审、教授高级职称人才，其实未必是好事，它会造成人才资源的浪费和增加期刊社管理系统运行的难度，增加系统运行阻力。

9.期刊社运行管理的动力原理　行为需要动机，期刊社管理必须具备足够的动力，包括物质动力、精神动力、信息动力，才能持续有效的运行。

在期刊社管理实践中，动力原理运用的正确与否，制约着管理者是否能够有序和高效管理效能的发挥。管理工作是一种社会活动，而任何社会活动都是人所进行的活动，期刊社管理的核心或动力，就是发挥和调动人的创造性、积极性。因此，动力原理就是如何发挥和保持人的能动性、自觉性、自我约束性和自我激励性，并合理地加以利用和发挥，使管理运动持续而有效地运行下去。

在现代期刊社管理中可将动力分为三大类：其一是物质动力，包括对个人的物质报酬、奖励及为企事业单位创造出最佳的经济效益，不仅是物质刺激，更重要的是经济效果。经济效果是检查管理实践的标准。将物质利益与管理活动结果结合就能大大提高经济效果。其二是精神动力，它既包括人的信仰、社会价值观、价值取向、政治思想工作、精神鼓励。精神动力不仅可以补偿物质动力的缺陷，而且本身就有巨大的威力，在特定情况下，它也可以成为决定性动力。其三是信息动力，对期刊社而言，信息是效率和质量的基础；对个人而言，掌握和占有海量信息及知识信息丰富的员工，其岗位实践动力充足，才智发挥自如。期刊社运行管理动力原理就是指管理必须有强大的动力，促使各种管理要素有效地发挥作用，并产生强大的聚合效应，保持管理持续而高效的运行。

10. 期刊社运行管理的人本原理　管理的重要对象之一是人的管理，即以员工为中心，是期刊社管理的重点。以人为本主要是把员工视为期刊社的主体，编辑员工参与管理是有效管理的关键，使人性得到最完美的发展，让编辑员工的能量和智慧充分涌流，这是现代期刊社管理的核心和最佳管理状态。

11. 期刊社运行管理的效益原理　这一原理认为，任何组织的管理都是为了获得某种效益，这也是管理的目的性所在，各种效益的好与坏直接影响着组织的生存和发展。因此，作为管理者应确立正确的效益观，医学科技学术期刊应把社会效益与经济效益有机结合起来，尽可能客观公正地评价效益。而医学科技学术期刊要不负使命，首先是以社会效益和学术效益为主，同时兼顾经济效益，这是期刊发展和期刊社管理运行效果的重要标准。

12. 期刊社运行管理的激励原理　在期刊社管理活动中，激励手段是必须具备的管理措施或管理艺术。激励理论是指通过特定的方法和管理体系，把编辑员工对组织和工作的承诺最大化的过程。激励理论是关于如何满足编辑员工的各种需求和调动员工积极性的原则与方法，激励的目的在于激发人的正确行为动机，调动编辑员工的积极性、创造性、自觉性和能动性，使其智慧和潜能发挥得淋漓尽致，为集团或组织做出最大成绩。

实际上，激励主要是指组织通过设计适当的外部奖酬形式和工作环境，以一定的行为规范和惩罚性措施，借助信息沟通来激发、引导、保持和规划组织成员的行为，以有效地实现组织及其成员个人目标的系统性活动，这是管理活动中最具魅力的管理原理。因此，管理就是采用科学的方法激发编辑员工的内在潜力，使每个编辑员工都能做到尽其所能，展其所长，自发地努力工作。

第二节　期刊社的运行系统与运行机制

医学科技期刊社的系统运行机制或运行原理，是指导和构建期刊社系统运行的理论基础。期刊社的系统运行机制和要素并非是单一的，而是融入和运用了综合性系统运行要素与理论，如系统工程原理（系统论）、控制原理（控制论）、信息原理（信息论）、动力原理、能级原理、激励原理和制约原理（运行规则）等理论与技术。要实现医学科技期刊社的经营管理运行效率的最优化，保持和维护其系统惯性运行状态，首先应具备充足的系统运行动力、科学而正确的系统运行轨道、正确的系统运行方向和明确的系统运行目标。其运行模式为"运行动力-运行轨道-运行方向-运行目标"，这构成了期刊社系统运行的基本机制。而期刊社运行的制约机制具有保障作用，它集中体现在科学而健全的运行规则，即各项规章制度和保障制度的建设与完善，这是期刊社高效率、低能耗（运行成本）、高质量惯性运行的前提条件，也是医学科技期刊社系统运行中根本的运行机制。

1. 期刊社的运行系统 从系统论的基本观点出发和分析问题，可以认为，任何机构或管理单元都具有系统性，也就是说，不管其运行单位大小都将其视为一个运行系统。因此，其正常运行都要依赖于系统运行环节的畅通无阻。当然，期刊社的管理运行系统也是如此，它是由总系统，即期刊社决策调度管理部门、运行系统、支持系统、子系统和次子系统等构成的运行环节或链条。例如，期刊社、各刊编辑部、出版部、发行部、广告部、校对室、网络部、后勤保障服务各部门等，这些分系统构成了期刊编辑出版的系统运行环节链条和信息传输反馈回路。其运行系统是指运行主体，即与期刊编辑出版直接相关的核心部门，如编辑部、出版部、发行部、广告部等业务或经营性部门；支持系统是对运行系统起支持、支撑、辅助和保障作用的辅助结构，如期刊社的后勤服务部门等。这些不同的职能单元构成了期刊社的运行系统，形成了期刊社系统运行链条；在其链条运行中任何环节发生障碍或运行不畅，都有可能发生运行系统的系列调节障碍，从而影响期刊社的系统运行效果和效率，甚至造成系统运行失调或系统运行障碍。

2. 期刊社的运行动力 可将其分为外部动力和内部动力。外部动力主要有主办单位、上级主管部门规定的常规性任务、指令性计划、要求及期刊社的外部行业竞争压力、学术和学科快速发展的牵引力量等。内部动力是期刊社运行的原动力，主要体现在期刊的发展目标、发展计划、发展战略，编辑和编审专家的社会责任、奉献精神、编辑职责与职业道德及科技人员、编辑工作者合理的功利目的和功利目标追求等，这些是保证期刊正常运行的动力源泉。因此，期刊社要明确发展方向和目标，努力加强编辑员工的职业奉献精神和社会责任教育，满足员工的功利需求和功利目的，不断实施源动力充电，是保证期刊正常运行的动力基础。

3. 期刊社的运行轨道 运行轨道即期刊社发展的行进道路，选择一条正确的发展道路才能保证期刊的顺利发展，因此，要维护好期刊健康发展和期刊社的惯性运行状态，首先应具备科学而符合实际的运行轨道，也就是正确的运行道路。运行轨道，即科学而正确的办刊方针和办刊宗旨，首先要解决为谁办刊、为何办刊、办成什么样的期刊等问题，这些在期刊社的运行管理中缺一不可，如果期刊社脱离或缺乏正确的办刊方针和办刊宗旨，甚至偏离正确的办刊路线，其运行必然脱轨，失去办刊的意义，即使短期内运行正常，也是离轨盲目运行。

4. 期刊社的运行方向与目标 期刊社的运行方向即期刊发展战略，期刊向何处发展；期刊的运行目标，即期刊的办刊目的和发展目标。期刊社的运行方向和运行目标，是牵引其运行的重要动力，它体现了期刊社的发展方向和要达到的远大目标，因此，期刊社要具有明确的发展计划、发展战略，制订出明确的发展目标和实现这些计划与目标的具体措施，否则其运行方向和运行目标都会是盲目的，期刊很难取得良好的管理运行效果。

5. 期刊社系统运行的制约机制 期刊社正常运行的保障来源于完善的制约机制，也就是各种规章制度的建设与完善。在期刊社系统运行的约束机制中，有各自的岗位职责、编辑操作规范、行政管理制度、激励措施、编辑出版规范、编辑出版流程、编辑质量控制制度、质量评价体系等系列制约制度，而且这些制约机制是双向的，即制约被管理者，也同时制约管理者，它构成了期刊社惯性运行的制约和保障机制，是维持期刊社系统惯性运行的重要因素和措施。

第三节　期刊社管理中的惯性运行与调度运行

在期刊社的运行管理中，其运行状态有惯性运行、调度运行、协调运行、运行失调和运行障碍等不同的运行状态。惯性运行和调度运行同属期刊社的正常运行状态，而运行失调或运行障碍同属于非正常运行状态。

1. 期刊社的惯性运行状态　惯性运行也称常规运行或正常运行，是指在一定时间内变化不大的正常运行状态，即使管理者在不加任何外力干预措施或指令的情况下，其运行系统也会自然保持正常的运行状态，如各编辑部的正常编辑活动、出版发行部、广告销售部、期刊社的日常工作活动、支持系统的正常运转等，都能按计划和常规的正常惯性运行，即使在管理者不在管理指挥岗位上，无须下达任何指令，系统也会保持其惯性运行状态，期刊到日出版，维持其常态化的运转。这种运行的特点是具有相对稳定性，具有惯性和自律性的特点，它不需要期刊社管理机构（指挥机构）过多干预和频繁地调度指挥，也不需要经常或频繁下达指令性信息，更不需要过多干预，期刊社总系统的调度指挥机构只处于信息控制和监督的均值状态，即使出现微小的调度或协调运行也不需要总系统实施干预调度，其分系统或子系统即可按照运行规则自我进行调节调度，对期刊社的系统运行不会形成影响。如果出现频繁的调度现象，说明惯性运行处于相对异常运行状态，应当引起管理者的重视。

2. 期刊社的调度运行状态　期刊社调度运行是指在短期内变化不大的运行状态，调度运行一般是管理者对系统施加外在干预调度，当然，这种调度运行也属于期刊社的正常运行状态。但这种调度运行不能过于频繁或持续时间过长，否则也会影响到系统正常运行或运行质量。一般常见的调度运行情况：如编辑部或期刊社组织大型会议、创办新刊、编辑岗位调动等，而且仅凭分系统或子系统的调节能力难以完成任务，需要多系统或多部门协同运作时；扩展机构、拓展业务或分系统发生重大运行变故时，期刊编辑部增加出版频率，编辑力量严重不足，编辑部运转处于长期超负荷运行，而这种运行状态若持续过长，并且分系统或子系统自身调节运行效果不佳，势必造成运行失调。这时就需要期刊社总系统调度指挥机构适时做出决策，运用调度运行手段，实施调整或协调期刊社系统中的某种运行资源与要素的分布、配置和使用等，实施有效的垂直调度运行，及时调配编辑力量或资源，迅速校正运行状态，使其尽快恢复系统的惯性运行态势。

3. 期刊社的协调运行状态　协调运行状态是指相关各系统之间及跨系统之间自我协调的运行状态，它不需要总系统调度指挥机构的过多干预和下达调度指令或资源调度配置，其各分系统与分系统之间、子系统与子系统之间、支持系统与运行系统之间保持一种"自律性"协调运行状态，各系统之间自主传递和处理信息，自主协调运行中出现的问题，通常情况下不需要调度指挥系统实施干预调度，以减少不必要的忙乱现象，但这种"自律性"协调运行状态的维持主要靠合理而健全的协调性制度作为保障，同时还需要员工全局观念与精诚合作的良好素质，以支持系统及各部门的责任意识和服务精神。

4. 期刊社的运行失调状态　期刊社系统运行失调，是管理运行中的低能运行状态，其系统的性能、质量、效率和系统运行要素的有序性均处于紊乱或失控状态；其总系统或分系统调度指挥机构信息输出与信息反馈反应迟钝，总系统指令性调度信息传输受阻或执行不力，总系统不能实施有效的系统运行控制，致使某些分系统或子系统违反运行规则，背离管理制度，各行其是，脱离总体运行目标，处于盲目和无序运行，这是一种最危险的管理运行状态。

5. 期刊社的运行障碍状态　期刊社运行障碍是最坏的运行结果，由于长期运行失调而得不到有效调整，各系统长期处于无序运行状态，指挥调度机构瘫痪或调度指令无法执行，最终造成期刊社运行停滞或停刊，这是期刊社运行管理的最大败笔，这种情况的发生，其原因往往出自调度指挥机构的管理决策者或决策机构。

第四节　期刊社系统运行分类与控制

期刊社的运行系统是以编辑活动为轴心的运行，其总系统、分系统、支持系统和扩展系统的建立，既要符合期刊社的办刊方针和办刊宗旨，又要体现期刊社的经营运行性质和规律，以利于促进期刊发展和学术交流事业的发展，构成科学合理的运行机制和运行模式，并建立起管理调度指挥的信息控制和信息反馈系统。期刊社调度指挥机构要实施有效的系统运行控制，要靠及时、准确和灵敏的信息反馈，任何伪信息或失效信息都会造成系统运行决策失误。因此，建立顺畅的人流、物流、信息流管理控制系统，形成高效、快速、准确的信息获取、信息处理、信息传输系统，是保证有效调度指挥的基础。

1. 期刊社运行状态分类　对期刊运行状态的分类与把握，是期刊社管理控制者正确运用调度运行措施的前提，期刊运行管理者要适时分析系统运行状态，以利于采取干预措施。常见的系统运行状态有以下几类。

（1）按期刊社系统运行的表现形式分类：一般可分为惯性运行状态、调度运行状态、协调运行状态。

（2）按期刊社系统运行的作用范围分类：一般可分为整体运行状态、局部运行状态。后者即可分为分系统、子系统"自律性"运行。

（3）按期刊社系统运行的功能效果分类：可分为最佳运行状态、均值运行状态、低能运行状态、运行失控状态和运行障碍。

2. 期刊社运行失调的类型　正确分析和把握期刊社运行失调的类型，是及时有效实施调度运行措施的基础。在期刊社，其常见的运行失调类型有以下几种。

（1）按系统的功能状态分类：可分为重度运行失调、中度运行失调、轻度运行失调、运行欠佳、运行障碍。

（2）按失调的时间分类：可分为长期运行失调和短期运行失调。

（3）按失调的原因分类：可分为主观运行失调、客观运行失调。

中华医学会杂志社目前编辑出版和管理着中华医学会主办的140种医学期刊，从《中华医学杂志英文版》1887年创刊，至今已有130多年的办刊历史，期刊社的系统比较庞大，其总系统、分系统、子系统、支持系统、扩展系统相对健全，编辑出版管理模式具有多样性，多年的管理运行实践证明，其系统运行的状态具有可变性，在一定条件下可以互相转化，即期刊社的惯性运行状态向调度运行状态转化，最佳运行状态向均值运行状态、低能运行状态转化，局部运行状态向整体运行状态转化。期刊社的调度指挥机构，就是运用科学管理手段和系统工程原理，促进期刊社系统运行状态的相互转化，从而达到和实现管理目标的最优化。

3.影响期刊社惯性运行因素的控制 期刊社惯性运行状态的维护，依赖于系统运行规则的建立健全与严格执行，如各项规章制度、岗位职责、编辑规范、编辑出版流程、各项编辑出版标准等。这是维护期刊社惯性运行的重要因素：

（1）建立健全各项职责：根据期刊社运行系统链条上所有环节的功能和任务，制订明确的各部门工作任务和目标，同时，根据各类各级员工岗位范围和功能实际，建立明确的岗位职责、责任制度、任务指标、质量标准、操作规范和工作流程，使各部门、各类各级编辑员工职责分明，任务明确，各负其责。

（2）健全各项制度和编辑规范：根据编辑工程实际和需要，结合期刊社的具体情况，制定各项编辑工作制度和编辑规范，并建立健全各项行政管理制度，有效协调员工之间、编辑业务部门与职能部门、各编辑部与各部门之间的协调运行关系，建立良好的系统运行环境和运行约束机制，完善和规范运行秩序。

（3）培养高素质管理人才，确保系统运行管理质量：在期刊社系统运行管理要素中，人是关键性的运行管理要素，特别是各级各环节的管理者至关重要，因此，选拔高素质期刊经营管理人才，加强编辑员工培训，提高各类员工素质，充分发挥期刊或编辑管理者和员工积极性、自觉性、主动性和创造性，是保证期刊社惯性运行的决定因素。

4.期刊社系统运行中的信息控制 信息控制与信息管理在期刊社的系统运行中具有重要位置，因为正确的调度决策来源于对信息的分析和处理，而真实、客观、全面、及时的信息管理控制是保证决策质量的基础，这也是维持惯性运行和有效调度运行的前提条件。期刊社信息控制与管理的重点，首先是建立和完善信息输出与信息反馈回路系统，使总系统调度指挥信息能顺畅下达，并能及时准确反馈，因此，完善期刊社的信息输出、信息反馈、信息获取、信息储存、信息分析机构和机制，是提高期刊社信息管理和调度决策质量的重要保证。只有信息输出，而缺乏信息反馈，就会形成管理信息的不对称性，因此，在健全信息传输与反馈及信息储存分析机构外，还要建立信息沟通机制或制度，如数据统计报表制度、刊后审读制度、信息沟通制度、主任例会制度等，这对实施有效的信息控制、保证期刊社运行系统的惯性运行和高质量运行具有重要作用。

5.期刊社系统运行中调度协调的运用 在期刊社的系统运行管理中，作为总系统管理者或决策者，应注意科学管理，并讲究管理艺术的正确运用。首先对于调度指令的下达应逐级实施，尽量避免"一竿子插到底"的管理形式，越过分系统直接到子系统或执行者，造成信息空挡或信息跳挡，形成信息不对称，给分系统调度管理者造成信息缺失和被动，同时也影响分系统调度协调者的主观能动性和积极性。在管理运行中还要尽量避免对分系统或子系统的过多直接干预，并避免过多越级干预，以免影响分系统或子系统自身惯性运行。总系统决策者或管理者对分系统实施监督管理，也要掌握准确和及时的信息，把"深入干预"变为"深入调查研究"，掌握系统运行中的各种问题，协调和解决系统运行中的矛盾及困难。在实施调度管理和监督管理上也应遵循："支持-指导-监督-检查"的管理艺术模式，而且避免其顺序颠倒或易位，否则就会影响其效果，使被管理者或部属反感和有抵触情绪。

（1）支持：就是为分系统或部属完成任务目标，提供精神、策略、方法、人力、物力、资源等必要条件与支撑，允许其提出问题和困难，并协助解决困难，以及实现任务目标创造有利条件和环境。

（2）指导：即为分系统或部属完成任务目标提供思想指导、思路、路径、方案、建议、意见、解决问题的途径等，协助和指导完成其指令性调度任务与常规性任务。

（3）监督：即在分系统或部属的任务实施中，经常了解和掌握任务完成的进度和质量，是否按计划保质、保量、保时顺利进行，并及时提出改进意见和必要的"垂直干预"。

（4）检查：就是要深入分系统具体检查和了解所下达调度指令或常规性任务的完成情况，发现存在的问题，对严重问题责令改正，及时校正运行偏倚，甚至提出批评和行政处理。这时的批评对被管理者应该是心悦诚服的，因为在此环节前面已为部属完成任务创造了必要条件，让其被管理者或执行者没有理由和借口拒绝批评或处罚。

第26章

医学期刊经营风险管理与控制方法

医学期刊编辑出版和经营风险具有普遍性和客观性，而且随时蕴藏在期刊经营运行活动的全过程，并随时可能发生风险和损失，造成期刊经营危机。因此，实施正确的期刊风险评估、风险预测、风险分析、风险管理和风险控制，把握和控制编辑出版及经营风险的发生，是科技期刊编辑出版与经营管理的重要内容，也是谋求期刊编辑出版质量和经营安全，保证期刊社会效益和经济效益最优化的重要环节。

第一节　医学期刊风险控制概念与原理

期刊经营风险控制原理与其他企业经营风险一样，也遵循着基本相同的理论和原理，这些理论和原理在经营风险控制中发挥着指导作用，期刊的经营风险控制也是如此，在期刊经营风险控制中很自然地运用到相应理论与原理。

一、期刊风险管理的概念

1.期刊经营风险管理定义　期刊经营风险管理是指期刊经营管理者在其经营活动中，通过分析和预估可能发生的经营风险点，从而采取各种控制措施或方法，以有效规避和减少期刊经营风险的发生或将风险发生的损失控制在最低水平，故对期刊经营风险识别、风险评估、风险预测、风险预估、风险控制、风险规避、风险转移的过程，称为期刊经营风险管理。

2.期刊经营风险的必然性　在期刊经营中，其风险总是相伴而行，来自各方面的风险总是存在经营活动中。作为期刊经营管理者，头脑中应将风险的警钟长鸣，保持足够的风险意识，而风险管理在期刊经营管理者的日常工作中占有很大位置，俗话说，"预则立，不预则废"，只有做好期刊风险管理，才能高枕无忧。

3.期刊经营风险管理理念　既然期刊经营风险无时不在，就要客观面对风险，接受风险挑战，俗话说，风险与机遇并存，在某种意义上说，经营风险越大，机会就越大，单纯怕风险也就寸步难行，很难取得大的经营效益，其关键是要控制和管理好经营风险，正确运用风险识别、风险评估、风险预测、风险控制、风险转移、风险评价和风险自留等经营风险管理方法。因此，风险偏好和风险承受度也是期刊经营风险管理的重要内容，也就是说要勇于承担风险，这就是风险偏好，它是期刊经营中希望承受的风险范围和可接受程度，这就是说，在期刊经营中或经营项目实施中，期刊经营者希望承担什么风险和承担多大风险，它涉及风险承受度。一般认为，期刊经营风险是灾难，是可怕的事情，而缺乏其具有的两重性的特点，经营风险总是与经营机遇共存，而期刊经营风险管理就是要在机遇与风险中寻求平衡点，以实现经营价值和经营效益最大化的目标。

二、期刊风险管理原理

实际上，在现实生活和社会活动中，风险是固有的，而且无时无处不在。所谓风险管理是各经济、社会单位在对其生产、生活中的风险进行识别、估测、评价的基础上，优化组合各种风险管理技术，对风险实施有效的控制，妥善处理风险所致的结果，以期以最小的成本达到最大安全保障的过程。

1.期刊经营风险基本原理　在现实生产活动和生活中，各种风险因素越来越多，无论是期刊或企业，还是家庭，都日益认识到进行风险管理的必要性和迫切性。人们想出种种办法来对付风险因素，但无论采用何种方法，风险管理的一条基本原则是以最小的成本获得最大的保障。风险管理组织通过识别风险、分析风险、评价风险，在此基础上优化组合各种风险管理技术，对风险实施有效控制和妥善处理风险所致损失的后果，期望达到以最少的成本获得最大安全保障的目标。即运用系统论的观点和方法研究风险与环境之间的关系，运用安全系统工程理论和分析方法辨识危险源，评价风险，然后根据成本效益分析，针对用人单位所存在的风险，做出客观而科学的决策，以确定处理风险的最佳方案。

在风险管理理论上，以客观实体派和主观建构派为代表的有关风险与风险管理的理论，并以风险控制和管理风险为起源和发展演进，同时，结合现代风险与风险管理的发展与创新，以实质性风险，如财务风险、人文风险的演变路径，从全方位风险与管理理论及性质的视角，完善了实质性风险控制、财务风险控制、人文风险管理和人为风险控制的基本原理和观点。

2.控制论原理　对控制论的基本概念或定义，一般认为是改善某些受控对象的功能或发展，其中需要获得和使用信息，以信息为基础而作用于受控对象，称其为控制。由此可见，控制的基础是信息。而信息获取、信息转换、信息传递都是为了控制，也就是说，任何控制的实现都有赖于信息传递和信息反馈。而信息反馈是控制论的重要基础，它是指由控制系统将信息输送出去，同时又把作用结果反馈回来，并对信息再输出产生影响和制约作用，以利达到预期控制目标。

控制论作为"老三论"之一的方法论，也同样可以运用到期刊经营风险控制中和编辑活动中，用于指导期刊经营风险的控制与管理活动。控制论其实就是研究人类或机器内部控制与通信的一般规律的科学，它重点研究和关注过程中的数学关系。其侧重点是分析各类系统的控制原理、信息转换、反馈调节等，它横跨人类工程学、控制工程学、计算机工程学、通信工程学、心理学、数学、生理学、神经生理学、社会科学和逻辑学等交叉学科。

维纳在创立控制论时曾指出，创立控制论的目的在于创造一种技术，为人类提供有效研究一般控制与通信的技术问题，同时，也探寻一套思想和技术方法，以利于为通信与控制问题找到方法论基础，也为各种特殊表现事物提供一般概念和分类。的确如此，控制论自提出以来，它作为交叉性和方法论，为其他相关领域的研究和应用实践提供了一整套思想和技术方法路径，以致在实际应用中派生出很多边缘学科，如生物控制论、神经控制论、工程控制论、经济控制论、社会控制论等，其应用领域比较广泛。特别是在管理科学领域，控制论的应用更是一个重要领域，最初人们对控制论的认识还是来源于管理领域，难怪有人解释，管理就是控制，控制就是管理。因此，用控制论的原理和方法分析期刊经营风险的控制与管理过程，更有利于揭示期刊经营风险控制的原理和本质规律。

从控制系统的主要特征可以看出，用控制论思想和方法来考察期刊经营风险的管理或控制系统，可以认为，期刊经营风险的管理系统其实就是典型的控制系统。期刊经营风险管理控制过程，在其本质上与工程控制、通信控制、生物控制、神经控制系统完全一样，都是通过信息传递和信息反馈来揭示风险控制的成效与标准之间的差，同时不断实施校正和控制误差，使控制系统保持稳定状态，保证达到预期控制的目标。所以，根据这一基本原理和理论，其控制论的思想、观点、原理和方法也适合期刊经营风险中的分析与管理控制。

3.期刊经营管理相关原理　在期刊经营风险控制或管理的相关原理方面，还有多米诺骨牌原理，这是海因里希（H.W.Heinrich）在研究了20世纪20年代发生在美国的许多工业事故中，发现其中80%的意外事故是工人的不安全行为导致的，而其余的是其他因素造成的。海因里希把意外事故的发生图解为一系列因素的连续作用，由此提出了著名的多米诺骨牌原理。该原理认为，在社会实践活动中损失控制应重视人为因素管理，即应加强企业生产安全规章制度的建设与完善，加强对员工的安全知识和安全意识教育，以利于杜绝容易造成事故的不良行为。再有就是能量破坏释放原理：20世纪70年代，美国学者哈顿（W.Haddon）提出了能量破坏释放理论。哈顿认为，人员或财产损失基本上是能量意外破坏性释放的后果，如车祸、火灾、飓风等。该理论认为，在社会实践活动中，其损失控制应重视机械和物的因素管理，即为员工创造一个更为安全的物质环境。为了预防和减少意外风险的发生，哈顿还提出了多种控制能量破坏性释放的策略或措施。能量意外释放理论主要从事故发生的物理本质出发，来阐述事故或风险发生的连锁过程。在管理实践中，因为管理者失误而引发的人的不安全行为和物质不安全状态及相互作用，而导致非正常或危险物质能量的释放，由此将能量转移到人体、设施，以致造成重大人员伤亡或财产损失的巨大风险，这类事故或风险可以通过减少能量和加强屏蔽予以预防、评估和预测。因为人们在企业生产和社会实践中不可能缺少各种能量，但由于某种因素失去控制，就会蕴含风险，甚至发生能量违背人的意愿而意外释放或逸出，使社会实践活动中面临各种风险，因而容易发生重大事故风险，以致造成人员伤害或财产损失。因此，期刊的经营风险来自各个方面，任何方面经营风险的发生都会给期刊经营效益带来难以估量的损失，在经营实践中对各种可能发生和潜在风险实施预测分析、评估和有效管理与控制，是期刊经营的重要前提。

第二节　医学期刊经营风险的构成因素

在医学期刊编辑出版与经营风险的形成因素中，一般有内在因素和外在因素，有人为因素，也有自然因素，有可抗拒的因素，也有不可抗拒的因素。而期刊风险管理与控制的重点就是要把握风险形成的各种因素，准确分析和预测风险发生的要素，以利于准确控制风险发生的可能性和程度，并实施具有针对性的期刊风险管理、风险控制和风险防范，保证期刊经营的安全性和目标的实现。在医学期刊经营活动和运行中，一般常见的期刊经营风险因素有以下几种。

1. 期刊环境因素　在期刊环境风险因素中有管理因素、人为因素、市场因素等，这些一般可以通过风险预测、风险分析、风险评估加以预防和扭转，把期刊经营风险控制在可以接受的程度。而对于自然灾害、社会与政治危机、经济危机、突发重大公共事件、期刊出版法规政策调整、企业政策法规调整等，这些不确定和不可抗拒的风险因素作为期刊很难予以预测和控制，这要根据风险发生的具体因素做出符合实际的管理和控制。

2. 期刊决策因素　在期刊的经营活动中，期刊的经营决策者或管理者的正确决策，是保证和降低期刊经营风险的重要环节，特别是对重大编辑决策、经营项目或投资项目的决策，若发生决策失误，很有可能造成期刊经营的灭顶之灾。因此，期刊的经营决策活动中蕴含着潜在的决策风险和由此带来的编辑出版及经营损失与危机。为此，期刊经营管理决策者或管理者承担着巨大的决策风险，所以，提高期刊决策质量和水平，重视期刊经营决策的科学化、民主化是避免决策因素造成期刊经营风险的重要措施。

3. 期刊管理因素　管理出效益、出效率、出质量，但管理不善也会出风险、出损失、出危机。因此，科学、规范、程序化和严格的编辑出版管理制度是保证期刊经营效益的前提，也是保证期刊经营安全的基础。在办刊实践中，由于管理不善而造成的期刊经营风险、危机，甚至步履维艰或停刊的屡见不鲜。因编辑制度和编辑出版规范不健全、编辑出版流程设计缺陷和缺失、员工责任不明、财务管理制度不严谨等带来期刊经营风险，而造成期刊经营损失的事例比比皆是。因此，严格编辑出版规范和编辑出版流程，加强制度化、规范化和科学管理，是化解期刊经营风险和抵御风险与危机的重要措施。

4. 期刊规划因素　制订期刊的近期和远期发展规划及发展战略规划，谋求期刊快速健康发展，是避免期刊盲目发展，确保期刊按计划发展的重要措施。任何事业的发展，缺乏计划性、目标性和目的性，甚至违反科学发展观和市场规律，盲目发展，其本身就蕴含着极大的风险性。同时，即使期刊发展和经营具有规划性，其规划的科学性、客观性、可操作性如何，也蕴含着风险性，因为规划的正确与否，特别是对于缺乏科学性和实际的错误规划，难免给期刊发展和经营带来更大的发展风险。

5. 期刊市场因素　在期刊如林的今天，期刊市场竞争激烈，不确定和不可控因素与日俱增，随时受到期刊经营市场风险因素的威胁。例如，由于期刊数字化、网络化的发展等，期刊发行量大幅下降，导致期刊发行收入锐减，同时由于发行量减少，而又导致广告客户投放广告大幅度减少，这给期刊特别是科技期刊经营带来困难，更进一步加大了期刊经营的风险性。因此，正确和客观预测与分析市场因素，把握期刊市场动向，适应期刊市场需要，适时调整应对策略，对期刊经营另辟蹊径，有效控制、转化、降低或化解风险，是科技期刊市场风险管理的重要内容。

6.期刊编辑因素　由于编辑业务素质或责任心不强，发生报道失实，如论文成果、理论方法、结果结论缺乏科学性和真实性，学术造假，科学保密性或政治性编辑错误等，可能造成期刊出版或发行损失，都会直接或间接地给期刊造成不同层面的风险与损失。此外，在出版流程上，由于出版人员失误造成排版、拼版、印刷、装订错误，也会直接给期刊带来风险和损失。

7.期刊财务风险因素　期刊财务风险管理更为重要，其风险管理与控制的质量，直接保证或威胁到期刊经营的安全性。期刊财务风险管理是指经营主体对其理财过程中存在的各种风险进行识别、测量和分析评价，并适时采取及时有效的方法进行风险防范和控制，以经济、合理、可行的方法进行处理，保障期刊财务管理、投资和理财活动的安全正常开展，保证期刊经济利益免受损失的管理过程。

期刊财务风险管理一般是由风险识别、风险预测、风险分析、风险度量和风险控制等环节组成的，其核心是风险的度量问题。期刊财务风险管理的目标是降低财务风险，减少风险损失。因此，在财务风险管理决策时要处理好成本、效益和效率的关系，从最经济合理的角度来处置财务风险，制订科学的期刊财务风险管理对策。风险的动态性决定了期刊财务风险管理也是一个动态的过程。由于期刊社或编辑部内外环境不断变化，加之很多科技期刊编辑部或期刊社没有自己独立的财务管理机构和专业财务会计人员，其中不少科技期刊财务由挂靠单位代管，因此，在财务风险管理计划的实施过程中更缺乏主动性和及时性，应该及时与财务人员保持沟通，掌握期刊财务管理动态变化，适时掌握本刊财务运行状况和风险因素，根据财务风险因素的变化，及时调整财务风险管理方案，对偏离期刊财务风险管理目标和潜在的财务风险及时进行校正与管控，实施有效的风险遏制与管理控制，确保期刊财务运行安全。

第三节　医学期刊经营风险的分类

在期刊经营活动中，其风险来自于多方面，因此，准确把握期刊经营风险的类别，是正确分析、预测和化解风险的基础。

1.期刊战略风险　期刊要谋求发展和可持续发展，制订适合自身发展的战略和策略，是期刊经营制胜的重要措施。但在期刊发展战略的制订中，其发展战略和策略选取的正确与否，直接影响着期刊经营的成败。因此，期刊发展战略的制订和选取，也潜伏着风险和危机，很可能由于对期刊市场缺乏全面和准确的分析，形成盲目投资或盲目发展，造成战略上的失误，因而人为地制造了期刊经营中的风险。

2.期刊目标风险　期刊经营行为的目标性和目的性是客观存在的，没有正确的目标就会失去期刊发展方向。制订期刊合乎实际的发展目标是保证期刊达到预期目的的重要环节，也是期刊能否沿着预定发展方向实现期刊效益的关键。但发展目标制订要客观，并符合发展规律和实际，克服盲目性，否则，其目标中也会蕴含风险，而且在期刊发展目标中要具有阶段性，如近期目标、中期目标、远期目标等，并在其目标制订过程中考虑到实现目标的可操作性、可行性和客观性，量力而为，避免目标制订的盲目性，把目标管理和风险管理纳入整体期刊发展中并加以分析和考察。

3.期刊规范风险 在期刊出版和经营中，对编辑出版规范、相关法律法规的执行和遵守程度决定了期刊规范风险的程度，违反编辑出版规范或违法经营是要付出成本的。因此，期刊在经营过程中也蕴含着规范和法律风险，如违反期刊出版法律法规和规范，有可能被主管部门查处或惩罚，造成期刊出版和经营损失。在期刊广告经营中违反广告法和有关规定，特别是医药卫生广告，除了广告法的约束外，国家对药品、医疗器械等广告发布还有不同的专门条例加以规定，忽视这些法规要求，很可能造成广告违法而受到法律追究，承担法律风险，并支付巨大的违规成本。特别是期刊转企改制后，期刊具有《企业法人营业执照》和《广告经营许可证》成为相对独立的企业法人，期刊经营权利和自由度增大的同时，也意味着期刊法律责任和社会责任负荷加大，法律风险也与日俱增。

4.期刊出版风险 期刊编辑出版风险主要来自于违反编辑出版流程或编辑规范，造成编辑出版事故或差错。如由于重大编辑或出版错误造成当期杂志延误出版、影响和延误正常发行，甚至由于重大编辑错误造成期刊作废而重新印刷等，这些都可直接或间接地造成不同程度的经济损失，因而构成了期刊编辑出版的风险性。

5.期刊信誉风险 期刊在经营活动中，合作经营、广告代理经营、承包经营、项目合作等，是期刊经营中经常采用的经营策略和经营模式，实施合作经营，可弥补期刊自身经营资源和优势的有限性，有效提高期刊的经营效益，达到互惠互利、合作共赢的效果。但这种经营形式也存在着很大的风险性，其中最常见的是信誉风险，如合作方不信守承诺、违约、不履行合同、欠账不还等，形成期刊经营信誉风险，这会给期刊造成重大经济损失。期刊本身也可因缺乏信誉，不讲诚信，不履行合同成为被告，而支付法律成本和付出失信成本。

6.期刊财务风险 是指在各项财务运行过程中，受各种不确定因素的影响，使期刊财务收益与预期收益发生偏离，因而具有蒙受经济损失的可能性和风险性，其中包括：

（1）期刊筹资风险：是指狭义的财务风险，即到期无法偿还本金和偿付资本成本的可能性；期刊筹资风险分为现金性筹资风险与收支性筹资风险。前者指期刊在特定的时点上，现金流出量超出现金流入量导致到期不能如期偿还债务本息的风险；而后者是指期刊收不抵支而发生亏损，因而造成期刊不能到期偿债以致无法经营运行的风险。

（2）期刊投资风险：是指由于不确定因素而无法取得期望投资报酬的可能性。期刊投资风险是所有财务风险的主导，其原因有投资结构风险、投资项目风险、投资组合风险。例如，期刊延伸经营，拓展与期刊相关的经营项目，特别是投资科研项目、会展活动、开发或推广科技成果等，一般都需要先期人力、物力和财力的投入，这些项目本身就存在着许多不确定因素和不可控因素，其风险性是必然存在的，这就需要对投资项目实施全面而科学评估，论证投资的必要性和可行性，并预测其风险程度和对风险的可接受程度。

（3）期刊资金回收风险：是指投入的本金经过期刊经营过程后，不能回到投资源点的风险或未达到投资预期目的和效益的风险。例如，广告代理费、期刊发行收入等，由于各种原因其资金不能按期如数回流，构成资金回收风险。

（4）期刊收益分配风险：合理确定的期刊收益分配率，综合考虑期刊外部筹资风险和收益分配风险，使总风险控制在合理范围内，合理安排好期刊的利润和流动资金，结合期刊的偿债能力，确定期刊收益分配率的大小，切忌吃光花光、入不敷出的盲目行为，以免给期刊经营带来风险。

7.期刊人力风险　随着期刊体制改革进程的加快，期刊转企改制已势不可挡，期刊用工体制和职工身份的改变，用工风险由以往国家承担转移到期刊自身承担，而且期刊用工风险性不断加大。

（1）用工成本加大：以往事业编制成本由国家承担，转企后由期刊承担，其工资支付、各种保险金支付、各种福利支出甚至医疗费用支出等，都落到了期刊社的肩上，这就极大地加大了期刊人力风险的程度，也给期刊实施人力风险控制增加了难度。

（2）员工风险加大：职工发生大病、意外事故等，也都由期刊自身承担风险，职工的一个大病或意外事故就有可能拖垮一个期刊的经济状况，甚至使期刊财务举步维艰。

（3）期刊用工法律风险：期刊用工要严格遵守劳动法和劳动合同法等，否则期刊就会违法，承担相应的法律成本和法律风险。

第四节　医学期刊经营风险管理与控制分析

期刊风险的有效管理与控制首先来源于对风险的正确预测，应分析风险发生的可能性和损失程度，采取相应规避风险的措施，并做好自留风险或难以规避风险的自我消化和自我承受的心理准备。

1.期刊风险识别　是用经验、感知、判断或归类的方法对现实的和潜在的期刊经营风险性质进行识别的过程。期刊经营风险识别是风险管理的基础，只有在正确识别出自身所面临风险的前提下，期刊经营者或决策者才能主动选择有效方法进行风险管理与控制。在科技期刊经营中其潜在的风险具有多样性，既有当前的也有潜在于未来的风险，有内部的也有外部的风险，有静态的也有动态的风险。而期刊风险的识别就是要从错综复杂的经营环境中找出或预测出可能发生的主要风险。期刊风险识别可以通过感性认识、经营经验、经营指标、财务数据报表实施判断，同时也可通过对各种客观资料、数据、市场趋势和风险案例加以分析、归纳和整理，从而找出各种显性和潜在性风险损失发生的规律。期刊风险识别的方法有多种，如期刊编辑出版流程图分析法、期刊经营项目分析法、期刊财务报表分析法、期刊成本-效益分析法等。

2.期刊风险评估　是在期刊风险识别和分析的前提下，对期刊可能发生风险的可能性、程度、损失、预期、可承受能力等实施量化分析的过程。期刊风险评估可采用定性评估和定量评估方法，如知识分析方法、基于模型分析方法、定性分析和定量分析方法等，其目的都是找出风险对期刊运营的影响程度，最大限度地挽回损失，保证期刊经营效益目标的实现。

3.期刊风险预防　是指对期刊可能发生的风险事先采取必要防范措施，控制风险或避免风险的发生，以降低风险所造成损失的程度。首先，期刊经营者要对编辑出版流程和期刊经营的各个环节发生风险的可能性有清醒认识和预测，对重大经营投资项目、合作项目具有风险分析和评估，以利采取预防风险发生的有效措施，控制和防范风险的发生，做到未雨绸缪。

4.期刊风险回避　是指主动合理，并最大限度地避开风险损失发生的可能性，采取有效手段和措施以巧妙地绕开风险。在期刊经营活动中，其风险性是必然存在的，可以说，任何经营活动都具有风险性，因此，充分认识风险、勇于冒风险、敢于承担风险、有效规避风险，是期刊经营制胜的必备要素和素质。特别是对风险性大的经营投资项目、经营活动、经营合作项目等，要对其潜在风险和暴露风险实施分析，权衡风险利弊和损失程度，实施必要的风险回避策略，以保证经营效益的安全性。

5.期刊风险自留　自留风险或称风险承受，是指期刊理性或非理性的主动承担的风险。众所周知，任何经营活动都具有风险性，有大风险也有小风险，有潜在风险也有暴露风险，有可回避风险，也有不可回避风险。在期刊经营活动中，有些风险可以回避、舍弃或转移，而有些风险是必须自我承担，只有敢于和善于承担风险，甚至冒风险，才能赢得期刊经营的主动权和效益。

6.期刊风险转移　是指通过某种措施和安排，合理而巧妙地把期刊经营中所面临的风险全部或部分转移给其他能承受风险的一方，使期刊本身的风险降低到最低程度。例如，期刊广告经营中具有诸多风险，如广告违法承担的法律风险，广告经营需要投入的人力、物力、财力风险，广告客户违约拒付风险，广告营销攻关投入风险等，如何减少这些麻烦和避免风险，又弥补自我营销资源不足的缺陷，可寻求专业广告公司实施代理，借助专业公司的资源和优势，实施必要的"借势"经营，用合同的形式实施约定，将期刊广告经营风险实施合理转移，最大限度地控制期刊经营风险的发生。但是，这种合作形式在转移风险的同时，期刊又面临着合作方的信誉风险，这在合作经营或代理经营中应该有清醒的认识和控制。

第五节　医学期刊经营风险控制方法

在期刊编辑出版与经营活动中，能够有效实施期刊经营风险管理与控制，是保证期刊经营安全和实现预期目标的关键，是期刊经营管理的核心内容，也是期刊管理者的重要工作。

1.期刊科学民主决策控制　因决策失误造成的风险和重大损失的例子比比皆是，期刊经营决策也是如此，其决策正确与否，直接影响期刊发展的成效，甚至重大决策失误会给期刊发展带来灭顶之灾。因此，加强期刊决策质量控制，是预防和控制期刊风险的重要手段。在期刊决策控制中，重点是坚持科学决策和民主决策，避免仅凭个体兴趣、经验拍脑门决策，要实施科学决策和民主决策。科学决策就是要遵循决策程序，应用决策科学和技术，对重大决策项目实施咨询和论证；民主决策就是对重大项目在决策前广泛征询专家、职工意见。例如，对重大合作项目进行招标、评标、专家评审等，发挥群体智慧的作用，实现期刊决策的最优化。

2. 期刊科学管理控制　　期刊的科学管理就是要实现期刊编辑出版和经营的规范化、制度化、法制化、程序化（流程化）、民主化管理，特别是期刊内部管理制度和编辑出版规范的制定要全覆盖，以健全和完善编辑出版制度和行政管理制度，约束编辑出版和经营人员的行为，避免出现盲区和留有死角，只有强化和实施科学管理才有可能为预防期刊经营风险的发生提供首要防线，保证期刊编辑出版与经营活动的惯性运行。

3. 期刊财务预算控制　　期刊实施全面预算管理就是合理分配期刊资金、实物、资源和人力等，以实现期刊既定的经营战略目标。预算包括期刊经营预算、资本预算、财务预算、筹资预算、项目预算、福利预算等，各项预算的有机组合构成期刊总预算，也就是全面预算。期刊可以通过预算来监控战略目标的实施进度，以助于控制开支，并预测期刊现金流量与利润。特别是期刊的财务预算管理，它是对全年成本、利润、各项开支等做出科学而客观的预测分析，做到财务支出的计划性，以量入为出，有效预测和控制财务风险的发生，保证期刊财务运行的安全性。

4. 期刊社会保险控制　　这是当代企业或个体控制和管理风险的有效途径，也是期刊社或编辑部应当重视的风险管理路径。

（1）期刊职工社会保险控制：就是将期刊人力风险转移给社会保险，期刊合理回避用工所带来的潜在的和显性的风险，使期刊用工无后顾之忧地谋求发展。如按规定给职工在社保中心上"五险一金"，在期刊经济允许的情况下还可以给职工上意外保险、大病保险等，这对于转企改制的期刊是必不可少的措施。

（2）期刊本身保险控制：为转移期刊可能发生的意外风险，增强期刊抵御风险和危机的能力，期刊可实施风险社会化转嫁，如实施期刊财产保险、意外保险等，可有效预防期刊可能发生的突发风险和由此带来的经营运行危机。

5. 期刊经营项目论证控制　　期刊经营项目论证控制，其实就是民主、科学决策的过程和形式。对期刊的经营项目特别是重大投资经营项目、期刊发展规划、合作经营项目等，在启动之前，实施同行专家、评标委员会、职工民主评议，并实施必要的决策咨询、专业咨询、论证、预测分析、市场调研、信誉调查等，对其必要性、可行性和可操作性进行全面论证评估分析。对于期刊的重大合作项目、印刷企业的选择、网络化和数字化出版合作等，可实施公开招标，按照招标法要求和程序实施竞标与评标，由评标委员会专家选择，这是避免期刊重大经营项目盲目性和决策性失误及由此带来各种期刊经营风险损失的重要手段和控制措施。

6. 编辑出版质量控制　　编辑与出版风险的发生，主要来自于编辑、出版和管理人员素质、责任和法规意识、对编辑出版规范和流程的依从性等，因此，提高编辑出版人员的业务素质、政治素质和严格执行编辑出版规范和工作流程，是有效控制编辑出版风险的重要措施。同时，严格执行编辑出版质量控制制度，如出刊前把关制度、编辑交叉审阅制度、校对制度、刊后审读制度、自检制度等，也是控制编辑出版风险的有效方法，但尽量将编辑出版质量控制的关口前移，将"刊后把关，提到刊前预防"

上来，最大限度地控制编辑出版风险发生的可能性和损失，确保期刊编辑出版安全运行。

第六节　医学期刊经营风险的控制策略

在医学期刊经营活动中，其风险是客观存在的，任何期刊或企业都面临内部或外部风险，它会影响期刊或企业目标的实现，因此，期刊管理者或企业管理者必须进行有效的风险管理和控制，才能做到高枕无忧。那么，如何做好期刊或企业风险管理控制呢？其应对策略中，主要有风险规避、风险承担、风险转移、风险转换、风险对冲、风险补偿、风险控制等。

1. 期刊经营风险规避　通过评估、分析和预测期刊经营风险，其风险超出了期刊社或编辑部的风险承受度或承受能力，可以通过放弃或者终止与风险相关的经营活动，以利避免和减轻损失。在期刊经营活动中，采取风险规避的目的，就是将预期可能出现的不利后果通过规避措施加以化解。例如，期刊社或编辑部通过斟酌分析或论证，已表明某个经营项目发生风险的可能性很大，而且又难以承受，并且通过采取措施也很难降低或消减风险，这是期刊管理者可果断放弃或退出经营项目，以利规避不必要的经营风险。

2. 期刊经营风险承担　期刊经营过程中的风险承担是期刊社或编辑部经营承受度之内应承担的风险，期刊经营者在对其效益成本分析和权衡利弊后，对期刊经营项目放弃采取相应控制措施来降低其风险或减轻风险损失，而是明知山有虎，偏向虎山行，主动有意承担必要的经营风险，正所谓"舍不得孩子、套不住狼"，采取承受风险的策略。在采取风险承受时，期刊经营管理层要对所有经营方案进行分析，如果没有其他备选方案，其管理者需要确定对所有可能的风险规避、降低风险和风险承担方法进行分析与权衡，最后下决心承受所有已知风险和潜在风险。但尽管如此，在做好经营风险应对过程中，应对各种风险控制措施进行成本评估，以及经营风险发生的可能性、影响程度和降低风险所带来的效益，选择一种最优化的应对策略。

3. 期刊经营风险转移　是一种转嫁方法，根据经营风险的程度，期刊社或编辑部可以通过合作方式、借势经营的方式，通过合同或非合同的约定形式，将经营风险转嫁或转移给具有承受能力的相关机构共同经营，实现风险共担、利益共享的格局。例如，期刊的人力风险，可以通过保险公司，把编辑员工可能发生的风险，以缴纳保险金或投保的形式，把风险转移或转嫁给保险公司。这是最常用的风险转移形式和风险管理方法。

4. 期刊经营风险转换　是指通过采取某些特殊措施，将期刊经营风险转换成其他风险，促使转换后的经营风险更可控和有效管理，甚至通过风险转换获取其他途径的损失补偿措施。例如，将期刊社购买的债券转换成股票，把债券的风险转换给股票，并可能通过股市带来一定收益。

5. 期刊经营风险对冲　就是通过不同的经营或相关经营项目，承担多种相关经营风险，促使这些相关风险之间发生对冲关系，以利降低或消减经营风险的控制方法。

也可以通过相关经营利润大、风险小的经营项目，具有针对性地对抗或对冲风险损失的一种风险管理策略。

6.期刊经营风险补偿　是指在经营风险损失发生之前，对经营项目承担的风险制订必要的补偿机制或措施，以利提高期刊社或编辑部及员工承担风险的勇气和信心，增强和提高全员的工作热情和士气。这主要用于通过风险转换、风险对冲和风险转移等管理控制手段无法规避的经营风险，是期刊经营活动中不得不承担的风险，在无其他控制措施的情况下，可以采取这种经营风险补偿对策。例如，为了增加和提高期刊广告销售和期刊销售，在鼓励市场营销员工的同时，激励非专业销售员工，如编辑人员，也参与广告和期刊的销售活动，同时，建立相应的激励和奖励机制，对效益显著者给予相应提成奖励，以激发参与经营销售者的积极性和热情。

第27章

医学期刊经营模式与盈利模式及经营方法

期刊既然是商品，也是可以交换的产品，这里就涉及经营和盈利的问题，医学期刊如何经营，如何在取得良好社会效益的同时，努力取得比较好的学术效益和经济效益，以利维持期刊运行和发展，这是办刊者面临的首要问题，也是经常思考和探索的重要命题。

在医学期刊经营活动中，把握正确的经营方法，做好经营模式和盈利模式的准确定位与选择，对期刊的系统经营效果具有决定性的作用。当然，期刊的经营绝不是单纯以盈利为目的的，而是在注重社会效益和学术效益经营的同时，合理兼顾经济效益的经营，以保证期刊的生存与发展。因此，研究和探索期刊的基本经营模式和盈利模式及经营运作模式，根据期刊不同经营体制、机制和实际情况，正确把握期刊经营的切入点和卖点，运用正确的经营模式和经营方法，是做好期刊系统经营的基本前提。

第一节　医学期刊的经营模式

期刊是可以交换的产品，具有商品的一般属性，但又不完全等同于一般商品，而是高层次的精神文化产品。因此，期刊是以内容为主的产品，其经营的主体首先是内容，医学期刊的价值也主要体现在内容上，也就是学术效益。医学期刊只有具备良好的学术效益，才能被学术界和社会认可，获得理想的社会效益，最终赢得读者和作者，从而达到促进和引导读者订阅期刊、促进经营效益和经济效益最大化的目标，也就是说"有了梧桐树不愁凤凰来"。同时，医学期刊作为学术交流平台，应牢固树立学术交流服务的意识和理念，在知识服务和科技创新服务中发挥角色作用，为读者、作者、专业技术人员和相关医药企业提供知识服务，从全方位的学术交流服务中赢得效益。因此，医学期刊基本经营模式应建立为："社会效益经营-学术效益经营-服务效益经营-经济效益经营"模式。这一经营模式中的四个环节不是矛盾的，而是辩证统一的关系，互为因果，相互促进。

1.期刊社会效益的经营　医学期刊的社会效益经营，是其社会功能所决定的，也是医学期刊角色地位所赋予的社会责任。其功能有：

（1）刊载或记载功能：通过发表科研成果和学术思想，记录科研发现和学术发展史的功能。

（2）学术交流功能：通过刊载各类体裁的学术文章，交流学术思想和学术观点，促进学术发展，推进医学科技进步和人民生命类健康。

（3）学术争鸣功能：作为学术交流平台的医学期刊，具有学术平台的功能与特点，通过平台学术争鸣，达到去伪存真的目的，贴近科学真理，促进学术进步和发展。

（4）继续医学教育功能：通过医学期刊学术平台传播新知识、新技术、新理论、新方法和新理念，促进专业技术人员的知识更新，完善知识结构，提高专业学术水平。

（5）科技情报功能：通过期刊快速发表科研成果信息，达到科技情报互通的效果。

（6）学术导向和学术引导功能：通过期刊学术引导和学术导向，引导正确的科研方向和学术发展方向，正确指导临床和科研实践。

（7）学术和科研成果评价功能：对学术论文的同行评议过程，其实就是对科研成果和医学科技人员的评价过程。

（8）发现人才和培养人才功能：医学科技期刊平台是展示科研创新能力和学术水平的舞台，更是发现和培养医学科技人才的阵地，是医学科学家成长的摇篮。

（9）平台交流功能：医学期刊不仅仅是纸版杂志和限于单纯文字，更重要的是学术交流平台的特点和优势，通过期刊平台进行立体学术交流，凝聚专家智慧和专家资源，促进学术资源的有效整合与利用。

（10）桥梁与纽带功能：通过医学期刊凝聚不同专业和不同研究方向的专家学者，发挥期刊纽带和桥梁的作用。医学期刊的这些功能，决定了办刊方针、办刊宗旨和办刊原则必须以追求社会效益为基本准则；以宣传党和国家的医药卫生科技政策和科技工作方针、引导学术潮流、推动科技进步、促进知识创新和繁荣学术交流为基本前提，全面服务于国家科技创新战略，以促进和服务于"健康中国战略规划"为己任。因此，按照中共中央有关文化事业改革的精神，出版业应坚持社会效益第一的原则，避免单纯以经济盈利为目的，脱离办刊方针和办刊宗旨，偏离科技学术期刊的运行轨迹，扭曲科技学术期刊在广大科技工作者心目中的神圣学术形象。所以，办刊人的最高追求是：不仅要将期刊办成社会效益与经济效益完美结合的"双效"期刊，而且要使期刊成为读者和作者都喜爱的"双爱"期刊，并打造精品期刊，创办和培育国内和国际品牌期刊。

医学期刊社会效益的经营，是一个渐进的过程，也是培育期刊文化和积累软实力的过程。要树立以读者和期刊质量为中心，对作者负责，让读者满意的编辑理念，同时又要实施期刊品牌策划和期刊形象策划，打造精品科技期刊，塑造期刊品牌，不断扩大期刊的社会影响力，形成期刊的品牌效应，实现期刊的品牌溢价能力，最大限度地储蓄期刊的无形资产，促进期刊社会效益的最优化。

2. 期刊学术效益的经营　期刊是内容产品，是以内容为主的特殊商品，其内在的学术质量和编辑质量是医学科技期刊生存与发展的基础，学术质量是期刊的生命。医学科技期刊要提高学术效益的经营效果，就必须紧扣学科发展的脉搏，既适时跟踪和反映学科前沿发展动态，又要实施超前编辑策划和超前学术引导，突出期刊的学术导向性和学术引导力，把期刊办成本学科领域的旗帜性领衔期刊，成为本学科或相关学科的学术旗帜。因此，要加强和突出期刊的总体设计，展现编辑思想性和超前性，实施有效的编辑策划和选题策划，坚持"科学性、创新性、实用性、导向性"原则，真正提高期刊的学术权威性，全面反映本学科学术进展，引领学术潮流，真正成为相应学科领域的精品科技期刊和学科旗帜性期刊，在"知识创新工程"、打造"知识创新体系"、服务国家科技创新战略、健康中国战略、科教兴国战略、推进科技进步和经济建设中发挥应有的功能和作用，赢得学术效益。

3.期刊服务效益的经营 医学期刊要形成独特的期刊文化和品牌效应，在读者、作者和广大医药卫生科技人员中牢固树立期刊特有的识别形象，除具有高质量和权威性的学术内容外，还应注重期刊的"软件""软环境"及"软实力"的建设，以人为本，构建和谐的期刊文化，树立期刊的服务意识，真正以读者和作者为中心，一切从读者和作者的实际需要出发，全心全意地服务读者和作者，并从服务国家科技创新和经济建出发，解决读者和作者的实际困难，全方位地为读者和作者提供学术交流服务，增强期刊对读者、作者和专家学者的凝聚力，通过医学科技期刊这一交流平台提高读者和作者的学术、科研、科技创新和实际工作能力，并成为展示其学术研究水平和成果，发现、培育和促进人才成长的舞台、桥梁和纽带。在国家健康战略、国家科技创新战略和经济建设中与知识创新体系建设中找准位置，演好角色。

4.期刊经济效益的经营 医学期刊是通过生产流程产生的可以交换的劳动产品，具有商品的一般属性。因此，它具有经营性和营利性，这也是医学期刊生存与发展的基本保证。但是，商品属性并不是科技期刊的本质属性，其学术性、知识性才是科技期刊的根本属性，它主要是通过知识的传播、交流、转换、存储、服务等来显示其价值。因此，科技期刊经济效益的经营就必须围绕"刊载-传播-交流-评价-培养-存储-转换-服务"不同环节实施经营，激活不同环节要素。同时，医学科技期刊又是一个医学学术交流平台，充分发挥平台的作用和优势实施多元化经营，使期刊的有形资产和无形资产、内部资源和外部资源都有效整合；真正盘活有形资产，激活无形资产，通过多元化的经营方法，使期刊资源的开发和利用最大化，实现医学期刊经济效益的最优化。

第二节 医学期刊的盈利模式

医学期刊同其他报刊一样，在市场经济环境下，同样面临着自我生存与自我发展的现实问题。因此，正确定位医学科技期刊的经营模式，找准期刊的盈利模式，瞄准期刊盈利卖点，是提高医学期刊经营效果的基本前提。同时，医学期刊的经营和盈利，应坚持以学术引导经营的理念，避免以牺牲期刊的社会声誉为代价的不良经营行为，以保持医学科技期刊的可持续发展。根据医学科技期刊的性质、社会功能和社会责任，其盈利模式应建立为"平面盈利-广告盈利-平台立体盈利-延伸盈利-数字化盈利"模式。从这一模式可以看出，医学期刊的盈利卖点较多，期刊经营的"上游-中游-下游"都具有卖点。上游可源于作者，如按规定收取适当的版面费、稿件处理费、服务性盈利等；中游可源于读者、企业等，如发行销售、广告销售、读者或企业服务性盈利等；下游可源于专业网站、数据库、学术产品、数字化阅读和智能阅读产品精准推送等二次文献开发和利用及延伸服务性盈利，如专题培训、学术研讨会、产品评价会、继续教育、企业客户培训、企业产品推广服务、企业咨询或论证服务等。所以，医学科技期刊经营半径比较宽泛，其盈利卖点较多，这为医学科技期刊的有效经营和可持续发展提供了有利条件。

1.平面广告经营　这是传统的广告经营形式，特指具有国家医药器械主管部门的产品批准文号和国家工商管理部门的广告审查批准文号，在医学期刊上以宣传促销医药产品为主要目的的广告宣传。一般以彩色或黑白图片形式，并附有文字说明，这类广告可直观地介绍和宣传医药企业产品，塑造品牌，达到临床推广和促进产品销售的目的，同时也有宣传医药企业，树立医药企业形象和塑造品牌的作用。在发布医药企业广告的同时，也可以与医药企业合作共同策划，与相应的临床验证性学术性文章或专题讲座同时刊登，可更有效地促进某一新技术或医药产品的推广应用。

2.网络广告经营　随着信息化和网络的发展，医学科技人员的阅读习惯和获取科技信息的途径与手段发生了很大变化。因此，医学科技期刊借助其自身的信息资源和优势，创办期刊网站已比较普遍，并成为专业技术人员最便捷的获取专业知识的重要途径，当然，网络广告也将成为医学科技专业网站或期刊网站广告经营的新形式和增长点。此外，医学期刊发行也可以与网络实施捆绑式销售，激励读者订阅期刊和登录网站。

3.期刊发行经营　期刊发行是经营中的重点，因为只有期刊发行量上升，拥有大量读者群，才更有利于广告经营和其他经营，可以想象，一个没有发行量和拥有读者群的期刊何以赢得经营效益。因此，医学科技期刊经营的首要硬指标就是提高发行量，最大限度地占有目标读者。其销售的形式或路径主要有以下几点：

（1）邮局发行销售：是通过报刊局实施的发行，是多年来我国期刊销售的重要发行模式和主渠道。它具有覆盖面广、配送准确及时和便捷的特点，是医学期刊最常采用的传统发行途径，也是医学期刊发行销售的主渠道。因邮局发行要拿走很大比例的利润，所以，邮局发行其缺点是期刊本身利润率相对较低。

（2）自办发行销售：特指由编辑部或杂志社自身组织的发行，如零售发行、大宗发行、代理发行、会员制发行、捆绑式发行等，是对发行主渠道的补充，特别是大宗发行，可灵活运用优惠销售策略促进发行，具有利润相对较高的特点。

（3）单行本销售：这是指将已发表的某一篇或数篇文章制作成单册销售，是目前医学类期刊常用的发行销售和盈利形式，也是当前发行销售的新增长点。

（4）增刊销售：这是指对某一重点学术内容选题或专题，策划组织出版的不定期增刊，并且在特定范围内组织销售，也是医学期刊发行销售的有效形式。但其选题要具有新意，抓住学科发展中的难点、热点和焦点课题及读者需要，以赢得读者和激发订阅欲望。

4.期刊文献经营　对过刊文献实施二次开发或三次开发经营，发挥文献的学术价值，制作成不同的"学术产品"，满足不同专家学者对文献的需求。其主要形式有以下途径：

（1）光盘版销售：是指将过刊或当年文献制作成光盘版销售，便于个人文献收藏和查阅，是学术产品销售的新形式。

（2）网络版销售：是指期刊网络站开发的网络杂志，读者可随时登录网站查阅文献，也可以与纸制版捆绑销售，是目前医学科技期刊销售的新形式，也是国际上普遍采用的科技期刊经营方式。

（3）数据库销售：将期刊文献制作成数据库或与专业数据库合作实施文献开发利用。

（4）数字阅读和智能阅读产品推送：通过数字化新媒体技术，将学术文献资源实施再创造和翻新，对读者实施数字化产品、智能阅读产品的精准阅读推送和智能化服务，同时，可以实施医药广告产品的精准推送服务，医学期刊通过现代服务手段获取服务利益。

（5）医学期刊文献特色开发和利用：将期刊已发表有特色的文献进行重新组织和开发利用，如对多年有特色栏目发表的文章进行分类重组，开发制作成不同形式和专题的"学术产品"实施再开发利用。例如，医学类期刊的"病理讨论""疑难病例分析""病例报告""专家讲座""继续教育"等栏目文章汇编成专著出版发行，如编辑成《临床疑难病理解析》《临床疑难病例诊断》《临床罕见疾病》等专著或数据库，都是临床迫切需要的热点选题，对提高临床诊治水平和人才培养都将发挥重要作用。

5. 版权合作经营　版权是医学科技期刊重要资源，合理开发和利用版权资源优势，实施版权合作经营，如将过刊文献版权转让或合做出版不同形式的文献；对医学期刊相关内容的出版权转让给经营单位或出版单位进行再开发经营，也可以实施期刊数据库版权的有赏转让，自主开发或合作开发经营等。

6. 双向经营　是指学术期刊向作者提供刊文服务和向读者提供产品（刊物）。刊文服务即根据学术期刊出版成本为核算基础的有偿发表服务，即根据国际惯例和国家有关部门规定，在正式学术期刊发表论文按所占版面收取一定的版面费，以弥补办刊经费不足的困难，这是目前国内外学术界均认同的做法。

（1）作者版面费：作者的论文经评审或同行评审符合发表条件和要求，根据所占版面多少适当收取一定的版面费，一般由作者单位从其科研经费或课题中报销。但对于个人支付有困难时编辑部应予以减免，以保证优秀论文的正常发表。当然，有的医学科技期刊免收版面费，应予以鼓励免收，以利吸引作者来稿，这需要根据医学期刊的实际情况而定。

（2）企业版面费：以学术性文章为表现形式或以文字性介绍为主，但其中对企业某一产品具有较强的正面评价"宣传"作用，如对某一药物的"临床多中心研究""医药产品的临床评价""新技术或产品介绍"等，其版面费收取应高于普通作者。也可以与企业沟通，请企业在自愿的基础上制作单行本赠送客户。

（3）审稿费收取：是指作者在投稿时按期刊规定缴纳适当的稿件处理费，以弥补期刊稿件评审费用支出的成本费用。当然，也有不少医学期刊免收，这是应当鼓励的做法，以尽量减少作者负担。

7. 栏目合作经营　是指与企业或其他科研单位合作，根据实际需要合作开办特色栏目，专门刊登相关特定内容的文章。也可以用医药企业名称冠名栏目或协办栏目，如"罗氏诊断专栏""辉瑞制药专栏"或以某一新产品冠名栏目，以提高医药企业或产品知名度，促进企业发展。但此类栏目内容必须坚持学术性、科学性、实用性、客观性和真实性这一基本原则，做好利益冲突的控制，保持编辑和学术的独立性，支持的医药企业不可以参与或左右其学术文章的录用与发表，必须经过同行专家评审后刊登；

此外，如果刊登论著类文章，还必须坚持科学性、创新性、实用性和严谨性原则，坚持其严格评审程序，以保证学术质量不受影响，避免扭曲医学科技期刊的学术形象。

8.合作办刊经营　医药企业或科研院校，为提高其知名度，彰显其科研或经济实力，可冠名参与协助办刊或支持办刊，为医学期刊提供适当的经费支持，以弥补办刊经费不足的困难。但合作单位不可参与编辑活动和稿件的编辑决策程序，无论是合作的医学科研单位，还是医药企业推荐或提供的研究论文，都必须进行同行审稿程序，编辑部必须坚持学术自主权的原则，坚持编辑的独立性，以免被协办者操控，失去公正性和办刊原则，影响期刊的学术质量和声誉。

9.学术合作经营　医药企业或科研实体与期刊开展联合征文或有奖征文，可有针对性地集中总结某一技术、学术或产品的临床应用效果和经验，促进相关技术或医药产品、科技成果的推广和同行认可。

10.品牌延伸经营　发挥医学期刊的品牌优势，实施期刊品牌的延伸服务，可借助专业媒体平台，调动其专家资源，提供专业化技术或学术咨询服务，为读者、作者、医药企业提供相关学术服务，并坚持以学术为引导，从而起到宣传技术或产品、促进市场推广和科技成果转化、扩大医药企业知名度的作用。

（1）专题培训或继续教育培训：结合读者和作者需要，整合并发挥期刊的专家资源和智力资源，举办面对不同对象和专题的培训办，对专业技术人员进行继续教育培训。

（2）新产品发布会：为医药企业策划和组织召开"医药企业新闻发布会""新产品上市会"等，并通过医学期刊的权威性和传媒功能，形成专业传播效应，使医药企业产品宣传达到事半功倍的效果。

（3）市场定位与推广服务：发挥医学期刊的学术影响力及跨地区、跨专业、信息畅通、专家荟萃、横向联合的特点和优势，为医药企业提供市场策划，建立目标客户或核心目标客户群，开发和建立销售渠道。并以学术引导和促进医药企业经营，可联合组织召开"专题学术会议""专家座谈会""产品论证会""学术报告会""客户专题培训""医药产品或成果推广会"等形式，为企业培育和拓展市场。

（4）临床评价服务：对医药企业某一产品、科技成果或技术的临床应用效果组织相关领域的专家召开"临床应用评价会"，对其临床应用效果和临床推广价值做出客观评价，并将其评价意见或结果在相关医学期刊上发表，达到引导和促进临床推广的作用。

（5）企业咨询服务：为医药企业组织召开专家咨询会、论证会等，请有关专家为医药企业发展和市场拓展实施专业化市场分析，做出企业诊断，提出医药企业发展策略和发展对策，为提高医药企业的市场竞争能力及经营效益提供经营决策咨询服务。

第三节　医学期刊的经营运作模式

医学期刊的经营效果如何，其运作模式的选择也很重要，是影响医学期刊经营效果的因素之一。医学科技期刊要实现最优化的经营效果，靠单一经营运作模式是难以奏效的，必须实施多元化的运作模式，因此，其基本经营运作模式应建立为："自主经营-借势经营-合作经营-整合经营-延伸经营-平台经营"模式。

1.期刊自主运作经营 编辑部或期刊社靠自己的经营资源、经营资本和经营能力实施自主经营运行，但它需要建立和健全经营运行系统，也就是说，要完成期刊的经营活动，缺少任何环节都是难以顺利完成经营运行的。因此，它具有经营成本高和经营风险大的缺点，同时，也具有经营管理效率高和利润高的特点，但有时受体制、机制、经营资源等诸多因素的制约，难以保证取得理想的经营效果。

2.期刊借势运作经营 由于医学期刊经营资源的局限性，有时单靠期刊社或编辑部的力量难以实现预期的经营效果，必要时可借助社会资源，实行多元化的经营方式或经营手段，对医学期刊广告或发行等实施借势经营，以弥补期刊人力资源和资本有限的局限性。

（1）广告独家代理经营：是指医学期刊的广告经营权完全委托专业广告公司独家经营，编辑部只负责学术和编辑工作，但编辑部要积极予以配合。医学期刊编辑部可在社会上寻求有实力和资源的专业广告公司，进行招投标或竞标。但要认真考察广告公司的资质和信誉度，以保证经营安全，同时其标底要符合医学期刊专业的实际。

（2）广告非独家代理经营：是指广告代理经营权不限于一家，可委托多家代理，多途径为同一个医学期刊实施广告经营，期刊社按实际代理额度支付代理费。这样有利于调动各方面的资源，并且具有经营风险相对较小和效果好的特点。

（3）服务承包经营：将广告和发行全部承包给具有营销实力的专业经营实体运作，编辑部可集中精力作好编辑策划、选题和学术组织工作等，编辑部要积极配合承包者作好经营性选题策划，达到双赢的目的。

（4）期刊二级代理经营：在自主经营的基础上，为提高经营效益，对广告和发行可同时争取二级代理销售。例如，在邮局主渠道发行和自办发行的基础上，可同时寻求二渠道代理发行。

（5）期刊中介经营：在医学期刊广告经营中，可以聘请具有客户资源和营销能力与优势的相关人员，实施兼职营销制度，一般不予编制、不发工资，只是当争取广告销售额时，按一定比例提取中介费。这种营销形式具有经营成本低、风险小、形式灵活的特点。

3.期刊合作运作经营 联合科研院校（所）或学术团体的资源和优势，实施联合办刊，增强期刊的经营实力。也可以与相关著名医药企业和跨国企业及学术机构合作，参与协办期刊或合办期刊，依靠社会或相关企业资本，提升期刊的经营实力。

4.期刊整合运作经营 充分整合医学期刊的有形资产和无形资产、内部资源和外部资源及社会资源，壮大医学期刊的经营资本。例如，在期刊编辑部组织策划下成立由相关企业或科研院校参加的期刊理事会，期刊借助其学术交流平台和强势传媒优势，为医药企业或科研院校提供力所能及的学术交流服务，以及技术或产品推广服务，适当收取会费，达到优势互补、合作共赢的目的。

5.期刊延伸（网上）运作经营 建立医学期刊广告和发行营销网站，开发网上营销平台，实施网上在线订阅在线支付，以简便读者订阅手续。广告在线营销和在线招商，以提高经营效率，扩大营销的覆盖面。

6.期刊平台（个性化）运作经营　随着现代化印刷手段的提高，采用数码印刷技术、智能化编辑出版等，为读者和作者提供个性化服务成为可能，可有效地提高读者和作者对期刊的订购欲望。

（1）期刊会员制发行：为会员提供相应的学术交流、论文发表优先、继续教育、科研能力或科研设计培训等服务，收取会费，赠阅相应学术期刊，促进发行。

（2）期刊个性化服务：为读者或作者实施个性化学术服务，如在期刊的封面适当位置印刷上读者姓名或某某企业赠阅等，鼓励和吸引专业人员及医药企业订阅或赠送客户。还可将作者发表的文章制作成具有个性化特点的单行本，如印刷上作者简介和彩色照片。并可对企业技术或产品具有推广作用的学术文章制作成单行本，同时加印医药企业介绍和医药企业新技术或新产品广告专册，作为医药企业推广资料，可达到互惠互利和事半功倍的效果。

（3）数字产品与智能化阅读产品：利用多媒体、全媒体和智能技术服务，实施精准定向阅读产品的推送服务。

第四节　医学期刊编辑的营销意识

医学期刊的营销具有其特殊性，有别于其他科技期刊的营销策略，其营销方法不尽相同。因此，应根据医学科学不同专业或专科期刊的特点采取不同的市场营销策略或方法，应从读者市场分析、选题策划、销售或营销、宣传推广等环节开展全方位市场定位和营销，把握正确的营销原则与方法。随着新闻出版体制改革的不断深化，期刊出版单位正在逐步成为具有自我发展、面向市场自主开发经营活动的企业法人实体。因此，科技期刊作为特殊商品，要在激烈的市场竞争中求生存、谋发展，就必须融入市场，编辑和市场营销人员必须树立市场经营意识、创新意识和竞争意识。要根据医学科技期刊的特点不断地探索营销方法和手段，充分整合期刊资源优势，实施多元化经营，努力提升期刊的社会效益、学术效益和经济效益。医学科技期刊要实现市场竞争的有效性，其关键是要强化办刊人员的营销意识，实施全员营销，把营销意识融入编辑选题策划，创新营销方法，以提升医学科技期刊的市场竞争力。

市场营销是以顾客需要为出发点，贯穿于编辑出版的全过程，因为期刊产品内容的质量优劣，直接影响着市场的营销效果，同时，应有计划地组织各项经营和推广活动，为顾客提供满意的商品和服务以实现目标过程。其营销意识就是要求期刊市场经营的各个环节都从客户需求出发，期刊的编辑、销售等每一位成员都应熟悉市场、熟悉读者需求、服务读者和客户，以期刊的良好品质、整体形象和服务满足读者和客户，实现为用户服务的最优化和满意度。因此，对医学科技期刊的营销而言，编辑作为其产品的制造者，要努力把期刊办成读者喜爱的产品，办成具有鲜明特色和创新及高质量的产品，这就是期刊营销意识的迁移，而不仅仅是形成产品之后的营销意识。

1.编辑的客户与读者意识　编辑在选题策划和编辑过程中，要始终树立读者和客户意识，编辑出的期刊产品和内容读者是否喜欢，是医学编辑首先要考虑的事情，而不是简单地将期刊按时出版。编辑的读者和客户意识，就是在编辑出版过程中，编辑者要想读者之所想，急读者之所需，自觉地把读者的需求融入编辑活动的全过程的编辑思维形式。对期刊而言，读者就是客户，就是上帝，作为编者就是要不断实施编辑创新，根据读者需求策划选题和组织选题，编辑出让读者喜欢和满意的期刊产品，将期刊不仅办成社会效益、学术效益和经济效益完美结合的期刊，而且要达到读者和作者都喜爱的期刊，将读者意识与客户意识贯穿和渗透到办刊的全过程，真正办成为作者负责、让读者满意、精品优良的品牌期刊产品。

2. 编辑的出版服务意识　在期刊市场化的今天，读者或客户对期刊产品的服务要求越来越高，读者或客户不仅仅是能够读到喜爱的期刊，而且能够提供相应的信息服务。因此，编辑和市场营销人员，都要树立为读者和作者服务的意识，增强和拓展期刊的服务功能，克服以往编辑高高在上、在编辑部坐等读者和作者的传统模式，主动走出编辑部，调查读者需求，深入临床和科研一线，主动选题策划，积极主动约稿组稿，以良好的服务来提高读者和作者的满意度，而且要在开发和培养潜在的读者和客户上下功夫，加大为读者服务的力度，去赢得广大读者的信任，进一步培育和巩固期刊市场。特别是医学院校毕业新走向工作岗位的医务工作者，面临着继续医学教育、专业技术提高和职称晋升的具体情况，是医学期刊的潜在读者群和作者群，编辑应加大对这些目标读者的服务和开发力度，采取学术沙龙、专题继续教育、晋升考试辅导、赠阅和优惠订阅相结合的多种形式，着力培养读者群和培养订户，增强读者忠诚度，不断提高期刊订阅销售。

3. 编辑的期刊品牌意识　期刊品牌是无形资产，也是期刊市场竞争的优势因素。因此，编辑出版者要增强和树立期刊品牌意识，把打造期刊品牌、建设品牌、培育品牌和维护品牌作为期刊编辑出版人员的重要任务。要增强期刊品牌价值观、期刊品牌资源观、期刊品牌权益观、期刊品牌竞争观、期刊品牌维护观、期刊品牌发展观、期刊品牌建设观和期刊品牌战略观；积累品牌资产，整合品牌资源，实施期刊品牌营销，是增强期刊市场竞争能力的关键要素。实施期刊品牌战略，开展品牌经营是科技期刊经营制胜的关键。科技期刊的经营具有不同的发展层面，而品牌经营是期刊经营的高级阶段，也是医学科技期刊发展与经营的最高层面。创建品牌、维护品牌、宣传品牌、营销品牌、发展品牌始终是医学科技期刊肩负的重要任务和期刊经营的重点。

（1）期刊品牌的培育意识：经济时代的来临，也必将伴随品牌时代的来临。在品牌时代，以生产者为中心的推销理念已经不适应开放性市场经济的要求，取而代之的是以消费者为中心的营销理念，在医学科技期刊如林与竞争激烈的今天，谁拥有了期刊品牌，谁就能赢得期刊经营与发展的主动权，缺乏品牌的医学科技期刊很难在市场中长期生存与发展。因此，医学科技期刊要求生存、谋发展，就必须创立自己的强势品牌，做到明确定位、精心选题，办出具有高质量内容、有特色和学术影响力的期刊。

（2）期刊品牌的维护意识：期刊品牌维护，是医学期刊针对外部环境变化给品牌带来的影响所进行的维护品牌形象、保持品牌的市场地位和品牌价值的一系列活动的统称。期刊品牌作为期刊的重要资产，其市场竞争力和品牌的价值来之不易，期刊品牌的创立是发挥品牌效用的基础，期刊品牌的有效维护可为品牌发挥效用提供可靠保障。期刊品牌维护有利于巩固品牌的市场地位、期刊品牌知名度、期刊品牌美誉度，有助于保持和增强品牌的生命力，并有助于期刊品牌影响力和品牌价值的提升；不断对期刊品牌进行维护以满足市场和读者的需求，使医学期刊能够在激烈的市场竞争中不断保持竞争力。

（3）期刊品牌宣传意识：俗话说，"好酒也怕巷子深"。再好的期刊品牌产品如果没有营销宣传，也很难做到人尽皆知。医学科技期刊要充分利用多媒体及各种学术会议有针对性地进行宣传，如利用各种学术会议、专业培训班等机会，塑造和宣传期刊，扩大医学期刊的影响力，促进医学期刊的营销。

（4）期刊品牌发展意识：期刊品牌发展意识主要是指期刊要牢固树立发展品牌、不断完善期刊品牌，实施期刊品牌的延伸，以利于不断提高期刊品牌的市场形象和期刊品牌竞争力，使期刊品牌的内在价值得到充分的发挥。

4.编辑的期刊合规与守法意识　医学科技期刊的经营绝不是单纯以盈利为目的，而是在注重社会效益和学术效益的同时，合理兼顾经济效益的经营，以保证医学科技期刊的生存与发展。期刊营销行为首先应严格遵守相关法律规定，期刊经营和营销的各个环节都要受到法律的约束。因此，医学期刊的经营者要具有法律意识，要依法依规经营，守法经营，诚信经营。

5.编辑的期刊经营创新意识　任何事物不进则退，医学科技期刊的经营活动也是如此。要使医学期刊始终保持其经营活力和经营效益，医学期刊的经营人员必须具有创新意识，不断研究期刊市场、分析读者心理需求，把握学科和学术发展的脉搏，适应读者不断增长的需要，创新和调整期刊经营策略和经营方法，把办刊人员的创新意识渗透到编辑出版的全过程，坚持以读者为中心，以期刊内容为重点，全面提升期刊的效益。

第五节　医学期刊经营与营销原则

医学学术期刊的性质、功能和社会地位，决定了其作为科技文化产品的市场经营的基本性质，不仅是反映科研成果及科技创新的载体，也是传播医学科学知识和推动科技进步的重要平台，是以内容为主的科技文化信息产品，肩负着学术交流和促进医学科技发展的双重作用。因此，必须承担科技学术期刊的社会责任，避免单纯以盈利为目的，而扭曲医学科技学术期刊的功能，违背办刊方针和办刊宗旨。因此，在期刊市场经营和营销活动中，应坚持和把握正确的经营原则。

1.社会效益与学术效益原则　所谓社会效益是指最大限度地利用有限的资源满足社会和人民日益增长的物质文化需求的目标。它是科技学术期刊效益管理的根本目的和管理目标，是对期刊最佳管理效益的不断追求，要实现最佳的经济效益，同时又争取最佳的社会效益。经济效益是期刊生存发展的前提，而社会效益就是期刊生存与发展的基础；期刊社会效益的根本原则是推进医学科技进步，促进人才的培养，全面提高科学管理水平，满足和服务于人民对科技文化生活水平及促进社会发展所发挥的作用。而学术效益就是医学科技期刊的学术价值、学术质量和其产生的国际或国内的学术影响力。而科技学术期刊的办刊方针和办刊宗旨也决定了必须始终坚持社会效益和学术效益为主的原则，实现社会效益和学术效益的有机统一，由此推动经济效益的进一步提升，这是辩证统一关系和起码的经营逻辑关系。在情况和任何时候都不能以牺牲社会效益和学术效益为代价而换取经济利益，这是期刊的经营者所要追求的根本效益和原则。

2.服务与质量原则 医学科技期刊服务的主要对象就是读者、作者和广大医药卫生科技人员，其服务的手段就是提供医学科技信息服务，满足广大医学科技工作者的需求，其质量包括服务质量和信息产品的质量。因此，要围绕读者作市场，增强服务意识，转变服务态度和服务观念，瞄准目标客户群，实施主动服务和主动公关营销，牢固树立以读者为中心的服务理念，以市场需求和读者需要为标准，才能满足读者需求、赢得读者信赖、提高读者满意度，实现期刊价值，在服务中赢得社会效益和经济效益，全面提高期刊自我生存与自我发展的能力。

3.遵规与守法原则 遵规与守法是期刊经营活动的基本前提，在期刊经营实践中，既要遵守科技学术期刊和编辑出版的相关规定和法律，同时，又要遵守企业经营管理的相关法规，这是保证期刊经营活动成败的基本要求。因此，期刊的编辑人员和市场营销人员，都必须具有期刊经营的法规意识，在期刊经营实践中，做到遵规守法，诚信经营，保证期刊以良好的社会声誉和经营道德，赢得读者、作者和广大医学科技人员的信赖。

第28章

医学期刊商业模式与运营模式

在人类生存的这个地球上具有三大资源，即人力资源、自然（物质）资源和信息资源，而科技期刊是信息资源的重要组成部分。作为信息资源的科技期刊，其基本属性是明确的，那就是具有商品属性。既然是商品，就应该具有其相应的商业模式和盈利模式。特别是在期刊转型和转企改制的当今，在所有的创新中，期刊商业模式的创新是最本源的创新，离开期刊商业模式的设计与创新，其他创新都会失去期刊可持续发展和盈利的前提，这也是对科技期刊传统经营思维模式和观念的突破。因此，医学科技期刊商业模式的优化，已是医学科技期刊竞争和生存发展的最高形态，也决定着期刊企业经营发展的方向。医学科技期刊的商业模式、经营模式、盈利模式和运营运模式，构成了科技期刊整体市场经营的基本模式或经营方法，这是提高我国科技期刊经营效益的基础。

第一节　医学期刊经营的最优化状态

在医学科技期刊经营实践中，其最优化的经营状态和经营效果如果用中国台湾宏碁集团创始人施振荣先生的"微笑曲线理论"来构建的话，其最佳经营效果也应该形成科技期刊经营微笑曲线（图28-1），这是科技期刊经营效益的最优化状态，也是科技期刊经营追求的目标。从图28-1可见，科技期刊经营中要构成满意的微笑曲线，首先应在期刊的附加值上加大资源投入，并且使科技期刊附加值盈利的效益最大化，而不仅仅是出售杂志和广告。首先，其经营的重点在科技期刊的上游，应加大编辑策划和经营策划，开发期刊的各种资源，如期刊的品牌资源、学术平台资源、专家资源、作者资源等；在其下游开发读者，也就是加大营销力度，提高期刊服务质量，培育读者忠诚度。如果忽视上游和下游的投入，只把投入重点放在中游，仅仅满足于编杂志，按时出产品，单纯满足作者的功利目的，其结果必然使微笑曲线倒挂，而形成"苦笑曲线"，这是医学科技期刊经营的低级状态。

如果将医学科技期刊经营的附加值用相对量化比重显示，其最优化经营量化柱状图应该形成以下"期刊盈利微笑曲线"（图28-2）。可见，其上游要在编辑策划与经营策划，如选题策划、经营拓展、期刊品牌培育和品牌延伸经营、市场营销上下功夫，才能在其下游彰显出平面盈利、立体平台盈利、品牌延伸盈利、数字化信息服务盈利、期刊资源整合盈利等盈利点的优势，这才显示出科技期刊的溢价能力。因此，其经营

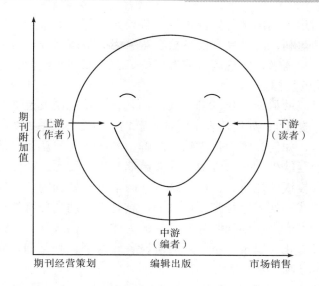

图28-1　医学科技期刊经营微笑曲线

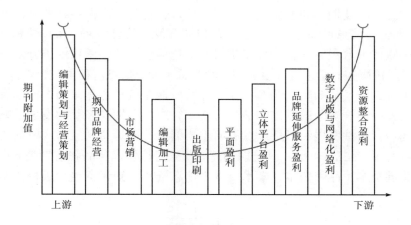

图28-2　医学科技期刊盈利微笑曲线

的重点是在期刊编辑出版的前期，增强期刊附加值的先期研发投入，包括在编辑创新思维和创新思想、人力物力、选题内容和经营策划、提升期刊品牌影响、期刊和学术市场推广等投入上加大力度，在期刊的下游才会产生显著的溢价能力和溢价性，使期刊各个盈利点和盈利环节普遍激活，实现科技期刊最优化的社会效益和经济效益。

第二节　医学期刊商业模式

医学科技期刊的商业模式在期刊整体经营活动中具有统领的地位，既是期刊经营的总体模式，又是期刊经营的顶层战略模式，其他模式都只是实现总体模式的方法和策略模式。期刊商业模式就是要为实现目标读者或客户价值最优化和最大化，把期刊编辑出版企业经营运行的内部与外部资源和各要素实施有效整合，构成一个完整的高效率、高利润、高盈利，而且具有独特核心竞争力的整体商务运行系统，通过最优化形式满足读者或客户需求，实现读者或客户价值，并使期刊经营运行系统实现可持续盈利和效益最大化的目标。

1.期刊商业模式的概念　　仅就商业模式而言，简单地说就是如何赚钱，即谁能付给钱：目标客户（读者）；如何让客户付钱：营销；给客户哪些好处：价值；如何让客户情愿掏钱：服务；如何让客户掏大钱：品牌；如何让客户获得价值：渠道；如何运营：任务；期刊经营缺少什么：资源；谁能给期刊提供资源：合作伙伴；期刊赚钱的手段：学术产品；投钱才能赚钱：成本结构。医学科技期刊的商业模式，简单地说就是期刊通过什么方式和切入路径来赚取利润，它是指以期刊独特的核心竞争力和资源为前提，以期刊学术产品、期刊服务和信息流为体系，在期刊产业链各环节点上能够创造价值和利润最大化，以及在不同发展阶段各要素潜在利益和相应收益利润来源的整体商务运营结构与独立经营模块。

2.期刊商业模式的构建与设计　　期刊不仅仅靠买杂志获取盈利，它还具有较多的其他盈利空间，这是与其他普通商品企业模式的不同之处，也是科技期刊经营的优势所在。因此，科技期刊商业模式的创新与设计，首先要遵循科技期刊的产业链，即"信息采集加工→信息资源存储→信息产品研制开发→信息传输→市场营销→平面学术平台服务→立体平台服务→在线数字化与网络化信息服务→版权维护开发→按需印刷出版→学术评价服务→学术咨询服务→品牌资源延伸→信息流程再造管理"。

3.期刊商业模式的创新　　当今，期刊品牌资源是其核心竞争力，而具有创新性的期刊商业模式是期刊竞争的基础和最高形态，它决定了期刊经营的发展战略和发展方向，是期刊经营良性发展和可持续发展的重要因素，也是期刊经营成败的关键因素之一（图28-3）。由图28-3可见，科技期刊商业模式是以学术产品和信息服务产品为经营卖点，以关键资本（品牌资本、学术资本、信息资本、知识资本、版权资本、金融资

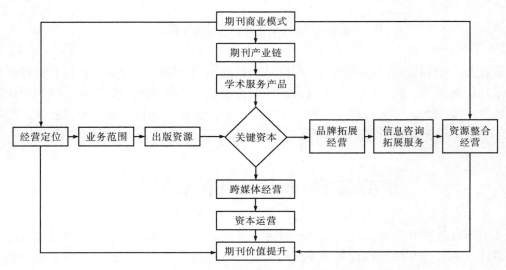

图28-3　医学科技期刊基本商业模式图

本、人才资本）为枢纽，激活和带动期刊产业链各个盈利环节，赢得社会效益和经济效益。当然，这一科技期刊商业模式的设计更适合于期刊的集群化、集团化或云出版单元，对于单一科技期刊，其商业模式可以根据实际情况构建和设计，设计适合自身特点和优势的科技期刊商业模式。

医学科技期刊商业模式设计和构建的原则：社会效益优先原则、目标客户（读者、作者、企业）价值最优化原则、市场化原则、资源整合原则、成本效益控制原则、可持续盈利原则、风险控制原则、经营效率优先原则、经营思路创新原则。

第三节　医学期刊经营模式

期刊经营模式是实现期刊商业模式的策略方法模式，对提高和保证期刊经营效益是不可或缺的措施，它是根据期刊出版企业的经营定位和宗旨，为实现期刊企业所确立的核心价值取向和定位而采取的赢得利润的方式方法，也是期刊出版企业对市场需求所做出反应的方式，这在特定的期刊市场环境下具有特殊意义和有效性。

1. 期刊经营模式的概念　科技期刊经营模式是指期刊依据办刊方针和宗旨，为实现期刊所确认的目标、价值取向和定位，所采取的赢得社会效益和经济效益或赚取利润的经营方式。其中包括期刊为实现价值取向和定位所规定的业务范围，期刊在其产业链的位置，以及在某种定位下实现和创造价值的经营策略及对期刊市场的反应方式。

2. 期刊经营模式构建要素　科技期刊经营模式设计要注重以下几个要素。

（1）具有明确期刊价值取向；因不同体制下的期刊其价值取向是不同的。

（2）具有明确的目标读者群或客户群，特别是核心目标客户。

（3）根据期刊实际，确定期刊业务范围或经营范围。

（4）具备实现期刊价值的经营措施、方法、手段和资源。

由图28-4可见，科技期刊经营模式是以目标客户为前提，也就是如何满足客户的价值取向，以期刊服务产品设计为基础，以期刊学术交流平台为轴心，拉动期刊附加值的经营和盈利的增值，从整个经营模式看，其经营的中轴是以学术为驱动力，也就是以学术推动和引导科技期刊的经营，其经营的主线始终围绕学术交流进行延伸和拓展，而不至于背离科技期刊的办刊宗旨和办刊方针。

3. 期刊经营内容　众所周知，科技期刊是以内容为主的特殊产品，其经营的重点首先是内容，其价值也主要是体现在内容上。同时，科技期刊作为学术交流平台，应树立学术交流服务的意识和理念，为读者、作者、专业技术人员和相关企业提供学术交流和信息咨询服务，为科技工作者提供信息获取方案、科研设计方案、科技攻关解决方案，在知识创新体系中扮演重要角色，期刊从全方位的学术交流和信息服务中赢得效益。因此，科技期刊基本经营模式应构建为"学术效益-社会效益-服务效益-经济效益"的基本效益模式。这一经营效益模式中的4个环节不是矛盾的，而是辩证统一的关系，互为因果，相互促进。

（1）期刊社会效益的经营：期刊的社会功能和作用、办刊方针和办刊宗旨决定了其办刊原则必须以追求社会效益为基本准则；以宣传党和国家科技工作方针、引导学

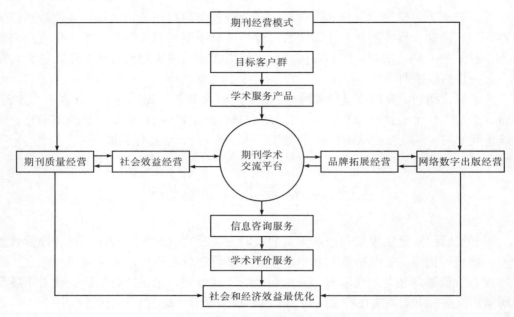

图28-4　医学科技期刊基本经营模式图

术潮流、推动科技进步、促进知识创新和繁荣学术交流为基本前提。因此，科技期刊应坚持社会效益优先的原则，避免单纯以经济利益为终极目的，从而脱离办刊方针和办刊宗旨、偏离科技期刊的运行轨迹、扭曲科技期刊在广大科技工作者心目中的神圣学术形象。科技期刊要树立以读者和期刊质量为中心，对作者负责、让读者满意的编辑理念，同时又要实施期刊品牌策划，塑造和培育精品科技期刊，不断扩大期刊的社会影响力，形成期刊的品牌效应，最大限度地储蓄期刊的无形资产，促进期刊社会效益的最大化。

（2）期刊学术效益的经营：期刊是内容产品，学术质量是期刊的生命。科技期刊要提高学术效益的经营效果，就必须紧跟学科发展的脉搏，适时跟踪和反映学科前沿发展动态，又要实施超前编辑策划和超前学术引导，突出学术导向性，引导学科发展方向和科技工作者的科学活动行为。坚持"科学性、创新性、实用性、导向性"原则，全面反映本学科学术进展，引领学术潮流，成为某一领域的学科旗帜性领衔期刊，在"知识创新工程"、打造"知识创新体系"和推进科技进步中发挥应有的作用。

（3）期刊服务效益的经营：期刊要形成独特的期刊文化和品牌效应，提升软实力，在读者、作者和科技工作者中牢固树立期刊特有识别形象，除具有高质量和权威性的学术内容外，还应注重期刊的"软件"和"软环境"的建设，构建和谐的期刊文化，树立期刊的服务意识和服务理念，不断提供学术信息服务产品，在学术服务中赢得经济效益。通过期刊这一交流平台提高读者和作者的学术、科研、科技创新和实际工作能力，并成为展示其学术研究水平和成果，发现、培育和促进人才成长的平台。

（4）期刊经济效益的经营：期刊是通过生产流程产生的可以交换的学术产品，它具有经营性和营利性。但是，科技期刊的商品属性并不是其本质属性，其学术性、知识性才是科技期刊的根本属性，它主要是通过知识的传播、交流、转换、存储等来显示其价值。因此，科技期刊经济效益的经营就必须围绕"刊载-传播-交流-存储-转换-平台"不同环节实施经营。特别是要充分发挥学术平台的作用和优势，使其内部资源和外部资源都有效整合，通过多元化的经营方法，使期刊资源的开发和利用最大化，实现期刊经济效益的最优化。

第四节　医学期刊盈利模式

医学科技期刊盈利模式也是期刊出版企业经营的核心模式，这一模式构建缺失或缺乏准确性，其他方法模式就无从谈起。期刊的盈利模式是以发现期刊利润区和盈利点为基础，以期刊高利润区和盈利卖点的可持续驻留为目标，探求科技期刊盈利来源、盈利热点、生成环节和过程、产出方式和经营管理控制的系统构架和方法，它是以期刊编辑出版企业资源，包括学术产品、读者或客户资源、专家资源、期刊品牌资源、学科资源、期刊服务、学术咨询和学术交流服务、数字化资源、企业资本等为本源，并非仅仅卖杂志和广告，是期刊资源的系统配置。当然，期刊盈利模式讲究和强调的是方法学、技巧和盈利策略，这是获取效益的基础。

1.期刊盈利模式的概念　科技期刊盈利模式，是指期刊在市场竞争中逐步形成的期刊特有的赖以生存的盈利收入结构、商务结构、业务结构、成本效益构成和相应的目标利润。简单地说，也就是期刊盈利的渠道或赚取利润的卖点和盈利点，以及通过何种形式和渠道来获取利润最大化的方法。

2.期刊盈利模式构建因素　在科技期刊盈利模式的构建和经营实践中，应注重以下几个因素。

（1）期刊利润源：也就是期刊提供的服务产品的购买目标客户（读者、作者、企业等），它们是期刊利润的重要源泉。

（2）期刊利润点：也就是期刊获取利润的卖点，就是明确何处能赚到钱，它的特点是具有明确的客户需求，期刊就是为读者（客户）创造价值和满足需求，这样才能为期刊赢得价值。

（3）期刊利润杠杆：它是期刊学术交流、信息服务和吸引读者（客户）购买的一系列营销活动，包括期刊各种资源投入。

（4）期刊利润屏障：它是指期刊为防止同行恶性竞争或掠夺本刊利润而采取的防卫措施，如期刊品牌保护、目标读者（客户）群维护等，也是期刊资本投入的一部分。

（5）期刊利润核心人物：成功的期刊盈利模式是期刊重要的竞争力之一，它要求具有明确的目标客户组合定位、竞争优势定位、服务产品组合定位，同时还要有实现期刊价值和利润的核心领导者。利润核心人物就是期刊盈利模式的设计者、经营策划者和期刊经营决策者或职业经理人，也就是人的因素，尤其是能直接创造利润的核心人物，这是期刊经营和赢得利润成败的关键，它充分体现了"二八"法则。

3.期刊盈利卖点　期刊盈利模式应该说与其他商品企业盈利模式具有相同之处，首先是以成本效益控制为前提，否则，其盈利点和利润率再高，不能有效地实施成本效益控制，其经营效益和盈利目标也难以实现最优化。同时，科技期刊盈利模式与其他普通商品盈利模式也有不同之处，科技期刊盈利模式中其盈利点较多，具有盈利链的特性（图28-5），它的盈利卖点不仅仅是杂志纸质产品和广告产品的销售，更重要的是期刊附加值开发，这就为期刊的经营效益的优化提供了挖掘空间和盈利空间。尽管如此，其盈利的前提仍然是以成本效益控制为基础，以期刊的核心资源为轴心，驱动和激活期刊的各个盈利点和延伸经营的盈利空间，最大限度地获取期刊经营利润。

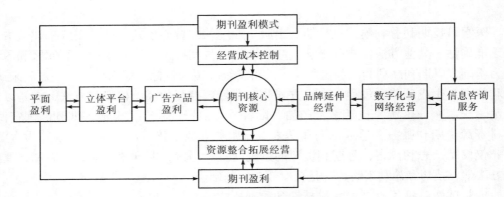

图28-5　医学科技期刊盈利模式图

医学科技期刊的经营和盈利，前提是坚持以学术引导经营，避免以牺牲期刊的社会声誉为代价的不良经营行为，以保持科技期刊的可持续发展。其盈利形式可构建为"平面盈利-立体平台盈利-广告产品盈利-品牌延伸盈利-数字化与网络盈利-信息咨询服务盈利-资源整合拓展盈利"结构。科技期刊的盈利仅靠传统盈利模式是不够的，特别是单靠收取版面费盈利支撑的期刊，是极其危险的。科技期刊要拓展盈利空间，就必须借助期刊的品牌优势和平台优势推出更多的学术服务产品，通过期刊附加值达到理想的盈利目标。

众所周知，企业要盈利必须以核心技术或产品为基础，这是在市场中盈利的主要抓手，期刊也不例外，要取得可持续性的经营效益，就必须不断推出学术服务产品，仅仅靠纸质杂志产品已不能适应科技期刊转型的市场特点，而是需要发挥平台优势，不断推出新的学术服务产品，以满足目标客户的价值需求。

（1）立体平台学术服务产品：借助科技期刊的学术影响力和学术资源，发挥立体平台学术交流的作用，策划组织热点学术选题，组织召开学术会议、专题研讨会、新技术和新产品展览会、企业客户学术交流会，在学术交流服务中获取利润，同时组织重点高水平文章，并达到培育读者和作者队伍、扩大期刊社会和学术影响、培育期刊品牌的多重作用。

（2）资源整合服务产品：企业或科研院校，为提高其知名度，彰显其科研或经济实力，扩大知名度，可署名参与支持期刊，为期刊提供适当的经费支持。但编辑部必须坚持学术自主权和编辑独立性原则，以避免被协办者操控的嫌疑，失去学术公正性和办刊原则，影响期刊学术质量和公信力。

（3）学术服务产品：对过刊文献实施二次开发或三次开发经营，发挥文献的学术价值，制作成不同的学术产品，满足不同专家学者对文献的需求，如光盘版产品、网络版产品、数据库产品等。另外，开发特色文献产品，如专题性和专病性学术产品、"病例（理）讨论产品""疑难病例产品""继续教育产品""临床罕见病例产品"等。

（4）品牌延伸服务产品：发挥期刊的品牌优势，实施期刊品牌的延伸服务，可借助专业媒体平台，调动其专家资源，提供专业化技术或学术咨询服务，为读者、作者、企业提供相关学术服务，从而起到宣传技术或产品、促进市场推广、扩大企业知名度的作用。例如，专题培训服务产品、继续教育服务产品、新产品上市发布服务产品、客户培训服务产品、科研课题或科研基金设立等，期刊以学术服务产品为抓手，在其全方位的服务中获取利润。

（5）数字化和网络化信息服务产品：在纸质平面期刊产品的基础上，适应读者阅读方式和获取信息方法的改变，开发期刊数字化和网络化信息服务产品，为广大科技人员提供更便捷的信息服务，并通过数字化和网络化平台，为科技人员提供医疗、科研、教学、科技攻关等评价和解决方案，在其信息化服务中赢得利润。

（6）信息咨询服务产品：发挥期刊的学术影响力及跨地区、跨专业、信息畅通、专家荟萃、横向联合的特点和优势，为企业提供"市场策划产品、企业咨询服务产品、政府咨询服务产品、专题论证服务产品、决策咨询产品、政府或企业决策论证产品、专题评价服务产品"等咨询服务，发挥期刊智囊团、思想库和外脑的专业智力资源，期刊通过学术咨询服务产品赢得社会认可和获取合法利益。

（7）平面广告服务产品：在科技期刊广告产品中，除传统平面广告产品外，还可以改变广告产品形式，如"组合产品"平面广告配合相应的学术性文章，相互验证，增强科学性；"栏目冠名产品"，以企业名称冠名栏目，培育企业品牌，推广新技术方法；"学术专题产品"开设专题讲座，专门介绍某项先进技术、方法或产品，促进企业科技成果转化，为企业拓展市场提供学术服务，期刊在其学术服务中赚取利润。

（8）数字广告服务产品：科技期刊借助其自身的信息资源和优势，开拓数字化和网络化出版产品，为目标客户提供更便捷的信息服务，这已成为专业技术人员最便捷的获取新技术、新方法和新产品的重要途径，同时开发数字化广告产品，已成为科技期刊盈利的新形式和新的增长点。

（9）版权服务产品：版权是科技期刊重要资源，合理开发和利用版权资源，实施版权合作经营，如将版权转让或合做出版不同文字的文献；对期刊相关内容的出版权转让给经营单位或出版单位进行再开发经营，也可以实施期刊数据库版权的有偿转让，自主开发或合作开发经营等。

（10）个性化服务产品：期刊可为读者、作者、企业提供个性化学术服务产品，如为作者和读者提供特制专有"个性期刊产品"，在期刊的封面印刷上作者或读者姓名、某某企业赠阅、企业标识等个性标识。还可为作者发表的文章制作成具有个性化的精美的"单行本产品"，如印刷上作者简介、彩色照片等。并可对新技术、新方法、新产品等具有推广价值的学术技术资料制作成"个性化版本"，加印企业介绍、宣传性照片等，用个性化服务赚取利润。

（11）其他项目服务产品：科技学术期刊平台的编委资源、专家资源、作者资源、读者资源、信息资源、学术资源是极其丰富的，她是专家与政府、企业与专家、读者与作者、科研与学术、临床与实验室、产品与临床的桥梁与媒介，具有跨学科、跨专业、跨地区、横向联合、纵向辐射的独特优势和社会角色地位，科技学术期刊就是要发挥其不可替代的优势和资源，组织实施科研基金项目攻关研究（社会投资）、技术合作开发、学术咨询论证、科研成果转化、大样本多中心研究、产品市场推广、企业发展诊断等诸多专题服务产品，期刊在服务中赢得利润、扩大影响和培育品牌，这是一举多得，利刊、利国、利民的好事。

第五节　医学期刊运营模式

医学科技期刊运营模式实际上就是所采取的经营形式或经营管理方法，也就是用何种形式或方式实施经营运作，这是打开期刊盈利银库的钥匙，能够准确把握和找到正确的经营运作方式，是期刊出版企业经营活动获取利益最优化的方法学前提。

1.期刊运营模式的概念　科技期刊的运营模式，也就是期刊经营运作所采取的有效措施、手段和运营方式方法，是科技期刊在经营过程中实施的策划、计划方案、组织、措施、方式方法、控制和经营运作过程，它是与期刊产品和服务密切相关的各项经营运行管理的总称。

2.期刊运营方式　医学科技期刊只具有创新性的商业模式、盈利模式等设计是不够的，要实现期刊经营模式设计的目的，达到期刊盈利目标，还必须具有行之有效的经营策略、运作措施，也就是经营运作方法。从图28-6可见，医学科技期刊运营模式首先是在成本-效益分析的基础上，以市场营销策划为轴心，借助多种运作方法来驱动期刊整个市场的运营。这种运营模式的设计，首先基于期刊具体情况，如期刊人力资源、市场经营人才资源、资本实力和经营风险控制等实际情况，在期刊市场营销资源局限的情况下，既要追求利润最大化，又要必须考虑合理转移、规避和控制经营风险，实现既盈利又安全的目标。

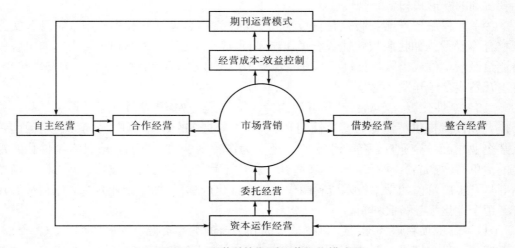

图28-6　医学科技期刊经营运作模式图

由此可见，期刊运营模式的设计和选择至关重要，也是影响期刊经营效果的重要方法学要素之一。科技期刊要实现最优化的经营效果，仅靠单一传统经营运作模式是难以奏效的，有时还必须实施多元化的经营运作方法，实施优势和资源的互补经营。因此，其基本经营运作形式可构建为："自主经营-借势经营-合作经营-委托经营-整合经营-拓展经营"方式。

（1）自主经营：期刊社靠自己的经营资源、经营资本和经营能力实施自主运作，但它需要建立和健全经营运行系统，也就是说，要完成期刊的经营活动，缺少任何环节都是难以顺利完成经营运行的。因此，它具有经营成本高、经营风险大的缺点。但自主经营也具有经营效率高、可控性强的特点，但同时受体制、机制、经营资源等诸多因素的制约，其经营运作难度较大和承担风险也加大。

（2）借势经营：为弥补期刊出版企业经营资源的局限性，有时单靠期刊本身的经营力量和资源是难以实现预期经营效果的，必要时可借助社会资源，实行多元化的经营方式和经营手段，借助其他专业化的资源和优势为我所用，如期刊数字出版的借势合作经营，对期刊广告、发行等实施借势经营。例如，广告独家代理经营、广告非独家代理经营、广告中介经营、独家承包经营、二级代理经营等形式，就是借助社会资源或具有经营实力的能量实施经营。

（3）合作经营：联合科研院校（所）、学术团体、企业、财团的资源和优势，实施联合办刊，增强期刊的经营实力。也可以与相关著名企业和跨国企业及学术机构合作，参与协办期刊，依靠社会力量和资源提升期刊的经营能力。

（4）委托经营：为提高经营效益，实施经营风险规避和转移，期刊可以将市场经营完全委托给具有市场运作经验和资源的企业机构进行市场运作，编辑部只负责学术把关和编辑工作，其特点是有效规避和转移经营风险，成本投入少，但其缺点是利润率低，管理控制难度大，承担的管理风险相对较大。

（5）整合经营：充分整合期刊的有形资产和无形资产，内部资源和外部资源，壮大期刊的经营资本。例如，成立由相关企业或科研院校参加的期刊理事会，期刊借助其学术交流平台和强势传媒优势，为企业或科研院校提供力所能及的学术交流服务，以及技术或产品推广服务，达到优势互补、合作共赢的目的。

第29章

医药卫生期刊广告产品分类与设计方法

医药卫生期刊的广告（医学广告）不仅仅是促进企业产品销售或单纯的"商业行为"，其实也是医药卫生科学进展和学术交流的重要组成部分，是新学术、新技术、新方法、新成果、新产品推广和应用的重要表现形式之一，更是医学科技成果转化和产业化的重要标志，是促进医药卫生科学进步，提高疾病预防、诊断和治疗水平的重要方面。因此，医药卫生期刊的广告是学术和科技成果交流的重要组成部分。广告属于"服务性产品"，期刊实行有赏服务，从广告服务中赢得利润；所以，其广告产品和发布形式应该是多种多样的，而传统的单纯"平面广告"产品难以满足医药卫生企业多元化科技成果临床推广应用和普及的需要。因此，医药卫生期刊必须突破传统的单一"平面广告"产品模式，不断设计开发多元化学术广告产品，为医药卫生企业科技成果推广和转化提供不同形式的广告产品服务，这是提高医药卫生期刊功能和广告经营效果的必要措施。

第一节　医药广告产品的概念

1. 医学期刊广告产品定义　医药广告产品，实际上就是医学期刊为医药企业产品或科技成果转化与临床推广应用所设计出的广告推广手段。主要是通过医学专业学术期刊媒介载体和期刊平台为医药企业提供可供选择的推广促销形式，它以不同形式的医药广告产品形式或途径，向医药卫生专业技术人员推介或介绍医药产品，实现扩大临床推广的目的。这种专业性和学术性很强的医药专业广告产品或广告推介宣传，不仅仅是狭义的商品促销，其中蕴含着学术性、技术性和学术推广、医药卫生科技成果转化、新技术、新方法、新理论、新产品的临床推广服务，因此，医药广告是期刊学术和技术方法的重要专业内容报道之一。作为广义广告是指不以盈利为目的的广告宣传，如公益广告（如政府、政党、宗教、教育、文化、社会团体、企业等方面的公益性宣传广告）。而狭义的广告主要是指以盈利为目的的商品广告推销宣传，如商业广告，主要以推销商品和提供商品相关服务，通过媒体向消费者及用户传播商品信息为手段促进市场推广，从而达到相应市场占有率的目的，以促进商品销售，获取更大利润为目的广告推广行为。

2. 医学期刊广告的学术与文化内涵　实际上，医学期刊广告的内涵不仅是商品的推销，它还是一种科技文化现象和一种经济现象，同时，也是相关企业品牌培育和品牌建设的重要途径与手段；而对于医学广告则更多的是学术现象和科技成果转化现象。国家相关广告法规条例规定，医药器械广告必须在指定的医学科技学术期刊发布，禁止在非指定期刊或公众媒体发布，这说明，医药器械广告具有很强的专业性和学术性，而且面对的是临床专业技术人员的应用，而非公众直接按广告介绍应用于人体，因此，对医药器械广告的审批和发布，都具有严格的系列规定和要求。而医药企业发布广告，其产品必须是经过国家食品药品监督管总局批准，具有国药准字号和广告审批文号才可发布，这是医药广告的特殊性。作为医药企业产品广告推广，特别是临床治疗药物、预防药物、诊断试剂等，其推广不同于普通商品，其疗效和特异性等必须具有大样本多中心临床研究，具有足够的循证依据证明其有效性、安全性、特异性和敏感性等，单靠文字或语言描述其效果，特别是过激语言，如治愈率达到多少等，这在国家医药广告法规条例的规定中是不允许的，也难以让临床医学专业技术人员信服与认可。因此，医药产品的广告推广，必须具有学术作为支撑，以学术推广和用学术带动医药产品的临床推广应用，这是医学广告与普通商品广告的本质区别，也是其广告的学术内涵所在。

3.医药广告产品的多样性 医药器械广告的特殊性，决定了其广告产品的多样性，医学期刊可设计多种形式的广告产品，供医药企业选择，克服以往仅靠单纯"硬广告"（特指刊登彩色或黑白广告片直接介绍商品的广告形式）产品为医药企业推广服务的模式，开发和设计多元化广告推广产品，满足医药企业成果推广服务需求。例如，除了"硬广告"外，还可以设计学术推广产品实施推广宣传，如针对医药企业新技术、新方法、新成果和新产品召开的专题学术研讨会、学术报告会、临床应用有奖征文、客户培训、企业论证和咨询服务、大样本多中心临床研究等学术推广产品，从学术的角度，引导和促进临床推广，这样更具有说服力。

第二节　医药卫生期刊广告产品的分类

医药卫生期刊作为学术交流的平台，是专业化的强势学术传媒载体，它具有很强的学科优势和资源优势，并占有定位准确的目标读者和医药企业的目标客户或核心目标客户，因此，其广告产品的设计开发应结合医药卫生学术期刊的学科特点，设计开发不同形式的广告产品，为医药企业提供更多选择余地。其一般可分为平面广告产品、学术广告产品、立体广告产品、衍生广告产品等。期刊的平面广告产品是单纯以平面图像设计或单纯以文字介绍产品或技术为主的广告形式，这是一类比较传统和常用的广告产品形式，也就是人们常说的"硬广告"。

1.平面广告产品 平面广告是医药卫生期刊多年来传统广告产品，主要以平面图像或加简要文字说明为表现形式。其特点是醒目、直观、展现力较强，能最大强度地吸引读者眼球和注意力，而且设计制作简单，发布灵活，并可以连续多期或多刊重复发布，是以往医药企业选择最多的广告产品。其缺点是学术性不强，广告语言科学依据展示不足，对于逻辑阻力很强的专业技术人员来讲依从性较差。因此，这种广告产品不能完全满足医药企业多元化、多层次的临床推广需要。

2.平面文字广告产品 这类广告产品单纯以文字介绍为主，它以比较充足的数据和临床试验证据全面阐述产品和技术参数、适用范围、疗效、使用方法、副作用、原理等。其特点是内容介绍比较全面，指导性较强；缺点是企业一家之言，并且一般不能重复刊登。

3.单行本产品 对企业产品或技术有推广或宣传作用的学术文章，企业可制作成杂志单行本来作为企业的宣传资料，同时配发企业相关产品平面图像广告，它具有科学性和学术性强、科研设计合理、结论可靠、可信度高、权威性好、同行易于接受的特点，真正做到以学术引导经营，以学术促进科技成果或产品的临床推广和普及。

4.栏目产品 这种广告产品是以企业名称或产品名称冠名栏目，如"辉瑞制药专栏""扬子药业江专栏"等，可以刊登医药企业相关技术或新产品临床与基础研究的学术性文章，通过学术促进医药卫生企业科技成果的转化与临床推广。其特点是学术性和科学性较强，可有效增加企业或产品的知名度，树立医药企业良好的产品和企业形象。这种广告产品也可以是单纯冠名栏目，不一定刊登与企业有关的学术内容，一般标识"本栏目由企业赞助或支持"，以利扩大企业在其目标客户中的良好形象。

5.增刊产品 医药卫生期刊除正常出版以外，就某一研究领域或专题内容组织的临时专刊，对集中总结和推广某一技术成果的临床应用，促进科技成果转化为生产力也具有较好作用。因此，为医药企业科技成果转化集中组织学术文章出版增刊，期刊从学术服务中赢得利润，同时促进学术交流和成果推广。

6.多媒体广告产品 随着数字化、网络化和多媒体出版与阅读方式的发展，期刊在纸版的基础上，各种形式的多媒体出版也应运而生，它具有查阅便捷、收藏空间小、携带方便的特点，备受专业技术人员欢迎，同时也为多媒体广告产品的设计开发提供了新途径，还可以达到精准推送和快速及时推送的目的，这是亟待开发的新领地。

7.网络版广告产品 互联网的发展给人类生活方式、学习方式、信息获取方式、阅读方式和交流方式都带来了革命性变化，人们对其青睐和依赖性达到了极致，医药卫生期刊的网站或网络版期刊也如雨后春笋，给专业技术人员学术交流带来了更加便捷的方式，其阅读、下载或浏览量一般都超过纸版期刊。因此，网络版广告产品的设计开发和营销方兴未艾。

8.新产品发布会产品 为医药企业策划和组织召开"企业新闻发布会""新产品上市发布会"等，并通过医药卫生期刊的权威性和强大的传媒功能与专家资源，借助期刊学术交流平台，形成强大的专业传播效应，使医药企业的科技成果推广达到事半功倍的效果。

9.市场推广会产品 发挥学术期刊的影响力及跨地区、跨专业、信息畅通、专家荟萃、横向联合的特点和优势，利用医学期刊学术平台，为医药企业提供市场策划，建立目标客户或核心目标客户群，开发和建立推广渠道。可为医药企业组织召开"专题学术会议""专家座谈会""产品论证会""学术报告会""专题培训班"等，为企业培育和拓展市场提供专业化服务。

10.临床评价会产品 对医药企业产品或技术的临床应用效果组织相关领域的专家召开"临床应用评价会"，对其临床应用效果和临床推广价值做出客观评价，以利企业改进，并将其评价意见或结果在相关学术期刊上发表，达到正确引导和促进临床推广的作用。

11. 专家咨询会产品 为医药企业组织召开专家咨询会、论证会等，请有关专家为企业发展和市场拓展实施专业化市场分析，做出企业诊断，提出企业发展策略和发展对策，为提高企业的市场竞争能力及经营效益提供决策咨询服务。

12. 优秀论文奖冠名产品 医学期刊与医药企业联合开展地域性或全国优秀论文评奖活动，扩大企业影响，推出企业产品，建立企业自己的目标客户群体，如"罗氏杯优秀论文奖""阳普杯优秀论文奖"等。请本领域的专业人员参与评奖，同时召开颁奖会议，推出企业，打造和弘扬企业文化，蓄积企业无形资产，同时也促进学术研究的发展。

13. 继续教育项目产品 为促进医药企业先进技术成果或产品的临床推广与普及，增强目标医生对产品的忠诚度，可与医药企业共同策划，联合举办继续教育培训项目，对目标客户实施有针对性的专题继续教育培训，实施专题或某一新技术成果的推广与普及，增强同行认同感，促进临床应用，培育牢固的目标客户群，最大限度地占领目标市场。

14. 联合征文产品 医药企业与期刊联合征文或有奖征文，可有针对性地集中总结某一产品的临床应用效果和经验，促进相关产品的推广和同行认可。联合冠名开展某一专业领域的有奖征文活动，促进某一产品的临床推广和应用，如"全国流式细胞仪临床应用有奖征文""全国胃动力药临床应用有奖征文"等，并同时召开全国性专题学术研讨会议，将目标医生整合或凝聚在一起，共同研讨，进一步促进相应产品的推广应用。

第三节 医药卫生期刊广告产品的开发设计原则

医药卫生期刊广告产品涉及疾病的预防、诊断和治疗，关系到人民健康和生命安危，这是医药卫生广告与其他广告宣传的根本区别。因此，医药卫生期刊广告产品的设计与宣传必须坚持科学、客观和实事求是的原则。

1. 遵规守法原则 医药卫生期刊广告产品的设计开发或经营，首先应遵守《广告法》《广告管理条例》《医疗广告管理办法》《广告管理实施细则》等国家有关法律法规，严格避免缺乏科学性和可靠性的宣传，这是医学广告产品设计开发和营销的基本原则。

2. 学术导向原则 医药卫生期刊的任务是学术交流，包括平面交流和立体交流，坚持以严谨的学术和科学精神及科学态度开发广告产品，避免不科学或虚假广告宣传是学术期刊的根本。因此，以学术引导期刊广告产品的开发与经营，是医药卫生期刊开发新的广告产品的基本出发点，这也是学术期刊与大众媒体和大众广告的根本区别。

3. 科学真实原则 医药卫生期刊广告推介的技术成果或产品，一般是用于疾病的预防、诊断和治疗；缺乏科学性或不真实的广告宣传会误导医务工作者，对患者来说生命攸关。因此，医药卫生期刊广告产品的设计开发，特别是诊断产品和治疗性产品的广告推介，其科学性、真实性、客观性、有效性和安全性是医药卫生期刊必须遵守的准则和科学道德标准。

4.成果转化原则　任何科技成果要体现其价值，就必须加强成果转化，通过企业实现科技成果的产业化，将其产品推向市场，用于临床，造福患者，促进经济发展。而广告宣传是拓展市场的重要途径之一。因此，广告产品的设计与开发，要结合企业产品或技术的特点，根据其市场前景分析，协助企业策划设计适合产品推广形式的广告产品，选择能促进成果转化的最佳广告宣传方案。

第四节　医学广告产品设计策略

1.明确目标，量身制作　针对不同医药企业产品特点、企业需求或广告目标客户采取不同的产品设计策略，广告目标客户在特定的时期和范围内要达到的目的不同，其广告推广活动若想取得好的效果，达到医药企业预期目的，就必须具有明确的广告目标。例如，打造医药企业名牌和产品品牌，树立医药企业或产品形象，促进医药产品、新技术、新成果临床推广应用，建立目标客户群等不同目标。医药企业和产品发展阶段不同，其广告目标也具有阶段性和重点，为了达到企业预定的广告目标，在广告产品设计上就要采取与之相适应的设计策略，根据具体的广告目标、需求量身制作和设计相匹配的广告产品，使广告推广效果达到最优化。

2.把握时机，突出重点　应针对医药企业不同的时机突出不同的广告宣传重点，对于新技术、新方法、新的医疗设备或新的治疗药物，从研发到成果转化以至于进入临床应用，再到临床普及占据医药市场，这是一个漫长的发展过程，当然也遵循着与其他商品一样的市场规律和周期。但就医药产品进入临床应用，首先是临床验证期（验证其安全性、疗效、诊断产品的特异性与敏感）、导入期（通过学术推广，让医疗技术人员了解）、成长期（临床应用）、成熟期（临床普及）、衰退期（出现新的替代或同类产品，以至于淘汰）。因此，其广告产品的设计和选择，在不同时期采用不同的广告产品。同时，要注意把握时机，根据时期不同，突出不同重点。

3.瞄准目标客户，满足客户需求　医学期刊应针对不同的广告目标客户和对象采取不同的推广方式，因此，其广告产品的设计要注意与医药企业沟通，分析其所处的时期和医药企业的目的和需求，使其既满足企业需要，又满足不同专业、不同层次医疗技术人员的需求，要瞄准目标客户或核心客户，设计不同层级的广告推广产品，并根据目标客户或核心客户的特点，精心设计相适应或相匹配的广告推广形式，以保证其推广效果。

4.不同产品，不同推广手段　医药广告产品的设计，应有别于其他普通商品，应根据被推广的医药产品的性质和特点，采取不同的推广手段，不同学科专业应用产品，选取相应学科或专业的医学期刊发布与推广，以保证其目标客户与核心客观受众的准确性与集中。例如，大型医疗设备、药品或诊断试剂等，其性质和特点各有不同，目标客户与核心客户也不同，因此，不同的医药产品，应采取不同或相应的广告产品和推广手段。

5.结合媒体特点，合理设计广告产品　在医学期刊中，综合性和专科性医学期刊众多，广告推广产品的设计应针对不同媒体的特点或专业而设计及发布，对于专科性较强的治疗药物或器械，如眼科药物器械，显然在综合性医学期刊或其他学科期刊发布这类广告是广告其效果很难达到应有的目的，应该发布在产品的目标客户相对集中的眼科学期刊。同时，在设计广告产品时要充分重视各种媒体和学科的不同特点，根据其特点和受众不同设计相应的广告推广产品，应充分发挥其不同学科或专业期刊的优势，对于"硬广告"产品，突出其直观形象和生动活泼画面的效果，精心设计表达其广告主题的画面，同时配合精练的文字，使目标客户容易记忆，发挥联想的作用，激发临床应用的欲望。同时，其广告产品的设计也要结合学科专业人员的具体情况和依从性，周密设计学术推广形式的广告产品，以利于达到专业技术人员既交流了学术，学习了新知识、新技术和新方法，又促进了医药产品的临床应用的目的。

第五节　医药卫生期刊广告产品的营销

医药卫生期刊广告产品的营销首先是找准市场，确定目标客户，主动攻关，策划先行，使企业感受到策划方案对其产品推广的必要性、可行性、目的性、针对性和有效性。

1.广告产品的策划　在医药卫生期刊广告产品中，传统的"平面图像广告"产品比较容易设计，一般都由企业提供设计思路或设计样稿，不需要编辑或广告销售人员进行复杂的策划、设计或组织。然而，其他广告产品，特别是期刊衍生服务产品，则需要编辑或广告销售人员根据企业需要和产品的具体情况，实施必要的整体策划，为医药企业制订推广计划和方案。编辑或广告销售员工要熟悉不同广告产品的适用范围，必要时密切配合，结合医药企业产品的市场状况，为企业推荐不同的广告产品，使企业以较少的市场投入取得最佳的市场推广效果。

2.广告产品的组织　非平面广告产品不同于平面广告，一般需要在周密策划的基础上进行精心组织实施，并要求销售者具有较强的策划能力、组织操作能力、预测能力、资源整合能力、资源运用能力、信息获取能力、沟通能力等。例如，以期刊名誉为企业组织实施一项继续教育项目，推广新技术或产品，需要精心选题、选择授课专家、召集目标学员、课程与组织安排等系列环节，任何环节组织失误都会影响整体效果和目标的实现。

3.广告产品的推介　对于医药企业来说，不管实施何种形式的广告宣传，目的都是推广或推销产品，最大限度地拥有目标客户、占领目标市场，使产品销售最大化、销售利润最优化。由于不同的广告产品其表现形式和效果是不同的，所以，广告产品的推介者要结合企业不同产品的特点和市场分析，向企业推介不同的广告产品，让医药企业全面了解不同广告产品适用范围和不同的作用，在企业发展的不同阶段和产品的不同时期选用不同的广告产品，真正体现广告产品的开发设计和推介为企业所需、为企业所急、为企业所想。

4.瞄准市场，盯住客户　一般来讲，先有市场，后有产品，也就是供需关系。而不同的广告产品有不同的市场需求，因此，广告产品的开发与设计，必须瞄准市场，找准市场，根据市场需求有针对性地开发广告产品，满足医药企业的需要。作为广告产品的推销者或营销者，不但要十分熟悉自己媒体（期刊）的特点、学科定位、学术影响力、目标读者等，还要十分熟悉不同广告产品的作用、目的、效果和产品操作流程，并坚持以市场为导向，以客户为中心，以学术服务为手段，以期刊品牌为纽带，研究和分析客户需求，实施客户筛选和客户排序，遴选目标客户，确定核心客户，盯住重点客户，努力服务客户，解决客户（企业）在市场拓展、目标客户群建立、产品和企业品牌塑造、客户维护等市场营销中的困难，从广告服务中赢得企业信赖，促进广告产品销售，提高期刊的社会效益和经济效益。

5.主动攻关，个性化营销　在日趋激烈的医药市场和广告市场中，被动坐等、愿者上钩的广告销售模式已不适应当今广告市场发展的需要，必须适应市场，变被动销售为主动营销，并实施重点目标客户的主动攻关。这就要求广告营销者必须熟悉自己媒体的特点、学科地位、学术影响力、目标受众群体和数量等；同时熟悉自己广告产品的特点、适用范围、市场效果等，从医药企业利益的角度出发，用熟练的广告业务知识打动广告消费者。同时还要知己知彼，熟悉医药企业产品特点、临床专业定位、临床应用前景、市场份额、企业发展动向、企业心理等，实施有针对性的"个性化营销"，而不是将多种期刊媒体笼统推介给医药企业，应当以个性化措施，直击目标客户，如企业为眼科诊疗用品，直接推介和详细介绍眼科专业媒体，以其充足的专科媒体的优势，打动目标客户，使其物有所值，提高广告营销的命中率和经营效果。

第30章

中外医药卫生期刊现状与发展分析

随着医学科学和相关学科的发展，医学交叉学科、新兴学科和亚学科不断派生，学科或专业分科愈加细化。因此，作为承载医学科技成果和学术发展信息的医药卫生科技期刊（医学科技期刊）也不例外，其专科化趋势愈加凸显，专科学术期刊数量不断增加。在我国，医学科技期刊无论是数量还是质量都有长足发展，已跻身世界医学科技期刊大国的行列，基本形成了具有一定数量和规模、学科和专业比较齐全、基本能满足医药卫生科技人员成果发表和学术交流需要的医学科技期刊体系，并形成了较好的品牌系列，如"中华系列""中国系列""国际系列""学报系列"等；国际影响不断提升，被国际著名检索系统或数据库收录的医学科技期刊不断增多。目前，中外医学科技期刊的发展呈现出版周期快捷化、专科化、国际化、数字化、网络化、品牌化、集团化的发展趋势。

第一节　我国医学科技期刊出版现状

根据新闻出版总署、中国科协期刊管理处、中国科技期刊编辑学会、解放军总政治部和万方中国科技期刊数据库提供的科技期刊数据资料分类统计分析，截至2006年5月1日，我国正式出版的医学科技期刊1052种（不包括我国台湾及香港、澳门地区），占我国科技期刊总数的19.53%，从数量上位居世界第四大医学科技期刊出版大国，但并非强国。

1. 医学科技期刊类别分布　按照传统分类方法统计分析表明，我国医学科技期刊主要以学术类为主，占87.0%（表30-1）。

2. 医学科技期刊性质分布　按期刊的性质统计分析表明，我国医学科技期刊中专科学术性期刊占45.3%，综合性医学期刊占34.1%，其次为临床实用性期刊，占9.1%（表30-2）。

3. 医学科技期刊的学科与核心期刊学科分布　学科分布统计表明，在我国医学科技期刊中综合医学、内科学、中医药学、外科学、预防医学、医学科普、药学所占比例较大（表30-3）。我国科技地域分布以北京市、上海市、广东省、湖北省、江苏省、四川省等所占比例较大，其中北京市最多占科技期刊总数的26.1%。根据2004年版《中文核心期刊要目总览》，经过专家对各刊多种指标分析研究，按核心期刊入选标准，从我国医学科技期刊中共遴选出中文医学科技核心期刊223种，占我国医学科技期刊总数的21.2%（表30-3）。

表30-1　我国医学科技期刊类别分布

期刊类别	期刊数量	百分比（%）
指导类	26	2.5
学术类	915	87.0
技术类	18	1.7
科普类	64	6.1
检索类	29	2.8
合计	1052	100.1

表30-2　我国医学科技期刊性质分布

期刊类别	期刊数量	构成（%）
综合性医学期刊	359	34.1
专科学术性期刊	477	45.3
临床实用性期刊	96	9.1
检索性医学期刊	29	2.8
医学普及性期刊	64	6.1
基础性医学期刊	27	2.6
合计	1052	100.0

表30-3　我国医学科技期刊的学科与核心期刊学科分布

学科	学科刊数（种）	构成比（%）	核心期刊数（种）	构成比（%）
内科学	114	10.8	28	12.6
外科学	65	6.2	19	8.5
妇科学	6	0.6	5	2.2
儿科学	10	0.9	5	2.2
肿瘤学	28	2.7	7	3.1
神经精神学	18	1.7	6	2.7
皮肤性病学	6	0.6	3	1.4
五官科学	32	3.0	12	5.4
实验诊断学	17	1.6	3	1.3
影像诊断学	8	0.8	4	1.8
药学	62	5.9	16	7.2
预防医学	63	6.0	25	11.2
中医药学	105	10.0	18	8.1
中西医结合学	16	1.5	3	1.4
卫生管理学	22	2.1	3	1.4
护理学	18	1.7	4	1.8
保健医学	6	0.6	0	0
基础医学	26	2.5	25	11.2
综合医学	359	34.1	36	16.1
特种医学	7	0.7	4	1.8
医学科普	64	6.1	0	0
合计	1052	100.1	226	101.4

4. 医学科技期刊创刊年代分布　对我国目前连续出版的医学科技期刊创刊年代分析表明，中华人民共和国成立前创刊占0.6%，创刊高峰在20世纪80年代和90年代（表30-4）。1949年以前创办的为《中华医学杂志英文版》（1887年）、《中华医学杂志》（1915年）、《中国民间疗法》（1933年）、《西安交通大学学报医学版》（1937年）、《中华医史杂志》（1947年）、《大众医学》（1948年），其中《中华医学杂志英文版》是我国科技期刊中创刊历史最悠久的期刊。

表30-4　我国医学科技期刊创刊年代分布

序号	年代时段	期刊数量（种）	构成比（%）
1	1887～1949年	6	0.6
2	1950～1959年	72	2.6
3	1960～1969年	27	6.8
4	1970～1979年	112	10.7
5	1980～1989年	332	31.6
6	1990～1999年	285	27.1
7	2000年以后	218	20.7
	合计	1052	100.1

5. 医学科技期刊出版频率分布　对我国医学科技期刊出版频率统计表明，其出版频率较20世纪末期明显加快，高频区期刊占3.2%，中频区期刊占81.4%（表30-5）。

表30-5　我国医学科技期刊出版频率分布

频区	出版频率	期刊数量（种）	构成比（%）
高频区			
1	周刊	1	0.1
2	旬刊	2	0.2
3	半月刊	30	2.9
中频区			
4	月刊	389	37.0
5	双月刊	467	44.4
低频区			
6	季刊	156	14.8
7	半年刊	5	0.5
8	年刊	2	0.2
	合计	1052	100.1

6. 医学科技期刊语种分布　在我国医学科技期刊中母语占主导地位，占97.5%，英语占2.0%（表30-6）。

7. 医学科技期刊主办单位分布　在我国医学科技期刊主办单位中，主要以学术团体（学会）、高等医学院校、科研机构为主，分别占40.0%、20.3%、16.8%（表30-7）。

表30-6　我国医学科技期刊出版文种分布

序号	语种	期刊数量（种）	构成比（%）
1	汉语	1026	97.5
2	英语	21	2.0
3	朝鲜语	1	0.1
4	蒙语	1	0.1
5	维吾尔语	3	0.3
6	哈萨克语	0	0.0
7	藏语	0	0.0
	合计	1052	100.0

表30-7　我国医学科技期刊主办单位分布

序号	主办单位	期刊数量（种）	构成比（%）
1	科研机构	177	16.8
2	高等院校	214	20.3
3	医院	103	9.8
4	学术团体	421	40.0
5	政府机关	21	2.0
6	工矿企业	6	0.6
7	其他出版单位	12	1.1
	合计	954	90.60

8.国际著名检索系统收录我国医学科技期刊情况　近年来，我国医学科技期刊不但在数量上发展较快，而且被国际著名检索系统收录的数量也在不断增多，这说明我国医学科技期刊受到国际学术界的关注，并已经融入世界学术交流体系，这也是我国医学科技期刊向国际化迈进的重要标志之一。2006年世界六大生物医学权威检索系统收录我国医学科技期刊情况（表30-8）。

表30-8　国际著名权威检索系统收录我国生物医学期刊情况

检索系统	收录数量（刊次）	中华医学会系列（刊次）
美国科学引文索引（SCI）	10	1
Medline	97	26
荷兰医学文摘（EM）	106	10
美国化学文摘（CA）	237	27
美国生物学文摘（BA）	26	7
俄罗斯文摘杂志（AJ）	146	25
合计	622	96

第二节 国外医学科技期刊发展现状分析

世界上医学科技期刊出版强国主要为美国、英国、荷兰等，本文通过2007年最新版《国外期刊目录检索系统》调查统计分析表明，从医学科技期刊出版数量上位居前4名的依次为美国、英国、日本、中国。我国已挤入医学科技出版大国行列，但并非医学科技期刊强国。分析表明，国外具有国际影响力的著名品牌医学科技期刊，其刊龄都较长，如世界上最早的医学期刊《医学各科新发现》创办于1671年，距今已有336年的历史，而且是连续出版；比我国1792年创办的医学期刊《吴医汇讲》（早已停刊）早了121年；《新英格兰医学杂志》（*New England Journal of Medical*）目前已有186年的刊龄，《美国医学科学杂志》（*American Journal of Themedical Sciences*）有185年刊龄；《柳叶刀》（*Lancet*）有182年的刊龄；《美国医学会杂志》（*The Journal of the American Medical Association*，JAMA）1883年创刊，有124年的刊龄；《英国医学杂志》（*British Medical Journal*，BMJ），1895年创刊，有112年的刊龄。我国目前唯一刊龄最长的是1887年创办的《中华医学杂志英文版》，有120年的刊龄（从美国传教士创办的博医会报算起）。

1. 国外主要发达国家出版医学科技期刊分析 目前从数量上看，排世界第一位的是美国3620种，排第二位的是英国1728种，排第三位的是日本1265种，排第四位的是中国1052种，主要发达国家医学科技期刊出版数量与学科分布见表30-9。

表30-9 世界主要发达国家医学科技期刊学科分布（种）

学科分类	美国	俄罗斯	英国	日本	德国	法国	荷兰
卫生学	373	61	148	227	90	48	36
医学工程学	126	12	45	56	26	0	35
预防医学	327	69	197	104	39	21	59
计划生育学	32	0	24	2	3	2	7
中医药学	9	0	4	33	4	4	2
基础医学	237	29	142	60	52	22	48
药学与制药工业	330	50	218	87	75	37	112
临床医学	205	24	117	80	63	23	26
放射与影像医学	50	9	23	15	28	8	9
护理学	175	2	63	62	6	12	6
内科学	419	35	207	156	88	58	106
肿瘤学	229	34	71	40	20	10	40
神经精神医学	278	19	169	65	49	26	69
皮肤性病学	37	4	28	20	2	4	7
泌尿科学	67	0	16	12	22	5	14
外科学	297	27	81	86	101	29	26
五官科学	196	24	72	85	58	25	31
妇产科学	71	10	41	22	24	14	11
儿科学	82	7	42	27	20	16	11
特种医学	80	12	20	28	28	10	9
合计	3620	428	1728	1267	798	374	664

2.国外发达国家医学科技期刊出版频率分析 通过对美国、俄罗斯、英国、法国、德国、日本、荷兰7国的医学科技期刊出版频率统计分析，季刊、半年刊、年刊占30.2%，比我国高得多，但其不定期出版的比例也很高，占20.0%，这是国外医学科技期刊出版的一大特点，而我国没有不定期出版的医学科技期刊，严格遵守固定的出版频率，这也显示出国外医学科技期刊根据学科和稿件数量实际情况出版的灵活性。各国医学科技期刊出版频率情况见表30-10。

表30-10 国际主要发达国家医学科技期刊出版频率统计分析

国家定期出版	周刊		半月刊		月刊		双月刊		季刊		半年刊		年刊		不定期出版	
	刊数	构成	刊数	构成	刊数	构成	刊数	构成	刊数	构成	刊数	构成	刊数	构成	刊数	构成
美国	20	0.6	77	2.1	869	24.0	791	21.9	1073	29.6	96	2.7	136	3.8	558	15.4
俄罗斯	2	0.5	22	5.1	132	30.8	141	32.9	70	16.4	2	0.5	18	4.2	41	9.6
英国	10	0.6	36	2.1	421	24.4	451	26.1	467	27.0	21	1.2	23	1.3	299	17.3
法国	4	1.1	4	1.1	37	9.9	90	24.1	83	22.2	7	1.9	5	1.3	144	38.5
德国	7	0.9	8	1.0	254	31.8	187	23.4	193	24.2	16	2.0	7	0.9	126	15.8
日本	12	1.0	8	0.6	407	32.2	185	14.6	266	21.0	85	6.7	104	8.2	198	15.7
荷兰	2	0.3	24	3.6	57	8.6	158	23.8	228	34.3	9	1.4	3	0.5	183	27.6
合计	57	0.7	179	2.2	2177	23.1	2003	23.8	2380	25.0	236	2.3	296	2.9	1549	20.0

注：构成为占某国科技期刊总数的百分比。

3.国外发达国家医学科技期刊出版状态分析 通过《国外期刊目录检索系统》对国外7个发达国家医学科技期刊出版状态统计分析表明，国外医学科技期刊停刊的数量比较大（表30-11），这说明其市场化比较成熟，与我国医学科技期刊"只生不死"形成了鲜明对比。此外，这些国家医学科技期刊跨国出版的数量也比较多，这说明国外发达国家医学科技期刊的国际化、品牌优势、跨国经营、版权合作的程度，这也是我国医学科技期刊目前望尘莫及的差距。另外，统计分析还表明，国外医学科技期刊网络版比例也较高，这也说明纸版期刊网络化进程速度在加快，我国医学科技期刊也应加快网络化的建设与发展的步伐。

表30-11 国外发达国家医学期刊出版状态统计分析（种次）

国家	期刊总数	正常出版	停刊	跨国出版	新创刊	网络版	光盘版
美国	3620	2821	497	141	137	719	44
英国	1728	1444	129	148	50	557	22
俄罗斯	428	175	23	19	3	10	4
法国	374	376	74	2	0	2	6
日本	1265	977	235	16	20	107	4
德国	798	627	93	30	12	216	1
荷兰	664	549	51	167	10	253	1
合计	8877	6969	1102	523	232	1864	82

4.国际著名检索系统收录医学科技期刊学科分布 国际著名生物医学科技期刊检

索系统 Medline、美国科学引文索引（SCI）、美国生物学文摘（BA），共收录美国、英国、荷兰、中国、俄罗斯、德国、法国、日本 8 个国家医学科技期刊 2619 种（学科分布表略）。其中主要以美国和英国收录最多，我国共收录 111 种（包括我国香港和台湾在内），占收录总数的 5.1%。

第三节　医学科技期刊发展趋势

随着医学科学的发展，医学科技创新能力不断提高，知识或论文产出量成倍增长，学科分化和新学科不断派生，因此，作为反映和承载医学科学发展的学术期刊也随着其学科的发展而发展，当今中外医学科技期刊发展的总体趋势呈现出出版周期快捷化、专科化、国际化、数字化、品牌化、集群化、全媒体化、平台化的发展趋势。

1. 出版周期快捷化　随着科技学术和医学科技期刊出版竞争的加剧，目前中外医学科技期刊出版速度快，发表时滞短，信息传播快捷。近年来，特别是我国医学科技期刊出版频率也不断提高，目前高频区占 3.2%，中频区占 81.4%，远高于发达国家高频区 2.9% 和中频区 46.9% 的比例；美国季刊、半年刊和年刊占其医学科技期刊总数的 36.6%，而我国仅占 15.5%，这说明我国医学科技期刊出版频率正在不断提高，信息容量也不断加大，出版周期和发表时滞缩短，呈现出显著的快捷化的发展趋势。国外医学科技期刊特别是品牌期刊始终保持高出版频率，虽然其低频区期刊比例比较高，但其不定期出版期刊却占 20.0%，而我国还没有不定期出版的医学科技期刊，国外其编辑形式也比较灵活，可随时根据稿源情况增减页码，以减少稿件积压，缩短出版周期。另外，近年国外快报类医学科技期刊的发展也比较快，如美国出版的《传染病快报》《艾滋病快报》《儿科学快报》等已形成系列，美国的《癌症快报》《单克隆抗体快报》系列等，《癌症快报》已经发展成为 30 多种有关癌症研究的快报系列。此外，医学科技期刊网络化的发展，使医学科技期刊传播速度和稿件处理更加快捷，如有的期刊网站采取与纸版同步上网，还有的提前上网，也有的与发行保留时间差、滞后上网，使医学科技信息传播速度和传播半径达到空前发展。

2. 专科化　当今医药卫生科学发展的一大特点是学科高度分化，分科越来越细，专业化程度不断增强。具有学科特色的专科学术期刊能集中并迅速反映本学科或专业的最新学术动态、信息和研究成果，备受本学科专业人员关注，是同行学术跟踪的重点，同时也是相关医药企业关注的重点和广告投放的重点，综合性医学期刊越来越难办，是医学科技期刊编辑人员的共识。发达国家的医学科技期刊专业化或专科化趋势更加明显，甚至达到"单刀直入"的程度，即一种疾病、一种细胞、一种物质、一个器官、一种蛋白质就发展成一种期刊，如美国、英国等国家的《干细胞》（*Stem Cell*）、《肺癌》（*Lung cancer*）、《前列腺》（*Prostate*）、《角膜》（*Cornea*）、《淀粉样蛋白》（*Amyloid*）、《凋亡》（*Apoptosis*）、《细胞钙》（*Cell calcium*）、《神经元》（*Neuron*）、《神经成像》（*Neuroimage*）、《海马》（*Hippocampus*）、《皮质》（*Cortex*）、《神经胶质》（*Glia*）、《松果体研究》（*Journal of Pineal Research*）、《神经肽》（*Neuropeptides*）、《喉镜》（*Laryngoscope*）、《吞咽困难》（*Dysphagia*）、《龋齿研究》（*Caries research*）、《胎盘》

（*Plaacenta*）、《血栓形成研究》（*Thrombosis Research*）等。如德国施普林格（Springer）出版公司一年中新创办27种专科学术期刊。

综合性医学期刊，也逐步改变编辑策略，由"综合"变成按专业或分专科出版，如《中华医学杂志》《英国医学会杂志》等几乎每期都有不同的专业侧重点，以提高读者兴趣，吸引更多不同学科读者订阅和阅读。

3.国际化　随着全球知识经济一体化发展进程的加速，知识全球化、学术交流国际化的程度不断提高，医学科技期刊的国际化程度愈加显著，特别是那些世界著名的医学期刊，首先是以高度国际化闻名于世，从表30-11中可以看出，国外发达国家医学科技期刊跨国出版的数量比较大，我国也将科技期刊的国际化作为发展策略之一，以积极促进期刊国际化和尽快走向世界。医学科技期刊国际化主要表现如下：

（1）期刊学术质量国际化，首先具有国际先进水平的学术研究成果发表。

（2）期刊出版语言国际化，包括双语。

（3）期刊作者国际化，具有多国作者投稿，其稿源来自国际。

（4）期刊编委国际化。

（5）期刊检索国际化，收录国际著名检索系统，融入国际学术交流体系。

（6）期刊发行国际化。

（7）期刊编辑出版规范国际化。

4.数字化　数字技术和互联网技术的发展给传统阅读方式带来革命性挑战，对期刊而言，数字技术的发展也正在改变着医学科技期刊出版形式的变革，它不仅影响着期刊出版格局和期刊市场的分化，还影响着期刊的经营运作。数字化出版形态或载体形式的革命性变化表现在以电子光为载体的数字化医学科技期刊纷纷诞生，以数据库为平台的医学科技期刊数字化刊群发展迅速，如我国的万方数字化医学科技期刊群、清华同方数字化医学科技期刊群、中国期刊网等。期刊数字化的发展给学术文献的检索、分析、开发利用和数字化资源战略备份提供了便捷手段，同时也提升了医学科技期刊文献的再开发和学术文献的利用价值。

随着互联网技术的发展，生物医学期刊网络的发展有了新的飞跃。全球的生物医学期刊纷纷建立期刊网站，为读者和作者提供更加便捷学术交流服务，由表30-11统计结果表明，国外医学科技期刊的网络版所占比例较高，如成立于1995年的英国的BMJ网站已成为生物医学网站的典范。中国中西医结合学会主办的*World Journal of Gastroenterology*（《世界胃肠病学杂志》）网络版开通3年来，全球点击次数达2200多万次，每天在线阅览人数达3万多人，国外以独立IP地址访问量达10 300家，遍及123个国家和地区，总下载次数达180多万次，期刊的扩散半径达到了最优化。近年来，中华医学会系列杂志的数字化或网络化建设发展也比较快，目前各个杂志基本都具有网络版或数字化期刊，网络化的发展已成为医学科技期刊发展的重要趋势之一。

5.品牌化　科技期刊品牌是期刊经营制胜的核心动力，是期刊巨大的无形资产和期刊发展的助推器，国内外一些著名品牌医学科技期刊已经证明其重要价值，因此，期刊的经营已由传统经营进入品牌经营的新阶段。如中华医学会系列杂志也不断加强品牌建设，为在读者和医药卫生科技人员中形成品牌视觉识别印记，对各刊封面进行了整体设计，统一了基本设计风格和品牌形象标识，但各刊背景色调和背景花纹不同，为有别于其他"中华"字样期刊，并强化中华医学会系列期刊的品牌标志，在封面的统一位置加印中华医学会会徽"中华医学会主办""中华医学会系列杂志"等标识，增强了中华医学会系列杂志期刊封面视觉识别形象的特点，在广大读者、作者和医药卫生科技人员的头脑中打下了牢固的品牌视觉印记，提升了期刊的影响力。中国科协也加强了科技期刊的品牌化建设，2006年设立并启动了"精品期刊工程"，加大了精品科技期刊培育的资助强度，并专门立题启动了"中国科协科技期刊品牌建设研究"课题。由此可见，塑造期刊品牌，加强期刊品牌建设，打造精品期刊是医学科技期刊走向世界和提高核心竞争力的重要措施和途径，也是目前医学科技期刊发展的大趋势之一。

6.集群化　医学科技期刊的集群化或集团化及规模化发展趋势，是期刊市场化发展的结果。如英国医学杂志出版集团（BMJ）旗下包括BMJ、*Thorax*、GUT、*Heart*等国际著名杂志，BMJ还有10余种不同国外版本。美国医学会杂志（JAMA）出版集团，也具有多种期刊和不同语言版本的期刊。中华医学会系列杂志目前已发展到118种，从数量、品牌、经营运作模式，都具备了集约化和集团化的雏形。国际上期刊出版业的集团化也是经历了由小到大、由弱到强的发展过程。因此，要逐步改变目前我国医学科技期刊分散办刊的格局，统一规划，以发展共性、保持个性的策略，支持和鼓励期刊强强联合、期刊自愿联合、品牌扩张、吞并和重组等形式，走规模化、集约化和集团化经营的道路，是当今医学科技期刊发展的趋势之一。

7.全媒体化　随着数字化和网络化的发展，人们获取知识信息和阅读方式的转变，以往期刊单纯纸版出版形式已逐步被全媒体化出版形式所取代。这是随着信息技术和通信技术的发展与普及，在以往的新媒体、媒介融合、跨媒体、多媒体等概念和实践应用的基础上，期刊的出版和传播方式也发生了巨大变化，期刊出版逐步派生出新形态。期刊的全媒体化出版，主要是指多形态或多渠道的同步出版，也就是说，期刊在以传统纸版方式出版的同时，采用现代数字化技术、移动互联网技术、多媒体技术等，通过互联网、手机、平板电脑、阅读器等终端数字设备，满足读者在线即时阅读、知识信息即时获取和移动阅读方式，实现期刊的全媒体化出版和信息传播与精准推送。如果从广义上讲，全媒体化期刊出版就是对媒介形态、媒介生产和信息传播的整合性应用；但从狭义上讲，全媒体化期刊出版主要是立足于现代信息技术或数字化技术的发展和媒介融合的学术信息传播，它综合传统媒体与新兴媒体，在媒介学术内容、媒介形态、传播渠道和传播方式、媒介运营模式、媒介营销观念等方面的整合性运用。全媒体化出版，是未来医学科技期刊出版形态、出版方式和学术信息传播方式的重要趋势和热点问题。

8.平台化　作为医学科技期刊，要具有平台化思维和平台化发展模式，改变传统单纯文字编辑和文章出版的思维定势，因为期刊平台化发展是基于期刊由单纯纸版出版逐步向全媒体化出版形态和方式的转变，这种多形式出版的融合与发展，必然需要借助平台模式与平台优势，实施资源整合和学术信息传播产品的制造；此外，医学期刊作为学术交流平台，其本身具有平台功能和优势，只是编辑出版者们长期平台意识缺陷，淡化了平台观念和期刊平台功能的发挥，其实，它除了多形态的出版平台功能，更重要的是还具有学术交流的平台功能，而且是立体化的平台，也就是说，它既有平面线上交流，又具有线下立体与横向交流的优势。因此，期刊要获取更大发展，其平台思维、平台观念和平台模式及期刊的平台建设，是未来医学期刊发展的趋势和重点。

第31章

科技学术期刊的发展状况与分析

中华人民共和国成立以来，我国科技学术期刊的数量和质量都有了长足的发展。根据新闻出版总署、中国科协期刊管理处、中国科技期刊编辑学会、解放军总政治部和万方中国科技期刊数据库提供的科技期刊数据库资料，并逐一核实、分类，进行统计分析表明，截至2005年5月1日，我国共出版科技学术期刊5387种（由于我国台湾及香港、澳门地区数据获取困难，未统计在内），占期刊总数的59.4%。基本形成了具有一定数量和规模、门类比较齐全、涵盖各个学科领域、基本能满足科技人员成果发表和学术交流需要的科技学术期刊体系，并形成了较好的品牌系列或刊群。特别是1996年以来，我国对科技学术期刊实行"控制数量，提高质量"的策略和实施精品战略以来，科技学术期刊的发展开始进入由数量增长到质量提高的新阶段，科技学术期刊的学术质量和编辑出版质量不断提高，被国际著名检索系统或数据库收录的科技学术期刊不断增多。从数量上，我国已成为世界科技学术期刊第二大出版大国，但从科技学术期刊的质量、影响力、国际化程度、期刊品牌知名度等，还并非是科技学术期刊出版的强国。

第一节　科技学术期刊出版的基本状况

中华人民共和国成立时（1949年）我国有科技学术期刊80余种，1956年发展为173种，1965年达到506种。根据我国政府期刊主管部门提供的科技学术期刊数据库并进行统计分析表明，截至2005年5月1日，我国共有科技学术期刊5387种，从数量上仅次于美国，成为世界科技学术期刊出版的第二大国家。

一、科技学术期刊学科领域类别分布

由表31-1可见，在全国5387种科技期刊中，学术类期刊数量最多，达到3685种，占总数的68.41%；技术类期刊达到1090种，占20.23%；科学普及类期刊235种，占4.36%；指导类与科学普及类期刊数量比较接近，共有214种，占3.97%；检索类期刊数量最少，只有163种，占3.03%。

表31-1　科技期刊类别比例分布

期刊类别	期刊数量（种）	构成比（%）
指导类	214	3.97
学术类	3685	68.41
技术类	1090	20.23
科普类	235	4.36
检索类	163	3.03
合计	5387	100.00

二、科技学术期刊的学科结构分布

由表31-2可见，在我国5387种科技期刊中，工业技术类期刊数量最多，共1828种，所占比例最高，占期刊总数的33.93%；医药卫生类1052种，占19.53%；交叉学科类995种，占18.47%；农业科学类533种，占9.89%；天文学、地球科学类和交通运输类分别为237种和199种，各占4.40%和3.69%；数理科学和化学类有173种，占科技期刊总数的3.21%；航空航天科学和环境科学、安全科学类分别为57种和72种，各占1.06%和1.34%；地理科学类期刊数量最少，只有9种，占0.17%；"不详"的也有相当数量，比例超过2%。

表31-2　科技学术期刊的学科领域分类分布表

学科分布	期刊数量（种）	构成比（%）
地理科学	9	0.17
数理科学和化学	173	3.21
天文学、地球科学	237	4.40
生物科学	95	1.76
医药卫生科学	1052	19.53
农业科学	533	9.89
工业技术科学	1828	33.93
交通运输科学	199	3.69
航空航天科学	57	1.06
环境科学、安全科学	72	1.34
其他交叉学科	995	18.47
不详	112	2.08
合计	5362	99.53

三、科技学术期刊地域分布

我国现设有32个省（直辖市、自治区）、2个特别行政区。由于我国台湾及香港、澳门地区的科技学术期刊统计数据获取困难，故只对31个行政区域的科技学术期刊进行了统计和分析（表31-3）。按地区对我国5387种科技期刊进行分类统计，北京市科技学术期刊数量最多，达到1580种，占科技学术期刊总数的29.33%；其次是上海市，为

387种，占7.18%；最少的是西藏自治区，仅6种，占科技学术期刊总数的0.11%。北京、上海、天津、重庆4个直辖市共有科技学术期刊2213种，占全国科技学术期刊总数的41.08%。而地处偏远地区的新疆、西藏、甘肃、宁夏、青海5个省（自治区）的科技学术期刊数量仅为166种，占全部科技学术期刊总数的3.08%。由于全国各地区的科技、教育、文化、经济等发展不平衡，也体现出科技学术期刊地区分布的不平衡性。

表31-3 各地区科技学术期刊分布

序号	CN号	省（直辖市）	期刊数量	构成比（%）
1	CN11	北京	1580	29.33
2	CN12	天津	153	2.84
3	CN13	河北	140	2.60
4	CN14	山西	102	1.89
5	CN15	内蒙古	56	1.04
6	CN21	辽宁	207	3.84
7	CN22	吉林	105	1.95
8	CN23	黑龙江	182	3.38
9	CN31	上海	387	7.18
10	CN32	江苏	301	5.59
11	CN33	浙江	125	2.32
12	CN34	安徽	113	2.10
13	CN35	福建	88	1.63
14	CN36	江西	83	1.54
15	CN37	山东	157	2.91
16	CN41	河南	150	2.78
17	CN42	湖北	235	4.36
18	CN43	湖南	149	2.77
19	CN44	广东	203	3.77
20	CN45	广西	95	1.76
21	CN46	海南	19	0.35
22	CN50	重庆	93	1.73
23	CN51	四川	210	3.90
24	CN52	贵州	37	0.69
25	CN53	云南	66	1.23
26	CN54	西藏	6	0.11
27	CN61	陕西	185	3.43
28	CN62	甘肃	73	1.36
29	CN63	青海	16	0.30
30	CN64	宁夏	9	0.17
31	CN65	新疆	62	1.15
	合计		5387	100.00

四、科技学术期刊创办年代分布

截至1949年，全国仅创办科技学术期刊48种。中华人民共和国成立后，党和国家非常重视科学技术和科技出版事业的发展，特别是全国科学大会后，迎来了科学与科技学术期刊出版的春天。20世纪50年代初期至60年代中期，我国科技学术期刊的发展出现了一个高潮，其间共创办558种科技期刊。20世纪60年代"文化大革命"期间，科技学术期刊的创办基本处于停滞状态，很多期刊停止出版。

改革开放后，我国科技学术期刊的数量迅速增长，20世纪70年代中期至90年代初出现了科技学术期刊创办的第二个高峰期，共创办科技学术期刊约3000多种，占目前全国科技学术期刊总数的57%。自20世纪90年代以后，我国科技学术期刊进入平稳增长时期，此时科技学术期刊由数量增长时期转变为质量提高阶段，科技学术期刊的学科结构、类型结构等都得到了进一步的调整。20世纪90年代共新创办科技学术期刊916种，占创办期刊总量的17.0%。2000年以后，新增科技期刊410种，占总数的7.70%，新增的科技学术期刊大多属新兴学科、边缘学科、交叉学科的期刊（表31-4）。

表31-4　科技学术期刊创办的年代分布统计表

序号	年代时段	创办期刊数量（种）	构成比（%）
1	1949年以前	48	0.89
2	1950～1959年	350	6.50
3	1960～1969年	208	3.86
4	1970～1979年	928	17.23
5	1980～1989年	2122	39.39
6	1990～1999年	916	17.00
7	2000年以后	410	7.61

五、科技学术期刊出版频率分布

目前，我国出版的科技学术期刊共有8种不同形式的出版周期或出版频率，也就是3种出版频率，即高频区（周刊、旬刊、半月刊）、中频区（月刊、双月刊）、低频区（季刊、半年刊、年刊）。从数量上来看，我国科技学术期刊出版频率以中频区最高，占68.53%，高频区占2.86%，低频区占28.6%。其中双月刊2148种，占科技学术期刊总数的39.87%；其次为月刊，有1544种，占科技学术期刊总数的28.66%。年刊大多为年鉴，有33种，比例不到1%；其出版频率相对较长的季刊和半年刊共1469种，占科技学术期刊总数的27.27%，这说明还有相当数量的科技学术期刊刊载内容时效性相对较差，难以满足当今科学技术飞速发展的需要。可喜的是，近年来不少期刊不断缩短出版周期，其出版频率较短的周刊、旬刊陆续创办，数量也有逐渐增加的趋势（表31-5）。

表31-5　科技学术期刊出版频率分布

序号	出版频率	期刊数量（种）	构成比（%）
高频区			
1	周刊	19	0.35
2	旬刊	10	0.19
3	半月刊	125	2.32
中频区			
4	月刊	1544	28.66
5	双月刊	2148	39.87
低频区			
6	季刊	1396	25.91
7	半年刊	73	1.36
8	年刊	33	0.61
9	其他	39	0.72
	合计	5387	99.99

六、科技学术期刊出版的语种分布

我国是一个多民族的国家，汉族是我国人口最多的民族。在我国出版的5387种科技学术期刊中，共有5178种是用汉语出版的，占全部科技学术期刊的96.12%。另有33种科技学术期刊是用少数民族语言出版的，分别是：维吾尔语、哈萨克语、朝鲜语、蒙语和藏语，仅占期刊总数的0.61%。用少数民族语言出版的科技学术期刊，既是对少数民族科技工作者的重视，也体现民族政策，同时又为少数民族科技工作者提供学术交流平台，也是对少数民族科技事业的扶持，有利于继承和发扬少数民族优秀的科技文化。因此，应当重视并加强少数民族语言科技学术期刊的发展（表31-6）。

表31-6　科技学术期刊出版语种的分布

序号	语种	期刊数量（种）	构成比（%）
1	汉语	5178	96.12
2	藏语	1	0.02
3	朝鲜语	2	0.04
4	蒙语	8	0.15
5	维吾尔语	17	0.32
6	哈萨克语	5	0.09
7	英语	174	3.22
	合计	5385	99.96

我国创办最早的英文版科技学术期刊是1887年创办的《中华医学杂志英文版》（*Chinese Medical Journal*），其前身是中国博医会创办的《博医会报》（China Medical Journal）；截至1980年的近100年里，我国只有3种英文版科技学术期刊问世。改革开放以来，截至2005年5月，我国已创办英文科技学术期刊174种。英文版科技学术期刊的数量虽然只占我国科技学术期刊总数的3.22%，但对提升我国科技学术期刊的国际影

响却发挥了重大的作用。

七、我国英文版科技期刊地域分布

在我国出版的英文科技学术期刊，按31个省（市）计，共有22个地区编辑出版有英文科技学术期刊，其中北京95种、上海19种、江苏9种、湖北8种，分别位居英文科技学术期刊数量的前4位。这4个地区共出版英文科技学术期刊131种，占总数的73.18%（表31-7）。

表31-7　英文版科技学术期刊的地域分布

序号	CN号	省（直辖市）	期刊数量（种）	构成比（%）
1	CN11	北京	95	52.5
2	CN12	天津	4	2.2
3	CN13	河北	0	0
4	CN14	山西	0	0
5	CN15	内蒙古	1	0.6
6	CN21	辽宁	3	2.3
7	CN22	吉林	4	2.2
8	CN23	黑龙江	3	1.7
9	CN31	上海	19	10.9
10	CN32	江苏	9	5.2
11	CN33	浙江	3	1.7
12	CN34	安徽	2	1.2
13	CN35	福建	1	0.6
14	CN36	江西	0	0
15	CN37	山东	3	1.7
16	CN41	河南	3	1.7
17	CN42	湖北	8	4.4
18	CN43	湖南	2	1.2
19	CN44	广东	4	2.3
20	CN45	广西	1	0.6
21	CN46	海南	0	0
22	CN50	重庆	2	1.2
23	CN51	四川	2	1.2
24	CN52	贵州	2	1.2
25	CN53	云南	1	0.6
26	CN54	西藏	0	0
27	CN61	陕西	2	1.2
28	CN62	甘肃	0	0
29	CN63	青海	0	0
30	CN64	宁夏	0	0
31	CN65	新疆	0	0
	合计		174	98.4

八、英文版科技学术期刊出版频率分布

从表31-8可见，我国英文版科技学术期刊出版频率集中在低频区，占69.5%，出版频率过低，势必造成发表时滞过长，影响作者投稿的积极性，使英文版科技学术期刊学术竞争力难以提高。

表31-8　英文版科技学术期刊出版频率分布

序号	出版频率	期刊数量（种）	占科技期刊总数的百分比（%）
高频区			
1	周刊	0	0
2	旬刊	1	0.6
3	半月刊	2	1.2
中频区			
4	月刊	15	8.6
5	双月刊	35	20.1
低频区			
6	季刊	79	45.4
7	半年刊	33	19.0
8	年刊	7	4.0
9	其他	2	1.1
	合计	174	100.0

九、英文版科技学术期刊主办单位分布

我国英文版科技学术期刊的主办单位主要集中在科研机构、高等院校和学术团体（表31-9）。

表31-9　英文版科技学术期刊主办单位分布

序号	主办单位	期刊数量	构成比（%）
1	科研机构	89	51.1
2	高等院校	35	20.1
3	学会（协会）	29	16.7
4	政府机关	4	2.3
5	工矿企业	1	0.6
6	出版机构	0	0
7	其他	16	9.2
	合计	174	100.0

十、英文版科技学术学科分布

我国英文版科技学术期刊的学科分布主要集中在数理科学、化学、工业技术和其

他交叉学科（表31-10）。

表31-10 英文版科技学术期刊的学科分布

学科分布	期刊数量（种）	百分比（%）
地理科学	13	7.5
数理科学和化学	32	18.4
天文学、地球科学	14	8.0
生物科学	9	5.2
医药卫生科学	17	9.8
农业科学	8	4.6
工业技术科学	35	20.1
交通运输科学	1	0.6
航空航天科学	3	1.7
环境科学、安全科学	6	3.4
其他交叉学科	36	20.7
合计	174	100.0

十一、科技学术期刊的主办单位分布

在这里，将我国科技学术期刊的主办单位分为6大类，分别为：科研机构、高等院校、学会（协会或研究会）、政府机关、工矿企业、出版机构，另有183种科技期刊主办单位不详。从统计数据来看，科研机构、高等院校、学会（协会或研究会）3类主办单位所主办的科技学术期刊数量非常接近，分别为1399种、1347种和1339种，占科技学术期刊总数的比例均在25%左右。这3类单位主办的科技学术期刊总数高达4085种，占科技学术期刊总数的75.83%。事实上，科研机构、高等院校和学会（协会或研究会）均为学术研究或交流单位，它们主办的科技学术期刊占据总数的半壁江山（表31-11）。

表31-11 科技学术期刊主办单位分布

序号	主办单位	期刊数量（种）	构成比（%）
1	科研机构	1399	25.97
2	高等院校	1347	25.00
3	学会（协会或研究会）	1339	24.86
4	政府机关	187	3.47
5	工矿企业	240	3.36
6	出版机构	256	4.75
7	其他	436	9.19
8	不详	183	3.40
	合计	5387	100.00

十二、大中型企业主办科技期刊现状

据2005年机械工业出版社出版的《中国大企业名录》，收录了营业额在8000万元以上的我国大中型企业26 000多家，而由企业主办的科技期刊有240种，每一个企业平均占有科技期刊0.009种，这说明有必要重视企业科技期刊的出版，特别是技术性较强的重大行业。

1.大中型企业主办科技学术期刊的行业分布（表31-12）　在企业主办的科技学术期刊中，冶金与钢铁工业和石油工业所占比例较大。

表31-12　大中型企业主办科技期刊的行业分布

行业	期刊数量（种）	百分比（%）
煤炭与矿业	18	7.50
冶金与钢铁工业	33	13.75
石油工业	52	21.67
汽车工业	19	7.92
机械与仪器制造	20	8.33
水利电力业	14	5.83
材料与化学工业	18	7.50
交通运输业	7	2.92
电子通信业	21	8.75
医药工业	4	1.67
轻工业	20	8.33
其他行业	14	5.83
合计	240	100.00

2.大中型企业主办科技学术期刊学科分布（表31-13）　表31-13表明，大中型企业所办期刊其学科分布为工业技术科学占74.2%，交叉学科占14.6%。

表31-13　大中型企业主办科技学术期刊的学科分布

学科分布	期刊数量（种）	百分比（%）
地理科学	2	0.83
数理科学和化学	13	5.42
天文学、地球科学	0	0
生物科学	0	0
医药卫生科学	4	1.67
农业科学	1	0.42
工业技术科学	178	74.17
交通运输科学	5	2.08
航空航天科学	1	0.42
环境科学、安全科学	1	0.42
其他交叉学科	35	14.58
合计	240	100.0

3.科技学术期刊刊群分析　在我国主办20种以上期刊的单位有中华医学会113种，

中国科学院106种，中华预防医学会22种。应该说，在我国已具备科技学术期刊集团化的雏形和条件。

第二节　科技学术期刊的定位与基本概念

在我国科技学术期刊发展中，对科技学术期刊的功能、属性、管理，特别是应坚持的办刊原则，以及何谓精品期刊、何谓国际化期刊等诸多办刊的战略问题，对其如何定位，直接影响我国科技学术期刊的健康发展。因此，进一步明确或定位这些办刊中的重大问题，是正确把握我国科技学术期刊发展战略的基本前提。

一、科技学术期刊的功能与作用

科技学术期刊是科学知识传播、交流和存储的主要载体，是一个国家科研论文（科技成果）产出量的具体表现形式，也是实施知识创新工程、科教兴国战略和推进科技进步的重要体现，同时，又是科学研究的重要组成部分或重要过程。早在1986年，时任中国科学院院长的卢嘉锡院士就有"对科研工作来讲，科技学术期刊工作既是龙头，又是龙尾"的精辟论断。

人类在科学研究活动中创造和发现的新规律、新技术、新方法、新学说、新知识和新成果等，首先是在科技学术期刊上发表，才能被广泛传播、交流、推广应用，最终得到社会认可，转化为生产力，从而体现知识创新和科技工作者的自身价值。

科技学术期刊的另外一个重要功能是学术导向或引导功能。科技期刊既要宣传党和国家的科技方针、政策和科学研究重点，引导科技人员的研究方向，同时又要引导本学科或本领域学术研究方向，把握学术研究航向，发挥学术导向作用。因此，科技期刊是人类科学研究活动的重要组成部分。

二、科技学术期刊的属性

应该说，科技学术期刊是通过生产流程产生的可以交换的劳动产品，具有商品的一般属性，但又不完全等同于普通商品。科技学术期刊主要是通过知识的传播、交流、转换、存储等来显示其价值。因此，其商品属性不是科技学术期刊的本质属性，其学术性、知识性才是科技期刊的根本属性。由此不难看出，科技学术期刊是一种特殊的商品，即"高层次的精神文化商品"。

三、科技学术期刊管理定位

如前所述，科技学术期刊是高层次精神文化商品，它产生的社会效益、学术效益、经济效益及社会价值是长远的，是短期内难以体现出来的，它为国家和社会带来的巨大财富远远超过期刊本身；而且它的直接受众群体或服务对象是广大科技工作者。因此，科技学术期刊工作具有社会性和公益性。所以，国家对科技学术期刊管理的基本定位应以"公益性事业"或"公益性企业"单位实施管理，这也是落实我国科教兴国战略、建设创新型国家和推进知识创新工程及万众创新号召的基本保证之一。

四、精品科技学术期刊概念

精品科技学术期刊应具有以下特点或条件：

（1）具有满足特定读者和作者的研究成果发表和学术交流需求，在本学科或本专业领域具有较高的学术质量和编辑出版质量，具备独有的学术风格和特色，并被读者和作者及本领域专家学者所认可和推崇。

（2）具备集中反映某一领域或学科最新研究进展、学术技术发展趋势和科研成果，较好地引领学术潮流和学术发展方向，在本学科或本领域是发挥学科"旗帜"性领衔期刊及学科代表期刊。

（3）在本学科或相关领域拥有广泛的读者和作者群体，备受同行专家关注和喜爱，具有比较大的发行量和覆盖面，其影响因子和被引频次等多项综合评价指标居本学科或相关领域之首。

（4）具有很好的社会效益、学术效益和经济效益。

（5）期刊的总体设计周密、严谨，特色突出，学术质量、编辑质量和印刷出版质量精良。

（6）树立和形成期刊独特的品牌所特有的识别名称或标记，也就是说应具备良好的品牌形象和品牌影响力。

五、国际化科技期刊概念

所谓国际化科技学术期刊的标志是：

（1）作者与读者的国际化，首先其稿源应国际化，具有国际上多国作者来稿，并具有国际读者阅读。

（2）被国际著名权威检索系统或数据库（如SCI、EI、CA、Medline等）收录，能及时进入国际学术交流系统和被检索，融入世界科技学术交流体系。特别是能被本领域世界著名专业检索系统或数据库收录，及时被世界同行检索或了解。

（3）在国际上具有一定知名度，具有一定数量的多国国际作者投稿和论文发表。

（4）期刊发行国际化，并发行到一定数量的国家、地区和拥有一定数量的海外发行量。

（5）期刊为国际通用语言或双语期刊（或富有内容翔实的英文摘要）出版。

（6）具有一定数量的国际编委。

应该说具备上述几条，就基本具备了国际化科技学术期刊的基本特征。

六、科技学术期刊的办刊原则

科技学术期刊的功能和作用、办刊方针和办刊宗旨决定了科技学术期刊的办刊原则必须以社会效益和学术效益为基本准则；以宣传党和国家科技政策、引导学术潮流、推动科技进步、促进知识创新和繁荣学术交流为基本前提。同时坚持以学术引导期刊经营，实现社会效益与经济效益的最佳结合，即使期刊社或编辑部实行"企业化"管理，也应牢记科技学术期刊的社会责任，绝不能单纯以盈利为目的，只追求经济效益，脱离办刊方针和办刊宗旨，扭曲科技学术期刊在广大科技工作者心目中的神圣形象。因此，办刊人的最高追求是：不仅要将期刊办成社会效益、学术效益与经济效益完美结合的"双效"期刊，而且要使期刊成为读者和作者都喜爱的"双爱"期刊。

第三节　科技学术期刊的发展趋势

一、出版周期缩短、刊载容量扩大

近年来，我国科技学术期刊的出版频率明显提高，信息容量也在不断扩大，其统计结果表明，周刊占0.35%，旬刊占0.19%，半月刊占到2.32%。近年被SCI收录的科技学术期刊总被引频次前20名期刊中，周刊、半月刊就占了70%，这对提高我国科技学术竞争力和科技成果的首报权创造了条件。为适应科学技术迅猛发展的需要，大多数我国科技学术期刊在缩短刊期、增加容量，大量半月刊、旬刊甚至周刊在逐步增加。科技学术期刊的刊载容量、信息密度及刊物印张数也将不断增加。同时利用互联网远程在线投稿、远程在线查询、远程在线审稿、远程在线信息沟通与交流等，也将缩短稿件处理的周期，不断提高科技学术期刊的时效性。

二、科技学术期刊专科化，受众读者专业化

当今科学发展的一大特点是学科高度分化，分科越来越细，专业化程度越来越强。我国科技学术期刊也不例外，学科分化加速，专业性强，具有学科特色的科技学术期刊能集中并迅速反映本学科的最新学术动态、信息和研究成果，备受本学科专业技术人员和专家学者的关注，是同行学术跟踪的重点。过去以一级学科和二级学科为主的综合性科技学术期刊，逐步被三级学科和亚学科或亚专业所替代，这无疑加大了综合性科技学术期刊的办刊难度和经营难度。

三、纸版期刊为主，全媒体化并重

受传统阅读习惯的影响，在今后相当长的时期内，纸版期刊仍将是我国科技学术期刊的主流；但是，随着信息技术在出版业的广泛应用和普及，科技学术期刊的出版形式必将多样化，特别是数字化或全媒体化期刊出版是期刊出版的一大趋势，网络版、电子版、光盘版科技学术期刊逐渐会被广大科技工作者所接受和普及，使阅读方式和获取信息的手段发生革命性变化，并成为广大科技人员获取科技学术信息的重要途径和手段。此外，同一种科技学术期刊也将出现不同语种的版本，甚至在印刷装帧形式上出现普通版、豪华版，以满足不同科技工作者的需要。

四、面向国际办刊，国际化趋势显著

在我国科技学术期刊中纯英文版占3.22%，而且大部分影响较好的科技学术期刊都有英文摘要（双语期刊），并且具有品牌影响力的科技学术期刊普遍吸引跨国编委或国际编委，而且数量不断增多，国际作者投稿也逐渐提升。我国被国际著名权威检索系统收录的科技学术期刊不断增多，其影响因子和被引频次也都在不断提高，这极大地促进了我国科技学术期刊融入国际学术交流体系的进程，进一步提高了我国科技学术

期刊的国际化程度，同时也提高了国际学术地位。

五、办刊单位集约，出版形成规模

科技学术期刊的集团化和规模化发展趋势，是期刊市场化发展的必然结果，只要出版规模提升和增强，就能占有相应的市场份额。国外已经有许多这方面成功的范例，如英国布莱克威尔科学（Blackwell Science）出版公司拥有的科技学术期刊就达600多种。科技学术期刊经营规模化、管理企业化，将为未来实行股份制经营，建立明晰的产权制度，为我国科技学术期刊的发展增添活力、奠定基础。目前我国比较有规模的科技学术期刊出版刊群有中国科学院刊群、中华医学会刊群、中国医师协会刊群、中华预防医学会刊群、卓众出版社刊群等，这些都具有集团化发展的规模和趋向。

六、市场划分趋细，竞争逐步有序

随着学科的不断分化和细分，使大多数科技学术期刊的读者定位越来越专一，刊物之间的竞争也日趋激烈。在保持部分高水平科技学术期刊学术性、公益性和主办单位作为投资主体的前提下，我国科技学术期刊中的绝大部分将进入市场，其出版单位将实行股份制改造，需要引入多元化的融资、投资。随着科技学术期刊的发展，科技期刊之间的稿源竞争、人才竞争、广告竞争等也会逐步从无序到有序，最终优胜劣汰，适者生存，重新布局。

七、科技学术期刊的数字化与网络化加速

在当今信息化、数字化、网络化、智能化、多媒体化和大数据时代，科技学术期刊的编辑出版和传播也进入新的时代，人们的阅读方式实现了多元化，如传统纸版期刊、网络版期刊、电子版期刊、数字化期刊等，而且阅读和信息获取实现多媒体化、便捷化和智能化，特别是有些科技学术期刊实现开放获取，为阅读和获取信息提供了经济便捷的手段，这无疑为科技学术期刊有效扩大传播半径提供了极好机遇，但同时，也给纸版期刊的发行量带来了很大冲击。作为科技学术期刊，必然要适应数字化和网络化新时代的到来，适时抓住机遇，在做好科技学术期刊传统纸版编辑出版的同时，调整科技学术期刊出版业态，实施数字化、网络化出版和全媒体形式传播手段的开发和利用，以全面促进和实现科技学术期刊编辑出版和信息传播的现代化。

第四节　科技学术期刊编辑出版存在的问题

一、科技学术期刊数量多，具有国际品牌影响力的期刊较少

我国科技学术期刊从数量上可以称得上是期刊大国，但其质量与发达国家比较还有相当大的差距。主要表现在国际化程度低，缺乏具有国际影响力的知名期刊，被国际著名权威检索系统或数据库收录的科技学术期刊较少，特别是被SCI收录的科技学术期刊数量不多，其影响因子普遍不高，这与我国的国际地位、综合国力和科学技术

研究实力是极不相称的，也在某种程度上影响了我国科学技术在国际上的影响力。造成这种现状的原因是多方面的，既有整体科技创新水平发展的有限性，也有编辑出版质量、期刊环境和语言交流的局限性等诸多因素。

二、期刊管理体制滞后，难以适应科技学术期刊发展

我国科技学术期刊的管理方式仍然是计划经济体制下形成的管理体制，杂志社或编辑部多年来按照"事业单位企业化管理"或"事业单位行政化管理"模式，政出多头，缺乏自主经营权利。其运行机制、管理体制、运行模式、经营方式都难以适应当前科技学术期刊发展的实际需要，缺乏竞争意识和竞争能力。

三、政策导向偏差，高质量论文流失

国家有关部门、科研院校、职称评审主管部门存在政策导向偏差，过分看重国外科技期刊的论文发表，人为夸大和强化SCI收录的作用，并把在国外发表论文和被SCI收录期刊作为评价科研人员业绩、职称评审、导师评定、重点课题评审等推崇指标。有关部门还通过媒体公布其排行榜，对科研院校和专业技术人员形成巨大社会压力，致使科技人员产出的大量高水平科研论文投向国外科技学术期刊，造成优秀论文流失，使国家投入大量人力、物力和科研经费完成的重大科研成果率先发表在国外期刊上。如作为我国科学研究主力集团军的中国科学院系统，1993年以来1/4以上的优秀研究成果的论文投向国外期刊，还有的研究所论文国外投量超过其论文产出量的50%，甚至有的超过80%，导致我国科技学术期刊不能完全反映我国总体科学研究创新水平，致使科技学术期刊学术质量下降。

四、期刊信息量小，学术时效性差

在我国科技学术期刊中，其出版频率为月刊、双月刊、季刊的占95.9%，而周刊、旬刊、半月刊仅占3.86%，并且每期页数少、信息容量小。此外，论文评审周期过长，审稿机制难以满足科研人员学术竞争和快速发表的要求，导致发表时滞过长，学术时效性差，有的期刊一篇论文发表时滞在1～2年，这也是导致科研人员将论文投向国外期刊的客观原因之一。

五、期刊定位偏差，内容缺乏特色

我国一些科技学术期刊在自身的内容定位和读者定位上存在偏差。一是内容定位欠准确，期刊是面向国际还是面向国内办刊，是以提高为主，还是以普及为主，有的定位并不明确；二是读者定位欠准确，未能瞄准目标读者，过分追求所谓的"国际交流"，而忽视国内读者的实际需要，忽视了到底是为谁办刊的最基本问题，到头来国人不喜欢，外国人不看，既失去国内读者，又抓不住国外读者，使期刊处于尴尬境地也就在所难免了。

六、重复办刊，资源分散

我国科技界的各级学术团体、科研院校（所）、出版企事业单位、政府各部委等都

在办刊，有的甚至互相攀比，不是从学科和学术整体发展的需要出发，而是争学术山头，追求名利，通过各种渠道争相办刊。不同地区、不同级别的科研院校、学术团体几乎都在办刊，刊物报道内容雷同，重复办刊现象突出。有些刊名只有一字之差，所刊登内容缺乏创新性及实际学术价值，只是单纯满足了作者发表论文的功利目的，因而造成办刊规模小且散，期刊成本高、实力弱，期刊资源过度分散、稿源分流。如高校学报就有1900多种，不仅达到一校一刊，而且不少高校已是一校多刊，其中多数是高度综合性期刊。同类高校学报的报道内容雷同，刊载论文的质量较低，而且稿源缺乏，低层次重复报道或重复发表比比皆是，发行量超过千册的很少。

第五节　科技学术期刊总体发展策略

在未来10年内，我国科技学术期刊发展的基本战略方针是：以改革科技学术期刊管理体制为前提，以提高科技学术期刊质量为中心，创造精品期刊为重点，以优化科技期刊发展环境和加强监管为手段，以推进和实现科技学术期刊国际化和创办具有国际影响力的科技期刊为目标，促进我国科技学术期刊全面和可持续发展。其战略重点是：优先支持和发展我国重点学科、优势学科、前沿学科、新兴学科、涉及国计民生的学科、高新技术学科、民族特色学科及与国民经济发展密切相关的专业领域等。鼓励和支持加快期刊国际化，创办国际性期刊或与国外联合办刊，以促进期刊的国际化进程，促进我国科技学术期刊尽快走向世界，实现科技学术期刊国际化，是我国科技学术期刊未来发展的重点和目标。

一、突出重点，有所为有所不为

我国现有科技学术期刊5000多种，都实现国际化和走向世界是不可能的，而且也没有必要。因此，从优化科技学术期刊结构入手，整合期刊资源，突出重点，择优扶持，优胜劣汰，促进发展。必须坚持"有所为有所不为"的原则，突出重点，集中各种优势资源，实施分类指导，扶持一批，带动一批。一是重点选择一批我国优秀科技学术期刊或已基本具备国际化的品牌期刊、优势学科和重点学科期刊、具有民族特色学科期刊，实施重点出击战略，加大扶持力度，打造国际化期刊，向国际水平靠近，直接冲击世界水平。二是扶持一批面向国内的重点精品期刊，力争每一个学科或专业领域均有一个学科"旗帜"性的领衔期刊，脚踏实地为我国广大科技工作者服务，以立足国内、面向世界的策略逐步扩大国内外的影响。特别要重点扶持其英文版期刊，在打造中国科技学术期刊"国家队"的同时，全面提高中国科技学术期刊的水平，以满足不同层次受众群体的需求和国际交流的需要。一方面"国家队"以脚踏实地的国际化战略稳步地冲击世界水平和走向世界；另一方面，要求绝大多数以中文出版的科技学术期刊秉承为国内读者服务的宗旨矢志不移，以求真务实的精神切实为我国的科技工作者服务。

二、调整期刊结构，合理配置期刊资源

国家相关管理部门，适时运用法律或行政手段，加强管理，对我国科技学术期刊总

量、布局、学科和专业结构、质量和效益实施宏观调控，实施资源重组，合理配置，以利充分发挥总体资源的效益。对发行量极小、效益极差、质量不好、水平不高、无任何影响和雷同重复的科技学术期刊实行调整，积极倡导和支持科技学术期刊联合、兼并、重组，促进和加快科技学术期刊布局和结构的合理性。通过10～15年努力，基本实现我国科技学术期刊布局和学科结构合理、创办出一批具有世界品牌的期刊，真正形成一批在国际上具有影响力的科技学术期刊，初步从科技学术期刊大国向科技学术期刊强国迈进，并建立起我国科技学术期刊评价体系和科技学术期刊发展的激励机制，创造有利于科技学术期刊良性发展、充满生机与活力的科技学术期刊管理体制和社会环境。

三、实施国际化发展战略，提高科技学术期刊国际化程度

实施科技学术期刊国际化的走出去战略，是我国科技学术期刊发展的重要目标和战略重点，也是我国科技学术期刊发展的必由之路，应坚定不移地走下去。

众所周知，知识经济全球化必然促进科技学术期刊的国际化，这是世界科技及期刊发展的大趋势。世界著名科技学术期刊的成功经验之一，就在于高度的国际化程度，起点就是面向世界。世界科技学术期刊强的美国、英国占据世界科技学术期刊的核心地位，其原因之一也在于科技学术期刊的国际化。它从一个侧面反映了美、英两国科技创新实力及学术水平，也反映了两国科技学术期刊国际化发展的必然结果。值得一提的是，虽然整体科技实力和科研创新水平尚不很高的新加坡，在科技学术期刊国际化方面却走出了成功的道路，每年被SCI收录的期刊有30多种，并且其平均影响因子高于日本和法国被收录期刊，在世界科技期刊行列中占有一席之地，是科技学术期刊国际化的典型国家。因此，我国科技学术期刊也必须走出去，尽快跻身世界先进行列，实施国际化战略。

四、实施精品战略，塑造精品科技学术期刊

既然期刊具有商品属性，也必定具有品牌的属性和固有效应。所以，打造精品期刊或品牌期刊是走向世界和提高核心竞争力的重要措施及途径。在目前形势下，当务之急是对我国已形成品牌影响力的期刊或具有打造成精品期刊潜力的科技学术期刊应重点加以扶持，催化发育，促进成熟和发展。从现在起到2025年，在我国争取有100种科技期刊成为知名精品期刊，并在国际上具有一定的影响力和知名度；努力争取有300种科技学术期刊成为国内知名品牌期刊。

五、实施集约化经营，规模化发展

实施科技学术期刊出版的集团化和集约化是世界科技学术期刊发展的成功经验之一。如荷兰的艾尔斯维（Elsevier）科学出版集团出版的期刊达1800多种；德国的施普林格（Springer）出版公司出版的期刊已达700余种；英国的布莱克威尔科学（Blackwell Science）出版公司出版的科技期刊达600多种；而我国目前尚无如此规模的期刊出版集团。国际上期刊出版业的集团化和规模化也是经历了由小到大、由弱到强的发展过程；经历了兼并重组、跨国出版经营的艰苦发展历程。如美国在20世纪60年代，其出版社大部分是势单力薄的私人公司，到20世纪70年代后期，这些小出版社被

大出版社兼并重组，逐渐形成强大的主流期刊出版集团公司。因此，要逐步改变目前我国科技学术期刊分散办刊的格局，实施统一规划、统一布局，以发展共性、保持个性的策略，支持和鼓励期刊强强联合、期刊自愿联合、品牌扩张、吞并和重组等形式，走规模化、集约化和集团化出版经营的道路，以壮大科技学术期刊出版规模，提高科技学术期刊出版的经营效益和国际竞争力。

六、科技学术期刊出版多元化，传播方式网络化

充分运用现代技术，实行科技学术期刊出版媒体的多元化，促进和探索纸版、电子版和网络版等多种载体形式并存和一体化出版模式，充分发挥网络技术，支持重点期刊的网络化建设，特别是要重视和加强科技学术期刊的数字化出版，开发和培育数字化出版产业，实现信息资源共享。加快和运用现代化编辑出版技术，改善编辑出版和发行环节的技术支撑，实行网上投稿、审稿、编稿及发行，真正提高编辑出版现代化和工作效率。

七、重视科技学术期刊编辑人才教育，促进编辑队伍建设

科技学术期刊编辑出版事业发展的关键在人才，稳定和培育编辑人才、编辑出版管理人才、经营人才，是科技学术期刊可持续发展的保证。建立一支高素质的既懂编辑、又懂学科专业知识和管理的编辑队伍是科技学术期刊发展的基本前提。

八、重视专科学术期刊发展，促进期刊专业化

当今科学发展的一大特点是学科高度分化，分科越来越细，专业化程度越来越强。科技学术期刊也不例外，学科分化加速，专业性强，具有学科特色的科技学术期刊能集中并迅速反映本学科的最新学术动态、信息和研究成果，备受本学科专业技术人员和专家学者的关注，是同行学术跟踪的重点。在发达国家的科技期刊中，内容专业化趋势明显，甚至达到"单刀直入"的程度，即对一种细胞、一种物质、一个器官、一种蛋白质就发展成一种期刊，如美国出版的《干细胞》（*Stem Cell*）、《白细胞生物学》（*Journal of Leukocyte Biology*）；英国出版的《血栓形成研究》（*Thrombosis Research*）、《血小板》（*Platelets*）等。德国施普林格（Springer）出版公司一年中新创办27种科技期刊，涉及29个专业学科。一些综合性科技期刊也逐步发展为按专业分专科出版，即使出版综合性科技期刊，其各期也都有不同的专业侧重点，以提高读者兴趣，吸引读者订阅和阅读。如美国《电气与电气工程师协会会刊》，如今发展为68种专业期刊，内容涉及不同的研究领域。因此，我国应有重点地发展专科或专业性较强的科技期刊，特别是一些前沿领域或新兴学科，以利引导和促进学科发展。

九、出版周期快捷化，出版形式灵活化

目前国际科技出版速度快、发表时滞短、信息传播快捷是其特点，也是我国科技人员的共识和优秀论文外流的原因之一。国外科技期刊，特别是国际著名科技学术期刊，其出版频率一般较快，而且其编辑形式也比较灵活，可随时根据稿源情况增减页码，以减少稿件积压，加快出版周期。另外，近年国外快报类科技期刊的发展又是其

一大特点。如美国《物理评论快报》《传染病快报》《艾滋病快报》《儿科学快报》，英国的《酶快报》，荷兰的《化学物理快报》等；有的形成系列，如美国的《癌症快报》《单克隆抗体快报》系列等，《癌症快报》已经发展成为30多种有关癌症研究的快报系列。因此，我国对科技期刊应放开出版频率和页码数量的限制或审批，期刊可根据学科发展需要或稿源情况灵活运用不同的编辑出版形式，以利缩短出版周期，加快科技信息的传播速度。

十、学术性与普及性并重

在科技学术期刊的发展上，在优先重视科技学术期刊发展、提高我国科技创新水平的同时，应加大科学普及性期刊的出版。在全面推进知识创新的同时，大力提高科技知识的普及，促进创新知识和成果的转化、推广与普及，使其尽快被广大劳动者接受和掌握，转化成为生产力，这也是提高全民科学文化素质的重要措施，是科技期刊的重要功能和社会责任。

第六节　科技学术期刊发展战略

在当今科技学术期刊竞争激烈的形势下，我国科技学术期刊既要注重发展战略和策略，同时又要有相应的发展对策，以应对竞争环境，确保我国科技学术期刊健康发展。

一、改革经营管理体制，增强自我发展能力

实施"非营利性公益事业管理"或"公益性企业管理"，为科技学术期刊发展提供体制保障和社会环境。对科技学术期刊不应当作为一种"产业"，科技学术期刊不可能也不应该单纯以盈利为目的，而应该是公益性和服务性事业，否则科技学术期刊的办刊宗旨、目的、功能和作用就会扭曲，最终影响或制约科技学术期刊乃至科学技术的发展。国家对科技学术期刊的管理应纳入非营利性政策性出版事业，作为"公益性事业"或"公益性企业"实施管理，实行减免税收政策，以尽可能扩大科技学术期刊的经营积累，最大限度地提高自我生存和自我发展的能力。

按照现代企业制度和运行机制，选择具备条件的期刊社实行办刊主体产权体制的改革，建立科技学术期刊和资本运作与结合的有效机制，吸收社会资本，扩大融资渠道，壮大期刊出版实力。对具备条件的科技期学术刊社可实行股份制改造，逐步向股份制过渡。积极推进科技学术期刊经营体制改革，经过5年努力，实现由事业单位管理体制转变为"企业管理"体制。应允许科技学术期刊与国外合作办刊，期刊强强联合、兼并重组、联合办刊、品牌扩张，以及与国内外相关企业联合主办或协办等，以整合社会资源，多渠道广开期刊资金来源，增强期刊经济实力，促进期刊发展。

二、扶持重点，分层面发展

按照直接冲击世界水平和重点面向国内两个层次，在资金和政策上给予全方位支

持，建立精品科技学术期刊培育、评价、遴选和激励机制。

1.世界层面　面向国外，冲击世界水平。重点创办和扶持高水平的外文版科技学术期刊，塑造品牌，直接面向世界，参与世界学术交流和国际竞争。读者定位主要面向国外相应领域的科技人员和学者；作者定位以国内为主，同时兼顾国际，吸引国外作者，办成国际化科技学术期刊。

重点扶持的范围限于我国重点学科和已具备国际化的优秀品牌期刊，一般以一级学科命名的科技期刊或综合性科技学术期刊为主，如《中国科学》《中国农业科学》《中华医学杂志》等，塑造"中国的 Nature 和 Science"。

2.国内层面　读者和作者定位以我国母语科技工作者和学者为主，根据本国国情和广大科技人员的需要，首先脚踏实地地满足国内读者和作者的学术交流，直接为我国广大科技工作者服务，同时兼顾国际化策略，参与国际竞争。重点扶持我国重点学科或重点领域的科技学术期刊，特别是优先扶持我国已有或具备条件的优秀科技学术期刊，如已有的获"国家期刊奖"的科技期刊、"百种中国杰出学术期刊"等。建议国家在政策、资金和人才上给予倾斜，加大支持力度，促进其发展。

三、实施科技学术期刊精品工程项目，加快落实科技学术期刊精品战略

为配合国家知识创新工程的实施和科教兴国战略的落实，同时促进科技学术期刊精品战略的实现，国家应设立并启动"中国科技学术期刊精品工程"，重点遴选100种优秀科技学术期刊，国家拨专款，设立"科技学术期刊精品工程专项基金"，实施重点资助，连续资助5年。并建立评审考核制度和评价标准，实施阶段性动态考核，考核结果面向学术界开放，接受学术界专家学者的评判和监督，并实行末位淘汰制，5年内达不到标准的将退出精品工程，达到指标要求的可继续纳入下一个5年的连续资助。对未列入精品工程的科技学术期刊，若符合标准要求可即时进入精品工程名单加以重点资助扶持，形成科技学术期刊的竞争机制，真正形成优胜劣汰、促进发展的局面。首先成立"国家科技学术期刊精品工程专家委员会"，制订"精品科技学术期刊"标准、评价指标体系和遴选程序，对进入精品工程的科技学术期刊向学术界公示，然后实施重点扶持资助，并实施动态管理。

国家科技部、中国科协或国家自然科学基金委员会，应设立专项基金，重点资助和扶持具备国际化和优秀的科技学术期刊，特别是不同学科的领衔期刊应重点予以资金扶持。此外，应正确引导并建立激励机制，积极倡导我国科技工作者将研究论文首先投向和发表在我国科技学术期刊，特别是国家重点资助课题，应首选中国科技学术期刊，以利提高我国科技学术期刊的学术质量和水平，提高我国科技学术期刊的学术影响力。

四、加快科技学术期刊出版集团化和集约化经营的步伐，提高发展的实力

国家可选择一批办刊实力强，社会效益、学术效益和经济效益好的期刊社、学术团体或科研院校，重点支持和培育成立科技学术期刊出版集团。也可以实行股份制形式，打破科技学术期刊主管和主办单位的行政划分界限，按照学科领域或行业组建科技学术期刊出版集团，实施集约经营，有效重组与合理配置科技学术期刊资源。鼓励

兼并、重组、资源整合、品牌扩张，壮大科技学术期刊出版集团的实力。

五、放开科学普及性期刊的发展限制，实现科普期刊的市场化

改革科普期刊的管理制度，放开科普期刊的发展限制，实行申办科普期刊登记制度。真正将科普期刊推向市场，实行企业化管理、市场化运作，在市场中实现自我生存、自我发展、自由竞争的市场机制。同时加大对科学普及期刊的政策支持，提供宽松的政策环境，国家不一定给予资金支持，但应给予足够的政策支撑，鼓励和支持现有科普期刊走强强联合、兼并重组、跨国经营、中外合资经营、规模化经营和集团化经营的道路。鼓励和支持同一学科领域学术性科技期刊与科普性期刊的整合、兼并重组，以科普养学术，以学术促科普，实现优势互补，促进共同发展。应放宽科学普及性期刊的审批，实施市场化机制和管理，营造自我生存、自我发展、优胜劣汰、适者生存的社会竞争环境，并给予适当的减税政策，以促进和鼓励科学普及性期刊的发展。

六、实施专业化管理，促进科技学术期刊协调发展

科技学术期刊是科学技术的重要组成部分，其发展应与科学技术的发展需要相适应，因此，建议国家科技部对科技学术期刊实施有效的专业管理和宏观调控，使科技学术期刊的发展与我国的科学技术实力和实际需要相适应，实现学科合理布局、协调发展的目标。建议国家科技部从科学研究经费中，划拨专款，设立"科技学术期刊发展专项基金"，重点扶持优秀科技学术期刊的发展和促进科技学术期刊的国际化，满足科学技术学术发展和国内外学术交流的需要。

七、完善科技学术期刊法规建设，规范科技学术期刊管理

完善和加强科技学术期刊编辑出版的法制化建设，修订已有的科技学术期刊管理办法和条例，进一步明确科技学术期刊的地位和性质，完善科技学术期刊发展的配套政策，制定科技学术期刊出版法，为科技学术期刊的发展提供法律支撑，依法实施管理，保证科技学术期刊健康有序的发展。

八、实施分类指导，个性化管理

不同学科领域和不同性质的期刊，有时缺乏可比性。要提高管理的科学性和有针对性的管理，应对科技学术性期刊、科学普及性期刊与社会科学期刊实行分类管理，制订相应的管理政策和措施，克服"一刀切"管理带来的弊端，使科技学术期刊遵循不同性质、社会功能、社会需要而科学合理地发展。对科技学术性期刊和科学普及性期刊，应放宽政策，根据市场需求和科学发展需要放开发展，国家主管部门对其实施正确引导和宏观管理。

九、重点扶持和发展我国科技学术期刊检索系统及数据库

重点扶持我国已初具规模的科技学术期刊检索系统和数据库，逐步打造具有国际影响的科技学术期刊检索系统，促进我国科技学术期刊检索系统的国际化，并努力提高其国际影响力，争取我国现有科技学术期刊检索系统或数据库进入国际著名检索系

统行列，并且实行免费登录或查阅信息，实现科技信息资源共享，从而促进科学技术进步。

十、增强科技期刊国际影响力，促进科技期刊国际化

当前，我国科技创新和科技实力不断增强，科技论文产出已位居世界第二位，但科技期刊的国际影响力却落后于我国日益增长的科技实力和科研论文产出。因此，加快科技期刊国际影响力的提升，是我国科技期刊发展的战略重点之一。

1. 国家科技实力与科技期刊影响力相匹配　我国科学技术发展迅速，科技实力不断增强，世界科技中心转移的趋势突显。因此，我国科技期刊的发展应与国家科技实力发展相适应，努力创办出具有国际化和国际影响力的科技期刊。中国要成为世界科技强国，除了拥有一批世界一流的科学研究机构和学术机构、研究型科研院校、创新型企业外，还要拥有一批具有国际化和国际影响力的科技学术期刊。

2. 科教兴国与科技期刊强相依托　在发展科技强国的同时，必须有科技期刊作为重要的科技支撑。科技学术期刊要为提高全民族科学文化素质、普及科学知识提供条件，同时，科技期刊也要为科技成果转化为生产力发挥桥梁作用，科学技术对国民经济的贡献力是通过科技成果转化为生产力而体现出来的。

3. 找准差距，创办世界一流期刊　要找准和明确我国科技期刊与国际著名科技期刊的差距，扭转我国科技期刊由数量型向质量型的转变，努力改变我国科技期刊国际影响力不高的劣势。同时，采取措施，吸引高水平科研论文回流，尽可能发表在我国科技期刊上，以提高我国科技期刊的学术质量和国际影响力。

4. 以改革为突破口，全面提升科技期刊影响力　要加大科技期刊体制改革，在去行政化上下功夫；同时要改进科技期刊的调控手段，为科技期刊营造更好的生存和发展环境。

5. 要加快数字化转型，实现全媒体出版传播　要努力提升我国科技期刊的传播力、传播半径和影响力，应在数字化转型出版和全媒体出版上下功夫，在我国家科技创新发展战略的推动下，全面提升我国科技期刊国际影响力。

十一、科技学术期刊双语化，文字语言国际化

英语作为国际化语言，是目前科学知识传播和学术交流的国际通用语言，同时也是科技学术期刊国际化的重要标志之一，是科技学术期刊通向世界的桥梁。从SCI收录我国科技论文也可以看出，收录的论文绝大多数为英文版期刊。因此，科技学术期刊国际化，首先应该是语言的国际化。为尽可能节省资源，兼顾广大母语读者的利益和学术交流的便利，有条件的科技学术期刊应实施双语化，也就是除重点扶持一批全英文版期刊外，大部分科技学术期刊实行双语，即适当加大英文摘要的字数，以能充分说明其研究目的、方法、结果和结论为前提，促进我国科技学术期刊的国际化和国际学术交流。

第32章

科技学术期刊品牌评价实践与应用

以中国科学技术协会（科协）所属科技期刊作为品牌评价样本，对期刊品牌状况进行相关指标评价。截至2008年9月30日共有960种，在国内外具有较好的学术影响力，它基本反映了我国科学技术发展的水平和进程，也从一个侧面反映了我国科技期刊发展的水平。为比较客观地了解科协所属科技期刊品牌建设的现状、品牌影响力和品牌市场状态或品牌类型，本章通过设计客观指标和主观指标进行统计分析。客观数据统计采用红头文件通知形式，向各期刊编辑部发放调查统计表，并实行网上填报，共收回610份，有效统计调查表610份。主观指标采用抽样调查方法，通过不同学科期刊编辑部向读者和作者发电子问卷调查表的形式获取；共发给25个不同学科期刊编辑部，有23个编辑部收回问卷，共收回作者和读者问卷2023份，有效统计问卷1970份。调查和统计分析结果显示，中国科协所属科技期刊处于"强势品牌状态"，并具有期刊品牌集群化的发展趋势或特点。

第一节　科技期刊品牌评价对象与分析方法

调查设计有两类指标，第一是客观指标（硬指标），第二是主观指标。客观数据由编辑部在网上填报，汇总分析获取；主观数据通过不同学科期刊读者和作者电子邮件问卷调查获取。

一、期刊品牌影响力指标

1.客观指标　严密设计体现期刊品牌价值和影响品牌建设的客观指标，主要有学术质量指标、稿件指标、发行指标、期刊经营指标等，并通过统计软件进行统计分析。

2.主观指标　通过不同学科作者和读者问卷调查获取。采用分层与分类设计的方法尽可能控制偏倚因素。其内容设计为：以期刊的权威度、认可度、忠诚度、认知度、知名度、美誉度和信任度7个纬度反映品牌影响及认知程度。以期刊品牌识别率（提示提及知名度）、期刊品牌回想率（不提示提及知名度）、不提示第一提及知名度、提示第一提及知名度、非本专业提及知名度不同纬度呈现品牌状态。

（1）第一层：不加提示。请被调查者写出最熟悉的6种中国科技期刊名称（计算科协期刊提及频率）。

（2）第二层：不加提示。请被调查者写出自己专业以外最熟悉的3种中国科技期刊名称（计算科协期刊提及频率）。

（3）第三层。加以提示。给出35种不同学科我国科技期刊名称（其中含科协和非科协期刊）。请被调查者辨认并勾出其中最熟悉的期刊名称（计算科协期刊提及频率）。

（4）第四层：再分别计算第一、二、三层被调查者首先提到的第一种期刊名称中科协期刊提及频率。

（5）第五层：加以提示。给出3种同一学科领域的科协期刊名称。请同学科作者和读者做出综合整体评价，回答7项正反提问（体现7个纬度指标）。

二、期刊品牌抽样分析

1.为控制抽样偏倚因素　并考虑被调查者的依从性，在作者和读者群选取上尽量扩大学科面和样本量；选取25种不同学科领域的期刊编辑部，请编辑部协助通过电子邮件发给本学科领域的作者或读者填写，其中第5层分别给出相应学科领域3种期刊名称，即选取的25种不同学科期刊编辑部所发问卷分别为相应学科领域的3种科协期刊（因为科技期刊品牌具有很强的学科性，不同学科领域读者或作者难以客观评价），限期收回问卷，综合汇总分析。

2.期刊品牌状态评价　对统计的期刊品牌识别率（提示提及知名度）、期刊品牌回想率（不提示提及知名度）数据进行回归分析，采用国际公认的品牌认知模型分析期刊品牌市场状态。

第二节　科协期刊品牌培育和品牌建设

科技期刊是以内容为主的产品，质量是期刊品牌的生命，也是期刊品牌建设的基础。同时，期刊品牌的组织建设、品牌形象建设、"品牌载体"建设、品牌营销宣传等，对科技期刊品牌培育和发展也具有重要的促进与催化作用。

编审队伍在期刊品牌建设中的作用与影响

在期刊品牌建设中人才是第一要物，特别是编辑委员会（编委员）成员、主编和专职编辑队伍人才，对期刊品牌的培育和建设具有主导地位和关键作用。

1.编委会在品牌建设中的作用　科技期刊完善而健全的编委会对期刊品牌培育具有举足轻重的作用，特别是编委中著名专家、院士及著名学科带头人的数量，从一个侧面说明了期刊的品牌影响和凝聚力。实践证明，国内外著名品牌科技期刊无不凝聚着众多著名学科带头人或专家的力量，同时他们也为期刊的品牌培育发挥了"载体功能"和"形象代言人"的作用。对中国科协期刊的调查表明，在收回的610种期刊问卷中，具有健全的编委会组织的期刊占98.8%；平均每一个编委会拥有编委53.9人，如此算来，中国科协期刊目前拥有一支庞大的编委队伍，人数达到49 000多人，在其编委中拥有的中国科学院院士和中国工程院院士及外籍院士占7.5%，博士生导师占48.2%，正高级职称的专家占87.4%（表32-1）；拥有博士学位的占26.5%，拥有硕士学位的占32.2%，这说明中国科协科技期刊编委会凝聚了大量我国相应学科的高水平学术（学科）带头人，为期刊品牌建设发挥了重要的组织、载体和保证作用。

表32-1 中国科协科技期刊编审队伍情况调查表

职务	总数	学历								学术技术职称									
		博士	构成比(%)	硕士	构成比(%)	本科	构成比(%)	其他	构成比(%)	院士	构成比(%)	博导	构成比(%)	正高	构成比(%)	副高	构成比(%)	中初级	构成比(%)
主编	610	241	39.5	118	19.3	246	40.3	5	0.8	97	15.9	241	39.5	587	96.2	23	3.8		
编委	32 857	8689	26.5	10 593	32.2	12 930	39.4	645	2.0	2466	7.5	15 842	48.2	28 720	87.4	2131	6.5	384	1.2
编辑	4306	507	11.8	871	20.2	2033	47.2	895	20.8					1837	42.7	1134	26.3	1078	25.0
合计	37 773	9437	25.9	11 582	23.9	15 209	42.3	1545	7.9	2563	11.7	16 083	43.9	31 144	75.4	3288	12.2	1462	13.1

注：①调查数据截至2008年9月30日；②院士数为人次（含外籍院士）。

2.主编/总编辑在品牌建设中的作用与影响 科技期刊主编/总编辑是期刊的学术领衔人物，具有学术和学科领袖的影响作用，主编的学术影响、学术魅力和人格魅力对科技期刊品牌的建设和培育具有重要作用。两院院士、著名学术带头人、权威大家、学术名流等领衔主编/总编辑，对加速科技期刊品牌建设和品牌培育具有重要的"形象代言人"的作用，同时可有效提高科技期刊在读者和作者心目中的权威性；如《数学学报》的历届主编就先后由苏步青、华罗庚、王元、杨乐、陈景润、李炳仁等世界数学大师领衔，这就确立了期刊的学科地位和品牌影响力。因此，通过著名科学名流这一载体传播和影响期刊，对科技人员和读者可形成显著的期刊品牌效应和期刊品牌识别印记，对加速科技期刊品牌的形成具有深远意义。调查结果表明，在中国科协期刊的主编/总编辑中，中国科学院院士和中国工程院院士及外籍院士占15.9%，博士生导师占39.5%，正高级职称的专家占96.2%（表32-1）；拥有博士学位的占39.5%，拥有硕士学位的占19.3%，这表明，在中国科协期刊的主编中，凝聚和拥有大批我国各学科著名顶尖学科（学术）带头人，对科技期刊品牌建设发挥了不可低估的重要作用。

调查还显示，主编/总编辑在期刊品牌建设中的作用主要体现在：期刊学术内容的组织与策划，占68.7%；学术导向作用，占64.6%；组稿约稿，占42.6%；稿件质量把关终审，占73.3%；作用发挥不显著占14.6%；其他占3.4%（图32-1）。

3.编辑队伍在品牌建设中的作用与影响 在期刊品牌建设与培育中，专职编辑队伍是期刊品牌建设和品牌培育的直接策划者和实施者。因此，拥有高素质和高水平的编辑人才队伍是期刊品牌建设的关键。调查表明，中国科协期刊不仅具有一支庞大的专职编辑队伍，而且具备专家型和学者型的大批高级专业人才，这是期刊品牌建设的重要力量和基本保证。在调查的610种期刊中，每刊平均有专职编辑人员7.1人，如此计算，目前中国科协具有6400多人的专职编辑队伍；其中博士生学历者占11.8%，硕士生学历者占20.2%，本科学历者占47.2%；正高级职称人员占47.2%，副高级职称人员占26.3%，中级职称人员占25.0%（表32-1）。高水平的专职编辑队伍，为中国科协期刊品牌建设和品牌培育提供了组织和人才基础与支撑。

4.编辑出版机构在品牌建设中的作用与影响 期刊的主管机构、主办或管理机构、编辑出版单位等，以其国家或行政形象的权威性、学术影响力和学科在国内外的

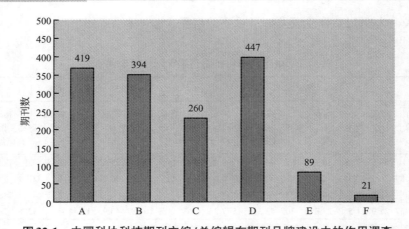

图32-1　中国科协科技期刊主编/总编辑在期刊品牌建设中的作用调查

A.期刊内容的组织与策划；B.学术导向；C.组稿约稿；D.稿件终审；E.作用发挥不显著；F.其他

领先地位，对期刊品牌培育发挥着重要影响作用，同时又具有"品牌载体"的作用，这是期刊品牌建设的重要保证因素。

5.期刊主办单位在品牌建设中的作用　期刊主办单位的权威性和社会影响与载体形象，如学术与科技共同体（学会、研究会、协会、科研机构等）的学术和社会影响，信息资源、专家资源、学术资源和学科的独特优势，对期刊品牌的培育和建设具有重要的载体与形象的影响作用。调查结果表明，在期刊主办单位中一级学会占94.5%，科研院所和大专院校占3.5%，大型国有企业占1.5%，其他占0.5%。调查统计表明，期刊主办单位在期刊品牌建设中的作用主要表现为：对期刊实施管理、监督和指导的占76.2%，为期刊提供物质和资金支持的占14.6%，帮助期刊组稿的占16.9%，为期刊提供专家资源的占26.1%，为期刊提供学术交流和宣传支持的占59.5%，其他占6.4%（图32-2）。

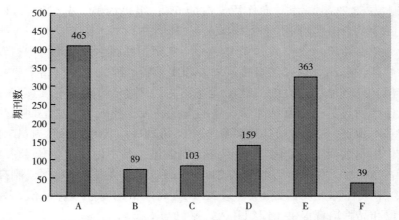

图32-2　中国科协期刊主办单位在品牌建设中的作用

A.主办单位对期刊实施管理、监督和指导；B.为期刊提供物质和资金支持；C.帮助期刊组稿；D.为期刊提供专家资源；E.为期刊提供交流和宣传支持；F.其他

6.编辑出版单位在品牌建设中的作用与影响　编辑出版单位的品牌载体形象和学术影响对期刊品牌的形成和培育也具有重要作用，如编辑出版单位在国内或国际的学术领先地位、优势学科地位、学术和社会影响、品牌影响与知名度、领衔学科带头人或科学家的国内外影响等，对科技期刊品牌的形成和培育具有重要的催化作用。在中国科协期刊中，其编辑出版单位在具有国内和国际学术影响的科学共同体或科研院所的占97.8%，这为科技期刊品牌培育和建设发挥了重要的基础与促进作用。

7.期刊主管单位在品牌建设中的作用与影响　期刊主管单位的权威性和公众及科技工作者的认可程度，是通过其行政和管理的权威性体现的，它能给读者、作者和社会公众以信任感和安全感，因而对期刊品牌培育和认知度的提高具有重要的载体作用。中国科协作为我国影响最大、权威性最强的科技社团和科学共同体，对其主管的科技期刊品牌培育本身就具有重要的载体作用和功能。同时，中国科协和主管部门重视科技期刊的品牌建设，以落实科技期刊精品战略为重点，实施了"科技期刊择优扶持""科技期刊精品工程""期刊品牌国际宣传"等项目，并实施政策引导，促进和加速了科技期刊品牌建设的进程。

8.学术质量建设在品牌培育中的作用与影响　在中国科协的重视和推动下，各刊编辑部重视和加强了期刊品牌建设，坚持以打造精品期刊为重点，以提高期刊学术质量为中心，采取主动组稿、跟踪国家重点课题和组织重点号等形式，突出学术报道重点和学科前沿，以质量求生存，靠质量创品牌，确保期刊学术质量和反映本学科最新进展，引领本学科学术潮流，推进科技进步和学术发展。

第三节　科协科技期刊品牌建设基本措施

1.跟踪重点课题，突出策划组稿　各刊编辑部注重跟踪国家重点科研攻关课题，加大主动策划组稿力度；同时，从国家重点课题基金论文比例，也可体现科学家对品牌期刊投稿的价值取向和期刊组稿的强度，在某种意义上也说明了期刊品牌的认可程度。调查统计结果显示，在中国科协期刊收稿总量中，省级以上重点课题基金资助论文的比例分别为：2005年占收稿总量的7.4%；2006年占7.8%；2007年占8.7%；2008年占8.6%，平均达到8.1%（表32-2）。但国际论文收稿的比例还不尽人意，总体比例占收稿总量的0.5%，这说明期刊的国际化程度还有待于进一步提高。

表32-2　中国科协期刊收稿情况调查统计占比

年度	收稿总数	国内论文数	构成比（%）	基金论文数	构成比（%）	国际论文	构成比（%）	国际合作论文	构成比（%）
2005	669 965	653 007	97.5	48 579	7.4	1673	0.26	1433	0.22
2006	720 848	700 731	97.2	54 379	7.8	1660	0.24	1575	0.23
2007	760 262	681 437	89.6	59 524	8.7	1855	0.27	1705	0.25
2008	493 635	443 976	89.9	38 336	8.6	1098	0.25	1212	0.27

注：2008年度数据统计截至2008年9月30日；基金论文为省级以上重点课题资助项目。

　　此外，特别是从中华医学会主办的118种期刊收稿情况分析，其稿件总体发表率为33.4%，学术重点号的发表率为45.3%，其中"中华系列"达到64.4%，策划组稿率达到10.2%；评论性文章发表率达到3.4%，其中"中华系列"达到5.8%，评论性文章发表率的高低体现了期刊的学术导向性。而省级以上重点课题基金资助论文比例达到19.3%，特别是"中华系列"高达30.0%（表32-3），这体现了期刊品牌的价值取向。

表32-3　中华医学会系列杂志2007年稿件质量比较分析（%）

类别	发表率	退稿率	重点号发表率	组稿率	评论性文章发表率	基金论文比
中华系列	33.0	67.1	64.4	11.6	5.8	30.0
中国系列	21.8	78.2	32.9	7.4	1.8	10.1
国际系列	45.5	54.5	38.7	11.7	2.5	17.7
平均	33.4	66.6	45.3	10.2	3.4	19.3

　　注：基金论文为省级以上重点课题资助项目。

　　2. 发挥编委学科领衔作用，跟踪学科发展前沿　各刊编辑部充分发挥编委会学科（学术）带头人云集的特点与优势，调动编委策划组稿的主动性和积极性，以利及时抓住学科发展中前沿课题与进展，集中反映本学科或专业的热点和难点问题，提高科技期刊的学术质量。调查统计表明，中国科协期刊编委组稿的数量和力度在逐年增加（图32-3）。国际编委组稿数量虽然呈逐年上升趋势，但其基数较小，数量有限，有待进一步加强国际编委的组稿力度，引导国外科学家投稿流向。

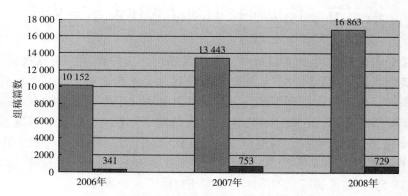

图32-3　中国科协期刊国内和国际编委组稿数量统计
浅灰色为国内编委组稿数；深灰色为国际编委组稿数

　　3. 开辟绿色通道，提高创新成果首发率　科技期刊创新性论文的首报率体现了期刊的学术权威性和品牌价值，也是国际著名品牌科技期刊的重要特征。为提高创新论文的首报率和首发权，不少期刊对具有创新性研究论文采取了优先处理的措施，以增强学术竞争力。调查统计显示，中国科协期刊有61.3%的期刊编辑部开辟了"绿色通道""快审通道""科研速报""研究快报"等形式，对具有国际首创或国内首创性论文采取加急处理，做到快审快登、限时发表，以提高首报率，增强学术竞争力。例如，中华医学会系列杂志有的期刊规定，对具有国际首创性论文，要求发表周期在3个月以内。调查统计显示，在中国科协期刊所发表的论文中，具有国际首创水平的论文占4.5%；国内首创水平的论文占13.4%；所发表论文获奖率占4.6%（获科技成果、优秀论文等）；一般性论文占77.5%（图32-4）。这说明中国科协期刊对创新性论文的首发率较高，基本能反映我国科学研究发展的现状和水平，在国内具有较高的权威性，体现了期刊品牌价值。

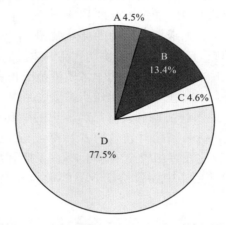

图32-4　中国科协科技期刊论文创新性调查统计

A.国际首报论文；B.国内首报论文；C.论文获奖率；D.一般性论文

4.落实精品科技期刊战略，加强期刊品牌培育　近年来，中国科协落实"精品战略"，实施和启动了"中国科协精品科技期刊工程"，并实施重点分类支持与培育的策略，突出重点，特别打造。2007年对精品期刊工程资助的数量分别为：A类4种，B类30种，C类44种。2008年资助数量分别为：A类5种，B类43种，C类53种。精品科技期刊工程的实施，为期刊品牌培育和品牌化建设发挥了重要作用。中国科协还建立和完善了建设精品科技期刊的机制、制度和措施，突出政策引导，加大管理和支持力度，为推动和引导各刊的精品期刊建设，全面塑造和培育期刊品牌发挥了重要促进作用，其影响和意义深远。

5.期刊质量不断提升，品牌影响突显　科技期刊影响因子和被引频次等指标是评价科技期刊品牌的客观指标之一，它是体现科技期刊被读者或作者关注程度和认知程度的重要评价要素，也是品牌科技期刊的重要构成指标和国际著名品牌科技期刊的基本特点。据2007年中国科技信息研究所发布，我国总被引频次≥1000次的期刊共有304种，其中中国科协期刊有251种，占总数的82.6%；影响因子≥1.0的期刊共有119种，其中中国科协期刊有98种，占总数的82.4%；中国百种杰出学术期刊63种，占总数的63.0%。2008年我国总被引频次≥1000次的期刊共有379种，其中中国科协期刊有289种，占76.3%；影响因子≥1.0的期刊共有136种，其中中国科协期刊有118种，占86.8%。2008年12月公布的国家科技基础条件平台建设项目《中国精品科技期刊》名录323种，其中中国科协有189种，占58.5%。2008年公布的"中国百种杰出学术期刊"，中国科协期刊有69种，占总数的69.0%，这充分说明中国科协科技期刊的品牌价值和品牌地位。

第四节　科协期刊品牌培育与营销

科技期刊品牌营销宣传是品牌建设的重要内容和组成部分，如期刊品牌标识建设、期刊品牌形象建设、品牌营销宣传、品牌延伸经营、品牌保护等，是期刊品牌建设和品牌培育重要环节。期刊品牌只有通过不断的品牌维护，才能不断保持和扩大期刊品牌影响，提升期刊品牌价值，形成期刊品牌的良性循环，同时也体现了主办者对期刊品牌建设的意识和重视程度，反映了中国科协期刊品牌建设的进程。

1.期刊品牌形象建设情况　科技期刊的学术质量是期刊品牌的核心要素，而品牌形象是期刊外在形式，是广大科技人员对期刊品牌形成品牌印记的重要标识，两者缺一不可。调查结果表明，中国科协期刊具有品牌标识的期刊占25.1%；期刊封面上标有学会会徽的占29.1%；具备名家题写刊名的占25.4%；实施期刊封面品牌形象设计的占43.0%；期刊设有品牌建设专用资金的占4.4%；无期刊品牌形象设计的占24.3%（图32-5）。上述调查结果表明，中国科协期刊品牌形象和品牌标识建设的意识尚待加强。

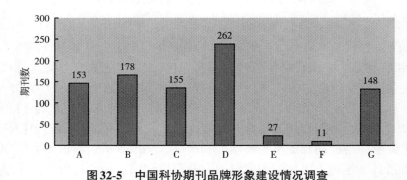

图32-5　中国科协期刊品牌形象建设情况调查

A.期刊品牌标识（Logo）；B.学会会徽；C.名家题写刊名；D.封面品牌形象设计；E.设有期刊品牌建设专用资金；F.其他；G.无期刊品牌形象设计

2.期刊品牌策划宣传情况　科技期刊品牌宣传是品牌建设的重要措施与手段，仅仅具有高质量的内容和形象是不够的，还必须不断实施期刊品牌的策划宣传，在广大科技人员、读者和作者中扩大知名度，同时树立良好的品牌形象，最大限度地扩大影响力和认知程度，提升和体现期刊品牌的溢价能力。

（1）期刊品牌推广活动：在期刊品牌国内和国际推广方面，通过调查显示，在中国科协期刊中，实施过发行宣传活动的期刊占81.5%；曾参加国际期刊展会宣传的期刊占11.8%；曾参加过国内期刊展会宣传的期刊占45.7%；实施广告宣传活动的期刊占41.0%；通过网络实施推广宣传的期刊占56.1%；采用其他宣传活动的期刊占11.0%（图32-6）。

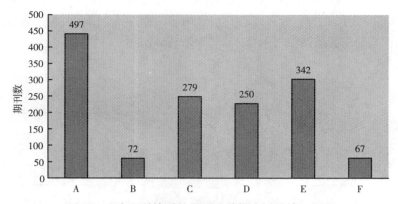

图 32-6　中国科协科技期刊品牌推广活动情况调查

A.发行宣传；B.国际期刊展会宣传；C.国内期刊展会宣传；D.广告宣传；E.网络宣传；F.其他

（2）期刊品牌网络化程度：随着网络化和数字化的发展，人们的阅读方式和获取信息的途径发生了巨大改革，而且其传播半径和传播速度达到极致，是目前任何传播媒介所无法比拟的。因此，纸版期刊同时配合期刊网站可有效扩大传播半径，最大限度地降低营销宣传成本，扩大读者量和文章下载量，并可有效提高期刊被引频次和影响因子，对促进期刊品牌影响的最大化和期刊品牌价值的提升具有不可替代的作用。调查显示，中国科协期刊建有独立网站的期刊占54.4%；尚未建立网站的占42.8%；建立英文网站或双语网站的占17.7%，未建立英文网站或双语网站的占80.6%（图32-7、图32-8）。这表明中国科协期刊的网络化和网站的国际化程度亟待提高，这对扩大和提高期刊品牌的辐射半径与国际影响十分不利。因此，加强中国科协期刊英语或双语网站建设，是期刊国际化和扩大期刊品牌国际推广的重要手段和途径之一。

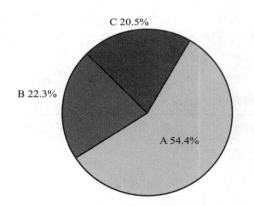

图 32-7　科技期刊网络化程度调查

A.已建立期刊网站；B.网站在筹建中；C.无建立网站计划

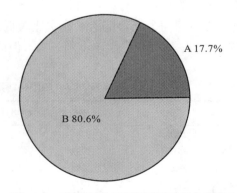

图 32-8　科技期刊英文网站建设情况调查

A.建立英文网站或双语网站；B.未建立英文网站或双语网站

此外，期刊网站内容和形式对读者具有很强的吸引力，它直接影响在线访问量和下载量，能有效扩大期刊影响，促进期刊品牌培育和建设。对期刊网站在线内容调查结果表明，全文在线并免费下载的网站占24.4%；摘要在线的网站占45.7%；编者、读者和作者互动内容的网站占35.7%；学科或行业信息内容的网站占25.4%；在线交易平台功能的网站占5.7%；其他内容的网站占4.4%（图32-9）。

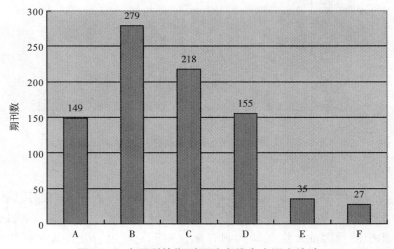

图32-9　中国科协期刊网站在线内容调查统计

A.全文在线并免费下载；B.摘要在线；C.编者、读者和作者互动内容；D.学科或行业信息；E.在线交易平台功能；F.其他内容

3.期刊品牌延伸营销　通过整合期刊品牌资源，实施期刊品牌延伸经营和营销，最大限度地促进期刊社会效益和经济效益的最优化，有效提升期刊品牌价值，促进期刊品牌建设和品牌价值的良性循环，同时，期刊品牌延伸营销和经营的过程，也是期刊品牌再造和完善的过程，是促进期刊品牌价值不断提升的重要措施和手段。

（1）期刊品牌会议交流营销：科技期刊通过主办和参与国内外学术会议、展览会、学术论坛等交流平台，可有效地提高期刊品牌的知名度和影响力。调查结果表明，中国科协各期刊会议营销活动频次比较低，从表32-4可见，各刊举办相关会议营销活动的较少，平均每刊一年还不到一次。但国际性刊际交流呈逐年增多的趋势。

表32-4　中国科协期刊品牌营销活动情况调查

年度	国内会议（次）	联合举办会议（次）	培训班（次）	国际会议（次）	国际刊际交流（次）
2005	2128	978	139	198	403
2006	2512	1093	179	234	472
2007	2805	1288	281	258	503
2008	2212	1267	298	212	1075

注：2008年度调查数据截至2008年9月30日。

（2）期刊品牌盈利项目分布：科技期刊的盈利模式或盈利点，它可体现出期刊品牌价值和品牌销售的状况，调查结果显示，科协期刊品牌销售盈利的期刊分别为：期刊发行盈利占83.6%；广告盈利占54.9；联合办刊盈利占7.6%；协办期刊盈利占15.8；

理事会盈利占7.5%；出版其他印刷品盈利占5.1%；举办学术会议盈利占19.1%；技术与学术咨询盈利占3.1%；收取版面费盈利占43.6%；举办培训班盈利占7.6%（图32-10）。这表明有不少期刊是靠收取版面费维持期刊的盈利与运行，期刊的品牌价值没有得到充分的体现。

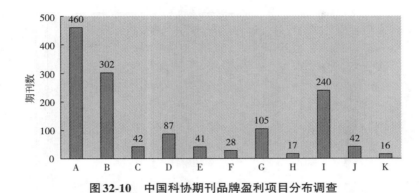

图32-10 中国科协期刊品牌盈利项目分布调查

A.期刊发行；B.广告；C.联合办刊；D.协办期刊；E.理事会；F.出版其他印刷品；G.举办学术会议；H.技术与学术咨询；I.收取版面费；J.举办培训班；K.其他

（3）期刊品牌的市场化程度：品牌具有很强的市场属性，是市场化的产物，其市场化程度的高低直接影响期刊品牌经营效益和市场竞争能力。对中国科协期刊市场化或企业化程度调查结果显示，期刊设有专业经营人员和营销部门的期刊占16.3%，无专业营销机构和专门营销人员的期刊占83.7%。期刊为事业单位的占31.2%，期刊为非企业法人单位的占56.8%，期刊为企业单位的仅占12.1%，（图32-11、图32-12）；这说明中国科协期刊的企业化和市场化程度较低，期刊品牌的市场营销意识或经营意识还有待于提高和加强。

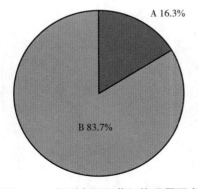

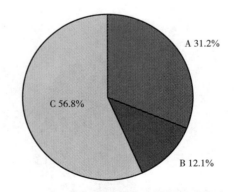

图32-11 期刊专职经营机构设置调查

A.期刊设有专门经营人员和机构；B.无专门经营机构和经营人员

图32-12 期刊企业化或市场化程度调查

A.期刊为事业单位；B.期刊为企业单位；C.期刊为非企业法人单位

（4）期刊品牌延伸经营项目分布：科技期刊品牌的延伸经营是体现品牌价值的重要标志，同时也是期刊品牌经营和扩大品牌影响的重要手段。调查结果表明，中国科协期刊在相关品牌延伸经营方面所占比例分别为：栏目合作占16.2%，数字化出版占24.8%，销售单行本占21.3%，版权合作占8.4%，设立企业科研基金占1.1%，网络化盈利的占2.6%，论文奖励基金占5.4%，中外合作办刊占4.1%；其他延伸经营28.7%（图32-13）。

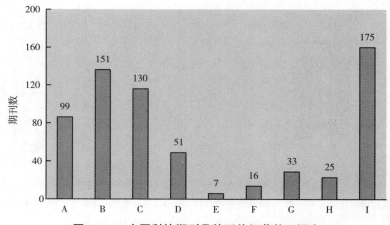

图32-13　中国科协期刊品牌延伸经营状况调查

A.栏目合作；B.数字化出版；C.销售单行本；D.版权合作；E.设立企业科研基金；F.网站盈利；G.论文奖励基金；H.中外合作；I.其他

（5）期刊品牌国际营销：在期刊品牌延伸经营趋势与国际合作经营方面，调查结果显示，在中国科协期刊中，已开展期刊品牌国际合作延伸经营的期刊占8.2%；具有延伸合作愿望的期刊占46.0%；短期内无国际合作愿望的期刊占42.1%。期刊品牌国际延伸经营领域中，海外期刊品牌营销代理占（代理发行）5.4%；版权合作经营占4.8%；广告合作经营占2.1%；无国际延伸合作经营的期刊占87.7%（图32-14、图32-15）。

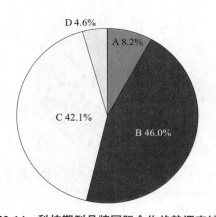

图32-14　科技期刊品牌国际合作趋势调查统计

A.已开展期刊品牌国际合作；B.有延伸合作愿望期刊；C.短期内无国际合作愿望；D.其他

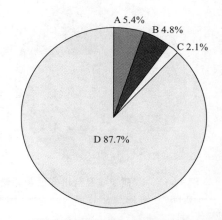

图32-15　科技期刊品牌国际合作领域调查统计

A.海外期刊品牌营销代理；B.版权合作；C.广告合作；D.无国际延伸合作经营

（6）期刊经营收入比例分布：调查结果表明，在610种中国科协科技期刊经营总收入中各经营项所占比例依次为：期刊的广告收入占31.8%，国内纸版期刊发行收入占25.6%，版面费收入占18.7%，审稿费收入占10.9%，上级拨款占7.9%，期刊品牌增值收入占4.1%，国外纸版期刊发行收入占0.6%，国内网络版期刊发行收入占0.3%，国外网络版期刊发行收入占0.2%（图32-16）。由此可见，中国科协期刊的主要赢利能力模式或赢利点仍然为科技期刊的传统或常规赢利模式，还没有真正体现出期刊品牌的溢价性和期刊品牌附加值，期刊品牌的增值收入只占总收入的4.1%，当然，期刊品牌的影响和溢价性也会体现在其他赢利项目中。但从总体分析，中国科协期刊品牌赢利能力有待提高，这说明加强科技期刊品牌营销和品牌延伸经营，是中国科协期刊经营的重点之一。

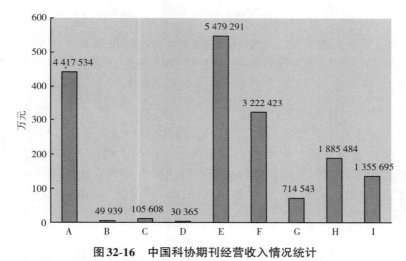

图32-16　中国科协期刊经营收入情况统计

A.国内纸版期刊发行收入；B.国内网络版期刊发行收入；C.国外纸版期刊发行收入；D.国外网络版期刊发行收入；E.期刊广告收入；F.版面费收入；G.期刊品牌增值收入；H.审稿费收入；I.上级拨款

第五节　科协期刊品牌的维护

期刊品牌维护是期刊品牌建设的重要组成部分和内容，在品牌培育中忽视期刊品牌维护，其品牌的生命周期不会很长，期刊品牌的影响力也会逐渐衰减。而期刊品牌维护的重点在于长期的期刊质量控制（学术质量、编辑出版质量和期刊服务质量等）与期刊形象的维护。

1.期刊评审制度维护情况　科技期刊品牌的维护有两个方面的内容，首先是严格期刊质量控制，坚持严格的稿件评价机制和评审制度，这是保证和维护期刊品牌质量可持续发展的根本；第二是防止期刊品牌非法侵害，有效保护期刊品牌形象是维护期刊品牌影响的重要内容。调查结果表明，中国科协期刊实施"三审一定制度"的占59.8%；实施"三审制度"的占29.7%；实行"编辑部审定制度"的占19.8%；实行

"双盲审稿制度"的占21.8%；实行"单盲审稿制度"的占19.2%；坚持"刊后审读制度"的占25.1%；实行"学会评刊制度"的占11.3%（图32-17）。

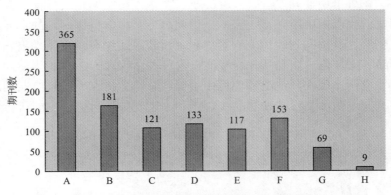

图32-17　中国科协期刊采用审稿制度情况调查

A.三审一定制度；B.三审制度；C.编辑部审定制度；D.双盲审稿制度；E.单盲审稿制度；F.刊后审读制度；G.学会评刊制度；H.其他

2.期刊品牌保护情况　期刊品牌与其他商品的品牌一样，也有被侵害的可能，因此，提高期刊品牌的保护意识，加强期刊品牌的维权和保护，是期刊品牌建设不可忽视的方面。调查结果显示，中国科协期刊曾被盗版的占被调查期刊总数的6.6%；盗用期刊品牌名誉的占7.0%；期刊品牌标识被盗用的占3.9%；被抄袭的占18.5%；期刊未被侵权过的占64.3%（图32-18）。这说明中国科协期刊的品牌保护也是亟待重视的问题。

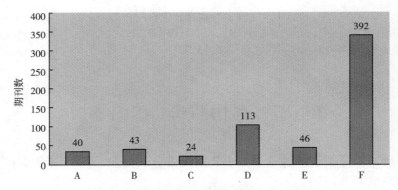

图32-18　中国协期刊品牌侵害情况调查统计

A.曾被盗版；B.盗用名誉；C.期刊品标识被盗用；D.发表文章被抄袭；E.其他；F.未被侵权过

第六节　科协期刊品牌影响力市场状态与类型分布

中国科协经过多年期刊品牌建设和政策引导、重点培育和扶持，特别是实施"精品科技期刊工程"以来，科技期刊品牌建设成效显著，期刊品牌影响不断扩大，通过对中国科协不同学科期刊、不同读者和作者群大样本问卷调查，对多项指标进行了统计分析，结果表明，中国科协期刊的品牌状态在我国处于"强势期刊品牌"状态。

科协期刊品牌影响力

本调查选取中国科协期刊不同学科和不同领域期刊作者和读者群，对期刊的权威度、认可度、忠诚度、认知度、知名度、美誉度和信任度等主观指标进行了问卷调查和统计分析。

1. **期刊品牌权威度**　是指期刊所报道的学术信息在科技工作者、科学共同体和社会中的公信力，它主要体现在所发布科技信息的先进性、创新性、科学性、权威性，以及反映科学研究和学术进展的全面性与时效性。通过对大量不同学科、不同期刊、不同读者和作者群问卷调查表明，在1970份有效问卷中，有1692份问卷回答"权威性较强"，有278份问卷回答"权威性一般"，调查证明中国科协期刊的权威度为85.9%（图32-19）。

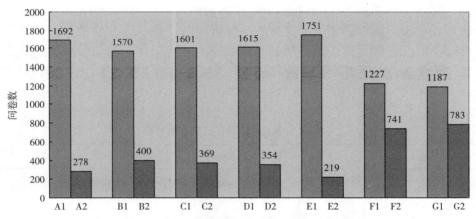

图32-19　中国科协期刊品牌影响问卷调查回答频率分布

A1（权威度）.期刊权威较强；A2.权威性一般；B1（认可度）.期刊较好；B2.期刊一般；C1（忠诚度）.经常阅读；C2.不阅读；D1（认知度）.阅读收获较大；D2.收获一般；E1（知名度）.比较熟悉；E2.不熟悉；F1（美誉度）.期刊比较优秀；F2.一般期刊；G1（信任度）.比较满意；G2.不满意

注：有效收回问卷1970份。

2. **期刊品牌认可度**　是指读者、作者、广大科技工作者、科学共同体或国内外著名检索系统等，对科技期刊学术质量和创新水平及期刊编辑部服务在品质上的整体印象与认同感。在收回的1970份读者和作者调查问卷中，有1570人回答期刊较好，有400人回答期刊一般，调查结果表明，中国科协期刊认可度为79.7%（图32-19）。

此外，被国际著名权威检索系统收录情况也说明其认可程度，统计分析表明，中国科协期刊被国际重要检索系统收录的数量占收录我国科技期刊总数的25.04%，占中国科协期刊总数的56.46%，其中SCI收录数占收录我国科技期刊总数的46.7%；EI占收录我国期刊总数的41.0%；美国《医学索引》占收录我国科技期刊总数的45.9%；CA占收录我国期刊总数的23.4%。被中国科学引文数据库收录占科协期刊总数的

96.4%，中国科技论文与引文数据库占97.4%，中国学术期刊综合评价数据库占98.1%，中国生物医学文献数据库占68.1%，中国学术期刊文摘占87.3%，中国期刊网全文数据库占97.7%，万方数字化期刊全文数据库占87.9%。这表明中国科协期刊在国内检索系统的评价和认可程度较高，是国内重要检索系统和数据库收录的重点核心期刊群。

3. 期刊品牌忠诚度　是指读者、作者、图书情报机构或企业等，在跟踪阅读、订阅、期刊馆藏、投稿取向、广告投放决策中，重复表现出对某期刊品牌具有偏向性和偏爱的（而非随意的）行为反应。在收回的1970份读者和作者调查问卷中，有1601人回答经常阅读所列期刊，有369人回答不阅读，调查结果表明，中国科协期刊品牌忠诚度为81.3%（图32-19）。

其客观指标如收稿量、稿件录用率、发行量、国际作者来稿量、国际发行范围、广告数量等，都间接或直接反映出作者、读者、企业、图书馆等对期刊品牌的忠诚度。一般来说，期刊品牌影响越大，作者投稿越多，读者跟踪阅读、订阅和发行量与范围也越大，这是体现读者、作者、图书馆对期刊品牌忠诚度的重要指标之一。

（1）期刊收稿数量分布：科技期刊收稿数量的多少从一个侧面反映了期刊在作者中的认可程度和对期刊的忠诚度，具有品牌影响的科技期刊往往被广大科技人员或同行青睐，因此，作者投稿量与期刊品牌影响基本成正比，期刊品牌影响力决定了作者稿件价值取向。调查统计结果表明，中国科协期刊年收稿量1000～1499篇的占14.9%，年收稿量≥2000篇的占13.4%，年收稿量≤500篇的占31.2%（表32-5）。

表32-5　中国科协期刊收稿数量分布

收稿量（篇）	期刊数量（种）	构成比（%）
≤500	190	31.2
501～799	110	18.0
800～999	89	14.6
1000～1499	91	14.9
1500～1999	48	7.9
2000～2499	25	4.1
2500～2999	19	3.1
3000～3499	16	2.6
≥3500	22	3.6
合计	610	100.0

（2）期刊稿件录用率分布：科技期刊稿件录用率的高低从一个侧面反映了科技期刊的学术质量和作者的认可程度，稿件录用率过高期刊优中选优的余地较小，稿件质量难以保证。对中国科协期刊稿件录用率的调查表明（表32-6），在中国科协所属科技期刊中，稿件录用率≤15%的期刊占6.9%，稿件录用率≥20%的期刊占20.49%，稿件录用率在30%以上的期刊占23.9%。

表32-6　中国科协期刊稿件录用情况

稿件录用率（％）	期刊数量（种）	构成比（％）
≤15	42	6.9
16～19	75	12.3
20～29	125	20.5
30～39	146	23.9
40～49	118	19.3
≥50	104	17.1
合计	610	100.0

　　（3）期刊国际来稿分布：科技期刊的跨国作者来稿数量反映了期刊的国际化程度和期刊品牌的国际影响力及辐射范围。根据国际作者年来稿统计，在5篇以下的期刊占27.5%（含跨国合作），年来稿在6～20篇的期刊占38.52%，年来稿在20篇及以上的期刊占7.5%，无国际来稿的期刊占33.4%。总体上看，在中国科协所属科技期刊收稿中，国际作者来稿占总来稿量的比例分别为：2005年占0.45%，2006年占0.45%，2007年占0.47%，2008年（截至2008年9月30日）占0.47%（表32-7）。这说明中国科协期刊的国际化程度和品牌影响有待提高，相信随着我国经济和科技实力的提高，特别是中国科协期刊品牌建设的加强，科技期刊品牌影响的辐射半径会不断扩大，期刊的国际化程度会不断提高。

表32-7　中国科协技期刊国际来稿情况

来稿量（篇）	期刊数量（种）	构成比（％）
≤5	168	27.5
6～9	105	17.2
10～19	84	13.8
≥20	49	7.5
0	204	33.4
合计	610	100.0

　　（4）期刊国际发行范围分布：科技期刊的国际发行量与范围从一个侧面反映了该刊的品牌国际影响力和国际化程度，调查统计结果表明，中国科协期刊发行国家在5个以下的占32.0%，发行30个国家以上的期刊占11.2%，无国际发行的期刊占23.4%（表32-8）。

　　（5）期刊国际发行量分布：期刊国际发行量既反映了期刊品牌国际忠诚度，又是期刊国际化程度的重要标志之一。在期刊国际发行量方面，调查结果表明（表32-9），中国科协期刊平均每刊国际期平均发行量分别为：2005年57.1册，2006年67.8册，2007年80.9册，2008年561.9册。这表明中国科协期刊的国际发行量在逐步提高，同时应加强中国科协期刊的整体国际营销宣传和跨国版权合作，进一步扩大国际发行量和发行范围。

表32-8　中国科协期刊国际发行范围

发行国家数量（个）	期刊数量（种）	构成比（%）
≤5	195	32.0
6～19	167	27.9
20～29	37	6.1
30～49	25	4.1
50～59	12	2.0
≥60	31	5.1
0	143	23.4
合计	610	100.0

表32-9　中国科协期刊国际发行量统计（册数）

年度	总发行量	期平均发行量	国际发行总量	期平均国际发行量
2005	3 467 731	5684.8	34 815	57.1
2006	3 743 741	6137.3	41 357	67.8
2007	4 203 892	6891.6	49 370	80.9
2008	3 420 859	5608.0	342 745	561.9

注：2008年数据统计截至9月30日。

4.期刊品牌认知度　是指读者、作者、广大科技工作者或科学共同体，通过期刊品牌来认识、认同、熟悉和选择期刊价值取向的程度。在收回的1970份读者和作者调查问卷中，有1615人回答阅读收获较大，有354人回答收获一般。问卷调查结果表明，中国科协期刊的品牌认知度为82.0%（图32-19）。

5.期刊品牌知名度　是指期刊被读者、作者、公众、科学共同体、科技工作者、本领域专家学者知道和了解的程度，以及社会影响的广度和深度，这也是评价科技期刊品牌名气大小的客观尺度。在收回的1970份读者和作者调查问卷中，有1751人回答阅读收获较大，有219人回答收获一般。调查结果表明，中国科协期刊的品牌知名度为89.2%（图32-19）。

6.期刊品牌美誉度　期刊品牌美誉度是指读者、作者、广大科技人员和科学共同体等对期刊品牌评价所持有的满意、赞许和赞美程度。期刊品牌的美誉度是期刊品牌建设的最高层次，如广大医药卫生科技工作者誉称中华医学会主办的期刊为"中华牌"，科学共同体誉称"中国科技期刊的一面旗帜"。国际科技工作者誉称Science、Nature为"诺贝尔奖的摇篮"等。在收回的1970份读者和作者调查问卷中，有1227人回答期刊很优秀，有741人回答期刊一般。调查结果表明，中国科协期刊的美誉度为62.3%（图32-19）。

7.期刊品牌信任度　是指期刊学术权威性、编者的学术和人格魅力、稿件录用评价的客观性和公正性、对读者和作者服务的意识和质量、编辑部服务质量和期刊所产出的信息源等令人信服与满意的能力与程度，简单地说，即是对科技期刊信用的量化和评价的尺度与综合评价，也是品牌科技期刊形成公信力的核心要素，它是期刊品牌硬件和软件综合培育和体现的结果。在收回的1970份读者和作者调查问卷中，有1187

人回答对期刊比较满意，有783人回答对期刊不满意。调查结果表明，中国科协期刊的品牌信任度为60.3%（图32-19）。

第七节　科协期刊品牌识别认知分析

通过对不同学科期刊、不同专业读者和作者问卷调查，对中国科协期刊品牌回想率（不提示知名度）、期刊品牌识别率（提示知名度）和非专业期刊品牌回想率（非本专业不提示知名度）等进行问卷调查和分别统计分析，并对问卷中被调查者首先提到的第一种期刊出现频率分别进行统计。这几项指标是最能说明期刊品牌影响的重要指标，可以比较客观地呈现和反映中国科协期刊品牌状态和类型。

1. 期刊不提示知名度　也称期刊品牌回想率，它是通过问卷调查的方法，请被调查者写出或说出自己比较熟悉的某种期刊品牌的刊物名称，并经过统计分析，以此来确定期刊品牌回想率。它的前提是不给被调查者任何提示，仅凭自己对期刊品牌的记忆程度自主随意回想，因此，其回想的难度比较大。期刊品牌不提示知名度可比较真实地反映读者或作者对期刊品牌的记忆印象，对于读者或作者订阅及阅读决策影响很大。大样本多学科读者和作者调查结果表明，在回收的1970份有效问卷中，有1124人提到中国科协期刊名称，有845人未提及，所以，中国科协期刊不提示知名度为57.1%（图32-20），这说明中国科协期刊品牌影响力在我国科技期刊中处于优势地位。

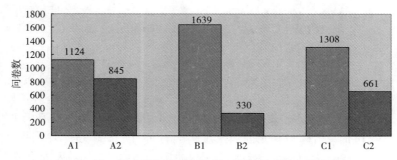

图32-20　中国科协期刊提示与不提示知名度问卷调查
A1.不提示提及数；A2.未提及数；B1.提示提及数；B2.未提及数；C1.非专业提及数；C2.未提及数

2. 期刊提示知名度　也称期刊品牌识别率，是期刊品牌知名度的最低层次。它相对于不提示知名度，是给被调查者提供若干个期刊品牌刊名，提示或帮助被调查者识别和辨认，请其说出或写出被调查者最熟悉或以往听说过的期刊品牌名称，提示知名度仅仅反映读者或作者对期刊品牌的普遍认知程度。调查结果表明，在回收的1970份有效问卷中，有1639人提到中国科协期刊名称，有330人未提及，故中国科协期刊的提示知名度为83.2%（图32-20）。

3. 非本专业不提示知名度　科技期刊品牌具有很强的学科性，不同领域有不同学科专业品牌期刊，读者、作者也最熟悉和关心自己本学科期刊，而对非本专业品牌期刊往往不太关心或了解，除非是影响和知名度特别强的品牌期刊。非本专业不提示知名度，即在不给任何提示的前提下，请被调查者写出或说出非自己所从事专业以外最熟悉的科技期刊品牌。它说明期刊品牌的跨学科知名度和影响力，这一指标是更具有期刊品牌价值和品牌影响的科技期刊。调查结果表明，在回收的1970份问卷中，有1308人提到中国科协期刊名称，有661人未提及，因此，中国科协期刊非本专业不提示期刊知名度为66.4%（图32-20）。

4.不提示第一提及知名度　是期刊品牌回想中的特殊状态，它是指在被调查者回答或写出期刊品牌名称时首先提及的第一个期刊名称，这是期刊品牌的最佳层次或最高品牌价值。也就是说，它是读者或作者第一个被回想起来的期刊品牌，这表明该期刊品牌在科技人员或读者心目中具有高于其他期刊品牌的优势地位。问卷调查结果表明，在回收的1970份问卷中，有1587人第一个提到的是中国科协期刊名称，有382人未提及，由此可知，中国科协期刊不提示第一提及知名度为80.6%（图32-21），这说明中国科协期刊品牌影响力比较显著。

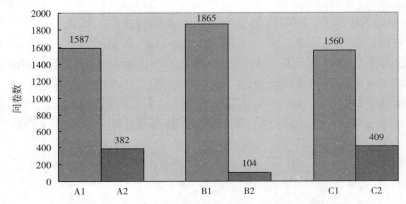

图32-21　中国科协期刊第一提及期刊问卷调查结果

A1.不提示第一提及数；A2.未提及；B1.提示第一提及数；B2.未提及；C1.非本专业第一提及数；C2.未提及

5.提示第一提及知名度　是相对于不提示知名度而言的，它是被调查对象在回答或写出所提示期刊品牌名称中首先提到或辨认出的期刊。统计分析结果表明，在回收的1970份问卷中，有1865人第一个提到是中国科协期刊名称，有104人未提及，由此得知，中国科协期刊提示第一提及知名度为94.7%（图32-21）。

6.非本专业第一提及知名度　是指被调查者在回答或写出期刊品牌时首先提及的非本学科第一种期刊名称，其频率高低说明期刊品牌在多学科或跨学科读者和科技人员中的品牌影响范围及品牌地位，是科技期刊品牌非常有价值的影响指标。统计结果表明，在回收的1970份问卷中，有1560人第一个提到的是中国科协期刊名称，有409人未提及，由此得知，中国科协期刊非本学科第一提及知名度为79.2%（图32-21）。

第八节　科协期刊品牌影响力状态和类型

期刊品牌在品牌认知模型上分为5种状态或类型：

1. 正常期刊品牌类型　位于期刊品牌记忆认知模型回归线附近，它的特点是提示前后期刊品牌知名度与目标读者市场基本一致，属于正常期刊品牌类型。

2. 衰退期刊品牌类型　位于期刊品牌记忆认知模型的回归线右上方的期刊，它的特点是不提示期刊品牌知名度很低，这表明该期刊品牌在目标读者中呈淡忘趋势，属于衰退期刊品牌。

3. 特殊期刊品牌类型　位于期刊品牌记忆认知模型回归线左下方的期刊，它的特点是不提示期刊品牌知名度相对于提示期刊品牌知名度较高，这表明读者对该类期刊品牌的认知度虽然不高，但期刊品牌回忆率较高，它说明具有较高的忠诚度，属于特殊期刊品牌类型。

4. 强势期刊品牌类型　位于期刊记忆认知模型回归线右上方的期刊。其特点是提示前后期刊品牌知名度都很高，读者或作者对其有很高的忠诚度，属于强势期刊品牌类型，也是我们所追求的期刊品牌状态。

5. 弱势期刊品牌类型　位于期刊品牌记忆认知模型回归线左下方的期刊，它的特点是提示前后期刊品牌知名度都很低，不具备期刊品牌影响力和基本条件，属于弱势期刊品牌类型，故应在期刊品牌培育和期刊品牌建设上下功夫。

为分析和了解科协期刊品牌状态或类型，比较准确掌握期刊品牌影响力现状，在上述期刊品牌知名度调查数据的基础上，对问卷调查得到的期刊提示知名度（期刊品牌识别率）和期刊不提示知名度（期刊品牌回想率）进行统计学分析，建立数学模型和回归分析，采用品牌记忆认知模型，以期刊品牌回想率作为 x 轴，期刊品牌识别率作为 y 轴坐标，并在二维图中标出期刊品牌位置（图32-22），由此显示期刊品牌状态或类型。

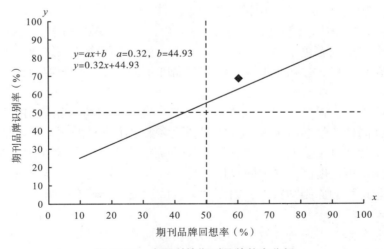

图32-22　中国科协期刊品牌状态分析

分析结果表明，科协期刊品牌位于回归线附近，并接近强势期刊品牌的位置，这表明中国科协期刊品牌状态处于强势品牌状态，在我国科技期刊品牌影响力方面处于强势地位，这是中国科协期刊多年重视期刊品牌建设的结果。

第九节　科协期刊品牌建设的特点

科协期刊品牌建设具有领导重视、科学或学术共同体办刊、专家学者参与、同行专家评议、学科齐全、涵盖不同领域、学术权威性强、期刊品牌呈现系列化或集群化的特点。

1.领导抓期刊，重点创品牌　中国科协领导及期刊主管部门领导具有较强的期刊品牌意识，在科技期刊的发展中，注重从科技期刊品牌建设的基础抓起，多年常抓不懈，如中国科协学会学术部组织的编辑人才培训、主编岗位培训、期刊审读、各种形式的期刊品牌宣传活动、精品科技期刊工程等，为中国科协期刊品牌建设提供了强有力的领导和组织保证。

2.期刊品牌学科齐全，涵盖不同领域　在中国科协品牌科技期刊中，不但品牌科技期刊集中，而且学科齐全，涵盖了自然科学和工程技术科学不同学科或专业，既有学术性期刊，也有科学普及性期刊，并且每一学科领域和专业都具有领衔性学科品牌期刊。

3.期刊品牌集群化　在中国科协品牌科技期刊中，不仅学科齐全，而且形成品牌系列或品牌集群，以学科集群或系列为主要特点，即一个学会具有数种不同专业的品牌期刊。如中华医学会系列杂志有121种不同学科或专业学术期刊，培育成了中华医学会系列杂志品牌群，并形成了"中华系列""中国系列"和"国际系列"三大品牌系列，被新闻出版总署、国家科技部等政府部门称为"中国科技期刊的一面旗帜"。还有中华预防医学会、中国机械工程学会、中国物理学会、中国药学会、中国化学会、中国金属学会、中国兵工学会、中国力学学会、中国计算机学会、中国仪器仪表学会、中国电子学会、中华中医药学会、中国地质学会、中国造船工程学会、中国建筑学会、中国光学学会、中国有色金属学会、中国化工学会、中国中西医结合学会等主办的科技期刊都已初具规模，并初步形成学科期刊品牌集群，在相关领域中具有较强的品牌影响力。

4.科学或学术共同体主办，学术权威性强　在中国科协科技期刊中，有94.5%的期刊为科学共同体（学会）主办，这些期刊大多数是本学科的领衔学术期刊，具有学科优势、学术优势和专家优势，充分体现了专家学者办刊和学术民主的特点，因此，被科学共同体认可程度高，最大限度地满足了科学共同体的内在需求，并且体现了同行评议和同行认可的原则与特点，因而学术权威性强，能够有效地引导学术潮流，促进学术发展。

5.专家学者办刊，同行评议　中国科协科技期刊的重要特点是专家学者办刊，实行同行评议机制，有效保证了期刊学术的民主性、专业性、科学性、公正性，为科技期刊品牌培育和建设提供了机制基础。

第十节　科协科技期刊品牌建设和品牌培育的对策

科协期刊品牌建设和品牌培育虽然取得了一定发展，初步形成了国内科技期刊品牌建设的基础和条件，但如何培育和打造国际期刊品牌，是科协乃至我国科技期刊长期的战略任务。因此，科协期刊必须把期刊的品牌建设和品牌培育作为期刊发展的重点，特别是更多培育和打造国际品牌科技期刊，实施科技期刊名牌战略工程，把创造名牌、宣传名牌、发展名牌、保护名牌作为重要任务。倡导和推行名牌期刊理论、名牌期刊舆论、名牌期刊机制、名牌期刊战略、名牌期刊活动，并坚持有所为、有所不为的策略，集中优势资源，突出重点，促进中国科协期刊品牌建设的全面发展。

1.指导思想与原则　科协科技期刊品牌建设要以党的"十七大"精神和邓小平理论与"三个代表"为指导，贯彻落实科学发展观的重要思想。以科学发展观指导科技期刊品牌建设，以改革科技期刊经营管理体制为前提，以提高科技期刊质量为中心，以期刊品牌建设为重点，促进中国科协期刊的科学发展和全面可持续发展，加快期刊的品牌化、国际化、数字化、网络化、集团化、特色化的发展进程。

2.突出重点，培育特色　科协科技期刊数量较大，都成为国内或国际品牌期刊是不可能的，必须坚持有所为、有所不为的策略。鉴于科协期刊已形成一定的国内期刊品牌基础和规模，但在期刊国际化程度和期刊品牌国际影响力尚存在较大差距，因此，科协在重视国内期刊品牌培育和建设的同时，应特别重点培育重点学科和重点领域的国际品牌期刊。选准目标，重点打造，择优扶持，推向世界；重点培育或推出一批一级学科的综合性品牌科技期刊和重点学科的专科期刊，促进其走向世界，成为具有世界影响的品牌科技期刊，努力使我国科技期刊在国际品牌期刊中占有一席之地。

在科技期刊品牌中，不同学科、不同领域、不同专业有时缺乏可比性，在本学科有可能是同行认可、推崇或追随的品牌期刊，但在其他学科专业人员中就未必被认同和熟悉。因此，打造和培育不同学科、不同领域、不同专业的学科旗帜性领衔品牌期刊，是中国科协期刊品牌建设的重要方向，也是促进不同学科学术交流和科技进步的重要措施。中国科协要有计划、按学科分类或学科级别，在10年内力争每一学会（学科）培育和打造出一本学科旗帜性领衔品牌期刊，力争在国际上具有一定影响。这也是国际上，特别是美国科技期刊品牌发展的轨迹和特征。

3.分类指导，按层面发展　根据学科分类或科技期刊分类，确定或遴选科技期刊品牌建设学科类别，依据科技期刊品牌分类，即按"国际品牌期刊、国内品牌期刊、专科品牌期刊、地域品牌期刊"，实施分类指导，按层面发展，健全和完善中国科协科技期刊品牌化建设体系与机制，把期刊的品牌化建设纳入中国科协期刊发展的长期战略规划中，促进科技期刊品牌建设的可持续发展。

4.实施政策导向，提高期刊学术质量　随着我国经济建设的飞速发展和国力的增强，近年国家逐步加大了科技和科研投入力度，特别是国家重点科技攻关基金资助项目和科研攻关机制的完善，提高了科技原始创新能力，中外科技差距在逐步缩小，科技创新性论文的产出量成倍增加，其论文产出量已进入世界大国行列。但是，由于评价体系和政策导向偏颇，人为夸大了在国外科技期刊发表论文的权重，将在SCI收录期刊发表论文视为评价科技人员的重要条件，致使大量科研创新性论文首发在国外期刊上。致使大量高水平原始创新论文外流，使科技期刊学术质量未能全面反映出我国科技发展的水平。因此，建议中国科协倡议或与政府主管部门沟通，实施正确的政策导向，倡导创新性论文，特别是国家重点科技攻关课题资助的研究成果首先发表在我国的品牌科技期刊上；并建议中国科协牵头，组织多学科院士和著名科学家联名发表倡议书，倡议科学家将创新性论文首先发表在我国品牌科技期刊上，并在人才和科技成果评价机制方面予以倾斜和引导，在科技期刊品牌质量的源头上予以保护和截流。

5. 实施期刊品牌策划宣传，塑造期刊品牌形象　在构成期刊品牌的要素中，期刊的质量、特色、权威性和影响力是品牌形成的核心要素，而期刊特色是有别于其他刊物的重要识别要素。但仅具备期刊品牌构成的基本要素是不够的，同时还要注重期刊品牌形象策划宣传，特别是期刊形象识别的培育和塑造，这是期刊品牌建设的重要手段。通过期刊形象识别的塑造，增强读者、作者及专业技术人员对期刊打下品牌烙印，在其心目中树立起期刊品牌形象识别印记，通过传播系统要素，将期刊编辑理念、期刊文化、办刊宗旨、学术权威性、学术影响、学术价值观等传达给科技界和本学科及本领域的专家学者。还需要有计划地实施品牌策划宣传，扩大期刊品牌传播半径，激发读者、作者、广大科技人员和社会的品牌形象；中国科协要把期刊的品牌策划宣传作为期刊品牌建设的重要内容，实施不同层面的期刊品牌策划，如编辑部层面、期刊社层面、中国科协层面。中国科协站在更高和整体层面上，重点对各学科品牌科技期刊实施宣传策划。可利用电视、报纸等权威新闻媒体宣传品牌科技期刊，以增强品牌期刊的权威性和科学共同体的认可程度，提高社会对品牌科技期刊的认知度。

6. 加强期刊品牌制度化建设，促进期刊品牌良性发展　科技期刊品牌的培育和形成，非一朝一夕的成就，而是在长期办刊过程中积淀和期刊文化积累的结果，因此，要保证科技期刊品牌建设的良性和可持续发展，必须建立和健全期刊品牌建设的制度或政策，为科技期刊品牌建设提供制度、机制和政策保障。

7. 设立期刊品牌专项资金，加大期刊品牌建设投入　为保证中国科协科技期刊品牌建设的发展，建议设立"科技期刊品牌建设专项资金"，加大期刊品牌建设和培育的投入，特别是在期刊品牌形成的初期，应加大扶持力度，尤其对重点学科期刊实施重点扶持，为期刊品牌建设提供保证。

8. 实施期刊品牌推广工程，加快期刊品牌国际化　科技期刊品牌的塑造是一项系统工程，涉及诸多环节，如期刊的内在质量、期刊文化、品牌策划等，因此，实施期刊名牌战略综合工程，是推进中国科协科技期刊品牌化建设的重要措施，它包括创造品牌、宣传品牌、发展品牌、保护品牌。首先要建立"科技期刊品牌评价标准"和"科技期刊品牌评价制度"，定期对科技期刊品牌进行评价，同时启动"中国科协科技期刊品牌推广工程"对品牌科技期刊采取多种品牌策划宣传措施，实施有计划的品牌推广，在公众和科技人员中扩大期刊品牌影响，形成品牌形象和品牌印记。在中国科协科技期刊中，应该说具有"国内品牌"地位的科技期刊数量不少，但具有"国际品牌"地位的科技期刊数量不多，因此，应重点加强"国际品牌"期刊的培育和推出。

9. 建立期刊品牌保护制度，促进期刊品牌健康成长　在国家层面上对已形成品牌的科技期刊实施品牌保护，制定中国期刊品牌保护条例，实施品牌期刊注册制度，对侵犯品牌期刊利益和形象的加以限制，有效保护品牌科技期刊健康有序发展。特别是国家主管部门对申办和审批新刊要严加把关，对新刊与已有品牌科技期刊名称雷同或内容严重交叉的要慎重审批，对已有同类品牌科技期刊加以保护，避免与现有品牌科技期刊发生不必要的冲突与恶性竞争。另外，政府主管部门还要强化打击假冒和伪造名牌科技期刊的行为，加大对品牌科技期刊的管理和保护力度，形成维护品牌科技期刊的良好社会环境和氛围。

要保证期刊品牌建设健康发展，首先靠的是有效的组织保证，因此，建立健全中国科协期刊品牌建设的领导体制和组织，是做好科技期刊品牌建设的基础。建议中国科协成立"中国科协科技期刊品牌建设领导小组".，指导和协调工作，并成立"中国科技期刊品牌促进委员会"，制定科技期刊品牌评价标准和规范，制订中国科协科技期刊品牌建设规划和品牌期刊保护措施，提出中国科协品牌科技期刊名录，为政府主管部门提供决策咨询。

10.加强国际科学共同体体交流，融入国际交流体系　要促进中国科协科技期刊品牌的国际化程度，使我国品牌科技期刊发表的科技成果迅速融入国际学术交流体系和评价体系，加速国际品牌科技期刊的培育，除提高期刊学术质量，扩大期刊学术权威性和影响外，还应重视国家层面对国际权威检索系统收录的组织力度，特别是对SCI的收录。建议由中国科协或会同国家科技部以更高层面与美国SCI总部沟通，充分说明我国某些学科品牌科技期刊在国内的学术地位和对国际学术交流的重要意义，推荐我国重点学科和学科领衔品牌科技期刊更多进入SCI检索系统，最大限度地参与国际学术交流体系和学术评价体系。

11.实施期刊体制改革，提高期刊品牌的市场化程度　在中国科协期刊中，大部分期刊社或编辑部的管理体制是计划经济体制下形成的事业单位管理模式，杂志社或编辑部多年来按照"事业单位企业化管理"或"事业单位行政化管理"模式，政出多头，缺乏自主经营权利。其运行机制、管理体制、运行模式、经营方式都难以适应当前科技期刊发展的需要，办刊者缺乏竞争意识和市场竞争能力，期刊管理体制滞后，影响和制约了期刊品牌化建设的进程。特别是国家文化出版体制改革既有路线图，又有时间表，出版体制改革时不我待。因此，中国科协应以支持和推进期刊体制改革入手，全面推进中国科协期刊体制改革的步伐，加快期刊市场化和企业化进程，为加快中国科协期刊品牌建设提供体制保证。

12.实施新媒体多业态发展，加快期刊传播速度及传播半径　科协应加大科技期刊数据库、期刊网站等新媒体建设的支持力度，实现科技期刊线上、线下、数据库和平面相结合的业态格局，最大限度地加快科技信息的传播速度，加大传播半径，充分提高我国科技期刊的显示度和覆盖面，为我国科技期刊品牌培育和走向世界创造良好条件和环境，加快从科技期刊大国向科技期刊强国迈进，为服务于国家科技创新战略和知识创新体系建设做出贡献。

参 考 文 献

蔡玉麟. 1999. 科技期刊社的经营管理. 编辑学报，11（1）：34-38.

曾东发. 2004. 面对WTO 我国科技期刊发展的策略. 中国科技期刊研究，15：244-246.

陈邦贤. 1937. 中国医史. 上海：商务印书馆，300-304.

陈兵，赵意平，张柏根. 2003. 移植静脉粥样硬化与管壁蛋白聚糖关系的实验研究. 中华医学杂志，83（8）：624-627.

陈伯赐. 1926. 心理与疾病. 中华医学杂志，12（6）：18-19.

陈玲. 2004. 科技期刊广告的优势和经营策略. 中国科技期刊研究，15（4）：109-111.

陈仁风. 1996. 杂志标题的形式. 现代杂志编辑学. 北京：中国人民大学出版社，126-134.

崔义田纪念文集编委会. 1996. 崔义田纪念文集. 北京：人民卫生出版社，255-257.

邓莹，赵秋民，吴昕. 2000. 栏目创新与期刊效益. 编辑学报，12（2）：74-76.

傅银汉. 2000. 中国学术期刊走向世界之对策. 中国科技期刊研究，11：232.

高江波. 1997. 科技期刊出版事业的思考. 中国科技期刊研究，8：1-4.

高维. 1926. 社会医学. 中华医学杂志，12（6）：20-22.

韩维宾. 2001. 编辑活动的核心：编辑决策. 吉首大学学报：社会科学版，22（3）：260-262.

胡青. 2004. 从国际期刊走势看我国科技期刊的发展. 中国科技期刊研究，15：371-373.

胡如进，顾志玲. 2004. 科技期刊广告经营策略. 编辑学报，16（3）：202-203.

黄树则. 1985. 中国现代名医传（一）. 北京：科学普及出版社，101-106.

黄树则. 1997. 中国现代名医传（二）. 北京：科学普及出版社，7-16.

惠永正. 1997. 进一步繁荣我国科技期刊事业，为实施科教兴国战略做出贡献. 中国科技期刊研究，8：1-4.

江星. 2002. 论编辑出版的人本管理. 编辑学报，14（5）：325-329.

荆运朴. 1996. 中华医学会专科学会会史. 北京：中华医学会学会会务部，1-11.

兰安生. 1936. 节制生育与中国. 中华医学杂志，22（3）：12-13.

李贵存. 2003. 论医学学术期刊的思想导向与学术导向. 编辑学报，15：（1）9-11.

李建安. 2000. 科技期刊的栏目设置与命名及方法评价. 编辑学报，12（1）：10-13.

李立范. 1995. 审稿控制研究. 编辑学报，7：1-5.

李群，袁桂清. 2001. 科技期刊审稿偏倚及其控制. 中国科技期刊研究，12（4）：295-298.

李廷杰，谢淑莲. 2002. 中国科学院学术期刊在国内外的地位现状及走向世界的对策. 中国科技期刊研究，13：467-473.

李新暖. 2004. 期刊的栏目策划与选题策划. 编辑学报，16（2）：100-102.

李卓青. 2006. 科技期刊栏目设置的思考. 中国科技期刊研究，17（3）：465-467.

刘冰，游苏宁. 2011. 国际科技期刊出版集团商业模式对我国科技期刊发展的启示. 中国科技期刊研究，22（4）：479-484.

刘建滔，邓丽琼. 2006. 浅谈学报编辑部的人性化管理. 中国科技期刊研究，17（5）：710-712.

刘雪立. 2001. 关于中国科技期刊管理政策改革的几点建议. 中国科技期刊研究，12：428-430.

刘燕. 2003. 对我国科技期刊发展的思考. 中国科技期刊研究，14：602-605.

刘振兴，陈运泰，曾庆存，等. 2005. 关于自然科学学术期刊纳入公益性事业管理的建议. 中国科技期刊研究，16：437-438.

刘振兴. 2003. 对我国科技期刊发展的几点意见. 中国科技期刊研究，14：1-2.

卢秀彬. 2001. 新世纪科技期刊发展问题浅见. 中国科技期刊研究，12：379-380.

陆宜新. 2005. 学术期刊编辑管理应处理好几种关系. 编辑学报，17（5）：369-370.

马学博，徐维廉，似元翼. 1996. 中国现代医学的先驱者伍连德//张本，王文浩. 忆老哈医大. 哈尔滨医科大学北京校友会（内部刊物），13-19.

马越，李景云，金少鸿. 2003. 应重视细菌药敏试验的质量控制. 中华医学杂志，83（5）：353-354.

马祖毅. 1984. 中国翻译史. 北京：中国对外翻译出版公司，227-331.

潘伯荣，许昌泰. 1998. 我国医学期刊的跨世纪战略思考. 中国科技期刊研究，9：72-74.

钱寿初，刘晖. 2003. 生物医学期刊的未来. 中国科技期刊研究，14：（1）16-18.

钱寿初. 1990. 中华医学杂志英文版·百年史略. 中国科技期刊研究，1（2）：55-60.

秦惠基. 1992. 巴尔的摩事件的启事. 医学与哲学，6：1-5.

邱海波. 2004. 儿童与青少年抑郁症的治疗. 英国医学杂志中文版，7（3）135-136.

申云霞. 2000. 我国科技期刊国际地位的现状及提高影响的对策. 中国科技期刊研究，11：345-348.

沈敏. 2001. 学术期刊栏目的三个基本属性. 中国科技期刊研究，12（2）87-89.

史兰华. 1992. 中国传统医学史. 北京：科学出版社，34-38.

宋健. 1996. 实施科教兴国战略 加强科技出版工作. 中国科技期刊研究，7：1-7.

孙德华. 2004. WTO进程中科技期刊品牌经营的战略思考. 中国科技期刊研究，15：50-509.

孙树江. 2003. 论科技期刊的可持续发展. 中国科技期刊研究，14：127-129.

汪浩权. 1946. 抗日战争期间全国医药卫生期刊调查录. 华西医药杂志，（1）27-29.

王吉民. 1934. 中国医药期刊目录. 中华医学杂志，21（1）：56-524.

王子奇. 2000. 出版风险与编辑室主任. 编辑之友，4：8-10.

吴伟根，章晓光，周莉花. 2005. 中国科技期刊国际化研究. 中国科技期刊研究，16：443-447.

武衡. 1991. 抗日战争时期解放区科学技术发展史料. 北京科学技术出版社，68-69.

辛素贤. 1996. 选题策划与期刊质量. 编辑学报，8（2）：100-102.

徐柏容. 1996. 期刊编辑学概论. 沈阳：辽宁教育出版社，158-159.

徐铭. 2000. 科技期刊栏目设置的艺术. 编辑学报，12（2）：72-13.

杨恒东. 1997. 增强科技期刊持续发展后劲的思考. 中国科技期刊研究，8：5-8.

杨小玲. 2004. 论科技期刊编辑团队管理. 编辑学报，16（3）：195-196.

姚远. 1997. 医学期刊发展的特有现象. 中国大学科技期刊史. 西安：西北师范大学出版社，504-505.

游苏宁. 2000. 增强科技期刊编辑的市场意识. 中国科技期刊研究，11（2）：114-115.

游苏宁. 2006. 捍卫编辑的独立性. 编辑学报，18（5）：321-322.

俞凤宾. 1916. 保存古医学之商榷. 中华医学杂志，2（2）：4-6.

俞慎初. 1983. 中国医学简史. 福州：福建科学技术出版社，401-408.

袁桂清，杜杏叶，刘培一，等. 2010. 我国科技期刊品牌建设发展战略与对策研究. 编辑学报，22（5）：377-380.

袁桂清，李季秋. 2008. 医药卫生期刊广告产品的分类与设计及其营销. 编辑学报，20（3）：194-196.

袁桂清，李群，徐弘道. 1999. 我国医药卫生期刊的发展及今后趋势. 中国科技期刊研究，10（3）：181-182.

袁桂清，刘燕，庞小英，等. 1993. 试论医学编辑的知识结构与智能结构. 编辑学报，5（2）：97-100.

袁桂清，马景云. 1995. 中外医学期刊比较研究. 中国科技期刊研究，6：10-12.

袁桂清，潘旸，刘培一，等. 2009. 中国科学技术协会期刊品牌影响力与品牌状态研究. 中国科技期刊研究，（20）：1037-1042.

袁桂清，潘旸，石朝云，等. 2010. 中国科学技术协会期刊品牌建设与发展对策研究. 中国科技期刊研究，21（3）：257-264.

袁桂清，史红，丛玉隆. 2007. 医学学术期刊栏目的分类与设计原则. 编辑学报，19（6）：413-415.

袁桂清，苏青，游苏宁. 2007. 中国科技期刊出版现状分析. 北京：社会科学出版社，中国期刊蓝皮书，139-150.

袁桂清，汪镜. 1997. 中国医学期刊编辑出版史初步研究. 中国科技期刊研究，8（2）：50-54.

袁桂清，徐弘道. 1996. 中华医学杂志史略. 中华医学杂志，76（11）：635-639.

袁桂清，颜景芳. 1995. 试论学会管理中惯性运行与调度运行及其运行机制. 学会，4：15-17.

袁桂清，燕鸣，刘小梅等. 2003.《中华医学杂志》编辑出版史. 中国科技期刊研究，14：（5）580-586. 30.

袁桂清，游苏宁，包务业，等. 2006. 中国科技期刊发展战略研究. 中国科技期刊研究，17（6）：1050-1055.

袁桂清，游苏宁，蔡丽枫，等. 2009. 中国科技期刊品牌评价方法与培育方法研究. 编辑学报，21（4）：283-288.

袁桂清，游苏宁，罗玲，等. 2010. 论科技期刊的经营风险管理与控制. 编辑学报，22（3）：95-98

袁桂清，游苏宁. 2009. 论期刊社管理中的惯性运行与调度运行及其运行机制. 编辑学报，21（5）：382-384，21（6）.

袁桂清，张莉，毛家都，等. 2004. 医学期刊的总体设计与编辑策划. 见：首届中国出版论坛论文集. 北京：中国科学出版社，386-391.

袁桂清，周赞. 1994. 我国医学核心期刊现状及发展对策研究. 编辑学刊，38：（6）：39-42.

袁桂清，周赞. 1995. 我国现代医学高层学术带头人现状与发展战略研究. 中华医院管理杂志，1995（7）.

袁桂清，周赞. 2005. 论医学期刊的系统设计. 编辑学报，17：（2）126-129.

袁桂清，周赞. 2005. 中国三大医学期刊系列影响力比较分析. 中国科技期刊研究，16：（6）850-852.

袁桂清. 12. 医学模式转变与建立三维医学知识结构的探讨. 中华医院管理杂志，1992（2）：78-80.

袁桂清. 1993. 卫生咨询学初探. 卫生软科学，1993，3.

袁桂清. 1994. 医学编辑学概论（上）. 卫生软科学，1994，2.

袁桂清. 1994. 医学编辑学概论（下）. 卫生软科学，1994，3.

袁桂清. 1994. 中国医药卫生期刊现状与发展策略研究. 中国科技期刊研究，5：16-19.

袁桂清. 1996. 中华医学杂志80年文献计量学分析. 中国科技期刊研究杂志.

袁桂清. 2004. 医学期刊的总体设计与编辑策划//首届出版论坛论文集. 北京：中国科学技术出版社，281-286.

袁桂清. 2007. 医学期刊编辑策划的原则与方法. 编辑学报，19（2）：90-93.

袁桂清. 2007. 中国科技学术期刊经营模式与盈利模式研究. 编辑学报，19（5）：327-330.

袁桂清. 2010. 论科技期刊编辑决策的原则与决策方法. 中国科技期刊研究，21（5）：573-577.

袁桂清. 2012. 论科技期刊选题策划的意义与方法. 中国科技期刊研究，23（2）：180-184.

袁桂清. 2012. 我国科技期刊商业模式与运营模式研究. 中国科技期刊研究，2（6）938-943.

袁建平. 1996. 我国科技期刊的改革及发展方向. 中国科技期刊研究，7：22-24.

张行勇，李明德. 2002. 论科技期刊编辑部管理体制创新. 编辑学报，14（3）：198-200.

张文山，陈鸿康. 1931. 花柳病之社会观. 中华医学杂志，17（1）：53.

张翊飞. 2001. 新世纪期刊生存与发展的思考. 中国科技期刊研究，12：381-382.

张婴元. 2003. 加强细菌耐药性流行控制刻不容缓. 中华医学杂志，83（12）：481-482.

张祖荛，李庆，马晓春. 2004. 学术期刊双响经营的探讨，编辑学报，16（1）：56-57.

甄志亚，傅维康. 1991. 中国医学史. 北京：人民卫生出版社，521-524.

郑楼先，库耘. 刊社管理的协同理论观. 编辑学报，17（4）：237-239.

中国科学技术协会. 2009. 中国科协科技期刊发展报告.

中华微生物与免疫学会. 2003. 突发性烈性传染病的诊断与防治建议. 中华医学杂志，83（9）：719.

中华医学会. 1915. 中华医学会例言及附则. 中华医学杂志，1（1）：1-2.

中华医学会. 1932. 医学会与博医会合并. 中华医学杂志，18（3）：6.

中华医学会. 1995. 中华医学会大事记（1915—1994）. 中华医学会史料汇编，33-99.

中华医学杂志编辑部. 1915. 中华医学会职员. 中华医学杂志，1（1）：5.

周光召. 1993. 要高度重视科技信息事业的发展. 中国科技期刊研究，4：8.

周国清. 2008. 编辑决策研究断想. 湖南城市学院学报，29（6）：480-483.

周志新，方红玲，徐志珍，等. 2005. 医学期刊广告经营原则与策略. 编辑学报，17（5）：365-368.

朱恒璧. 1922. 解剖尸体之商榷. 中华医学杂志，8（4）：12-13.

邹大挺. 2004. 关于我国科技期刊发展的战略思考. 中国科技期刊研究，15：501-509.

Blancett SS，Flanagin A，Young RK. 1995. Duplicate publication in the nursing literature. IMAGE J Nurs Scholarship，27（1）：51-56.

Boguang W，Hongkai Z. 1994. The overall panl and orientation of the Chinese medical Association journals. International Conference on Biomedical Periodicals，4-5.

Boone HW. 1887. The Medical Missionary Association of China. Jts future work. Chin Med Missi J，1：1-5.

Boone HW. Parker pcter MD. 1922. first medical missionary to China. Chin Med Missi J，36：93.

Christic D. 1907. The China medical Missionary Association. Chin Mcd J，21：140-150.

Editorial. 1945. Farewell from Chengtu. Chin Med J，63A：280.

http：//baike. baidu. com/view/1509949. hem.

International Committee of Medical Journal Editors. 1997. Uniform Requirement for Manuscripts Submitted to Biomedical Journals. Ann Intern Med，126（1）：36-47.

Jefferys WH. 1909. A review of medical education in China. Chin Med Missi J，23：294.

Maxwell JI. 1925. A century of medical missions in China. Chin Med Missi J，39：636.

Merris ED. 1925. The Chinese Medical Association. Chin Med J，39：149-156.

Merris EM. 1925. Report of Editor of China Medical JOURNAL. Chin Med J，39：156-159.

Polk HC，Bowden TA，Rikkers LF，et al. 2001. Consensus statement on submission and publication of manuscripts. World J Surg，25：A7-A8.

Sackett DL. 1987. Zlinkoff honor lecture：Basic research，clinical research，clinical epidemiology and general internal medicine. J General Med，2：40.

Wong K. CM，Wu LT. 1932. History of Chinese Medicine. Tientsin：The Ticntsin Ltd，168.